WILLIAM TYNDALE: A BIOGRAPHY BY DAVID DANIELL

# ウィリアム・ティンダル

## ある聖書翻訳者の生涯

D・ダニエル［著］

田川建三［訳］

●勁草書房

keiso shobo

GULIELMUS TINDALUS MARTYR
OLIM EX AULA MAGD:
Hac ut luce tuas dispergam Roma tenebras
Sponte extorris ero sponte sacrificium
REFERT HÆC TABELLA QUOD SOLUM POTUIT ARS GUILHELMI TYNDALL, HUIUS OLIM AULÆ ALUMNI, SIMUL
ET ORNAMENTI, QUI POST FELICES PURIORIS THEOLOGIÆ PRIMITIAS HIC DEPOSITAS ANTVEPIÆ IN NO=
VO TESTAMENTO NEC NON PENTATEUCHO IN VERNACULAM TRANSFERENDO OPERAM NAVAVIT, ANGLIS
SUIS EO USQ SALUTIFERAM, UT INDE NON IMMERITO ANGLIÆ APOSTOLUS AUDIRET MARTYRIO WILFORDÆ PROPE
BRUXELLAS CORONATUS A° 1536 VIR SI VEL ADVERSARIO PROCURATORI NEMPE IMPERTORIS GENERALI CREDAMUS PERDOCTUS PIUS ET BONUS.

# 謝辞

多くの方々がこの本を作るのに貢献して下さった。まず第一に、世界中に存在するティンダルの熱心な支持者たちに感謝したい。その人数は日々増えつつある。この著作にたずさわった二年間に、多くの方々が手紙や電話で励まして下さったことが大きな支えになった。ティンダルがヘブライ書一二章［一節］を訳して「非常に多くの証人に囲まれて（compassed with so great a multitude of witnesses）」と記しているが、まさにそういう感じであった。その方々の名前をすべてここであげることができないのが残念である。

ロンドンにおいでの専門家たちにお世話になったことを特に感謝したい。ロンドンのユニヴァーシティ・カレッジの図書館の John Spiers は多くの資料を的確かつ迅速にわたして下さり、いろいろな示唆を、時には書籍を手に持って、与えて下さった。長い列を作っている学生たちの要望にほとんど一分ごとに応えるお仕事の中で、私に対し忍耐強くつきあうのは楽なことではなかったのに。ユニヴァーシティ・カレッジのヘブライ学科の Michael Weitzman 博士は、ヘブライ語の聖書について、多くの授業等を通じて、すぐれた知恵と、また忍耐をもって、私の理解を助けて下さった。この本の最後の方については、Vanessa Champion-Smith がすばらしい研究を提供して下さった。

マンチェスター大学の Professor Gerald Hammond が、この著作全体を通じて、励ましと示唆を与えた下さり、その専門的知識を自由に私に提供して下さった。これは非常に役に立った。リーディング大学の Dr Anthea Hume は、まだ発行されていない彼女の博士論文（一九六一年）「イングランド人プロテスタント亡命者の著作の研究、一五二五年より一五三五年まで」を利用させて下さった。以下に示されるように、彼女のこの先駆的な仕事は多くの点で私の考えに影響を与えたものである。本書で彼女のこの仕事に対する高い評価を記すことができてよかったと思っている。グロスターシアの歴史家である Miss Joan Johnson とブリストル大学の Dr Joseph Betty は私の質問に対して手紙で返事を下さった。

写真については、この点でも、Vanessa Champion-Smith に感謝したい。また Tim Davies, Robert Ireland, Gertrude Starink, Andrew Valentine, the Rev. Dr Morris West の五人にも。

非常に催促されながら清書原稿をきれいに、二度も整える仕事をして下さった Sue Thurgood に特に感謝している。またイェール大学出版社の Gillian Malpass が薦めて下さり、かつ忍耐と技術をもって対応して下さらなかったら、この書物は仕上がらなかっただろう。

長男の Chris が歴史の専門家としてこの本の全体に興味を持ってくれて、いろいろ示唆してくれたので、多くの点で私は愚かな過ちを犯さずにすんだ。彼のコンピューター技術にもだいぶ助けられた。この本を私の下の息子の Andy に捧げる。彼は我々とは異なった、しかし並行する知的な旅に旅立った。最大の感謝を妻の Dorothy に捧げる。彼女はこの二年間、私とだけでなく、ティンダルと一緒に生活してきた。彼女が居なければ、いかなることも不可能だっただろう。

Leverstock Green にて

一九九四年五月

# ウィリアム・ティンダル

——ある聖書翻訳者の生涯

## 目次

目次

## II　ギリシャ語から英語へ

## V 殉教者

# 凡　例

（　）原著で用いられているもの。あるいは翻訳上補ったものも多少（文章の流れからして括弧に入れる方がいいもの、著者がラテン語のみ記している場合にその訳語を補ったもの、など）

〔　〕原著者が引用文の中に自分の註釈的語句を入れているもの

［　］訳者が註釈的語句を補ったもの（訳註にまわすほど長くはないもの）

**註**　原註も訳註も巻末にまとめて置いた。原註と訳註を別項目にすると、読む時にあちこちの頁をめくらねばならず、不便だからである。訳註は番号の後にａ、ｂ、ｃ等がつけてある。たとえば（訳註３ａ）とあれば、その訳註は巻末の註の頁の原註の３の次に見つかる。訳註に数字がなく、単に（訳註ａ）などとあるのは、原註の１よりも前に置かれているものである。

**固有名詞**　翻訳書における固有名詞の片仮名表記は不便なものである。よく言われる「原語の発音どおりに片仮名にする」などというのは、本質的に不可能なことだからである。詳しくは巻末の「訳者あとがき」参照。重要なことは、原綴りがすぐにわかるようになっていることである。そのため、巻末の索引にすべて原綴りを付加しておいた。なお、英語以外の固有名詞を著者が英語綴りにしている場合は、訳者に可能な限り、もとの言語の綴りを記し、片仮名もそれに順応させた（例。James→ジャック、Jacques）。

# 年　表

| | ティンダル | 宗教改革史 | その他 |
|---|---|---|---|
| 1380年代 | | ウィクリフ聖書 | |
| 1384年 | | ウィクリフの死 | |
| 1408年 | | | オクスフォードの禁止令 |
| 1494年? | グロスターシアのどこかで生まれる | 1501/03年　エラスムス『キリスト戦士教本』 | |
| 1506年頃 | オクスフォードに行く | | |
| 1512年 | 7月　オクスフォードにて学士号取得 | | |
| 1515年 | 6月　オクスフォードにて修士号取得 | | |
| 1516年 | | 3月　エラスムス『ノーヴム・インストゥルメントゥム』 | |
| 1517年～1521年 | この間のどこかでケンブリッジ滞在？ | 1517年10月　ルターの『95個条』<br>1518年　アウクスブルクにてルターの異端審問<br>1520年8～11月　ルターの宗教改革三部作（『バビロン捕囚』など）<br>1521年4月　ルター、ヴォルムスの国会に出頭 | 1520年6月　教皇『エクスルゲ・ドミネ』を発布（ルターを異端として断罪） |
| 1521年～1523年 | グロスターのウォルシュ家で家庭教師<br>1522年　エラスムス『キリスト戦士教本』の英語訳<br>1522/23年　イソクラテス『祭典演説』の英語訳 | 1522年9月　ルター、『九月の契約書』 | 1521年5月　ウルジーによるルターの本の焚書<br>1521年6月　ヘンリー八世『七聖礼典の主張』<br>1522年『コンプルートゥム多言語聖書』<br>1523年　トマス・モア『ルターに対する返答』 |

| | | | |
|---|---|---|---|
| 1523年～1524年 | 1523年後半からロンドンに滞在 | | |
| 1524年～1525年 | 1524年4月　ドイツへわたる<br>1525年夏以前　ケルンにて新約聖書の印刷 | 1525年前半　南ドイツ全域で「農民戦争」 | |
| 1526年 | はじめ　ヴォルムスで『新約聖書』の印刷発行 | | 2月　ルター派文書の焚書開始（ウルジー、モアほか）<br>10月　タンストールがティンダルの新約聖書を批判する説教 |
| 1526年～1528年 | 居場所不明（ヴィンテンベルク？）<br>26年ないし27年　『ローマ書概要』 | | 1527年11月のビルネーの逮捕以降、人身に対する弾圧の強化（逮捕、拷問） |
| 1528年 | 年のはじめ頃からアントウェルペン滞在<br>（以後1535年に逮捕されるまで）<br>5月　『悪しきマモンの譬』<br>10月　『キリスト者の服従』 | | パグニヌスの聖書 |
| 1529年 | | | 4月　テュークスベリーの逮捕（トマス・モアによる拷問）<br>6月　モア『異端に対する対話』<br>8月　ヘンリー八世離婚問題が議会に<br>10月　モア大法官になる |
| 1530年 | 1月　『モーセ五書』<br>『聖書への道』<br>12月以前　『高位聖職者の策謀』 | | 2月23日　トマス・ヒットンの焚刑<br>8月　ウルジーの失脚<br>11月　ウルジーの死<br>同月　ストークスレーがロンドン司教になる |

| | | | |
|---|---|---|---|
| 1531年 | 4月　スティーブン・ヴォーンと会う<br>『サー・トマス・モアの対話に対する返答』の発行<br>『マタイ5～7章講解』<br>『ヨナ書の訳』 | ジョン・フリス『煉獄駁論』 | 8月　ビルネーの焚刑<br>11月　ベイフィールドの焚刑 |
| 1532年 | | | モア、公職を離れる<br>モア、『ティンダルの返答にたいする駁論』最初の3巻発行 |
| 1533年 | | | モア、同書残りの3巻発行<br>7月　ジョン・フリスの焚刑<br>ヘンリー八世、アン・ブーリンと公式に結婚 |
| 1534年 | 新約聖書改訂版 | ルターの旧新約全書 | ヘンリー八世、ローマと決裂 |
| 1535年 | 新約聖書改訂GH版<br>5月21日　逮捕（以後フィルフォルデの城に監禁） | オリヴェタンの聖書 | 6月　モアの死刑<br>10月　カヴァーデイルが聖書全体の英語訳を発行 |
| 1536年 | 10月はじめ　焚刑 | | |
| 1537年 | 『マシューの聖書』 | | |
| 1539年 | | | 『大きな聖書』 |
| 1557年 | | 英語の『ジュネーヴ聖書（新約）』 | |
| 1568年 | | | 『司教たちの聖書』 |
| 1611年 | | | 『欽定訳聖書』 |

# 序説

ウイリアム・ティンダルが英語の聖書を我々に与えてくれたのだ。一六一一年の欽定訳聖書を準備するためにジェイムズ王によって集められた賢者たちは、比類なき共同の叡智を発揮したとして非常にしばしば讃えられているけれども、実はティンダルの仕事を継承しただけである。欽定訳の新約聖書の十分の九はティンダルの訳である。旧約聖書の前半分についても同じことが言える。ブリュッセル郊外で一五三六年に処刑されるまでに、彼は旧約聖書の前半分しか訳を仕上げることができなかったのだ。

一五三〇年代以降英語を話す人々の生活と言語を豊かにしてきた実に多くの遺産は、ティンダルによって作られたものである。「地の塩（the salt of the earth）」〔マタイ五・一三〕、「光あれ（let there be light）」〔創世記一・三〕、「霊は欲しているのだが（the spirit is willing）」〔マタイ二六・四一〕などのよく知られた句をあげていったら、実に長いリストができあがるだろうし、譬話に出て来る印象的な表現、たとえば放蕩息子の譬に出て来る「汝のこの弟はすでに死んでいたのが、今ふたたび生き、失われていたのが見出だされたのだ」（this thy brother was dead, and is alive again: and was lost, and is found）とか、福音書のクリスマスの物語（野に住む羊飼がいた、

there were shepherds abiding in the field）からエルサレムにおける受難と復活の物語にいたるまで、あげればきりがないだろう。旧約聖書では、創造物語やアダムとエヴァの物語をはじめとしてバビロン捕囚にいたるまで。これら一切が、一五二〇年代から三〇年代のティンダルと同世代の男女にとっては、目新しいことだったのだ。それは、ティンダルがはじめてギリシャ語やヘブライ語の原文から英語に訳したものだからである。しかもそれをポケット版で印刷し、誰もが手に入れられるようにした。ラテン語から英語に訳された手書きの写本を別とすると――それはチョーサーの時代になされ、ウィクリフ派に帰されているものだが――それまで存在していた聖書は千年以上も前に訳された例のラテン語訳だけだった。そしてそれを理解できる人は極めて僅かだった。ティンダルは、その生涯をかけた仕事を達成するためにイギリスを離れたのだが、その前に、ある知識人を相手に述べている、「もしも神が私にもっと生きることを許して下さるなら、遠からず、鋤で畑を耕している少年の方が現在のあなたよりも聖書についてもっとよく知ることができるようにしてみせる」と。現に彼はそれを実現した。

ティンダルの生涯の概略は知られている。オクスフォードとグロスターシアですごした日々、ロンドンの司教に翻訳の仕事を支えてもらおうとした無益な試み、ドイツと低地地方への亡命、聖書の翻訳をのせた荷物がイングランドに密輸されたこと、アントウェルペンでの逮捕、投獄、そして異端という名目で焚刑に処せられたこと。しかし、Ｊ・Ｆ・モズレーが一九三七年に伝記を書いて以来、もうほとんど六十年ほどティンダルについての本格的な研究が現れなかった。おまけにモズレーの伝記は一八七一年に書かれたロバート・デマウスのものに依存している（あるいはブライアン・エドワーズが一九七六年に書いた『神の無法者』は傑作だが、その中身はほとんど小説である）。もっと現代の水準での研究が必要とされているのだ。特に今、ティンダルの一四九四年の生誕の五百年祭が広く祝われている時に。

それぞれの時代の風潮に抗してティンダルの価値をなにほどか積極的に認めようとした者は常に一定数存在し

た。けれども、二十世紀末の現在、彼の業績は今までのどの時代に評価されていたよりも大きく見られるようになってきている。ウィリアム・ティンダルは極めてすぐれた学者、言語学者であった。八つの言語を知っており、その中には当時のイギリス人の通常の水準をはるかに超えるギリシャ語とヘブライ語の能力が含まれていた。実際、ヘブライ語は当時はまだイングランドではほとんど知られることさえなかったのだ。英語という言語の音、リズム、意味などについて翻訳者として彼が見せた才能は、ほとんど超えがたいほどのものである。忘れがたい言葉、文、段落、章を次々と作り出した。それも、当時にあってはめずらしいほどに、しかし今日においてさえいまだに、すっきりと生き生きした仕方でなされているのである。新聞の見出しはいまだにティンダルを引用している。引用者自身はそうと知らずに。ティンダルはシェイクスピアよりも多くの人になじまれているのである。そのすべての中心に、新約聖書神学の深みに根ざした彼の根がある。それは山をも動かしうるほどの信仰であった。いや実際、山をも動かしたのだ。ティンダルは、殺された時点でようやく、イングランド独自の特色をもった宗教改革の神学を形成しつつあったのだが、この神学者としてのティンダルは無視されればいい方で、歪曲されることも多かった。他方、意識的な職人〔聖書翻訳者〕としてのティンダルは、単に無視されただけでなく、拒絶された。けれども本書で以下に示すように、言葉を選び整える彼の技法が名人のものであることは明らかである。彼はその技法を一部は学校と大学で学んだのだが、また、エラスムスの先駆的な仕事をさらにみずから発達させたものでもある。これらの事柄は彼の諸著作にも示されているが、それはまた、諸言語の深い理解をともなって、聖書に関する彼の仕事の中核をなしている。彼にとって、聖書の英語訳とは、学問がなしうる限りにおいて、原典の言語つまりギリシャ語とヘブライ語に厳密に対応するものでなければならなかった。しかもそれは〔英語として〕意味をなすのでなければならなかった。原典のギリシャ語が、あるいは当然のことながらヘブライ語の場合は更に、わかり難いことがある。そういう場合、下手な翻訳者は言い換え（パラフレイズ）に走る。もっと悪い場合には、原語に対応させるために、意味を棚上げにする（欽定訳がたとえば預言書に関してしばしばなしたように。欽定訳は預言書についてはティンダルをネタ本として利用することができなかったからだ）。ティンダルは鮮明である。難しい単語や言い回しに出くわすと、彼は、意味表現上の技術によって作られるさまざまな可能性を理解し、また調子や感情の変化を察し、その上で意味のある文にたどりつく。本書の以下の頁において我々はティンダルのその仕方にくり返し出会うことになる。

こういったことすべてをなすことによって、ティンダルはイングランドのための言語を作ったのである。マルティン・ルターがギリシャ語をすぐれて学ぶことによってドイツ語の新約聖書を作り、それが当時ばらばらに分裂していたドイツに一つの言語を与えることになった、ということは宗教改革史の常識としてしばしば言われることである。しかし、ティンダルがそれ以上とさえ言えることをイングランドに対してなしたことは、まだ十分にはっきりと広く言われてはいない。しばしば誇りをこめて言われるように、イングランド人はいちはやく書物の民（a People of the Book）となった。十六世紀から二十世紀はじめまでの文学、哲学、芸術、政治、社会を聖書の知識なしに理解しようと試みるのは、挫折に終るだけである。

だが、その書物［聖書］はティンダルによって、学者の書く言語ではなく、人々の話している言語によって書かれたのだ。英語がラテン語でもフランス語でもない様式を見出すべく苦闘していた時期において、ティンダルはこの国に聖書の言語を与えたのである。それは単語において、語順において、軽快な語調において、まさに英語であった。彼はいくつかの単語を創作しさえもした（たとえば scapegoat［贖罪山羊］）。そして、あの大きなオクスフォードの英語の辞書［Oxford English Dictionary］までも、彼が最初に用いた多くの単語を彼に帰することをしないものだから、その結果、その単語が史上はじめて出て来る時期を間違って記述している。しかしもっと重要なことは、彼が英語を話す人々の意識に深くくいこむ表現を作ったことである。たとえば、ヘブライ語文法で「構成形（Status Constructus）」と呼ばれているもの、つまり所有格であるが、彼はこれを「the＋名詞＋of＋the＋名詞」という形で英語化し、英語の可能性を大きく広げたのである（「空の鳥」the birds of the air、「海の魚」the fish of the sea）。これはその後やや高揚した言い方としてずっと生きつづけており、英語の文学において豊富に見られるものである（これがなければD・H・ロレンスはどういうことになっていただろうか）。更に、英語の語順は主語—動詞—目的語というように定まったものである。英語は、その独得の根源からして、その土着の形においては、ラテン語のように文のどこにでも［単語を置くことができる］、というわけにはいかない。ラテン語は、必要な場合には、短くすっきりできるが、しかし、多く伝えられているように、必要に応じて複合文を積み重ねることが適格でもある。基本的には従属文の構造を取る文の構造からどんどん積み重ねていくものである。まさに、このいささかひどい文が示しているように（訳註a）。どこかからか、英語は、その後の数世紀間、こういう従属文の複合構造をとる道を歩くようになってしまった。しかしまだ大部分の人々が神を知る場所［聖書の英語］ではそうではなかった。ティンダルの文はこうである。「そして彼らは主なる神の声を聞いた。神が日の涼しい頃に園を歩いていた時に。そしてアダムと妻は主なる神の前から身を隠した。そして主なる神はアダムを呼んで、言った、お前はどこにいるのか（And they heard the voice of the Lord God as he walked in the garden in the cool of the day. And Adam hid himself and his wife from the face of the Lord God. And the Lord God called Adam and said unto him, Where art thou?)」［創世記三・八—九］。あるいは、「三日目にアブラハムは目を上げ、遠くの土地を見はるかし、若い者たちに言った、驢馬とともにここに留まるがよい。私と息子はむこうまで行って、礼拝し、またあなたたちのところにもどって来る（The third day Abraham lifted up his eyes and saw the place afar off, and said unto his young men: bide here with the ass. I and the lad will go yonder and worship and come again to you.)」［創世記二二・四—五］。あるいは、「彼らは船を陸地につけた。そしてすべてを放棄して、彼に従った（And they brought their ships to land, and forsook all, and followed him.)」［ルカ五・一一］。これらの単語はほとんど単音節の語である。ティンダルはラテン語と正反対の仕方で英語に力を与えた。「高い」というのに elevated ではなく high と言い、「賜物」というのに donation ではなく gift と言い、「多い」というのに multitudinous ではなく many と言う、といった具合である［それぞれ前者はフランス語経由でラテン語の単語が英語にはいってきたもの］。ラテン語の多音節語は劇的に力強いこともある。マクベスが乱心して the multitudinous seas incarnadine（大量の海が紅色に染まる）などと言う場合がそうである。しかしマクベスはこれをあわてて「あおを赤くする making the green one red」とわかり易く言い換えている。眠りの中で意識がようやくはっきりしてきた時に、マクベス夫人は言う、「あの老人が身のうちにあれほど多くの血を持っていたなどと、誰が考えよう（Yet who would have thought the old man to have had so much blood in him)」。冷ややかなせりふが、単音節語を並べることによって、ますます冷ややかになっている。

まだまだ非常に多くの研究がティンダルに関してなされねばならない。彼の生涯のあらゆる時期について。しかし特に聖書の翻訳についてはそうである。本書はそういう研究がなされるための刺激になるように、と思って書いた。ティンダルは極めて不公平に無視されつづけてきたのだ。イングランドの文学、歴史、神学、言語のさまざまな側面について潮のごとく大量の書物や論文が発行されている。毎年毎年大波のように出現する。その中でティンダルについて論じているものも多少は存在する。それらの著作に我々はここで感謝しておきたい。しかしティンダルについてはまだまだあまりに少なすぎると言えよう。彼の翻訳者としての文章上の技術の分析はまだほとんどはじまってさえいない。ワシントン（ＤＣ）に本拠があるティンダル・プロジェクトがこれから数年かかってティンダルの著作集を発行することになっているが、これはすばらしい計画である。良く編集された四巻本の学術的著作集である（訳註b）。しかしこの「全集」は聖書の翻訳を含まない。非常に残念なことに、現代の学問においてティンダルはいわば上下さかさまに位置づけられている。たとえば『高位聖職者の策謀（The Practice of Prelates）』（訳註c）などに多くの注目がはらわれているけれども、この本など失われてもそれ程どうということもない。それに対して翻訳者としてのティンダルについてはほとんどまったく注目されていない。少数のヘブライ語やギリシャ語の学者、聖書の歴史の学者だけが例外であるが、彼らは丘の上に建てられた町のように輝いている。やや控え目な言い方にしておくが、サー・トマス・モアの引力がティンダルの軌道をゆがめることを許し続けてきたというのは、奇妙なことである。特にティンダルに関しては、モアはほとんど気が狂ったほどの憎悪にかられていたのだから。モアもすぐれた素質を持っている。しかし、宗教改革者を攻撃する時にはその素質は現れない。モアはティンダルに対して実に多くの滅茶苦茶な批評を書いているのだから、モアの研究者はティンダル自身を学ばないといけない。モアに対してはティンダルは短い本を一冊書いているだけである。ティンダルの研究に関してはモアはあまり重要ではない。ティンダルの世界は別のところにある。ティンダルの聖書を読んだ人々はティンダルのことをごく普通の隣人のように語る。モアについてそういう言い方をする人はいない。

ここで資料について多少記しておく必要があろう。ティンダル自身は自分のことをほとんど述べていない。役に立つ文書としては、たとえば、スティーヴン・ヴォーンがアントウェルペンから［トマス］クロムウェルにあてた手紙などがある。ジョン・フリスのような友人たちも、時にティンダルに言及している。モアも多少の事実を提供してはいる。しかしこれは吟味を要する。彼はお伽話の水準を越えてはいない。基本の資料はジョン・フォクスである。しかし、彼の場合も問題がある。彼の書くことが信用できないということではない。このことを検討してきた歴史学者たちの研究は、フォクスが以前考えられていたよりもずっと信用に値する、ということをますます示すようになってきている（註1）。あるいは、たとえば一方でユスタス・シャピュイのような、皇帝カール五世の官僚でキャサリン［王妃］寄りであり、彼女のライヴァルのアン・ブーリンの当時に宮廷のゴシップ集めをした人物を歴史家として評価し、他方で、生涯かけて丹念に公文書や書簡を収集、発行した（その膨大な蓄積は今日でも残っている）フォクスをおとしめる、というような流行の偏見もまた、フォクスを扱う上での主たる問題とは言えない。確かにフォクスはこの仕事をプロテスタントの宣伝家としてやったのであり、そのこと自体はいらいらさせるような要素を含んでいるけれども、そこに問題の中心があるわけでもない。主たる問題はフォクスの成功そのものにある。フォクスはメアリー女王の時の亡命者の一人で、その時代のイギリス宗教史の小さな本をラテン語であらわし、一五五四年にストラスブールで印刷発行したのが最初の本である。次いでその続きを一五五九年に二折りの大判で七百五十頁、六巻からなる大著として発行する。ただしこれもラテン語である。イギリスに帰ってから十八か月後に更に資料を集めて、一五六三年三月二〇日に最初の『（殉教者たちの）行動と記録（Acts and Monuments）』を英語で発行する。これはもっと大きい二折り判で、ほとんど一八〇〇頁にもなる。西暦千年にまでさかのぼり、ヨーロッパ全土にわたり、宗教的迫害の物語を記したのである。しかも、イングランドの歴史家のために、ほかにもいろいろあるが、たとえばノーウィッチ、ロンドン、カンタベリー、およびリッチフィールドの司教の記録簿と、おまけに私文書まで、完全に印刷してくれた。七年後に彼は『行動と記録』の英語第二版を発行する。今度は巨大な二折り判の二巻本で、二三〇〇頁にわたってともかく大きな頁がびっしり活字で覆われている（その活字もしばしばかなり小さい）。物語は今や使徒たちの時代にまでさかのぼり、更に多くの資料をそのまま印刷している。しかし、サイズの大きさのわりには、その後新しく入手した資料をすべて入れるために、第一版にのっていた資料を削らねばならなくなった。この二つの版を同時に参照せねばならないのだから、現代の研究者にとってどういう問題があるかすぐにでもわかろうというものだ。——加えて、各巻の年代がごたまぜになっていることで、困難は三十倍にもなる。彼の原則は、それ自体としては正しい原則には違いないのだが、死亡記事的な編集である。Xさん、Yさんの物語は、それぞれその死亡の時点で語られる。そして、こういう主項目の索引はあてにできる。けれども、それに加えて、付加的な素材が大量にあって、時に数十頁にもわたってばらまかれている。そしてこういう素材には索引がついていない。現代の研究者は、現代風にきれいに編集された版を必要とする。しかしそういうものは存在していない。図書館でもっとも容易に手に入れられるのは、ヴィクトリア時代に作られた八巻本である。この「編集」は、意図は結構なのだが、句読点に関して原典をかなり変えている（各頁ごとに胡椒壷いっぱいにもなるほどのコンマやセミコロンをちりばめてあって、まことにうんざりさせられる）。そして、フォクスの第二版、つまり一五七〇年のものが印刷されているのだが、そこに一五六三年の初版から取られたものが註につけられている（これはしばしば価値が大きいものであり、さもなければ失われてしまうことになる）。しかしこの註たるや、意地悪な脚註に押し込められていて、読者はいちいちそこに指摘されている初版の頁を開いて見ないといけない。しかし、この八巻本が最も容易に見ることができるものであるから、本書においてはこれに従うことにした。フォクス自身のさまざまな版の、今日僅かに残っているものから直接引用することはしていない（もっとも、必要な場合にはそうしているけれども）。引用や参照頁はこの八巻本のものである。従って、以下の註においては、たとえば「フォクス四巻（Foxe IV）」とあれば、この八巻本の第四巻のことである。この八巻本は最初一八四三年から一八四九年の間に発行された。ジョージ・タウンゼンドが序文を書き、編集している。再版は一八七七年に出され、実質的には初版と同じものだが、発行者はＪ・プラットとＪ・ストウトンである。これが各図書館で一九六五年までは標準版として扱われるようになっていたものである。しかし一九六五年になってニューヨークのＡＭＳ出版社がタウンゼンドの八巻本のファクシミリ版を発行した。このようにいろいろあるが、あまり気にすることはない。各巻の分け方や頁数はどれもみなまったく同じであるから。また、フォクスが集めたけれども発行することはしなかった素材が、十八世紀にジョン・ストライプによって集められ、ストライプ自身が集めた素材もつけ加えられている。これも数巻本でいろいろ発行されているが、使いにくさは大差ない。

同様の混乱はティンダル自身の著作に関してもあてはまる。彼が書いたすべての文章を（彼が書かなかったものまで）、聖書の翻訳は別として、ヘンリー・ウォルターが一八四八年にパーカー協会のために収集した。そしてすぐに、いささかうんざりするような厚さの三巻本で発行した。ここでもコンマとセミコロンがやたらと各頁に侵入している（そもそもセミコロンはティンダルの時代にはまだ用いられていなかった）。しかもウォルターは必ずしも原書の最も良い版を用いてはいない。しかしこれまた、これが今日手に入りうる唯一の発行物だから、本書でもここから引用し、参照頁もこれのものである。ウォルターは巻に番号をつけていない。以下の註で「PS一七六頁」等とあるのは、パーカー協会（Parker Society）の該当の巻のその頁、ということである。

ルターからの引用は、五八巻本のワイマール大型版からである。十六世紀のドイツ語の綴りを現代化しないでそのまま引用する方がいいと思った。これは一見（ティンダル風に言えば at first chop）、奇妙なやり方に見えるかもしれない。英語の著作は本書ではすべて綴りを現代化して引用しているのであるから。しかし、ティンダル自身が目の前にしていたものを読者にもそのまま目の前にしていただく方がいいかな、と思ったのである。

最後に、本書の原稿が印刷所にわたされた後で、大英図書館がティンダルの一五二六年のヴォルムス版の新約聖書を百万ポンドで購入する、ということが発表された。これは十八世紀末以降ブリストルのバプテスト・カレッジが所有していたものである。この貴重な小さな本は、二つの点で特色がある。各頁が豊かに装飾されている（ヴォルムス版はドイツの無味乾燥な印刷屋であるペーター・シェーファーが発行したのだが、この装飾はシェーファーの手によるものではない。写真1参照）。そしてこれは、ティンダルがこの時印刷させた三千部の中で（六千部だと言う人もいるが）、全頁がよく保存されている唯一のものである。ロンドンで、イングランドの聖書という冠の中のこの宝石を毎週毎週多くの人がゆっくりと観察し、このように今日でも直接に心に語りかけてくる言語で神の言葉を我々に与えてくれたティンダルのすぐれた技に感謝することができるようになることが期待される（訳註1a）。

# I 翻訳者の形成

# 第一章　グロスターシア

## ティンダルの家族

ティンダルという名前は多くの世紀にわたってエセックス、ノーサンプトンシア、ノーフォーク、そして特に、イングランドがセヴァーン川の広い谷をはさんでウェールズと向かいあっているグロスターシアに見られる名前である。グロスターシアには、遅くも十四世紀の半ば以降、この名前の人が存在している。この土地のティンダル家系の一部はハチンズという名前も持っていた。翻訳者ウィリアム・ティンダルはこの家系に属する（註1）。

この人物については、十歳代の終りごろにオクスフォードで学士の学位を取るまでは、文書上の記録は何も残っていない。どこで、いつ生れたか、という点についても、何の記録もない。しかし中部グロスターシアには強い伝承が伝わっているし、また、彼の一族についても多少の事実が知られている。生れた年は、最も可能性があるのは、一四九四年である。これは、一族の記録に残っているもののうち確かであると思われる多少の事柄と、オクスフォード大学の彼についての記録とから、計算されたものである。生れた場所は、最も可能性があるのは、ダースレーから数マイル以内であろう。ブリストルとグロスターの間、コッツウォルドの丘陵地帯の西の端あたりである。

ここには、人になずんだ、しかしそれなりの仕方で劇的な、風景がひろがっている。ダースレーから下って、西に五マイルほど行ったところ、セヴァーン川に近いあたりにバークレーの村がある。そこにはノルマン人の城があって——征服王ウィリアムの戴冠式が行なわれた場所であり、豪族たちがラニミードの前に集ったのもここだし（訳註1a）、エドワード二世が屈辱的な仕方で殺されたのもここであるが——その城は今もコッツウォルドの丘の下の平野を睥睨している。この平野は幅三マイルほどで、セヴァーン川にそって北東から南西へと十マイルほどのび、耕作と酪農に適した肥沃な土地で、バークレーの谷と呼ばれている。ダースレーの丘からバークレーを越えてむこうをみはるかすと、西方一マイル半のところにスティンチコウムがある。ここに今建っているきれいなチューダー王朝様式の家は、後になって建てられたものである。この郊外にあるメルクシャム・コートがおそらく、ウィリアム・ティンダルが生れた頃、その家族が住んでいた場所である。もっとも、彼がどこで生れたかは正確にはわかっていない。十五世紀末にテボタ・ホチンズという人物がメルクシャム・コートの借地人であった。彼女の借地権が一五〇〇年代のはじめごろリチャード・ティンダルに移っている。この人物がテボタの息子であるのか夫であるのか、もう少し遠い関係なのかはわからないけれども。夫だったとすれば、その子供たちはテボタとの間に生れたことになるが、うち息子が二人いた。トマスとウィリアムである。この二人が、リチャードが一五〇六年ないし七年の一月に亡くなった時に、共同してホチンズの借地権を継承した。アリス・ハントと結婚したのは、おそらくこのウィリアムであろう。彼女はスティンチコウムの南東二マイルのところにあるノース・ニブレーの村のそばのハンツ・コートと呼ばれる農園の出である。そのことから、翻訳者ティンダルはハンツ・コートの出身であるという後世の伝説が生れた。けれどもそのウィリアムは一五四〇年代にはまだ生きていた〔翻訳者ウィリアムは一五三六年に死んでいるから、この二人は同一人物ではありえない〕。しかし、ノース・ニブレーの教会で翻訳者ウィリアムが洗礼を受けた、という話は、スティンチコウムのどの地域で彼が生れたにせよ、ありえない話ではない。ノース・ニブレーの村を見下ろすようにしてニブレー・ノルの丘がそびえているが、ここに一八六六年になって翻訳者ウィリアム・ティンダルを記念する塔が建てられた。よく目立つ高い塔で、セヴァーンの谷の数マイル先からでも見ることができる。今日コツウォルド街道の長い道のりを歩いたことのある者にとってはおなじみの塔である。

スティンチコウムより三マイル北に、セヴァーン川にそって、スリムブリッジの村がある。ここから南西一マイル半のところにハースト・ファームという名前の家があり、そこにエドワード・ティンダルが住んでいた。有能で成功した人物であり、別の流れの情報によると、翻訳者ウィリアムの兄弟であったという。一五三三年にロンドンの司教ジョン・ストークスレーの書いた手紙が二通残っている。多分、ヘンリー八世の秘書官長であったトマス・クロムウェルに送られたものだが（第二の手紙には現金の賄賂が添えられている）、グロスターシアのある農地を彼の古くからの侍臣に与えてくれるように、と依頼する手紙である。対抗者の人物には与えないように、というのだが、その人物は「大異端者のティンダルの兄弟であるエドワード・ティンダルの親戚である」（註2）。一五三三年という年では、ストークスレーはエドワードの名前をこういう仕方でけなすことによってクロムウェルに対して点がかせげると思ったのだろう。本書の最後の章が示すように、ウィリアム・ティンダルに対する陰謀の指揮をとった人物は、おそらく、最も可能性が高いのは、このストークスレーである。この陰謀の結果ティンダルは裏切られ、逮捕され、十六ヶ月間投獄され、裁判を受け、死刑にされた。ストークスレーはエドワードがその地域では勢力のある人物であるということを知っていた。というのは、ストークレー自身一五〇九年以降スリムブリッジの教区司祭であったからである。もっともこの教区には司祭補がいたので（二人居たかもしれない)、ストークスレー自身は兼任司祭にすぎなかった。彼はほかにも少なくとも二個所の収入源があった。だからおそらく自分の教区を訪ねたこともなかっただろう。しかし彼はまた一四九五年以来［オクスフォードの］モードリン・カレッジのフェロウ兼チューターでもあった。そして一五〇五年以降はこのカレッジの副学長になっている。また一四九八年にはモードリン・ホールの校長でもあった。モードリン・ホールは当時はモードリン・カレッジと密接につながっていたので、その敷地の中にあったのだが、ウィリアム・ティンダルが一五〇六年から一五一六年にかけてオクスフォードで学んだのはこの場所である。だから、ストークスレーはグロスターシアのティンダル一族についてかなりよく知っていた、と考えざるをえない。

ティンダル一族の財産は小さくはなかった。ウィリアム・ティンダルは適度に豊かな商人や土地所有者を含む家系に属していたのである。地方の権力を維持していたのは、教会のほかには、こういう人たちであった。ウィリアム・ティンダルは卑賤な出身からはい上がり、いわば取るに足らぬ一族の出身の田舎鼠が、ロンドンの巨大な、互いにつながりあっているライオンたちの勢力に敢えて立ち向かったのだ、というのは嘘である。むしろこれはさかさまであろう。ロンドンの司教カスバート・タンストールはヨークシアのひなびた寒村の地主の庶子として生れた、と噂されていた。トマス・クロムウェルはロンドンの醸造業者の息子であり、トマス・モアの祖父はロンドンのパン屋であった(註3)。ティンダル家の人々は、イングランドの最も豊かな地域の一つで成功した人々であって、頭を高くして生きていたはずである。一五二二年までには、ティンダル家は実際に裕福で影響力のある立場になっていた(註4)。

エドワード・ティンダルは——もう一人の兄弟のジョンと同様、彼もハチンズという名前は用いなかった——グロスターシアでは目立った人物であった。バークレーの侯爵が一四九二年に死んだ時に、自分の土地の支配権を明らかに遺恨のせいで弟に譲らず、王室に遺贈した。そこで、バークレーの土地からあがる王室への借地料その他の支払いを管理する管財人が定められた。こういう王室管財人は、バークレーの侯爵家が最近手離した地域の権限を大幅に継承するので、大きな勢力者となった。バークレー侯は自分の土地を離れることなくロンドンまで行ける、と言われるほど、その領地は広かったのである。その王室管財人の最初の時期の一人がリトル・ソドベリー荘園のサー・ジョン・ウォルシュであった。後にウィリアム・ティンダルを最初に雇うことになった人物である。一五一九年以降彼の跡を継いだのがエドワード・ティンダルである。後に、一五二九年に、エドワードはスリムブリッジのハースト家の荘園の借地権を得ている。更に後に、デマウスが述べているように、「テュークスベリーの修道院長の許可によりウスターのブッシュレー教区にあるプル家の荘園（プルコートと呼ばれた）を手に入れた。またサマセット州のケインシャムに隣接するバーネット家の荘園をも手に入れた。彼の遺言は一五四六年にロンドンで検認されたが、彼が資産家であったことを示している……」(註5)。彼は何度もグロスターシア、ウスターシア、サマセットの三つの地方の責任ある地位を兼任している。ディソリューション［ヘンリー八世の時に修道院が解散させられたこと］の時には、この場合も彼はサー・ジョン・ウォルシュの後継者として、テュークスベリー修道院の監査官兼管財人に任命された。彼は富裕であっただけでなく有能でもあり、ウォルシュやティンダル家の兄弟ジョンと同様に、改革運動を支持する方向に傾いていた。一五二〇年代はじめにはまだトマスだけが土地を持っていた。エドワードの実力は商売にあった(註6)。

ティンダルという名前は北方の出、つまりノーサンバーランドのタイン地方に由来する、ということを示唆する。エドワードの子孫が一六六三年に書いた手紙で、バークレーの谷のティンダル一族は薔薇戦争の時に北方から来てグロスターシアに住みついたティンダルという人物の子孫である、と述べている。この人物は、安全のために名前をハチンズに変え、死ぬ時になってはじめて子供たちに本当の名前はティンダルであるということを教えた、という。王政復古の時代に編まれたこの刺繡模様のような粉飾に満ちた物語は、しかしながら、もしかすると一本の真理の糸を含んでいるかもしれない。つまり、ティンダルという名前は北方に由来する、という点は。ティンダルの名前にハチンズをつけ加え続けた理由は、おそらく、結婚によって得られた遺産を記念する、といったあたりが事実であろうか。ハチンズやそれと同系の名前は今日でもスティンチコウム地方一帯にふつうに見られる名前である。十六世紀には、ロンドンの上層社会では、ティンダルという名前の方がハチンズよりは響きがよかったようである。一五三〇年代にサー・トマス・モアがウィリアム・ティンダルのことをあざ笑おうとした時には、ハチンズと呼んでいる。

つまり、翻訳者ティンダルはグロスターシアの有力な人々を含む大きな一族に属していた。この地方では広い地域にわたって尊敬されていた一族で、ロンドンでも知られた一族だった。彼の子供の頃のことは、この環境であれば、想像がつく。ウィリアム・ティンダルの若き日のことについては確かな情報はまったく欠けているので、残念ながら、想像する以外にしかたがない。グロスターシアの農村地域であったこの土地では、小さい子供にとって生活は豊かさに満ちていたことだろう。農業は繁栄していたし、商業も、特に羊毛と服地において繁栄していた。家も庭も良くしつらえてあり、土地の市や行事も盛んであった。そして北方からの主な通商路はすべてセヴァーン川の東岸のこの細長い土地に、まるで漏斗を通すように、集まってきていた。街道はここから更に南と西にむかい、ブリストルを経てロンドンに、あるいは西の海岸へと通っていた。通商はブリストルから南アイルランドやヨーロッパ南部にも到達し、アフリカにまで届いていた。サザンプトンからは、ロンドンや北ヨーロッパに行くことができただろう。ヘレフォードやウスターへの巡礼路もこの土地を通りぬけており、交通量が多かった（註7）。非常に遠方からのニュースや影響もここではすぐに知られた。ティンダルの生れた土地を「遠隔の地」とみなすのは、もしもこの表現を広い世界の活動から切り離されているという意味に用いるのであるとすれば、間違っている（註8）。地域の教育は良いものであった。ティンダルは子供の時、おそらくは、スティンチコウムから南西四マイルほど離れたウォトン・アンダー・エッジで多少の学校教育を受けたと考えられる。そこにはすぐれたグラマー・スクールが存在した。この学校は一三八四年にバークレー侯の遺産の後継者である夫人によって創設されたものである。

ティンダル自身は自分の子どもの頃については、小さい事実を一つ述べているだけである。『キリスト者の服従』において書いていることだが、「……もしも私の記憶が間違っていて、子どもの頃に読んだことを忘れてしまったのでないとすれば、イングランドの年代記に、アデルストン〔アセルスタンのこと〕王が聖書を当時のイングランドで用いられていた言語に翻訳させようとし、高位聖職者たちも王にそれを勧めた、という話がのっているはずである」（註9）。『服従』という書物は修辞の技法で満ちあふれており、この個所では recordatio（記憶を思い出すこと）と testatio（自分自身の経験によって確認すること）の二つが出て来る。ふつうに知られていることについて自分の記憶が定かでないとしても、それが事実であろうと推論する仕方である（現代風に言えば、「一足す二は四。少なくとも、私が学校に居たころにはそのように言っていたと思う」というような言い方）。この前後関係ではティンダルは、聖書を英語で持つことは過去数世紀にわたり国民全体の生命の重要な部分であった、ということを強調している。彼が読んでいた「イングランドの年代記」が何か特定の書物のことを指しているのだとしても、それがどの書物であるのかわからない。アセルスタンは祖父アルフレッドの例にならって勉強に熱心であり、国民の教育にも熱心であった。マームズベリーのウィリアムが十二世紀に書いたアセルスタンの記録『王たちの業績（De gestis regum）』という書物は、ティンダルの言っていることを支持するようである。ティンダルが若い頃読んだイングランドの王様たちの年代記というのは、この本のことかもしれない。「自分が子どもであった時」というのが何歳ぐらいのことを指すのかわからないが、彼のラテン語の知識はすでにその年齢で相当なものであっただろうし、マームズベリーのウィリアムを読むことぐらいできたであろう。ウィリアムはウォトン・アンダー・エッジの南東十二マイルほどのところにあるマームズベリー修道院の司書だったのだから、ウォトン・アンダー・エッジのグラマー・スクールで地元の年代記作者として教科書に使われた可能性は十分にある（註10）。

## 一五〇〇年のグロスターシア

ウィリアム・ティンダルの育ちについて注意しておいてもよいことがいくつかある。一つは景色である。コツウォルドというのは文明化された丘である。非常に古い時代からずっと人が定住してきた。丘に守られた谷地は穀物に満ち、丘は羊でいっぱいである。町や村は活発な産業の中心地で、澄んだ早い流れの川にそっており、土地でとれる石で作った親しみのある、魅力的な建物が日光に映えて、美しい。コツウォルドの丘の長い西斜面は広いセヴァーンの谷のむこうにウェールズ地方の丘や山々をみはるかす。コツウォルドの丘のいくつかはすばらしい眺めを提供する。北は、セヴァーン川にそってさかのぼり、モルヴァーンの丘にいたり、さらに遠くまで見える。西は、セヴァーン川の向う岸、ウェールズに深くくいこんでいる。南は、セヴァーン川が曲がるのに応じてブリストル周辺の地方まで見える。スティンチコウムの丘そのものが有名な見晴らしのいいところである。そこからは七つの国が見える、と言われている。ウィリアム・ティンダルは少年の頃、ちょっとこの丘の上にのぼって、広くひろがる見晴らしを楽しんだりしたはずである。加えて、彼は、セヴァーンの谷の向う側には、別の、非常に異なった言語を持った人々が住んでいる、ということを知りつつ育ったであろう。この地域の通常の通商活動の中でウェールズ語が多く話されるのを当然聞いていたはずである。

最も偉大な英語の使い手たちのうちの何人かは、他の文化、他の言語と接する境界のところに居た、ということを考えてみるのは、奇抜に思えるかもしれないが、面白い事実である。たとえばチョーサーはロンドンのプールで働いていた役人であったが、当時知られていた世界を広く航海してきたさまざまな国籍の船乗りたちと話しあうことにかなりの時間を費やしていた。シェイクスピアは、事実上境界線にある町で成長した。そこでは、大きな中央市場で、のんびりした英語が火のようなケルト語に出会っていたのである。ストラトフォード・オン・エイヴォンはウォリクシアのローム地にあったが、ウェールズに近かったから、彼は十分にその地の人々や言語を知りえたはずである。現に彼はさまざまなウェールズ人の男女をその劇の中に登場させている（フルーエリン、サー・ジョン・エヴァンズ、グレンダワーとその娘。彼女はウェールズ語しか話さない）（訳註10 a）。その一人一人を彼は、それぞれ別様に、関心と愛情をもって描いている。こういうことは、彼の劇に登場するスコットランド人、アイルランド人、フランス人、スペイン人、イタリア人、ドイツ人の登場人物には見られないことである。ティンダルは長じて有名な語学の達人となった。英語と同じくらいに、まるで生れ育った言語のように、他の七つの言語を知っている、ということでヨーロッパでよく知られた人物だった。グロスターシアからはすでに数世代にわたってイングランドの商人がオランダ、フランス、さらには遠くイタリアやスペインにまで旅立っていた。逆にまたそれらの国々からグロスターシアへと、すでに長い以前から、商人が訪れていた。コッツウォルドの羊の丈夫で白い羊毛を羊一頭分ずつ、それも春や秋の毛を刈るのに最も良い季節に、自分自身で仕入れるために（註11）。やがて、生の羊毛よりも毛織物の方が利益があがるということが認識されるにつれて、商売は洗練されていった。ティンダルの少年時代にはすでに、ダースレーなどの村々は布地を晒したり染めたりするのに良い水があったから、輸出用の布を生産するようになっていた。それに応じて外国とのつながりも増していったのである。ウィリアムは若い頃にすでに異なるさまざまな言語についての感覚をもって育っていったはずである。彼は無味乾燥な言語学者になったのではない。翻訳者としての彼の才能の一部は、庶民が多少気負った時に普通に用いる言語を知っていて、その水準で翻訳の言葉を用いることができた、という点にあった（「私は弟の管理人なんでしょうか（Am I my brother's keeper?）」〔創世記四・九〕、「日の重荷と灼熱（the burden and heat of the day）」〔マタイ二〇・一二〕、「時の徴（the signs of the times）」〔マタイ一六・三〕、「自分自身に対する法（a law unto themselves）」〔ローマ二・一四〕。その頃の格言に「神がグロスターシアにいますのと同じぐらい確かに」という言い方があるが、それは中世の終りごろにはこの土地の三分の一ぐらいが教会領であったという事実にもよるのだろうけれども、同様にまた、この土地の自然の富と人間社会の繁栄とを指していたのかもしれない。グロスターシアは住むに良い土地で、安全で、自給でき、広い交流があった。ウィリアム・ティンダルの故郷という点では、彼が少年時代を過ごしたグロスターシアという土地の堅実さに加えて、遠い世界への展望を持てたということをあげるのは、それほど無理な想像ではあるまい。そしてその展望の中には、さまざまな言語の日常語の独自性を知ることができたということが含まれる。

ウィリアム・ティンダルが育ったバークレーの谷の住民の生活について、ここでもう少し述べるのがよかろう。グロスターシアは一五〇〇年にはおよそ五万人の人口があった。そのほとんどは農村部の人口であった（註12）。この土地で農村部に織物産業の地域中心地が数多く発達した理由は――その中でもバークレーの谷は特に重要であったが――一つには、コッツウォルドから流れ下るいくつもの急流のせいである。小さい集落の多くは、イングランドを北部や中部からブリストルやエクセターへと下る主な街道ぞいにあつまり、またセヴァーン川を水路として用いることができた。この産業の発達と並行する出来事は、地方の政治や国の政治に関して、大教会や世俗の支配者から中産階級の人々へと権力が移行する数世紀にわたる変化のはじまりであった。これら中産階級の人々は、「宗教的な支配者や世俗の王たちよりも自分たちの方が国のことがらをうまくやっていくことができる、と当然のように考えていた。何故なら、草の根の大部分の活動を組織的にまとめる仕事をしていたのは、現に彼らであったからである。人口の九五％は草の根の場所で生きていたので、ここが重要な場所であったのだ」（註13）。国全体にわたっての、さらには国の外までひろがる交流のネットワークは強いものであった。住民は自分たちのことを、また他との交流のつながりを、非常によく知っていた。バークレーの谷の内部には、およそ一五〇世帯が住んでいた。それらの世帯はそれぞれ大きな家族に属し、家族数は全部でおよそ三〇家族存在した（註14）。織物産業がこの人口の半分を支えていた。織物は、全部で十四の異なった仕事に分れていた。

女性や子どもの労働も数えると、羊を育て、羊毛を採り、布地に仕上げ、それを土地の、あるいは国全体の、さらには国際的な市場へと出す作業は、ほかのいかなる活動よりも多くの時間をしめている。それより多いのはおそらく睡眠時間だけだろう……。一方の端に羊飼いがいる。他方の端に商人と仕立屋と消費者がいる。その間に、羊毛の刈り手、梱包人、荷車に積み込む人、運ぶ人、積み荷を下ろす人、市場の役人、羊毛商人、水車場の主人と労働者、反物商、船長と船乗り、糸巻き人と糸紡ぎ人、梳毛機を作る人と梳毛する人、織り手、晒し手、染色人……。一三〇〇年より一八四〇年までの間、他の何よりも繊維産業がこの地方に富をもたらした……。（註15）

このすべてにおいてエドワード・ティンダルはバークレーの谷で最も有力な人物であって、古いバークレーの家族たちの新しい企業を推進していった。四人目の弟であるジョン・ティンダルはこの谷での織物の生産とロンドンでの販売とを組織化した。後にウィリアム・ティンダルがロンドンでハンフリー・モンマスという名前の織物商人の援助を得たのも不思議なことではない。この名前はセヴァーン近隣の出身であることを示唆する（註16）。ティンダルの聖書の翻訳を配布したことで焚刑になった最初の人物の一人であるジョン・テュークスベリーは、その名前からすればこのすぐ北にある大修道院の町とつながりがあると考えられるが、織物産業に付随する皮革製品の売り手であった。ウィリアム・ティンダルがケルンに亡命し、さらにヴォルムス、アントウェルペンに亡命した時、国際的な織物商人の輸出入の経路を利用して自分の書物を織物の貨物の中に入れてイングランドに密輸することができたのは、故なきわけではない。

オクスフォードの人物であり、ベイリャル寮の寮長であったジョン・ウィクリフ（彼が一三七八年に国会と対決したのはグロスターにおいてであった）の当時から、セヴァーンの谷の繊維産業地帯は「ロラディ」の栄えた主な地域の一つであった。ロラディというのはもともとはウィクリフに従った人々やその後継者たちを軽蔑して呼ぶ不正確な用語であった（現代において共産主義者を呼ぶのに「コミ」と言ったのと似ている）。彼らは自分たちの信仰の神学的基盤を聖書に置き、自分たちの言語に翻訳した聖書を重んじていた。そこから彼らは正統派教会の腐敗した慣習を攻撃した。ウィリアム・ラングランドの壮大な織物のようなアレゴリーの詩『農夫ピアズ』の大部分はウィクリフの当時に書かれたものであるが（一三六〇年より一三九〇年）、そしてウィクリフと同じように教会の慣習の多くに対して批判的であったが、その場面はバークレーの谷とその少し北のモルヴァーンの丘に設定されている。十五世紀初頭の厳しい弾圧でさえも教会の聖職者に反対する運動を消し去ることはできなかったし、織物産業に従事する人たちとロラディとはイングランドにおいてすでに長い間結びついていたのである（註17）。ティンダルの当時では、「織物の人々」がオクスフォードシアやグロスターだけでなく、エセックス州やケント州でも、織物製品だけでなく、「［聖書の］御言葉」を村から村へと運んでいたのだ（註18）。彼らはまたロンドンのいくつかの織物会館にある同業組合の集会所や羊毛の市場などを訪れていた。これらの場所は織物布地だけでなく、思想の交換の場所でもあった（註19）。ウィリアム・ティンダルが一五二五年以後海外で仕事をしはじめて以降、「御言葉」にはもはや単なる言葉による教えやロラード聖書の写本の一部分だけでなく、あるいは書かれた文書集だけでなく、「異端」の印刷物、つまり印刷された聖書の一部もしくは全部を含むことになった。

## 方言のティンダルへの影響

このような諸地方にわたりロンドンにまでいたる流通の発達は、もう一つ別の効果を持った。その点については、ある程度確信をもって述べることができる。ティンダルの聖書の翻訳は英語を話すすべての人々に対して訴えかける非凡な力を持っている。それはイギリスのどの方言を話す人々に対しても、というだけでなく、地球全体に及んでいる。今日のロンドン北部に住むヘブライ語学者もヘブリディーズ諸島の小作人も同様にティンダルの聖書に感銘を受けている。アメリカの最も田舎の人々もオーストラリアの都会人も、同様に感動している。地球は小さくなりつつあるとしても、なお、地域ごとの特色はかなり敏感に感じられていることを考えれば（たとえばイングランドにおいてはアメリカ風の言い方が気になるとか）、ティンダルがこのように全世界に訴える言語を達成したということは驚くべきことである。一五〇〇年にはまだイングランドの中でも地方ごとの方言の相違は大きかったのであるから、それを考えれば、このことの意味はますます大きいと言える。ティンダルの基本はバークレーの谷の言葉であった。これは、ティンダルより百年ほど後のある歴史家の記録によれば、他のすべてのこういう地域言語と同じことであるけれども、音声、構文、語彙のいずれにおいても特色があった（註20）。彼の印刷された聖書にも時々グロスターシアの言葉が出て来る。たとえば創世記三一章〔四九節〕の toot-hill などがそうである。これは見張りのために用いられる丘の意味である〔日本語訳では訳さずに「ミズパ」と音写したり、「見張り所」という訳語をあてたりしている〕（註21）。あるいは、「鳥」の名前で back とか ixion というのが出て来たり、目が小さいということを言うのに perleyed と言い、「お願いします（I pray you)」と言うかわりに fellowship と言う、などという奇妙な単語も用いている（註22）。これらはほかでは知られていない表現であるから、おそらくはこの土地の独自の表現である。しかしこういう例はごく僅かしかない。それよりもっと重要なのは、同じ認識はシェイクスピアにも見られることであるが、自分が生れ育った言語の諸要素に基づいて自分の文章を書くこと、たとえばラテン語系の単語や語順よりも英語の自然な語順や単語を用いることが、広い範囲で理解される文章になる、ということを彼は認識していた、ということである。この点に関し二つ例をあげておこう。第一は、ティンダルはその土地でよく用いられる英語の単語に重きを置いていた、ということである。たとえばティンダルは、キリスト教会の指導者を意味するギリシャ語の presbuteros の訳語として、結局、elder（長老）という語を選んだのであるが、これは新約のギリシャ語に非常に近い訳語であるにせよ、当時の教会のヒエラルキーに対してはおそろしい侮辱を意味した。教会は presbuteros と hieros（祭司、priest）とを区別しようとしなかったからである。後者は、新約ではユダヤ教の聖職者について用いられている（訳註22a）。こういう訳語が惹き起こした敵意だけでも、その訳語を含む書物が公に焚書処分になるには十分であったのだ。しかし elder という語は単にギリシャ語の presbuteros の訳語として的確であるというだけではない。その土地の［キリスト教信者の］集会（congregation）。この語を「教会（church）」の代りに用いることも「異端」とされた）を指導する知恵と経験のある人物を意味する英語の単語として的確なものであった。こういうところが、ティンダルのギリシャ語学者としての素養、新約聖書神学者としての素養と、自分のまわりの人々がどのように英語を用いるかということについての理解とが、重なりあう点なのである。スティンチコウムやノース・ニブレーでは、村の elder といえば、「近隣の人々を実生活上十分に助け、助言することのできる人に与えられた称号」（註23）である。ティンダルが地に足のついた行動の仕方を理解していること、神学を常識的な表現で表現すること、信仰は行為を生み出すべきだという実生活的な考え方などは、彼がいつもルターと異なるとされる点であるし、また、ルターがティンダルを作ったよりもはるかに多くグロスターシアがティンダルを作ったのだと主張するのは（註24）、この点で正鵠を得ている。『服従』のいくつかの頁は、よく言われる言い方がこの地方でどういう意味を持っているか、ということの説明に割かれている（註25）。だが、九九％のイングランド人が地方社会のさまざまな水準で経験している日常生活のこの普通の実用性は、ティンダルに異端しか見なかった教会の司教たちには見えなかったのである。

土地の言語のもたらす効果の第二点は、この土地の人々が短く鋭い言葉の中にうまく知恵を盛り込む、昔からつづいてきた巧みさであった。それぞれの職域の職人たちがそれぞれの独得のものの言い方を持っていた。今でも持っている。それはちょうど英語の方言が、それぞれ独得の語彙を持っていた、今でも持っている、のと同じことである。バークレーの谷に固有のものの言い方が同時にこの谷の全国的なまた国際的な関係に結びついていたとか、織物の仕事に固有のものの言い方と、この地方のほとんどすべての人々が織物の仕事に大きく包みこまれていることとの関係など、そういったつながりが、少なくとも日常の言語をやや格調高い形に高めた英語の文章語を生み出す可能性をもたらした。それがまさにわれわれがティンダルの聖書の翻訳に見出す英語なのである。「求めよ、そうすれば与えられるだろう。たずねよ、そうすれば見出すだろう。門をたたけ、そうすればあなたに対し開けられるだろう（Ask and it shall be given you. Seek and ye shall find. Knock and it shall be opened unto you)」［マタイ七・七］（註26）といった格言に近い言い方は、大工の「二度測って、一度切れ」（Measure twice and cut once）といった格言が実践的な知恵をグループからグループへ、世代から世代へと伝える役割を果たしていたのと同じ効果をもたらす。こういった言い方は、それ自体として、リズムを持ち、しばしばほとんど韻をふむくらいに、巧みに作られている。中世の豊富な、しばしば多言語を組み合わせた格言が今日まで伝えられているが、そういうものを収集すると（註27）、格言というものの長い歴史の一端が見えてくる。世情に流布したこういう言い方を集めたものは、説教にも利用されたし、文法や修辞を学ぶのにも利用されたものだった（註

28)。年月をかけて磨きあげられた表現や、同じものごとを言うのにいろいろ異なった表現を用いる仕方などが、十六世紀の学校で、主としてエラスムスの影響などで復興した修辞の技法の基礎だったのである。けれども、地方に伝わる格言は、地に足のついたものの考え方や教え方を維持する点でも重要であった。この方がもっと重要であったとさえ言えよう。たとえば、ノース・ニブレー地方に伝えられた格言だが、「ウェストリッジの森がまだら色になったら、大麦の種をまく時である」(註29)。この格言の意図は、「ウェストリッジの森」といった風景に言及して、風景に定着させてものごとを覚えておこう、ということである。さまざまな理念を空間の一部(身体とか部屋とか)に心理的に関係づけておくことによって、それを後にうまく総合的に思い出すことができるようにするギリシャ・ローマの古典の時代の記憶術のルネサンス期における再発見は、後になって十六世紀の知的エリートたちによってイタリアから伝えられたものだ、とふつう説明されてきた。しかしながら、恒常的に存在する風景に生活の知恵を結びつける仕方は、長い間、土地の生活の一部となっていたのである。聖書のギリシャ語やヘブライ語を英語で語らせるティンダルのぬきんでた能力は、少なくともその一部は、スティンチコウムやノース・ニブレーやスリムブリッジの織物産業の村々ですごした彼の子供のころの土地の言語に由来する。しかもウェストリッジの森はティンダル家に属していた(註30)。ティンダルがすぐれて明晰な言語表現をなすことができるようになったには、多くの力が重なって働いている。オクスフォードでの論理学や修辞学の訓練、ラテン語、ギリシャ語、ドイツ語、フランス語、ヘブライ語、スペイン語、イタリア語の知識(また更にほかの言語についても何ほどかの知識をもっていただろう。その中にはウェールズ語も含まれる)、またそれらを英語に訳す興味と技術、ロンドンの同業組合の会館における仕事の世界、説教をなすための巧んだ技術、など。こういったものをティンダルは意図的に利用している。しかし、無意識の基盤とでも言うべきものは、バークレーの谷で両親や兄弟や友人や隣人が話していた言葉、役人や労働者や聖職者や農夫たちの話していた言葉である。これこそ、言葉の可能な限り広い意味において、中期英語からの遺産である（註31）。彼はギリシャ語やヘブライ語を自分が最もよく知っている言葉に、彼が母親の乳とともに身につけていった言葉に翻訳したのである。

ティンダルは英語で書かれた文学についてほとんど言及していない。ロビン・フッド物語に三、四度言及しているのがほとんどすべてである。それも常に悪口を言っている。サー・フィリップ・シドニーが十六世紀の終りに英語の詩を低く評価して以来（彼はそれをイタリアや西洋古典の基準だけに基づいて評価したのであるが）、その影響で、そもそも英語にはシドニーの時代より古い文学などほとんどなく、残っているものも貧弱で、チョーサーの『トロイラスとクリセーデ』（「しかも彼にも大きな欠点がある」）やサリーの詩など僅かな例外があるだけである、といったような言い方がはやってきた。しかしシドニーが例外としてあげているものは、イタリアの影響を大きくこうむったものである。シドニーは英語の詩の再生を待望していて、その故に、古いものを非難したのである。『羊飼いの暦』の牧歌などはシドニーの誉めるところであるが、「(スペンサーの) 自分の文体を古い田舎の言葉の枠にあわせる仕方を私は許すことができない。ギリシャ語のテオクリトスもラテン語のヴェルギリウスもイタリア語のサンナザロもそういうことはしなかった」（註32）。

## 英語で書かれた文献

ティンダルに関係のある特別な理由があるので、ここでもう少し、彼がオクスフォードにいた時期に、どういう文書が英語で書かれていたかを見ておくことにしよう。すでに数十年ほど前から、半ば法的な教会文書はますます英語で書かれるようになってきていた。教区民訪問の報告書や教区委員の記録だけでなく、遺言状も英語で書かれるようになった。やがて、こういう文書はほとんどすべて英語で書かれることになる。文学としては、シドニーの『詩の弁護』の七十年前、ジョージ・パトナムの『英語詩の技術』の八十年前にすでにアレクサンダー・バークレイの『愚者の船』が出ている（一五〇九年）。しかしそれはドイツ語からの翻訳であった。ほかに、バークレイの詩がいくつかあり、スティーヴン・ホウズの詩がいくつかあった。道徳劇『すべての人』が書かれたのもこの頃かもしれない。しかしこれもまた翻訳である。ジョン・スケルトンのきびきびと生き生きした才能のある詩もあった。キャクストンとエラスムスがこれを誉めている（エラスムスはスケルトンを「イングランド文学の光と栄光」と呼んでいる）。彼の戯曲『荘厳』もある。それで、以上ですべてである、と我々は教わってきた。これらは今日もはやほとんど、スケルトンでさえも、読まれていない。『すべての人』は時々上演されているけれども。当時のイングランドの印刷業者はキャクストンの前例にならって、貴族層の読者のために、古い名作をくり返し印刷してきた。その中にはチョーサーを豪華本で再版したりすることが含まれる。しかしチョーサーは当時すでに百五十年前の人物であった。ティンダルがオクスフォードを離れる頃に印刷されたポピュラーな書物の一つにサー・トマス・モアの『ユートピア』がある。これはしかしルヴァンで印刷され、ラテン語の本であった。この本の主人公のヒスロダエウス（Hythlodaeus、「無意味なことを語る人」という意味で、モアが皮肉に創作したギリシャ風の名前）はトランクいっぱいの本を持って旅行に出かけるのだが、その中には英語の本は一冊もないし、キャクストンが印刷したものも一冊もなかった。ヒスロダエウスの「無意味」は当時の流行の最先端であった人文主義であって、彼の本はすべてギリシャ語のものである。キケロやセネカといった少数の著者を別とすれば、ラテン語の著者さえ拒絶されている。ユートピアの人々はギリシャ語と印刷術とに出会い、それでまったく満足する。ほかに何も必要としない。

しかし、十六世紀はじめごろに土着の伝統が強く存在したということを否定するのは神話であって、訂正される必要があろう。イタリアの陽光にくらまされた目は――そのイタリアの陽光自体、古代ギリシャ、ローマに満ちていたのであるが――英語の韻文や散文を見ることをしなかっただけでなく、しばしば、それにはいかなる批評の価値もないと否定していた。確かに、今日バークレイやホウズを読む人はほとんどいない。この二人が教科書でいつも名前をあげられるのは、多分そのせいだろう。スコットランドの詩人ガヴィン・ダグラスやウィリアム・ダンバーは国境の向う側であるから、かえりみられない。バーナーズ卿によって代表されるイングランドの騎士的伝統は、印刷物で見つけることは難しい。けれども、世間に流布している評価はやはりゆがんでいると言わざるをえない。土着の豊かな伝統は相変らずひどく無視されつづけているけれども、その中から、ここでは、ほんの二つの小さい例をあげるにとどめよう。第一に、奇跡的とも言える効果をもった短い祈祷集、「特祷」(the collects) と呼ばれるものだが、その四十年後に作られたクランマーの『祈祷書』の中に採用されているけれども、これは、出所不明などというものではない。すぐれた巧みさと美しさをもった英語の宗教的文章の長い伝統がたどりついた結果なのである(註33)。こういった文書が短い文によって調和とバランスを作り出す技術は、ティンダルによく知られていたはずである。彼はくり返しこの技術を用いている。たとえばヨハネ福音書一四章の最初の句［二―三節］、「私はあなたがたのための場所を用意しに行く。あなたがたのための場所を用意しに行くけれども、また再び来る。そしてあなたがたをまさに私自身に、私自身が居るところに、受け入れる。あなたがたもまたそこに居ることになろう (I go to prepare a place for you. And if I go to prepare a place for you, I will come again, and receive you even unto myself, that where I am, there may ye be also.)」。もう一つは、一見不思議に思えることであるが、アントウェルペンの印刷業者が十六世紀のごくはじめごろに英語の大きな市場に目をつけるようになった最初に、一五〇二年ごろ、イングランドで売りに出すためにまず最初に印刷した本のうちの一つは『くるみ色の髪の女の子』(The Nut-Brown Maid) であった。例の神秘的な愛の会話の詩である (「私の心の中では、すべての人類の中で、あなたしか愛していません (For in my mind of all mankind / I love but you alone)」)。これはロビン・フッドや、あるいは百年後のシェイクスピアの『お気にめすまま』と同じぐらいに英語の作品なのである。『くるみ色の女の子』は『お気にめすまま』とある種の類似性を持っている。その由来や流布状態は何もわかっていないが、ともかく、ティンダルの時代の一人の外国の印刷業者が売り上げが期待される英語の本の一つとしてこれを考えたのであった。この業者はほかに『アーノルドの年代記』(Arnold's Chronicle)という古物趣味の、法律や行政関係の雑録その他何でも寄せ集めた、料理の調理法までものっている雑本を英語で出版している。イングランドとスコットランドの民話詩の伝統はもちろんよく記録に残されていて、シドニーでさえもこういう物語詩の力を認めている。「それは子どもを遊びから、老人を暖炉の煙突のそばから引き離す」(註34)。しかし我々が知っているのは手書きか印刷かで保存されたものだけであって、失われたもののカタログは存在していない。『くるみ色の女の子』は、その心理においても、様式においても、必ずしもバラードではない。だが、その他の点ではその時代としては非常に強く英語的であったのだが、今日では、我々が共通に理解している文学史の中ではこの作品は単純に無視されている(註35)。この場合も、文章の巧みさは短い、効果的な文を重ねていく点にある。心理的に高揚した個所では、いわば格言を拡張して詩にしていくような仕方である。これまたティンダルが、たとえば譬え話の翻訳などでよく意識して用いている技法である。あるいはマタイ福音書四章のはじめのイエスの誘惑物語［四、七、十節］、「人はパンのみによって生きるのではない……。主なる神を試みてはならない……主なる汝の神を礼拝せよ……(Man shall not live by bread only ... Thou shalt not tempt thy Lord God ... Thou shalt worship the Lord thy God ...)」

ティンダルが詩や音楽についてどのような観察をしているかは、たまたま言及したというような個所以外には何もわからない。彼はロビン・フッドの民話を軽蔑している。しかしまた、この言及や似たような他の言及の場合も、人々の心を何によって満たすべきか、という強い議論の中でなしているのである。その議論は、教会の教えの中で聖書が、つまり神の言葉が、欠けているという驚くべき欠点を指摘するためである(註36)。彼は、子どもたちが節をつけて歌っていると述べているが、この単語を(descant)彼は数回用いている(註37)。このようにティンダルが詩や音楽に言及することは僅かであるが、だからとてティンダルが詩や音楽を理解しなかったと言うことはできない。たとえば、十八世紀の詩人アレクサンダー・ポウプについて、音楽を聴く耳は持っていなかった、という言い方がよくなされてきた。しかしこれは、調べてみれば、嫉妬にかられたライヴァルが意図的にふりまいた悪口に由来するということがわかるが、それだけでなく、ポウプがその叙事詩的二行連句で達成している詩的効果にふれたことのある者なら、それらの連句を響かせている彼の耳が音楽的であるのはもちろんのこと、むしろ音楽的に際立ってすぐれている、ということを片時といえども疑うことはできないだろう(註38)。同様に、ティンダルの精神がはっきりした仕方で詩に満たされることはなく、詩文を書くこともしなかったし、彼の翻訳協力者のウィリアム・ロイが書いた詩文に対して腹を立てていたけれども(註39)、そして音楽に言及することはめったにないにしても、英語の音やリズムでもってティンダルがどれほどの効果を生み出しているかに気がつくことのできる者ならば、ティンダルが顕著に詩的で音楽的な耳を持っていたということを疑うことはしないだろう。このように、ティンダルに影響を与えたこととして、グロスターシアの地方的なものの言い方に加え、英語の書物の伝統を考える必要があろう。これはまだほとんど解明されていないことであって、これから多くの研究がなされねばならない。

# 第二章　ティンダルのオクスフォード



## モードリンとその学校

ウィリアム・ティンダルについて知られている最初の確かな事実は、十八歳の時のことである。その時でもまだ、ウィリアム・ヒチンズについてであるが。オクスフォード大学の学籍簿には、彼が一五一二年七月四日に学士号を取ったこと、一五一五年六月二六日に修士の認可を得たこと、同年七月二日に修士号が授与されたことが記録されている。すべてモードリン・ホールからである（註1）。彼がオクスフォードに行ったのは一五〇六年ごろであった。

現在のモードリン・カレッジは一四四八年に、ウィンチェスターの司教であり、イートン校の元校長であったウィリアム・ウェインフリートによって、マートン・ストリートとハイ・ストリートの間、今日の試験棟の西の位置に創立された。八年後、ウェインフリートはチャーウェル川にそった美しい場所に建物の基礎になる工事をはじめた。建物そのものが建てられはじめたのは一四六七年で、カレッジに人がはいったのは一四八〇年ごろである。彼がこのカレッジを作ったのは教育改革の場所にしようと思ったからである。それはオクスフォードで強く必要とされていた。他のカレッジでは伝統的な、長期間続く学芸課程――これが、同じくらい長期間続く神学、法学、医学の学位のための専門課程の本質的な基礎をなすのであるけれども――の教育体制がしばしば貧弱だった。ふつうは最近卒業したばかりの者が低賃金でこれを担当していたので、勉学の刺激も意欲も考えられないほど低かった。それに対しウェインフリートは全体の構成を合理的なものにした。学士号取得以前の者（Demies と呼ばれた給費生）が三十人、学士号取得者（Fellowsと呼ばれた〔以下「フェロウ」と表記〕）が四十人、それに年輩の教師（Readers〔講師〕と呼ばれた。重要科目を担当）がいて、いずれも十分な収入を与えられた。「彼はまた二十人の自費生（Commensales、今日の単語では Commoners）にも入学を許可した。カレッジの支え手である有力な貴族の子弟である」（註2）。彼はさらに礼拝堂を寄付し、そこに四人の大学付司祭、八人の書記、十六人の合唱隊員を置いた。また学校（スクール）を設置し、マスターと助教員を一人ずつ置いた。人文学の基礎を本当に確保するためである。他のカレッジでは「文法」（つまりラテン語とラテン文学だが）は入学以前に学習していることが前提とされていたが、その試験はしばしば事前に出題の個所が決められていたので、受験する側は鸚鵡のように暗記しただけだったのだ。

イングランドの三大有名スクール、ウィンチェスターとイートンとモードリンは、いずれもモードリン・カレッジに最初の学生が入学するよりも前の百年間に創設されたものである。いずれもスクールとカレッジと大学をつなごうという理念（最終的にはウィカムのウィリアムが確立した理念によっている）の上に立てられたものである（註3）。ウェインフリートのモードリン・スクールには文法のマスターが専任として居り、一四八〇年ごろに創建されたものである。その目的は常に、「学士号取得以前の学生をカレッジのために教育する」（註4）ということであった。そしてこれは成功した。モードリンの卒業生はほどなく新しい学問の世界で優勢になったのである。ウィリアム・グロシンがオクスフォードの最初の公式のギリシャ語教師になった。彼の弟子のリチャード・クロークはケンブリッジ最初の大学代表弁士およびギリシャ語講師になった。トマス・ウルジーは後にオクスフォードでカレッジを一つ創設し（これが後にクライスト・チャーチになる）、またイプスウィチでスクールを創設したり、等々の仕事をしたが、彼の出発点はモードリン・スクールのマスターであった。おそらく彼自身かつてはそこの生徒であった。リチャード・フォクスは一五一六年にコーパス・クリスティ・カレッジを創設し、イングランドではじめての公的なギリシャ語の講義を確立したのであるが、おそらくモードリンの卒業生である。ジョン・コレットもそうである（註5）。エラスムスもまた一時オクスフォードに滞在した時、モードリンを宿舎とした。さらにいくらでも名前をあげることができるが、その中にウィリアム・ティンダルの名を入れなければいけない。この非凡な言語学者は、神の言葉［聖書のこと］の表現についての新しい研究の意味するところを学問的に十分に理解するための基礎を、モードリン・ホールで与えられた。そして彼の仕事は、以上名前をあげたすべての学者の影響をまとめてもとても追いつかないほどに多くの人々に、はかりがたい影響を与えたのであった。

モードリン・ホールの教室はモードリン・カレッジと独得の関係を持ち、それも徐々に変化、発展していく関係であった。最初からカレッジに対して家賃を支払う、経済的に別の機関であったが、やがて、学士号取得以前の学生の教育機関として独立の地位を得た。しかしその校長はカレッジによって任命された。後にはついに、時が満ち、いささか風変りな過程をへて、今日のハートフォード・カレッジになったのである（註6）。（だからモードリンもハートフォードもティンダルが自分のところの卒業生であると主張するのは間違っていない。）しかしながら、モードリン・スクールの独得の遺産は制度上の特色よりも教育内容の改革にあった。モードリン・カレッジとモードリン・ホールとモードリン・スクールの三者の間には密接な教育的つながりがあったと考えられる。知られている最初のマスターであるジョン・アンウィキルは一四八三年ごろにラテン語の新しい教育方法についての本を発行した。『ラウレンティウス・ヴァラ、セルヴィウス、ペロッティに基づく全文法教科書』(Compendium totius Grammaticae ex Laurentio Valla Servio et Perotto) である。これは、表題の示すように、イタリアの人文学者であるヴァラと、四世紀の文法学者でありヴェルギリウスの註解者であるセルヴィウスと、新しいイタリア語文法の提唱者であるペロッティに依拠したものである。だが、この本の中には英語への大きな関心も示されている。おそらくアンウィキルは英語で書かれた最初のラテン語文法である『小教科書 (Parvula)』(一四八一年ごろ) の原著者であろう(註7)。この動きに他の者たちが続いた。いずれもモードリンに関係のある者か (ジョン・スタンブリッジのように)、あるいはコレットが校長をしていた聖ポール・スクールに関係のある者である。モードリン・スクールでは、一連のすぐれた古典文法学者が、英語を通じてラテン語を教えるという運動をはじめた。アンウィキルに次いでジョン・スタンブリッジが、更に後にロバート・フウィッティントンが、『ヴルガリア (Vulgaria、用例集)』を作った。ヴルガリアというのは、文法の規則と練習問題とがラテン語だけでなく通俗の英語でも書いてあるラテン語の教科書のことである。グラマー・スクールはラテン語を書き言葉としてだけでなく、話し言葉としても教えるべき場所であって、ここで生徒は八年ないし九年間ラテン語を学んでから大学に行くのであるが、その間に日常生活に必要なことはラテン語で表現できる能力を身につけることになっていた。これらすべてが重なって、更なる発展であるウィリアム・リリーの印刷された文法書へといたる。リリーもまたモードリンの卒業生であって、聖ポール・スクールの最初のマスターに任命された人物である。彼が一五一五年に発行した文法書はエラスムスやコレットからだいぶ借りてきているけれども、以後一世紀の間ずっと標準文法とされ (法律で定められた)、さらに三百年ぐらいの間のラテン語の文体を規定したものである。この文法は、英語をあまり含んでいないという点で反動的であったが、常に文学的な方向を向いていた。若いティンダルがモードリン・ホールで経験したことは、二つの仕方で人文主義の方向に向かいはじめていたラテン語の学習であった、と言えよう。偉大なラテン語文学が常に参照されていることと、英語の文が組み込まれていることである。もしもウィリアム・ティンダルがラテン語の教育を受ける時に、当時導入されつつあったヴルガリアの一つを教科書に使ったのであれば、その教科書の中に、意味鮮明な日常の英語の文がそれに対応するラテン語と並べて集められているのを見出したはずである。これらの文は短いエッセイになる程度に適当につなげられていたが、それはグロスターシアの格言の英語に非常に近いものであった（註8）。以下はロバート・フウィッティントンのヴルガリアの引用である。彼はモードリン・スクールの初期の生徒であった。「お前は本性からして間抜けである。だからお前を生得の常態から引き出してやるのは、憐れみの行為なのかもしれない。学者がお前たちについて言っていることは正しい。お前たちの額からちゃんとしたラテン語の単語を三つ引き出すよりも、鋤からかぼちゃを拾い出す方が容易だろう。」この言葉づかいはフォルスタッフやサー・トビー・ベルチのものである（註9）。ティンダルのような書き手に影響を与えたのであるから、学校の生徒の文法教育において英語の格言の言い方と、古典文学を参考にすることの二点の果した役割に関して、もっと多くの研究がなされねばなるまい（註10）。

ティンダルが生徒であった頃よりおよそ十二年ほど後のものであるが、ラテン語の勉強が学年ごとにどのようになされていたか、復元することができる。ウルジーが、イプスウィチにおける自分の学校のために、モードリンのカリキュラムの真似をして定めたものが残っているからだ。ウルジーは短期間モードリン・スクールのマスターであったし、そもそも自分自身が生徒であった時に、おそらくジョン・アンウィキルとその後継者ジョン・スタンブリッジの頃、そこで学んだことであろう。

生徒は八つの品詞とラテン語の発音を学ぶ。……第二学年ではラテン語を話し、やさしいラテン語の文を作り、それを正しく書く。……第三学年ではアイソポス（イソップ）やテレンティウスを読み、リリー［の文法］の名詞を学ぶ。第四学年ではヴェルギリウスとリリーの動詞の主要部分を学ぶ。第五学年ではキケロの手紙の抜粋を読む。第六学年では、「サルスティウスやカエサルといった歴史書が要求されるようである」。第七学年では、ホラティウスの『手紙』やオヴィディウスの『変身』か『祭日暦』を読む。また詩文や手紙を作文し、詩文を散文に書き直し、また散文から再び詩文に直す練習をする。そして、寝る直前に、翌日扱う個所を暗記する。第八学年では、ドナトゥスないしヴァラの文法学そのものを学び、いくつかの本を全部読み通す。手紙や作文の訓練がなされる。……アイソポスの平明さとテレンティウスの有用さ（会話の助けとして）。ヴェルギリウスを voce ben sonora［良い音の声で］読むのは彼の詩の壮大さを明らかにするために必要である。（註11）

アンウィキルはテレンティウスから文や会話を抜き出して英語に訳した抜粋集を発行している。『テレンティウスからの抜粋を英語に訳した一般的用例集』（Vulgari quedam abs Terentio in anglicam linguam traducta、一四八三年）である。この第二部がすでにふれた『全文法教科書』である。ウルジーがマスターになってモードリン・スクールに来た時には、この学校ではすでにアンウィキルのこの本が用いられていた。もしかすると、彼自身生徒だった時にもこれを用いたのかもしれない。

アイソポスの格言的「平明さ」、テレンティウスの喜劇における街頭での会話の「有用さ」、ヴェルギリウスの音の「壮大さ」などに、後のウィリアム・ティンダルの文章の基礎を形成した多くの要素が見られるかもしれない。たとえば創世記三章はじめの彼の翻訳、しかし、主なる神がつくり給うた野のすべての獣の中で、蛇が最も賢かった。蛇は女に言った、「おやおや、あの神様があなたがたに、庭のどんな種類の木からも食べてはならぬとおっしゃったというわけですね。」そこで女は蛇に言った、「庭の木の実を私たちは食べていいのですが、庭の真ん中にある木の実については、神は、食べてはいけない、その実にさわったりしたら死ぬ、とおっしゃるのです。」そこで蛇は女に言った、「まさか、死にはしませんよ。」

But the serpent was subtler than all the beasts of the field which the Lord God had made, and said unto the woman. Ah sir, that God hath said, ye shall not eat of all manner trees in the garden. And the woman said unto the serpent, of the fruit of the trees in the garden we may eat, but of the fruit of the tree that is in the midst of the garden (said God) see that ye eat not, and see that ye touch it not, lest ye die. Then said the serpent unto the woman: tush ye shall not die …（註12）

しかし、当時教えられていたことについて、我々はほんの僅かのことをかいま見ているにすぎない、と認めなければならない。一五一三年にモードリン・ホールの二人目の助教員が任命された時に、オヴィディウスの『愛の技術』やパンフィルスの『愛について』を決して生徒に教えてはならない、という条件で、学士として認められたのであった（註13）。

スクールの時間割はほぼ大学の時間割と同様であった。早朝の授業が六時から九時まで。それから朝食で、また九時四五分から一一時まで授業、昼食、一時から五時まで授業。これが週の四日ないし五日続く。しかししばしば丸一日ないし半日の休日があった。多くの生徒は寮でなく、町で両親と一緒に住んでいたし、カレッジのもっと厳格な規律、たとえばラテン語以外は話してはいけない、というような規律（註14）は、スクールの生徒は多かれ少なかれまぬがれていた。教室は煤けた場所だったであろうが、同時に、やかましかったはずである。「読む」ということは、この時代以後もまだしばらくそうだったが、自動的に大声で読み上げることを意味したからだ。「ちびども（punies）」（後に、エリザベス朝時代になると、生徒はそう呼ばれていた）は、学科の勉強をする時に、声を出して読むのが常だったのだ。モードリンの生徒の生活の様子は、ヴルガリアから多少うかがい知ることができる。ヴルガリアは、著者不明のものが一冊、スタンブリッジのものとフウィッティントンのものがそれぞれ一冊知られているけれども、その中に我々は生徒たちのおしゃべりや喧嘩を聞き、また彼らの空腹や寒さを感じとることができる。もっとも、悲惨な生活というわけではないけれども。

ウィリアム・ティンダルがモードリン・ホールですごした頃のマスターは、一時、トマス・ブリンクネルであった。この人物は、後にウッドが「非常に学識があり、聖書の最も巧みな解釈者の一人である」と評した人物である（註15）。（後世の英語の散文の発展に対して十六世紀はじめごろの学校の教師たちの与えた影響については、まだ多くの研究がなされねばならない）（註16）。フォクスの言うところの「言語の知識とその他の学芸」をティンダルに与えたのは、このブリンクネルであったかもしれない。ブリンクネルはウルジーのお気に入りであった。――「枢機卿［ウルジー］は彼を非常に尊敬していたので、その仲介によって王は彼をルターに対する反論を書くべき最も重要な人物として選んだのであった」（註17）。これは一五二一年のことである。彼の正統主義はティンダルのその後の活動を歓迎することはなかっただろう。ティンダルは、フォクスの伝えるところによれば、ほかの学生やフェロウと一緒になって私的に聖書を読んだりしていたのである。ウルジー自身が一四九八年にマスターであった時期に、ほんの一か月ほどだが、ジョン・ストークスレーが彼の助教員をつとめた。後にカスバート・タンストールを継いでロンドンの司教になった男である。ウルジー自身、ここのマスターをやっていた時期に、急速な出世の糸口をつかんだ。すなわち、一四九八年の二学期間の任期の中ほどであるが、クリスマスにドーセット侯爵が自分の三人の息子と共にマスターのウルジーを自宅に招待している。ストークスレーの方は、ティンダルがモードリン・ホールの学生であった頃、カレッジの副学長にまでなっている。ティンダルがストークスレーに関する紛争を知らなかったはずはない。ウィンチェスターの司教であり、モードリンのカレッジとスクールの監察官であったリチャード・フォクスが、一五〇七年に公式にこの紛争の調査にやってきた。ストークスレーは「彼に反対する派閥によって、数多くの罪悪や不品行を告発されていた。学長に対する不従順から、オルガニストの妻との不倫、魔法によって宝を見つけるために猫に洗礼をほどこしたなどということまで」(註18)。ストークスレーはこの時の監察によって、寛大にも、無罪とされた。告発はゴシップにすぎない、という理由で(しかし、ストークスレー自身が司教になった時には、異端者とされた者の焚刑に際して、敵対者の側の証言が証拠がなくても採用されるのがふつうとなった)。ストークスレーは有能であったので、その生涯を通じて、この時の出来事に報復しようとした。後に、一五三五年に、ティンダルを売り渡した裏切り者のヘンリー・フィリップスの背後にいたのは、まず確実にストークスレーである。弾圧をこととするこの司教と、死にむかわんとするティンダルとが、そのほぼ三十年前にはオクスフォードで同じ場所に居たというのは、考えるのも嫌なことである。しかし、ストークスレーのティンダルに対する憎しみがこの時に根ざしていると考えるのは、想像にすぎないが、一考に値することである。ストークスレーは一五〇九年にスリムブリッジの教区主任司祭になった。もっとも、実際には、スリムブリッジには一度も行かなかったかもしれない。モードリンの以前のマスターであったリチャード・ジャクソンが、当時はウスターの司教であったのだが、モードリン・カレッジによって説得されて、一五〇一年にはすでにスリムブリッジの教区の収入の一部をカレッジに寄付することを決めていたのだ。すでに述べたように(一七頁)、後にロンドンの司教になったストークスレーは、「大異端者ティンダル」の家族に帰される財産を横取りしようとして、おそらくはクロムウェルに手紙を書いている。ティンダル家は彼らの財産が横領されることに対して、その土地で公に敵意を示していたのかもしれない。

ともかく十分にありうる可能性は、ウィリアム・ティンダルが一五〇六年に、十二歳の時だが、ラテン語の基礎力をつけるために、モードリン・スクールに行った、ということである。ラテン語の基礎力は、つづけて大学で勉強するために、更にはもっと進んで職業的な仕事のために基本的に必要なことであった。もっとも、このことは必ずしもティンダルがそれ以前にはラテン語の知識を有しなかったということを意味しない。当時の地方の学校はラテン語の文法をかなりよく教えていたし、ティンダルはウォトン・アンダー・エッジのグラマー・スクールに通って、そこで学んだ可能性がある。

## ティンダルのオクスフォード

水と森が豊かな場所にあって、ティンダルのオクスフォードは鮮明に美しかった。ジェラード・マンリー・ホプキンズの描くところによれば、それは「塔の多い町で、塔と塔の間は木の枝に満ちていた。郭公の声が響き、鐘の音にあふれ、ひばりがさえずり、鳥が舞い、川に囲まれていた」(註19)。聖メアリー大学教会は修復されたところであったし、マートン塔はすでに建てられていたし、リンカン・カレッジ、オール・ソウルズ・カレッジ、そしてモードリン・カレッジそのものも、ちょうどはじまったところであった。彼がここに来た時には、壮麗な神学校の建物が出来上がってからまだ二十年にもならない。これは、この建物の上にある広い図書室とともに、もともとは「善きハンフリー公爵」によって基金を与えられたものである。図書室は、公爵の基金の結果購入された図書を納めるためであった。モードリンの堂々とした、かつ優美な塔は、すでに一五〇四年にできあがっていた。ティンダルが来るほんの少し前である。その献堂式は屋上でコンサートを開くことによって祝われた。五月の朝に日の出を迎える聖歌隊の合唱は、この時はじめられたものである。そしてこの式典の費用は、もしかするとグロスターシアのスリムブリッジ教区の寄付金でまかなわれたのかもしれない。

一四〇〇年から一五〇〇年の間にオクスフォードは、それまでパリ大学が果たしていたヨーロッパでの指導的な役割をかなりな程度引き受けるようになっていた。ティンダルが行ったのはそのオクスフォードである（註20）。ティンダルよりも百年も前からすでに、スコトゥスやオッカムのような偉大なオクスフォードの賢人たちは――更にはベイリャル校のマスターであった「異端」のウィクリフも――ヨーロッパの多くの国々で読まれるようになっていたが、それだけでなく、大陸の国々の図書館はオクスフォードの科学者たち、特に論理学者や初期の自然科学者の書いたものの写本を相当な分量持っていたことが、徐々に明らかになってきている。オクスフォード大学は中世後期の北部ヨーロッパの学問の世界に大きな影響を与えたのである。しかし他方では、人文主義者の新しい学問、つまりギリシャ語とラテン語の勉強、それもこれまでかなり普及していたヴェルギリウスやキケロ以外の、この頃再発見されるようになったさまざまなテクストを用いての勉強は、北イタリアを越えて、学問の世界では強い基盤を形成するようになってきていたのだが、オクスフォードでは容易には公式に取り上げられることがなかった。学生たちはサルスティウスやテレンティウスのような著者を読む自由があり、それについて講ずる自由もあったけれども、一五〇〇年ごろのオクスフォードの学芸学部の学生に要求されていた読書は、その百年前のものとほとんど変らなかった（註21）。オクスフォードは、大学図書館が十五世紀半ばごろに古典の著者の作品や当時の人文主義者の著作、特に医学や文芸に関するものなど多く受け入れていたので、その点では恵まれていた。これらの書物は学問の偉大な保護者であったグロスターの公爵ハンフリー、つまりヘンリー四世の末息子であるが、によって寄贈されたものである。そしてこのハンフリー公爵の図書館が後にボドレー図書館となるものの中核をなしたのであった。しかしながら学芸学部については、この世紀のはじめごろもまだ、オクスフォードの特異性が保たれていた。つまりそのカリキュラムの長さも複雑さも百年も前のものと一向に変らず、言語的論理学とスコトゥス哲学への偏愛が支配していた（註22）。オクスフォードの海外での名声にもかかわらず、大陸からオクスフォードの学芸学部に留学してくる学生はほとんど居なかった。言ってみれば、ヨーロッパ大陸はティンダルにとって布地貿易のグロスターシアに居た時の方がオクスフォードに居る時よりも近かったのである。

ティンダルの時代にオクスフォードに何人ぐらいの学生が存在したかは、なかなか計算しがたい。彼が行った頃にはおよそ十二のカレッジが存在した（うち、マートン、ユニヴァーシティ、ベイリャル、エクセター、リンカン、クィーンズ、ニュー・カレッジ、オール・ソウルズ、オリエル、およびモードリン）。また多くの学寮があり、更におよそ二十のスクールがあった。あらゆる種類の学生を合計して千人から三千人の間、と言えば、当たらずと言えども遠からずというところか。もっとも学生数は常に流動的であった。貧困や病気の結果去る者、あるいは流行病のせいで施設が閉鎖される場合。何らかの学位を取る前に脱落する者が多かったし、途中で死ぬ者も更に多かっただろう。年齢層もかなり広きにわたっていたようであるが、学士号取得以前の学生の多くは十代の半ばから終りごろに入学していたようである。トマス・ウルジーが十五歳で「少年の学士」とあだ名されたのは、非常に珍しかったから注目されたのである（註23）。ティンダルは学士課程の勉強を、ほぼ千人ほどの大学で、一五〇八年の十月に十四歳ではじめた、と見積もるのが穏当なところであろうか。彼の勉強は十二学期続くことになる。学芸学士（ＢＡ）を取ったのは一五一二年七月であった、と記録されている。

中世の大学では、学士号取得以前の学生の勉強には書物は必要とされなかったし、従って自分で書物を所有するということもあまりなかった。修士や学士の教師がなす授業を聞けばよかったので、教師は定められたテクストを一文ずつ読み上げ、その文に必要な説明や註釈を加えたのである（註24）。しかし、学芸学士号を得た後、より高い学位を目指すには（神学の場合は特別に、更に学芸修士（MA）を得た後にはじめて勉強できるのであるが）、書物は必須であった。学生は書物を買うか借りるかして手に入れることが期待された。あるいは金を払って書き写してもらうか、借りてきて自分で書き写すかしたのである。十五世紀後半にはすでにイングランドでも印刷された本が売りに出されるようになっていたが、まだまだ高価だったし、学芸のカリキュラムに適合した本とは限らなかった。

ハンフリー公爵はオクスフォード大学の学芸の教育に深く関心をいだいていたので、役に立つ書物を多く寄贈しただけでなく、カリキュラムを変えるよう示唆し、その結果、学芸学士になるには七学芸を学ぶ新しいコースが、学芸修士になるには三哲学を学ぶ新しいコースが、一四三一年に創設され、修辞学と古典古代の文学の勉強により一層の重きが置かれるようになった（註25）。このコースはティンダルの当時においてもまだ存在しており、従ってティンダルは学士課程の時には三教科（trivium——文法、修辞、論理）と四教科（quadrivium——数学、音楽、地理、天文）を、それぞれ定められた日に、修士や学士の教師が講ずる授業で聞いたはずである。これらの講義は徐々に減少しつつあり、ティンダルの当時は、おそらく、せいぜい一学期に四つぐらいであった。修士の教師による授業はこのコースに必要な素材についてであり、学士の教師による授業は定められたテクストについて最小限の註釈をなすものであっただろう（註26）。また、カリキュラム外の主題についての授業もあったと考えられる。定められたテクストは、伝統的なものであったようだ。学士課程については、プリスキアヌス、アリストテレス、ボエティウス、エウクレイデス（ユークリッド）、プトレマイオス（註27）。第一学年でオヴィディウスの『変身』かヴェルギリウスの詩を読む可能性もあった。修士課程については三哲学、すなわち自然学、倫理学、形而上学が八学期以上にわたって教えられた。そのほとんどはアリストテレスに依拠していた（註28）。しかし、特定の時期に何が教えられることになっていたか、ましてや実際に何が教えられたかを知るのは不可能である。一四三一年の改訂が多くの点で奇妙なものであることは、これまでも指摘されてきた。たとえば、オクスフォードの学芸課程で論理学が優勢であったことはヨーロッパ中で知られていたことであり、オクスフォード大学自身もそのことを確認している事実であるが、その時代なのに、論理学に僅か三学期しか割いていない、とか（註29）。ともかく記録があまりに残っていないのだ。たとえば、残っている写本ないし後には印刷された書物に、聞いた講義のノートが書き込んであるとか、あるいはほかにも偶然の資料から知られるところでは、定められた規則にはないテクストが教えられていたし、学部もそれを承認していた。また逆に、定められたテクストが教えられたとは限らない。講義は伝統的な素材を中心として、そのまわりに容認されうる註解を積み重ねていく、というものであった（註30）。十五世紀のヨーロッパ大陸の大学では、残っている写本や書物から見るに、オクスフォードの学者の著作がよく学ばれていたことがわかる。それもよく知られた、当然期待されるような名前だけではない。今日ではほとんど注目されないような著作も多く取り上げられていた。著者が誰だかわからない写本もある。従って、オクスフォードそのもので何が教えられていたかについて知るのは、ますます難しい。

ヨーロッパではどこでも、学問の流行というものは猛烈な論争を生むものである。どんな位置にある大学であろうと、大陸での諸理論とそのそれぞれの闘争的な支持者から遠く離れて立つことはまことに稀なことである。これは、二十世紀末の文学理論の世界でもおなじみの状況である。しかしオクスフォードは二つの哲学・解釈学の学派、つまり実在論者の「古代の道」（via antiqua）と唯名論者の「現代の道」（via moderna）の間の論争に熱心に参加したりすることはなかったようである。これは、この二つの学派の元祖であるスコトゥスとオッカムの両人がどちらもオクスフォードの人であることを考えると、面白い現象である。フライブルク大学を真二つに引き裂いたこの論争は、ついに一四九〇年には学芸学部がこの二つの「道」を別々に教えるために、新しい規則を導入しなければならないほどだった。しかし、その論争に火をそそぐ出発点となったオクスフォードでは、熱烈な論争は行なわれなかったようである。（もしかすると、オクスフォードの低地で沼地の夏の午後の気力をそぐような気候が、人々は気がついていないけれども、こういう知恵の原因であるのかもしれない。）後の時代にもそうであるように、オクスフォードは独自の、どちらかというと鈍重な行き方をしていて、大陸の大学がはなやかな論争をするにまかせているのであった。学芸学部ではオクスフォードは相変わらず、すでに百年も前からずっと、長く複雑で、言語的論理学に支配され、スコトゥスと「古代の道」を尊重するカリキュラムを教えていた。しかもこれはその後もまだ長く続いたのである（第一学年で三教科と四教科を教えるという伝統は、二十世紀にいたるまで、強く持続した。オクスフォードの古典学の学士の試験は「グレイツ（the Greats）」と呼ばれるが、そのためのカリキュラムは、たとえば論理学、数学、幾何学などを含んだのである）。

オクスフォードに行ったティンダルは、百三十年ほど前に書かれたチョーサーの『カンタベリー物語』の総序に出て来る、痩せこけて、「空ろ」で、金がなく、聖職禄も受けておらず、豊かな礼服などよりアリストテレスの本が二十冊あることを好み、注意深く儀礼的な言葉を話し、学び教えることを愛するオクスフォードの書記官の姿にすでにおなじみだったことだろう。けれども、実際にはそういう書記官ははるか以前から絵に描いた餅になってしまっていた。ティンダルがオクスフォードで受けた教育について時に記していることによれば、それはけちくさく、不毛なものだったようである。それはまた事実でもあっただろう。彼はどこかでギリシャ語の実力を身につけたのであるが、それはおそらくはオクスフォードに居た間であっただろうし、ラテン語の実力を伸ばしたのもこの期間だっただろう。修辞学の勉強では、彼は、もともとすでに鋭いセンスを持っていたにせよ、言葉がなしうることについてのセンスをより鋭く養ったのかもしれない。しかし、ほかのすべての点を彼は軽蔑したようである。この段階で彼が将来何をしようとしていたのか、あるいはどういう判断基準を持っていたのか、我々は知ることができない。もっとも、ティンダルがまだ学位取得以前の学生であった頃にすでに、みすぼらしく擦り切れたアリストテレスをキリストの豊かな福音の光によって批判したなどというのは、ティンダルを崇拝する伝記作家たちの作ったセンティメンタルなお話であろうけれども。確かに、二十年後のティンダルは、実際に『キリスト者の服従』などにおいてそれに類したことを述べているが、その頃までには彼はすでにギリシャ語の新約聖書を英語に訳し終っていたのだし、パウロのローマ書簡やルターのその解説などに深くゆり動かされてもいたのだ。他方、彼がバークレーの谷からオクスフォードに出て来た時、そこには、新約聖書の中心に何があるのか気づいている人も存在していた、という事実が今日だんだんと知られるようになってきている。また、オクスフォードは一世紀以前も前にそのオクスフォードそのもので活躍したウィクリフを、ほかにも理由があるけれども、人々に土着の言語で聖書を与えようとしたという理由で異端として断罪したには違いないが、ウィクリフの思い出もまだ鮮明に残っていたのだ。

実際、ティンダルの時代のオクスフォードの神学は無味乾燥な論理学的基盤によってはいたものの、哲学とは違って、ヨーロッパ大陸の思弁を真似して「沼の中でやかましく鳴く蛙ども」を拒絶する流れを保っていた。一部にはウィクリフの遺産でもある独立性である。オクスフォードの神学は、学問ではあるが、そしてスコトゥスやオッカムの大学の中ではあるが、実践的な学問と考えられていた。それは説教によって現実に適用され、広められるものである(註31)。一四四〇年から一五〇〇年までにオクスフォードに居たことが知られているおよそ千人ほどの神学生のうち、およそ半分は修道僧か修道士であり、残りの半分のうちのおよそ五分の四は諸カレッジのフェロウであった。つまり神学生の十分の九はオクスフォードの人口の中でも制度によって支えられた、特権的な階層の人たちだったのだ(註32)。だが、イングランド中どこでもそれぞれの教区の中では、現実には、この百年間を通してずっと、しつこくウィクリフ派に対する告発が説教し続けられていたのであった(註33)。しかし大学の意図は、形式的にはウィクリフの異端に対して警戒するためということであったにせよ(註34)、この大学社会が静かに仕事をできるように保つことをも目的としていた。それは、いかなる制度的な基盤にも属さずに自由に動きまわる輝かしい知性を持った学者ジプシーを生み出すためのものではなかった。この体制は、教区で生きる飢えた羊たちの必要をすべて満たすことのできるような説教者を多く生み出すことはしなかったかもしれない。けれどもオクスフォードは、その伝統的な仕方で、これまでずっと慣れてきた道をのそのそとたどりつつ、自分が最もよく知っている仕事を続けてきたのだ。知的なことと実践的なことをうまく混ぜること、過激な要素をできる限りその体制の中へと吸収すること。中世の奇人レジナルド・ペコックのような人物は、時代よりも早く来すぎたのである。彼は順にセント・アサフとチチェスターの司教になったけれども、彼の個人主義は当時の教会一般にとってはあまりに大きすぎたのだ。彼が一四五六年に出した『キリスト教の基準』では、第一九章で、聖書を、権威に従ってではなく時代の理性に従って新しく解釈しなおすよう雄弁に説かれている（註35）。ペコックはまず英語でいくつも文章を書いてウィクリフの思想に反論することからはじめたが、これらの文章は当時の正統派神学と、知識人の優位についてのトマスの主張と、教会での牧会経験の結果とを混ぜ合わせたものである。いかにもオクスフォード的な混合である。彼は以前オリエル・カレッジのフェロウであった。一四六一年に異端の烙印を押され、投獄され、著作は禁止されて、生涯を閉じるが、その思想を変えることはしなかった。安住するにはあまりに個性的であった（註36）。しかし、十五世紀の終りごろには個人主義は常識になっており（註37）、大学はグロシンがギリシャ文学について教えることを許容するようになっていた――そしてコレットがパウロのローマ書について教えることも。

ティンダルが来る少し前ごろ、オクスフォードで、通俗的なスコラ主義に起因する不毛さに反対する神学的運動が目につきはじめていた。何人かのオクスフォードの思想家が海外、ドイツや特に北イタリアに留学した。ある者たちはフィレンツェでフィチーノから学んで目新しい新プラトン主義の思想を持ちかえってきた。しかしある者たちはまた、ウィリアム・グロシンやトマス・リナカーやウィリアム・ラティマーなどであるが、新しいイタリアの学校で洗練されたギリシャ語の優れた知識をもって帰ってきた。そして更に重要なことは、彼らがギリシャ語の写本や、後には印刷された書物を持ちかえってきたことである。やや古いカレッジの図書館には今でもまだこれらの写本や書物が置いてある。一四六二年頃からオクスフォードではギリシャ語を読むのを学ぶことができたが（註38）、実際に役に立つ能力を身につけるためにはイタリアである程度すごすことが必要だった。オクスフォードの人文主義者たちにとってその道はジョン・フリーやウィリアム・セリングなどのイングランド人によって整えられたが、またイングランドを訪ねてきた少数の外国人学者もそれに貢献した。ステファノ・スリゴーネ、コンスタンティノポリスのエマヌエル、ヨアンネス・セルボプロスなどである（註39）。グロシンは帰国して、オクスフォード大学ではじめてギリシャ文学について講義をする者となった。一四九〇年代のことである。グロシンが洗礼親になったウィリアム・リリーは、この講義によって生涯にわたる影響を受けている。彼は後に、主席司祭コレットによって新しい聖ポール・スクールの最初のハイ・マスターに任命され、以後長きにわたって英語教育に影響を及ぼした。これらの「ギリシャ的人々」と、改革に反対した「トロヤ人」と呼ばれた人々（反動的だと言われているけれども）との間のいわゆる争闘は、多分、いささか誇張されすぎてきたものであろう（註40）。しかしながら、ティンダルが来たころのオクスフォード大学は、一部には北イタリアの影響もあって、文学や神学、特に聖書に関することは、かつて精力的なウィクリフのもとに持っていた活力を、多少なりとも取りもどして、動きだそうとしていた。エラスムスの決定的なギリシャ語新約聖書の印刷本は、ティンダルが修士号を取るまでは、まだ発行されていなかったが、大学ではすでに彼が学士課程の学生の最初の頃に、四世紀のヒエロニムスが率直な聖書の理解を示すものとして、後世の思弁的な教父のはなばなしさよりも時として好まれるようになっていた。コレットはほかならぬアクィナスについて、「あらゆることを定めようとした」のは思い上がりである、と批判している。

## オクスフォードにおけるコレットの講義

それはジョン・コレットが二九歳の時、三年以上にわたるイタリアとパリでの留学から帰ってきたばかりであった。彼はオクスフォードで一四九六年から九九年にわたりパウロ書簡について講義をしている。神学者でない学者が聖書について大勢の聴講者を相手に講義をする、しかもそれが新約聖書の中心的な文書を組織的に扱う講義であって、ピーター・ロンバードの『要項』などについてではない、ということは、オクスフォードの雰囲気が変ってきたことを意味する。しかし、そうには違いないが、「オクスフォードの宗教改革者たち」について一般的に、そして特にコレットのこれらの講義について、それがイングランドとヨーロッパの神学に与えた影響、ひいては当時の歴史に与えた影響について、十九世紀の半ば以来いろいろと神話も作られてきた。ほかならぬ賢く、中庸なエラスムスがこの講義に出席していたのであり、この伝説が作り上げたところによると、エラスムスはちょうど使徒パウロのダマスコス途上の経験のような影響をこの講義から受けたのであって、ここでこの時に彼はギリシャ語の新約聖書を発行する必要についての啓示を受けたのだ、というのである。もしもコレットの講義と、エラスムスに対するその影響と、サー・トマス・モアの穏やかな支持とにもっと世間が耳を傾けていたならば、宗教改革はもっと良い、広い、暴力的でない道を歩んだことだろうに、とこの神話は言う。十五世紀末のオクスフォードの講義室で、この時に、コレットが歴史的パウロを再び世間に知らしめたのであって、パウロの主な書簡は今や数世紀にわたる膨大な誤った隠喩的、スコラ的註釈から解放されたのであり、そこには生き生きとした字義通りの意味以外の何も示されてはおらず、その意味を理解するには、ギリシャ語の原文が何よりも肝要である、というわけだ。聖書は、「表に現れた意味をこそ持っているのであって、言われていることと意味されていることが違うなどということはなく、まさに言われていることが意味されており、聖書の意味とは字義通りの意味である」――これは以後の時代にわたってトランペットのように明らかに響きわたるせりふである。コレットの講義は、幸いなことに、保存されている。もしもこの神話が正しいのならば、ティンダルが来た時にはすでにオクスフォードは、聖書の歴史的な「テクストそのもの」以外はすべて革命的に排除されるべきであり、その場合の聖書とはギリシャ語の原典である、という電気的な輝きを発していたことになる。四重の解釈という古くさい方法――字義通り、隠喩的、型姿論的（tropological）、上昇的（anagogical）（註41）――が、これまで聖書のすべての単語にあてはめられていたのであるが、この古びた竜をオクスフォードにて、若く精力的なコレットが葬ったのだ。イングランドはいまや使徒の新鮮な空気を呼吸できるようになったという。

この図式は、フレデリック・シーボームの『オクスフォードの改革者たち』（一八六七年）以来、魅惑的で、かつ影響力のあるものとなった（註42）。この本はすぐに通俗的な歴史記述の中に組み入れられ、一九一四年には、多くの註や付論を削除してではあるが、エヴリマンズ・ライブラリーのデント文庫シリーズに採用されるという古典的な地位を獲得した。これに入れられるということは、世界の最良の本とみなされるということだった。シーボームはコレットをエラスムスやトマス・モアと密接に結びつけ、彼らが協力してイングランドにおける教会のために、非暴力的で、教義にこだわらない基礎的改革をなそうとつとめたのだ、という想像をなした。シーボームの本以前の数世紀間は、コレットは、単に聖ポール・スクールの創立者として、また、やがては宗教改革に連なる動きのどちらかというと曖昧な先ぶれとしてみなされていただけである。けれども、彼の本が出ると、コレットは一躍、宗教改革を、やがて実際に実現することになった現実の宗教改革とは異なる方向へと向けようと努力するキャンペーンの最前線の先駆者とされてしまった。コレットの万能薬は歴史的パウロで、彼の書簡は

「生きた一人の人間から生きた人々へと向けられた真剣な言葉」（註43）であり、字義通りの意味にのみ読まれるべきであって、それはギリシャ語で読むということであった。

　コレットをこのように評価するのはあまりに問題が多すぎて、とても無理というものである。イタリアに留学したにもかかわらず、コレットが実際にギリシャ語を学びはじめたのは、エラスムスのギリシャ語の聖書が一五一六年に出版されてから、つまり例のオクスフォードでの講義よりも二〇年も後のことである（註44）。そして、ギリシャ語はあまりに厄介だというので、やめてしまった。一五一九年に亡くなる時にも、彼はまだギリシャ語を知らなかった。また、新約聖書の釈義のためにはギリシャ語が基本であるとコレットが考えたとしたら、それは当時としては、我々が想像する以上に、常識を超えたことだったはずである。それよりもずっと後の一五六三年のトレントの公会議ですら、ラテン語のヴルガータ訳が「真正」なものであるだけでなく、ギリシャ語の原典をあらゆる点で代替するものである、という大多数の意見を確認している（註45）。エラスムス自身が最初にイングランドを離れて後に苦労して古典ギリシャ語を学び、一五一六年にバーゼルでそのギリシャ語新約聖書を発行するまでは、ヴルガータとギリシャ語原典の間の相違に気づく可能性はなかった。いずれにせよ、当時ギリシャ語を学んだほかの少数の者たちの場合と同様に、エラスムスがギリシャ語を学んだのは非宗教的なギリシャ文学を読むためだったとみなすべきだろう。それに、アルドゥス・マヌティウスが一四九四年にヴェネチアに出版社を作るまでは、読むことのできる古典ギリシャ文学は極めて僅かであった。コレットはギリシャ語を知らなかったのである。第二に、シーボームが用いたコレットのパウロ論の草稿は、彼のオクスフォードでの講義よりも十年ないし二十年も後に書かれたものである。後の考えの変化をかなり組み入れたものであるから、一四九六―九九年にコレットが言っていたことを再現するには確かな証拠とは言えない（註46）。第三に、コレットの思想の記された講義の草稿の残っているもののうち最も古いものは一五〇五―六年のものであるけれども、もっと古い資料としては、コレットが一四九四年にウィンチコウム（グロスターシアにある）の大修道院長であったリチャード・キダーミンスター博士にあてた手紙があり、またコレットが当時聖書の釈義について考えていたことについてエラスムスが記していたノートが後に『小論』という表題の小さい本にまとめられたものがある。これは一五〇三年に小さい文章をまとめたものとして発行され、その後もしばしば再版を重ねたものであるが、一四九九年末のある時期にオクスフォードでの夕食会でエラスムスとコレットとさらにほかの人々の間でかわされた議論にはじまって、それを更に展開していったものである。ゲッセマネの園におけるキリストの苦悩［逮捕される直前のキリストが、この受難を避けさせてくれるようにと、神に対し苦悩しつつ祈ったと言われる場面、マルコ一四・三二以下ほか］をどう解釈するかという神学上の難解な個所に関する議論である。ここから見るに、またエラスムスの後の書簡からも知られることだが、この頃のコレットは、現代につくられた神話とはかなり異なっていた。私信では、エラスムスは、コレットの聡明な知性と霊的な高潔さを尊敬してはいるけれども、ひそかに、コレットのことをギリシャ語を知らない解釈者と馬鹿にしている。公刊された議論においては、コレットは、一つの個所が一つ以上の意味を持つということを否定する立場に立っている。これは、おなじみの聖書の四重の解釈に対するものではなくて、エラスムスにちょっと追いつめられた結果、古代以来便利な言い方として知られていた「字義通りの意味が二重にある」（duplex sensus literalis）ということを否定したのである。

問題は複雑である（註47）。コレットの聖書解釈に対する興味は、明瞭に、隠喩的な解釈を多く含むものであった。だから、その時の彼のオクスフォードの講義を、「テクストそのもの」を主張する新しい学問の到来を告げる洗礼者ヨハネのようなもの、と性格づけるのは単純に間違っている。上で引用した有名な句、「意味は表面に現れる」という句は、偽ディオニシオスのヒエラルキー論（訳註47 a）についてコレットが実際に述べているものであって、今日残っているその草稿は一五一二年から一五一六年の間に書かれている。コレットがロンドンに居た時のことである（註48）。シーボームは自分の目的のために、実際のパウロとはだいぶ異なるパウロ像を読者に提供した。パウロを主として道徳主義者に仕立てあげ、これがコレットの「史的」使徒パウロだと言いはったのである。このコレット「再発見」の著作によって、フレデリック・シーボームが語りかけた相手は、十九世紀なかばのイングランドの教会、新しい広教会派の教会であった。後に近代主義の運動となったものである。彼の読者たちは、もしもコレットとモアとエラスムスの言うことに耳が傾けられていたら、イギリスの宗教改革はどのようなものになっていたか、ということを考えさせられた。彼の文章の背後には、もしもティンダルが（シーボームは行きがかりにほんの僅かにティンダルに言及するだけで、しかも聖書翻訳者としてのティンダルには言及していない）イングランドに議論の種となった英語の新約聖書を提供して非常に広く人々に武器を与えたりしなかったならば、そしてルターのような外国人の破壊的で迷惑がましいドグマが我々の海岸から侵略してこなかったならば、よかったのに、という思惑が隠されている。彼のコレットは聖書をまったく新しい光で読み、長い時代にわたる不当なる隠喩的解釈を取り去り、イエスの倫理的教えと、キリスト教における「本質的かつ永遠の事柄」すなわちその「道徳的意義」とを明らかにすることのみを目的にした、というのである（註49）。

新約聖書の問題としてもそういう理解は無理であるが、コレットの理解としても、これは同様に無理である。確かにコレットはパウロ書簡についての講義をなした――もう一度言うが、ラテン語によってである。――確かにそれは、めったに若い教師にやれることではなかった。確かに彼は、スコラ学者の弁証法的方法ではなく、イタリアの人文主義者や初期の教父たちの文法的方法を用いた（註50）。確かにエラスムスは、収入を得るために家庭教師をしていたマウントジョイ卿ウィリアムという若い貴族に伴われてイングランドに行き、コレットに会うためにオクスフォードにも行って、冬学期の講義をいくつか聞いている。エラスムスはコレットに例の儀礼的に誉めた手紙を書いている。しかし後にコレットが亡くなった時に彼が記した弔辞においては、この講義に言及しているのは三五七行のうち僅か八行だけである（註51）。彼はどこにも、正確に編集したギリシャ語の新約聖書の公刊必要性を自分が認識するようになったのはオクスフォードに居た間だ、などということは言っていない（註52）。実際、彼はすでにフランスかオランダで一五〇〇年から一五〇五年の間にギリシャ語を学びはじめてはいるけれども、聖書の研究に多く時間を費やすようになったのはもっと後になってからである（註53）。一四九九年のイングランドでは誰もコレットのことを聖書の研究にすぐれているとは思っていなかったし、その講義に出席した当時の人々が記したことで今日残っているものの中には、その講義が革命的な意味のあるものだなどという趣旨のことを記したものは何一つない。エラスムスが手紙でお世辞を書くのは、いつものやり方である（註54）。コレットの講義について今日確認できることは、聖書のテクストの道徳的な意味を説明し、その際、当然必要な限りにおいて字義通りの意味を尊重し、標準となっている教会の権威や思弁的な問題にはふれることはしなかった、というだけのことである（註55）。コレットの言わんとしたことは、聖書は、そこから論理的に教会のドグマへと話がつなげられるような巨大な量の命題の集積ではない、ということであろう。彼は、聖書のテクストの内的な意味にいたるには、単に理性や学問的な道具に訴えるというだけではすまない何ものかを必要とする、ということは理解していた（註56）。その何ものかは、思弁的な体系によってではなく現実のパウロによって表明されていて、新約聖書の中心部から抽き出さるべき霊的な意味であって、その中心にキリストの贖罪の犠牲がある。コレットのこれらの著作における方法は、広く社会にむかって声明を発する、というようなものではなかった（後に、一五〇四年に、聖ポール教会の主席司祭としてなした彼の説教は、それとは異なった気質のものである）。彼の魅力の多くは、実践的で牧会的な配慮から抽き出されたその神学の静けさ、ないし控えめさと言ってもよいが、それと、道徳的な教育を模索する点において非常に人間的な矛盾相克にあふれていることにあった。彼自身そういう中で生きていたのである。――つまりすでに数百年つづいたオクスフォード的混合の特色である。

我々はこれらの初期の講義をもともとなされたままの形では知ることができないが（註56a）、第一コリントス書簡やローマ書簡についてのこれらの講義の新しい質は、聖書がそれ自体の中心であるということ、つまり、聖書を理解するためにはギリシャ・ローマの古典を学んでいる必要はないということを理解していた点にある、と言ってよいだろう。彼がパウロを、そしてその中でもローマ書簡を選んだということは、聴講者が新約聖書神学（スコラ神学ではなく）の核心にせまるのを助けようとする意図があったということだろう。コレットは講師として問題に鋭くせまる理性と敬虔な心とを持っていた。この講義に人気があったということから、オクスフォードで聖書をキリスト教徒の生活と結びつけて強調する方向の運動がここにはじまろうとしていた、とみなすことはできるかもしれない。そういう意味では、彼を先駆者とみなすこともできよう（註57）。フォクスがコレットについて書いていることだが、「イタリアとパリから帰ってきたあと、コレットはまず、スコトゥスでもアクィナスでもなく、聖パウロの書簡を公にオクスフォードで講義することからはじめた」（註58）。しかし、確かにコレットは「永遠の生命は信仰による義からのみ生じる」（Vita eterna erit ex justicia fidei sola）と述べてはいるが、彼が強調していたことは宗教改革者たちの見解とは正反対のものであった――パウロは言わずもがな、アウグスティヌスもはるかに置き去りにし、アクィナスに従って、人は信仰のみによってではなく、信仰と行為によって義とされる、というのである。それに対しルターは、パウロは人は行為によって義とされることはなく、義は信仰の結果として、改心に際して付与されると言っている、と主張したのだ。

これがティンダルにどのぐらい影響を与えたかは、知ることができない。言われている年代が正しいとすれば、コレットはティンダルが到着するよりも前にオクスフォードを離れている。若いティンダルがコレットの講義を聞いた可能性はまずない。ティンダルはたった一回だけコレットに言及している。『モアに対する返答』（一五三一年）においてティンダルは、モアが「ロンドンの司教は賢く、徳が高く、cunning（この場合は、知識がある、という意味）である」と述べているのに対し、「確かにその三点は認めるとしても、彼は、もしもカンタベリーの司教が助けを出さなかったならば、聖ポール教会の高齢の主席司祭であったコレットに、主の祈りを英語に訳したというかどで異端の烙印を押していたことだろう」と述べている。モアが反動的な司教を誉めることによって点を稼ごうとしたのに対して、ティンダルもコレットを引きあいに出して点を稼ごうとした。聖ポール教会の主席司祭でさえも、新約聖書のほんの僅かな個所を英語に訳しただけでトラブルにまきこまれようとしたではないか、というのだ。コレットは主の祈りについてしばしば、ていねいに、英語で説教をした。彼が公刊した主の祈りの訳は簡潔なものであって、教会当局の許容範囲内のものである。この話も実はエラスムスに由来するものであって、エラスムスの場合はいつもそうだが、実際には、ちょっと見た印象よりもだいぶひねくれたものである（註59）。ともかく、ティンダルは自分が居た当時にオクスフォードはまだコレットのローマ書簡の講義の記憶が生き生きと残っていたなどとは言っていない、ということは見ておかないといけない。

## ティンダルとオクスフォード神学

それに対しティンダルは、オクスフォードの神学について経験したことを軽蔑している。神学は、学芸課程全体が終るまでは、つまり学士課程とその上にある修士課程であるが、学ぶことができなかった。学生は、定められたスコラ主義に数年にわたってどっぷりとつかって洗脳されてからでなければ、神学に到達することはできない、とティンダルは記している。『高位聖職者の策謀』（一五三〇年）の中で彼は、欄外に「大学の効用」と記した項目に、次のように書いている、「大学においては、誰も、異教の教え〔スコラ学など〕で八年から九年もはぐくまれ、誤った原理で武装されて、聖書を理解することからきれいに遮断されるにいたるまでは、聖書を見てはいけないと定められているのだ。」この個所では彼は、キリスト教信仰の核心が教会によって退けられてしまった、という趣旨のことを論じている。「キリストの身体と血の聖礼典が日々人々に告げている約束と契約とを、彼らは知られないようにしているのだ。」大学は聖書の代りに異教の著者たちを教えているだけでなく、学生たちを拘束している。

学生は大学に来るとまず、何を見ようと、大学をけなしてはいけない、と誓わせられる。そして、最初の学位を取る時には、教会によって断罪されたいかなる意見にもくみしない、と誓わされる。しかし、それがどういう意見であるのかは、彼は知ることがない。次いで神学を学ぶことが許可されると、聖書はかような誤った解説と自然哲学の誤った原理によって封印されているのだから、学生たちはその中にはいることができず、外をうろついて、生涯かけて個々の単語や空しい見解について議論し、人間の霊魂の健康と同じくらいに踵の治癒に固執する。神が特別な恩寵を与えて下さらなかったら、誰も司教たちによって許可されたこと以外は説教することができない。(註60)

一年後に、『聖ヨハネの第一書簡の講解』において、彼はオクスフォードの論争の愚かさを思い出し、次のような皮肉まで言っている。「我々の聖なる父［教皇］は、聖書の権威を自分の勅令によって証明しようとする。彼の勅令が認めるのでなければ、聖書は権威を持たない、というのだ。」そして、聖書は「馬鹿をまったくの気違いにする」などと言い立てて、自分の勅令を「輝かせ、立派なものに見せようとする。」彼の思い出によれば、

私はオクスフォードで教会の偉い書記が説教壇に立って、三十分かけて、キリストは洗礼者ヨハネの証言に

より真の預言者である、と証明しようとし、次の三十分では、洗礼者ヨハネはキリストの権威によって真の預言者である、と証明しようとしていたのを聞いたことがある。よく言うところの、お前が俺をひっかくなら、俺もお前をひっかくぞ、というやつだ。どんな泥棒でも、自分と同じぐらい間違っている他の泥棒のために証言してやり、またお返しにその者の証言をもらえば、自分が正当な人間であるとたやすく証明できることだろう。(註61)

同じ一五三一年にティンダルは、サー・トマス・モアに答えて、オクスフォードで聖餐式に用いるウェファーの質についてなされた論争を思い出している。「それはパンであるのかないのか。ある者は、小麦粉が長いこと水の中につけられていることによって、澱粉になり、その質を失ったのだ、などと論じたものだ」(註62)。(ティンダルにとっては、聖餐の本質は、それにあずかる者の信仰であったのだ。)

しかし、大学の神学の最も駄目な思い出は、『服従』の中に出て来る(もっともティンダル自身はそれがオクスフォードでのことだとははっきり指摘していないが)。

私はある時、神学博士の審査に出席したことがある。質問者は同じ理由をあげて、寡婦の方が処女よりも長所がある、と証明しようとした。寡婦はかつて結婚の喜びを享受した分だけ、耐えるのに苦痛があるから、というのだ。それに対し、「私はそうは思いません、博士殿」と受験者は答えた、「処女はまだ経験はしていなくても、実際にそうであるよりも喜びを大きなものとして想像するから、寡婦よりも動揺が大きく、より大きな誘惑と苦痛を経験するのです」と。(註63)

これは、彼が隠喩や比喩はキリストの真理よりも遠く離れた迷いへと導く、ということを議論する中で言っていることとである。第一テモテ六章［三―四節］を引いて、次のように述べている。

……彼らは我らの主イエス・キリストの健全な言葉と神を敬う教義に満足しない。従って、何も知ることをせず、頭を無駄な質問や言葉の争いで費やす。腐敗し、真理に欠けた精神をもった人間たちの妬み、争い、罵言はそこから出て来る。（註64）

ティンダルがオクスフォードですごしたのはおよそ十二年ほどであろうか（それからケンブリッジに行った）。ほかの多くの人々とちがって、彼は我慢した。神学の勉強と、学芸学部でのその準備のための勉強について、彼は辛辣な描写しか残していない。だから我々は、彼の学生生活についての僅かな骨組みしか伝えてくれない記録の中に、生きた精神を多く吹き込むことができないのだ。しかしながら、学芸科目の勉強のうちでも、彼の精神に深く触れた部分もあっただろうと思われる。次の引用はフォクスからである。

ウィリアム・ティンダルはキリストの忠実なる仕え手、キリストの持続的な証人（訳註64a）であったが、ウェールズの国境に近いところで生まれ、子どもの頃からオクスフォード大学で育ち、そこで長期間過ごすうちに、諸言語の知識とその他の学芸において、また特に聖書の知識において成長した。彼の精神は聖書の知識に対して特に適合していたのである。モードリン・ホールに住み、モードリン・カレッジの何人かの学生やフェロウに秘かに神学の一部を教え、特に聖書の知識や真理を伝授したのであった。彼の態度や、その態度に即応したものの言い方は、彼を知るすべての人が彼を非常に有徳で、汚れのない生活を送っている人だと評するほどだった。

かくして彼は、オクスフォード大学で、勉学においてますます成長し、順に学位を取り、そこからケンブリッジ大学へと移って行った。(註65)

彼の有徳の性質については、彼の敵であるモアでさえ支持している。モアによれば、ティンダルは若いころ「きちんとした生活をしており、勉強家で、聖書のことをよく知っていた。そしてイングランドのさまざまな場所で人々に好かれ、説教によって多くの貢献をなした」(註66)。フォクスの指摘は、エドワード・ホールが一五四八年に書いた年代記の次の文と一致している、「彼をよく知っている人は誰も、非常に真面目な人間であり、ウェールズの国境近くに生れ、オクスフォード大学で育ち、生活と会話において非の打ち所のない人だ、と述べている……」(註67)。ホールは続けて、いささか混乱した、しまりのない文章で、ティンダルがまだオクスフォードに居た間にすでにいかにルターに対応しようとしたか、ということを物語っている。たとえば、「彼の生れた国であるイングランドがいかに無知の状態にとどまっているかということを歎き」、その故に、神の召命に従って、「新約聖書を英語に訳した」。ホールは、ルターが「いくつかの著作でローマ教皇に対して」言っていることが正しいかどうかを知るためにティンダルが聖書の研究を志す決心をしたのであって、それは、明らかに彼がまだオクスフォードに居た当時のことである、としている。オクスフォード時代のティンダルについては、知られていないことが沢山ある。しかしホールが言おうとしていることは無理である。ルターは一五一七年まではローマ教会と公に対決することをしなかったし、他方ティンダルは一五一五年にはすでに修士号を取っていたのである。ティンダルの物語には後にジョン・ティセンというかつての彼の弟子が登場する。この人物は大学の記録によれば一五二四年に法学で学士号を取っている(註68)。おそらくはティンダルも大学で学芸修士として教えていたのであり、従って、理論的には、修士号を取った後も、ルターが公にローマと対決しはじめた一五一七年まで、まだオクスフォードにとどまっていた可能性はある。しかしながらホールはずい分と要約して書いている。たとえば彼の「ヘンリー八世の第一七年（一五二六年）」は、ティンダルの処刑［一五三六年］の話からはじまっているのだ。ホールの記録は、フォクスがティンダルの「聖書の知識や真理」に関して言っていることを、大ざっぱに支持するだけである。

もしもホールとフォクスが、ティンダルが非公式に聖書を教えた、と言っていることがおおむね正しいのであるとすれば、それはどういう聖書かということが問題となる。一五一六年の三月以降ならば、エラスムスの『ノーヴム・インストゥルメントゥム』（Novum instrumentum）であろう。これは、エラスムスがギリシャ語の新約聖書と彼の新しいラテン語の翻訳とを並べて印刷したものである。どちらも印刷されるのはこれがはじめてだった。もしもティンダルがエラスムスの聖書を用いたのであれば、それは、ホールやフォクスがティンダルは新しいことをはじめたと一般的に言っていることに対して、より正確な点をつけ加えることになる。一五一六年の三月以前には、「聖書」と言えば、ラテン語のヴルガータかそれとも禁止されたウィクリフ聖書のいずれかを指した。この場合、ティンダルがなした新しいこととは何か。一つの答は簡単である——聖書を読むことそのものが新しかったのだ。つまり、ローマ書簡を十五年ほど前のコレットの精神でもって読む、ということである。パウロが言っていることを読むのであって、数世紀にわたる註解者がパウロが言っていると言っていることを読むわけではない。ティンダルがオクスフォードに居た当時に、聖書の諸文書そのものをきちんと取り上げる（そういう言い方をしてよければ）という方向に向かう動きがこの大学にどの程度存在したかについては、これまで無視されてきた事柄の一つであるから、まだ多くの研究がなされねばなるまい。コレットはローマ書簡と第一コリントス書簡に新しい、生きたパウロを発見した。そのことの直接の影響については、すでに述べたように、直接の記録は何も残っていないが（エラスムスが自分の目的のためにふりまいているお座なりなお世辞を別とすると）、だからとて、彼の仕事の趣旨が失われてしまったとは言えまい。ちょうど何が教えられ、何が教えられなかったかについては本当のところ何も知られておらず、ただ教えられるはずになっていたシラバスのおよそのところが推定されるにすぎないのと同様、かつてウィクリフが居た大学でその没後百二十五年後に何が起こっていたかについては、本当のところ何も知られていない。大学の外の現実世界では、グロスターシアでもエセックスでもケントでも、ティンダルの時代のウィクリフ派は、もしも聖書を読むことができさえすれば、聖書というものがすべてどれほどの影響のあるものか、十分によく知っていたのである。このもともとウィクリフに出発する「異端」がウィクリフ自身の場所であったオクスフォードから、いかに当局がそれが公の場所に姿を現わさないように慎重に気をつかっていたとしても、今やまったく消え去ってしまったとは考え難い。いずれにせよ、学期中でも公的に過ごす時間は非常に短いのであって、それ以外に、故郷からの知人とつきあう時間は十分にあったはずだ。たとえば布地業者が通りかかったり、とか。しかしまた、三か月の長い休暇には、ティンダルはきっとグロスターシアにもどっていたに違いない。

## ティンダルとオクスフォードの修辞学

ここで、ティンダルの学芸の勉強の中で、ほかのことよりも役に立ったと思われる点について考えておくのも意味があろう。フォクスは彼について、「諸言語の知識と、その他の学芸において、また特に聖書の知識において成長した」と語っている。ここには二つのヒントがある。第一に、オクスフォードがティンダル自身が認めているよりも多くティンダルに利益を与えた、ということである。オクスフォードについてのティンダル自身の言及はいずれも論争的な文章の中でなされている。本質的な真理がそこでは放棄されている、という主張を支えるために何ほどかの例証を示そうとしているだけだ。我々は、おそらく、そのことを頭に置いておく必要があるだろう。フォクスにおける第二のヒントは、「言語……学芸……聖書」の三つが一緒に並べられている点である。「言語」については問題はない。――ラテン語とギリシャ語をよく学ぶことはできたので、それはまた彼にとって決定的に重要であった。理屈の上では、彼はここでまたフランス語とドイツ語も学んだ可能性がある。「学芸」は三教科と四教科を指す。後者（代数、音楽、幾何、天文）はティンダルの後の仕事にとって特にどういうことはない。前者（文法、論理、修辞）は翻訳者の仕事にとって役に立っただろう。当時オクスフォードで教えられていたような文法と論理学は、それが修辞学の基礎となるという点を別とすれば、おそらくは特に意味のあるものではなかっただろう。しかし、修辞学となるとやや別の問題である。

ティンダルがオクスフォードで修辞学を学んだのは、エラスムスが修辞学に影響を与えるよりも前だったので、エラスムスの影響を学ぶことはできなかった。ヨーロッパ全土でエラスムスの刺激によって、また十六世紀半ばにはペーター・ラムスの刺激によって、そしてまた印刷されたテクストが広く手にはいるようになったので、修辞学への興味が、また修辞学の教え方への興味が発達した。それは特に詩に関してそうだった。レオナード・コクスの『修辞の技術ないし技能』（一五二九年）、トマス・ウィルソンの『修辞の技術』（一五六〇年）、ロバート・レイノルドの『修辞の基礎の本』（一五六三年）、ジョージ・パトナムの『英語詩の技術』（一五八九年）、サー・フィリップ・シドニーの『詩の弁護』（一五八三年頃）などすべて、それぞれの相違はあるものの、英語で詩を作るということについての十分な自覚に到達しようとする一里塚であった。修辞学も詩も、どちらも広い意味では、ある程度まで文法と論理とに依存しつつ人を説得するための技術である。抒情詩は四教科の科目の一つである音楽と関係している。

オクスフォードでの型にはまった修辞学の訓練は、今日の目から見れば退屈なものに思えるが、ティンダルにとって詩や音楽の感性を養う役に立っただろう。ほかの例をあげよう。ディケンズのような通俗的な著者が、学校の生徒であることがいかに陰鬱か、あるいは陰鬱というよりももっと悪いか、といった調子で描いたり、あるいはまた、シェイクスピアが劇的効果をあげるために学校についてくそみそな仕方で言及したりしているので、シェイクスピア自身のストラトフォードでの学校生活はディケンズの『ドンビーと息子』に出て来るトゥーツの受けた教育と同様、退屈で、感性を麻痺させ、破壊的でさえあるものだった、と通俗的には考えられている。しかしながら実際には、教育とは横暴なものだといったこの種の断片的な事実を拾い集めた描写とはちがって、シェイクスピア自身はストラトフォードの学校の二階の部屋でしっかりと、たゆまず知的な、また芸術的な成長を続けていたのである。学校で植えつけられた種がすべて後に花開いた。たとえば彼が著者としての生涯を通じていかにオヴィディウスを好み、オヴィディウスを展開する仕方でさまざまに利用したかを考えれば、シェイクスピアという人は、十八世紀や十九世紀になってもまだその崇拝者が信じていたような、田舎の土くれに神が気まぐれに与えた一瞬の雷光によって生命が吹き込まれた、などというわけではなく、当時広く広まっていた教育方法がもたらした産物である、ということがすぐにわかろう。もちろん、桁外れの産物には違いないが。そして彼の学校教育の基礎は非常によく据えられたので、当時のほかの詩人や劇作家はみな大学まで行ったのに、彼は大学に行かずに学校教育で受けた基礎だけでもって、あそこまでのことをすべて実現することができたのである。

修辞学、つまり説得する技術であるが、これは、語を選び、並べる古代の技術である。大ざっぱに言えば、ティンダルがモードリン・ホールに行った頃は、修辞学の勉強はこの技術の古典的教師たちの著作を通してなされた。特にキケロの『着想について（De inventione）』、クィンティリアヌスの『修辞学教科書（Institutio oratoria）』、および間違ってキケロの作品だとみなされてきた『ヘレニウスのための修辞学（Rhetorica ad Herennium）』の三著である。ティンダルが学士の学位を取ったその年に、まさにその同じ月に、つまり一五一二年七月であるが、エラスムスはジョン・コレットが創建した新しい学校である聖ポール・スクールの生徒のためにラテン語で本を一冊発行している。これはエラスムスがイングランドで書いたもので、聡明な、魅力的な著作であるが、クィンティリアヌスを一つの方向にのみひきのばしたものである。すなわち、若い雄弁家（つまり書き手のことだが）が「アンプリフィカティオ（amplificatio、敷衍による着想）の手法を学べるようにしたものである（註69）。この本、つまり一五一二年発行の『言葉と事柄の豊かさについて（De utraque verborum ac rerum copia）』という表題の本であるが（今日では通常『デ・コピア（De copia）』と省略されて呼ばれている〔日本語ではたとえば「文章用語集」などと訳されている〕）、エラスムスの他の著作とあいまって特にこの本が、以後およそ二世代の学校の生徒の教育の革新のために大きな示唆を与えたものである。ある賢い批評家がこの十六世紀の教育とシェイクスピアの高度な芸術的達成とを結びつけて、「エラスムスなしには、シェイクスピアはいなかった」などと言っているくらいのものである（註70）。この『デ・コピア』という本は、読みやすい良いラテン語で書かれているのだが、表現の形を多様に変化させる方法、つまり言葉の豊富さ（being copious）について述べたものである。有名な練習問題は、「あなたの手紙は私を非常に喜ばせました」ということを言うのに、何と百五十以上の異なった言い方を並べている。これが教えていることは、言葉を筋肉にたとえるとすると、すべての言葉の筋肉をもれなく用いて、いかなる筋肉弛緩の兆候をも見せないようにする、ということである。この本の目的は、議論の首尾一貫性の助けになるような着想だけでなく、精神と言葉の豊富さ、広がり、拡大を勧めるところにある。学者というものは、精神と言葉とがどれだけのことを実現できるかを発見し、知恵と楽しみを最大限与えるようにさまざまな方法を選ぶようにならなければならない。コピーという単語のもともとの意味は（現在ではすたれてしまったが）、満ちていること、豊富、という意味であった。シェイクスピアはまだその意味を知っていて、初期の劇のせりふの中でうまく用いている。夫に裏切られたと思いこんだ妻が、夫の不実（と彼女が思いこんだこと）をどのようにしてなじったかを物語る場面である。

ともかく話し合いでいっぱい（copy）だったんだから。
ベッドでも、私がその話をするから、彼は眠れなかったし、
食卓でも、私がその話をするから、彼は食べられなかったし、
二人だけの時は、私が話すことはそればかり。
ほかの人が居る時も、しょっちゅうその話をしたし、
それは下劣で悪いことだと、いつも彼に言ってやった。（註71）

ここでは、雄弁さということは、単に人物の性格づけの一部であるばかりでなく、着想の豊富さ（copiousness）でもある。――夫はそのせいで明らかに気が狂ってしまう。妻は、いささかやりすぎた、と言われることになる。クィンティリアヌスによれば、「トロプス（tropus〔型〕）」とは、その言葉のふつうの意味とは異なる意味に用いられる場合である。隠喩などがそれにあたる。それに対しフィグラ（figura〔姿〕）とは、考えの取る姿、形のこと、つまり語のことである。しかしエラスムスはフィグラの複数形（figurae）をその両方の場合に用いている。エラスムスのこの本の現代になされた英語訳の索引はラテン語の例を八五回、ギリシャ語の例を二五回あげている。本の表題の「言葉と事柄」という句は、実際には、言葉とそれによって表現される事物という単純な分け方以上のものを意図している。言葉（verba）とは文章の比較的小さな単位の意味であり、事柄（res）とは主題の全体的な扱いの意味である（註72）。

もう一つ、エラスムスよりはずっと面白くない教科書であるが、ルドルフ・アグリコラの教科書もある。『言葉の着想について、三巻（De inventione dialectica libri tres）』である。一四八〇年に書かれたものだが、一五一五年になってルヴァンで印刷された。アグリコラの与えた影響はエラスムスの影響よりもはるかに小さいが、十六世紀の理論家たちにほぼ同趣旨の影響を与えている。包括的であろうとする姿勢である。ほかにも修辞学の論文や教科書がいろいろあった。エラスムスの『デ・コピア』ほどではないにしても、くり返し増刷されている。

エラスムスのこの本はティンダルが学士号を取った直後に現れたものだが、ティンダルがこの本を見逃すことはなかっただろう。これはイングランド全体で圧倒的に人気があった（一五七二年以前ですでに一五〇版を重ねている）。また彼は、言葉づかいや議論の組立ての作業に関して実用的にこのように役立つものを無視しようとも思わなかっただろう。エラスムスの中心点は「変換（transformatio）」ということであって、それはつまり翻訳者としてのティンダルがなしていたことと基本においては同じことだからである。イングランドの年代記をシェイクスピアの歴史劇に変換するよりは、新約聖書のヘブライ語的色彩のギリシャ語をリズムのある、印象的な英語に変換する方が、エラスムスの理論に近い。ティンダルが実際に『デ・コピア』を読んだかどうか、絶対確実とは言えないけれども、たとえば彼の『服従』に見られる例などからすれば（註73）、読んでいたに違いないと言えよう。エラスムスは決してティンダルの精神から遠く離れた存在ではなかった。少なくともティンダルがオクスフォードを去って以後はそうである。もしも彼がその後ケンブリッジに行ったというのが事実であれば、そこではエラスムスがごく最近まで教えていたのである。ティンダルはエラスムスの『キリスト戦士教本』（Enchiridion militis christiani〔以下本書では『エンキリディオン』と略記されている〕）を翻訳している。また彼の新約聖書の翻訳は一五一六年にエラスムスが発行したギリシャ語新約聖書を訳したものである（二度訳している）。それに、エラスムスに言及することも多い（註74）。ここで留意すべき重要な点は、要するにティンダルは、シェイクスピアと同様、言葉の技術について成長しつづけた、ということである。シェイクスピアと同様ティンダルも、持続的に精神と言葉の拡大の作業を続けている――そして同様に、持続的にものを読み続けている。ティンダルの修辞学上の技術の進歩は学士を取ったところで終ったわけではない。彼の生涯にわたる著述を通じて一貫しているのは、言語というものの働きに対する独得な関心である。彼は、言うことが許されないことを表現する場合に、ふつうの人々がいかにうまく工夫しているか、ということを知っていた。たとえばすでに言及した『服従』の個所のように(「裏切られたくせに、どうして裏切られたのかわからない人のことを、我々は、あの人は告悔に行って来たのだ、などと言う」)(註75)。彼は、教会がいかにラテン語をまじないの呪文のごとく利用しているか、いくつかのギリシャ語の単語がどう訳されるのが一番いいか、エジプト語の不可解な単語が何を意味するか、ヘブライ語の文法がいかに機能するか、等々のことを記している。ヘブライ語の文法についての彼の関心は非常に強く、一五三四年の新約聖書の翻訳の改訂版の序文では、まずそのことに言及している(後述五三三頁以下参照)。彼の訳文が時として読者になじみのない文になっていることについて、注意深い読者に理解してもらうためである。新約聖書のギリシャ語の表現の中にはヘブライ語の形が作用しているということに彼は気がついたから、そのように訳したのである(ラテン語の訳を読んでもこういうことには気がつかない。もっとも彼自身はラテン語訳はそういう意味あいを読み取った上で訳しているはずだと考えていた)。彼は彼の「農夫」が言語的な自覚を豊富に持っていることを期待していた。また、そう期待するのは正しかった。もしもその若い農夫がバークレーの谷で畑を耕していたのだとすれば、そう期待できるのである。畑にいるふつうの人は、「走れる者は、読める」のであって、敏感であることが期待されている。『デ・コピア』の中でアレゴリーについて議論しているところで、エラスムスは記している、「……誰もがすべてを理解するというような仕方でものごとを書くわけにはいかない。そうではなく、人々が何らかのことを調べて、学ぶようにさせる、という仕方で書かれるべきなのだ」(註76)。それに対しティンダルは、すべての人が理解し、かつ学ぶことを欲した。

ティンダルが自覚的に職人であった、いわば今日の飛行機のエンジンの設計者のような専門性と仕事を楽しむ仕方をもって、自分の商売道具［＝言語］を用いていた、ということが、ティンダルについての議論ではしばしば無視されてしまう。一九三八年にガヴィン・ボーンというオクスフォードのセント・ジョンズ・カレッジの人物が書いたティンダルについての論文は、かなり影響力があったものだが、その結論において、ティンダルの文章には「文学性のかけらもなく」、「彼のいかなる著作にも、効果を考えて書いたと思えるところはない」、と記している。そして結びに、いわばほっとしたというような調子で、ティンダルのおかげで我々は「自覚的に書かれた聖書」というものを持っていない、と言う。「……文章上の技術者ティンダルという主題についてこういう論文が書かれねばならなかったということは、一つの皮肉である」というのだ(註77)。その三三年後、オクスフォードのマートン・カレッジの教授がティンダルに助太刀を出す。ノーマン・デイヴィスである。ロンドンのユニヴァーシティ・カレッジで行なった講演で彼は、ティンダルが意図して用いたと思われる文章上の工夫をいくつかていねいに指摘している。「効果を得るということがティンダルの望んだことだった。……そのために彼は雄弁家の用いる手段を最大限に利用している」と結論づけた(註78)。しかしそのデイヴィスでさえも、独創的で鋭く、教えられることが多い論文であるけれども、古典的な修辞学の訓練がティンダルに与えた影響について十分に見ているとは言えない。後に『服従』を扱う時に述べるけれども、実際ティンダルは、今日でもなお一部の者たちが考えているような「自然」で技術のない文章下手などというのとほど遠い。一五八〇年代以降英語の著作が際立って開花したという事実が、それ以前の段階で言葉を組み立てる技術が発達して、学校で教えられるようになり、その技術が人々の心をとりこにしたということを立証しているのだが（「エラスムスなしには、シェイクスピアはいなかった」）、それと同等に確かに、ティンダルの人並みはずれた実力を、自覚した努力とは無縁のものに帰することはできない。この時代は言葉の技術に関心が集中していた時代であり、それを発達させるために学校が次々と作られたのである。ウルジーのイプスウィチの学校、コレットの聖ポールの学校（どちらも事実上同じカリキュラムを用いていた）など、エラスムスの原則に忠実に従っていた。どちらの場合も、［古典の］著者が基本であって、口頭で話す文章についても書く文章についてもモデルとして用いられた。修辞学の言うフィグラ（姿）とトロプス（型）を古典の著者がどう用いているかを観察し、それを利用するのである（註79）。エリザベス朝時代の学校の生徒はまだ英語ですぐれた詩を書くことができたが――そういう詩がたくさん残っている――それらは、キケロのいかにも機械的に並べられた言葉の「形姿」のリストとエラスムスの練習問題をもとにして作られたものである。けれども彼らは明らかに、この技術的な訓練とみずから新しいものを生み出す可能性との結合を楽しんでいたのだ。どんな年齢の生徒でも、新しいものを生み出すのは好きである。彼らがこういうことに夢中になっていたのは、二十世紀前半の学校の生徒が複雑なエンジンの機能を入り組んだ製図に仕上げたり、モデルを作り上げたりするのに夢中になる、あるいは今時の生徒が、まるであひるが水の中にはいって行く時のように気軽に、異常なくらいに発達したコンピューターの技術を身につけていく、その素朴に夢中になる様子と共通するものがあったに違いない。エリザベス朝の終りごろ、あるいはジェイムズ朝のころは、二十数年以上にわたって、悪しき文章を書く者は誰もおらず、ほとんどの人はみごとな文章を書いていたと言えよう。しかしながら、エラスムスと十六世紀革命以前においては、修辞学の意図するところは、良き詩人を作るよりはむしろ国家の賢い下僕を作ることにむかっていた。キケロ的な雄弁家とは、大きな問題が生じた時に、知恵ある結論にむかって助言し、説得することができる者のことであった（もっとも、偉大な詩人の関心事も同じことには違いない）。それと比べて、クィンティリアヌスの興味はどちらかというと個人の有徳の表現にむけられていた。しかし、ティンダルがオクスフォード時代に学んだであろう古典的修辞学の要点は、有徳の立場を強く保ちつつ、そこから社会共通の善にむかうように文章を作る技術であったのだ。

ティンダルは英語で書いた。しかし彼の時代においてはまだたいていの文章はラテン語で書かれていた。当時の二つの最も有名な本、サー・トマス・モアのファンタジー（今では『ユートピア』として知られている）とエラスムスの『愚神礼賛』は、ラテン語で書かれた。学者であってしかもラテン語で書かないというのは奇妙なことであって、非難されても仕方がないくらいのことだった。ジョン・ウィクリフとレジナルド・ペコックの二人はまさにその点で苦労した。大学の仕事はすべて、印刷された本は大部分、ラテン語であった。一六〇五年にはオクスフォード大学の図書館に六千冊の本があったが、うち僅か六十冊だけが英語であった(註80)。現在では有名になっているコレットの講義もラテン語でなされた。エラスムスは三回イングランドに滞在し、大きな影響を与えたのだが、モードリンに滞在して暖かい家庭的環境を享受し、議論し、ケンブリッジではマーガレット夫人寄付講座の講師としてギリシャ語を教え、人々に多くを示唆し、自分も示唆を受け、話を聞き、ものを言い、手紙を書き、友人たちとつきあったりしたけれども、しかし英語は一単語といえども話さなかった。キャクストンがウェストミンスターで一四七六年に印刷屋をはじめた時には、すでにヨーロッパ［大陸］の八つの国の七十の都市に印刷屋が存在していたが、そこで印刷された本のほとんどすべてがラテン語のものだった。キャクストンは多少英語の本も印刷したが、それは学者のためでなく、裕福な一般読者のためであった。土着の言語に敬意をはらい、それを用いようという努力はヨーロッパ全土を通じてなされたけれども、最初はせいぜい暇つぶしの読書のためのものであって、なかなか多くの本を生み出すにはいたらなかった。――もっとも、どの程度の分量があったかは、今日残っているものから想像することができるだけで、また初期の多くの本は断片的にしか読まれなかったようであるけれども。印刷以前の時代のものでも、多少は普通の写本も残っている（普通の、というのは、金持のパトロンのために作られた贅沢本に対して普通のということである）。ティンダルは『農夫ピアズ』

を写本で読んだことがあるかもしれない（チョーサーの本が数多く印刷されたのに対して、『農夫ピアズ』は一五五〇年まで印刷されることはなかった）。レジナルド・ペコックの一四五〇年代の初期に書かれた『聖職者を非難しすぎることの抑制』も英語の手書き写本だった。いくつかの年代記やフォーテスキューの『君主制』もそうだった。『ローマ人の話』という通俗的なラテン語の物語集も写本で流布しており、英語にも訳され、しばしば写本に書き写された。それとよく似た『黄金伝説』（Legenda aurea）の英語版（The Golden Legend〔日本語ではしばしば『聖人伝説』と訳される〕）もそうだった。印刷屋のキャクストンは金持の読者が何をのぞんでいるかを知っていた。だからそういうものを印刷した。英語ではチョーサーを多く、またガウアーの『恋人の告白』（Confessio amantis）という表題で知られている恋愛ものの短編集、マロリーの『アーサー王の死』（Le morte d'Arthur）、など多数。彼が印刷した『黄金伝説』には、偶然のことだが、ラテン語から英語に訳された聖書の個所がいくつかのっている。その五十年後、ティンダルがオクスフォードにいた当時は、ロンドンのほかの印刷屋も（数は少なかったが）、堅実に出版を続けていた。その中にはやはりチョーサーが多く、また、リドゲイトの『君主の堕落』、マンデヴィルの風変わりな『旅行記』、バークレイの『愚者の船』もあり、加えて、宗教的な教訓集もかなりあった。アントウェルペンの印刷業者もイングランドで英語の本を売ることに成功しはじめていた。もともと英語で書かれたもののほか、英語への翻訳書もこの頃ぽつぽつと印刷されはじめる。やがて十六世紀末にはその流れはとうとうとした大河となるのだが。しかしながら、こういった新しい活動のすべては尊敬に値するとしても、何らかの本格的ないし公的な事柄については、まだラテン語が当然の言語とされていた。

すでに多少言及してきたように、ティンダルが英語で書こうとした動機は、その出発点において、いくつか存在している。バークレーの谷の日常の言語の表現力、神の言葉は土着の言語で語られなければならないというウィクリフ派の牧会的配慮、そして後で論じるように、ルターの例がある。また、ティンダルの当時のオクスフォードには、いわば修辞学上のナショナリズムとでも呼ぶべきものの最初の徴が、まだこの上もなく小さい苗木でしかなかったが、すでに現れていたと言うことができよう。この世紀の後半にはコクス、レイノルド、ウィルソン、パトナムなど――そして特にシドニー――の修辞学上の重要な論文が書かれるようになった。それらは、土着の言語で詩や散文を書くことを弁護するだけでなく、もっと積極的に、古典やイタリアの最善のモデルに従いつつ英語で書くことを実践するように勧めていた。パトナムが一五八九年の『英語詩の技術』（突如としてこういう表題に興味が持たれるようになった）の最初の方の頁に記していることは、ティンダルが一五二八年に『服従』の中で土着の言語に訳された聖書について記していることに対応する。

もしも詩の技術というものが、今もなお、ものを言うということに関わるのであるとすれば、彼らにあてはまることがどうして我々にあてはまらないことがあろうか。我々の言葉は彼らの言葉に負けず劣らず豊富で、意味あいに富み、表現力があるではないか。我々にも彼らと同じように面白い着想があり、我々の知恵も彼らの知恵と同様に考慮するに値し、真似するに値するものではないか。もしもまた芸術というものが理性によって定められ、経験によって蓄積される一定の規則の集合であるならば、詩もまた、ギリシャ人やラテン人にとってと同様我々にとってもまた、どうして土着の芸術であってはならないか。我々の言語は彼らの言語に負けず劣らず諸規則を提供し、すばらしい多様さを与えてくれるではないか。（註81）

その五十年以上も前に、最初にティンダルが、土着の言語こそ、最善の「詩」である神の言葉を表現するのに修辞的に最も適した手段である、ということを情熱をもって言い立てたのであった（シドニーが強調しているように、詩（poesy）という語はもともとは「作る」ことを意味する［ギリシャ語の poiesis は poieo＝「作る」という動詞の派生語（作ること→作詩）である」）。ティンダルの居た当時のオクスフォードでは、印刷されたテクストはすべて、例外なく、ラテン語のものだった――キケロ、クィンティリアヌス、アリストテレス、聖書、すべての教科書、すべての学問的註釈――ほかにはギリシャ語のテクストがほんの一つか二つ新しく手にはいるようになっただけだった。彼が学生として書いたものは、学士号取得以前も以後もラテン語であっただろう。彼がなした講義や論争もまたラテン語によってだっただろう。しかしながら、どこからか、もしかすると彼がまだオクスフォードにいた間に、自分が学んだ修辞学上の技術的な訓練を、英語を書くために、英語の人々を利するために、転用したいという思いが出て来たのである。この点で彼は、ほかの多くの点でもそうだが、時代に先駆けていた。

ティンダルがオクスフォードで古典のモデルに従って学んだ自分の芸を自覚していたということについて、これまで見逃されてきた証拠が一つある。モーセ五書への最初の序文においてティンダルは、オクスフォードを離れて数年たった後、新約聖書をギリシャ語から英語に訳す仕事をロンドンの司教に支援してもらうべく、グロスターシアからロンドンへと出発した時の事情を物語っている。その中で彼は、ロンドンに行く時に、「自分がギリシャ語から英語に訳したイソクラテスの演説」を持って行った、と述べている（註82）（このことの持つ更に大きな意味は次章で述べる）。イソクラテスは紀元前四世紀のアテーナイのすぐれた演説家で、修辞学の一つの学派の創設者であった。彼が強調したことは、話すのに実用的な演説というよりは、書かれた文章として程度以上の鮮明な文を書く、ということであった。彼の影響は大きく、キケロにまでいたり、キケロを通じて近代の散文にまでいたっている。ミルトンの『アレオパジティカ』の下敷きに置かれているのはイソクラテスの『アレオパギティクス』である。ミルトンがそのソネットの一つで「あの雄弁な老人」と呼んでいるのはイソクラテスのことである（註83）。イソクラテスの数多くの演説のうちティンダルがどれを訳したかは、今となっては知ることができないが、想像することはできる。要点は五つある。第一に、一五二二年ごろのティンダルは古典文学の世界を十分に頭に置いていて、その結果、ロンドンの先輩学者たちやエラスムスの友人たちにギリシャの重要な文章家の作品の翻訳を提示しようとしたのである。第二に、彼のギリシャ語の能力は度を超えて高かった。イソクラテスのギリシャ語は難しいのだ。第三に、彼がロンドンの学者たちに対してとった態度の一部は、修辞学にかかわるものであった。彼はいわば修辞学の最高の権威を知っている者として店開きしようとしていた。自分がそのように認められることを期待して。第四に、オクスフォード以来自分が勉強を続けていること、現在の翻訳理論について最新の知識を持っているということを示そうとした。そして第五に、学者として、通俗的でない書物をよく知っており、それらの書物を見ることができる位置にいる、ということを示そうとしている。トマス・モアがオクスフォードの学生時代以後もよく勉強を続けていたことについては、かなり多くのことが言われてきた。モアが著名人であるが故に、ギリシャ語をグロシンから学んだという事実や、ラテン語にすぐれていたという事実もよく知られている。また確かに、オクスフォードの後ロンドンに住んで、金儲けのための商業法に関する仕事を一方でこなしつつ、アウグスティヌスの『神の国』についての講義をなす時間を作っていたというようなことは、尊敬すべきことである。他方ティンダルはと言えば、誰がティンダルにギリシャ語を教えたのかも我々は知らない。また、トマス・モアのように喧伝されることはまったくなかったけれども、実はティンダルもまたラテン語の実力者であった。家庭教師やエラスムスの翻訳者として働きながらティンダルは、イソクラテスの翻訳によって、自分のオクスフォード時代の経験が自分を当時有数のギリシャ語とラテン語の学者に育てるのに役立ったのだということを、そしてもっと重要なことだが、自分が自覚的な職人であるということを、示していたのだ。

# 第三章　ケンブリッジ、そしてまたグロスターシア

## ケンブリッジのティンダル？

フォクスは、オクスフォードでのティンダルについての段落を次のように述べて閉じている。「彼は時をはからって、ケンブリッジ大学へと移った。そこでもまた一定期間住んだ後、神の言葉についての知識に更に成熟して、その大学を後にした……」(註1)。ティンダルがケンブリッジに居たということについて、これが唯一の記録である。もしそうだとすれば、それは一五一七年から一五二一年の間のどこかの期間だったということになる。長かったか短かったかもわからない。ティンダル自身はオクスフォードよりも新しいこの大学について何も言及していない。一五二〇年代の初期にケンブリッジにルター派が居たということがしばしば指摘されるが、そのことを頭におけば、ティンダルがケンブリッジで一定期間過ごしたということはいかにも自然に思える。その場合、大学の記録に彼の名前が現れないのは、単なる偶然ということになろう。言われていることによれば、ケンブリッジでは学者たちはおおっぴらにルターを読み、ルターについて討論していた。その結果、一五二〇年の終りに

はケンブリッジでルターの本が多数焼かれることになった、という。ロンドンでの有名な最初の焚書よりも半年も前のことである。このように公にはルターを読むことに対して圧力が加えられたのだけれども、ルターについて議論するのを止めさせることはできなかった。議論はしばしばホワイト・ホース（白馬）という名前の旅館で行なわれた。フォクスの書いていることによれば、この旅館は「彼らの気持に反して、神の言葉をないがしろにするような呼び方であるが、『ドイツ』と呼ばれていた。この家が特に選ばれたのは、彼らの多くがジョンズ・カレッジかキングズ・カレッジかクィーンズ・カレッジの者だったので、旅館の裏からはいることができたからである」（註2）。伝説が物語をふくらませていく。こういった集会について熱狂的に書く者はこれまでにも多くいたが、現代のある著名な宗教改革史の学者もその一人である。

イングランドのプロテスタントの最初の世代を導いた人々の大多数は、ホワイト・ホースでの集会が行なわれていた時期にケンブリッジに住んでいたのであった。ティンダル、ジョイ、ロイ、バーンズ、カヴァーデイル、ビルネー、ラティマー、クランマー、フリス、ランバート、リドレー、ロウランド・テイラー、トマス・アーサー、マシュー・パーカーほか、説教をなし、著作をなし、教会の高位の職につき、あるいはその信仰のために殉教をとげた多数の者たちがそうである。（註3）

何という聖者たちの集まり！　何たる議論をホワイト・ホースは知っていたことになるか！　数世紀にわたって響きわたる重要な名前がずらっと並んでいる。しかし残念ながら、この文章の最初の一文がいささか慎重に記しているように、この人々がケンブリッジで同じ時期に同じ場所にいた、ましてやそのチューダー風の旅籠屋の酒場にみんなで集まっていたなどという確かな証拠はまったくない。ティンダルの名前を最初にあげるのはそれなりに正しいだろうが、万が一彼がケンブリッジに一五二〇年ごろに居たと仮定しても（そういうことはありえないが）、彼がホワイト・ホースの場所を知っていたなどという証拠はまったくない（註4）。このリストにのっている幾人かが、同じリストの他の誰かの説教を聞いた可能性はある。ロバート・バーンズはケンブリッジのアウグスティヌス派小修道院長であり、後に殉教の死をとげた人だが、一五二五年のクリスマス・イヴに説教をしている。この説教はよく伝えられているものである。フォクスは、その時以前に「良きマスター・ビルネーが他の者たちといっしょに」バーンズを悔い改めさせてキリストへと導いた、と記しているが、いつどこでの話かわからない（註5）。このリストにのっているすべての人が同時に活躍していたわけではない。確かに、一五二〇年代のケンブリッジではルターに対する学問的な興味がある程度存在した。そして、多くのプロテスタントの指導者がかつてケンブリッジにいたというのは、確かに顕著な事実には違いない。ティンダルがジョイ、ロイ、バーンズ、カヴァーデイル、フリスなどのケンブリッジの人々を知っていたのは事実である。しかし彼がこの人々と知り合ったのは、国外に出た後の話である。ロイは、ケルンとヴォルムスで彼の助手をつとめた。ジョイはアントウェルペンに居た。バーンズは、もしもティンダルとともにすごした時があったとすれば、ハンブルクにおいてか、あるいはルターを通してヴィテンベルクで知り合ったか。カヴァーデイルはハンブルクで、モーセ五書の翻訳の作業を助けるためにティンダルに合流した。フリスはロンドンで知り合った。ティンダルはケンブリッジにいなくても、これらの人々を知ることができたのである。確かに、これらケンブリッジ出身の友人や助手たちと比べて、オクスフォード時代からのティンダルの知り合いはジョン・ティセンと、もしかするとジョン・フリスの僅か二人だけである。ティンダル自身の証言では、ティセンは彼がモードリンでテューターとして教えた人物である。しかしこの人物は後になって、恥ずべきことに、ティンダルに対する裏切りに加担した。（後にティンダルを弾圧した者たちは、オクスフォードに集中しているようである。ティセンのほかに、タンストール、ストークスレー、モア、そして例の悪漢ヘンリー・フィリプス。）ケンブリッジが彼に友人を提供したというのは面白い事実である。というのも、オクスフォードもロンドンもルターに対する興味の中心地であったからだ。オクスフォードの本屋ジョン・ドーンは一五二〇年の一月二九日より十二月末までに、ルターの本を一ダースほど売っている（註6）。また一五二一年の五月にロンドンのセントポールズ・クロスで大掛かりな焚書がなされた。つまり、それだけの分量のルター派の書物が流布していたということだ。この時、「ウルジーは大群衆の前で、金襴の天蓋の下に置かれた椅子に座り、きらびやかな貴族、司教、外国の使節などの群に囲まれていた」（註7）。その数年前、一五一一年八月から一五一四年一月まで、まさにケンブリッジは最初のギリシャ語の教師として偉大なエラスムス自身を迎えている。彼のギリシャ語新約聖書に関する仕事の一部はここでなされたものである。つまり例のノーヴム・インストゥルメントゥム（Novum Instrumentum）である（訳註7a）。これは、新約聖書のギリシャ語の本文と彼自身による新しいラテン語の翻訳を対訳として並べたもので、大きな影響を与えた出版であった。たとえば、ケンブリッジの法律家トマス・ビルネーは、このラテン語のテクストを読むことが自分にとって転機となった、と手紙の中で記している。もっとも、その経験がケンブリッジにおいてであったかどうかはわからない（註8）。

何故ティンダルはオクスフォードを後にしてからケンブリッジに行く必要があったか。そこでは集中して勉強しやすいと思ったのかもしれない。ケンブリッジはオクスフォードよりも小さい町で、またそれほど有名でもなかった。エラスムスはここのクィーンズ・カレッジでおよそ平凡なスコトゥス主義者たちとともに住んでいたのであるが、退屈なくらいに静かであったと言っている。彼がギリシャ語について講義をしたのは、小さな、おとなしいクラスにおいてであった。個人的には彼はこの間大量の著作をなしている。一五一一年九月にはコレットに『勉学の理由について』（De ratione studii）という小冊子を送っている。十月にはバシリウスのイザヤ書註解のラテン語訳を終えている。十二月にはルキアノスの翻訳を終えている。これは最初はトマス・モアといっしょにはじめたものであった。一五一二年のはじめには『デ・コピア（De Copia）』［七一頁参照］を書いている。同じ年に、新約聖書ギリシャ語テクストの編集のため、諸写本校合の作業をはじめている（訳註8a）。ヒエロニムスの研究にも手をつけた。『格言集（Adagia）』の増補新版の準備もはじめ、セネカを編集し、プルタルコスの書物を二つ翻訳し、『カトーの連句集（Disticha Catonis）』というおそろしく退屈な本についての退屈な註釈を書いてもいる。ケンブリッジを離れる前には、匿名で、教皇ユリウス二世に対し、『ユリウス排除（Julius exclusus）』という毒舌の書を発行した（註9）。彼はケンブリッジでしばしば病気にもなったが、ここでの滞在は非常に生産的であった。多分ケンブリッジはティンダルに、学問的でしかも静かな場所であって、自分に集中できるところ、という印象を与えたのであろうか。彼がエラスムスのギリシャ語新約聖書に取り組みはじめたのはケンブリッジだったかもしれない。実際、彼がケンブリッジに行ったのは、ギリシャ語の実力をつけるのが目的だったのかもしれない。ライプツィヒでギリシャ語の教師をしていたリチャード・クロークが一五一八年にケンブリッジに帰ってきて、ギリシャ語の授業をはじめていた。オクスフォードでは一五一九年にウルジーが、ギリシャ語教育を確立するために、ギリシャ語の教授ポストを創設した。もっとも、すでに半世紀も前からギリシャ語は教えられていたが（註10）。しかしながらケンブリッジの方がこの点では優勢だった。ティンダルはまた、神学を学ぶために、更に聖職者として叙任されるために、ケンブリッジに行ったのかもしれない。フォクスは、彼は「神の言葉の研究に更に成熟した」と記している（訳註10a）。彼はまた、ティンダルがオクスフォードからケンブリッジに移ったことについて、spying the time という変った言い方をしている［上記では一応「時を見はからって」と訳しておいた］。その意味するところは、ケンブリッジでは堂々とルター派であることが可能であると見てとった、ということなのかもしれないし、あるいは、オクスフォードで彼に対する敵意がふくらみつつあったのを予見した、ということかもしれない。あるいはその両方かもしれない。

フォクスはウルジーについての叙述の最後のところで、一五三〇年十一月末のこの枢機卿の突然の死と葬式について記した後（彼の死体は「非常な悪臭がした。……悪臭をともなった嵐が吹き起こった」）、色彩豊かな話を一つ記している。ウルジーはオクスフォードに新しいカレッジを一つ創建したのだが（カーディナル・カレッジ［枢機卿カレッジ］、後にクライスト・チャーチと改名した）、

このカレッジのために彼は、当時知ることのできた最も学識のある者たちを集めた。その中には以下の者がいる。クラーク、ティンダル、ソマー、フリス、タヴァナーなど。彼らはカレッジで一つの群を形成したが、やがて異端とみなされるようになった（「異端」というのは、彼らの呼び方である）。それで彼らはカレッジの牢獄に投獄されたのだが、そこには塩魚が積んであって、彼らはみなその臭いに汚染された。クラークはやさしい若者だったのだが、そして彼らの中でも勉学に最もすぐれていたが、この牢獄の中で死んだ。町の他の場所で死んだ者もあった。同じ汚染によって死んだのである。（註11）

オクスフォード大学の記録にはいくつか、ティンダルがクライスト・チャーチのフェロウであったということが記されている（註12）。しかしこれは彼がケンブリッジに滞在したというのと同じ程度に不確かな話である。確かに、そういう話が生じるだけの理由はあろう。ティンダルの能力は、新しいカレッジにとって、確保するに値するものであった。モードリンは最近ラテン語の文法教育の改革の先鞭をつけており、オクスフォードの中では人文主義の研究に重要な刺激を与えた場所である。ウルジーはそれ以前モードリン・スクールで文法を教えたことがある。それはティンダルが来る前のことであったが、ティンダルほどの明瞭に能力のある学者は後に当然候補

者として名前があがったことだろう。しかしながら、ウルジーのカーディナル・カレッジが創設された一五二五年には、ティンダルはドイツに居た。投獄されたという話も、少なくとも、あてにならない。ティンダルや他の「異端者」がオクスフォードで弾圧されたという話から派生して作られたものでもあろうか。それをフォクスが、悪臭と、ウルジーという点とでもって一つの話につなげてしまったということか。一五二八年にはロンドンだけでなくオクスフォードでもティンダルの新約聖書狩りが容赦なくなされた。それが原因でウルジーの作ったカレッジの律修司祭（canons）も何人か投獄され、その中にはジョン・フリスも含まれた。しかしその時には、ウィリアム・ティンダル自身はすでに四年も前から海外に居たのである。フォクスもほかの者たちも、おそらく、ティンダルとクライスト・チャーチを結びつける何らかの混乱した情報を伝えているのである。ティンダルがオクスフォードに居た頃は、更にその後数年間もまだ、こういう「異端者」にちょっかいが出されることはなかったようである。

オクスフォードでの争いは、むしろ、新しい学問のあり方に反対する保守派が「ギリシャ化派」に対してひどい攻撃をしかけた、という点にあった。彼ら自身は自分たちのことを好んで「トロヤ人」と呼んでいたようである。ヘンリー・スタンディシュなるやかましく、押しの強いフランシスコ会修道士が中心になって、エラスムスを全体として排斥する、というようなことが行なわれた。この人物は、以前、コレットにも文句をつけている。おそらくはそういった攻撃の一環として、ギリシャ語の教師を「大悪魔」、ギリシャ語を教わる生徒を「小悪魔」と呼ぼう、などといった偏狭な説教がなされたりした。たまたまその時国王とともにアビングドンに滞在していたサー・トマス・モアがそれに対して反応し、オクスフォードの大学当局に対してきつい手紙を書き送ることになる。この手紙の中でサー・モアは、大学のど真ん中で「説教壇においてはね廻り、ばか笑いし、猿のように悪ふざけをするトロヤ派」の派閥を押さえるように、と大学当局に依頼している。実際のところ、同時にカンタベリーの大司教でもあったオクスフォード大学学長のウィリアム・ウォーラムは、エラスムスの保護者のうちでも最も重要な人物の一人であった。つまり「トロヤ人」は立場が弱かったので、むしろそのせいで騒ぎ立てたりしたのであろう。それにまた、もしも、モアが言うように、彼らが自分で自分のことをプリアモスとかヘクトルとかパリスとか呼んでいたのであるとすれば、ギリシャ古典の勉強から生じる思いつきのすべてに反対というほどのものでもなかっただろう（註13）。モアがこの手紙の中でキリスト教以外の学問を擁護して言っていることの一部は、面白いことに、人間の本性と人間の状況についての知識は神学の勉強のための基礎である、ということであった。もっとも、これはどのみち神学の問題ではない。

ティンダルはこの争いのことをよく知っていた。そして十二年後に、モアと論争した時に、モアにそのことを思い出させている。

この三十年の間に、いやもっと最近、そして今日でも続いているが、吠え立てる野良犬どもが、つまりドゥンスの信奉者であるが、ごみのような連中で、スコトゥス主義者と呼ばれており、暗闇の子らであるのだが、あらゆる説教壇でギリシャ語、ラテン語、ヘブライ語に反対して荒れまくり、ラテン語を真によく教える教師たちは彼らに難渋し、彼らのある者たち〔説教者のこと〕は握り拳で説教壇を叩いて狂気を叫び、口角泡をとばして吠え、もしも世の中にテレンティウスかヴェルギリウスしかいないのであるとすれば、しかもそれが彼らと同じ服装をしているというのなら、もしも自分たちの前に火が燃えていたら、その火の中で自分たちの身を焼いてやってもかまわない、などと言い立てた。もちろんそんなことをすれば、彼ら自身の生命にさしつかえるのであるが。彼らは、ラテン語が彼らに押しつけられて以来、すべての良い教育が遅れ、失われるにいたった、などと主張した。そういうことをあなたは覚えておいでだろうか。（註14）

オクスフォードでのこういった争いは、少なくとも表面的には、聖書についてではなかった。ギリシャ語の新約聖書を再び確立することに対する反対が見えざる背景にはあったけれども。しかしケンブリッジではそうではなかった。フォクスの語るところによると、ロバート・バーンズはアウグスティヌス会小修道院で「テレンティウス、プラウトゥス、キケロ」を確立した。そして「言葉と事柄の豊富さ（copia verborum et rerum）」でもって（多分エラスムスの『デ・コピア』をさす）、「この修道院を短期間にすぐれた文学でさかえるようにさせた」のである。そこから更にバーンズが研究を推進したのは、

パウロ書簡であった。ドゥンスやドーベルは無視した。……彼が望んだのは、キリストとその聖なる言葉がそこで教えられることだけであったので、趣味の悪い問題や無益な議論はやめて、もっと重要な聖書に関する事柄にむかった……。

これが大学のほかの者たちに影響を与えた。「良きマスター・ビルネーが他の者たちといっしょに……彼をキリストへと全く改宗させ」てからほどなくして、

この真理［プロテスタンティズムのこと］について彼が最初になした説教は、クリスマス直前の日曜日に聖エドワード教会でなしたものであった。この教会はケンブリッジのトリニティ・ホールに属し、ピーズ市場のそばにあった。説教のテーマはその日曜日に読まれる書簡の個所で、「主にあって喜べ」うんぬんの個所である［たぶんピリピ書四・四］。そこで彼は、聖書とルターの註釈に従って、その書簡全体について説明した。

その説教の故に彼はただちに、キングズ・ホールの二人の同僚から、異端として告発された。次いで、キリストにおいて神のことを学んだ者は、ペンブロウク・ホールの者も、セント・ジョンズ・ホールの者も、ピーターー・ハウスの者も、クィーンズ・カレッジの者も、キングズ・カレッジの者も、ガンウェル・ホールの者も、ベネット・カレッジの者も、みな自分もそうだと明らかにし、学校でも、聖メアリー教会の公開説教でも、アウグスティヌス会でも、ほかの議論の場所でも、公に集まるようになった。そしていつも一緒に相談しあっていた。（註15）

このことが起こったのは一五二五年である。つまりティンダルがケンブリッジを去ってかなりたった後のことである。しかしながらこれは、ケンブリッジ大学においては新約聖書の教えの最も中心、すなわちパウロ書簡に示されたキリストの本質が、主たる関心事になっていたことを示してくれる。これは当時のオクスフォードにおいては考えられないことであった（あるいは、実のところその後もずっと）。フォクスの「時をはからって」という表現、またティンダルが「神の言葉についての知識に更に成熟した」という指摘は、ケンブリッジがティンダルをひきつけたのは純粋に聖書に関する理由であった、というのが事の真相であることを示しているのかもしれない。

## 再びグロスターシアでのティンダル

フォクスは続ける、「……その大学も離れた後、ティンダルはマスター・ウェルチという人［ジョン・ウォルシュのこと］を頼って行った。グロスターシアの騎士である。そこで子どもたちの教師をつとめ、雇い主に好まれた」（註16）。ティンダルはグロスターシアにもどり、この地方で最も重要な家柄の一つに住むことになったのだ。以後の二年間彼はまた、王室や教会とつきあいのある土地の有力な地主たちと密接な関係を持つことになった。サー・ジョン・ウォルシュは一五二二年にはグロスターシアの広い地域にわたって動産や不動産を多く持っていた、と記録されている（註17）。当時三〇歳から三五歳の間で、リトル・ソドベリー荘園に住んでいた。スティンチコウムの南約十二マイルのところにある美しいコッツウォルド風の家である。彼はこの地方の有力な人物であった。かつてバークレーの王室財産の管理人であり（一五一九年にはこの地位をウィリアム・ティンダルの兄のエドワードにゆずっている）（註18）、テュークスベリー修道院の監査役兼管理人（この地位もまた彼は、ディソリューション［ヘンリー八世がローマ教会と決裂した後、修道院を王権のもとに接収したこと］の時に、一五三六年に、エドワード・ティンダルにゆずっている）でもあった著名人で、グロスターシアの州長官を二度もつとめている。若い時には宮廷勤めもした。ヘンリー八世が一五〇九年に十八歳で戴冠式をあげた時、その近くに居た。ヘンリーは彼のことを忘れなかった。一五三五年にアン王妃をともなって国内を巡幸した時、ウォルシュ家の者たちをリトル・ソドベリーに訪れる、という栄誉を与えている。一五三五年八月二三日の夜のことである（註19）。この巡幸は、バークシア、オクスフォードシア、グロスターシア、ウィルトシア、ハンプシアの町々をめぐり、九月一九日にウィンチェスターの司教座教会で三人の改革派の司教を叙任することで終っている。その旅程にはテュークスベリー、グロスターシア、バークレー、リトル・ソドベリーが含まれた。またウォルシュ家の者たちにとって特に重要だったのは、その中に、アイアン・アクトンのアクトン・コートが含まれたことである。アイアン・アクトンはソドベリーの西六マイルのところにある村で、サー・ニコラス・ポインツの故郷であった。ヘンリーとアンはアクトン・コートに八月二一日の土曜日から八月二三日の月曜日まで滞在し、その後リトル・ソドベリーのウォルシュ家で一晩すごしたのである。

ニコラス・ポインツは当時二六歳だった。その三年前に、国王と婚約者のアンがフランス王フランソワ一世との会見のため、一五三二年十月二五日から二九日までカレーに滞在した時、ポインツは同行している。この時、悪天候のため帰路の船が出発できず、いく日も家の中に閉じ込められたため、ヘンリーとアンはすでに六年間も待っていた機会をやっとこの時得ることができ、はじめて愛のいとなみをなしたのだ、などとしばしば言われている（註20）。政治的には、この会談がヘンリーとアンの結婚する道を準備したものである。アンは少なくともこのことに関してニコラス・ポインツのことを覚えており、巡幸に際しての訪問は、疑いもなく、そのお礼であった。（ホルバインが王室画集に描いた「アクトン・コートのサー・ニコラス・ポインツ」のしゃれた肖像画は、何ほどかの威厳もたたえたハンサムな若い宮廷人の姿を描いている。）ニコラスの側も、この機会の重要さを印すために、家の東側を増築した。内側に豪華な装飾をほどこして、王夫婦を迎えたのである。ポインツ家はテューダー王家と一四七〇年代以降つながりがあった。一四七九年には、ニコラスの祖父であるロバート・ポインツがエドワード四世の王妃の姪と結婚している。宮廷人として彼はリチャード三世の治世を生きのびた。そして一四八五年にはボズワース・フィールドで騎士に叙せられている。一四八六年五月二三日、ヘンリー七世がブリストルに巡幸した時に、アクトン・コートで王をもてなしている。つまり彼はかなり高位の宮廷人だった。一五二〇年には、息子のアンソニーとともに、「金襴の野」（訳註20a）に参加している。そして、アンソニーの息子のニコラスが今やヘンリー王とアン王妃を迎えたのである。しかしこの件は、おそらく、単なる王室による引き立てとか家族の歴史といった程度以上の意味を持っていた。ニコラスは宗教改革側の人物であった強い証拠がある。この年［一五三五年］の一月から王の宗教政策担当の副摂政となっていたトマス・クロムウェルがこの巡幸に一ヶ月前から合流し、ウィンチコウム以降二ヶ月間行をともにしている。この機会を利用して彼は修道院を歴訪する仕事を開始したのだ。アン王妃のもと、クロムウェルも居て、最後は改革派の司教の叙任式に終ったこの巡幸は、

「福音主義」のおもむきがあった――リトル・ソドベリーの訪問でさえ、その傾向の一つと言えよう。サー・ジョン・ウォルシュの妻はアン・ポインツ、つまりサー・アンソニー・ポインツの姉妹でサー・ニコラスの伯（叔）母であった。サー・ジョン・ウォルシュとアン夫人は、少なくとも十二年前にオクスフォードから、あるいはむしろケンブリッジから、若き学者ウィリアム・ティンダルを家庭教師として招いた時以来、宗教改革の側に居たのである。

ティンダルが到着した時、ウォルシュの二人の息子はまだ小さかった。多分七歳以下であった。だからティンダルは家庭教師の仕事にそれほど時間を取られることはなかっただろう。荘園には私的な礼拝堂があった。しかしティンダルはおそらく子どもの教師の仕事をしていただけであって、家庭付牧師ではなかった（註21）。ここに来る前にすでに彼は司祭として叙任されていただろう。モズレーはヘレフォードにある記録の詳細を印刷公表しているが、それによると、ウィリアムと弟のジョンは下位聖職者に叙任されていたようである。しかしいまだに、いつどこでウィリアムが司祭になったのかは知られていない。なったという事実がわかっているだけである（註22）。デマウスが一八七一年に書いているところによると、リトル・ソドベリー荘園は「コッツウォルドの丘の南西斜面の美しい場所にあって、森の豊かなセヴァーンの谷や、遠くウェールズの丘などの壮大な風景を見はるかすことができた」（註23）。ティンダルにとってはこれは親しみをおぼえる風景だっただろう。この荘園をキャンプ・ヒルの下から見上げた様子は、ちょうどメルクシャム・コートをスティンチコウムの丘の下から見上げた様子とよく似ている。どちらも西向きで、セヴァーンの谷に面していた。それにティンダルがずっと以前からすでにリトル・ソドベリーの荘園とウォルシュ家の人々を知っていたということを否定する理由はない。ここはスティンチコウムの南にほんの十二マイルほど行ったところで、ブリストルに行く途中であり、ここからブリストルまであとほんの十五マイルほどであった。兄のエドワードはサー・ジョン・ウォルシュと職業上共通の利害関係があった。コツウォルドの石材を用いた壁や屋根が魅力的なこの荘園の大きな建物は、中心のホールのまわりに多くの部屋を雑然と次から次へと継ぎ足していったものだが（今でもそうである）、小さい池もあり、木々や庭に囲まれている。ホールそのものはオーク材の梁と壁でできており、大きな暖炉があって、食堂としていかにもよい雰囲気のものであった。ティンダルは家族の一員としてここで食事をしたはずである。伝説がティンダルの寝室兼書斎だとしている部屋は丘の側に開けた屋根裏部屋で、天井の湾曲したオーク材の梁がほとんど床にまでとどきそうな部屋である。丘の側には、荘園から石畳を数歩行けば、ウォルシュ家の小さな家庭礼拝堂があった。聖アデリンに捧げられたお堂である。聖アデリンは織工の保護聖者であって、この土地が織物産業で栄えたことの感謝の対象である。（イングランドで聖アデリンに捧げられた教会堂はここだけである。）一八五九年に廃墟になっていたこの礼拝堂はこわされ、丘の下のリトル・ソドベリーの村に同じ設計で小さな教会を建てるための石材として用いられた。こちらには塔もついている。もとの礼拝堂にあった小さな説教壇は、土地の農家で百年以上も保存されていたのだが、今はこの教会に置かれている。伝説によれば、ティンダルがこの説教壇で説教した、と言われる。

多分予想外のことだが、ティンダルはこの地方で説教家として知られるようになっていった。フォクスは、後にロンドンでのティンダルのことを述べる時に、「彼は、以前田舎でも説教をしていた。特にブリストルの町のまわりや、町の中のセント・オースチン緑地と呼ばれる公共の場所で説教をしていたのだが、それと同じ仕方でロンドンでも説教した、と記している（註24）。セント・オースチン緑地というのは、町の中心部にあるアウグスティヌス会小修道院の前の開けた場所で、今でもあるが、カレッジ・グリーンと名前を変えている。これらの説教について知ることができるなら、我々はいくら支払ってもかまわない（まして、その説教を記した写本でも手にはいるのなら、もっと多く支払ってもよい）。フォクスが「町のまわり」や「公共の場所で」と述べているのは、おそらく、ティンダルは中世末期の流行の仕方で、屋外の開けたところで説教をした、ということであろう。説教のもとに置かれたテクストはおそらくはラテン語聖書のものであっただろうけれども——聴衆の多くにとってはその方が親しみがあっただろうから——説教そのものは英語でなされただろう。（これより百五十年前、チョーサーの物語に出て来るいけ好かない免罪符売りの僧侶がラテン語の格言の「悪の根源は欲望である（radix malorum est cupiditas)」という句をくり返し用いて英語で説教をしたことからはじまって、一五二〇年代のロチェスターの司教ジョン・フィシャーから、十七世紀初頭の聖ポール教会の首席牧師ジョン・ダンにいたるまで、我々の文学は英語の説教の有名な例をたくさん持っている。）数千巻にもわたるこれらの説教は大きな図書館の書庫に、今や開けて見られることもなく、眠っている。こういう説教は、論理の段階を追って積み上げられる複雑な理念の型を持っているのであるが、それは、各部分の見出し、小見出しを一つの頁に並べるとはっきり構造がわかる。この梗概が全体に形と一貫性を与えているのである。たとえばジョン・コレットの『教区会議説教』は、大見出しとしては、exordium（序論）、テクスト（ローマ書一二・二）、peroratio（結論）の三つからなる（註25）。その下に小見出しがあり、それが更に十一の段落が二回繰り返される形に分れていた。ジョン・フィシャーの説教も同じ図式を示している（註26）。そして、後述するように、ウィリアム・ティンダルの印刷された文章も同じである。しかし他のすべての聖職者と異なって、ティンダルはその主題を単に聖書の中心的な部分、たとえばパウロのローマ書に定めたというだけでなく、英語に訳したローマ書を用いた、それもパウロ自身のギリシャ語の原文から直接英語に訳したものを用いた可能性がある（訳註26a）。一四〇八年のオクスフォードの「禁止令」（訳註26b）が、誰であろうと聖書のいかなる個所であろうと自分で英語に訳すことをはっきりと禁じており、犯した場合には異端として罰せられるとしているにもかかわらず、ウィクリフ派は自分たちの英語の聖書を保ち続けた（註27）。ティンダルの説教を聞いた者は聖書全体の写本を見たことがあったかもしれない。ウィクリフ派は貧しい階層に限られていたわけではないからだ。あるいは、聖書の一部分ないしほんの断片ぐらいなら見たことがある者は相当数居ただろう。当時、英語の聖書というのは、知られていないわけではなかった。面白いことに、今日少しずつ、新約聖書から取られた英語の文や短い話、格言などの句が、人々の口に広くひろまっていたということが知られるようになってきている。たとえば「ヨブの忍耐（the patience of Job）」（ヤコブ五章［一一節］）、「アブラハムのふところ（Abraham's bosom）」（ルカ一六章［二二節］）（訳註27a）、といったよく知られた言い方だけでなく、「罪の報酬は死である（the wages of sin is death）」（ローマ六章［二三節］）、「義となし給うは神である。罪に定める者は誰か（it is God that justifieth, who is that condemneth?）」（ローマ八章［三三節後半―三四節前半］）（訳註27b）、「イエスが神の子であると告白する者は誰でも、神がその人のうちに住み、その人は神のうちに住む（whoever knowledgeth that Jesus is the son of God, God dwelleth in him and he in God）」（第一ヨハネ四章［一五節］）、など神学的に重要な言い方もある（註28）。これらのよく知られた言葉は、確かに価値ある言葉であるけれども、いずれもラテン語からの訳である。ティンダルはギリシャ語から訳していたから、まず何よりも、聴衆の側が多少それに慣れるのを必要とするような新しいものを提供したのである（訳註28a）。いわば、二十世紀末の者たちは、「ペキン」という代りに「ベイジン」という言い方に慣れる必要がある、というようなものだ。たとえばウィクリフ聖書ではローマ五・八を「しかし神は神の慈愛を我々の中に託して下さった。というのは、我々がまだ罪人だった時、キリストが我々のために死に給うた後（But God commendeth his charity in us; for if when were yet sinners, after the time Christ was dead for us ...）」と訳しているが、ティンダルのギリシャ語からの訳だと、「しかし神は我々に対する愛を示して下さった。というのは、我々がまだ罪人であった時、キリストが我々のために死に給うたからである（But God setteth out his love that he hath to us, seeing that while we were yet sinners, Christ died for us ...）」となる。まるで、ピントのはずれた、ぼんやりとした写真が、突然ぴったりとピントがあったみたいである（訳註28b）。

第二の、もっと重要な点は、そしてしばしば見落とされる点なのだが、ティンダルは特定のテクストだけを利用したというのではなく、新約聖書全体を利用しようとしていた、ということである。現代のカトリックの立場の擁護者は、宗教改革について、それは少数の冷酷な権力者が、イングランドの敬虔な一般信者の伝統や希望にさからって押しつけた政治的な強制にすぎない、という見方を支持したがる。もしもこういう仕方での妨害がなされなかったならば、カトリック教会はみずから改革する知恵を持っていたのだから、しかるべき時に土着の言語で聖書を発行するところまで事を運んだだろう、というのである。そうかもしれないし、そうでないかもしれない。しかし、まあ、非常にありそうもない話である。後の章で見るように、この議論を主張する歴史家たちが、十五、六世紀にはすでにそういう方向が目に見える形で現れてきていたのだという実例をあげる段になると、説得力がなくなってくる。つまりそれは、実際にマタイ、マルコ、ルカ、ヨハネの各福音書に書かれていることとはほとんど無関係に福音書とはこういうものだという作文をなしているものだからである。あるいは、ラテン語の新約聖書から、短い個所をいくつか英語にした、というだけのものであって、ちょうど大きな建物の反対側の窓にはめこまれたガラス絵が相互に関係がないのと同じように、ばらばらなのである（註29）。確かに、一定数の宗教改革側の政治家は、自分の利益ばかり追求する冷酷な悪漢とみなすこともできよう。しかしそれは、一定数のカトリックの政治家についても同じことである。しかしながら、北部ヨーロッパですべての人々の生活に影響を与えたエネルギーは、違うところから来た。それは政治的強制の結果ではない。神の言葉の発見から来たのである。神の言葉［聖書］は、もともとは、マタイから――いや、創世記から――黙示録まですべて、民衆の言葉で書かれたものであった。更に、それは教会の検閲なしに、あるいは教会の仲介なしに、読まれ、理解されることができた。それは、そのように読まれるべくして書かれたのであり、首尾一貫した、その内部で相互に参照されるべき全体として読まれるべきなのである（訳註29a）。このように聖書を読むことが、日々のキリスト教生活についてまったく異なった見方を生み出した。一部のカトリックの修正主義者がまことにきれいに並べ立てる毎週の、毎日の、いやもう毎時間ごとに定められた礼典など、そこにはない。煉獄などというものもない。司祭に聴いてもらう告悔、懺悔もない。教会の富と権力を支える二つの拠点はついえた。その代りに、聖書に見出される救済者キリストへの個々人の信仰だけがあったのだ。この信仰が、この信仰だけが、罪人を「義」とした。罪人たる人間の原罪は、今や、司教たちや教皇に対してではなく、神の前にあった。

これより二年弱後のドイツにおけるティンダルの印刷された著作からひるがえって推論するに、グロスターシアにおいてもティンダルが、新約聖書の全体について、パウロに焦点をあてて、説得力のある組織的な仕方で説教をなし、信仰義認こそパウロの核心であると解説していた、ということはほぼ確かであろう。そのことを見出すために、彼はルターを必要とはしなかった。ギリシャ語新約聖書を学べば、それは彼に与えられたはずである。彼がすべての人のために新約聖書をギリシャ語から翻訳するということを自分の使命としていつ自覚したのか、我々は知らない。それは、閃光のように神を見るところから生じた、などというわけではなかっただろう。フォクスがティンダルのオクスフォード時代について記していること、つまり「（ティンダルは）モードリン・カレッジの何人かの学生やフェロウに秘かに神学の一部を教え、特に聖書の知識や真理を伝授した」と言っていることは、彼がギリシャ語の新約聖書について私的なセミナーを行なっていたことを示唆する。私的というのは、聖書を英語に訳すことは不法だったからである。それができたのは、第一に、彼はその頃までにギリシャ語の知識においてリーダーシップを持つようになっていたからであり、第二に、一五一六年以来エラスムスの編集した『ノーヴム・インストゥルメントゥム』［ギリシャ語新約聖書］が手に入るようになっていたからであろう。この二つ、彼のギリシャ語と彼の新約聖書は、南部グロスターシアに行く時にも失われなかったであろう。失われなかった、などという程度ではあるまい。荘園での彼の屋根裏部屋は集中して勉強を続けるにふさわしい静かな場所だっただろう。家政の騒がしさや子どもたちからも適当に離れていた。何人かの著者たちは、ティンダルがオクスフォードを、あるいはケンブリッジを離れたのは、良くない状況に落ち込んだことだと指摘している。ティンダルに対して非常に好意的なモズレーでさえも、ティンダルが「小さな子どもたちを教えるために、遠隔地の村に自分を葬り去らなければならなかった」のは残念なことだ、としている。「彼ほどの才能を持った者ならば誰も、もしも新約聖書の翻訳を志すのであるならば、ケンブリッジからグロスターシアの田舎の家に行きたいとは思うまい」というのだ（註30）。しかし、これについては別の見方があろう。ティンダルはギリシャ語新約聖書に関して一人でなさねばならない多くの仕事があるということを自覚していたのだ。リトル・ソドベリーの荘園では、心地よい生活があり、多分すでにティンダルの支持者であった雇用主がおり、仕事は楽で、給料はあり、住居と三食つきで、どこに行くのも帰るのも自由で、エラスムスやほかの著者たちの著作を売る本屋はブリストルやオクスフォードにあって遠くはなかったのだから（註31）、彼のこの状況はほとんど理想的であったと言える。つまりこれは彼が自分でそのように交渉して整えたことだと考えられるのである。彼も、この地方で有力な存在だった彼の兄弟たちも、ウォルシュ家の人たちと意思疎通ができていただろうから。

## エラスムスの『ノーヴム・インストゥルメントゥム（新約聖書）』

現代の新約聖書学者は、ネストレ版のギリシャ語新約聖書を一冊ポケットに入れてバス停で立ち読みするのであるから、エラスムスの大型の本に対した時の困難さを想像することは難しかろう。ネストレ版は小型で、印刷も良く、必要なアパラトゥス・クリティクスも備えており、他の聖書の個所の引照もある程度あり、章と節の数字もある（訳註31 a）。それに対し、エラスムスの新約聖書は非常に大型で、非常に重い二折り版であって、三つの要素を含む。まず最初に、ギリシャ語のテクストとエラスムスのラテン語訳とが並行して印刷され、新約聖書全体で数百頁ある。ギリシャ語は読みにくい筆記体の書体で、これはアルドゥスが最初に作って以来ヨーロッパで発達したものである。異読の記載はなく、節の数字はなく、章にすら分けられていない。各欄の上には、新約聖書の文書名以外は何も記されていないので、必要な個所を見つけるのは難しい。一五二七年の版にラテン語訳のもう一つの欄（ヴルガータ訳）がつけ加えられた時になってようやく、欄外に章の数字がつけ加えられた。この本のもう一つの要素は、ラテン語で書かれた長いエッセイがいくつもあることである。全巻の三分の一はある。新約聖書に続いて印刷され、「註釈（Annotations）」と表題がつけられている。これは、現代の書物での註（notes）とはちがって、本文とはまったく別個の議論である（Annotationsというのは、しばしば別巻として印刷される）。学問的な意味での註釈というよりは、どちらかというと彼の『格言集』、あるいはむしろ『愚神礼賛』に近い。気軽に読めるものであって、時には本文の中の単語や表現についての短い註釈であることもあるし、時には原文にきっかけを得て、あるいは原文に何らかのつながりのある、非常に長い随想であることもある。主としてラテン語訳に関連のある議論だが、時にギリシャ語も引用されている。エラスムスは『デ・コピア』で、学校の生徒が半分ラテン語半分ギリシャ語で書くことを勧めている（註32）。つまりエラスムスはここでは明らかに手慣れた世界にいるのである。

しかし彼はここでラテン語訳、彼自身のラテン語訳に関連づけている、ということを注意する必要がある。というのは、ギリシャ語のテクストを正面に打ち出すと、この書物を非常に誤解させることになるからである。エラスムスの主たる目的は、ヴルガータを修正することであった。ギリシャ語から新しいラテン語訳を作るならば、ヴルガータの多くの間違いを避ける、ないし修正することができよう。それが彼の『ノーヴム・インストゥルメ

郵便はがき

恐縮ですが切手をお貼り下さい

112-0005

東京都文京区
水道二丁目一番一号

勁草書房
愛読者カード係

(小社へのご意見・ご要望などお知らせください。)


本カードをお送りいただいた方に「総合図書目録」をお送りいたします。

HPを開いております。ご利用下さい。http://www.keisoshobo.co.jp
裏面の「書籍注文書」を小社刊行図書のご注文にご利用ください。

より早く、確実にご指定の書店でお求めいただけます。

近くに書店がない場合は宅配便で直送いたします。配達時に商品と引換えに、本代と送料をお支払い下さい。送料は、何冊でも1件につき380円です。(2001年1月現在)

# 愛読者カード

10132-6 C3016

本書名　ウィリアム・ティンダル

お名前《ふりがな》　　　　（　　　歳）

ご職業

ご住所　〒　　　　電話（　　　）　－

メールアドレス

本書を何でお知りになりましたか　書店店頭（　　　　書店）

http://www.keisoshobo.co.jp

目録、書評、チラシ、その他（　　　）新聞広告（　　　　新聞）

本書についてご意見・ご感想をお聞かせください。（ご返事の一部はホームページにも掲載いたします。）

## ◇書籍注文書◇

最寄のご指定書店

市　　町（区）

書店

| | | | |
|---|---|---|---|
| （書名） | ¥ | （　　） | 部 |
| （書名） | ¥ | （　　） | 部 |
| （書名） | ¥ | （　　） | 部 |
| （書名） | ¥ | （　　） | 部 |

ントゥム』であった。ギリシャ語のテクストが同時に印刷されているのは、単に彼のラテン語訳を説明するためにすぎない。ギリシャ語がわかる者は参照すればいいのだ。知識のない者に対して「註釈」においてこのように軽蔑するものの言い方をするのは『愚神礼賛』に似ていて、ヴルガータにそのまま依拠する者、特にギリシャ語を知らずにヴルガータに依拠している者を標的にしている。エラスムスはコレットのことを序文でほめているが、実は、コレットもここでからかわれている者の中にいやでもはいらざるをえない。ギリシャ語のテクストは、新しい版が出るたびに改訂されるが、必ずしもうまく改訂されているとは言えない。版が新しくなるにつれて、「註釈」もまたどんどんと増えていく。これはまあルネサンス当時の流行のやりかたである（モンテーニュの『随想』などのように）。増えた部分は主として福音書についての註釈である。エラスムスはここで自分の書いた『キリストの哲学（philosophia Christi）』を弁護しているからだ。言い換えれば、この複雑な書物は、エラスムスの新しいラテン語訳についての二重の註釈を提供するものである。一つはエラスムス自身がていねいに編集したギリシャ語本文であり、もう一つが「註釈」である。古い『いわゆる Testamentum（契約）』［ヴルガータのこと］のラテン語訳に対し、彼の新しいラテン語訳は Novum Instrumentum（新しい書物）である、というわけだ。実際、表題の頁にはいろいろ書かれているが、この本にギリシャ語のテクストが印刷されているということは言及されてもいない。ましてこれが最初の新約聖書のギリシャ語印刷本だ、などということは。

保守的な人々が憤激したのは、エラスムスのこの新しいラテン語訳に対してであった。たとえばエラスムスでは、キリストが父（なる神）に感謝して、神が神の国の秘密を幼な子に対して顕わしてくれた、という言葉の「幼な子」という単語が「愚者（stulti）」に置き換えられている（訳註32a）。一五一九年の版以降は、エラスムスの訳はヨハネ福音書の最初の部分の「ロゴス」をヴルガータのように verbum（言葉）と訳さず、sermo（訳註32b）と訳した。もっと悪いことに、「註釈」でエラスムスはヴルガータの間違いを強調し、お偉いスコラ学の権威者たちを無能だとからかっていることである。エラスムスはギリシャ語聖書の印刷本を市場に最初に売りに出すために、一五一六年に、印刷屋のフローベンと一緒になって、大慌てに急いで出版したのだ、という伝説がある。スペインの学者たちがアルカラ（この町はラテン語では Complutum と呼ばれた）で聖書全体の多言語版を印刷発行しようとしていた、ということは知られていた。ヘブライ語、ギリシャ語、アラム語、ラテン語である。しかし、彼らの新約聖書は一五一四年一月にはすでに活字が組み上がっていたにもかかわらず、『コンプルートゥム版多言語聖書（Complutensian Polyglot）』の壮麗な書物は一五二二年になってようやく売りに出された。この伝説は、部分的にはエラスムス自身の言い訳に起因するのだが（おそらく、もしも間違いがあった場合の言い訳のために、大急ぎでやった仕事だ、と述べた）、人々がエラスムスのこの仕事を非難する口実として利用されるようになった。実際には、この書物はすべてにわたって慎重な正確さを示している〔註8a参照〕。エラスムスのラテン語訳は初期の宗教改革者に重要視されていた。その証拠に、ティンダルの一五三四年の新約聖書の訳は、その後四回も（一五三八年、四八年、四九年、五〇年）エラスムスのラテン語訳と対訳の形で印刷発行されている。エラスムスのラテン語訳が千年にも及ぶ鎖を、ヒエロニムスによるヴルガータ聖書のテクストの権威を、破ったのである。しかし彼が印刷発行したギリシャ語テクストこそが、実は鎖の真の破り手であったのだ。ルターはこのギリシャ語のテクストが新しいドイツ語訳を可能にするということを見てとった。ティンダルは更に多くをなした。このギリシャ語テクストに、その後五百年たった今でもなお通用する英語を見出したのである。

## グロスターシアにおける混乱

モズレーが「遠隔地の村」と形容したのは、当時のグロスターシアで可能だった文化的な交流を見損なったからである。特に地主貴族の支えがあれば、その可能性は大きかった。英語で聖書を印刷することに生涯を捧げようという召命意識をティンダルは数年かかって徐々に持つにいたったものであろうけれども、その一部は、この時新たに彼自身経験するにいたった不愉快な出来事によって形成されたものであろうか。

ティンダルはウォルシュ家の食卓にラテン語とギリシャ語の現代的学者として座っていた。サー・ジョン・ウォルシュと夫人は土地の有力者たちを招くのが好きだった。そのほとんどは教会人で、教養はあったが、とても学者というわけにはいかず、もちろん現代的でもなかった。ティンダルがいかに謙虚に振舞おうとも、この地元出身の若者にはある種の疑わしさがついてまわった。何せオクスフォードにまで勉強しに行き、賢くなって帰ってきた、それもほかならぬモードリンで、つまりラテン語とギリシャ語についての進歩的な思想と、この二つの言語で書かれたうさんくさいテクストへの興味をもって有名な場所で勉強してきたのである。ティンダルに何が起こったかは、ある人物の次の言葉がよく伝えている。デマウスは、この人物はチピング・ソドベリーのリチャード・ウェブであろうと推定しているけれども、それで正しいだろう。ウェブはヒュー・ラティマーの召使いだった人物である（註33）。ずっと後になってから、ウェブはロンドンでフォクスに、一五〇八年にチピング・ソドベリーで一人の女性が生きたまま焚刑に処せられた話を伝えている。フォクスはこの話の出所がウェブであるということを、ややもってまわった仕方で述べているが、そしてウェブ自身はそれを自分の父親からくり返し聞いたというのだが、父親は「教皇の支持者で、かつ、この出来事の現場にいた」という。フォクスは、この話がいかにも突飛な終りかたをしているので、このように話の出所を述べて弁護しているのであろう。屠殺業者のところから一匹の狂った牛が逃げ出して来たのだが、異端の女性の処刑を見に集まった群衆が帰って来るところに、荒れ狂ってつっこんできた。けれども「いかなる人にも、子どもにも」触れずに、司教の法務官（処刑の検分のためにそこに来ていた）のところにまっすぐ走って行き、角で突いて、即死させた、というのである。もしもウエブがロンドンで一五六〇年のはじめにフォクスにこの話を話したというのが本当なら、ティンダルについて土地で伝わっていた次のゴシップもまた彼がフォクスに語ったのかもしれない。奇跡的に目標を定めた牛の話と同様、これまたくり返し語られた話のように思える。フォクスの本の一五六三年の版が最もわかり易くこれを記しているが、多分ウェブが語ったままのものであろうか。

マスター・ティンダルは……雇い主と良い関係にあった。たいていは食卓で食事をともにしていた。彼のところにはしばしばいろいろなお偉方、聖禄を受けている方々が招待されて来ていた。大修道院長、首席司祭、副司教ほか、さまざまな博士や有識者であった。その人々の間でよく学問についての話がなされ、ルターやロッテルダムのエラスムスについて、また聖書に出て来る考えについて、などが話された。マスター・ティンダルは、以前ケンブリッジ大学の神学部の学生であったが、そこで学位を取ってきたので、よく学問ができたが、しばしばこれらのことについて自分の考えや知識を述べた。その際、これらのお偉方とティンダルとの間で意見、判断において相違すると、マスター・ティンダルは聖書を開けて、必要な個所を指し示すのであった。こういうことが一定期間、さまざまな機会になされたのであった。これが続いていくと、かの聖禄を受けているお偉方たちはだんだんと嫌になってきて、心の中でマスター・ティンダルに対しひそかな恨みをいだくにいたった。ある時、何人かの聖禄を受けている博士たちがマスター・ウェルチと令夫人とを夕食だか宴会だかに招待し、そこで反論する者なしに好きなように自分たちで話しあった。こうしてその夕食だか宴会だかが終り、マスター・ウェルチと令夫人は家に帰って来たのだが、マスター・ティンダルを呼んで、自分たちが招待された席でどういう話がなされたか、彼らの意見がどういうものであったかを伝えた。マスター・ティンダルはそれに対して神の言葉の真実に即して答をなし、彼らの間違った意見をとがめた。

ウェルチ夫人はきつい人で、マスター・ティンダルは彼女が賢い人だと伝えているが、そこにはマスター・ウェルチと令夫人とマスター・ティンダルしか居なかった。彼女が言うには、ご立派な博士がおいでです。その方が年に二百ポンドお使いになろうと、更に百ポンド、また更に三百ポンドお使いになろうと、よろしうございます。しかしどうお考えになります、あの立派な、学識のある聖禄者の方々よりもあなたのことを私たちが信じなければならない理由がありますでしょうか。(註34)

この話はここで終っている。返事のしようもなかっただろう。しかしティンダルは十分に時間を使ったあとで、もっとも効果的な返答を提供している。フォクスが続けて語っていることによれば、ティンダルはウォルシュ家に居た間に、エラスムスの有名な小著の翻訳をなした。『エンキリディオン（教本）』である。

しかし当時彼は、私の覚えているところによれば、『キリスト戦士教本』（Enchiridion militis Christiani）という本を英語に訳した。訳し終ると、これを雇い主と令夫人とに提出した。彼らがこれを読み終わると、以後は、例のお偉い僧職者たちはもうあまり家に招待されなくなった。あるいは、招かれたとしても、以前のようには歓迎されなかった。彼らもそれを感じとった。それはマスター・ティンダルのことを怒らせたからである。彼らはついに来なくなった。

ウォルシュ夫妻が『エンキリディオン』を一冊得たとしても、その中には特に、フォクスが一五六三年版で「博学の高位聖職者たち」と呼んでいる者たちがもはや夫妻によって歓迎されなくなる理由になるようなことは、何も書いてない、と思われるかもしれない。エラスムスは当時、一般には、「異端」の著者だとは思われていなかった。彼自身が伝えるところによれば、ケンブリッジのカレッジの中で彼の聖書についての教えを排斥したのは一校のみである（註35）。土地の「高位聖職者」は単に無知で、偏屈であっただけかもしれない。ウェブの物語からはそのように思える。もっとも、エラスムスはここでもいつものように、聖者崇拝とか聖者の像とか遺物などといった、通俗的だが聖書には支持されない教会の慣わしを強く攻撃しているけれども。彼は修道院でみじめな経験をしたので、『愚神礼賛』やその他の著作の場合と同じ調子で、修道僧についてはあまり良いことを言わなかったとしても、不思議ではない。彼らは、

怠慢の中で生きており、他の人々の自由を食って生きており、そのために働いたわけでもなく、汗を流したわけでもないものを自分たちの中で共有している（しかし私は、彼らの悪徳については何も言うまい）。

悪しき修道僧は悪しき俗人より悪い、と彼はこの典型的な個所で述べている。良い者はどちらもほぼ同様である……（註36）。しかし、修道院の中の退廃を攻撃するのは、別に新しいことではない（一世紀半前のチョーサーの『カンタベリー物語』やラングランドの『農夫ピアズ』をちょっと思い出してみればわかることである）。「学識のある高位聖職者」の少なくとも一部は特にひどかった、ということかもしれない。エラスムスの本は、道徳的な点でははっきりものを言い、聖書と古典の著者や教父に強く依拠しているという点では、独創的であったが、俗人の信者の方が重要であるというような主張をする場合は、教会をはっきりと攻撃するのではなく、どちらかというと屈折したものの言い方をしている。フォクスがここで言いたいのは、エラスムスの本を読んでウォルシュ夫妻の心が変った、ということである。多分エラスムスが基本的に向いている方向、たとえば情欲、貪欲、野心、高慢、横柄などの悪徳を避けよ、というようなことが、「高位聖職者」たちの腹に露骨な打撃をかましたの

であろうか（フォクスは一五六〇年代のはじめに書いているので、一五五八年に教皇パウロ四世がエラスムスの著作を禁止した結果カトリック教会でのエラスムスへの嫌疑が強化された、という事情をここに反映させているのかもしれない。）ティンダルの翻訳の能力がウォルシュ夫妻に、自分たちの家にいるこの聖職者の能力に気づかせた、というのは確かだろう。この神の人は、聖書の絶対的な重要さを学び、理解する独創性においてすぐれているというだけでなく、教会を内側から変革していこうという大陸の進歩的な思想と共鳴する点においてもすぐれているということに気がついたのだろう。サー・ジョン・ウォルシュと令夫人がこの本で読んだことは、おそらくはティンダルがそれを更に増幅させたのだが、彼らを新しい改革の方向に向けて数歩進ませたのであった。

## 『エンキリディオン』とその英語訳

エラスムスはある友人のそのまた友人に依頼されて、『キリスト戦士教本』（Enchiridion militis Christiani）を一五〇一年に書いた。表題にギリシャ語とラテン語が混在しているのは、長い歴史のあることである。Enchiridion（エンキリディオン）はギリシャ語の単語で、本来「手の中」の意味だが、小刀ないし短剣を指す単語の一つである。しかしすでに古典期以来ずっと（たとえばプリニウス。またアウグスティヌス、十六世紀でも結構しばしば用いられている）、「教科書」「マニュアル」の意味に用いられてきた。十五世紀ないし十六世紀はじめごろにハンサム（handsome）という単語が持っていた意味（つまり手元にあるものという意味で、ある事柄について基本的な知識を提供する文書に関して用いられた）に対応する。［他方 militis Christiani（クリスチャンの戦士）はラテン語である。］クリスチャンを戦士ないし騎士にたとえる発想を、エラスムスは、パウロのエフェソス書六章［一一節以下］に出て来る有名な「神の武具を身につけ……」という比喩から取っている。

最後に、兄弟たちよ、主にあって、主の力にあって、強くあれ。悪魔の悪賢い攻撃に対してしっかりと立つために、神の武具を身につけよ。我々は肉と血に対して闘っているのではなく、支配に対して、力に対して、この世の暗黒のこの世的支配者たちに対して、天上のことがらに関する霊的悪に対して、闘っているのである……

だから、立って、真理によって腰帯をしめ、義の胸あてをつけ、平和の福音の備えの靴を足にはけ。何よりも、信仰の盾を持て。それによって悪しき者のはなつ火の投槍をすべて消すことができよう。そして救いの兜をかぶり、霊の剣すなわち神の言葉を持て。（註37）

『エンキリディオン』においてエラスムスは、この世の力、悪の力にいやでも対決せざるをえないクリスチャンの、それに備える守備体勢について記しているのである。

以下が、肉の快楽、誘惑から確かに身を守るのに最も重要な事柄である。まず第一に、［肉の誘惑の起こりうる］あらゆる機会を慎重に、注意深く避けること……。第二に、食べたり飲んだり眠ったりすることを適宜制御すること。快楽をつつしみ、節制すること。法的に許されている快楽もつつしむこと。自分自身の死のことを考え、キリストの死について深く考えること……。（註38）

攻撃の重要な武器は徳である。それは古典の作品や教会教父の著作を知ることによって、そして何よりもまず聖書を理解することによってなされる。聖書の理解は、特に最近の新約聖書釈義の方法によってなされる――つまり、アレゴリー的解釈によってではない。エラスムスは独創的で、ドグマにこだわらない。当時の一般の傾向からすれば、際立ってそうである。また彼はこの「道徳の方法」を一般信者のために書いている。

数年後になって、彼は、この本が書かれた理由を自分で説明している。これは「ある熱心な信仰の持ち主の御婦人」の依頼に応えて書かれたものである。彼女の夫はニュルンベルクのヨハンネス・ポッペンロイターという人物で、エラスムスも知っている男だが、信仰心がなく、公然と不倫を重ねるばかりで、それ以外の点でも放縦な生活を送っているだけでなく、彼女が宗教のことを話すと暴力をふるう、というのである。（サー・ジョン・ウォルシュとウォルシュ夫人はこれは自分たちには関係のないことだと思ったかもしれない。）彼女は夫が救われるよう願っていて、知人を介してエラスムスに、「夫には、その妻の依頼であるということに気がつかれないような仕方で、何か……宗教に関することを書き下ろしてくれるよう」頼んできた。「……私はその頼みに応えて、こういう場合に適合するような意見を多少書き下ろした」（註39）。彼はこれをパ・ド・カレーのトゥルヌヘムに居た時に書き（訳註39a）、その一年半後、一五〇三年の二月にまずアントウェルペンで発行した。これはある程度よく売れた。一五一八年に改訂版が出されたのだが、こちらはセレスタの近くにあるオンクールにあったベネディクト派修道院（訳註39b）の院長パウル・フォルツに献呈されている。彼への手紙という体裁の序文がつけ加えられた。この改訂版は突如として非常によく売れはじめた。ちょうどルターが一五一七年に例の九五個条でもってローマ教皇庁に公然と批判をつきつけたというニュースがヨーロッパ全土を宗教に関する議論の渦に投げ込んだ時だったからである。

四折り版四〇枚にも満たないこの小冊子のラテン語版は、エラスムスが生きている間だけで、五〇版を超えた。そしてその当時すでに、チェコ語、ドイツ語、英語、フランス語、オランダ語、スペイン語に訳された。一五二〇年代だけ数えても、一五二〇年にラテン語版が三版、ドイツ語版が一版、一五二一年にラテン語版が六版、ドイツ語版も一版、一五二二年にラテン語版が八版、そして……一五二三年に……ラテン語版が一〇版とオランダ語版が二版……、一五二四年にラテン語版が二版、一五二五年にフランス語版とドイツ語版が各一版、一五二五年、一五二六年、一五二七年、一五二八年にそれぞれラテン語版が一版ずつ、スペイン語版が一五二七年に一版、一五二八年に二版、そして一五二九年にはラテン語版が三版とフランス語版が一版……。(註40)

ティンダルもこれを見逃すわけにはいかなかっただろう。英語では、一五三三年の第一版以来、その後の四〇年間で一〇版を数えている（あとは一七六五年に一版出ただけで、一九〇四年までは再版されなかった）。

エラスムスの本は、当時の人々がもしかすると期待したような、スコラ学的形而上学の輝かしい展開ではなく、あるいは神秘主義的な論文でもなかった――伝統的な瞑想の書物でさえなかった。その三つはいずれも、エラスムス自身が自分で主張している目的からはずれている。『エンキリディオン』は、この世界においてクリスチャンであるとはどういうことかを説明した、実践的な本である。その信心深い御婦人の、道にはずれた夫は、一般信徒である。そしてエラスムスは彼に対して、彼もまたクリスチャンとして使命を持つことができる、いや、持たねばならぬ、と説いているのである。ここでは、聖職者の権威の位置に、代りに聖書が、特に新約聖書が、中でも特に福音書とパウロのローマ書簡、二つのコリントス書簡が、立っている。それも別に詳しく註釈がつけられているわけでもなく、荒唐無稽のアレゴリー的解釈が展開されているわけでもなく、ただふつうの生活においてクリスチャンとして生きる道を示すものとして、霊的に読まれることが期待されているだけである。エラスムスは加えて、同じ道徳的な方向を向いている何人かの古典の著者や初期の教父をそこに含めることができた。彼ら自身の発言がそれ自体として評価されるからであり、また、彼らは聖書の理解の補助となるとみなされていたからである。この本がティンダルにとって魅力があった理由はわかろう。これは一般信徒の道行きのための聖書である。その人は、特に新約聖書を読めば、キリスト教徒としての生活をいとなむのに必要な権威をそこに見出すことができる。

キリスト戦士の二つの武器は、何よりもまず祈りと知識である、とエラスムスは第二章で書いている。知識とは、特に聖書の知識である。聖書は常に学んでいないといけない。次いで、パウロに従って人間の本性について説明した後、キリスト戦士がこれをもって敵に打ち勝つべき二一の規則が記される（訳註40ａ）。第一は、「信仰がキリストにいたる唯一の門」である故に、まずキリストと新約聖書とを確信することである。第二の規則は、「だから、決して神の約束を疑わない、ということを第一にせよ。第二は、人生の道を怠惰に、あるいは恐れをもって歩むことなく、確かな目的をもって、全心をこめて、確信して、歩め……」という文ではじまっている（註41）。これはほとんどティンダルの文である。続く規則は、「内面的な宗教」の重要さについて詳しく述べ、それと対照的に、外面的な宗教的実践をそれ自体のために行なうことの空しさについて述べている。

ある者はクリストフォルスの像に毎日挨拶する。ただし、その像を見る時だけである。……また他の者はロクスなる者を拝む。しかし何故か。そうすれば疫病を自分の身体から遠ざけておけると信じるからだ。また他の者はバルバラやゲオルギウスにむかってぶつぶつと祈る。そうすれば敵の手に落ちることがない、というわけだ。ある者は聖アポロニアにかけて断食をする。そうすれば歯が痛まない、という。ほかのある者はヨブの像を訪ねる。皮膚病にならなくてすむからだ……。（註42）

汝は、聖龕の中におさめられたパウロの骨を崇めるが、著述の中におさめられたパウロの精神を崇めないのだろうか。聖龕のガラスをとおして輝いているパウロの身体の一部を賛美し、その書簡をとおして輝いているパウロの精神の全体を見ないのだろうか。（註43）

これもまた、いかにも『キリスト者の服従』の中でティンダルが書いていそうなことだ。エラスムスが言っているのは、外面的な儀式は、それ自体としては悪いことではないし、役に立つこともありうるけれども、ユダヤ教のような律法主義に陥り、またみずから律法主義を生み出す危険性が常にある、ということである。キリストは人類をその律法主義から解放したのだ。この自由をパウロは、キリストにあってクリスチャンが一体である、隣人への愛をもって一体である、そういう状態であるとしている。『エンキリディオン』の中には、聖礼典への言及はごく僅かしかない。たとえばミサをとなえること、洗礼、告白は一三章での第五の規則のところで言及されているけれども、別にそれらの聖礼典的な特質に注目して述べているわけではない。それに続く規則は、新約聖書を読むことが広くひろまっている悪徳に抵抗する力になる、特に、死にいたる七つの大罪を究極的に淘汰する力になる、ということを述べている。『エンキリディオン』は神学書であるが、それは、神学はすべて聖書から出て来るのであって、ほかのどこかから出て来るわけでもない、という特別な意味で、神学書なのである。中世においては神学は哲学にからめ取られていたのであるが、ここにあるのはその反対の動きである。エラスムスはすべての著作において彼の言うところの「キリストの哲学（philosophia Christi）」を表現している。こう言うとスコラ学的に聞こえるが、しかしその「哲学」は、新約聖書のギリシャ語テクストを編集するという持続的な作業、また新約の諸文書を解説するという作業において表現されているのである。その「哲学」はまた、彼の教育改革の計画の多くにも存在している。その計画によれば、生徒は短い、生き生きとした、卑近な文章を通して言語のボルト、ナットを学ぶべきなのである。そういった文章に倫理・道徳的な事柄が含まれている。古典の著者たちは勉強の仕方を教えてくれるだろう。いわば背景の知識を。それは新約聖書を生きたものにする力がある。古代の言語に習熟することはそれを助けてくれるだろう。しかし、それは不可欠ではない。それはちょうど、キリストの真理は複雑で厄介な作業を大量に積み重ねることによってしか得られない、ということを、従ってそれは結果においてはほとんど必然的に宗教施設を占有する者たちによってしか得られないことになる、ということを〔カトリック〕教会が無意識に主張しているのと正反対に、聖書は「キリストの哲学」の簡明さをもっとも素朴な精神に対して明らかにしてくれるものなのである——最も素朴な精神の者たちにこそ、聖書がその土着の言語によって与えられなければならないのだ。それはエラスムスがそのギリシャ語新約聖書の序文（パラクレシス）に書いていることとである。この文は影響力があった。

キリストはその密義ができる限り広くおおやけにされることを望んでおられる。私は、女までもすべて福音と聖パウロの書簡とを読むようになることを期待する。私はそれがすべてのキリスト教徒の用いるすべての言語に翻訳されることを期待する。それをスコットランド人やアイルランド人だけでなく、トルコ人やサラセン人までも読み、知るようになることを期待する。聖書の一部を農夫が鋤で耕しながら口ずさむことを、機織り職人が梭をとばしながら歌うことを、旅人が旅路のつれづれを聖書の物語でなぐさめることを、期待する。(註44)

エラスムスはますますティンダル自身の心にかなった人物であるように見えてくる。エラスムスが生んだ卵をルターが孵化した、という有名な言い方があるが、つまりエラスムスの宗教改革先駆者としての位置を指摘しているのである。アレクサンダー・ポウプは一七〇九年ごろに書いた『批評についての随想』の最後の方で、次の

ように述べている、

専制に迷信が加わり、
かくして肉体が精神を奴隷にした。
信仰されることは多いが、理解されることが少ない。
鈍感であることが良いこととみなされた。
ノアの洪水の教訓が再びあふれ出た。
そして、ゴート人がはじめたことを修道僧たちが完成した。
　ついに、エラスムスが、あの偉大な、傷つけられた名前が、
(司祭の栄光よ、そして恥よ！)
野蛮な時代の荒々しい流れに抗し、
聖なるヴァンダル人を舞台から追いやった。(註45)

そしてポウプたちはもちろんカトリックだった――あまりに当り前すぎることを記したかどで賞をいただいたりすると申し訳ないから、急いでつけ加えると、私が言っているのは教皇のことではなく、詩人アレクサンダー・ポウプとその両親のことである［詩人の名前（Pope）と教皇という単語（pope）が同じ綴りであることにかけた駄洒落］。十八世紀はじめごろまでには、「古い宗教」であるカトリックにおいてもエラスムスは明らかに偉大な、すぐれた者とみなされるようになっていた。

　しかしながら、『エンキリディオン』の中には何か欠けたものがある。エラスムスはキリスト信徒の戦士に行

動へと立ち上がるよう呼びかける時、実は、淫蕩な武器製造業者ニュールンベルクのヨハンネス・ポッペンロイターとそのあまりに敬虔な妻とに語りかけていただけでなく、自分自身に対しても語りかけていたのである。彼は自分自身がキリストのために悪魔に対して武器をとろうとしている、つまり教会の混迷とその野蛮なラテン語とに対して武器をとろうとしている、ということを自覚していた。これまでヨーロッパで北イタリアからオランダまで、またイングランドではウィクリフからコレットまで響きわっていた調べを彼も響かせたのである。しかし彼は、今やそれを、ほとんどヨーロッパ全土が同時に聞くことができるほど大きくとどろかせた。アントウェルペンのある有名な説教者は、一五一四年から一五一六年までの間すべての説教をこの本のどこかの個所によってなしていた、という。一五一六年のルターの説教や手紙もこの本を反映している（註46）。アルブレヒト・デューラーは一五一三年に有名な版画「騎士、死、悪魔」を作ったが、これは『エンキリディオン』によって刺激をうけてなした仕事だと自分で説明している（訳註46a）。この絵の驚嘆すべき馬の力と騎士の心をこめた力とは、今日においてもなお霊感を与えることのできるほどのものである。エラスムスと同様、デューラーもまた新しい大地を切り開いた。その新しさがどこにあるかというと、騎士の敵は「現実の」存在ではなく、エラスムスが記しているように、terricula et phantasmata（恐ろしい怪物や幻影）であって、それは無視されるべきものである。ヴェルギリウスのアエネアスが「地獄にはいってまず」なさねばならなかったのと同じことである（註47）。

　デューラーの版画はすばらしい。しかしエラスムスは「死」や「悪魔」をデューラーほど詳細には描かなかった。また彼は『エンキリディオン』の中で「キリスト」の名前にかなり多く言及しているけれども、しかしこのキリストはどちらかというと影の薄い存在である。これは人文主義者の信仰心を述べた傑作の一つである。そして、人気のあったことではこれと並ぶ『愚神礼賛』やトマス・モアの『ユートピア』のように風刺的な文章ではなく、直截である。一五三五年においてもなお、たとえばトマス・ラプセットは若い読者に教会の問題に首をつっこむなと忠告し、『エンキリディオン』を、短い本の中に善についての無限の知識があるものとして推薦している。しかしながら、エラスムスは、この本の騎士と同様、戦うために新約聖書でもって身をかためていたのであるけれども、そのパンチは遠慮がちのものであった。福音書におけるキリストの活動、福音書とパウロ書簡において非常に強く、ていねいに書かれているキリストの救済の特別な働きについては、ここではひどく不足している。キリスト論的には、ルターならば雷鳴のようにとどろかすところを、エラスムスはやわらかな音を出しているだけである。ティンダルにとって難攻不落な砦であったものは、『エンキリディオン』においては夏の涼しい四阿であった。更に彼は一般の人々が聖書を常に学ぶことを欲し、事実聖書が日常の言語で読まれるようになることを彼が願望していたのは有名なことだが、それにもかかわらず彼自身は一切をラテン語で書いた――確かにそれは美しいラテン語ではあったが。そしてこの美しいラテン語もまた、スコラ学者や教育者の野蛮なラテン語に対して、打撃を与えるものではあったが。しかしながら彼自身は、一般の人間がふつうに話している言語の中へとはいっていこうとしたことは、ただの一度もなかった。むしろ、彼がその最も有名な著作である Moriae encomium（愚神礼賛）でさえも英語に訳されることにあまり積極的でなかったのは、トマス・モアが『ユートピア』の英語訳を、「単純で無教養な人の手に落ちて、誤解したり有害になったりするといけないから」という理由で拒絶した（註48）のと同じ理由であるのかもしれない。日常の言語で書かれた聖書が十四世紀にイングランドで手にはいるようになった時、そして特に、十六世紀はじめの数十年間でドイツ、フランス、イングランドで手にはいるようになった時、それは単なる倫理的な「キリストの哲学（philosophia Christi）」の願望などよりもはるかに強い衝撃力をもった運動を生み出したのであった。これらの運動は公的には「異端」の烙印を押されたのであるが、それまで数百年の伝統において、魂の救済と霊的な福祉は自動的に教会にのみ依存すると信じるようにされてきたヨーロッパのふつうの信者にとって、これらの運動は、教会以外にもう一つ別の救済の可能性があるのだということを知るために十分な役割を果したのであった。エラスムスは、確かに重要な存在ではあったが、こういう大きな衝撃力を持つことはなかった。それを持ったのがルターとティンダルである。

エラスムスのキリスト信徒の騎士のための本においてはキリストも悪魔も十分には認識されていない、というだけではない。そのすべての中に一種の皮肉の雰囲気が満ちている。いわばかすかに優越感を感じさせる曖昧さを作り出す著者の感情とでもいったものが。たとえば、キリストの働きについての神学を十分に展開するといったことについて、教義的であるのはむしろ趣味の悪いこと、最善の、エリートの、人文主義者の高みよりは低いことなのだ、とでもいうように（註49）。こういう皮肉な自己嘲笑はエラスムスとモアの両者に共通する。そしてそれはエラスムスの肖像画、たとえばクェンティン・マツィスやハンス・ホルバインの描いた肖像画などに見てとれる特色である（註50）。それと対照的にティンダルは（彼が生きている間に描かれた肖像画は、確かなところは、存在しないが）、その著作において、獰猛なくらいに直截である。当面の問題、つまり魂は仲介者［教会のこと］なしで直接に神のもとに行くことができるということは、かすかに皮肉な優越感でもって暗示するなどというわけにはいかない、はるかに重要なことであったのだ。ティンダルが自分自身について記している僅かなこと（たとえばモーセ五書の翻訳に付した序文など）と、エラスムスが『エンキリディオン』を書くにいたった動機を自分で説明しているものとを比べれば、話ははっきりする。ティンダルはいわば大工道具のように真四角である。それに対しエラスムスが自分の著作の成り立ちを説明する時は、ジョナサン・スウィフトが登場人物を相手に、従ってまた読者を相手になす遊びに出て来るような一種の重層的な皮肉の趣きがある（エラスムスが自分自身について記す時にはこれは非常に多い）。成功した、精力に満ちた、不道徳な、独立した武器商人が、その信仰心厚き妻が設定した何らかの機会に、この散漫な、まとまりのない、道徳についてのラテン語の長談義、最善のヒューマニズムの古典の文献や初期の教父からの引用にちりばめられたこの長談義を、腰を落ち着けてゆっくり読み、その結果、厳粛にその恋人と別れ、精力的な生き方と別れて、非常に信仰心の厚い妻のもとにもどって来る、などという可能性を、エラスムスは本当に信じていたのであろうか。そうだとすればまず、この武器商人がラテン語を読み、理解できるということを前提にしないといけない。エラスムス自身が言うには、この本を彼は「自分自身のためにだけ、そしてまたあるまったく無教養な一人の友人のために」書いた（註51）。そもそものヨハンネス・ポッペンロイターという武器商人の話は、実話であろうか（訳註51 a）。この本の著作目的についての、いかにも自己卑下をしているかのごとき曖昧さは、むしろ、わけをわからなくする効果がある。これはスウィフトが『ガリヴァー旅行記』について、ガリヴァーの口を借りて、ひねくれたこぼし方をしているのと似ている。「六ヶ月以上にわたる警告のあとでも、私は、この本が私の意図にかなった効果を生み出した例は一つも知らない……」というのだ（註52）。スウィフトはいわばこのようにからかい半分に書くことができた。彼の偽旅行記の目的は、読者をじらすことであったのだから。しかしエラスムスはそうはいかなかった。ここでは魂が問題になっているからである。彼は、その男（武器商人）は以前よりも「今やずっと深く溺れている」、と記している。

## 英語のエンキリディオン

『エンキリディオン』の英語版は一五三三年に出版され、続いて一五三四年に改訂版が出された。どちらもロンドンのフリート・ストリートにあるウィンキン・ド・ウォードという印刷屋から出版された。どちらも訳者の名前を記載していない。ティンダルがソドベリーを離れたのは一五二三年、あるいは遅くも一五二四年のはじめである。ティンダルがその主人夫妻に提出したとフォクスが言っている『エンキリディオン』の訳は、もしも一五三三年以前に、あるいはむしろ一五二三年以前に、印刷された英語版が存在していたのでないとすれば、手書きの原稿であったはずである。もしも印刷された古い英語版がそれ以前に存在していたのだとすれば、その印刷本は失われてしまったことになる。ティンダルが夫妻に提出した訳がこの印刷本であった可能性がないとは言えないのである。もっとも、商業的に印刷、出版したのであるとすれば、かなりな分量の部数が刷られたであろうから、その現物が残らないまでも、少なくともそれについてどこかで言及された記録が残るものであろう。エラスムスの著作のうち少なくとも九つの著作の英訳は、おそらくどれも薄い八折り版であったせいだろうか、書物の保存という点からはまことに不都合な形態であるので、すべて失われてしまっている。だが、一五三三年以前には『エンキリディオン』の英語訳についていかなる記録も残っていない。ティンダルがウォルシュ夫妻に提出した英訳がどうなったかは、知られていないのだ。

事情はこうである。一方ではフォクスが、ティンダルがこの作品をリトル・ソドベリーで、ということは一五二二年ごろに、英語に訳したということを述べている。フォクスはこの件をうまく利用して自分の話を展開している。そこから何ほどかの結論を引き出している。他方では、誰が訳したのかわからない英語訳がロンドンで一五三三年に、その改訂版が一五三四年に出版されている。しかしその二つをつなげて考えることはできない。英語の『エンキリディオン』とティンダルの文体的な特色の分析は、はっきりした結論をもたらさない。どちらの著者も、日常生活から得られた非常に生き生きとした表現を用いている。しかしそれは古典の勉強に際して薦められていたことだし、キリスト教の説教でも用いられたものの言い方である。どちらも聖書にもとづいた書き方をしているが、文体的には、決定的な共通点はない。この英訳本を最近発行した編集者がそれを徹底的に調べて言うように、「一五三三年版のエンキリディオンの訳者がティンダルであるという証拠は、外証がまったく欠けているのと同様、内証もまた何の結論ももたらさない。知られているティンダルの聖書の翻訳とエンキリディオンの聖書の引用との間には、残念ながら共通性は見出せない」（註53）。エラスムスが頻繁になしている聖書の引用（新約聖書だけでもマタイから九〇個所以上、第一コリントス書簡から約六〇個所、ローマ書簡から約五〇個所）と、ティンダルの翻訳との比較は、実は厄介な仕事である。エラスムスはラテン語のヴルガータを用い、ティンダルはギリシャ語とヘブライ語のテクストを用いているからだ。英語の『エンキリディオン』とティンダルの聖書の引用以外の文章の部分を比較すれば、それよりは多少類似性を見出すこともできるかもしれない（註54）。しかしそれをていねいにやった研究は今のところ存在しない。そういう作業は、将来コンピュータによって全著作のコンコーダンスが作られでもしない限り、とてもできない仕事である。それまでは、ウィンキン・ド・ウォードが印刷した英語の『エンキリディオン』はティンダルが訳したものであるのかどうか、文体的な見地のみに基づいて結論を出すことはできない。いろいろ試みても、明快な結論は出て来ない。もしかすると、この問題を解くのに必要な正しい問いがまだ問われていない、と言えるかもしれない。グロスターシアの「学識ある高位聖職者たち」のこと、またウォルシュ夫婦が彼らを招くのをやめた好奇心をそそる事情についても、もう少し調べてみる必要があるかもしれない。また、印刷された英語の『エンキリディオン』に出てくるいくつかの単語やことわざがグロスターシア地方で持っていた独得の意味についても調べれば面白いかもしれない。英語の『エンキリディオン』の最近の編集者は、そこに出て来る単語の中でティンダルがはじめて用いた単語を、ていねいに数十個指摘している。これらは『オクスフォード英語辞典』［以下OEDと略称］では間違って、ティンダルが最初に用いたという事実が指摘されていないものである。忍耐強く仕事を続ければ、印刷された英訳本に出て来るグロスターシア地方独得の単語の一覧表を作り上げることができようか。今のところ、大ざっぱに見た感じでは、この英訳本がグロスターシアでなされたとは言えないようである。あまり用いられない古語の単語で一つ面白いものがある。印刷された『エンキリディオン』の訳者は、二一章で一度 nyggyshe という単語を用いている。「けちな」「しみったれた」(stingy, niggardly)といった意味の単語である(ほかに、これと同根でnyggardes, nyggishnesという単語も用いられている)。nyggysheという語は、OEDでは一五四二年にニコラス・ユーダルがはじめて用いたということになっているが、『エンキリディオン』の一五三三年の方が先である。この単語は明らかにティンダルの単語ではない。どこか特定の土地でよく用いられた単語であるかもしれないし(ユーダルはハンプシアの人物である)、そうでないかもしれない。更に、コンピュータを駆使して研究すれば、翻訳者ティンダルが学んで身につけた単語の特徴を明らかにすることができるかもしれない。また当時の翻訳理論がティンダルと英語版『エンキリディオン』の双方にどのように現れているかということも、研究するに値しよう。更なる光が投じられることを期待したい。

また、ティンダル以外にこの翻訳をなした可能性のある人物を探すことも意味があろう。ティンダルによって言葉づかいが影響されたと考えうる人物であれば、それは説得力のある可能性となる。たとえばnyggysheという単語を用いているニコラス・ユーダルなどその一人である。彼はその十年後には、エラスムスの英訳者としてよく知られるようになっている。オクスフォードの人物で、一時、コーパス・クリスティ・カレッジのフェロウであり、チューターもしていた。彼が、ルターの教義に共感していたトマス・ギャレットというオクスフォードの書店主から一五二五年ごろにルターの本を購入したという事実が知られている。その結果彼はオクスフォードのチューターのうちで最も早くプロテスタント神学にくみした人物の一人として知られるようになった。一五三四年にはイートン校の校長に任命された。今日では彼は、『ラルフ・ロイスター・ドイスター』という英語で書かれた最初の喜劇ということになっている作品の演出者として知られている。これはラテン語の劇作家テレンティウスに大幅に依拠した作品で、一五四〇年代ないし五〇年代に上演された。一五三〇年代のはじめごろなら、エラスムスの『エンキリディオン』の翻訳をなすことはユーダルにとって役に立つ仕事と思えたかもしれない。

それは、二八歳の若さで得た校長職を確実に保つのに役立つということだったかもしれないし、あるいはむしろ、いろいろと肉体的な過ちを犯した結果イートンの校長を七年後にはやめざるをえなかったという事情も働いていたかもしれぬ（註55）。（彼はその後ウィンザーの司教座教会参事会員になり、最後にはウェストミンスター校の校長になっている。）一五四〇年代には彼は、キャサリン・パーの後援を得て、他の何人かといっしょにエラスムスの『新約聖書講解』二巻を訳している。その第一巻は部厚い大きな二折り版で千頁にものぼるものだが、これはほとんど彼の訳である。ルカ福音書の講解はこの中でも最も長いものだが、彼はそれを一五四五年に訳し終え、その後にマタイ福音書と使徒行伝を訳している。トマス・キーがマルコ福音書を訳した。ヨハネ福音書はほかならぬメアリー王女、後のメアリー女王が訳しはじめた。しかしすぐに彼女はその仕事を自分ではやらずに、宮廷付きの牧師にまかせてしまった（註56）。一五四二年の九月にはユーダルはエラスムスの『アポフテグマ』の最初の英語訳の第三巻と第四巻を出版している。ユーダルは『講解』の中で新約聖書をしばしば英語で引用しているが、その引用は『大きな聖書（the Great Bible）』からなしている。つまりカヴァーデイルがティンダルの訳を少し変えただけの代物である。だから、ここでメアリー・チューダー王女が仕事に加わっているというのは、驚くべき事実である。ユーダルはティンダルの一五三三年までのほかの著作も知っていたと考える可能性もある（註57）。こういった実験的な想像が、ティンダルがウォルシュ夫妻に与えた贈り物とウィンキン・ド・ウォードの出版したものとの間の溝を埋めるために一応役に立つであろうか。現在のところは両者の間の溝は埋め難いのであるが。「トマス・クロムウェルがローマとの関係断絶を正当化するためのキャンペーンの一環として」（註58）、ティンダルのこの訳を印刷せしめたという説明は、これまで何度かなされたけれども、面白いが、いかなる根拠も欠いている。今のところ最も良い説明は、ティンダルが『エンキリディオン』の翻訳をなしたのはおそらくリトル・ソドベリーにおいてであって、それは手書きの原稿でウォルシュ夫妻にわたされた、ということであろう。

彼のこの訳は失われてしまった。しかし、その十年後になされ、印刷された訳に影響を与えた可能性はあるかもしれない。

あと二つ問題がある。第一は、一五二二年においてティンダルのエラスムスに対する態度はどのようなものであったか、それはそもそも知りうるか、という問題である。ティンダルはオクスフォードから（ないしケンブリッジから）この地にやってきて、このラテン語の書物は取組んで多くの時を費やすに値するだけの重要なものである、と判断してこれにむかったということなのだろうか。一五二〇年にオクスフォードの書籍商ジョン・ドーンはエラスムスが編集したか書いたかしたものをすべてで一六〇部以上売ったという（もちろんすべてラテン語のもので、そのほとんどは外国で印刷されたものである）（註59）。この時代のイングランドはまだまだ田舎だったから、ヨーロッパの最近の人文主義の思想、殊に教育に関する思想にふれることができたのはごく僅かな人数の学識のある聖職者や貴族だけだったが、それでも、エラスムスが書いた大量の著作についてある程度の知識は広がっていた。彼の著作は一五四〇年つまり彼の死の四年後には、印刷された大きな二折り版で全十二冊にもなっていた。特に彼の『愚神礼賛』（Moriae encomium）は一五〇九年にパリで印刷されたものだが（英語訳のThe Praise of Follyはやっと一五四九年に出版された）、ヨーロッパ中で有名になった。また彼の『格言集』（Adagia）は、いろいろな形で出版されたものだが、最初はこれまたパリで一五〇〇年に出版され、ヨーロッパ中に広まった。また、『会話例文集』（Colloquiorum formulae）は最初はバーゼルで一五一六年に発行されたものだが、一冊の教材にすぎないこの本がこの世紀では最も広くひろまった本である。一五四六年までに九〇版を数えている。エラスムスのイングランドでの影響は、人文主義者のエリートの一部を別として（註60）、あまり過大評価はできないけれども、フォクスはその一五六三年の版で、リトル・ソドベリーの夕食の会話は「ルターやロッテルダムのエラスムスについて、また聖書に出て来る考えについて」であった、と記している。一五二二年までには、ティンダルはすでに、エラスムスの編集した新約聖書に取組んでいたことだろう。『エンキリディオン』は小さい、手軽な本だが、聖書に基づいて、聖職者でない人々がクリスチャンとしての道徳を守るようにと呼びかけ、稳健な仕方で教会の慣習を批判しており、それが、鋭い著作を書くということで非常によく知られた著者、この時代になって重要になりつつあった学問領域（古典文学、初期の教父、イタリアのヒューマニスト、基本的な新約聖書のテクスト）に関してその学問的な水準が驚異的に高いことで知られた著者、自分自身も教師でありかつ文章を書く技術の規範を提供した人物によって書かれているのだから、ティンダルはこれをいわばほとんど自動的に手に入れて、取組んだことであろう。しかしながらティンダルは、その著作のいろいろな個所でエラスムスに対して批判的である（たとえばモーセ五書の翻訳のはじめに付した「W・Tから読者へ」という序文参照〔註61〕）。エラスムスは立派なギリシャ学者でギリシャ語テクストの編集者であるが、sola fides（信仰のみ）の問題について、また聖書に根ざして〔カトリック〕教会の改革を外からなそうという呼びかけが問題となった時には、宗教改革者の中の厳しい人々にとっては、日和見主義者にすぎないと思われていた。ティンダルは『キリスト者の服従』の読者への序文の最後に、エラスムスの「パラクレシス」〔新約聖書のギリシャ語テクストの一五一七年以降の版につけ加えられた新約の各文書の解説〕及び『マタイ福音書講解』に注目するよううながしている。以上の理由からティンダルは一五二二年には『エンキリディオン』のことを十分に知っていたと思われる。

第二の問題は、六年後つまり一五二八年のこと、ティンダルがロンドンに居た時の保護者であったハンフリー・モンマスについての話である。ティンダルがドイツにむけて出発してから四年後のこの話は、後の章で扱う。ここではただ、モンマスが異端の書物を所有していたかどで逮捕された後に、一五二八年五月一九日に枢密院に出した請願書の中で、次のようなことを記している、ということを指摘しておこう。

（ティンダルは）私に『エンキリディオン』と呼ばれる英語の本を一冊残していった。デニーの女性大修道院長が望んだので、彼女のもとにこれを送った。同じ本をもう一冊持っていたが、それはグリニッジの托鉢修道士に頼まれたので、あげた。これは今はロチェスターの司教がお持ちのことと思う。

ルターの英訳本など英語で書かれたほかの本に言及したあと、彼は記す、

これらの本はすべて……およそ二年かそれ以上もの間、私の家に誰にでも見えるように置かれていた。誰もが、読みたい本を好きなように読むことができた。しかし司祭であれ、修道僧であれ、一般信徒であれ、これらの本の中に大きな間違いがあるなどと指摘した者がいるとは聞いていない。

ロンドンの司教タンストールが一五二六年にティンダルに反対する説教をなしたのを聞いて、モンマスはティンダルの書いたすべてのものを、手紙や説教も、「私の召使が書き写したさまざまな本の写本も……」焼き捨てた、という。そして、写本の仕事をした召使自身がそのことを証言している、とつけ加えている（註62）。これらの「本」の中には手書きのものも含まれていたのは確かである。そのこと自体は何ら不思議なことではない。現代のティンダルの伝記作者を悩ませるのは、ティンダルの英訳『エンキリディオン』の手書きの原稿の書き写しがいったい何部存在したのか、という問題である。一部はウォルシュ夫妻のものとなった。もう一部はティンダル自身がロンドンに、おそらくは更にドイツにまで、持って行っただろう。一部はハンフリー・モンマスのもとに残された。モンマスの召使がそこから作った写本がデニーの女性大修道院長に送られ、もう一部がグリニッジの修道僧に送られた。モンマスの家にあった諸写本に「司祭も、修道僧も、一般信徒も」興味を持ったのは明らか

である。とすれば、更に多く同じものの写本が作られたであろう。写本が多ければ多いほど、一五三三年の十一月に、フリート街の聖ブライド教会の隣のウィンキン・ド・ウォードの印刷屋の手にはいった写本がティンダルのものであった可能性は大きくなる。

## 地方の争い

この間、グロスターシアの「学識ある高位聖職者たち」は、サー・ジョン・ウォルシュと令夫人のリトル・ソドベリーにおけるすばらしい招待がなくなったことを、面白く思わなかった。彼らはティンダルのことを悪く言った。もちろん彼ら自身の会話や無知のせいではなく、ティンダルこそが、彼らがこの重要な人物と交わる機会を失った、そしてまた同等に重要なことだが、上等の食べ物と葡萄酒にあずかる機会をも失ったことの責任者だ、というわけだ。彼らは司教法務官にティンダルが言ったことを報告した。更には、彼が実際には言わなかったことも言ったことにし、結局、彼を異端だときめつけた。七年ほど後に、ティンダル自身、一五三〇年のモーセ五書の翻訳につけた最初の序文である「W・Tより読者へ」の中で、これを酷評している。

……私が滞在していたその土地で、ひどく迷惑をこうむったので、もはやそこに留まることができなくなった（ことの経過は長過ぎて、ここですべて繰り返すことはできないが）。私が思うには、土地の司祭たちが無教養であったが故に、苦難をこうむったのである。これは神もご存知のことである。彼らはまったくの無知のやからで、小型の日課祈祷書やミサ典書に書いてある以外はラテン語を見たこともなく、しかも彼らの多くはその日課祈祷書やミサ典書さえもほとんど読むことができないのだ（アルベルトゥスの『女たちの秘密』（de secretis mulierum）以外には。彼らはろくな学力もないのに、この本には昼も夜も夢中になっていて、その中などにノートを書き込む。それは、彼らが言うには、助産婦に教えてやるためなのだそうだ。もう一つリンウォードの教会規則集も読む。これは、十分の一税や葬式料、さまざまな献金や税金、その他の略奪をなすのに必要だからである。彼らはこれを自分たちのためのものだとは言わず、神に属するものだと言い、聖なる教会の義務だと言う。そう言って、自分たちの良心をまぎらわすのである。というのも、彼らは何も減らすことなく、力の及ぶ限りすべてを増やそうとしているからである）。その故に（これは彼らがこのように無教養であるせいだ、と私は思った）、彼らがビアホールに集った時に、そこが彼らの説教の場所であるのだが、彼らは私の発言が異端であると断定することになったのだ。加えて彼らは、私がまったく言っていないことまで彼らの頭で発明して、私の発言にしてしまった。時間を節約するために長々とおしゃべりをする、という手である。そして私を密かに司教法務官ほか司教の役人たちに訴えたのだ。（註63）

フォクスがこの話を一五六三年の版でふくらませている。これまたリチャード・ウェブの語ったことをほぼ逐語的に再録していると思われる個所である。

その後司教の委任者つまり法務官による審判が開かれた。くだんの司祭たちに出頭命令が出され、マスター・ティンダルもまた出頭するよう命じられた。ティンダルは彼らの脅しによってすでに事情を知っていたのか、それとも彼らがティンダルを告発するだろうと予測しただけなのか、どちらだったかはよく覚えていないけれども、ともかく彼は、この審問を疑っている、と私に言った。それで彼はそこに行く時に、神に心から祈り、自分を強め、堅く神の言葉の真理の側に立つことができるように、と祈った。そして彼らの前に立った時、彼らはティンダルを、詭弁において異端であり、論理において異端であり、神学において異端である、等々と告発した。そして彼に言うには、あなたはこの土地で勇敢にも貴族の方々とつきあっておいでだが、これからは違う仕方で待遇することになろう、と。マスター・ティンダルは彼らに答えて、イングランドの中ならどこであろうとあなたがたが欲するところに私を連れて行かれれば、それで結構。生活するために、年に十ポンドいただければよろしい。義務としては、子供を教え、説教をなすこと以外の義務は負わない。それに対し彼らはもはや何も言うことができず、ティンダルも出発して、自分の主人のところにもどって行った。(註64)

この件には、二つの別の事柄が含まれている。一つは、土地の聖職者たちがさまざまな水準にわたって彼に反対し、敵意を持っていたということ。もう一つは彼が異端であると告発されて、公に審問されるために「出頭を命じられた」ということである。彼を告発した聖職者たちは、法務官が彼を尋問している間、発言しなかったかもしれないが、少なくともそこに同席していた。「詭弁と、論理と、神学において異端である」という馬鹿げた言い方が法務官に由来するのか、それとも悪意に満ちた、しかし無知な聖職者たちに由来するのか、あるいはフォクスにこの話を伝えたウェブに由来するのかはわからない。ともかく法務官がこの時立派に行動したとは考えられない。法務官というのは司教のために働いているので、司教に代って法廷を開き、教会法に従って訴訟された件を裁くのである。これは権力のある官職であり、かつ上に出世するために役に立つ一つの段階であった。法務官は、たとえば、リチャード・ウェブがチピング・ソドベリーの雄牛の話で伝えているように、あるいはティンダル自身の生涯の最後の時のように、異端者が焚刑にされる場合には、きちんと焚刑にされたかどうかを確かめる立会人として処刑の場に立ち会うことが要請される。ティンダル自身は、モーセ五書への序文で、この話の続きを次のように記している。

実際、私が法務官の前に出ると、法務官は私を重々しく脅し、ののしり、まるで私が犬でもあるかのようにあしらった。そして私の告発にとりかかったのだが、告発人を出頭させることはできなかった（彼らのやり方では、告発人を出頭させないことになっている）。しかも、この土地の司祭はみんな同じ時にその場に居たのだ。（註65）

それ以上は何も公的に決定されていない。つまりティンダルはこの裁判に勝ったのである。法務官は、サー・ジョン・ウォルシュに仕える人物を追放に処したりしたら、ウォルシュ家やポインツ家という有力な家柄と悪い関係になるのを恐れたのだろうか。もっとも、もしもティンダルが本当に異端であることがはっきりしたら、追放処分は免れなかっただろう。だがティンダルが異端であることは証明できなかった。彼は自分の立場を新約聖書に訴えて弁護した。法務官は、少なくとも、そういう議論につきあったら損だということがわかる程度の知性はあっただろう。――この法務官はジョン・ベルである。後にウスターの司教になった。彼は脅したり、やかましく文句を言ったりすることで、自分の対面を保った。ティンダルの言い分からすれば、ひどくいやらしい仕方で。ティンダルのおだやかな答弁（「……それで結構」）は、それ以上何の措置がとられる必要も残さなかっただろう。この答弁はまた、彼自身の自立した立場をも確認している。彼は教師であって、牧師ではなかった。

ティンダルと法務官のこの出会いは、有名になったらしい。トマス・モアはその五、六年後にティンダルに対して最初の攻撃をなす時に、この件を利用する。実際にどの程度知っていたのかわからないが、ともかくねじまげて伝えている。一五二九年六月に出された『対話』においてである。「審問」が二度あったことにし、その日にはティンダルは屈服して、告発者の要求に応じるように自分のものの言い方を変え、今後態度を変えると誓った、というのだ。

ティンダルは真面目で誠実な生き方をしている人物とみなされ、聖く説教をしているように見えたが、時に鋭く異端のにおいがしていた。その結果一度か二度、審問された。しかしながら彼は自分の言葉をうまく飾り、何ら害になるようなことはしないと誓ったので、人々はすべて善意に解することにした。(註66)

この文の最後の、いかにも上から見下ろすような言い方は、モアが他を攻撃する時の戦術的な特色である。ティンダルは彼の『返答』の中で、自分は誓うことをしなかったし、誓うことが求められもしなかった、と答えている(註67)。

ティンダルはこうしていわば蛇を抑えつけたが、殺すことはしなかった。この土地の敵たちは、この件をこれで終らそうとはしなかった。実際、ティンダルは聖書をこれ以上明らかにすることの効果について、特に警告を受けている。リチャード・ウェブの物語は、次のように続く。

あまり遠くないところに、年輩の博士が住んでいた。司教の最高法務官であった。彼は以前からマスター・ティンダルの知り合いで、ティンダルに好意をいだいていた。マスター・ティンダルはある時この人物を訪れ、聖書に関するさまざまな問題について、心を開いて語った。彼は、この人に対しては、大胆に心を開いたのである。年老いた博士は言った、教皇こそまさに聖書が述べているアンティキリストであるということを、あなたは御存知だろう。しかし、自分の言うことに気をつけなさい。あなたがもしもそういう意見の持ち主であるということが知られたら、あなた自身の生命にかかわるだろう。そして言った、私はこれまで教皇に仕える公職者だったのだ。しかし今はそれを放棄した。そして教皇とその仕事のすべてを軽蔑している、と。(註68)

モズレーは、この「年輩の博士」とはウィリアム・ラティマーのことだろう、と想像しているが、この想像は正しかろう。ラティマーはエラスムスとモアの友人で、ティンダルがオクスフォードに来た時以前からそこで教えており、引退してからは北東グロスターシアで二個所から聖職禄を得ていた(註69)。この忠告は親切心から出たものであるが、ティンダルは、問題の核心は聖職者たちが新約聖書を知らないという点にあるのだ、ということにだんだんと気がつきはじめていたので、その点では正鵠を得たものとは言えなかった。——すでに上で引用したように、ティンダルは、「この私が、土地の司祭たちが無教養であったが故に、苦難をこうむったのである」と述べている。ラテン語の僅かの知識を持っている者たちが、聖書の僅かの文を取り出してこねまわし、アレゴリー的な意味をこじつけ、教会の数世紀にわたる釈義の伝統が望むような形に押し込めていた。——その際彼らはもちろんラテン語の聖書を用いていた。これはいくつもの個所で鮮明に（そしてうまい具合に）ギリシャ語の原典とは異なっていた(註70)。しかしながら、自分たちが読んでいるラテン語を理解できる聖職者の数は非常に少なかった。ティンダルがリトル・ソドベリーに居たのと同じ時期に、カンタベリーの大司教であったウィリアム・ウォーラムが修道僧についてこぼして、彼らは礼拝を行なう時に、「自分たちが読んでいることをまったく理解していない」、と言っている(註71)。「神のグロスターシア」においてさえも、その三十年後に宗教改革の側の司教のフーパーが有名な調査を行なったのだが、それによると、「グロスターシアの聖職者たちの行為は、単に怠惰で、神に従わない」だけでなく、「人をもてなすことをせず、住むべきところに住まず、役立たずで、酔っぱらっていて、生活態度の悪い、聖職禄の受給者である。こういう者はどの副司教区にも見出される。」ウォトン・アンダー・エッジの助祭は、遺言状をでっちあげたという告発に対して答えねばならなかった（註72）。ともかく彼らの無知は大変なものだったのである。

一五五一年の調査によれば、ものを知らない聖職者のうち九人は「十戒」の戒命がいくつあるかを知らず、三三人はそれが聖書の中のどこに出て来るかを知らず（マタイ福音書だという答が最も多かった）、一六八人はそれを唱えることができなかった。信仰個条について言えば、十人はそれを唱えることができず、二一六人はそれを論証することができなかった。その中の大多数は、国王と母なる教会がそのように言っているから正しいのだ、というだけで十分であると言った。すべての中で最もはなはだしかったのは、多分、「主の祈り」についての試験であった。三九人は、それが聖書の中のどこに出て来るかを知らず、三四人は、それを作ったのが誰であるかを知らず、十人は、それを唱えることもできなかった。（註73）

一五五一年八月十日に、ダースレーのジョン・トリッグという者が罪をつぐなうことを命じられた。「次の日曜日にはシャツだけで礼拝に出席し、ベンチの上に立って、皆にむかって、『私は全能の神の十戒の一つを言うことができませんでした。私はキリスト信者というよりは、むしろ他の人種のようであります。その結果、この罰を受けています』、と言わねばならない。」ウォトン・アンダー・エッジのジョン・クックという者は、姦淫の罪で引き出され、言った、「それがどうであれ、律法の定めでは、私は姦淫によって子を持つがよい、ということを知っています。私はもう一度モーセの律法が通用するようになればいいと思います」（註74）。これらは、ティンダルがイングランドを去って四分の一世紀たった後に起こったことである。

これ以前、ロンドンでも、事情は同じくらいに悪かった。ストークスレーは、一五三〇年十一月にロンドンの司教に叙任されると、直ちに、この司教区の司祭補佐について、「学識があるかどうか、魂の牧会にたずさわるのに必要な能力と適性があるかどうか」を調査した。その結果の一つは、調査された五六名のうち二二名が、無知の故に、ロンドンの司教区で仕事につくことを禁じられた。そのうちの二人は学芸修士の学位を持っており、二人はウォルタム大修道院の律修司祭であった。うち六人は、「勉強して、自分の能力を司教に対して説得できるようになれば」その職にとどまることができる、とされた（註75）。

新約聖書の全体が一冊の本として英語で手にはいるようになるまでは、敬虔な一般信徒の男性や女性は、聖職者たちよりももっと、聖書が言っていることを知る機会が少なかった。彼らにとっては、ラテン語の意味など、いわば中国語で言われているのとまったく同じぐらいに、理解できなかった。新約聖書のいくつかの言葉がばらばらに抜き出されて、格言のように英語で言われていたにすぎない。また、ウィクリフ派の聖書の一部を見たことのある者も、多少は居ただろう。ティンダルは、必要なことはギリシャ語から直接に訳された英語の新約聖書だ、ということに気がついていた。リチャード・ウェブの物語の結論は次のようなもので、これは有名なところである。

そのしばらく後、マスター・ティンダルはたまたまある学識者とともにいて、いろいろ議論していたのだが、次のような議論にいたった。その学識者が言うには、神の法がなくとも、教皇の法があれば、それでよい、と。マイスター・ティンダルはそれを聞き、答えて言った、私は教皇とその法のすべてを軽蔑している。そして言った、もしも神が私にもっと生きることを許してくださるなら、遠からず、鋤で畑を耕している少年の方が現在のあなたよりも聖書についてもっとよく知ることができるようにしてみせる。（註76）

この言葉は、エラスムスがその「パラクレシス」で言っている言葉を真似している。ティンダルの問題は、十分に高い権威の庇護を見つけて、そのもとで仕事をすることであった。そうすれば、オクフォードの禁止令に従って異端の烙印を押されることを免れられよう。エラスムスの思想がティンダルの心をロンドンに向かわせたのである。

# Ⅱ　ギリシャ語から英語へ

# 第四章　ロンドンへ

物語の続きは、ティンダル自身がモーセ五書に付した最初の序文で続けている。すでに彼は母語に訳された聖書の必要性を認識していた。彼自身悪しき経験によって知っていることであるが、「土地の司祭たちは無学で」信者たちに聖書を説明することができなかった。だから信者たちの必要はおよそ満たされていない。誰もが聖書の「筋と順番と意味とを」知ることができるようになるべきである。

このことを考えた時、私はロンドンの司教のことを思い出した。エラスムスが（彼の舌は小さな蚊を大きな象に仕立て上げ、誰であれ彼に対して何かを提出する者のことを星よりも高く持ちあげるのであるが）、新約聖書の註釈などにおいてロンドンの司教の知識を極度に誉めていたからである。……そして私はまさにロンドンの司教の家でこの仕事を仕上げようとしたのであった。（註1）

ロンドンの司教は一五二二年以来カスバート・タンストールであった。ティンダル自身気がついていたように、エラスムスはお世辞をよく言う人であった。時として行き過ぎるくらいに。ティンダルは、誰もがそうであるように、どこか安定して住む場所を、食べ物を、そして心の通じる人々のつながりを必要としていた。彼は今までめったに恒常的な給料を得たことがなかった。お偉方にへつらえば比較的容易に保護を得られるかもしれない。エラスムスがタンストールを誉めている月並みなせりふは（実は彼の『註釈（Annotations）』にはそれはのっていないのだが）、あまり本気になって信用すべきものではない。それはエラスムスが地位の高い人々に対して示す皮肉な遊びの一部であろう。エラスムスがこの人物を誉めているのは事実であるが、『註釈』においてではない（註2）。

ティンダルがタンストールに近づいたのは、学者らしい素朴さ、同じギリシャ語学者であるというだけの素朴さのせいだったとは言えまい。それはおそらく一五二三年の夏のことだった。カスバート・タンストールはティンダルよりも十二年ほど前にオクスフォードに居た。モアやコレットやリナカーなどと一緒だった。その後ケンブリッジに行き、また一四九九年から一五〇五年ないし六年にかけてパドヴァで学んでいる。リナカーやグロシンもパドヴァで学んだことがある。パドヴァ時代の彼の友人の中にはアルドゥス・マヌティウス（ヴェネチアの有力な出版社であるアルドゥス社の創始者）のほかにイングランドの古典学者であるウィリアム・ラティマーがいる（註3）。そのおよそ二十年後、一五二二年ごろに、ティンダルがグロスターシアで訪問した年配の博士がラティマーであったのだとすれば、カスバート・タンストールの名前をティンダルの「記憶」の中に入れたのは彼だったのかもしれない。ティンダルは（これも多分ラティマーから）、エラスムスがギリシャ語の新約聖書の第二版を準備していた時にタンストールが助けた、ということも知っていたのかもしれない。タンストールはエラスムスと共にブリュッセル、ケント、ブリュージュで一五一六年の後半から一五一七年の前半にかけてその仕事に従事している。タンストールがエラスムスにギリシャ語の新約聖書の写本を貸与し、また問題のある個所についてはギリシャ語の諸写本をチェックし、相当数の修正を提案している（註4）。だからウィリアム・ティンダルにとってはタンストールは理想的なパトロンに思えたのであろう。有力なギリシャ語の学者であり、新約聖書のギリシャ語原典を発行するという時代の先端を行く仕事に従事しており、その地位は、ティンダルがオクスフォードの禁止令を破るのに必要な権威を与えてくれるであろうから。更に、ロンドンには印刷屋がいくつもあったし、首都だから英国全体の情報網の中心であり、翻訳が完成したらその流布のためにも比較的容易な場所であった。

タンストールは、節度のある教養人であったが、その真の質を知ることは今となってはいかにも難しい。カトリックのヒューマニストとでも呼ぶべき人々にとってはほとんど聖者であったし、信仰熱心な宗教改革者にとってはほとんど鬼であったが、どちらのレッテルにあてはめるのも無理だろう。一般には彼は慎重な、よくものを考える聖職者・政治家であり、両極端の確信を遠ざけ、その長い生涯の間にふりかかってきた多くの困難をうまく切り抜けた人である。ボズワースの戦いがあってヘンリー七世が即位したのは彼が十一歳の時だったし、八十五歳で亡くなった時はエリザベスの治世であった。つまり五代の王を知っていることになる。ヨーロッパでは古典学者としてだけでなく、数学者としても有名だった。外交官であり、将軍たちや行政官に対する助言者であった。宗教的に特に困難な時期にロンドンの司教となり、次いでダラムの司教となった。『大きな聖書』の第四版と第六版（この段階でもまだほとんどティンダルの訳そのものであった）の表題の頁に名前をあげられ、雄弁と機知を賞賛されている。そして、その人柄も誉められているということに注意しておくのがよかろう。彼がロンドンの司教であった八年間、異端者が焚刑に処せられたことは一度もなかった（禁書については別問題であったが）。後任のストークスレーは、一五三〇年にタンストールのあとを受けて司教になったのだが、その年から再び人間を生きたまま火あぶりにするという処刑が行なわれるようになった。後述するように、タンストールのもとで棄教したベイフィールドやテュークスベリーはストークスレーの時になるともとの信仰に舞い戻り、処刑されている。「ダラム地方では、彼（タンストール）が司教であった一五三〇年以降、メアリー女王のもとで全国的に迫害が生じていた間も、焚刑は行なわれなかった」（註5）。彼の名はトマス・モアの墓銘碑でも賞賛されている。「タンストール以上に学識があり、賢く、良き人は、今日この世界にほとんどいない」（註6）。タンストールの代数学の本はモアに献呈されている。同様に、『ユートピア』の最初の部分は、ヘンリー八世とカスティラのカルロス皇子に対するおざなりの言及のあとは、すべてタンストールについて記されている。

すばらしい人物、……彼の学識と道徳的な性格はあまりに顕著であるので、私には的確に記すことができないし、またあまりによく知られているから、そもそも記す必要もないくらいである。（註7）

斜めにかまえたものの言い方はこの本の典型である。ほめ方に中身がない。タンストールの長所がどういうものであるかは注意深く言わないようにしている。これは数頁前のブスライデンへの辛辣な手紙と好一対である。ここではモアは自分自身のことを、「トマス・モアは――あなたが賛成して下さると確信していますが――我々の時代の栄光の人の一人であります」などと言っている（註8）。エラスムスを筆頭に、彼らの交友関係では、お定まりのへつらい言葉に一抹の辛辣さを混ぜる遊びがあったのである。しかしながらタンストールは非凡な学識のあるイングランド人として通っていた。当時は、そういうイングランド人は稀であった。

学者ティンダルがタンストールに近づいたのは、愚かなことだったわけではない。しかしながら、政治的には、彼がラディカルな提案をいろいろなすグロスター出身の厄介者であるという情報が彼より先にロンドンにとどいていなかったと思っていたとすれば、素朴にすぎると言わずばなるまい。最も良い場合を想定すれば、ウィリアム・ラティマーが昔の友人のタンストールにグロスターシアから手紙を書いた可能性があろう。あるいは、今でも体制権力とはそういうものだが、グロスターの上級聖職者ならば誰でも、現職の司教からの使者に対して「一言あった」であろう。ストークスレー自身、やがてタンストールの後継者としてロンドン司教になるべき立場から、またバークレーの谷で起こっていることを知りうる立場にいたから、何かタンストールの耳に入れたかもしれない。

そこで私は考えた、もしもこの人物［タンストール］に雇われることになればうまいのだけれども、と。そうして私はロンドンに行った。そして、私の主人［サー・ジョン・ウォルシュ］の知人を通してサー・ハリー・ギルフォードのもとをたずねた。サー・ギルフォードは王室の監査官であった。私がギリシャ語から英語に訳したイソクラテスの演説を彼のところに持って行ったのである。そして彼がロンドンの司教猊下［タンストール］に私のために口をきいてくれるよう期待したのである。彼は実際にそのようにしてくれた。私に自分で猊下あての手紙を書くように、そして直接猊下を訪問するように、とすすめてくれたのだ。実際、私はそのようにして、猊下の直接の部下であるウィリアム・ヘビルスウエイトという人物に手紙を託した。この人物は私の旧知である。しかし偽善者の中に何が隠されているかを知り給う神は、私がだまされていたことを御存じで、この計画が私の目的のための近道ではないということを知っておられた。だから彼は猊下が私に対して好意を持つように働いてくれることはなかった。

猊下の私に対する答は、自分の家は今いっぱいで、自分に整えられる以上のことを多くかかえている、ということだった。猊下が私に勧めてくれたのは、ロンドンでならば職を見つけられるだろうから、探すように、ということだった。……私は……結局……ロンドンの猊下の宮殿には新約聖書を翻訳するための場所は

存在しないのだ、ということがわかった。(註9)

この場合だけでなく、ティンダルは人を信用しすぎるのである。「旧知」(たぶんオクスフォード時代のことだろうか)のウィリアム・ヘビルスウエイトはほかでは知られていない人物であるが、ティンダルに何もしてくれなかった。それどころか、もしかすると有害だったのかもしれない。ティンダルの物語では二つのことが交錯している。第一に、司教宮殿をめぐる影響関係の複雑さ。これについてはティンダルはまったく準備できていなかった。第二に、タンストールはティンダルを退けはしたけれども、ひどく粗末に扱ったわけではない。タンストールが直接ティンダルに面会したのか、手紙で返事をくれたのか、伝言を伝えただけなのかはわからない。しかし彼の返事の仕方には配慮がある。ティンダルをどなりつけたり、非難したり、ロンドンで働くことを禁じたりはしていない。礼儀正しくものごとのやりかたを勧めてくれたのであり、ティンダルの意図していることの価値は理解していると述べている(「彼は、私が職を見つけられるだろう、と言った」)。ティンダルは後にタンストールのことを「沈黙しているサトゥルヌスで、めったに口をきかず、一日中黙想しながら行ったり来たりしている。しらばくれるために生れついた、首をすくめた偽善者である」と呼んでいる(註10)。これは直接の個人的体験の記憶であるように思える。また、ティンダルがロンドン・ハウスに、つまり旧聖ポール教会の北西端に隣接しているタンストールの大きな宮殿であるが(註11)、そこを訪ねた時に、司教は彼に、政治の中心にいる人間の重要さを示唆しようとしたのかもしれない。ティンダルがタンストールの宮殿をたずねたのは、おそらく、一五二三年四月一五日よりもあまり日がたっていなかっただろう。その日、司教はウルジーが権力をにぎっていた期間に一度だけ召集された国会(その前の国会は一五一五年で、その次は一五二九年まで開かれていない)で、開会の挨拶をしたのである。その折、タンストールは、ほとんどまるまる一時間、王制と議会の本質について話したのであった。この演説は、臨席していたヘンリー八世によって誉められたという。その数週間後、ヴェネチアの大使によれば、タンストールは「常に、朝から晩まで、この国会の故に忙しくしていた」(註12)。これは、タンストールの家がいっぱいであったということを意味する。ティンダルは多分不幸なタイミングに訪問したということだろう。国会の召集はウルジーがしかけた絶望的な攻撃であった。彼はここで自分の計画を進展させるために必要な金額を要求している。議会は四ヶ月続き、ウルジーは結局自分が求めた半分しか得られなかった。モズレーの言葉によれば、ウルジーは「王国で最も嫌われた男」であった(註13)。

タンストールは教会人としてはこの上もなく政治にまきこまれていた。この紛糾する議会の公的な開会挨拶を引き受けたし、この時すでに玉爾官であったし、注意深く政治の地雷原を歩み進んでいた。従って、この時彼がティンダルのことを冷たくあしらったにせよ、それ以上のことはしなかった、ということは注目に値する。この時は彼の心は、その二、三年後と比べれば、新約聖書をギリシャ語から通俗の英語に訳して印刷するという考えに対して、開けていたようである。二、三年後になれば、聖書の印刷発行の企画は当然ルターの名前と仕事とに重く色づけられることになったし、ウルジーはローマ教皇を喜ばせるために、こういう「異端」を根こそぎにする弾圧をすでに組織していたのである。

ティンダルが最初にものを頼んだサー・ヘンリー・ギルドフォード［ティンダルの文の中ではハリー・ギルフォードとされている］は三十歳代で、活発、活動的な廷臣であり、王に近かった。主馬頭で、かつ王室の監査官であった。ヘンリー八世が戴冠した時、ギルドフォードは二十歳で、新しい若い王のお気に入りであり、宮廷のためにさまざまなパーフォーマンスを工夫して演じるのが好きであった。ティンダルとのつながりはサー・ジョン・ウォルシュの仲介によるものだっただろう。ウォルシュもほぼ同じ年齢の時に、新しく戴冠した王に近い人物の一人として例の悪ふざけに参加している。（一五一〇年一月一八日に王妃の部屋にロビン・フッドとその仲間たちが突然登場する、という芝居を演じて王妃を驚かした有名な事件は、ギルドフォードがやらせたのである。王妃は沈着な心の持ち主で、驚きをしずめ、「ロビン・フッド」が——びっくり仰天——実は王であることをあかした時も寛容に、幸せそうに、それを歓迎したのであった)(註14)。ティンダルがロンドンに着いた時のことをみずから書いている中でこれもまた注目しておく必要のあることだが、自分がギリシャ語の翻訳者として能力があるということを示すために何を持参したかというと、「イソクラテスの演説」の一つであった。これを廷臣ギルドフォードに見せようということだったのである。ギルドフォードもまた古典学者であり、多分エラスムスと文通があり、おそらくカスバート・タンストールとも交流があった。このことの持つ意味はまだ十分に注目されているとは言えない。上に示唆したように、この翻訳は、単にティンダルの古典ギリシャ語の実力を示すだけでなく、ほかにもいくつか重要な点があったのである。

## 「イソクラテスの演説」

イソクラテスの先輩の弁論家であるゴルギアス(前四八五―三七五年)は弁論の技術を高め、弟子たちにどちら側の立場に立ってもそれを弁護して議論できるように教えようとした。より悪いないし弱い立場のものをより良く、強く見せるにはどうしたらいいか、というようなことまで教えたのである(註15)。イソクラテスはこういう道徳的な無責任に反対し、修辞をもっと高く高貴なものとするよう主張した。修辞をギリシャ世界における教育の基礎としたのである。その結果、ローマ世界においてもそうなったのであり、結局は「西方」世界においてそうなったのである。アレクサンドロス大帝に手紙を書いて、「語る技術」(art of speech)についての自分の高貴な主張を展開した。ここで「語る」(speech)と訳した語は、ギリシャ語の「ロゴス」である。このことのために彼は特別な主張をなした。彼が書いていることによれば、これを学ぶことは徳を生み出すにいたり、心をひろげ、雄弁な知恵に満ちた哲学者や政治家を作り出すだろう。イソクラテスのこうした精神がティンダルのようにヨハネ福音書の最初の章、つまりロゴスの受肉についての考察の章のギリシャ語を頭に置いている者にとっては、なかなか魅力的であったことは、すぐにわかることである。

イソクラテスは自分の仕事を完成するために、プラトンがアカデミーを前三八五年ごろに開設するよりも少し前に、学校を開設した（註16）。修辞学と高貴な理想とを統合するこの試みは、当時、ソクラテスによってつぶされた。ソクラテスの反論はプラトンが記録している。ソクラテス自身によるイソクラテスの分析と批判そのものが、ソクラテスの弟子であるアリストテレスによって本にされ、修辞学に関する書物として影響力を持つようになった。ローマにおいて弁論家の仕事に高い主張を復権させたのはキケロである。だから、ティンダルがイソクラテスの著作を提出しようとしたということは、つまり、修辞の体系を徳の主たる源泉と考える考え方の出発点にさかのぼろうとしている、ということを示そうとしたのである。面白いことに、ティンダルがロンドンに出かけた二十年後に、ケンブリッジのギリシャ語学者で人文主義者であり、王女エリザベスの教師であったロジャー・アスカムが、イソクラテスを教科書として特に用いている。後の女王たるこの王室の生徒に教えられたギリシャ語は、イソクラテスと新約聖書に限られていたようである。ここでもまた我々は、当時のギリシャ語の水準が高かったということを、また、ティンダルがロンドンに出かけていった時にイソクラテスと新約聖書という二つのテクストを結びつけて考えたことの理由を、知ることができる。

イソクラテスの演説の中で、その組立ても表現も最もすぐれているのは「祭典演説」（Panegyricus）である。前三八〇年ごろに書かれた。ティンダルが持って行ったのがイソクラテスのどの演説であるかはわかっていないが、この賞賛演説は注目に値するし、それにふさわしいと言えよう。この演説の言わんとするところは、すべてのギリシャ人は「野蛮人」に対して結束すべきだ、ということである――これは、もしかすると、ある意味でまわりからの攻撃にさらされていたイングランドの「ギリシャ語学者」の内側に居る者としてのティンダルにとって、関心を引かれるところだっただろう。さらに、イソクラテスが言うには、リーダーシップはアテーナイに属する。アテーナイのみが広くひろがったギリシャの伝統と文化を統一するというイソクラテスの宣言は、北方に居るウルジーの側からとローマの側からの干渉により困っていたロンドンの司教の心を暖めるものに思えたのかもしれない。イソクラテスはこの演説でアテーナイの言葉の偉大さについてはっきりと主張しているけれども、それは、国民全体を、聖職者も信者もみな、聖書の知識によって、それも、ローマの言葉であるラテン語ではなくロンドンの言葉である英語の聖書の知識によって、統一しよう、というティンダルがはっきりと述べていた希望に対応するものとも言えよう。

構造的には「祭典演説」は高揚した主題と方法の統一をよく示しているので、その全体を見るのが正しい。しかし、今言及した個所、つまりアテーナイの言葉の偉大さについての個所は、もう少し考慮する価値がある。イソクラテスは一文の長さが非常に長いことで知られた著者である――同じ弁論家であったデモステネスのテクストと比べると、この点ははっきりしよう。イソクラテスのアテーナイの言葉についての個所は、一つの長いセンテンスである。しかしそれはみごとに鮮明な文である。そしてその鮮明さを作り出すために、彼は、まず基本の文を置き、それに多くの従属文をつけ足す仕方を用いている。これに、動詞が型にはめて用いられる仕方が加わって、独得の効果をあげている。この文を英語で一覧表になるように再現することが可能である。そうすることで、論理的な構造が一目瞭然となる。本書の最後に、付録のCとして、その一覧表が置いてある。それと並べて付録のAとBにも同様の一覧表がのっている。Bは、ティンダル自身の最も重要な著作である『キリスト者の服従』（一五三〇年）の思考の構造がわかるようにその一部分を一覧表にしておいた。Aは、『悪しきマモンの譬え』

の全体の構造である。ティンダルの文は、一文がイソクラテスの文ほど長くはない。だからここでは、ティンダルがイソクラテスを資料として用いた、とまでは言えない。しかしながら、この独得な種類の論理的展開の方法は、基本的にはオクスフォードで学ばれ、説教の中でみがきあげられ、オクスフォードに居た時より十二年以上も後に書かれた『服従』において豊かな実を結んでいるものであるが、イソクラテス、特にその「祭典演説」に負っている部分がある可能性は十分にある。中でも、母語を賞賛したあの長い一文に負っている可能性があると言える（註17）。

ティンダルのイソクラテスの翻訳は、失われてしまった。どこかにあるギルドフォード（ないしタンストール）の書類で、まだ知られていないものの中に、この翻訳が見つかるという可能性は、まずない。ティンダルはこの翻訳をグロスターシアでなしたと考えられる。イソクラテスはミラノで一四九三年に発行された『演説集』の中に、ギリシャ語で印刷されている。その中に「祭典演説」もある。またアルドゥス・マヌティウスがヴェネチアで一五一三年に印刷した三巻本のギリシャ語演説家集の中にもイソクラテスが含まれている。その中にも「祭典演説」がある。（「祭典演説」は、独立した本としては、ギリシャ語では、一七八六年まで印刷発行されなかったようである。また英語訳では一八四八年にいたるまで独立した本としては発行されていない。）一方でティンダル自身が自分はイソクラテスの翻訳をなした、と言っており、他方では当時手にし得るイソクラテスの原典の印刷本は二冊あったのである。――そしてここでも、その両者を結びつける手がかりがない。彼はリトル・ソドベリーの自分の屋根裏部屋に、イソクラテスのミラノ版を持っていたのか、それともヴェネチア版を持っていたのか。それともオクスフォードに行って、大学図書館の蔵書を利用したのか。この図書館は、ミラノ版の一四九三年の版を持っており、またアルドゥスの演説家集もあった――少なくとも一八四三年には。その年に印刷された蔵書目録には、この二つがのっている。大学図書館はまた、イソクラテスのラテン語訳を手書きの写本で持っていた。もっとも、これは「祭典演説」を含んでいなかったようである。これはハンフリー公爵が一四三五年と一四四四年の間に寄贈したものである。また、ニュー・カレッジとクィーンズ・カレッジのどちらもミラノ版の一四九三年のギリシャ語本を持っていた。ニュー・カレッジはまた、ヨアンネス・セルボプロスがリーディング大修道院で一四九四年に写した写本も持っている。これは二つの演説を含む（しかしここにも「祭典演説」は欠けている）(註18)。これらのさまざまなイソクラテスの写本や印刷本がいつオクスフォードにとどき、またどこから手に入れられたものであるのか、今となっては、とてもわからない。ニュー・カレッジのギリシャ語写本と印刷本の大多数は、ポウル枢機卿の遺贈である。枢機卿は一五五八年に亡くなっている。この遺贈にセルボプロスの写本が含まれていたかどうかは、わからない。オクスフォードの他の人物も（ティンダル以前ではグロシンとリナカー）、セルボプロスの写本を持っていた(註19)。

結局すべて推量に頼るほかない。我々はことの詳細を知らない。また決して知るにいたらないであろう。しかしながら、我々が手にしている証拠を利用することはできる。イソクラテスの翻訳をなしたということは、ティンダルはロンドンに来る前にすでにすぐれたギリシャ語の知識を持っていた、ということを示す。そして、イソクラテスを訳したのであれば、修辞学の言葉の「型」（tropes）や「姿」（figures）を知らずにいるわけがない。またその修辞学が高い理想の目的に資するものだということも気がつかないわけがない。そのすべてては、慣れ親しんだ論理的展開が持っている説得力を示している。また、ティンダルが訳したのが「祭典演説」ではなかったとしても、イソクラテスの他の演説にしても、その翻訳は膨大な量の仕事である。一四九三年のミラノ版では、「祭典演説」のギリシャ語版は大きな二折り版で三九頁にもなっている。ほかの演説もこれより非常に短いなどというものはない。ほとんどマルコ福音書にルカ福音書の半分を加えた長さである。あるいは、パウロ書簡で言えば、ローマ書簡と二つのコリントス書簡を加えたほどの長さである。ティンダルはまたここで、英語への翻訳者としての自分の技術を示そうとしていると言える。十六世紀は古典のテクストが多く英語に訳され、実りをもたらした時代である。すぐに思い出す有名なものだけあげるとしても、ダグラスの『アエネイス』の訳にはじまり、ゴウルディングのオヴィディウスの訳を経て、ノースのプルタルコスの訳、チャプマンのホメロスの訳、ホランドのリヴィウスの訳にいたる。その目的は、単に古典のテクストを翻訳で読めるようにする、というだけのことではなかった。英語はそれだけの重荷を担うことのできる十分に高貴で、自在な言語であるということを示そうとしているのである。ゴウルディングのオヴィディウスやノースのプルタルコスやチャプマンのホメロスが、シェイクスピアの劇のようにもともと英語で書かれた名作に匹敵するようなすぐれた英語作品の創作たりえた、という事実は、この言語に何が生じつつあったかということを示している。これらのテクストを「英語化」するということは、決してラテン語やギリシャ語のアンチョコを作ることではなかった。ちょうどエラスムスが野蛮でないラテン語を学校の生徒のために導入しようとしたのと同じように、これらの翻訳者は、高貴な英語に到達しようとし、また人が高貴な英語を用いる助けを提供しようとしたのである。英語に何ができるか、ということを、これらの翻訳は意識的に、かつ慎重に、提示していた。そしてこれこそティンダルが抜きんでてすぐれていた技術であった。一五二二年以前という十六世紀もかなり早い段階で、ティンダルが記録されている限りイソクラテスを英語に訳した最初の訳者であるという事実は、忘れてはならない。イソクラテスの演説で最初に英語訳が印刷公刊されたのは、ようやく一五三四年になって、サー・トマス・エリオットの訳した『君主についての理論』が発行された時である。これは『ニコクレスのために』(Ad Nicoclem)の訳であって、この作品は、イソクラテスの演説集を編纂する時に、最もよく採用されているものである。

## 翻訳の理論

ティンダルはまた、翻訳者としての実践には重要な意味があるということを学者や慧眼の読者に対して示そうとしたのであろう。古典の時代から、翻訳の技術というのは文法の姉妹であって、修辞学とともに同じ家族のメンバーであるとされていた。必要が、翻訳というこの独得の発明を生み出したのである。ヘブライ語の聖書はギリシャ語の世界で、次いでラテン語の世界で、生きたものとならねばならなかった。キリスト教は最初の言語であったアラム語とギリシャ語の後、ラテン語を必要とするようになった。哲学、医学、農業は、ギリシャ語とラテン語の世界からずっと離れたところにまで到達した。文法の水準においては、まずなされるべき基礎の事柄は、個々の単語を違う言語に移すことであった。次いで修辞学によって、その基礎の事柄を、さまざまに異なった意図に応じて、さまざまに異なった文体で装う可能性が出て来る。そうするとすぐ、非常に重要な大きな割れ目に遭遇する。単語を単語へと訳すのか、意味を意味へと訳すのか。ホラティウスは例としてホメロスの『オデュッセイア』の最初の数行を、その二つのやり方で訳してみせてくれた。キケロはラテン語の語法をよく観察して、単語から単語へと訳すのではなく、表現から表現へと訳そうとした。ヴェルギリウスの翻訳者には、厳密に一語一語訳そうとする者から、まったくのアレゴリー的解釈を展開する者まで、両極端がそろっていた(註20)。ヒエロニムスは後にヴルガータと呼ばれるようになった聖書のラテン語訳をなしたのであるが、彼独自のきっちりした理由から、一語一語訳す訳し方を採用した。聖なるテクストに勝手な手を加えてはならないというのである。この方法の一つの結果は、あまりに一語一語の対応を厳密に追求した結果、欽定訳聖書の大預言者の一部などは、英語としてまるで理解できない文が一節一節続く、というようなことになってしまった。たとえば、The heart also of the rash shall understand knowledge … The vile person shall no more be called liberal（あわて者の心も知識を理解する……。下劣な人間が自由人と呼ばれることはもはやない）（註21）。古典的な時代以降ずっと、教室では、註釈、言い換え、訳、付加の四つの要素の組み合わせが発達し、それらがうまく混合されることによって、無理に理屈ばった解決を避けることができていた。そしてこれが、前に進むための最も広い道だったのだ。緻密な正確さが絶対に必要とされる領域、つまり法律や医学や哲学や特に宗教の領域において、この組み合わせがうまくいっているかどうか、ていねいに検討されねばならなかった。聖書の翻訳者は、ほぼ最初の時期以降、この四つのすべてを用いてきた。それに対し、たとえば哲学などにおいては、「ステンシル翻訳」といううまい名称がたてまつられた方法（註22）が、とってかわるようになってきた。ここでは、よく用いられる用語が一般的に通用する単語から、専門的でその領域にしか通じない排他的な用語へととって代り、難解になってきた。ところが、ヨーロッパのそれぞれの土地の土着の言語の勃興に加えて、印刷術の発達が、大きな仕事をもたらした。これまで到達しがたいほどの高みにあると思われていた古典のテクストを通俗的な言葉で十分に生きたものにする、という新しい可能性が生じたのである。この問題は十六世紀以降ずっと議論されつづけ、今もなお古典の翻訳書の序文にはその問題が言及されている。翻訳者はあらゆる仕方を包括的に用いるべきであるということについての最も立派な発言は、一五九八年にチャプマンがなしたものであろうか。

優秀で立派な翻訳者の仕事は、自分が扱う著者が提供する話の文、姿、型を観察し、その真の意味と高さを知り、そしてそれらを翻訳の言語において原文に対応しうるようなものの言い方の姿と型にまとめあげる点に価値がある。私に何らかの価値に値する仕事ができるとしたら、こういったことをなしとげた、ということでありたい。（註23）

ルネサンス最盛期の翻訳者というものは、とりたててどうということのない仕事に精を出す人とか、価値の低い職人、などといったものではなかった。芸術家であり創作者であり、過去と未来を変え、一つの国の進む道を変化させることのできる者であった（註24）。

英訳の『エンキリディオン』はティンダルの翻訳ではないかもしれないし、彼のイソクラテスの翻訳は残っていない。しかしそれらを今見ることができないとしても、以下の叙述のためにここで次のことは確認できよう。ウィリアム・ティンダルは翻訳という仕事のために稀に見る完全な仕方で、ほとんど驚愕すべき集中力をもって、翻訳という仕事にかかわるあらゆる技術を総合的に把握し、それを二つの事柄をなすために用いたのだ、と。第一に、聖書の原典のギリシャ語とヘブライ語を当時として人間に可能な限界まで理解する努力をした、ということ。第二に、何よりもまず理解しやすい、それもいかなる時代をも越えて理解しやすい英語を書く、ということである。パウロや旧約の難解な個所を欽定訳がどう試み、ティンダルがどう試みたかを比べてみると、そのことはすぐにわかる。後述するように、ティンダルは、出エジプト記後半、列王記上六、七章、歴代志下三、四章に出て来る神殿の装飾についてのほとんどまったく理解不可能なくらいな文章を、ともかく意味のあるものに仕上げている（訳註24a）。あるいは、もしも字義通りに受け取ればまるで意味をなさないようなヘブライ語の詩の個所についても、ティンダルの意味を探究する努力は、深い意味を感じさせるだけの翻訳を作り出している（訳註24b）。こういったことの頂点に、原典の意味をしっかりつかみ出すことと、語られる英語の音楽的リズムを最大限に発揮することを結びつけるティンダルの並はずれた才能があった（例、「その子に手を下すな。またその子に何もしてはならない。あなたが神を畏れていることが、今わかったからだ（Lay not thy hands upon the child neither do anything at all unto him, for now I know that thou fearest God ...）」〔創世記二二章一二節、子どものイサクを薪の山の上にのせ、犠牲として神に捧げようとしたアブラハムをとどめて、天使が言うせりふ」。「来たるべき者はあなたですか。それともほかに待つべきですか（Art thou he that shall come, or shall we look for another?）」〔ルカ七・二〇、洗礼者ヨハネが、イエスは「来たるべき者」（＝メシア）であるのかどうか、獄中から使者を派遣して直接イエスにたずねさせたと言われるせりふ〕(註25)。

## 土着の言語による印刷された翻訳

こうして私はおよそ一年ほどロンドンに住み、そして世界の動きを観察した……。またここでは述べないが、いろいろな事を見た。そして最後に、ロンドンの猊下の宮殿には新約聖書を翻訳するための場所は存在しないということだけでなく、また、経験が今やはっきりと示してくれているように、そもそもイングランド全体でそういう場所はない、ということがわかった。(註26)

ティンダルはモーセ五書への序文に記した自伝的回想の物語を、こういう言葉でしめくくっている。ティンダルがロンドンですごした十二ヶ月について我々が持っている情報はこれですべてである。ほかには、フォクスが伝えていることで、ティンダルはフリート街の聖ダンスタン教会で説教したということと、商人のサー・ヘンリー・モンマスを知るにいたったという事実だけである。

ティンダルには、イングランドでは土着の言語で聖書の翻訳を印刷公刊することは無理だ、ということが見えてきた。もっと悪いことに、ヨーロッパ中でイングランドが唯一そういう国であり続けることになりそうだ、ということも。ドイツ語の最初の印刷された聖書は、ストラスブールで、一四六六年に発行された。ティンダルがロンドンに来る六〇年ほど前のことである。その第二版は一四七〇年ごろに出、さらに一四八三年までに九版を重ねた。ルターの新約聖書が発行された一五二二年よりも前に、わかっているだけで、印刷されたドイツ語の聖書は十四種類存在した。もちろんそのうちのいくつかは、それ以前のものに依拠した翻訳であるが、そのことも、聖書の印刷公刊のための市場が十分に存在していたことを示している。加えて、詩篇だけの翻訳や、低地ドイツ語、つまり西方の方言(訳註26a)での聖書の訳が四つあった。これらはすべてヴルガータからの訳である。比較的最初の時期のものは一三五〇年ごろに書かれた手書きの写本の文を印刷に付したものであるが、必ずしもいつも理解可能な文が並んでいるわけではないという点で、イングランドの最初のウィクリフ聖書と似ている。つけ加えておく必要があるが、これらは書物としては美的な鑑賞に耐えるようなものではなかった。「表紙と紙の部厚い、巨大な立方体で、持ち運ぶことはまず難しく、そもそも用いることも難しいくらいであった」という評言は当たっている(註27)。しかしながらこれらの聖書の存在は、ドイツ語の聖書がよく売れるだろうという期待が存在したことを示している。ルターは書物としての外見を改善し、かつ、理解可能な文章に仕上げた。けれども、彼の最初の新約聖書や旧約聖書の訳、また聖書全体の訳は、まだまだ大きな書物であった。スマートな、小さな、しかも十分読みやすいポケット・サイズで発行したのは、ティンダルの新約聖書とモーセ五書がはじめてである。ルターの一五二二年の『九月の契約書』とその大きな影響については、後の章で大きく取り上げることにするが、ここではとりあえず、ティンダルがロンドンに行く前にすでに、ドイツ語では、初期のドイツ語の聖書のほかにすでに、聖書のほとんどすべてがルターの手によって直接ギリシャ語とヘブライ語の原典からドイツ語に翻訳されていた、という事実を指摘しておこう。それも非常によく売れ、かつ版を重ねた。一五二一年から一五二四年までの間に、聖書の一部分のドイツ語訳がルター訳以外にもいろいろ印刷発行されたが、結局、ルターのよりすぐれた翻訳によって、すぐに圧倒されてしまった。

フランス語で聖書の翻訳が最初に印刷発行されたのは、およそ一四七四年ごろのことである。新約聖書の翻訳で、数回版を重ねた。また聖書全体をやや要約した版も一四九八年に出、版を重ねた。まず確実にジャック・ルフェーヴル・デタープルが訳したのだろうと言われる新約聖書の訳は、一五二三年に発行された。これは後になって、プロテスタント的な雰囲気があるというので、ローマ・カトリック教会の禁書のリストにのせられた。しかし実際のところは、大部分ヴルガータを訳したのであって、ほんのところどころエラスムスのギリシャ語聖書に依拠しているだけである。イタリアは土着の言語で本を印刷することをはじめた出発点の土地であるが、イタリア語で（ラテン語から）訳された聖書が印刷公刊されたのは一四七一年がはじめてである。数回再版された。ギリシャ語とヘブライ語の原典からイタリア語への翻訳の聖書を印刷公刊するという考えはある程度存在していたが、エラスムスのギリシャ語版で新約聖書を訳す作業は一五三〇年まで実現しなかった。スペインでは、カタロニア語の聖書全体の訳が一四七八年に印刷され、聖書の一部はスペイン語でもポルトガル語でも一五〇〇年以前にすでに、またそれ以後も、発行されている。ギリシャ語から直接訳されたスペイン語の新約聖書は、一五四三年までは発行されなかった。チェコ語の最初の印刷された新約聖書は一四七五年に現れている。聖書全体は、一四八八年である。オランダ語では、聖書全体の印刷公刊は一四七七年である。更に、一四七八年にはケルンの印刷屋ペーター・クヴェンテルが違う版を発行している。スカンディナヴィアでは、オランダと同様、ルターの翻訳の影響が非常に大きかったので、一五二四年にはデンマーク語で新約聖書が発行され、スウェーデン語の翻訳も進められた。

これらすべての中で、どこに英語があるか。ティンダルは「そもそもイングランド全体で［聖書を翻訳するための］場所はない」ということが明らかになるにつれ、困惑したであろうし、悲しみもしたであろう。イングランドはこれに先立つ五十年間において、土着の言語で印刷された聖書を発行するというヨーロッパ大陸の流れに乗らなかっただけでなく、今や、エラスムスの一五一六年の『ノーヴム・インストゥルメントゥム』とルターの時代を画する一五二二年の新約聖書の翻訳という最近の二つの大きな出来事がヨーロッパのすべての国でその影響を示していたのに、それは英仏海峡を越えることなく、止まっていたのである。イングランドにも学者はいた――確かに大勢ではなかったが、それでも、ティンダル自身のように、エラスムス版を英語に訳すのに必要な程度の十分なギリシャ語の実力を持った学者の数は十分に存在した。カスバート・タンストールのような人物が誰か、ティンダルが提供した機会にとびつくことが当然期待されるところであった。何がうまく行かなかったのか。もしかすると、タンストールが冷淡だったのは、日々の政治の重荷のせいであったかもしれない。けれども、ロンドンの司教が、ティンダルはロンドンでそのための場所を見つけられるだろう、と言ってくれたのに、結局見つけることはできなかったのである。この仕事を援助してくれる者は誰もいなかったのだ。どうしてそうなったのか。これは今からでは判断するのが難しい事柄である。ティンダルは、この件については、ロンドンにおいてほんの数年時代に先駆けていただけの話である。この十二年後にはヘンリー八世が、聖書全体が英語で「国王自身の慈悲深い認許によって発行される」ことを認めている。『マシューの聖書』のことである。これは実際には三分の二はティンダル自身の訳であった。イングランドのギリシャ語学者は、もちろん、ほとんどみな教会人であった。カトリック教会はコントロールを失うことを恐れた、とも言える。しかし、ヨーロッパ［大陸］では過去六十年にわたってすでに土着の言語の聖書が発行されてきており、今やギリシャ語から直接に翻訳するという新しい学問的な波がとうとう押し寄せつつあったのに、イングランドだけは何が違ったというのか。確かにオクスフォードの禁止令が存在した。聖書を土着の言語に訳すことは法律で禁じられていた――しかしそれもイングランドだけのことだった。もしもそうする意志があったならば、それは変えることができただろう。ウィクリフの遺産がまだ強く影響力を持っていたからか。ウィクリフ派は当時なお、一五二〇年代のはじめにおいてさえも、公に容認される程度を越えて、反高位聖職者的、反儀式的な姿勢を、そして土着の言語に訳された聖書を好む姿勢を社会のすべての層において強く保っていた、ということであろうか。この後数年足らずしてウィクリフ派は異端として再び強度に弾圧されはじめる。しかしこの弾圧は、ティンダルがタンストールに相対していた時には、おそらくまだはじまっていなかった。はっきりしている答はルターである。ルターの一五二二年の新約聖書に対して、一五二三年には、ザクセン公ゲオルクの要求によって批判が草せられ、それによれば、数百もの「異端的間違いと虚偽」とが見つけられた、という。ヴォルムスの国会〔一五二一年〕とティンダルがロンドンに出てくる間のほんの三年の間に、ルター主義が急速にひろまることに対する恐怖が大きくなっていた。その恐怖を積極的にあおったのがウルジーである。ウルジーは、ルター主義は無秩序と、教会の分断と、権威の転倒とをもたらすだろう、と言い立てた。ルターの書物はケンブリッジとロンドンとで公に燃やされた。今やルター派はウィクリフ派と同様に捜索され、刑罰の対象とされるようになった。

あまりあてにはならないが、もう一つの答は、そしてこの答は最近徐々にイギリスの一部の歴史家の間で流行になってきているのであるが、原典の言語から土着の言語へと聖書を訳すといったようなルターの思想や方法は、当時としては排除される必要があった、というのである。その理由は、ルターの思想が外から持ち込まれることによって、イングランドの教会が内側からすでにみずからを変革しつつあった変革の過程が、かえって妨げられることになるから、というのである。この議論によれば、母なる教会は、外から介入されなくても、悪質な腐敗の現れ（ローマの聖ペテロ教会を豪華絢爛に仕上げるために免罪符を売るというような）をおのずと廃止したであろうし、それぞれの教区で生きているふつうの信者が、信仰生活の強く、活発な伝統を落ち着いて続けていけるように仕向けたであろう。それは価値ある信仰生活であり、かつ必要なものであって、一つ一つの儀式を、毎日毎日、ミサごとに、待降節の最初の日曜日から三位一体節の第二五週の日曜日にいたるまで〔つまり一年中の日曜日ということ」、洗礼からはじまってあらゆる聖礼典の儀式を経て、最後に死ぬ時の聖餐の拝領にいたるまで続くのである、という。しかしこの議論は理想化された絵、むしろ誤った絵である。一つだけあげておくと、これは新約聖書に出て来るキリスト教の経験をほぼまったく無視している。もう一つあげると、これは、教会がみずからの絶対性を専制君主的に擁護しようとした、それがその没落をもたらした原因なのだ、ということに気がついていない。第三に、以下で、一五八二年にヴルガータから英語に訳されたランス訳の新約聖書の序文から引用しておく。これは、土着の言語による聖書を求める声に対する当時のカトリック教会の応答であった。

しかしながら、原始教会においては……彼らの土着の言語に訳された聖書がすべての農民、職人、徒弟、少年、少女、婦人、下女、下男の手にあった、などということを想像するわけにはいかない……。そうではなく、かの良き時代にあっては、人々はまだそれほど悪くはなく、興味本意でもなかったから、キリストの祝福された書物をみずから濫用しようなどということはしなかった。……。当時、貧しい農夫は、大地を耕しながら讃美歌か詩篇を、自分の知っている言語ないし知らない言語で、聖なる教会で聞き覚えたままに歌うことができた。彼らはそれを自分では読めず、またそのことの意義、意味、神秘などを知ることができなかったとしても……。(註28)

カトリックの修正主義者が推進する右のような議論の多くは、いずれ否定されることになろう。今すでに否定されつつある(註29)。ここで我々に関心があるのは一つの点である。普通のキリスト教徒にとって、聖書が、聖書のすべてが、何を言っているかを自分の言語で知りたい、という基本的な要求が存在している。一五二〇年までに、多くの場所ではそれより数世代前にすでに、このことはイングランド以外のヨーロッパのすべての国で実現されていた。議論する人たちは、イングランドの教会も、ルター派の宗教改革による激しい教会分裂などがなければ、遅かれ早かれ英語の新約聖書を一般信者の手にわたるようにし、それは教会の儀式や信者の信仰生活の中にすんなりと吸収されていっただろう、などと言う。しかし、ランス訳の新約聖書はその六〇年後になってできたものであって、もしもカトリック教会が聖書の翻訳をなすのを待つのであれば、イングランドの一般信者は六〇年もの長きを待たねばならなかったし——おまけに、そこで与えられたのはギリシャ語やヘブライ語からではなく、ラテン語のヴルガータから英語に訳された聖書にすぎなかった。他方、そのための動きは当時すでにはじまっていたのだ、という主張については、以下でやや詳しく検討する必要がある。

## ティンダル以前の印刷された福音書？

教会には、聖書を人々の手に与え、その信仰生活に資するようにする伝統がすでにあったのだ、そしてそういう英語の聖書ならば、教会の中から出て来たものだから、実際に起こったような教義的な混乱を避けることができたはずだ（註30）、という議論は、いささか奇妙である。英語に訳された聖書は、当時の教会が置かれていた状況に対して現に独得の混乱をもたらしたのであるから。まして、すでに一五〇〇年より以前から福音書が英語で印刷され、人々の手にはいるようになっていた、というようなことをその実例として言い立てるとなると、これはもう奇妙を通りこして、ひどく問題である。中世後期のイングランドでは、ウィクリフ聖書のように、福音書や聖書の他の部分［の英訳］を少しずつ手書きの写本にして礼拝で用いたり、個人の信仰用の読書に用いたりしていた。それはしばしばかなり詳しい註釈を伴っていて、いろいろな形態が存在したが、小祈祷書や時祷書もその一つである（註31）。それらは、一四〇八年のオクスフォードの禁止令で法的に禁じられた。司教の許可が必要になったのである。カンタベリーの大司教であったトマス・アランデルは、聖書のいかなる部分をも英語に訳すことを禁ずるオクスフォードの禁止令の推進者であったのだが、その二年後の一四一〇年に、ニコラス・ラヴが作った文書をみずから許可している。これは『キリストの生涯の鏡』という名称で知られている文書で、いくつかの短い個所を引用しながら、四福音書の一種の調和をなそうとしているものである。ニコラス・ラヴは、ヨークシアのマウント・グレイス・ド・イングルビにあるシャルトルーズ会小修道院の院長であった。彼の本は、『キリストの生涯についての瞑想』（Meditationes vitae Christi）という、ヨーロッパ中で人気のあったラテン語の本から訳されたものである。その著者はアウグスティヌス会修道僧で枢機卿であったボナヴェントゥーラであったとされる。中世のキリスト伝はいろいろな種類のものがあった。一方の極には、ごく短い、聖書の単純な焼き直しの程度のものがあり、さまざまな説教があり、また他方の極には、個人の信仰を高めるための内面的な省察をつらねたものもあり、こちらは福音書のテクストはごく僅かな程度しか参照されていなかった。ボナヴェントゥーラの『瞑想』は、後者に属する。これは別にきっちりしたキリスト伝を書こう、などという趣旨のものではない。見出しだけを並べると、そのように見えるけれども。ニコラス・ラヴはボナヴェントゥーラの原文をところどころ省略し、他方つけ加えもなしている。原文より読みやすくすることが目的であった、と自分で述べている。そして「祝福されたイエスの生涯が英語で書かれる」ことを彼は熱望していたのだ、という。これはウィクリフ派の福音書の翻訳に対抗するために書かれたのであって、反ウィクリフ的な、律法学者的な立場からの評価を得ている（註32）。アランデル大司教がこれを許可したのは、熱心な信者の読書のためである。実際これは正統派の人々の間で人気があった。一四八六年にキャクストンによって印刷され、また一四九〇年にはラテン語でSpeculum vitae Christi（キリストの生涯の鏡）という表題をつけて印刷された。更におそらくピンソンが一四九五年に、またウィンキン・ド・ウォードが一五一七年と一五二三年に印刷している。今日、その印刷本が二三部残っていることが知られている（註33）。この本がティンダル以前に出回っていた印刷された英語の新約聖書の実例である、と主張されているものである（註34）。もしもその主張が正しいとすれば、もちろん、これは非常に重要なものだということになる。

四福音書の調和というのは非常に古くからある形であって、四つの福音書に出て来る話を適当にまとめあげて、一つの調和のある物語に仕立てあげるものである。最初はラテン語において存在し、九世紀以降のヨーロッパでは土着の言語でもなされた。印刷された「調和」は、まずラテン語のものが十五世紀の末に発行された。一四七〇年から一五三五年の間におよそ十五種類発行されている（その後はもっと多い）。すべてヨーロッパ［大陸］で印刷され、二つを別として他はすべて受難物語に集中している。ラヴの『鏡』以後は、英語の「調和」は一五八四年までは印刷されなかった。一五八四年のものはカルヴァンの註釈をのせたものである。もしもラヴの本が英語で印刷された真の福音書調和であるのならば、その場合には、イングランドにおける宗教改革の図を描き直し、ティンダルの重要さについての我々の伝統的な見方を変えないといけない、ということになろう。

『鏡』の中身を見てみよう。六四章からなっており、週の七日のラテン語名に応じて分けられている。それぞれの章は、主として、キリストの生涯の出来事に対応する表題がつけられている。たとえば第一六章、一七章、一八章はそれぞれ、「われらの主イエスは、どのようにして弟子たちを教え、集めたか」「結婚の祝宴の時に水が葡萄酒に変えられた奇跡について」「われらの主イエスの丘の上でのすばらしい説教」という表題になっている。こういう表題は、中身を期待させる。しかし、この第一八章に山上の説教つまりマタイ福音書五―七章がのっているかと期待して見てみると、そこに現れるのは新約聖書とはひどく違った代物なのである。ラヴは第一八章を、イエスが弟子たちを丘の上にまで導き、「そこで内実に満ちた長い説教をなした」という言葉ではじめている。それだけのことである。「内実」（fruit）という語のあと、彼はただちにアウグスティヌスの話にはいって、貧困の重要さについて記す。その後は、多くの頁をさいて「主の祈り」についての教父の解説の文を引用する。その際、時たま、「主の祈り」の文の一部が英語で引用されるにすぎない。それは、まあ確かに、瞑想の役には立つだろうが、福音書にのっていることではない。

第七章は「われらの主イエスの割礼について」であるが（ルカ福音書で僅か六単語ほど言及されているだけの話にすぎない）、マリアがどう感じ、何を言ったか、ということに多くの頁を割いている。たとえば、

わが子よ、私が泣くのをやめてほしかったら、お前もまた泣くのをおやめなさい。お前が泣くのを見ている限り、私も泣く以外のことはできません。こうして、母親の慈愛によって、子どもはすすり泣くのをやめた。それで母親は、子の顔をぬぐってやり、子に接吻し、子の口にパン粥を入れてやりながら、できるだけの仕方で子どもを慰めてやった……。

感動的ではあるが、新約聖書には出て来ない。

「イエスはガリラヤのナザレから来て、ヨハネによってヨルダン川で洗礼を授けられた」とマルコ福音書は記している［一・九］。ギリシャ語にして全部で十二単語である。それが『鏡』だとどうなるか。

われらの主イエスは、二九年の間、懺悔と卑下の生活をすごして来たが、その期間が終ると、三十年目のはじめに、母に次のように言ったという。「母よ、今や私は、父の栄光をたたえ、父を人々に知らしめるために行くべき時です。また私自身を此の世に知らしめ、人間の魂の救済のために働くべき時です。父が私をそのように定め給うたので、この目的のために私を此の世に遣わし給うたのです。ですから、良き母よ、どう

か心を慰めて下さい。私はやがてまた、あなたのもとにもどって参りましょう。」こうして、かの柔和の主君は母のもとに膝まづき、敬虔に母の祝福を求めた。母もまた膝まづき、イエスをやさしく腕にだき、泣きながら言った、「わが祝福された息子よ、あなたは今父と私の祝福を受けて出発なさる。私のことを覚え、またすぐにもどって来るようになさい。」こうして厳粛に母に別れをつげ、また育ての父親であるヨセフにも別れをつげると、彼はナザレをあとにしヨルダン川へと下って行った。そしてヨルダン川でその頃ヨハネが人々に洗礼をほどこしている場所へとおもむいた……。

あるいは、更に無作為に例を拾い出すと、たとえばマタイ二六章、マルコ一四章、ルカ七章、ヨハネ一二章に出て来るイエスの足または頭に高価な香油を注いだ女性についての話を見てみよう。ニコラス・ラヴはこの話にも数頁割いている。出来事の概略が記された後、叙述の重心はマグダラのマリアがイエスに対してなした長い挨拶の言葉に置かれる。これには欄外にラテン語の註があって、「マグダレナ〔マグダラのマリアのこと〕の非常に内面的な言葉に注意」と記されている。この発言のいかなる言葉も福音書には記されていない。そのことはマタイ二六章、マルコ一四章、ルカ七章、ヨハネ一二章を少し眺めてみれば、すぐにわかることである――そして我々がこのように容易にこれらの福音書の個所を読むことができるようになったのは、宗教改革の聖書翻訳のおかげなのだ。――福音書は、イエスの足に香油を塗ったのがマグダラのマリアであるとは言っていない。名前をあげているのはヨハネ一二章だけだが、そこではこれはラザロとマルタの姉妹マリアということになっている。この塗油の女性とマグダラのマリアを同一視し、その上で、マリアは何人居たのかなどと議論するのは、後世の教会伝承である。このことによってマグダラのマリアは、堕落し改心した女の代表例となり、「非常に内面的な言葉」をイエスに述べることになったのである。以下は彼女のせりふの一部である。

善き主よ、どうか私をあなたから引き離したり、悔い改める私を見捨てたりなさらないで下さい。ほかの避け所を私は持っていないのです。私は何よりもあなたを厳粛に愛しています。ですから、善き主よ、私を見捨てないで下さい。御心に従って私を罰して下さい。それでも私は御慈悲を願います。こうして、イエスの慈悲に信頼し、またイエスの愛に心の内を動かされながら、彼女はイエスの足もとに口づけした。そして悲しそうに泣き、涙を多く流し、その涙で彼女はイエスの足を洗った。……

この本の中には、福音書の調和と名づけられるようなものは何もない。すぐわかるように、これはいくつかの基本の出来事を書き変え、それに好きなような註釈を加えただけのものである。物語として印刷されているものの大部分は、そもそもまったく福音書に出て来ない。イエスの公活動の叙述をはじめる前に、多くの頁が「祝福された処女マリアの生き方」というラプソディに割かれている。これは第二章の表題である。マリアが自分で考えたことと、教会教父たちの註釈の引用を混ぜあわせたものである。ラヴの本の最初の一五章には、ルカ一章、二章のほんのいくつかの文の僅かな残滓がすけて見えるだけである。つまり、マリアが主題なのだ。これらの章は創作である——信仰心を表現した創作ではあるが、聖書から取られたものではない。

この本の半分は、福音書調和においても中世のキリスト伝においても伝統的であったように、受難物語にあてられている。しかしラヴの本のこの部分は、大部分の頁が、長々と、母親の思いにあてられている。多くの頁が、十字架のもとでマリアのなしたことや、そこでマリアが語った長い話にあてられている。もちろんそういうものは福音書には書かれていない。マリアを登場させる可能性がある個所では、必ずマリアは生き生きと描かれる。イエスについての福音書の物語の大筋もそこに見出すことができるが、イエスは脇役にすぎない。この本全体を通じて強調されているのはマリアである。どの頁もこの頁も、マリアの苦しみについて、それについてのマリアの言葉について、記されている。キリストは、地上で彼を知っていた者たちとの関係を通じて、心動かされる仕方で描かれている。感動的ではあるが、まったくの創作である。（イエスの衣のふちをさわった女性は、マルタであるということにされている。）これは疑いもなくカトリックの信仰心のすぐれた表現である。ある種の敬虔な信仰心には適したものである。しかし福音書に書かれてあることとは、まったく何の関係もない。ニコラス・ラヴの本は福音書の物語のごく大ざっぱな粗筋を英語で提供している。しかしそれは本当に基本の出来事についてのみである。キリストの教えについては、まったく何も記されておらず、さまざまな出来事についてもほとんどまったく出て来ない。ラヴの『鏡』の中に印刷されていることのほとんどは、福音書にはまったく出て来ないことなのである。

こういう書物を、〔カトリック〕教会は「遅かれ早かれ」みずからすすんで一般信者に土着の言語で新約聖書を提供するようになったであろう、という可能性を証拠づけるものとして指摘するのは、偏向している。その当時の「イングランドの宗教的な読書を支配していた信仰的な雰囲気」ならば、「現実に起こってしまったような教義的な不確かさや争いなどを含まない」新約聖書の英語訳を生み出すにいたったであろう、などというのである(註35)。こういうことを言うのは、当時の教会（及び今日のこの種の歴史家）が新約聖書からいかに遠い存在であったか、ということを表わしているだけのことである。ごく最近の歴史家の一人が次のように書いている。

新約聖書の英語訳の禁止は、ニコラス・ラヴが『キリストの生涯についての瞑想』の英訳〔つまり『鏡』のこと〕を出すことによって、ぐんと改善された。というのも、この著作は基本的には、福音書調和を展開したものだからである。そして、福音書についての知識を熱心に求める一般信徒を満足させる方向に大きく進

んだのであった。（註36）

「福音書についての知識」ということでこの文が何を考えているか、うっと息がつまりそうな代物である。というのも、ラヴの『鏡』のような本に欠けているものこそ、福音書の十分の九にあたる部分、その教義的な核心の部分なのだから。イングランドの宗教改革についての議論にこういうものが持ち込まれたことは、いまだかつてない。『鏡』の中には、福音書に出て来る教義は存在しない。そしてもちろん、パウロや他の書簡の著者たち、また黙示録の著者たちの書いたものについて、何のヒントもここには出て来ない。しかしこれらすべてがキリスト教神学のまさに基盤であるのだ。聖書の全体が、それもギリシャ語とヘブライ語で書かれた原典が英語に翻訳され、印刷公刊されてはじめて、聖書が教会に先んじていたこと、聖書が教会にその権威のすべてを与えたのであることがわかるようになろう。その時にはじめて、新約聖書神学だけでなく、聖書の内部の引照関係が——新約聖書そのものの内部で、旧約聖書そのものの内部で、そして両者が緊密に結びつけられる仕方で——誰の眼にも見えるようになるだろう。

カトリックの修正主義の歴史家たちは、決定的な点を間違えている。パン粥のような福音書が新約聖書神学を表現することはありえない。［当時のカトリック］教会は、決して、新約聖書の全体をギリシャ語から英語に訳して出版するのを許すことにはならなかっただろう。なぜなら、新約聖書の中には七つの秘蹟（聖礼典）も煉獄の教義も出て来ないからである。この二つが教会の力の主たる源泉であった。「中世後期のイングランドの宗教の性格の中には、プロテスタンティズムにおいてしか発達できない、あるいはプロテスタンティズムにおいてこそ最もよく発達することのできるようなものなどは、何もなかった」とこの歴史家は言うが（註37）、これは、中世後期のイングランドの宗教はキリスト教の主たる流れからいかに遠いところに居たか、ということを示しているにすぎない。聖書、つまりキリスト教信仰の究極的な根であるが、その知識の基本を身につけることは、プロテスタンティズムの中においてしか発展させることができなかっただろう。「とどのつまり宗教改革は、中世後期の宗教的敬虔と実践において活発に存在していたものの自然な成就ではなく、その大部分の暴力的な断絶なのであった」(註38)。かような敬虔と実践は確かに多くの点で尊敬に値するものではあったが、しかしそれは当時の教会の伝承の小さな世界に閉じ込められていたのだ、とお答え申し上げねばなるまい。それに対し歴史的な聖書の啓示の広大な大陸とその頂点をなすパウロ神学の高い山は禁じられた領域となっていた。いかなる「自然な成就」も中世後期のイングランドのカトリック教会ではじまることができなかっただろう。「宗教改革の前夜にはおそらく五万冊もの時祷書や小祈祷書がイングランドの一般信徒の間に出まわっていた。これほど多く読者を獲得した本はほかにはない……」(註39)。それは事実である。しかしそれは、イングランドの宗教改革の期間に、一般信徒の男女が英語で書かれた聖書を熱望し、そのためなら生命を犠牲にすることさえ惜しまなかった、ということを無視している。誰も「聖母マリアの小時祷書」のために生きながら焚刑に処せられたりすることはなかったのだ。

## 一五二〇年代におけるイングランドでの印刷

ヨーロッパ大陸のどの国と比べても、イングランドの印刷屋の数は少なかった。キャクストンは一四九一年に死んだが、それまでの一五年間、すぐれた読者ないし富裕な読者のために面白い本を印刷して、成功をおさめた。彼の後継者――というのは実質的にはリチャード・ピンソンとウィンキン・ド・ウォードであるが、彼らも数十年にわたり多くを生産したが、立派に制作された書物を生み出すことにかけて、ヨーロッパの同業者たちに拮抗することはできなかった。ないし拮抗しようとするほどの意欲もなかった。ないし、最も重要な点だが、拮抗したくても許されなかった。イングランドではギリシャ語の本は印刷されなかった。ロンドンでは誰も、ルターの『九月の契約書』のような二折り版の書物のみごとな外見を作り出すことはできなかった。その美しい装丁、用紙、本文、挿絵など。そのすべてが一フローリンで買えたのだ。これは非常によく売れたので、増刷が年内に発行されたほどである。一五三三年までに、つまりその後十一年間で、少なくとも八五版が印刷された。ピンソンとド・ウォードは土着の言語の聖書を発行することができなかったと想像される。キャクストンは発行しようとしなかった。彼らは三人とも教会当局と宮廷による統制をあまりによく知っていたから、オクスフォード禁止令の免除を願い出ることとさえしなかった。キャクストンがウィクリフ聖書の版を印刷するなどというのは、彼がロンドンで仕事をしていたのと同じ時期にヨーロッパ大陸ではどの国でも実現していたことなのであるが、イングランドでは、たとえてみれば、一九五〇年代にアメリカの国会図書館が共産党宣言の豪華版を印刷して発行する、などというに等しいことであった。キャクストンはチョーサーを贅沢本で発行し、ガウアーやマロリーも発行したけれども、ラングランドの『農夫ピアズ』は発行していない。彼が聖書に最も近づいたのは、『黄金伝説』の叢書の中の物語（ラテン語からの英訳）においてであった。ここにはウィクリフ派的なものは何もなく、僅かでも教義にかかわるようなものはなかった。

キャクストンとピンソンとド・ウォード――この三人でほぼすべてである。しかも、すでに述べたようにキャクストンが一四七六年にウェストミンスターに最初に印刷所を据えた時にはすでに、海外では、八つのヨーロッパの国の七〇もの都市に印刷所が存在した。「一五〇〇年以前に仕事をしていた印刷屋の名前は千人ほども知られている。彼らが印刷した書物の表題はおよそ三万冊は知られている。……一五一七年と一五二〇年の間にルターがなした三〇冊の発行物は、すべてで、おそらく三〇万部以上も売れたのである」（註40）。ロンドンでは、ティンダルがそこに着いた時には、二つの印刷屋が存在した。ピンソンとド・ウォードで、この二人が英語の印刷物の七〇%以上も担当していた。外国からの輸入が一七%をしめ、残り僅か一〇%ほどを国内の他の印刷屋が作っていた（註41）。これはかなり悲惨な事態である。印刷屋が出て来ては、消えていった。T・バースレット、H・ペプウェル、J・ラステルなどである。彼らは時に印刷機を動かし、時に動かさなかった。ティンダルがフリート・ストリートの聖ダンスタン教会で説教していた頃、ウィンキン・ド・ウォードの印刷所はそこからラドゲイトの方向に丘を下ったところ、聖ブライド教会の影になるところにあった。そこから建物にしてほんの四つほどへだたったところでピンソンが時々仕事をしていた。彼らの印刷の質は、学校の教科書や実用的なマニュアルなどには十分役立つ程度にできていた。けれども、敢えて特筆に値するような印刷物は作っていない。彼らの方針は、小型で安い通俗的な書物を早く売る、というものであった。ウォードの場合は、美的な装飾についてどうこう言わない、という方針であった。キャクストンが一四九一年に亡くなってから、彼が発行したうちで良質なもののいくつかはアントウェルペンで急いで再発行され、ロンドンに輸入された。市場はより良い印刷物の質を求めている、と判断したのである。ロンドンの印刷屋はどのみちパリやルアンやヴェネチアなどで出版される良質の本に対抗できるような技術も、素材も、資金もなかった。アントウェルペンにさえ対抗できなかった。美しく作られた本というのは、ヨーロッパ大陸の美的技術の一部であったのだ。そして成功した印刷屋は、ケルン、バーゼル、パリ、ヴァレンシア、セヴィリア、ナポリなどの国際的な貿易と船荷の中心地で利益を得たのであった（註42）。

## ロンドンでのティンダル

こうして私はおよそ一年ほどロンドンに住み、世界の動きを観察した。また我々のおしゃべりどもの話を聞いた。つまり我々の説教者たちのことであるが、彼らが自分と自分の高い権威のことを自慢するのを聞いた。また高位聖職者たちの豪華な贅沢を見た。彼らがこの世界に平和と統一を与えるためにいかに忙しくしているかを見た。今でも彼らはそうしている（もっとも暗闇の中を歩む彼らが長いこと平和を続けるのは不可能である。彼らはいずれ、不穏な者をすべて一掃するもの〔最後の審判者〕につまづくか、自分でぶつかるかするからである）。またほかにも、ここでは述べないが、いろいろな事を見た。……（註43）

フォクスは、ティンダルがロンドンですごした一年間について記したこの言葉を、更に詳しく説明することができた（註44）。右に引用したモーセ五書の序論の個所を引用したあと、彼は次のように続けている。

従って、この国に自分の目的にかなった場所を見つけられなかったので、また神の摂理によってハンフリー・モンマスと……ほか何人かの良き人々から多少の援助を得たので、彼はこの国を去って、ドイツに出発した。……（註45）

フォクスは一五三〇年の項目のところにこれを書いている。ティンダルがロンドンに住んだ六年も後のことである。一五三〇年にはすでにカスバート・タンストールの後継者ジョン・ストークスレーがロンドンの司教になっていて、「ルターの脅威」に対して非常に攻撃的で、今までで最も致命的な反撃が加えられるようになったところであった。一五二八年五月にはロンドンの指導的な経済人であったモンマスが（呉服商であって、生地の売買にも関係していた。モンマスという名前はグロスターシアの近辺の出身であることを想像させる）、トマス・モアによって逮捕、尋問され、ロンドン塔に送られた。彼は一五二八年五月一九日づけで、ウルジーを通して、国王に請願の手紙を書いている。フォクスの情報はモンマス自身が後にこの時の出来事を思い出して書いている手紙（註46）に基づいている。この項目にフォクスがつけた表題は、「ロンドン市参事会員ハンフリー・モンマスの災難」となっている。

マスター・ハンフリー・モンマスは実直に神を尊ぶ、誠実なロンドン参事会員であった。ウルジー枢機卿の時期に災難をこうむり、塔に送られた。これはキリストの福音のためであり、またキリストの福音を好む者たちを支持したためである。

その当時ロンドンの司教だったストークスレーは二四個条にもなる告発を彼に対してなした。ルターとその意見を支持したこと、異端の書物や文書を持ち、読んだこと、ウィリアム・ティンダル、ロイなどといった人物に対して学資を与えたこと、彼らが海外に渡航してルターのもとに行くのを助けたこと、聖書ほかの書物を英語に訳すのを密かに助けたこと、四旬節の期間に肉食したこと、信仰のみが義とするという主張を肯定したこと、人間のあり方から堕落したこと、聖者に対して祈らなかったこと、巡礼、秘密懺悔、教皇による罪の赦しを認めなかったこと、要するにすべてマルティン・ルターの意見を推進したということである。

これらの項目が検討された結果、彼は塔に投獄され、その結果、請願ないし罪障消滅をなさねばならなくなった。上述の枢機卿で当時大法官であった人物［ウルジー］と、全議会に対して、塔の中から請願書を提出したのである。その中で彼は、海外から一定の本を入手したという告発に関し答えている。またマスター・ティンダルと知りあった件についても。これについては彼は、その四年前にティンダルが西部の聖ダンスタン教会で二、三度説教をなしたのを聞いたことは否定しない、と言っている。……

あとはモンマス自身の文章を引用する方がいいだろう。

四年半ないしそれ以上前に、上記のサー・ウィリアム［ティンダル］がロンドン西部の聖ダンスタン教会で説教するのを二、三度聞いたことがある。その後彼に会う機会があり、会話の中で、彼がどのようにして生活しているかをたずねた。彼は、まったく何もない、と答えた。ロンドンの猊下［タンストール］をあてにしている、とも言っていた。その故に私は彼を信頼するようになった。後に彼は実際に猊下のところに赴き、頼んだようだが、猊下は、すでに下級牧師は十分に居るので、これ以上必要はない、と答えられたとのことである。そこでこの司祭は再び私のところに来て、助力を求めた。私は彼を自分の家に半年ほど引き取った。この間、私の見るところでは、彼は良き司祭として生活していた。昼も夜も、ほとんどの時間は書物を勉強していた。みずからすすんで粗末な肉を食し、ビールを少量飲む以外は飲むこともしなかった（註47）。彼が私のもとにいた限りは、リネンを着ているのなど見たこともなかった。（註48）

これは僅かの叙述だが、ティンダルがロンドンでの期間についてみずから記している言葉以外には、これがすべてであるから、貴重である。ティンダルが聖ダンスタン教会でどのくらい説教したかは、知られていない。そもそもどのような事情でそこで説教するきっかけを得たのかもわからない。モンマスが彼の説教を聞き、彼と知り合うまでの間、どのようにして食べていたのかもわからない。「四年半前」というと、彼が説教していたのは一五二三年の終りごろということになる。その間ティンダルはタンストールの館に呼ばれるのを待っていたのであろう。モズレーは、サー・ウォルシュ夫人の親戚が、つまりポインツ家であるが、聖ダンスタン教会で説教できるように手を貸したのであろう、という有力な想像をしている。当時のこの教会の担任司祭はトマス・グリーン修士であった。ティンダルは彼をオクスフォードかケンブリッジのどちらかで知っていた可能性がある。あるいはトマス・ポインツによって紹介されたのか。トマス・ポインツは、その四十年後に、家族の故郷はエセックスであったにもかかわらず、聖ダンスタン教会に埋葬されている。グリーンは雑貨商組合のメンバーでもあったから、モンマスの知り合いだった可能性もある（註49）。彼もグロスターシア出身であったのかもしれない。——モンマス自身（おそらくは彼もグロスターシア出身）の母教会は「ロンドン郊外の」バーキングにあるオール・ハロウズ教会であったが、何らかの理由でここを離れ、そこから三マイルのところにある聖ダンスタン教会の日曜礼拝に出席するようになっていたのか。そしてそこでティンダルの説教を聞いた。聖ダンスタンは福音理解について宗教改革的な考え方にむかっていた教会であったのかもしれず、あるいは更に、ロンドンのウィクリフ派の教会の一つでさえあったのかもしれない、と想像することもできる。モンマスは十年にわたって「聖書の人」であった（後述参照）。そういう人のすべてがウィクリフ派であったわけではないが、モンマスの属していた呉服商組合には「知識のある人」と呼ばれる人々が存在していた（註50）——ここでもまたウィクリフ派と繊維産業とのつながりが見られる。

フォクスはモンマスについて次のように記している。

このハンフリー・モンマスについて我々はクリスチャンの実践のすぐれた実例が伝えられているのを読むこ

とができる。マスター・［ヒュー］・ラティマーの説教においてである（註51）。マスター・ラティマーはこの話をケンブリッジで、神学部の講師であったマスター・ジョージ・スタフォードから聞いたという。パウロのローマ書の、我々は善行をなすことで敵に打ち勝つことができ、敵の頭の上に燃えさかる炭火を積むことができる、という個所（註52）について説教している時に、実例を引き、ロンドンにいる豊かな商人ですぐれた人物がいる（つまりハンフリー・モンマスのことだが）、と話した。彼の隣人に非常に貧しい人がいた。しかし、その貧しさにもかかわらず、モンマスはこの隣人をよく愛し、必要に応じて金を貸してやっていた。また望む時には、自分の食卓にも招待した。ちょうどその頃コレット博士が困難におちいり、もしも神が国王の心を反対の方に向けさせなかったならば、コレットは焚刑に処せられるところであった。その時からこの豊かな人物は聖書の人になった。彼は福音のにおいをかぎはじめたのである。貧乏人の方はまだ教皇主義者であった。

ある時、たまたま食卓で、この豊かな人物が福音について語り、ローマ教皇のあり方などについて非難した。そこに例の貧しい人物も居合わせたのだが、この豊かな人物に対して非常に不愉快に思い、もう二度と彼の家には来ないし、それまではしばしば金を借りていたのだが、もう借りることもしない、と言い出した。彼に対してひどい憎悪と悪意をいだくようになり、司教たちのところに彼のことを告発するに到った。彼の方はそうとは知らず、その男に対して何度も話をする機会を提供し、その心を静めようとした。しかしうまくいかなかった。貧乏な人物の方は大変な胃袋の持ち主で、もう彼とは決して話をしようとしなかったのだ。通りで彼に出くわしても、わざと道を変えるほどであった。ある時たまたま狭い道で出会ったので、避けることができず、互いに近づいた。しかし、それにもかかわらず、この貧しい人物は豊かな人物に対して（はっきり言うが）ひどい胃袋を持っていて、何も言わずに通り過ぎようとした。豊かな人物はこれを見て、手で彼をつかみ、たずねた、「隣人よ、私に対してそのように不愉快な態度をおとりになるとは、いったいあなたの心に何が起こったのですか。私があなたに対して何かしましたか。話して下さい。私はいつでもあなたに対して償いをいたしましょう。」

彼が非常にやさしく、慈愛にみち、愛情と友情をもって話したので、貧しい人物の心にそれは働きかけ、ついに、その人物はだんだんと膝まづいて、赦しを乞うにいたった。豊かな人物は彼を赦し、再び厚遇し、以後また、これまでと同じように、互いに愛しあったのである。(註53)

コレットに対する言及は面白い。彼は一五一二年から一四年までの間のどこかで、主の祈りを英語に訳したという かどで異端として告発されたという。この話の出所はエラスムスである。エラスムスは腹にいちもつあった。ティンダルもこの件に『サー・トマス・モアの対話に対する返答』において言及している(註54)。そしてプロテスタントの劇作家であり歴史家であるジョン・ベイルがこの話を非常にふくらませて焼き直している。しかしこの話はでっちあげである。エラスムスはうまく作ってはいない。第一に、当時の教会は熱心に主の祈りを英語で普及させようとしていた。他方、当時のコレットは正反対の方向に向かっていた。異端者を弾圧するのに忙しかったのである(註55)。もしかするとモンマスは、例の貧しい人物が自分の世話になった人物を司教たちに訴えた結果として、その弾圧の対象の一人になったのかもしれない。しかしラティマーの説教は一五五五年になされたものである。三十年以上も後のことであって、コレットについての言及からも見てとれるように、話はうまく作られている。しかしながら、この話からみても、モンマスが良い人物であり、また福音主義の説教に対して好意的であった、ということは確かであろう。「貧しい人物」「豊かな人物」といったような譬え話的な語り口は、福音書の話し方を意図的に真似てもいるのだろうが、モンマスは当時まだ生きていて、ケンブリッジやロンドンの人々の間でかなりよく知られていたせいでもあろう。

ティンダルがどういう説教をなしたかは、我々はもはや知ることができない。――モンマスは四年半後の一五二八年の五月に、弾圧のもと、ティンダルの説教を焼き捨てている。モンマスの家で昼も夜も「本を」学んでいたというが、彼の説教がその本の勉強に根ざしていたと想像しても、間違いではないだろう。そのように熱心に勉強した本が何であったか、もっとも可能性が大きいのはエラスムスの『ノーヴム・インストゥルメントゥム』であろう。我々の想像が正しければ、彼はすでにリトル・ソドベリーに居た時からこの勉強をはじめていた。今までに、このロンドンに来るまでに、ティンダルはイソクラテスとエラスムスの『エンキリディオン』の翻訳をなしとげていた。彼のギリシャ語とラテン語の実力はどんどんと進んでいた。ハンフリー・モンマスの心をそれほど動かしたとすれば、彼の説教は、聖書の解説であったに違いない。ティンダルがほかのことをしたとは、あまり考えられない。しかし、この段階でティンダルはどのくらいルターのことを知っていたであろうか。また、もしも十分に知っていたとして、ルターに対する共鳴をどのくらい表わしていたであろうか。ティンダルはモンマスの家に住んでおり、モンマスの名前はおそらく教会当局によく知られていた。例の話が事実であるのなら、「貧しい人物」がモンマスのことを教会当局に告発したのは、ルターが一五一七年に決定的な九五個条を発表したよりも数年前のことである。

しかし、一五二〇年までには、ルターの文書は十分に多くロンドンにも到着していた。その年、ロンドンから手紙を書いているある人物によれば、「特にニュースはありません。最近ここでもルターの意見を採用する異端者がいるということ以外には」(註56)。イングランドの「聖書の人たち」は、ヨーロッパ［大陸］においてはすでに火がついているさまざまな出来事によって煽られていたことであろう。ヨーロッパでは新しいキリスト教の理解が非常に早く広まりつつあった。人は信仰のみ、キリストのみによって救われるのであって、そのことは聖書のみによって知られる、という（註57）。グロスターシアの「もの知りの高位聖職者たち」はリトル・ソドベリーですでにルターについて議論している。ウルジーは一五二〇年七月と一五二一年三月はじめの間のどこかで、ルターの本の輸入と読書を禁止している。ティンダルが一五二三年にロンドンに到着した時には、グロスターシアでたてられた噂が彼につきまとっていたかもしれない。それに彼は英語の聖書の必要性をほかならぬロンドン司教その人に対して訴えかけたのである（註58）。ティンダルはロンドンで六ヶ月は平穏に暮らした。彼が外国に向けて出発するまで、彼に反対する動きが何かロンドンであった様子はない。古い、ウィクリフ派的な関係でも（これはこの段階のモンマスについてはあてはまろう）、新しいルター派的な関係でも。

ドイツから移住してきたドイツ人の集落がロンドンのスティールヤードにあった。テムズ川の北側で、ロンドン橋のすぐ下流のところである（今日キャノン・ストリートの駅があるところである）。ここがロンドンにおけるハンザ同盟の商人たちの拠点であった。この名前はドイツ語の Stahlhof（見本市）から来ているので、鋼鉄とは関係ない。一五二三年、二四年の頃は、彼らはまだ特別疑われていたわけではないようだ。一五二五年にモンマスは彼らのうちの一人ハンス・コレンベーケに頼んで、ハンブルクに居るティンダルに金を持って行ってもらうことができた。彼らがスティールヤードでルターの書いた諸文書やルターの一五二二年の『九月の契約書』を持っていなかった、などと考えるべき理由はなかった。実際、その可能性は高い。トマス・モアは彼らの住まいに襲いかかり、ルターの書物を発見し、没収して、焚書の催しを行なった。ロンドンのクリスチャンは両極に分れるようなことをしなかった。多くの者は、おそらく大部分は、教会の今までの伝統的な信仰のあり方がゆらいできていることに気がついており、ドイツから新しい思想が急速にはいってきていることを知っていた。両方の信仰を、つまり従来の教会の絶対性とルターの「sola fides（信仰のみ）」の両方を信奉することができる、というような混乱した感覚が存在していたのだろう。当時の遺言書などがそのことを証拠づけているように見える（註

59)。新しい思想がはいってくる一つのルートはスティールヤードであった。ティンダルはそこで容易に『九月の契約書』を見ることができたであろう。それによって彼はドイツに行けばどういう翻訳の仕事と印刷ができるかを知ったことだろう。今や彼は、ドイツ風の考えを持ちはじめた。

# 第五章　ケルン、一五二五年



ティンダルはイングランドをおそらく一五二四年の四月に離れている。ヘンリー・モンマスとロンドンの商人たちから多少の金銭援助を受けていた（註1）。最初にドイツのどこに行ったかは知られていない。モズレーは、ティンダルはまずハンブルクに短く滞在し、それからヴィテンベルクに一年以上いて、一五二五年の春にまた短期間ハンブルクにもどってきたのだ、などと想像している。北東ヨーロッパの三大商業港はハンブルクとアントウェルペンとケルンであった。もしもティンダルがイングランドで普及させるための本をヨーロッパで作るのに成功しようとしたのならば、この三つの港町のどれか一つに、ないし少なくともその近郊に行っただろうと考えられる。この三つの町にはいずれも印刷屋があった。ケルンとアントウェルペンには特に多かった。アントウェルペンとケルンには、イングランド人の企業家が多く集って繁栄していた。後にティンダルはアントウェルペンに定住する。しかし、ティンダルの足跡はまずライン川ぞいのケルンにはじまる。何故彼がケルンで仕事をはじめたのかはわからない。ペーター・クヴェンテルの印刷場で英語の新約聖書を印刷するにあたって、ティンダルは助手一人とともに、そこで校正の仕事をしていた。

それが一五二五年の夏だったのはまず確かである。この時点にしばらくとどまってみよう。ティンダルはイングランドでの挫折、後退、遅延の後、そしてドイツのどこかわからない土地で滞在した後、今や、繁栄している印刷屋の店で、ギリシャ語から英語へと翻訳した新約聖書の翻訳の頁が印刷機から出て来るのを眺めている。「序文。私はここに翻訳した……」、最初の頁はこうはじまっている。「……（キリストにあっていと親しく、愛すべき兄弟姉妹たちよ）、あなたがたの霊的な教化と慰め、安らぎのために、新約聖書を。」ほどなく出て来る頁には、「聖マタイ福音書、第一章」とある。そしてすぐに、「イエスがベツレヘムで生れた時……。」彼がいつこの翻訳の仕事をなしたのか、知ることはできない。ともかくペーター・クヴェンテルには、印刷がはじまる前に、新約聖書全体の訳文をわたさなければならなかったはずである。

彼には助手がいた。ウィリアム・ロイという、グリニッジの厳格派修道院出身で、カトリックから離反した元修道士である。ロイはヴィテンベルクの大学に一五二五年六月一〇日に入学手続きを取っている。彼がティンダルの助手になったということは、この二人がヴィテンベルク大学で出会ったということを想像せしめる。モズレーの説が支持される理由の一つである。ロイは十分に有能であったようだが、ティンダルが助手として選んだ最初の人物ではない。三年後、『悪しきマモンの譬え』の序文に、ティンダルはこの頃のことについて記している、「私が忠実な一人の仲間を待っている間に――彼は、私が思うに、まだ彼がキリストを説いたことのない土地でキリストを説くために、また新たな旅行に出かけて行ったのだが――ウィリアム・ロイという人物……が私のところに来て、助力を申し出た……。」この最初の候補者が誰であったのか、我々は知らない。おそらくはオクスフォードの、あるいはケンブリッジの、ギリシャ語のよくできる学生仲間か、あるいはロンドンで出会った友人で必要な学識のある人物か。それはマイルズ・カヴァーデイルであったかもしれない。彼は後にティンダルに合流している。しかしどのみちこれは想像である。ロイは決して理想的な助手ではなかった。知性においては適格であったが、性格的には調子がよくて、不安定だったようだ。彼らの間の関係はあまり良いものではなかった。『悪しきマモン』の序文でティンダルは彼について記している、「ちょっとずる賢い男で、知り合ったばかりの時に、まだ十分には知られていず、つまりすべてがさらけ出されていない段階では、滑らかな舌で馬鹿者をたぶらかすことができるだけでなく、最も賢い者でさえあざむくことができる。知り合った最初の段階では、ということだが」(註2)。両者が別れるにいたった時には、彼は別れを告げて、「我々二人の生命の安寧を祈り、(そして人がよく言うように)一日でも長生きできますようにと言った」、とティンダルは記している。

ともかくその時点ではティンダルとロイは共同してケルンで仕事をしていた。印刷はマタイ二二章にまで達していた。後の数え方で言えば一二節の中ほどまで、この印刷ではHという記号に続く頁の最後のところまでで、印刷は中断された。ケルンの官憲が、二人のイギリス人を逮捕してその仕事を没収しようとしていたのだ。ティンダルとロイは逃げて、ライン川をさかのぼり、ヴォルムスに達した。自分たちの作品を身に持って行ったのである。官憲のこの介入を仲立ちしたのはヨハンネス・ドーベネックというケルンの学者・著者であった。ラテン名をコクラエウスという。彼の数巻にわたる著作集もまたこの時ペーター・クヴェンテルで印刷されているところであった。コクラエウスは印刷屋の労働者たちと知り合った。一緒に酒を飲んでいた時に(そういう時にはコクラエウスの方から話をけしかけやすかったのだろう)、彼らは自慢してコクラエウスに言った、

イングランドの国王や枢機卿〔ウルジー〕が望もうと望むまいと、イングランド全体が短期間でルター派になるだろう、と。コクラエウスはまた、二人のイングランド人がそこにひそんでいて、学者であって、言葉にすぐれており、流暢に話すことができる……、ということを聞いた。またルターの新約聖書が英語に訳されて、ふつうの四折り版で(ordine quaternionum)三千部印刷されており、すでにKの記号のところまで

来ている、ということも。（註3）

コクラエウスは秘かにケルンの有力な上院議員のハーマン・リンクのもとにおもむき、ことのすべてを話した。この人物はヘンリー八世の友人である。リンクは上院から印刷禁止の許可を得、自分自身のりだして、印刷ずみのものをできる限り没収しようとした。しかしすべてを没収することはできなかった。コクラエウスが記していることだが、「二人のイギリス人の背教者は印刷ずみの四折り版の紙を持って船で逃げ出し、ライン川をさかのぼり、ヴォルムスに行った。」コクラエウスというのは決して引き下がらない人物で、自分がしたことをいつまでも強く覚えており、彼の印刷発行した著作には、一五三三年と一五三八年と一五四九年のそれぞれにこの事件について言及されている。

ティンダルとロイがケルンの上等の印刷屋ではじめた仕事は、非常にていねいに作られた英語の新約聖書で、四折り版のものである。第一福音書のはじめには、木版画がまるまる一頁分挿入されていて、聖マタイが若い天使の支えるインク壺にペンをひたしている場面が描かれている。各章のはじめには大きな装飾がほどこされていて、これは非常に重々しく、また聖書の引照個所が内側の欄外に記されている。外側の欄外には、本文中に星印や手印をつけた個所について、ほとんど切れ目なく註釈がほどこされている。今日残っている頁は、美しいものである。これはマルティン・ルターの『九月の契約書』を見たことのある者には、おなじみのものでもある。木版画も似ている。ルターのこの一五二二年の翻訳と同様にここでもはじめに数頁の序論があって、新約聖書全体に対する導入を記している。新約の文書のリストも、その形式も並べ方も、頁の割付けにいたるまで同じである。どちらにおいてもマタイから第三ヨハネ書簡まで一番から二三番までの番号がつけられている。それから番号ぬきでヘブライ書、ヤコブ書、ユダ書、黙示録があげられている。序論も聖書の訳文もルターからの翻訳のように見える。ティンダルのものはルターの壮大な二折り本よりは小さく、訳者の名前も記されていないが、その他の点ではティンダルの最初の新約聖書を印刷する試みは、コクラエウスや現代の解説者がしばしばレッテルを貼っているように、ルターの英語版であるように見える（註4）。

コクラエウスが記していることによれば、印刷屋はすでに少なくともKの記号のところまで来ていた。ということは、すでにマタイは終り、マルコにかなりはいっていたことになる。実際、かなりな数の四折り版の紙が、もちろん製本されていたわけではないにせよ、綴じあわされて、クヴェンテルの店から持ち出され、イングランドに持ち込まれていたという証拠がある。これはマタイとマルコの翻訳と、序論と、欄外の註を含むものであった。翌年に完成した新約聖書全体の訳とは別に、この二つの福音書の訳の存在に言及する証言がある（註5）。しかしながら今日残存しているものはマタイ二二章までにしかすぎない。大英図書館のグレンヴィル文庫に一冊だけ残っている。コクラエウスがこれを「二人のイングランド人背教者」による「ルターの新約聖書の英語訳」と呼んでいるのは、正しい呼び方であるとして現代においてもしばしば採用される言い方となっているが、これについてはかなり慎重な修正が必要であろう。確かに、すぐ後で述べるように、序論は大部分ルターのものである。そこで展開されている神学もほとんどルターのものである。まるまる一段落全体がルターのフォーアレーデ（序論）から借りてこられている。しかしながらティンダルは自分独自の道を歩んでいるのだ。彼は出たりはいったりする。時にルターを一文ごとに追って直訳しているかと思うと、時に、ルターの言葉を自分の言葉でもって修正している。ルターの述べていることから多くを削除している。就中、多くをつけ加えている。このつけ加えの結果、ティンダルの序論はルターのものよりも二倍の長さになっている。この序論は、印刷された紙で出まわったので、イギリス人にルターの思想を最初に印刷して読めるようにしたところの英語の最初のプロテスタント文書としても重要なものである。

## ティンダルの最初の翻訳

しかしながら我々は序論からではなく、まずティンダルのマタイの翻訳からはじめよう。マタイはほぼ全部訳されている（全二八章のうちほぼ二二章）。この作品がティンダルの最初のものであり、かつティンダルは何よりもまず聖書の翻訳者であったのだから、我々はまずこれからていねいに分析することにしよう。

欄外の註は非常にルターに依存している。すべて、というわけではないが。訳文もまた、一見すると、同じように見える。最初の頁は、重いゴチック文字の表題、大きな装飾、欄外の註がそれぞれきっちりとまとまり、人名の表が縦に並び、等々、実際ルター訳をていねいに真似したものに見える。しかしこれは表面だけのことにすぎない。ルターは最初の文を Dis ist das buch von der gepurt Jhesu Christi der do ist ein son Davids des sons Abraham（これはアブラハムの子であるダヴィデの子、イエス・キリストの誕生の書物である）とはじめている。確かにティンダルもまた、This is the book ... とはじめる。ギリシャ語の原文では単に Biblos（book）という一語があるだけである。ヴルガータ訳も同様、単に Liber としている。印刷屋のペーター・クヴェンテルとその助手たちはルターの頁を目の前に置いて、それをやや小さくした版を作ろうとしたのかもしれない。しかしこれはティンダル自身がなしたことではない。もしもティンダルがこれに続く部分においてもルターに従おうとしたのであれば、of the birth of Jesus Christ he who is a son of David the son of Abraham と記したことであろう。しかしそうはしなかった。彼は書く、

This is the book of the generation of Jesus Christ the son of David,

The son also of Abraham.
Abraham begat Isaac:
Isaac begat Jacob:
Jacob begat Judas and his brethren …
これはダヴィデの子イエス・キリストの誕生の本である。
［そのダヴィデは］またアブラハムの子。
アブラハムはイサクを生んだ。
イサクはヤコブを生んだ。
ヤコブはユダとその兄弟たちを生んだ……。

もしも似ているものがあるとすれば、ティンダルはむしろヴルガータ訳に近い。特に定冠詞を省略している点がそうである。ギリシャ語とルター訳とは、the Isaak, the Jacob, the Juda … と、このリスト全体を通して定冠詞をつけている。続いて「ユダがファレスを生んだ」というところも、ギリシャ語とヴルガータとティンダルは一致して Judas としていて、ルターだけが Juda となっている。しかし、その前の「ヤコブがユダを生んだ」という文では、ティンダルだけが同じ Judas という形を用いている。これはわかりやすくするためである。ギリシャ語では主語の時は Ioudas で、目的語の時は Ioudan でなければならないが、英語ではこの種の活用にわずらわされる必要がなかったからである。ティンダルはギリシャ語の egennesen（生んだ。ラテン語の genuit）を一単語で begat と訳している。しかしルターはそのつど複合形で hat geporn（geboren）としている。だからティンダルの Isaac begat Jacob はルターでは Isaac hatt geporn den Jacob（Isaac had borne the Jacob）となっている（訳註5 a）。

こういった微細な事柄がすでにまず、ティンダルが自分自身であったということを我々に教えてくれている。欄外の註はある程度別問題である。しかし聖書のテクストは、一見するとルターにそのまま従っているように見えるけれども、決してそういうものでないことがわかる。似ている点の多くは印刷屋が与えた強烈に印象的なスタイルのせいである。ペーター・クヴェンテルの攻撃的な印象を与える印刷、特に章のはじめの部分は、当時のイングランドの印刷屋のものとは異なる。外面的なことはすべて非常にルターなのだが、ことの中心はティンダル自身のものなのだ。

## ギリシャ語を訳すティンダル

ていねいに見てみると、同じ効果がくり返し現れる。彼はルターに従っているのだが、それは自分でそうしようと選んだ場合に限られる。彼の主たる資料はギリシャ語の原典である。マタイ福音書の最も有名な章は五、六、七章の山上の説教である。この最初の部分を、ルター訳に従って、いささか逐語的にすぎる訳をお目にかけよう。

But when he the people saw, ascended he up a mountain, and sat himself, and his disciples stepped to him, and he opned his mouth, taught them, and said, Blessed are, they that spiritually poor are, because the heavenly kingdom is theirs, Blessed are, they that grief carry, because they shall consoled be …（訳註5 b）

しかし人々を見ると、彼は山に登った。そして腰をおろすと、弟子たちが彼のもとに歩み寄った。イエスは口を開き、彼らを教えて、言った、「幸いなるかな、霊的に貧しい者よ。何故なら、天国はその者たちのものであるから。幸いなるかな、悲しみをいだく者よ。何故なら、その者たちは慰められるから。……」

確かにティンダルもルターと同様、When he saw the people … とはじめている。それに対しギリシャ語とラテン語は「群衆を見て（seeing the crowd)」と分詞構文にしている。また「群衆」にあたる語は不特定多数の人々を意味し、ほとんど烏合の衆というに近い。それに対し「民衆（the people)」というと、その意味はない。ティンダルは続ける、he went up into a mountain, and when he was set, his disciples came unto him, and he opened his mouth, and taught them saying: Blessed are the poor in spirit: for theirs is the kingdom of heaven. Blessed are they that mourn: for they shall be comforted … 欽定訳もこれをほとんど変更せずに採用しているから、このままでその後人々になじんだ表現となっている。英語のリズムをよく歌っており、原文のギリシャ語の詩的で、形の整った質をよく反映した詩となっている。山上の説教全体を通じて、ティンダルがギリシャ語だけに依存している場合、ラテン語のヴルガータだけに依存している場合、ドイツ語だけに依存している場合、三者すべてに依存している場合、と区別することができよう。しかしながらティンダルの特色は鮮明さであって、この点が重要である。理解を妨げるようなものを混入したりしないというきっぱりとした態度である。ティンダルの「悲しむ者（they that mourn)」は（ギリシャ語では「悲嘆者（the mourners)」となっている)、ルターのやや意味の強い「悲しみをいだく者」よりも更に開けている（訳註５c）。八節の「幸いなるかな、心の清い者。何故ならその者は神を見るであろうから」について、ティンダルの Blessed are the pure in heart: for they shall see God（ギリシャ語より一単語多いだけ［are を補っている］）は、ルターの Blessed are those who are from heart pure, because they will look at God よりも、おそらく、意味がはっきりしている（訳註５d）。他方、九節の

「平和をもたらす者」については、ティンダルは the maintainers of peace としているが、ここのギリシャ語は一単語で、それもめずらしい単語というわけではない eirenopoioi という語（peacemakers という意味）であるから、これをティンダルがわざわざ分解して the maintainers of peace としたのは、理由がわからない。ラテン語のヴルガータもルターもそうはしていない。ルターは friedfertig（peacable）と訳しているが、欄外に註をつけている［die Frieden stiften とも訳せる、としている］。ティンダルはその註に引かれて、こういう訳にしたのか。一五三四年の改訂版ではティンダルは正確に peacemakers としている。

## ルターを訳すティンダル

ティンダルがルターに依存していない個所をほんの二、三あげて、それでティンダルの訳はルターに依存していないなどと全体について結論を出すのは間違っていよう。確かに、そういう例は、それなりに面白いものではあるが。しかしたとえばマタイ福音書のクリスマス物語の最後の文、つまり二章の中ごろであるが、これを見てみよう。三人の博士が出発するところ（二章［一二節］、「夢で、再びヘロデのもとにもどるなと告げられ、彼らはほかの道を通って、自分の国に帰って行った」）。ギリシャ語の原文は、直訳すれば、And being solemnly (or divinely) warned in sleep (or by a dream) not to return (bend back) towards Herod, by another way they returned to their own place (spot). となる（訳註5e）。ヴルガータは夢占いを思わせる単語を避けたかったのであろう、大ざっぱに意訳して「眠っている間に答を与えられて」とし、そのあと「ほかの道を通って、自分の国に帰って行った」と続ける。ルター訳は、英語に直訳すると、And God told them in a dream that they should not again to Herod turn, and they went through another way again into their land. となる。ティンダルの解決は興味深い。And after they were warned in their sleep, that they should not go again to Herod, they returned into their own country another way. シンタクスはルターのものよりもすっきりしていて、ギリシャ語に近い（訳註5f）。用語についてもそうである。ティンダルの warned in their sleep（彼らは眠っている時に警告された）はギリシャ語を的確に訳したものである（ラテン語訳に依存しているわけではない）。ルターの And God told them in a dream（神は夢で彼らに語った）とはまったく異なる。――ティンダルがルターを写しているわけではないことは、この上もなく明瞭である。ギリシャ語原文、ラテン語訳、ルター訳、ティンダル訳のうち、ティンダルだけが、クリスマス物語のあの親しみのある調子を提供している（訳註5g）。They returned into their own country another way（彼らは自分の国に他の道を通って帰った）。これは欽定訳を通じて、ずっと後まで保存された言い方である。Their own country という句が重要なのだが、しかし、another way が文末に置かれることによって、必要な強調を得ている。更に、ティンダル特有のリズムに敏感な耳の効果をここで聞くことができる。ギリシャ語も含めた他の三つ［ギリシャ語、ラテン訳、ルター訳］は、another way into their own country としている。しかし英語だとこれは、頼りない文の終り方となる。country という語の終りに軽いアクセントがあるからである。それに対し、into their own country another way とすれば、文の全体にリズムが出る。それはまた country と another の間に短い区切りがはいることにもよっている。

間違いようもなく明瞭にティンダルがルターにそのまま従っている場合もある。第二章［一八節］でギリシャ語原文は、エレミヤ書三一章［一五節］の引用を、「ラマで声が聞こえた……」とはじめている。ラテン語訳もこれに従っている（Vox in Rama audita est）。ルターはこれを Auff dem gebirge hat man ein geschrey gehoret…（山で叫び声が聞こえた）とした。ティンダルはこれに従っている。ただしギリシャ語で単に「声（phone）」と言っているのを重んじて、「叫び声」ではなく「声（voice）」としているけれども（On the hill was a voice heard …）。ここではティンダルは、ルターと同様、理解しやすい文を提供しているのである。第四章の最後のところ〔二五節〕も、もちろん、同じ意図によるものであろう。ギリシャ語原文は、大勢の群衆が「ガリラヤとデカポリスとエルサレムとユダヤとまたヨルダンの向う岸からも」やって来た、としている。ルターは「デカポリス」を「十の町」と訳している。ティンダルもまた ten cities としている。八章〔九節〕で、百卒長が「私がこれに言う」という句が出て来る。「私がこの男に言う」の意味である。ヴルガータもそのまま、et dico huic としている。ルターはそれを Ich sage zu eynem（I say to one）と訳した。ティンダルもそれに従っている。八章の終りの方でルターは、墓地に居る男にとりついた悪霊どもの叫び声を「ああイエスよ、汝、神の子よ……」とはじめている〔二九節〕。ギリシャ語はその前に「我らと汝の間に何の関わりがあるか」という句を置いているが、ティンダルはルターに従って順を変え、they cried out saying: O Jesu the son of God … としている。同じことは九章の終りで、二人の盲人がイエスに呼びかけるところにも出て来る。ギリシャ語は「我らを憐れみ給え、ダヴィデの子よ」とある。ルターは順番を変えて、「汝、ダヴィデの子よ、我らを憐れみ給え」としている。ティンダルもルターにそのまま従って、O thou son of David, have mercy on us としている。十章では、「一つの家にはいったら、その家に挨拶せよ」〔一二節〕というところ、ルターとティンダルは And when ye come into an house, salute the same としている。ギリシャ語の直訳は salute it である。一四章のはじめのところ〔三節〕、「ヘロディア、彼の兄弟ピリポの妻（the wife of Philip his brother）」という句をルターとティンダルは his brother Philip's wife としている。二一章で、ティンダルでは、人々は「ホシアンナ」と叫ぶのだが〔九節〕、これはルターと同じで、ギリシャ語とヴルガータは「ホサンナ」としている（訳註5h）。

ティンダルがルターのやり方が良いと思った場合にそれを採用している例は、更に数多く見つかるだろう。彼は、自分が召命を受けたと自覚している仕事をなしている。つまり、聖書を英語に訳すという仕事である。そして、すべて良い翻訳家というものがそうであるように、彼もまた、役に立つものはすべて利用している。それと奴隷的におとなしく従うというのとは、まったく別のことである。ティンダルがギリシャ語原文に従って、ルターとは異なっている個所はもっと多い。もっとはるかに多い。あるいは、ルターが与える明瞭なヒントを採用しないことも多い。ギリシャ語で言われていることを英語に移し植えようとしているからである。二一章から小さい例を引くと［二三節］、ティンダルは「祭司長たちと、民の長老たち（the seniors of the people）」としている。ヴルガータの seniores populi にならったもので、ギリシャ語の presbuteroi tou laou の直訳である。ルターはここは die Eltisten im volk としている。ティンダルは後に、この個所でも他の個所でも seniors を elders に変えている。ルターの言葉づかいにならったのである。もしもティンダルが最初からルターにのみ依存していたのなら、この個所も最初から elders にしていただろう。もう一つの例。六章［七節］でルターは「汝らは祈る時に、異邦人のようにぺちゃくちゃ多くものを言うな（you shall not much blabber, like the heathen）」としている。ティンダルは babble not much as the gentiles do とする。ヴルガータはここは無理せずに単に「異邦人のように多く話す（multum liqui sicut ethnici）」としている。ルターの plappern という動詞がティンダルに babble という語を用いるようにさせたのだろう。もっともここのギリシャ語の単語 battalogesete そのものが十分に擬声語的である。これは Battos という吃音の王様の名前からきている（訳註5-i）。また「異邦人」を意味するのに、ティンダルの gentiles の方が、ルターの heathen よりも正しい（訳註5-j）。

## ティンダルとエラスムスのラテン語訳

もう一つティンダルの訳に影響を加えたものは、ごく僅かな滴という程度に見えるけれども、エラスムスのラテン語訳である。エラスムスにとっては『ノーヴム・インストゥルメントゥム』の主眼点はそこにつけたラテン語訳にあった。このラテン語訳の影響についてはまだ多くの研究が必要とされる。ケルン版のマタイ福音書には、ティンダルがエラスムスのラテン訳によっていると思われる個所が一つ二つあるからである。第一章のはじめの家系図のところで、ギリシャ語とヴルガータはソロモンの母を「ウリアの」としている〔「妻」という語を省略〕。ティンダルはそれをはっきり「ウリアの妻」とし、エラスムスも uxor Uriae（ウリアの妻）としている。第二章〔一二節〕でティンダルは三人の博士について、「彼らは眠っている時に警告された（warned）」としているが、これは他の版よりもエラスムスの admoniti に近い。マタイ五章のはじめの祝福の個所で、二個所、ティンダルはもしかするとエラスムスの影響で、軽い言い方をしている。「天国は彼らのものである（theirs is the kingdom of heaven）」〔三節〕は、エラスムスの illorum〔＝theirs〕と対応し、ギリシャ語の原文に近い。ルターの方がもっと重い構文をとっている。ヴルガータの方はもっと重い（訳註5k）。同じことは五節の「受け継ぐ（inherit）」についてもあてはまる（おそらくこれらの例は、エラスムスがギリシャ語の扱いを心得ていたというだけのことなのだろう）。十一章のはじめ〔六節〕、ティンダルの「私に傷つけられないものは幸いである（he that is not hurt by me）」は、多分、エラスムスの offensus に影響されたものであろうか。この語は、打撃、傷つけること、人格的攻撃を意味する。更に多くの例があげられよう（註6）。

## ティンダルの英語

ティンダルは単にギリシャ語の知識がまっとうだったというだけでない。ティンダルの翻訳の仕事に関し、新約聖書のすべてにわたって、一語一語細かい分析がまだなされねばなるまい。ケルンで印刷されたマタイの数章は、その数ヶ月後のヴォルムスでの新約聖書全体の版でも、変えずにそのまま採用されているが、こういう分析は必要であり、かつ、翻訳に際して彼が何に依存していたかという問題に決定的な答を与えるためには不可欠な作業である。しかしながら、依存の問題よりももっと重要な事柄がここに生じつつあったのだ。ティンダルが訳した英語は、その時代としては、独得な質を持っていた。それは話し言葉から直接に取られた単純な形の言葉であった。しかも同時に尊厳と調和を備えていた。つまり新約聖書の翻訳が備えるべき要件として完全なものである。ティンダルは我々に聖書の言葉を与えつつあったのだ。ルターはしばしば、生れつつあったドイツという国に『九月の契約書』によって言語を与えたのだ、と誉められる。ティンダルはその聖書の翻訳において、日常の言葉を意識的に用い、倒置などは用いず、中立的な語順で、かつリズムにあふれた形を聞き分けるすぐれた耳のせいで、英語という言語に聖書の言葉を与えただけでなく、一つの新しい散文を造り出したのである。イングランドは一つの国として、その主たる書物、つまり英語の聖書がこの後急速にそういうものとなっていったのであるけれども、その主たる書物が、以後そこから最も偉大な散文の明澄さ、しなやかさ、表現力の幅が常にあふれ出て来る泉となった、そういう祝福された国となったのである。

　そういう特色はたとえば、以下ケルン版のマタイ二〇章［一―一六節］を長く引用するけれども、ここにも見られるものである。理想的には、声に出して読んでみるとよい。

For the kingdom of heaven is like unto an householder which went out early in the morning to hire labourers into his vineyard. And he agreed with the labourers for a penny a day, and sent them into his vineyard. And he went out about the third hour, and saw other standing idle in the market-place, and said unto them: go ye also into my vineyard, and whatsoever is right, I will give you. And they went their way. Again he went out about the sixth and ninth hour, and did likewise. And he went out about the eleventh hour, and found other standing idle, and said unto them why stand ye here all the day idle? They said unto him: because no man hath hired us. He said unto them: go ye also into my vineyard, and whatsoever shall be right, that shall ye receive.

When even was come, the lord of the vineyard, said unto his steward: call the labourers, and give them their hire, beginning at the last till thou come to the first. And they which were hired about the eleventh hour, came and received every man a penny. Then came the first, supposing that they should receive more, and they likewise received every man a penny. And when they had received it, they grudged against the good man of the house, saying: These last have wrought but one hour, and thou hast made them equal unto us which have borne the burden and heat of the day.

He answered to one of them, saying: friend I do thee no wrong. Didst thou not agree with me for a penny? Take that which is thy duty [due], and go thy way. I will give unto this last, as much as to thee. Is it not lawful for me to do as me listeth, with mine own? Is thine eye evil because I am good? So the last shall be first, and the first shall be last. For many are called, and few be chosen.

天国は、朝早く、葡萄園のために労働者を雇いに出る主人に似ている。労働者と一日一ペニーの労賃で約束し、葡萄園に送り出した。また第三時ごろに出て来てみると、他の労働者が市場で怠慢に立っていた。そこで彼らに言った、「あなたたちもまた、私の葡萄園に行くがよい。正当な賃金を与えよう」。彼らもまた出かけて行った。また第六時と第九時ごろに出て来て、同じことをした。更に第十一時ごろに出て来てみると、まだ他の労働者が怠慢に立っていた。そこで彼らに言った、「あなたたちは何故ここで一日怠慢に立っているのか。」彼らは彼に言った、「誰も我々を雇ってくれなかったからです。」彼は彼らに言った、「あなたたちも私の葡萄園に行くがよい。正当な賃金をあなたたちも受け取ることになろう。」

夕方になった時、葡萄園の主人は執事に言った、「労働者を呼び、最後の者からはじめて最初の者にいたるまで、賃金を支払いなさい。」そこで第十一時ごろに雇われた者たちが来て、それぞれ一ペニーずつ受け取った。最初の者たちは、自分たちはもっと多く受け取れるのだろうと思って来てみると、同じように一人一ペニーずつ受け取っただけだった。そこでそれを受け取ると、彼らは、その家の良き人に対して不平をとなえ、言った、「この最後の者たちは一時間しか働きませんでした。しかもあなたは彼らを、一日の重荷と暑熱を担った私たちと同等に扱いなさる。」

彼は彼らの一人に対して答えて、言った、「友よ、私はあなたに対して何の悪もなしていない。あなたは一ペニーで働くと私に約束したのではなかったか。あなたの受けるべき分を受け取って、去るがよい。私はこの最後の者にも、あなたと同じようにしてやりたいのだ。私が自分自身のもので私の気に入るようにするのは、不法なことであろうか。私が良いからとて、あなたの眼がねたむことがあろうか。かくして、最後の者が最初になり、最初の者が最後になるであろう。招かれる者は多いが、選ばれる者は少ない。」

## ケルン版の欄外の註

ケルンで印刷されたマタイの二二章の外側の欄外には、全部で九十の註が書き込まれている。ティンダルのほかのいかなる出版物よりも、ケルン版の各頁につけられた註の分量は多い。しばしば、際立って多い。――翌年ヴォルムスで新約聖書の全体の印刷が完成したのだが、そこには註はまったくつけられていない。一五三〇年の創世記には、全体で六つしかない。このケルン版のティンダルの註についてまず言うべきことは、すべて釈義上の註だ、ということである。それはルター的である。しかし扇動的ではない。ティンダルの欄外について、その「塩辛い」註について聞いたことのある現代人は、そしてそこに刺激を求めようとする人は、失望し、かつまず確実に退屈するだろう。第一の註はマタイの第一行につけられている。「アブラハムとダヴィデが最初に並べられている。キリストが約束されたのは、主として彼らに対してだからである。」第二は、そのすぐ下で、欄の半分ほども占領している。

聖マタイはいくつかの世代を省略している。そして、キリストの家系を、モーセの律法に従って、ソロモンから記している。ルカは自然のつながりに従って、ソロモンの兄弟であるナタンから記している。律法は、夫の死後その兄弟がその妻と交って生んだ子どもを、その夫の子どもと呼んでいるからである。申命記二五章〔六節〕。

どちらの註もルター訳にあるもののそのままの訳である。ルターの通常の基準からすれば、これらは比較的短い。続いて第一章では、ヨセフがマリアの名誉を傷つけることを欲しなかったことについて、ティンダルはルターの註を次のように訳している。

あまり彼は彼女を公に恥にさらしたくなかったのである。そうすることもできたけれども〔ルターは als er wol macht hatte と書いている。これを英語にそのまま訳せば as he well had the might（そうする権利はあったけれども）ということになるはずである。ティンダルの as he well might have done という訳文はそれとまったく同じとは言えない。逐語訳にしては奇妙である」(訳註6a)。マタイはまた、ヨセフの善良なことを喜んでいるのである。ヨセフは愛の故に自分の権利を実行しなかった（ここもまた、ドイツ語とまったく同じとは言えない、das er sich auch seynes rechten und liebe ... (that he himself also his right and love ...)）(訳註6b)。

この章におけるルターの第三の註は、彼のドイツ語新約聖書の第二版と第三版にのみ出て来る。ティンダルはそれを再現している。このことは、ティンダルの仕事の仕方について有用な鍵を我々に提供してくれる。（彼と彼の助手が、ルターの新約聖書の少なくとも二つの版を含む何冊もの本を開いて、それに囲まれて仕事をしていた、という情景を想像することができる。）英語ではこの註は二〇行にもわたり、頁を越え、章の区切りも越えている。これは、ヨセフが「マリアが最初の息子を出産するまでは、彼女を知ることはなかった」とマタイが記していることについての註である。聖書のものの言い方からして、この文は、「ヨセフはその後われらの婦人を知った」（ルターは「われらの婦人」ではなく「マリア」としている）ということを意味しない、というのである。この種の言葉づかいの例として、創世記八章［七節］の烏の話を引いている。ノアが箱舟から送り出した烏が「水が引き、大地が乾くまで帰って来なかった」というのは、別に、「その後帰って来た」ということは意味しない、というのである。

第一章にはティンダル独自の短い註も三つある。マリアは「聖霊により」みごもった、という点について、「つまり聖霊の働きと力によってということである」と註をつけている。子どもにイエスという名前がつけられたことについて、「イエスという名前は救い主というのと同じ意味である。彼だけがすべての人間を、救いに値いしないのに、恵みによってその罪から救い出して下さるからである」としている。天使の予言の最後が「神われらと共にいます」という言葉で結ばれている点について、「キリストが神をもたらす。キリストがいるところに神がいまし、キリストがいないところには神もいない」としている。

全部で註が九十あるうち、三十はティンダル独自の註である。ルターの註のうち八つは省略し、第二、三版にしか現れない註を二つほど用い、五つは拡張ないし修正している。ここでもまた、ルターの註がどのように翻訳され、時にどのように変更されたか、またルターの註とティンダルの註の間で内容と姿勢についてどのような違いがありうるか、といったことについて、詳細な研究が必要である。こういう研究の結論が出るのを待ちつつ、とりあえず我々は、第一に、通常ティンダル自身の註は説明的である、ということを指摘しておこう。第二章、「ユダヤ（Jewry）は土地の名称で、ユダ（Juda）はそこに住む部族ないし種族の名称である」。第三章［四節］、「いなご（locusts）というのは、我々のところにいるばったの類（grasshoppers）よりも大きい……」。第五章［一八節］、「イオタ［日本語訳で「一点」と訳されることが多い］というのはもっとも小さな文字のことである。ギリシャ人やヘブライ人は最も小さい文字をイオタと呼んだのである」。第六章［三〇節］、「炉。この国では、そういったもので炉や竈に火をたいたのである」。第八章［五節］、「百卒長（centurion）とは百人の長である。私は時々 centurion という語も用いるが、多くの場合は、下士官と訳している」。第十章［九節］、「海外では、金貨や銀貨と同様に、銅貨もよく用いる」等々。しかしまた註の多くは言語的ないし文化的な説明を加えるものである。第十一章［六節］では、自分で hurt という訳語を用いたことについて解説し［日本語訳では通常「つまづく、つまづかせる」と訳している］、「新約聖書全体を通して、hurted とか offended というのは、信仰において堕落し、駄目になることを意味する。キリストが大工の息子にすぎず、キリスト自身もまた大工であり、母親や親族も低い階級の者であるということを知っている多くの者の場合である。またキリストがあのようなみじめな死に方をしたということを知っている者も、信仰からはっきり脱落し、信じることができなかったのである。」

ティンダルの最も長い註は、一六章［一八節］の「汝はペテロなり。この岩の上に……」という句である。ティンダルはここでルターを大幅に拡張しているのであるが、ティンダルもルターも、現代の読者なら期待するであろうこの機会を利用することはしなかった。あるいは少なくとも、このテクストがローマ教会にとって重要な意味を持っているということに関してふれようとしなかった。ここにペテロがいる。間違って最初のローマ教皇であるとみなされ、彼の上に一切が建てられる、とされたペテロが。だから、結び、解くことのできる「天国の鍵」が歴代の教皇に与えられているのだ、という。ギリシャ語の原文が言っていることは、「岩」であるのはペテロの告白であるということである。鍵は、イエスが「キリストであり、生ける神の子である」ということを告白するすべての信者の手にわたされる。実際ティンダルは、ルターが時に見せるはっきりした反僧職者的、反教皇的な刺激的発言をも避けている。五章［一九節］で、「これらのいと小さき戒命の一つでも破る者は……」について、ティンダルは、「これは、キリストの戒命は戒命ではなく、忠告にすぎない、などと言う者のことである」と註をつけている。これはルターから取られたものであるが、ルターの方はこれに「教皇主義者が言うように」とつけ加えている。ペテロと岩についての長い註は、「天国の鍵」について展開されているものであるが、これは全部引用する価値があろう。ティンダルが後に旧新約聖書の全体につける註の多くに見られる特色が表現されているからである。もっとも、これほど長い註はそう多くはない。彼はルターが、ペテロという語は「岩」を意味し、すべてのクリスチャンがペテロなのである、とのみ言っている点からはじめている。

ギリシャ語でペテロというのは英語の石（stone）のことである。この（信仰の）告白が岩なのである。ここではシモン・バル・ヨナつまりヨナの子シモンが、その告白の故に、ペテロと呼ばれている。以後このような仕方でキリストを告白する者は誰でも、ペテロと呼ばれるのである。この告白は、真にクリスチャンである者にはすべて生じる。すべてのクリスチャンの男女がペテロなのである。ビードやアウグスティヌスやヒエロニムスが、解き、結ぶということについて言っていることを読むがよい。また、ヒエロニムスが当時のパリサイ派の主張について批判していることを見るがよい。当時のパリサイ派は、それでもまだ、今日の新しい神々が勝手に主張しているようなとんでもない解釈はしていなかった。エラスムスの註釈（新約聖書に対する）を読むがよい。キリストがパリサイ派のパン種について注意するようにと言ったのは、無駄なことではない。彼らがその伝統によって苦くしているものほど甘いものはない。福音は、あの喜ばしい事柄は、今や古い律法よりも苦く、キリストの荷はモーセの軛よりも重く、我々の状態はかつてのユダヤ人の状態よりも十倍も沈鬱である。パリサイ派はキリストの甘いパンにそのようなパン種を入れてしまったのだ。

この調子は学識を示すものではあるが、ものがなしい。一五二五年の終りにイングランドでこの註を読む読者は、印刷された紙がサミズダート文書のように手から手へとわたされてこの註を読む読者は、教会が押しつけたこの重荷が何であるかすぐに認識したであろう。また現代のパリサイ派が誰であるかを知るのも簡単だっただろう。この文の背後に隠された爆弾は、むろん、「すべてのクリスチャンの男女がペテロなのである」という一文である。

## ケルン版の序論――ティンダルとルター

ルターの一五二二年の新約聖書の序論がここで翻訳され、変えられ、一部削除され、かつ、何よりもまず、多くの付加が加えられている。これがイングランドに最初に到着した英語で印刷されたルターの文書である。これは注意深い検討に価する。ルターの聖書で七頁ほどだったものを、ティンダルは一四頁にも拡大した。要約すると、ティンダルは、何故翻訳が必要か、旧約聖書、新約聖書とは何か、パウロによれば「福音」と「律法」の意味するところは何か、また罪とは何か、ということを説明している。この時代の論文によくあるように、三部構成になっており、それが効果的である。第一部が、ティンダル自身の読者に対する挨拶と翻訳の必要性について。第二部が、ルターの新約聖書神学について、非常にパウロ的であって、それを更にティンダルが拡大している。第三部が、六頁ほどの奇妙な結論の部分で、人間の腐敗について論じている。

ティンダルはルターを大幅に拡張している。しかしまた同様に、大幅に省略もしている。ルターの最後の数頁を削除することによって、中でも有名な最後の頁を無視することになった。これは一五三四年にいたるまでルターのすべてのヴィッテンベルクでの版に必ず採用されている部分であって、「これらが新約聖書の中でも正しく、かつ最も生き生きした文書である」ということを説明しているものである。その文書とは、ルターによれば、ヨハネ福音書と第一ヨハネ書簡、パウロ書簡、中でもローマ書、ガラティア書、エフェソス書、第一ペテロ書簡である。ティンダルはこういう仕方で新約聖書を二分割することには興味を持たなかった。そしてもしかするとヴォルムスに来て、ペーター・クヴェンテルのルターの正典表をやめることができて、ほっとしていたのかもしれない（訳註6c）。この正典表では、福音書とパウロ、ペテロ、ヨハネのすべての文書には番号がふられ、特別扱いされ、他のすべて――ヘブライ書、ヤコブ書、ユダ書、黙示録――は脇に置かれ、番号もふられず、文字通り別扱いで印刷されている。ルターがヤコブ書を「藁の書簡」と形容した有名な言葉を、ティンダルはこうして無視することができた。ルターがヤコブ書に反対したのは、ヤコブ書は信仰の絶対的な本質から眼をそらし、行為［による義認］にも多少の余地を残そうとしている、という点であった。ティンダルは、彼の後の一五三四年の新約聖書のヤコブ書序文にも見られるように、ルターよりも賢く、寛容であっただけでなく――新約聖書に対してより忠実であった。彼は、自分で勝手に新約聖書の中から選び出してはならない、ということを知っていたのである。彼の生涯は、イングランドの宗教改革者の立場に捧げられていた。その立場とは、聖書の言葉、ことに「堅い言葉」［理解が難しい言葉］と呼ばれるものは、聖書そのものから、つまり聖書の全体からしか解釈しえない、というものである。

彼は自分自身の序論を、直接読者に呼びかける文からはじめている。

私はここに（最も親愛にして、キリストにおいて愛される兄弟姉妹たちよ）、あなたがたの霊的な教化のために、慰めのために、また安心のために、新約聖書の翻訳をなした。ここで直ちに、私よりも言語の能力があり、聖書の意味と聖霊の意図するところとを解する能力を神の恵みによって私より高く与えられている人々に、頼み、お願いする。私の仕事を柔和な辛抱強さをもって、よく考え、検討して下さるように、と。もしも、いかなる個所であろうと、私が言葉の正確な意味をとらえそこなっていたり、聖書の意図するところを間違っていたり、的確な英語の単語を提供できていなかったりするところがあったら、その方々がみずからそれを修正する労をとって下さるように。それがその方々の義務でもありましょう。我々が神の賜物を受けたのは、我々自身のためだけでなく、あるいはそれを隠しておくためではなく、神とキリストとに栄誉を帰し、キリストの体である集会（congregation）の教化のためにそれを用いるためであるのだから。

これがティンダルの書いた文章の中で、失われずに残っている最初のものである。その明断さ、学者的な関心、説明しようとする熱意、その暖かさとさえ言える点について、ティンダルの特徴をよく示している。ルターの気高い調子の書きはじめ（「この書物を［序論などなしで］はじめる方が、正しく、妥当なことであったかもしれない」Es wer wol recht und billich, das dis buch …）とは異なっている。ティンダルの最初の文がまさに翻訳の技術についてであるということに着目しておこう。ティンダルを論争家、宣伝家、政治的改革者、倫理主義者、神学者、歴史家、教会制度の敵、等々として描くことは可能だし、現に今日でもしばしばそのように描かれている。しかしながら、彼が最初に自分を紹介するのは、聖書の翻訳の実践者としてである。それ以外の何かの点をより重要視して彼をとらえるのは、間違っている。彼は聖書の三分の二を非常によく翻訳した。その結果、彼の翻訳は今日まで続いている。これは非常に偉大な仕事であって、彼をそれ以外に形容する言葉はすべて、これと比較すれば、価値を失ってしまう。

ティンダルは更に、ルターから離れて、次のように続ける。

私をこの翻訳にかりたてた理由は、私がここで述べるよりも、ほかの人たちがよりよく想像することができるだろう。それにまた、その理由を述べるのは余計な無駄というものだろう。暗闇を歩む者、そこではつまづく以外にはありえない暗闇、そこでつまづくことは永遠の破滅の危険を意味する暗闇の中を歩む者たちに、どうして光が与えられる必要があるのか、などとわざわざたずねる愚か者がいるだろうか。あるいは他の人（あえて兄弟とまで呼ぶまい）にこれほど必要なことが与えられるのを嫉妬するような悪意に満ちた者がいるだろうか。あるいは、善は悪の自然な原因で、暗闇は光から出て来るもので、嘘をつく根拠は真理、真実の中にあるというようなことを主張し、その正反対のこと、光が暗闇を打破し、真実がすべての種類の虚偽を咎める、ということは主張しない、そういうおそろしく狂気の者がいるだろうか。

これがティンダルの最初の頁である。二十世紀末近くの読者には、これは特にどうということはなく、月並みでさえあり、あまりに当り前すぎることばかりを言っている、と思え、その結果ティンダルを見くびる人もいるかもしれない。しかしながら、一五二五年に英語で印刷されたこの頁は、爆発的な要素をはらんでいたのである。ものの言い方が落ち着いて理性的で、英語の新約聖書の必要性を、人の表現を借りて言うとすれば、世界的に承認された真理として述べている。あまりに明白な真理なので、それを説明することさえ余計な無駄である。盲目であるか、悪意があるか、狂気である者だけがそれを否定することができるのである。英語の聖書は悪を、暗闇を、虚偽を生み出すだろう、などと言うのは、狂気ということだ。——このおだやかな言い方の中に、［カトリック］教会にとっては非常に危険な攻撃がはらまれていたのである。教会はこれに対して、ただ、最も悪辣な焚書という行為、更には生きた人間の男女の焚刑という行為をもってしか対応できなかった。ティンダルのこの最初の文は静かな調子を保っている。そのことは、ティンダル自身がまだ、彼の仕事と彼自身とが、憎悪と焚刑とによって応じられるであろうということに気がついていなかったことを示す。

もっと悪い「異端」がある。この序論の中でティンダルがルターを訳すのではなく、自分自身で語っている個所の特質は、聖書の言葉の引用から成り立っている、というところにある。右に引用した二番目の段落では、彼はルカを引用している（段落の最初の文）。またイザヤ書（「暗闇の中を歩む」という句）、ヨハネ福音書と書簡（「暗闇」に関する二つの個所）、パウロのエフェソス書（第一段落の「……能力をより高く与えられている人々に……お願いする」）。第一段落の最後の文は、まるごとパウロの文である。第一コリントス書簡一四章、ないしエフェソス書簡一章または四章の文を利用している。だからこの文は容易にギリシャ語にもどし得る。その核心にあるのは、神から受けた賜物は皆で平等にわかちあい、皆がそれにあずかるようにする、という新約聖書の中心的な教えである。「皆が」というのは「キリストの体である集会が」ということである。この点こそ、イングランドにおいては、クリスチャンの男女はみなペテロであるというのと同等に、断罪さるべき異端であった。もしもティンダルが、全員が差別なしにキリストの体である、と印刷した文書で言っているのであるとすれば――一般信徒と司祭と司教と教皇の区別なしに。つまり、もしもすべての人がキリストにあって平等であるというのであれば――クリスチャンがともに集まるところは、平等な者たちの集会（congregation）であって、分断と位階の教会（church）ではない、ということになる。教会では司祭と司教と教皇が本質をしめる。ティンダルはこのようにギリシャ語新約聖書のエクレシア（ekklesia）という単語を、［「教会」と訳さずに］「集会」（congregation）と訳した。言語的には彼は正しかった。彼以前にも、ほかならぬエラスムスが同じ訳語を用いている。神学的にも彼は正しかった。新約聖書は信じる者たちの集まりを位階の区別のない平等な者たちの集会として考えているからである。位階の区別などは天の国には存在しないものである。司教（ギリシャ語では「監督者 episkopoi」）、聖職者（ministers。ギリシャ語では「長老 presbyteroi」）などは、実務を司る奉仕者（ministers。この語は「仕える者」servants を意味する）なのであって、神の権力を代行する唯一の役職などというものではない。しかし司祭や司教はそういうものとなってしまった。ティンダルの最初の段落の最後の言葉、「キリストの体である集会」という語がエフェソス書一章の最後の言葉［二三節］の厳密な訳であるとしても、イングランドの司教たちにとっては、ここには二重の異端が認められたのであった。平等の考えが含意されていることと、「教会（church）」の代りに「集会（congregation）」という有害な単語を用いたことである。司教たちは、この考え方は聖書的であるとは思わず、基本的にルター的であるとみなし、教会全体の構造を崩壊させかねない危険なものとみなしたのであった。事実確かに、そういうこととなった。しかも迅速に。

これは新約聖書全体につけられた序論というわけではなかったが［ケルン版では新約聖書の全体が発行されるにいたらなかった故に］、ティンダルはこの序論を非常に重要視したので、後に、一五三一年に、これだけ切り離して、更に書き加え、『聖書への道』と題して印刷、出版した。この文書はイングランドで攻撃され、異端として退けられるものとなった。我々はここでは、もともとの序論を見ておこう。ティンダルはルターを跳び板として利用しているのである。彼は、読者たちが持っていると彼が信じる理解力に対して訴えかけ、読者たちが必要としていると彼が気がついている知識を提供しようとする。そのやり方についてここでは見ておこう。二頁目、つまり第三段落は次のようにはじまっている。

右で述べた新約聖書を我々の英語に訳すということを神が私の心に植えつけて下さり、またそれを訳すことのできる御恵みを与えて下さったので、我々は何とかそれを成しとげた。以下のいくつかの点について読者の方々の注意を喚起する必要があると思えるので、記しておく。次のいくつかの単語が意味するところを、読者の方々はよく理解していただきたい。旧約、新約、律法、福音、モーセ、キリスト、自然、恩恵、業をなすことと信じること、行為と信仰。これらの一方に属することを他方に帰したりしてはならない。キリストをモーセにしたり、福音を律法にしたり、御恵みを蔑し、信仰を奪ったりしてはならない。従順に学ぶことをせずに、御言葉についてがみがみと言い立てて怠慢な悪質さに陥ってはならない。（註7）

この後ティンダルはルターに従う。多少は縮めているけれども、一頁半にわたってていねいにルターを追っている。まず旧約と新約という概念を規定し、次いで、やや長く「エウアンゲリオン、つまり我々が福音と呼んでいるもの……」について解説する。これは「ギリシャ語の単語で、良き、喜ばしい、楽しい、嬉しい音信を意味する。これは人の心を楽しませ、嬉しさのあまり、歌ったり踊ったり跳ねたりさせるものである。」古くからの伝統であるが、ルターのものの言い方の型で、キリストを、罪と死と悪魔のゴリアテに対して戦い、克服した「正しきダヴィデ」にたとえている（この罪、死、悪魔と三つあげる言い方はルターの特色である）。創世記三章

［一五節］で女の裔が足もとで悪魔の頭を砕くと言われている、その女の裔にたとえる。悪魔の頭とは「罪、死、地獄、悪魔のすべての力」である。また、その信仰の故にすべての世代の者たちに祝福をもたらし、罪と死と地獄より救い出すアブラハムの裔にたとえている。ルターは創世記三章への言及を導入するのに、パウロのローマ書一章［一―三節］を参照している。またアブラハムの裔ということを説明するのにガラティア書三章［六節以下］を参照している。そしてこの部分をヨハネ一一章［二六節］の「私を信じる者は死ぬことがない」を引用して終っている。ティンダルもそれに従っている。そしてこの点でティンダルはルターの序論から離れ、再びもどって来ることはない。（ルターはこれに続けて、サムエル記下一七章――ルターは一七章と記しているが、実際には七章である――の、その家と王国が永遠に確立されるというダヴィデに対する約束について、ミカ書とホセア書を援用しながら、説明している。そして残りの五つの段落でモーセとキリストの違いについて論じる。）

ティンダルはここで再び自分独自の文にもどり、ルターの文に従いはじめる前のところで並べた概念にもどってくる。そして次の部分を六頁にわたって展開する。信仰義認の教理についてのもう一つの部分である。まず律法についてはじめている。「律法と福音は決して切り離すことができない」とまず述べる。ティンダルにとって本質的に重要なのは「エウアンゲリオン」の定義を律法に対して確立することである。この語はルターからそのまま取られている。この部分ではティンダルはいわば一人で泳いでいるけれども、決してルターから遠く離れることはしない。以下の六頁でティンダルが自分一人で展開している教理は、十分にルター的なものである（そして究極的にはパウロ的なものである）。義認は外面的な行為によって実現するものではない。人間は、律法によれば、本質的に永遠の劫罰に定められているからである。しかし、「福音が我々に説かれる時には、神が我々の心を開いて下さり、我々に御恵みを与えて、信仰することができるようにして下さり、キリストの霊を我々のうちに植えつけて下さる。我々は神をこの上もなく恵み深い我らの父として知るのである……。キリストの血は、我らのために、神のすべてのものを獲得して下さったのだ」(註8)。しばしば、単語の使い方にルターの存在が感じられる。ルターの「心の深い底と基盤」という句が何度も現れる。しかし事柄は強くルター的であっても、それを語る仕方はおよそティンダル自身のものである。

この序論は、ティンダルの書いた文書の中でも最も重要なものの一つである。これはいわば彼の最初の宣言である。初期の、強くルター的であった時期のものであるけれども、同時に、独自性をも示している。自力でなしとげようとする姿勢である。これは彼のなすことすべての特色である。この序論は、ほとんど、聖書の神学的解説とでも言うべきものになっている。最初の二、三頁はそうではないが、それは、聖書を読むことの必要を説いた部分である。現代の読者がここに宗教改革の政治的側面や反教皇的な論争を見出そうとしても、無駄だろう。これは非常に重要であるから、ここで詳細に検討することにする。ティンダルの聖書の翻訳以外のほかの著述についても後に分析を提供するけれども、ここでは、それよりももっとていねいに分析することにしよう。確かにこれはかなり面倒な分析の作業でもあるけれども、この序論についてのいくつかの問題ある誤解を解くためにも、必要である。――特に、この序論の論述は芸がない、形が整っていない、という批判に対して。

## ケルン版の序論――ティンダル独自の部分

この中心的な六頁においてティンダルは、三つの極めて重要な仕方で独自の道を歩んでいる。第一に彼は、新約神学を、何よりもまず読者に対して明瞭であろうと決断して解説している。第二に、この六頁のうちいくつかの部分は、文体的に非常に面白いものがある。「律法と福音」の二極は、「決して切り離すことができない」という中心主題を、うまくバランスをとった文章で図式的に整えることに成功している。「従って私は常に律法を頭に置いておかねばならぬ……。私はまた約束を私の眼の前に見すえていなければならぬ……。」このバランスの取り方は、より大きく全体を整える型の一部であることがわかる。ティンダルがこれらの頁の一部でなしていることの第三点は、新約聖書から非常に多くを引用してものを言う仕方である。たとえば、この彼独自の部分の最初の頁は「ヨハネ福音書の最初の章」に言及するところからはじまり、後に二度も同じ章から引用し、その間にパウロからの引用を三個所、解説しながら導入している。ルターとの調子の違いははっきりしている。その相違は、ルターが多く旧約聖書を引用するのに対してティンダルはすべて新約聖書からのみ引用する、という点にとどまらない。ティンダルの文章はルターのものほど教義的な議論をしていないが、しかし読者はそこから新約聖書が何を言っているかを学ぶことができる（この第三点には、これよりももっと重要な意味があるのだが、すぐ後に示すことにする）。

彼の文章の明晰さの一部は、文章の組み立てによって達成されている。一つ一つの単位は短く、そして各単位が相互に関係している。明晰さのもう一つの理由は、複雑な、ないし技術的な抽象的用語を驚くほどみごとに避けるところから来ている。平明な語彙を選び、できる限り具体的に書くのである。「私はまた約束を私の眼の前に見すえ、私の上に与えられた神の慈悲、恩寵、善意を見なければならぬ」(註9)。「律法とともに彼（人間）は自分自身と自分のすべての行為を断罪し、あらゆる讃美を神に捧げるのである」(註10)。この具体的なものの言い方は、比喩的表象を用いる時には特に顕著となる。「しかも我々は自然の毒に満ちあふれている……。蛇の自然が刺すことにあるように、我々の自然は罪を犯すことにある……。くさり蛇やひき蛙や蛇が人に嫌われるように……。実が木を悪くするわけではない……」(註11)。序論全体を通じてこういった比喩的表象が、自然的人間について、すなわち人間が罪を犯す自然な傾向を持っているということについて述べるすべての個所に出て来る、ということは注目に値する。具体的なもの、現実世界の存在を、自然の体験にあわせて表象として用いているのである。

文章のバランスを取る仕方は、常に教理のすべてを述べようとする意図に対応している。「律法が我々のところに来たり、我々を死に定めた時……、我々はキリストにおいて恵みと……生命の約束とを……得たのである。旧約には多くの約束が示されているが、それらはすべてエウアンゲリオンすなわち福音の約束なのである。それらの約束を信じる者たちを律法の復讐から救い出す、という福音なのである」(註12)。二つの体験、律法と福音の両方を常に口にしている。これらの頁においてティンダルは、そのどちらか一方を、他方にも言及することなしに言及することはない。この二重の質は、文章の構造そのものの中にある。この六頁の部分の主題は、順に、律法と福音という対立、そして次に自然と恩恵という対立である。最初の一頁半は、律法は要求し、福音は与える、ということを示そうとしている。要約として、律法と福音は切り離すことができない、と言われる。第二の対立である自然と恩恵は、続く二頁半をしめる。この二つの大きな部分の間にはさまって、二つ一組の陳述に一つ加える、という型が二度くり返される。思い違いしている人が二種類存在する。外面的な行為によって義とされると思っている人と、「神は恵み深い」と言ってあらゆる悪徳に身を染める人と。それに対してティンダルは、真の信仰とは何かを述べる。続いてまた二つ、律法的な人は神に栄光を帰することをせず、官能的な人は神を畏れることをしない、という。それに対してティンダルは、真のクリスチャンとは何かを述べる。自然は人間的なものである（上に紹介したような自然の事物を比喩的表象として用いている）。恩恵を受け入れることは、キリストの働きである。要約として、ユダヤ教徒が誤解した義とは何かが説明される。生き生きとしたイメージで文章がしめくくられる。「此の世の律法はしばしば泥棒や人殺しを断罪し、刑を執行しようとする。犯罪人は自分の前方に何も見ることができず、ただ死のみを見る。そこに良き音信が訪れる。王からの特赦状で、赦しが与えられる。」(頁記号B2)

この全体は次のように図式化できよう。

律法
福音
　要約。この二つは切り離せない
　　思い違い、その一。行為
　　思い違い、その二。悪徳
　　　真の信仰
　　思い違い、その一。神に栄光を帰さない
　　思い違い、その二。神を畏れない
　　　真のクリスチャン
自然
恩恵
　要約。義

これまであまり指摘されなかったが、こういう修辞的な組立ては、ティンダルの著作の非常に多くの部分に見られる特色である。この点で彼は、当時のオクスフォードでの教育と、コレットのような人々によってチューダー王朝の時代に発達した中世後期の説教の仕方とに多くよっている。その目的は、言葉をアラビア模様のように複雑に用いて目をくらませることにあるのではなく、最も素朴な聴衆にもはっきりとわかるようにすることにある。

ほかにも工夫をこらした跡がある。ティンダルがあげている二つの「思い違い」の実例は、いわば後の『天路歴程』に出て来る「亡霊」のような登場人物の小型版であるけれども、これは、ルターのもともとのリストでは「モーセとキリスト」という対立の個所に入れられているものである。また、「自然と恩恵」という対立については、ここで書かれていることがそれ自体として対立を表現している。「自然」の段落は(註13)、すでに述べたように、短く、「自然」の実例をいくつかあげているが、しかしその全体が一つの絵をなしている。「アダムの過ちから」生じたことが、この部分全体を通して、蛇（とその毒）及び木（とその実）との関わりで示されている。よく知られた図である。この図はいわばすでに固定したものである。「恵みによって……」ではじまる次の段落は、その図から我々が「抜き出される」ところを示す。続けて我々は、「すべての善の根源であるキリストに接ぎ木されるのである。キリストにおいて神は、この世界がはじまる前から、我々を選ばれた者として愛し給うた……。」そのあと、十個の句からなる高揚した文がつづく。それぞれの句が「そして（and）」ではじまっている。この文は次のように並べて見るのがよかろう。

そして（神は）我々のために神の子を知る知識を保存して下さった。
そしてその聖なる福音を知る知識も。
そして福音が我々のもとにとどいた時、神は我々の心を開き、
そして我々に御恵みを信じるようにさせて下さった。
そしてキリストの霊を我々のうちに置き、
そして我々は神を最も慈愛に富む我らの父として知るのである。
そして我々は律法に同意し、

そして心の内から律法を愛し、
そして律法を実現しようと欲し、
そして実現できぬが故に悲しむのである。
その意志が……十分なのであって……。

キリストの働きが、救済の経験を通して、身近な経験を表す動詞によって次々と表現されている。三行目の「そして……時」以下でそれは三つに組み分けされている。「開く、させる、置く」、「知る、同意する、愛する」、「欲する、悲しむ、十分である」。これらの動詞は、『天路歴程』の小型版として、キリストが信者に対してなして下さったことの全体を物語る。

これらの現在ないし未来の動詞の基礎は、過去の事柄である。

キリストの血が、ほかの一切の者のための贖罪となった。
キリストの血が、我らのために、神より与えられるすべてのものを得させて下さった。
キリストの血が次のことを確かにしてくれる。

キリストが我らの
　　　　　　贖罪
　　　　　贖い主

解放者
救い主
　罰と怒りから。

いわばキリストが罰と怒りに対して四対二で勝利している。最終的な命令は、ミサに出席することでも、告解でもない。それはまさにルター的な行為、「パウロやペテロの書簡、ヨハネの福音書や書簡で、キリストが我々にとって何であるかをよく調べ、注意を払うこと」である（註14）。この段落の全体が新約聖書の言葉づかいによって成り立っている――これを書いた人の心はパウロとヨハネとにひたっている。あるいは、パウロやヨハネから英語に訳された文に。

「信仰、愛、行為」という題が、次の文の欄外につけられている。彼はこの三つを別々に切り離すことはしない。ここで彼は、この彼独自の表の最後の言葉にいたる。「行為をなし、信じること。行為と信仰……」（後者は前者の鏡である）。ここで彼は数行用いて、「義」ということについてやや長い要約をなし、すでに律法と福音、自然と恩恵について述べてきたことに基づいて、行為についてのさまざまな誤解を明らかにしている。ペテロやパウロさえも、義を求めて嘆いていた。「パウロは叫んで言った、『私はなんと哀れな人であろうか。誰が私をこの死の体から救ってくれるだろうか。』」――ローマ書七章［二四節］に出て来る叫びである。これはティンダルの新約聖書から欽定訳聖書を通して現代まで伝わっている文である。一点だけ変えられてはいるが（訳註14 a）。

## ケルン版の序論――聖書の用い方

聖書の用い方はこの個所の第三の特色である。この個所はいわば聖書の引用のタピスリーになっている。「私を信じる者は、死ぬことがない」とティンダルは書く、「律法はモーセによって与えられた。しかし恵みと真実はイエス・キリストによって。」この六頁にわたる部分の冒頭（つまり序論全体の第四頁の最初であるが）のヨハネ一一章［二六節］と一章［一七節］からの引用が、ギリシャ語から直接英語に訳された新約聖書の言葉の中で印刷された最初の個所である、という事実に気がつくのに、多少の時間を必要とするだろうか。同じ頁の下の方でも、彼はまたヨハネ一章から引用している。「我々はみな、その人の豊富さ、満ち満ちているものから、恵みに恵みを、恩寵に恩寵を、受けたのである」［一六節］。頁の中ほどではパウロの第二コリントス書簡三章から引用して［これは直接の引用ではない］、律法は「死の仕え手」であり、それに対して福音は「生命の仕え手、……霊と義の仕え手」である、としている。ティンダルはルターと同様、ヨハネ福音書とヨハネ第一書簡およびパウロの主な書簡から引用している。

　最初の一頁半で福音についてこのように書かれている部分は、ほとんど全部が新約聖書からの引用によって成り立っている。この引用はスコーンの中の乾葡萄のように突出しているわけではなく、言葉が混ぜ合わせられる中の一部となっている。新約聖書の言葉はそのままの引用であるよりも、いろいろ言い換えながら用いられている。意味は正確であるが、言葉はしばしば、いわば記憶に頼っているような感じで用いられている。事実、そうであるのかもしれない。これらの新約聖書の引用をティンダルの後の二つの訳と比べると、つまり一五二五年のケルン版を一五二六年のヴォルムス版及び一五三四年の改訂版と比べると、面白いことに気づく。この部分のはじめにあるヨハネ一章からの引用は「律法はモーセによって与えられた。恵み（grace）と真実（verity）はイエス・キリストによって」となっているが、ヴォルムス版の新約聖書ではそうはなっていない。そこでは「恩寵（favour）と真実」となっており、更に一五三四年版では「恵みと真理（truth）」になっている。「義の仕え手

（ministration）」は「義の管理者（administration）」となっている。もちろんティンダルも、良き翻訳者の常として、くり返し改訂しつづけている。そして、これらの例もそういう改訂の例なのかもしれない。しかしながら、この序論にある次のような特別にパウロ的な文を見てみると、どうだろうか。

パウロが確言しているように、（神は）此の世界の創造の以前から、その愛し給うた方［キリスト］を通して、我らを愛して下さったのである。神が我らを愛し給うのはキリストを愛し給うた愛の故であって、我ら自身の功績ではない。キリストは万物の上に立つ主となり給うた。聖書では、神の恵みの座、と呼ばれている。キリストのもとに避難する者は、神から恵み以外のいかなるものも聞くことも、受けることもない。（註15）

これは同時にまったく欠点のない新約聖書神学であり、かつぴったりと定めることの難しい文である。語りかけは直截で、文章の作りはまさにパウロを英語にしたものである。それは、ティンダル自身の二つの翻訳に見られるようなものである。けれども、この文はどこから来たのか。最後の部分はローマ書十章ほかの個所を反映している。「恵みの座」というのはローマ書三章を頭に置いた表現である（この独自の言い方がどのようにして作られたのかは、後述する）。

ティンダルが新約聖書のいくつかの中心的な個所を記憶に頼ってつなげている、という可能性はある。しかし何の記憶か。ふつう、ティンダルはウィクリフ聖書を用いることはしなかった、と言われる。しかしウィクリフの改訂版、今日ウィクリフBと呼ばれているものだが、これはヨハネ一章［一七節］を次のように訳している。「というのは、律法はモーセによって与えられた。しかし恵みと真理はイエス・キリストによってなされたのである（For the law was given by Moses: but grace and truth is made by Jesus Christ）」。またパウロについては、「死の務め……、霊の務め……、義の務め……」〔第二コリントス三・七―八〕。ウィクリフBが、いくつかの重要な個所については以後英語で慣用的に用いられる表現を確立するようになった、ということなのであろうか。そう考える可能性はある。しかしヨハネの他の文〔一・一六〕をウィクリフBは、「そして彼の満ち満ちているものから、我々みなが受けたのである（and of the plenty of him we all han taken）」と訳している。これはピジンであって、英語ではない（ティンダルは and of his fulness all we have received としている）。これはラテン語からの訳だが、ラテン語の文をそのまま反映している。しかしそのことは、もちろん、ティンダルのこの文での最初の引用についてもあてはまる。ヴルガータのヨハネ一章一七節の文 quia lex per Moysen data est, gratia et veritas per Jesum Christum facta est〔上記のウィクリフBの英訳は、これをまったく逐語的に英語の単語に置き換えたものである〕が、すでにある程度の期間、英語の訳で for the law was given by Moses, but grace and truth were made by Jesus Christ という文で流通していたのであろうか。ともかくこれは、基本の個所である。しかし、「神の恵みの座（God's mercy stool）」についても同じことがあてはまるだろうか。これはルターの Gnade Stuel から来ているように見える。あるいは、前に論じたローマ七章のパウロの叫びについては、どうであろうか。ティンダルは「私は何とみじめな人間であろうか」を O wretched man that I am と訳しているが、これとウィクリフBの I an unsely man とではだいぶ異なる。それにこのウィクリフBの文は、ヴルガータの Infelix ego homo とも違っており、やや奇妙である。ティンダルの引き伸ばした文〔原文は三単語、ティンダルは六単語〕は、ギリシャ語の talaiporos という語が、苦労する困難さを持った惨めさの意味を持っているので、それにうまく適合している。エラスムスの一五一六年のギリシャ語の新約聖書やルターの一五二二年九月の新約聖書が出る前に、こういう英語の句がギリシャ語からはいりこんで人々の共通の語彙の中に存在していたというのは、まずはありえないことである。むしろ、一方では、ティンダルが教え、学び、説教をしていた一五二〇年代にいたるまでに、新約聖書神学特にパウロ神学の一種の再構築がなされたこと、他方ではまた、新約聖書神学が改革の運動の基本であるということを理解した男女の人々にとって、実はすでにヴルガータから訳された一定数の聖書の個所の英訳が手にはいるようになっていたということは、十分に可能なこと、むしろ大いにありそうなことである。（前の章で見たように、すでに中世後期において、聖書の短い句を英語にしたものが伝承として存在していた。もっともこの時期ではそれはまだ信心深い人々のために教会内で用いられていたのであって、そういう信心深い伝統を克服するために神学的に用いられたのではないけれども。）ティンダルのブリストルやロンドンでの説教を研究するのに、この種の伝承を数多くあげることができよう。こういう聖書引用の伝承が存在したということは、もちろん、ティンダルが達成したことの偉大さを割り引くことにはならない。ティンダルの業績は、新約聖書の全体をギリシャ語から英語に訳すことにあった。新約聖書のいくつもの個所が英語で、覚えやすい引用として、一五〇〇年代のはじめに出まわっていただろう、という問題については、まだまだ多くの研究がなされねばなるまい。

格言についての同様な研究から、多少得るところがあるかもしれない。格言の文化をよく学んで、標本となる格言集が十六世紀のはじめにエラスムスによって、また世紀の終りにベーコンによって発行されている。ティンダルは、自分の神学的な宣言を、新約聖書の言葉の引用や言及を英語で並べることによってなしているのだが、それは、ほとんど表現し難いと思えることを表現しようとするのに、知られているせりふをつなげて並べるという、この時代の教養人なら誰でもやっているやり方なのである。個人的な哲学を格言によって表現するのであろうと、救済の神秘を新約聖書によって表現するのであろうと。

ティンダルのこの序論の最初の部分は大部分ケルンで書かれたわけではない、そもそも新約聖書への序論として書かれたわけではない、という大胆な想像をしてみたくなる。それはむしろ、パウロの述べるキリストの福音の理解を長い間考えぬいて、すでに英語で人々が共通して知るところとなっていた新約聖書の引用の伝統をつなぎあわせて文章化したものであろう。それが今やルターとの接触によって更に強化されて、いくつかのルターの「序論」からの引用とともに最初の読者への呼びかけにつなげて置かれたのである。文学研究者（また聖書学者）などは、一つのテクストの構成をこのように分解して考えるのは、すでに百年以上も古くさい方法ではないか、と言うかもしれない。しかしながら、ここに述べたこと以上にほかにも証拠がある。かつまた、同じ方向でもっと大胆なことさえ考えることができるのである。

ルターが本質的なことを列挙したものをティンダルが六頁かけて自分で解説した部分は、長い一文で終り、その最後のところは、「我らの救い主イエス・キリストの血によって、みずからの弱さを神に託しつつ」という句で終っている。これはちょうど良い区切りであって、序論全体がここで終ってもよかったのである。しかしその代りに、「以下に読者は、上で述べたすべてのことの要約を簡潔、平明にまとめたものを見出すであろう」という書き出しで、次の部分がはじまっている。けれども以下に続く五頁は、前に書かれたことの要約ではない。それは、アダムの堕罪以来キリストの到来まで我々がサタンにつながれており、キリストが信仰をもたらして我々を自由にしてくれた、という新約聖書の教義をそれなりに十分に、しかし荒削りに述べたものである。キリストが自らを与え、我々に例を示してくれた。我々がなす行為は、どんなに高潔なものであっても、我々を天に適う者としてはくれない。キリストの血が我々にそれを得させてくれたのである。律法が我々を縛り、キリストが我々を解き放った。それはキリストのなしたことである。

文の調子は明瞭に異なる。新約聖書の引用や言及を重ねていくおなじみのやり方は影をひそめ、この部分の最初の数頁で言及されるのは、ほとんど旧約聖書である。語りかけの形も、最初の方の「自然」に関する部分で扱われた「アダムの堕罪」を再び取り上げながらも、ここでは荒々しいものとなっている。彼ははじめる、アダムの堕罪が我々を神の復讐と怒りの申し子、永遠の劫罰の申し子にしてしまった。我々を悪魔のとりこ、きずなの中に閉じ込めてしまった。悪魔が我々の主となり、支配者となり、頭、統治者、君主となり、我々の神とさえなったのである。我々の意志は閉じ込められ、十万もの鎖で一人の人を柱にくくりつけるよりももっときつく悪魔の意志に結び付けられてしまった。我々は我々の心をつくし、思いをつくし、能力、力、意志、気持をつくして、悪魔の意志に賛同するようになった。人はその敵を、どれほどに毒にみちた、恐ろしい、有害な憎しみをもって憎んでいることか。我々はどれほど大きな内面の心の悪意をもって人を殺害していることか。どれほどの暴力と乱暴をもって、更にまたどれほどの熱烈な欲望をもって、我々は姦淫、姦通などの不潔なことを犯していることか。どれほどの心の快楽をもって、食いしん坊が自分の腹を満たしていることか。(註16)

「心をつくし、思いをつくし……」という言い方は、確かに、申命記六章の神への愛について言われていることの反映であるが、しかし、おそろしく転倒されている。頁全体を通じて、人間の全面的な堕落についての恐ろしい描写がある。「人間の知恵も理性も意志も悪魔の意志によって強く固めつけられ、釘づけにされ、鎖でしばられている……。」あたかも太陽が突然沈み、聖アウグスティヌスの暗い雲がこの著作を覆いはじめたかの如くである。更に、太陽を少し垣間見る時も、それは奇妙なキリスト論となっている。「キリストの血、キリストの死、非難や悪を蒙る中でのキリストの忍耐、その祈りと断食、その柔和さと、律法のすべての点を満たしたことが、神の怒りを鎮めたのである……。」キリストの柔和さは第二コリントス書簡十章で言及され、キリストの祈りと断食黙示録の第一章の疑わしい、使徒が書いたわけではない文においてのみ言及されている。キリストの祈りと断食は、ペテロやパウロの神学の根拠とはなっていない。実際、この個所で指摘されている資質や行動――忍耐、祈り、断食、柔和など――は、確かに新約聖書に出て来るものだが、キリストのなした業の一部であるというよりは、最初期の教団の信者たちに期待されていたような類のものである。これはどちらかというと人間的な行為であって、キリストの行為としてこういうことを考えるのは、古くさい、スコラ的な、ほとんど修道院的な雰囲気のものである。

更に、この個所での神学は最初の部分のティンダルには適合しない。最初の部分では、神の怒りを鎮めるのは、新約聖書においてローマ書五章ほかで言われているように、キリストの血であり、死である。それに対し、キリストが「律法のすべての点を満たす」ことによって神の怒りを鎮めたのだ、などという説は、パウロやペテロに位置づけるのは不可能である。ヘブライ書ならそれに近いかもしれないが、それでも無理である。新約聖書が「満たす」という動詞を用いるのは、ふつうは、キリストが〔旧約〕聖書〔の予言〕を満たした、という場合である。この場合に最も近いのはローマ書十章〔四節〕の文、「キリストは、すべて信じる者を義とするために、律法の終りとなった」という文であるように思えるかもしれない。ティンダルはこの文にふれている。しかしこの文では神の怒りについては何も述べられていない。律法を意味するギリシャ語のノモスという単語は、それ自体、ヘブライ語の基本単語のトーラーを訳した語であって、実際七十人訳はこの語を採用しているが、新約聖書ではこの語は、圧倒的に多くの場合、信者の律法に対する関係について用いられ、キリストの律法に対する関係については用いられていない。確かにマタイ五章〔一八節〕ではキリストは、一切がキリストによって成就されるまでは、律法の「一点一画も」すたれない、と述べている。しかしそれはいかなる放縦の理念にも反対するためであって、キリストのなした業が怒りの神を鎮めるなどという意味ではない。

何が起こったのか。ティンダルはここで再びルターの「序文」の文章にもどったのだ、と思われるかもしれない。しかしそうではない。ルターの文章からは、もうだいぶ前に離れている。しかしながらこれらの頁は非常に強くルターの臭いがする。十万もの鎖で柱にくくりつけられている人という具象的なイメージは、過度に行き過ぎている点で、ルターの神経症的な資質にほど近いとも言えよう。法律的な単語の長い羅列（「我らの身請人、釈放者、調停者、仲介者、斡旋者、弁護士、代理人、下級弁護士、など（redeemer, deliverer, reconciler, mediator, intercessor, advocate, attorney, solicitor）」（頁記号Ｂ３）（訳註16ａ）、「心の基盤」という句の繰り返し（上記の「ティンダル独自」の個所にも多少似たような句は出て来るけれども）、行為の実例として質素な生き方をあげ、しかしつけ加えて、だからとて「買春宿の女よりも（もしも彼女が悔い改めるならば）」天に近いわけではない、と言う言い方、頁記号Ｂ４のところに出て来るローマ書八章からの長い引用の言葉づかいさえも――これらすべてが、またほかにも、ルターの何らかの著作に依存していることを示唆する。それがルターのどの著作であるのかは、まだ確認されていないが（註17）。（ルターは一五二五年以前にも多く書いていた。そしてルターの著作の大部分はまだ英語に訳されていない。）他方、旧約聖書の引用は典型的にルター的な引用であるが、新約聖書の方はルター的と言えない程度に広くひろがっている。マタイ、マルコ、ルカ、またヨハネから一個所、第一ペテロから一個所、パウロから数か所。これらは明らかにティンダル自身のヴォルムスの翻訳に近い。しかし時にはまったく同じというわけでもない。この広がりは、新約聖書の証言集みたいなものが共通の伝統として存在していた、という程度を越えている。

「以下に読者は、……簡潔にまとめたものを見出すであろう」という導入句は、一つの区切りを示している。この言い方自体は当時の書物では非常によく用いられた。だから、たいして気にするほどの句ではないだろう。ただ、ティンダル独自の六頁と質の異なるこの五頁は何か、という問題は残る。ここですべてをあげることはできないが、相違点は多い。この五頁の方には下敷きとしてルターの別の文書が置かれているのかもしれない。しかし万が一そうだとしても、それを翻訳し、利用する仕方は、ティンダルの通常のすぐれた特色を示していない。以下は大胆な仮説である。ティンダル独自の六頁とちがって、この最後の五頁は、新約聖書のほとんど、ないしすべてが翻訳され、しかしまだ印刷には付されていない段階で書かれた。――ティンダルとロイはクヴェンテルのところで印刷にかかる前に原稿をすべて仕上げていただろう、と常識的には考えられるが、それを前提にすれば、右のように考えられる。そうだとすればこれは、（おそらくは人々が共通して利用していた資料集ないし伝承に由来する）よく知られた聖書の個所の羅列というよりはむしろ、すでに出来上がった新約聖書全体の翻訳とはっきりつながっているということになる（事実そうである）。どちらかというと雑な翻訳の部分は、ウィリアム・ティンダルの仕事ではなく、ウィリアム・ロイの仕事である、として説明できよう。一五二七年にロイは短いドイツ語の本の翻訳を出版した（本書第六章を見よ）。一五二九年には第一コリントス書簡七章の結婚についての文のルターの解説を翻訳している。どちらにおいてもロイは、かつてティンダルと新約聖書の翻訳の仕事を協力してやっていたということに言及している。私はまだそのどちらの翻訳についても、ここで必要とするほど緻密な分析をしていないが、とりあえずの印象からすれば、ロイのドイツ語の翻訳の仕事は一般にティンダルのものよりも雑である。さまざまなイメージや俗語の用い方（ロイはよく俗語を導入する）は、荒っぽく、シンタクスはどちらかというと混乱している。こういった特色は、この序論のこの個所にもあてはまる。――同時に、この最後の五頁にはティンダルらしい声が聞こえてくる個所はないのである（註18）。（ケルン版の欄外の註の一部はロイに由来する可能性もある。たとえば、上でふれたマタイ一章の二番目の註の不適切さもそのせいかもしれない）（訳註18a）。こういうことは、別に不思議でも何でもない。だからとて、ティンダルがその仕事の全体に責任を持っていたのは確かである。

ケルン版の新約聖書の序文の最後の頁は（頁記号B4）、新約聖書からの引用の中でも最も長いものである。ローマ書八章である。これは一五二六年のヴォルムス版の翻訳とぴったり同じではないが、非常に近く、ティンダル独自の読み方も、少なくとも一個所はどちらにも共通している（ギリシャ語では「天使」が複数なのに、単数で書く）。この個所の英訳が印刷されたのはこれがはじめてであって、ヴォルムス版に先駆けること一年ほどであるが、そのことは、ティンダルがこの文全体に責任を持っていることを示している。

神がいずれにせよ我らを愛し給う愛から、誰が我らを引き離すことができよう。……艱難か。苦悩か。迫害か。餓えか。裸か。剣か。否、死も生も、天使も、支配も権力も、現在の事柄も未来の事柄も、低いものも高いものも、いかなる被造物も、我らの主なるキリスト・イエスにある神の愛から我らを引き離すことはできない。

# 第六章　ヴォルムス、一五二六年

## 一五二六年の新約聖書

ヴォルムスの小さい町は、ロマネスク様式のカテドラルがあり、八百年の歴史を持つ国会の集まる場所で、ごく最近はルターの名前がこれに結びついているのだが、ケルンから逃げ出して来た「イングランドの背教者」に対して親切であった。ティンダルはロイを助手として、ペーター・シェーファーという印刷屋で新約聖書全体の翻訳の印刷を完成することができた。おそらく、一五二六年のはじめごろである。それは、簡素な、小さい八折り版であった（およそ讃美歌程度の大きさ）。序論も欄外の註もない。章の区切りがなされているだけである。非常に鮮明なバスタード活字（ドイツ語でいうシュヴァーバッハ活字［Schwabach の町で作られたのでこう呼ばれる。写真1参照］）で印刷されている。各文書のはじめに小さい装飾の絵がのっている（註1）。本文はほぼ七百頁である。言われていることによれば三千部あるいは六千部発行されたが、そのうち残っているのは二部だけである（訳註1a）。うち一部は不完全である。二部どちらも、表題の頁は残っていない。しかしティンダルが後に『悪しきマモンの譬え』の序文で書いていることからわかるが、彼はこの本に自分の名前をのせなかった。それは「良き行為はひそかになし、良きことをなしているのだという意識に満足するがよい」というキリストの勧めに従ったのだという。表題の頁に記された発行年月は、多分一五二五年末か、あるいはむしろ一五二六年の可能性の方が高い（訳註1b）。印刷された本はすぐにイングランドに持ち込まれ、一五二六年の二月はじめにはすでにおおっぴらに売られはじめていた。たとえば「ロンドンのハニー・レインのオール・ハロウズ教会の司祭補マスター・ギャレット」がこれを売っている。

この八年後の一五三四年にティンダルが自分でなした改訂版が、後のルネサンス期の聖書［ティンダル以後欽定訳までの諸英訳聖書］や、特に欽定訳聖書に利用されただけでなく、今日にいたるまで英語の聖書を支配してもいるのである。しかし、この一五三四年の新約聖書は重要ではあるが、改訂版である。英語で最初に印刷された一五二六年の新約聖書の際立って高い質を見損なってはなるまい。それはロンドンで、また南部、東部イングランドで、歓迎され、多く読まれた。突如としてここに、新約聖書二七文書の全体が出現した。四福音書、使徒行伝、二一書簡、黙示録。持ち歩きやすい小さい版で、印刷も鮮明であった。ここにギリシャ語の原典が、英語に訳されて、存在している。テクストそのものが全部ここにある。隠喩的な解釈のかけらも挿入されていない。もとのテクストに書かれていることのすべてがここにある。何の付加も削除もなく、自由に読むことができる。唯一働いている強制は、これを読んで下さい、という言外の命令であろう。一つの個所を他の個所と関連づけて読む、一つの文書と他の文書を関連づけて読む、そのことによって書簡におけるパウロの高度な神学が福音書におけるイエスの言葉と行為に関連づけられて理解されよう。

これは英語で書かれたギリシャ語である。一世紀地中海世界の共通語であったコイネーのギリシャ語をイングランドの共通に話されていた言語で表現したものである。文から文へ、また文へと、一五二〇年代にイングランドの人々が生きていたままのイングランドの生活から出て来る文が続く。「丘の上に建てられた町は隠れることがない……。誰も二人の主人に仕えることはできない……。求めよ、そうすれば与えられよう。尋ねよ、そうすれば見出そう。門を叩け、そうすれば開けられよう……。羊飼いのない羊の如く……。これらのいと小さき者の一人に、冷たい水の一杯でも与える……。洪水が来、風が吹き……。順に、マタイ五・一四、六・二四、七・七、七・二五、一〇・四二〕。これらの句は、マタイ福音書の前半から適当に選び出したものだが、途中で放棄されたケルン版のすでに印刷された紙にのっていた可能性がある。つまり、一部の読者にはすでにおなじみになっていたかもしれない。しかし今回はもはや、ばらばらの断片ではなく全体が、キリスト教信仰が最初に文章化された一世紀の貴重な文書が、現代の英語で提供されたのである。」〔最後の句を除いて、すべて山上の説教より。

二十世紀末頃の読者を今もなお驚かせるのは、これらがいかに現代的かということである。一五二六年以後すでに普通には用いられなくなった単語も時たま出て来る。たとえば食べ物（nurture）と言う時に、noosell という語を用いるとか、あるいは、単語の意味が変ってしまった場合、たとえば naughty を「価値がない」の意味に、haunt を「とどまる」の意味に用いるとか、といったことはある。しかし語彙もシンタクスも今日理解しうるというだけでなく、むしろ、今日の言語に属している。これには二つの理由があると思える。第一に、ティンダルは、鮮明な、日常の、よく話される英語を求めている。大部分が彼の時代の通常の言葉であったから、それはいまだに大部分我々の通常の言葉なのである。欽定訳がやっているような古めかしい印象を与えようなどという努力を、彼はしていない。それにはまた政治的な理由もあった。結果は、ティンダルの方がたいていは欽定訳よりも現代的に感じられる、ということになった。欽定訳の方が一世紀近くも後になされたにもかかわらず。第二の理由は、ティンダルは、神の言葉を心に訴える言語で表現していることである。「羊飼いたちに語られたことを聞いた者たちはみな、不思議に思った。しかしマリアはこれらの話をすべて心にとどめ、思いめぐらしていた（And all that heard it wondered, at those things which were told them of the shepherds. But Mary kept all those sayings, and pondered them in her heart.）」（ルカ二章［一八—一九節］）。これはクリスマスの物語の一つの結びの句である。こういった文は、その後ずっと英語を話す人々の意識に深くはいっていった。後半の文（しかしマリアは……）は、欽定訳では僅かに変えられているが、ずっと人々が好んできた文であって、それも当然である（ティンダルはギリシャ語の語をそのまま訳し、後半の文では「話（sayings）」という語を用いているが、欽定訳はそれを「こと」（things）という語に変えている。その結果、前半と後半で同じ「こと」という単語が用いられることになった）。「思いめぐらした」（pondered）はティンダル独自の表現である。これは「不思議に思った（wondered）」の語にうまく対応し、その概念を広げているのだが、それだけでなく、何か独得の、重要なことを示している。ルターは『九月の契約書』では bewiget（熟考する、weighed）と訳しているが、それではあまりに価値評価的である（訳註１c）。ヴルガータの conferens（基本の意味は「集めて一緒にする」）はギリシャ語の sumballousa の主たる意味をそのまま直訳しただけだが、深く考えるという意味合いを持つ。しかしティンダルはふつうの英語の読者にとって最も良く意味をなす訳語を探した。一人の女性が、話されたことを心の中で思いめぐらす（ponder）というのはどういうことか、人々には説明を要さない、ということを知っていたからである（訳註１d）。

例をもう一つ。ヨハネ福音書の瞑想的な特色は、翻訳にあたって特別に技術を要するところである。ここでは常にギリシャ語の表現にある独得の価値がそのまま認められねばならぬ。もしもギリシャ語の独得の価値がそのまま妨げられずにおかれたら、英語でも、その独自の文体的な特色をよく発揮するであろう。ギリシャ語の専門家ならば、いくつかの動詞の時制について、あるいはギリシャ語の特色である小辞の真の機能について、ティンダルは時々間違ってとらえている、ということを発見することもできよう。時には、そうそう寸分の隙もなく正しいなどとはいかぬものだ。ヨハネ一四章の最初の段落で、印刷屋は、これは写本家がよくやる過ちであるが、原文で二度くり返される表現の一方を欠落させてしまった。ギリシャ語原文ではイエスは、「私はあなたがたのために場所を用意しに行く」と述べ、続けてまた、「あなたがたのために場所を用意しに行ったら……」と述べている〔二―三節〕。この二度目の句を見落として、削除してしまったのだ。しかしまた、今日の我々なら違う風に言いたい、ということもある。「私の父の家には住まいが沢山ある」という句〔一四・二前半〕で、ティンダルは「住まい」という語をヴルガータの mansiones をそのままもらって、mansions と訳してしまった。mansiones はギリシャ語の monai の直訳で、「とどまる場所」を意味する（ギリシャ語の meno という動詞は、とどまる、滞在する、を意味する）。ここは、英語では、dwelling-places といった表現を期待したいところである。しかしながら、ティンダル訳の mansions は、欽定訳もそのまま採用している。事実上は、この章全体を――いや、この福音書全体を、欽定訳はティンダル訳をそのまま頂戴しているのである。しかも二十世紀末の読者もいまだに、ここでイエスが何を言いたいかは、この訳で十分に正確に理解できている。

けれども、我々は、我々の言語に関するティンダルの才能に永遠に感謝すべき理由を持っている。ヨハネ福音書一四章のはじめでイエスは弟子たちに、自分がすぐに彼らから取り去られることになる、と説明する。「私がどこに行くかは、あなた方は知っている。そこへの道もあなた方は知っている」〔四節〕。すなわち、数年間弟子たちと一緒に過ごした後、イエスは彼らから取り去られる、というのである。この章のはじめの文は、非常に重い約束に満ちている、「私はあなた方のために場所を用意しに行く。再び来たって、あなた方を私のもとに連れて行く……。」意味はほかのどこに見出すこともできないほどに深い。しかしギリシャ語は単純で、短い、流れるような文を続けている。翻訳においてなすべき唯一のことは、ギリシャ語の個々の単語の重さをはかり、それに対応する英語の単純な形を見出すことである。これは、特別な効果をあげようとして翻訳に期待以上の色彩を持ち込んだりしてよい場所ではない（訳註1e）。ティンダルはこの章を次のようにはじめている。「そして彼は弟子たちに言った、あなた方の心を騒がせないがよい（let not your hearts be troubled）……。」これは英語におけるギリシャ語である。ギリシャ語は二つの要素を効果的に持っている——「騒がせないように」と「あなた方の心」である。そのどちらも明瞭でかつ重大であり、深い経験に属するということが見てとれる。たとえば、心（heart）を騒がせるということは、精神（mind）を騒がせることよりももっと悲しいことである。霊的な神秘を聞く時でさえも心を騒がせるな、などと命じるのは、何か特別な知恵［神の意志］にしてはじめてなしうることである。ギリシャ語をそのまま英語で語らせることによって、ティンダルは［ここで示される神的な］栄光の重みが示されるようにしたのである。二十世紀の翻訳者たちはそのように謙虚ではなかった。「騒いだ心」という表現が理解しがたいものだと想像なさったのか、それとも経験に即したことではないとお考えになったのか、ともかく現代のある翻訳者［TEV］はこの文を「気にしたり、あわてたりするな」（Do not be worried or upset）と訳してしまった。これでは弟子たちがイエスに、バスに乗りそこなった時にも楽しくはしゃいでいなさい、と言われているようなものだ（註2）。

ティンダルはまた、物語の動きを保たねばならぬ、ということを知っていた。たとえば以下に引用するルカ一四章のイエスの教えと譬え話がそうである。話し言葉の特色である一音節単語が重ねられている［二一節］、「貧しい者、手なえ、足なえ、盲人（the poor, the maimed, the lame and the blind）」（今時なら次のように訳す人もいるだろう、「財産不保持者、身体不自由者、足の悪い人、加えて、視力のない人（the impecunious, the disfigured, the limping with the addition of the sightless）」。ティンダルはそうしなかった。）またティンダルの文はリズムが前に進んで行っている。実際、一音節単語が多い。——「最初の者がイエスに言った、私は農場を買いました。それを見に行かないといけません（The first said unto him: I have bought a farm, and I must needs go and see it)」〔一八節〕。譬え話と教えの部分が並んで、どちらもまったく鮮明な調子を保っている。多音節語は、たとえば recompense（返礼する、報いる）など、重いから、文の終りに置かれている。「彼らがあなたを招待し返し、返礼することがないように（lest they bid thee again, and make thee recompense）」〔一二節〕。譬え話でも同様に、二音節語、多音節語のリズムを作る効果がみごとである。「お出で下さい、すべて準備ができていますから（Come, for all things are ready）。……どうぞお許し下さい（I pray thee have me excused）。……そこで家の良き人物は不愉快になった（Then was the good man of the house displeased）。……主よ、あなたのおおせの通りにしましたが（Lord it is done as thou commandest）。……」こういう技術が、文章の最後の方に突然出て来る「強いる compel」という語に力を与えている。

自分を食事に招待してくれた人物にも、イエスは言った。「夕食や昼食に招く時に、友人を招くな。自分の兄弟や親族を招くな。また金持の隣人を招くな。彼らがあなたを招待し返し、返礼することがないように。宴会を催すなら、貧しい者、手なえ、足なえ、盲人を招け。彼らはあなたに報いることがないから、あなたは幸せでいられるだろう。あなたが報われるのは、義人の復活の時である。」

その食事の時に一緒に食卓についていた者の一人がそれを聞いてイエスに言った。「神の国でパンを食べることのできる者は幸いです。」イエスはその人に言った、「ある人が大きな夕食会を催し、多くの人を招いた。夕食の時間になって下僕をつかわし、招かれた人々に言わせた。お出で下さい、すべて準備ができていますから。彼らは皆、同時に、言い訳をはじめた。最初の者がイエスに言った。私は農場を買いました。その検査をしに行かないといけません。どうぞお許し下さい。別の者が言った、牡牛を五頭買いました。それを見に行かないといけません。どうぞお許し下さい。三番目の者が言った、妻をめとりましたので、行くことができません。

できません。下僕はもどってきて、主人にそれを報告した。

そこで家の良き人物は不愉快になって、下僕に言った。すぐに道や街角に出て行って、貧しい者、手なえ、足なえ、盲人をここに連れて来なさい。下僕は言った、主よ、あなたのおおせの通りにしましたが、まだ部屋は空いています。主人は下僕に言った、街道や垣根のところに出て行って、人々を強いて連れて来なさい。私の家が人でいっぱいになるまで。あなたがたに言う、招待された者たちは誰も私の夕食を味わうことができないだろう。（ルカ一四章［一二―二四節］）

Then said he also to him that bade him to dinner: when thou makest a dinner or a supper: call not thy friends, nor thy brethren neither thy kinsmen nor yet rich neighbours: lest they bid thee again, and make thee recompense. But when thou makest a feast, call the poor, the maimed, the lame and the blind, and thou shalt be happy, for they cannot recompense thee. But thou shalt be recompensed at the resurrection of the just men.

When one of them that sat at meat also heard that, he said unto him: happy is he that eateth bread in the kingdom of God. Then said he to him. A certain man ordered a great supper, and bade many, and sent his servant at supper time, to say to them that were bidden, come: for all things are ready. And they all at once began to make excuse. The first said unto him : I have bought a farm, and I must needs go and see it, I pray thee have me excused. And another said: I have bought five yoke of oxen, and I must go to prove them, I pray thee have me excused. The third said: I have married a wife, and therefore I cannot come. The servant went again, and brought his master word thereof.

Then was the good man of the house displeased, and said to his servant: Go out quickly into the streets and quarters of the city, and bring in hither the poor and the maimed and the halt and the blind. And the servant said: lord it is done as thou commandest, and yet there is room. And the lord said to the servant: Go out into the high ways and hedges, and compel them to come in, that my house may be filled. For I say unto you, that none of those men which were bidden, shall taste of my supper. （訳註2a）

たくましいギリシャ語の物語にティンダルが取組んでいる様は、叙事詩の物語の語られ方をよく知っている訳者の様子である。

そして第九時に、イエスは大きな声で叫んで言った、「エロイ、エロイ、ラマ、サバッタニ」、訳せば、「わが神、わが神、あなたは何故私を見捨てたのか」と。そばに立っている数名の者がそれを聞いて、「見よ、エリヤを呼んでいる」と言った。一人が走って行って、スポンジにたっぷり酢を含ませ、葦の先につけてイエスに飲ませようとして、「ほっておこう。エリヤが本当に来て、この男を助け下ろすかどうか、見てみよう」と言った。（マルコ一五章［三四—三六節］）。

And at the ninth hour, Jesus cried with a loud voice, saying: Eloi, Eloi, lama sabaththani, which is, if it be interpreted: my god, my god, why hast thou forsaken me? And some of them that stood by when they heard that said: behold, he calleth for Helias. And one ran, and filled a sponge full of vinegar, and put it on a reed, and gave it to him to drink, saying: let him alone, let us see whether Helias will come and take him down.

(サバッタニ Sabaththani はサバクタニ Sabachthani の誤植である。) ティンダルはギリシャ語の分詞構文（走って行ってone running）を英語では文に変えている（one ran）。「訳せば（being interpreted）」も、if it be interpreted に変え、「そばに立っている者（those standing by）」も that stood by に、「聞いて（hearing）」も when they heard that に変えている。こうして定動詞が多く連続することになる（cried, be interpreted, hast forsaken）。これが、話の核心のところで、文に力を与えている（stood, heard, said, calleth, ran, filled, put, gave）。ティンダルの filled the sponge full（スポンジにたっぷり含ませ）という重複する表現は、ギリシャ語の gemisas という語の意味をとらえたものである。単に「含ませる」ではなく、「（積み荷を）満たす」である。これはラテン語やルターにはない。単純で力強い動詞を並べている点と同様、これも偉大な物語を語る仕方なのだ（訳註2b）。

新約聖書のもう一つ異なった物語は、使徒行伝二一章［一節以下］のギリシャ語の文に現れる。これ以下使徒行伝の終りまでの全八章を通じて、それまでの「彼ら」という三人称の叙述が突然「我ら」という一人称に入れ替わっている。これはルカ自身が直接目撃者としてその場に居合わせたということを物語るものである。これは、エルサレムでの出来事、それにともないパウロが皇帝に上訴し、その結果ローマに行くことになる波瀾の旅行を通じてのルカの日記である。ルポルタージュの感覚がここでは強い。

そして我々はフェニキアにむかって出帆しようとしている船を見つけ、それに乗船して、出発した。それから、我々の前にキュプロス島が見えてきた。そして島を左手に見て通りすぎ、シリアに向って航海し、そしてテュロスに着いた。ここで船は積み荷を下ろした。……そして彼らはみな、妻子もいっしょに、町の外に出るまで、我々を見送りに来た。そして我々は海辺でひざまずいて祈った……。［二—三節、五節］

And we found a ship ready to sail unto Phenices, and went abroad and set forth. Then appeared unto us Cyprus, and we left it on the left hand, and sailed unto Syria, and came unto Tyre. For there the ship unladed her burden … and they all brought us on our way, with their wives and children, till we were come out of the city. And we kneeled down in the shore and prayed …

ここでは、つながりの悪い、もしくはばらばらな文や節が、何度も「そして（and）」を繰り返し、また「それから（then）」「まで（till）」などを用いて並べられていて、日記のメモらしい感じを与えている。

言い換えれば、ティンダルは、新約聖書全体でのさまざまな文章のカタログの存在をしっかり区別して知っているのである。個々の文書の中にも異なったカタログがあり、個々の章の中にさえある。譬え話の物語と、高揚した劇的な出来事と、どちらかというと非公式の日記と、それぞれの言葉づかいが違うように書かれ、違った味を示している。ティンダルが日常の話し言葉を好んだことの好結果がここにも現れている。欽定訳聖書の特色であるラテン語的な色彩は、さまざまな相違を消して平板化するきらいがある。一切について一つの独得な言語となり、何ほどか古くさく、何ほどか疎遠で、新約聖書についてはどちらかというと技巧的に聖なる文章という感じになる。それに対してティンダルの「イエスとともに二人の悪人が死刑にされるために引き出された。カルヴァリと呼ばれる死刑場に到着すると、彼らはイエスを十字架につけた。そして二人の悪人を一人は右側に、一人は左側に十字架につけた（And there were two evil doers led with him to be slain. And when they were come to the place, which is called Calvary, there they crucified him, and the evil doers, one on the right hand, and the other on the left hand)」（ルカ二三章［三二―三三節］）という文には、どこにも技巧的なところはない。大陸の宗教改革と同様、イングランドの改革の神学的核もまたパウロ神学の発見にあった。ティンダルが英語の聖書の必要性に固執したのは、主として、個々の読者の救いに関してパウロが理解されねばならない、ということを把握していたからである。だから彼は、何よりも、鮮明であることを必要とした。パウロは翻訳者に対して独得の問題を与える。その思索が緻密で、示唆に富み、表面だけ追っていくと意味がとらえ難い時である。ティンダルの仕事がわかる例として、パウロのエフェソス書簡の最後、六章の有名な、同時に牧会的でかつ隠喩的な個所［十節以下］を見るとよい。エフェソスのキリスト信者は、パウロは彼らを自分で直接知っているのであるが、その土地の魔術的な宗教の影響にさらされていた（訳註２ｃ）。彼ははじめる、「最後に、兄弟たちよ、主と、その力強い力によって、強くありなさい（Finally, my brethren be strong in the Lord, and the power of his might)。」「力」を表現するのに、異なった単語を使い分ける必要があった。ギリシャ語の最初の単語 endunamousthe は「力を身につける」という意味で、デュナミスという名詞から来ている。そこから英語の dynamic, dynamo などの単語が出て来ている。第二の単語は kratei であるが、これは krat- という語幹から作られる一群の単語の一つであって、権力など（power, might)、特に統治、勢力、支配（rule, sway, dominion）などを意味する。第三は ischyos であり、これは肉体的な力という意味での力を意味する。ここに引用した文は英語で非常におなじみの文であるので、それを書いたのがティンダルだという事実が忘れられてしまう。ヴルガータは第二の単語に potentia を、しかし第三の単語には virtus を用いている［virtus はどちらかというと、精神的な能力を意味する］。ルターはそれぞれ、bekreffiget, macht, stercke としている（一五四六年の改訂では、seyd stark ... der Macht seiner Staerke として、第一と第三に同じ語幹の単語を用いている）。ティンダルはリズムを考えた（現代の翻訳者はあまりリズムのことを考慮していない。たとえば Finally, find your strength in the Lord, in his mighty power なんぞという訳もある）（註３）。The might of his power と書くのと、the power of his might と書くのと、ここではこの二つの単語は互換的であるから、同じことだが、どちらがいいだろうか。文末の強めは

might という単語の最後の t 音によって作られる。ティンダルはそのことを理解していたようである。だから、彼は文や句を二音節単語で終らせることを好むのであるが、ここではそれよりも t 音のリズムを重んじたのである。「悪魔の強力な攻撃に対して堅固に抗するように、神の武具を身につけよ。我々が戦っている相手は血肉ではない。此の世の闇の支配、力、此の世を支配する者たち、つまり天の存在である霊的な悪なのである（Put on the armour of god, that ye may stand steadfast against the crafty assaults of the devil. For we wrestle not against flesh and blood: but against rule, against power, and against worldly rulers of the darkness of this world, against spiritual wickedness in heavenly things.)」〔一一—一二節〕。それに対し欽定訳はPut on the whole armour of God, that ye may be able to stand against the wiles of the devil. For we wrestle not against flesh and blood, but against principalities, against powers, against the rulers of the darkness of this world, against spiritual wickedness in high places. としている。「すべての武具（whole armour)」としているのは、ギリシャ語の panoplia という語がすべての武器の集合をあらわすのであるから、欽定訳の方が良い。戦うべき相手についてパウロが言っていることは全体としては理解できるが、エフェソスの宗教を知らないと何ほどか謎のように思える点もある。しかし明瞭に書こうというティンダルの決断は、よく示されている。ティンダルの描く戦いはどちらかというと直接にぶつかりあう戦いである。「悪魔の強力な攻撃に対して堅固に抗するように（may)」、というところは、欽定訳がもっとはっきり「できるように（may be able)」としている方がギリシャ語の表現をそのまま写していて正しいけれども、それに続く名詞の列挙はティンダルの方が意味がはっきりしている。欽定訳はヴルガータの principes et potestates にさかのぼって訳しているけれども（prinicipalities, powers)、壮大な雰囲気はするが、意味は曖昧である。prinicipalities とか powers とかいう語は、悪魔論を知っている人たち（ジェイムズ王は悪魔論について本を一冊書いている）にとっては何ものかを意味するけれども、ティンダルが人々に必要であると感じていたのは、もっと地に足のついた単語（rule, power）であった。「此の世の支配者たち（worldly rulers）」は、ティンダルの方が欽定訳よりもギリシャ語を正しく理解している。「天の存在である」についてもティンダルの方が正しい（訳註3a）。

パウロはローマ書四章でアブラハムの信仰をもとに議論を展開している。アブラハムは「希望に反して、希望を信じた。その結果すべての民族の父となったのである」〔一八節〕。この信仰が「彼に対して義とされた」〔九節〕。これはアブラハムのためだけでなく、「我らのためでもある。我らは、我らの主なるイエスを死人のうちより甦らせた方を信じている」〔二四節〕。四章の終りの句は、「（主イエスは）我らの罪のために引き渡され、我らを義とするために復活した」となっている〔二五節〕。

五章のはじめは、「このように我らは信仰により義とされたのであるから、我らの主イエス・キリストをとおして神と平和な関係にある。キリストによって我らは、信仰により、いま立っているこの恩寵へといたることができるのである。そして神より与えられるであろう賞賛の希望を喜んでいる」となっている〔一―二節〕。この個所はルターの名前と特に結びついている有名な個所であるが、従ってティンダルもここでは特にルターの『九月の契約書』に依存するだろう、と想定される。しかし実際には彼はそうしなかった。独自の道を行っているのである。「（神と）平和な関係にある」というところ、ギリシャ語もラテン語もドイツ語もみな「平和を持つ（have peace with）」としているが、ティンダルだけが we are at peace with god としている。「（恩寵）へといたる」は、ルターの Eingang〔現代版ルター訳では Zugang〕に影響されて a way in としたのかもしれないが、――多分そうではないだろう。ギリシャ語の prosagogen はもう少し複雑である。つまり優先的な入り口という意味である。ヴルガータは accessum としている。しかしティンダルの a way in ... unto this favour wherein we stand は可能な限り鮮明である。ここではティンダルは原文についての知識を極度にひけらかすのはよくないと感じたのであろう。「恩寵（favour）」もまたティンダル独自の訳語であり、ギリシャ語の単語の訳として可能である。ヴルガータとルターは「恵み」としている（一五三四年にティンダルも「恵み（grace）」に変えた）。「神より与えられるであろう賞賛（the praise that shall be given of god）」もまたティンダル独自である。ギリシャ語の「神の栄光」を、曖昧さを避けるために、敷衍したものである。ここはヴルガータもルターもそれぞれの仕方で、敷衍せざるをえなかった（訳註3b）。

ティンダルの最初の新約聖書について正しく論じようと思えば、ほんの数頁などというのではとても足りない。ともかく確認しておかねばならないことは、ティンダルは非常に明らかに自分自身であった、ということである。彼は、自分が何をなしているかをよく知っていた。確かに一五二六年の新約聖書にはところによっては不適切な個所もあるけれども、しかしこれは、ギリシャ語をよく知ったギリシャ語学者の仕事、必要な場合にはヴルガータとエラスムスのラテン語訳やドイツ語訳を参照して利用することもできる上手な翻訳者、しかし何よりもまず、たとえそれがどんなに難しく見えようとも鮮明な英語を書こうと決断した英語の書き手の、勝ち誇った作品なのである。神の言葉は、読者がそれぞれ一人で読んで理解できるようなしかたで直接に語りかけるのでないといけない。テクストそのものが、もしも全体が与えられれば、自分の解釈を自分で与えてくれるだろう。

最後に、以下にティンダルがパウロの最も論争的で鋭利な個所を翻訳しているのをお目にかける。ローマ書七章の中ほどである。これは新約聖書の中でもこの上もなく複雑な個所である。

では何と言おうか。律法が罪なのか。［そんなことを］神は認めまい。しかし私は罪が意味するところのことを知らなかった。そしてしかし律法によって知ったのである［一五三四年の訳では「そして」を削除している］。何故なら私は律法が、汝欲望するなかれ、と言うのでなければ、欲望が何を意味するかを知らなかっただろう。しかし罪は戒命を介して機会を得、私の中にあらゆる種類の欲望を惹き起こした。実際、律法がなければ、罪は死んでいたのである。私はかつては律法なしに生きていた。しかし律法の戒命が来るに応じて、罪は息を吹き返し、私は死んだ。それを守れば生命にいたるというまさにその同じ戒命が、私にとっては死の機会になっている、とわかったのである。罪は戒命を介して機会をとらえ、私を欺き、そして同じ戒命によって私を殺したのである。その故に律法は聖であり、戒命も聖、義、善である。（ローマ七章［七―一二節］）

What shall we say then? Is the law sin? God forbid: but I knew not what sin meant and but by the law. For I had not known what lust had meant, except the law had said, thou shalt not lust. But sin took occasion by means of the commandment, and wrought in me all manner of concupiscence. For verily without the law, sin was dead. I once lived without law. But when the commandment came, sin revived, and I was dead. And the very same commandment which was ordained unto life, was found to be to me an occasion of death. For sin took occasion by the means of the commandment and so deceived me, and by the self commandment slew me. Wherefore the law is holy, and the commandment holy, just and good.

「神は認めまい（God forbid）［神が認めるなどということがありませんように］」という句は、ローマ書のこれらの個所を通じて、ティンダル独自のものである。欽定訳がそれを受け継ぎ、その後も更にずっと継承されてきた。ギリシャ語は単に、「そういうことがありませんように」というだけの慣用句である。ヴルガータは absit（去れ）とし、ルターは das sey ferne（それは遠くあれ）としている。

この個所の調子は、制御のきいているものである。「欲望（lust）」という語でティンダルは、ギリシャ語の単語もそうであるように、欲望の悪しき形態を意味している。ヴルガータの concupiscentia よりも彼はアングロ・サクソン系の単語を用いた。しかしすぐ続けて、「あらゆる種類の」と意味を広げる時には、concupiscence を用いている［右の訳では区別し難いので、両方とも「欲望」としてある。ギリシャ語はどちらも同じ単語］。欽定訳は奇妙な変化をつけている。後者に covet（羨望）という訳をつけているのだ。これはギリシャ語に反する。またティンダルの「私はかつては律法なしに生きていた（I once lived without law）」を欽定訳はややこしく For I was alive without law once に変えている。またいくつかの単語を不必要にイタリックにしている（訳註３c）。句読点などを二重にするのは、言うに及ばない。その結果かえって曖昧になっている。ティンダルはパウロの議論を知っており、そして自分にできる限り鮮明にその意味を伝えている。読者はそのことに感謝したい。

細かい衒学趣味からすれば、ティンダルのギリシャ語にもなおところどころけしからん間違いを見つけ出すこともできよう。そしてその故に全体を葬り去ろうというわけだ。――ティンダル自身、モーセ五書の序文で、i の字に点をつけ忘れたことは異端的な間違いである、などと記している。けれどもこの種の衒学趣味は、過去五世紀近くにもわたって、英語を話す者たちの大多数の精神、口、心に生きてはいない。「時の徴（the signs of the times）」［マタイ一六・三］、「霊が欲する（the spirit is willing）」［マタイ二六・四一］、「生き、動き、存在を持つ（live and move and have our being）」［使徒行伝一七・二八］、「良き闘いを闘う（fight the good fight）」［第一テモテ六・一二ほか］などの、ほとんど格言に近く流布している言い方は、いくらでもある。もっと重要なことは、四福音書すべてのイエスの教えと行為が全部、十分に、男たちや女たちに届けられる、そのことの大きな意味である。それに続いて、ルカの次の著作である使徒行伝、パウロ、ペテロ、ヤコブ、二つのヨハネ、ユダ、ヘブライ書もまた全部、十分に、透明で直截な英語で届けられる。畑を耕している農夫の少年も、聖書を持った。この巻でもって、ティンダルは我々に聖書の言語を与えたのである。

## ウィリアム・ロイ

ウィリアム・ロイがこの仕事のどの部分を受け持ったかについては、想像する以外にない。二人の方が一人より良いということはある。二人がエラスムスのギリシャ語のテクストとそこにつけられた対訳の新しいラテン語訳を前にして座り、ほかにルターの『九月の契約書』と、その第二版、第三版も、またヴルガータも開けてあった。ギリシャ語とラテン語とドイツ語の辞書も手元にあった。そしてティンダルが決めたことを、ロイが印刷屋のために書き下ろした、と考えるのが妥当だろう。修道士ロイは能力のない人物だったわけではない。ティンダルは『悪しきマモン』の序文で、ロイが「書くことにおいても、テクストの比較検討についても」必要な助力を提供してくれた、と記している。部分的だったケルン版の場合と同様、一五二六年の新約聖書においても、表題の頁には誰の名前ものっていない。しかしそれはティンダルの仕事であり、ティンダルの仕事として知られるようになった。ケルン版の序文が「私はここに翻訳した……」という文ではじまり、「私を動かした動機は……」と続けられているように、この一五二六年の新約聖書の後書きも、一人称単数で記されている。「神が私に知識と理解の能力を与えて下さったがままに、私は翻訳した……。」

ロイは、自分が助手としてつとめた人物について、少なくともある程度のことは理解していたように見える。彼自身の著作は五つあるが、そのうちの二つにおいて彼はそのことを明らかにしている。一五二七年八月三一日にストラスブールで印刷された『クリスチャンの父親と頑固な息子の間の短い対話』の中で、彼は書いている、「あなたがたは皆、昨年、我々の国の一人の学者の誠実で勤勉な研究によって、我らの救い主の新しい契約の書があなたがたのもとに届けられたのを御存じであろう。すなわちウィリアム・ヒチンズである。私は彼のもとで助手をつとめ、その仕事の協力者となった」(註4)。その二年後、一五二九年に印刷されたルターの第一コリント ス書簡第七章の解説（ルターが結婚を弁護した重要な文章）の翻訳の序文につけ加えられた補遺の二つの段落において、ロイは、「我々の英語のテクスト」と異なった単語を一つ用いることについて言い訳している。それは別に、「我々のパリサイ派」が喜んで言いたがるように、ライヴァルとして登場しようなどというつもりではない。彼らはそういうことからすぐに、「私と、この翻訳をなした良き人物との悪口を言いたがる」のである(註5)。

しかしながらティンダル自身は二度にわたって、ロイについて多少異なるとも思える見方を記している。一五三四年の新約聖書の「W・Tから読者へ」と題された第一序文で、一五二六年の新約聖書には多くの間違いがあったので、それを除去する改訂作業をなす、ということを記し、それらの間違いは「最初の時は助力が得られず、見落としもあったので、生じてしまった」と述べている。ということはつまり、ロイはあまり役に立たなかった、と言っているのかもしれない。あるいは、ケルンで（ないしそれ以前に）翻訳がはじめられた時にはまだロイはおらず、その後に助手として採用された（ないしロイの方から買って出た）という意味かもしれないが。もっと直接的には、上で見たように、新約聖書の最初の翻訳の二年後、一五二八年に、『悪しきマモンの譬え』つまりティンダルの名前を表題の頁にのせた最初の書物であるが、そこにおいて、序文のほとんど半分を割いて、ロイの性質を批判する文章を書いている(註6)。ロイと同じ修道会の修道士であったジェローム・バーロウという人物が一五二七年の春にイングランドから出て来たばかりであったのだが、そのバーロウに、ロイには気をつけるようにと忠告した、というのである。「このジェロームに私は、ロイの大胆さについてていねいに警告し、ロイについては気をつけ、静かに、できるだけ忍耐をもって歩むように、と注意した。」しかしその注意は聞き入れられなかった。「しかしながら、ジェロームはアルジェンティン［ストラスブールのこと。この町は古代においてはラテン語で Argentoratum と呼ばれた。その呼称がまだ英語などでは用いられていたのである」に行った。そこでウィリアム・ロイが彼をつかまえ、自分がラテン語の対話の文を英語に訳している間に、ジェロームには詩文を作る仕事をやらせた。その対話につけた序文でロイは、とてもできそうにもない大量の仕事を将来やると約束している。」ここで「詩文」と呼ばれているのは、ウルジーを口汚くののしった『我を読み、怒るな……』というよく知られている詩で、ストラスブールで一五二八年に印刷された無茶な作品である。表題の頁には、作者の名前は記されていない。ティンダルは、自分がその作者であると噂されているのを、明らかに聞いて知っていた。かような「罵言を重ねた詩文」の著者としてティンダルの名前があげられるということ自体、新しく生れたプロテスタントの動きにとって有害であったばかりでなく、神の言葉そのものにとって有害であった。何故なら、ロイがケルンとヴォルムスで新約聖書の翻訳の仕事を助けたことは、よく知られていたからである。イングランド人で大陸に亡命していた人数は僅かであったから、ロイともう一人の人物がこの詩文を作った、という仕方でゴシップが流れかねなかったのである。ティンダルがここで何故このようにロイを攻撃したかを理解するには、一五二八年までに英語で印刷されてイングランドに持ち込まれたプロテスタントの著作は、ティンダルの新約聖書と、ルターのローマ書解説をティンダルが訳したもの、ティンダルの『マモン』と『服従』、それにあとはロイの『短い対話』とバーロウの『我を読み……』だけだった、という事実を想起してみる必要がある。この三人の著者のうち、ティンダルとロイが中心人物であると思われていた。

『マモン』の序文でティンダルは、自分が持っているいくつかの防御手段の一つを用いている。彼はロイが新約聖書の仕事を手伝ったという事実を否定することはしない。これはよく知られている事実であるから、ほっておくより仕方がない。彼がなさねばならなかったのは、ロイとの結びつきによるいかなる汚点からも彼自身はきっぱりと離れている、ということをはっきりさせることである。それはすでに発行された新約聖書の仕事についてもそうであるが、その時すでにティンダルの手元にあったであろうと考えられる旧約聖書の翻訳についても同様に重要なことであった。困ったことにロイは、その『短い対話』の中で、自分が「旧約聖書のいくつかの文書の一部を翻訳した」と述べているからである。ティンダルが旧約聖書の翻訳の仕事にかかっているということは、当時、広く知られるようになっていたであろう。ロイが訳したのはラテン語からであって、ヘブライ語からではない、ということは疑いもない。ともかく彼の旧約の翻訳などというものは、痕跡も残っていない。けれどもこれもまたティンダルをあの安っぽい『我を読み……』と結びつける糸の一本になりかねない。そこで彼は、ロイは見かけ倒しのごろつきである、と断言することで、自分を彼から引き離し、あとはほっておいた。ここで危険にさらされているのは、ほかならぬ神の言葉の名誉と権威であったからだ（註7）。このことがティンダルの個人攻撃を、二十世紀後半の読者が期待するようなものとは違ったものにしている理由である。彼は、神の言葉が妨げられずにあれば、おのずと自らの権威を守る力がある、ということを弁護しているのである。ティンダルが、大道芸人の集る広場の言葉遣いは神の持つ唯一の通貨［聖書のこと］の価値を下落させる、と断言しているのは効果がある。彼がロイを攻撃している個所は、悪しきマモンの譬え話の解説の序文においてである、ということを確認しておくのは無駄ではなかろう。ここで彼は徹底して、信仰の代りに業を持ち出すことを批判している。ロイの信用に価しないこと、その仕事のつまらなさは、まさにひどく信仰に欠けているということを示しているのだ。

ロイの著作を検討しても、右に述べた印象は変らない。『短い対話』は、ストラスブールで一五二七年にヴォルフガンク・カピトによって出版された子どもの教育のための小さい本の翻訳である。カピトはストラスブールのサン・ピエール・ル・ジューヌ教会の牧師で、マルティン・ブツァーの親しい友人であり、協力者であった。ドイツ人の学者で宗教改革者であったエコランパディウスが亡くなったあと、その残された妻と一五三二年に結婚している。ロイがこの作品をラテン語版から訳したのか（当時はそのラテン語版がまだ存在していた）、それとも全部をドイツ語版から訳したのかは、わからない。しかしロイがこの文書を取り扱ったやり方からだけでも、直接的な精神や気の利いた器用さの持ち主ではあるが（登場人物の役柄をさかさまにして、頑固な息子がクリスチャンの父親にキリスト教の初歩を教える、といったやり方で、文学的なうまさを作り出している）、ティンダルより雑なやり方をしていて、口語的な表現を導入するのだが、その結果下品になり、原文の構文をあやまって理解し、ラテン語に由来する多音節の新造語を好み（preordination 叙任以前、exterial 外的、など）、理解力が混乱している、といったことは十分にわかる（註8）。『我を読み……』は当時の人々には『ミサの埋葬』として知られており、ドイツ語の風刺文学の流れの英語版とみなされていた。しかしこの詩はミサの死（それは聖職者階級から大きな収益を奪うこととなる）という主題から離れて、中世末期からチューダー朝初期の、当時存在していた諸悪をあげつらう英語本来の風刺文学の流れの中の一つの作品となっている。ウルジーという「教会と国家の最もいやらしい悪徳のすべてを自分の人格の中に凝縮して持っているような人物」（註9）に焦点をあてるのも、実はよくあるやり方であって、ジョン・スケルトンの風刺文学などでおなじみになっており、同じような韻律の流れによっている。表題の頁ではバーロウの著作ということになっているが、ロイ自身の手がどの程度加わっているかわからない。実質的には神学的な内容は含まれていない。間の抜けた無能力の中に時々スケルトンなみの鋭さが混ざって出て来るから、この作品は二人の手によるものであろう。これは、こういうものとして、イングランドで人気があった。しかしティンダルは、正しくも、ギリシャ語の新約聖書を英語に訳すという偉大な仕事に身を捧げる精神は、泥の中をかきまわすようなことをやってはいけないのだ、ということを感じていたのである。ほどなくティンダル自身が、特に『服従』において、同じ相手を、十分にしっかりと武装した全力をもって、叩きつけようとしていた。それでこの時点では彼はロイの精神の浅薄さに裏切られたと感じたのである。（彼はまだ、ロイが異端として、多分ポルトガルで、一五三一年に焚刑に処せられることになる、ということは知る由もなかった）（註10）。

## テクストそのもの

一八六八年に司教ウェストコットがティンダルについて書いている。「彼の影響のおかげで、我々の聖書が広く普及するものとなり、単なる文学作品であるにとどまらず、単純な言葉で語っていて、その単純さの故に永続するものとなった」（註11）。これは神に与えられた能力であるが、また、非常な苦労と、更にもっと大きい困難の中での産物であったことは、ティンダルが一五二六年の新約聖書に自分で付した三頁ほどの「読者へ」という表題の後書きで明らかにしている。まだ改善の余地があるということは自分でも知っている、と言う。一方では、模範とすべき英語のモデルが存在しない。聖書の翻訳についても、あるいは註解書という形でも。――彼は先駆者なのだ。「……これは今やはじめてなされた仕事ですから、この仕事の出来の悪さが彼ら〔キリスト教徒の読者層〕の気を悪くさせることがありませんように。私は模倣すべき相手を持たなかったし、聖書を訳したりしたような英語の文献はこれまで存在しなかった、ということを理解して下さるように。」他方、彼は現実的な困難にも出会っている。「加えて、まさにどうにもならぬ困窮と妨害（神が証言して下さろう）とが、その一々をここにあげると自慢しているように思われるので、あげることはしないが、そのせいで、どうしても必要な多くのものに欠けることとなった。この仕事をまだ十分な形になっていないものとして、いわば時満たずして生れたものとして、ようやくはじめられただけで、まだ完成していないものとしてみなして下さるように。」「来たるべき時に（もしも神が我らにそれを与えて下さるならば）」、余分なものを除き、必要なものを加えて、改訂することにしたい、等々。――そして、なされるべきであると思っていることを短く列挙している（註12）。更に三頁にわたって正誤表が続き、七十個所の誤植をあげている。しかしこの誤植表にものっていない間違いも多い。マタイ二一章〔三一節〕の Wehdder〔whether〕、マタイ二三章〔一四節〕で「偽善者（ypocrites）」の語を一つぬかしていること、ルカ四章〔三三節〕の with in him、そしてマルコ六章〔三一節〕の And they had no leisure wong for to eat という奇妙な文など（訳註12 a）。

この新約聖書の与える影響は、正確さと鮮明で覚えやすい英語のおかげで、すばらしいものであったし、今でもありつづけているが、しかし、ところどころ改善しうるような個所も確かに存在する。ヨハネ一四章の最初の段落で一行ほど欠落があるのは〔二三一頁参照〕、ティンダル自身に百パーセント責任があるとは言えないかもしれない。しかし彼の責任であるのは、ところどころリズムが奇妙で、ひっかかる個所があることである。たとえばマタイ一三章〔三八節〕で「御国の子らとは、すなわち良き種のことである（And the children of the kingdom, they are the good seed）」というすぐれた文に続くのに、一五三四年の訳では「毒麦とは悪しき者の子らである（And the tares are the children of the wicked）」となっているのに、この一五二六年版では「悪しき人の子らが毒麦である（The evil man's children are the tares）」としてある。これでは前文の頂点に対応する後文の頂点ががたがたとうまくつながらない（訳註12 b）。マタイ一八章〔二一節〕では、ペテロは一五三四年の改訳のように、「師よ、何度私は私の兄弟を許すべきでしょうか。その兄弟が私に対して罪を犯したとして。七度まででしょうか（Master, how oft shall I forgive my brother, if he sin against me, seven times?）」とたずねることをせず、もっとくどい文で「師よ、何度私の兄弟が私に対して咎を犯したとして、私はそれを許すべきでしょうか。七度まで許すべきでしょうか（Master, how oft shall my brother trespass against me, and I shall forgive him? shall I forgive him seven times?）」となっている。一五三四年の改訂について論じる第十二章において我々は、数十の、いや数百にも及ぶ改善がなされていることを示すであろう。それは英語がさらにずっと洗練されたからであり、ギリシャ語の知識がもっと深まったからであり、特にティンダルがヘブライ語を学んだことからくる影響が大きい。他方、改訂したからといってよくなったわけではないという個所も、四十個所ほどはあげることができよう。そのうち最もはっきりしているものの一つはマタイ一九章〔一八―二〇節〕である。若者の質問に対してイエスはモーセの十戒を列挙する。一五三四年の改訂では次のようになっている。

相手は彼に言った、「どの戒めを?」イエスは言った、「婚姻を破るな、殺すな、盗むな、偽証をたてるな、父と母を敬え、そして汝の隣人を汝自身の如く愛せよ。」若者は彼に言った、「私は子どもの頃からその一切を守ってきました。その上何が私に欠けているのですか。」

The other said to him, Which? And Jesus said: break no wedlock, kill not, steal not: bear not false witness: honour father and mother: and love thy neighbour as thyself. And the young man said unto him: I have observed all these things from my youth, what lack I yet?

一五二六年の方は次のとおりである。

彼は言った、「どの戒めを?」イエスは言った、「汝殺すなかれ、汝婚姻を破るなかれ、汝盗むなかれ、汝偽証をたてるなかれ。汝の父と母を敬え。汝の隣人を汝自身の如く愛せよ。」若者はイエスに言った、「私は子どもの頃からその一切を守ってきました。その上ほかに私は何をなすべきなのですか。」

He said: Which? And Jesus said: Thou shalt not kill. Thou shalt not break wedlock: Thou shalt not steal:

Thou shalt not bear false witness: Honour thy father and mother: And thou shalt love thine neighbour as thyself. The young man said unto him: I have observed all these things from my youth: what have I more to do?

後書きで「まさにどうにもならぬ困窮と妨害（神が証言して下さろう）」と言っていることが何を指しているのか、我々にはわからない。ウィリアム・ロイの無能力さのことかもしれない。この仕事の終りごろには、ティンダルはロイのことを本当に困っていた。あるいはペーター・シェーファーのことか。有名な印刷屋ではあったが（父親はマインツのよく知られた印刷屋であった）、そしてドイツ語聖書を発行した良きプロテスタントの印刷屋であり、その他いろいろな本を発行していたが（たとえば鉱山の発掘についての本など）、英語の新約聖書の印刷については必ずしも理想的ではなかったのかもしれない。ヴォルムスのような小さな町では、二人のイングランド人には何かと不都合があったかもしれない。参考文献がなかなか手にはいらなかったかもしれない。モンマスの資金が十分ではなかったのかもしれない。こういったことは想像できるだけである。しかし後書きの最後の一頁半に記されていることは、それに正誤表や、そこにのっていない本文中の間違いもあわせ考えれば、問題はストレスであったということがわかる。ケルンでの経験以来ティンダルは脅威にさらされていた、ということがこの言い訳や間違いの最大の理由であったと考えられる。ケルンでは安全なように思われたが、実際にはそうでなかった。ヴォルムスはルター派の町ではあったが、ここでも妨害にあうかもしれない。大切なことは、ともかく本を発行し、海をわたって、イングランドで売りに出すことであった。序文も欄外の註もなしに発行したことの最たる理由は、このことであっただろう。イングランドに居てケルン版のマタイの刷りを何枚か手にした人々から、こういうルター的なものは役に立たない、というような言葉が伝えられてきたのかもしれない。はっきりした証拠はないが。ペーター・シェーファーのヴォルムスの印刷所は、多少は二折り版も出してはいたが、主として八折り版を発行していた。ティンダルがケルン版の四折りの型をあきらめてシェーファーの手慣れた八折り版にあわせたことの結果として、テクストだけを急いで発行する、ということになったのかもしれない。

後書きの前半は四段落ほどで、ケルン版の序文を要約している。ティンダルは書きはじめる。

読者よ、勤勉たれ（読者にお勧めする）。そうすれば純真な精神をもって、聖書が言うような素朴な眼をもって、健康と永遠の生命の言葉に到達するであろう。この言葉によって（もしも我々が悔改め、それを信じるなら）、我々は新しく生れ、新しく創られ、キリストの血の果実を享受するのである。その血は、アベルの血のように復讐を叫ぶのでなく、生命と、愛と、恩寵と、恵みと、祝福と、その他聖書に約束されているものは何でも贖ったのである。

第三、第四段落では律法と福音とを区別する。律法の必要性も指摘してはいるが。ここで彼はパウロに言及してはいないが、第四段落はすべてパウロ的であり、律法に対するもので、悔改めへと導き、「神の慈愛と真実」を約束し、「だから汝は絶望することなく、神を親切で慈愛に富む父として感じることができるのである。」

この一頁半は、新約聖書を読むための小型の解説書となっている。「キリストがマルコの一章で言っているように、「福音を」読み、「悔改め、信じる」がよい。そして新しい生活をはじめるがよい。「そうすればキリストの霊が汝の中に住み、汝の中で強く働くであろう。そして約束されたものがついに汝に与えられるであろう。……そして汝にとって脅威となるものもすべてキリストの血の故に赦されるであろう。汝が善行をなそうと悪行をなそうと関係なくキリストに汝の身を託すがよい。」悔改めと信仰がすべてである。キリストの血においては、業は何の役にも立たない、と最後の文は記している。悔改めと信仰は［聖書を］読むことから生じる。読むことが救済をもたらす。これは新約聖書の健全な教義である。かの書物を煮つめれば、こういうことになる。ティンダルがここでなしていることはすべて、これに先立つ七百頁の蒸留物である。そのためには、新約聖書の全体を取り上げるがよい。部分的な断片ではなく、この本の全体であって、後世の構築物を取り上げることはない。第二段落は説明して言う、「聖書のわかり易く、はっきりした個所に注目せよ。そして、よくわからない個所については、聖書に反して余計な解釈を加えぬがよい。そうではなく、（パウロが言うように）すべてが信仰にふさわしく、合致するようにせよ。」顕著なことに、教会については何の言及もない。教皇や司教たちや司祭たちの教えることにも言及されない。救済の必要条件として教会の儀式に言及することもない。聖書の一句一句についてうち立てられ、数々の世紀を通じて伝えられてきた決疑論の大量の書物についても言及されない。また、良き業を行なうことは本質的なこととして教えられているのだが、その具体的な実例、特に司祭や修道士に金を与えるなどということについては、何も言われていない。必要なことはただ、この新約聖書であり、信じる心である。

かくてティンダルが、キリスト教の教職者を意味する presbuteros という単語を「年長者（senior）」と訳し、「祭司（priest）」という単語は時たま出て来るギリシャ語の hiereus、つまりユダヤ教の聖職者の訳語としてのみ用いたのは、つむじ曲がりでやっているわけではない（訳註12 c）。ギリシャ語では、presbuteros という語は「年上の人」を指す――年輩の人物を意味する単語の比較級である（一五三四年の版では、ティンダルは elder（長老）という訳語に変えている）。クリスチャンが集って作る集団は新約聖書では「エクレシア（ekklesia）」と呼ばれているが、ティンダルはこれを正しく「集会（congregation）」と訳している。ギリシャ語の単語は「集り」を意味する。もともとは、都市で触れ役が集りのあることを叫んで告げてまわる時に集ってくる人たちのことを指していた。エラスムスは、その対訳の聖書で、ギリシャ語が ekklesia を用いているところをラテン語では必ず

congregatio と訳している。ティンダルは「教会（church）」の語を避けた。これは新約聖書が意味しているものとは違うからである。ギリシャ語の metanoeo という動詞は、厳密には、「悔改める（repent）」ことを意味する。すなわち、精神の転換である。だからティンダルは「悔改める（repent）」と訳し、「告解する（do penance）」とは訳さなかった。ギリシャ語の exomologeo という動詞の第一の意味は「認める、承認する」である。そしてティンダルはその訳語としてふつうは、「告白する（confess）」よりも「認める（acknowledge）」を用いている。ギリシャ語の agape という単語は「愛」を意味するいくつかの単語の一つである。ティンダルも「愛（love）」として（第一コリントス一三章の場合のように）、「慈善（charity）」とはしていない。言い替えれば彼は、新約聖書をその中身そのものを参照して理解しているのである。それは彼が読者にそうするように勧めていることでもある。そして新約聖書の外のもの、つまり中世後半の教会が慣例として作り出した、司祭、告解、告白、慈善といったような大量の二次的な構築物を参照することはしていない。解釈というのは、彼がこの後書きの第二段落で記しているように、「すべてが（新約聖書の）信仰にふさわしく、合致するように」なされねばならないのである。こういった発言がまさに、千年もの間教会がヨーロッパでもアジアでも北アフリカでも作り上げてきた聖礼典の全体の構造を切り崩すことになる、ということにティンダルが気がつかなかったとは考えられない。しかしその切り崩しをやっているのは、ギリシャ語の新約聖書なのであった。

## ローマ書概要と主の祈りについての論稿

ヴォルムスのペーター・シェーファーから同じ一五二六年ないし一五二七年のはじめに（註13）、英語で書かれたもう一冊の神学書が発行された。薄い、二二葉からなる八折り版である。これもバスタード活字（シュヴァァーバッハ活字）で、『パウロのローマ人あて書簡への簡潔な導入ないし序論ないし序文』という表題がついている。表題の頁には著者の名前はのっていないが、イングランドではティンダルの著作として知られていた。そしてティンダルの一五三四年の新約聖書には、これの増補版がローマ書への導入としてのっている。現存するのは一部のみで、オクスフォードのボドレー図書館に残っている（註14）。これは英語で書かれた二番目のプロテスタント文書である。そして一五二五年の序文のように、これもルターに依存している。この場合はルターの『聖パウロのローマ人あての書簡への序文』で、彼のドイツ語新約聖書のどの版にものっているものである。これはヨーロッパ中で改革者にとっては基本の文献であった。「ルターの信仰義認の教理に関するおそらくは最も美しい論文」であった（註15）。ケルン版の序文と同様、ティンダルはルターを自由に編み込み、あるいは離れ、ルターを翻訳しつつ、言葉や文や、時にまるまるいくつもの段落を自由につけ加えたりしている。この作業に際して彼は、ルターのこのドイツ語の文のラテン語訳（一五二四年にユストゥス・ヨナスによってなされた）に助けられている。ヨナスもルターを自由に用い、時にルターの文を二倍にも引き伸ばしている。しかしながらティンダルは、ルターにもヨナスにもそのまま追随したわけではない。彼はドイツ語版やラテン語版から必要なものをもらい受ける自由があると思っている。それは、就中、この教義を明らかにするためであった（註16）。

このすべてにおいて我々はティンダルが著者かつ翻訳者として仕事をしている様子を見ることができる。そして彼が一方で、難しい概念にわかりやすい説明をつけ、敷衍し、他方では生き生きとした文章にするために実例を探す、その熱心さに打たれるのである。彼がルターを扱う仕方は、ルターの教義に知性と力を付して提供しようという思いを示している。（註17）

ティンダルは時にまったくルターから離れて一人歩きする。たとえば復活後の新しい生についてである。ルターはパウロのローマ書第四章を解説しているだけだが――信仰は業なしに義とされる（業をともなわないわけではないが）、悪の勢力の前で人間は無力である、律法と福音はそれぞれその役割を演じている、神が絶対的な支配者である――ティンダルはこれにかなり長い段落をつけ加える。その二番目の文は、

我々はまだ悪魔のもとに縛られ、とらわれていて、悪魔が我々をまるごと所有し、我々の心をつかまえていて、その結果我々は神の意志にまったく一致することができずにいるのに、どうして我々が神の前で何事であれ良く行なうなどということが可能であろうか。（註18）

この文は注意深く濃密に構築されている。句を次々と重ね、同じ点にもどってくる仕方で、悪魔に二重の役割（縛る、所有する）を与え、その両側を神についての言及で囲む（神の前で、神の意志）、その構成がなかなか効果的である。ルターと同様ティンダルも「律法の雷鳴」に言及しているが、ルターとは異なって、それと並べて「福音の楽しい雨」と記している。またティンダルはルターの原罪についての基本理念に、一人称で実生活的な力を感じさせる文を加えて、強くはっきりと説明している。それは敵を傷つけないことと敵を愛することができることの間の違い、金銭を拒絶することと富を愛するのをやめることができることの間の違いについて述べている文であるが、つづけて、「外面的な行為として姦淫を避けることは私は自分の力でできる。しかし自分の心の中でまで欲望を感じないというのは私には不可能である。それはあたかも空腹と渇きのどちらかを選ぶなどということが不可能であるのと同じである。しかも律法はそれを要求する」（註19）。ルターは、霊的な人間には、ペテロが釣りをしていた時と同様、外的な行為も霊的でありうる、と記す。ティンダルはつけ加える、「靴をみがい

たり、といった行為と同様に」。ティンダルはルターの、ないしヨナスの、反聖職者主義には従っていない。彼らがあからさまにローマを攻撃しているところで、ティンダルは「人間の伝承によって素朴な人々をだます者たち」という固有名詞を特定しない言い方にとどまっている(註20)。

この小さな本の最後の九頁は（「紙の残りをうめるために」）、ティンダルの「主の祈り」についての「論稿」である。これもルターの「主の祈り」についての解説のうちの一つ、つまりその長い解説をルター自身が短く要約したもの（kurtz begreiff）を自由に書き直したものである(註21)。ティンダルはこれに二頁半の独自の導入部をつけている。健康を願う病人に罪人をたとえるよくある比喩を用い、「悪魔の上手な巧妙さ」も「我々をキリスト・イエスにおける神の愛から引き離すこと」はできない、という。終り近くの感動的な文はティンダル独自のものである、「一般の信者や知識のない人々が、主の祈りや信仰告白を何の成果もなく、おそるべき無知のまま、ラテン語で唱えているということについては、何も言わずにおく」(註22)。この部分の中心部はルターをそのまま訳したものである。「罪人」と「神」の間の短い会話という体裁になっていて、そこでルターは聖書のテクストを敷衍し、ティンダルはそのルターを敷衍している。個々の概念や文を拡張し、その結果ルターよりも全体で四分の一ほど長くなっている。

ティンダルがペーター・シェーファーから発行した二冊目の本であるこの『概要』はイングランドではティンダルとロイの共同の著作として攻撃された。タンストールの秘書であったロバート・リドレーからタンストールにあてた手紙などにそれが見られる(註23)。ロイと結びつけて考えられることは、すでに見たように、ティンダルにとっては打撃となった。イングランドに伝わる情報は、しばしば、意図的であるかどうかは別として、意味ありげに間違えられる。ロバート・リドレーの同じ手紙は、明らかに意図的に、ティンダルとロイの新約聖書という言い方をしている。それは確かにそうには違いないが、また、ケルンでなされたマタイとマルコしか完成していないものということも言っている。この件については、ずい分と無駄な研究上の労力が費やされた。モズレーだけではない（註24）。しかしながらリドレーはこの手紙の中で、これらの本を自分は見ていない、と述べているのである。彼は一五二六年のヴォルムス版の新約聖書に序論があるかの如く勘違いしている。またケルン版のマルコの訳なるものについては何も引用していない。後に見るように、タンストール自身も自分が攻撃している書物について、重要な点についていかにもちゃちな間違いを犯していて、実は自分でその書物を見てもいないということがわかるのであるが（註25）、それと同様リドレーも、おそらくは誰か他の人に言われたことの記憶だけに基づいて書いているので、自分ではこれらの聖書の翻訳を見てもいなかったのだろうと思われる。しかしそれはどうでもいいことである。ティンダルの「一般の信者や知識のない人々」はそれを見たのだ。彼らは今や新約聖書の全体を自分たち自身の言語で手に入れたのである。

# III　弾圧と論争

# 第七章　『悪しきマモン』

我々が次にティンダルを見出すのは、アントウェルペンにおいてである。あのよくひきしまった、貿易と商業とで繁栄した町である。彼がいつヴォルムスを離れたかはわかっていない。あるいは、ヴォルムスで一五二六年に新約聖書と『ローマ書概要』を発行した時と、一五二八年五月八日に次の著作である『悪しきマモンの譬え』をアントウェルペンで印刷させた時との間、どこにいたのかは、わかっていない。ある証拠を追っていくと、どこかでマイルズ・カヴァーデイルと一緒にハンブルクに居たことになるが、これはモーセ五書の翻訳と関連しており、おそらくはもっと後のことだろう。彼がこの間ヴィテンベルクでルターと共に時をすごしたという可能性が果して現実的なものかどうかは、後に論じる。アントウェルペンは良い印刷業者を持ち、イングランドへの書物の輸出をよくやっていた。この町では英語の知識は貧弱だったが、そして英語についてあまり関心もはらわれていなかったけれども、印刷業者はロンドンにいるオランダ人やドイツ人の文具業者を通じて仕事をしていた（註1）。アントウェルペンにはイングランドの商人の強力な集団がおり、九年後の一五三五年に逮捕された時にもティンダルがこの町のイングランド人会館に住んでいたのは、不思議なことではない。もしかすると、すでに一五二六年以来ずっと彼の居所はここだったのかもしれない。一五三一年にスティーヴン・ヴォーンがクロムウェルに依頼されて彼に会った重要な時には、彼は確かにアントウェルペンに居た。ヴォーンは彼がフランクフルトかハンブルクかマルブルクに居る、と教えられていたのだけれども。この種の情報は多分行方をくらますために流されたものであろう。彼はこの間旅行もしていたはずである。しかしアントウェルペンは人に目立たずに住むのに良い場所であっただろう。これ以後彼の本はすべてアントウェルペンで印刷されている。彼の新約聖書の海賊版を発行したのもアントウェルペンの印刷屋の一人である。ここはヨーロッパにおけるキリスト教ヒューマニズムの中心地の一つであったし、「異端的」文書の印刷の中心地でもあった。ティンダルのモーセ五書と新約聖書の改訂版とがここで発行されただけでなく、ジョージ・ジョイの詩篇といくつかの預言書の翻訳（ラテン語から）もここで発行された。聖書全体の最初の英語訳、つまり一五三五年のカヴァーデイルの翻訳が最初に印刷されたのもアントウェルペンにおいてである。また公式に認可された最初の英訳聖書、つまり一五三七年の『マシューの聖書』が印刷されたのもここである。

『悪しきマモンの譬え』はティンダルが書いたやや長い文章の中では最初のものである。これは、信仰が行為よりも重要である、という新約聖書の教えを解説したものである。ある程度ルターの説教に依存していて、ルカ一六章の「悪しきマモン」という不可解な譬え話、つまり今日ではむしろ「不正な管理人」と呼ばれている譬え話に関するものである。横領の咎で告発された使用人が、主人に再び気に入られようと破廉恥な行為をくりかえしたという話なのだが、この使用人が誉められる。ティンダルはこの話を手がかりに一つの神学的問題に取り組む。我々は良き行為をなすべきであるが――たとえばマタイ二五章［三五節］などがすぐに思い出されよう、「私が飢えていた時、あなたは食べるものをくれた。私が乾いていた時、あなたは飲ませてくれた……」、など。しかし行為は重要ではあるが、永遠の生命をもたらすものではない。ルターとティンダルは、真の行為がおのずと生れるのは真の信仰からでしかない、という新約聖書の教えを強調している。それは果実が樹より生じるのと同じである。更に、誤って行為に依存しすぎると、迷信的に宗教儀礼に頼ることにもなりかねない。だがこれは教会が、単に教会の役に立つようにと作り上げたものにすぎない。ティンダルが言うには、死ぬ時には、我々は、神の約束を信じる信仰によって救われるのであって、聖なる蝋燭によってではないのだ。

この本は七二葉からなる八折り版で、黒文字の活字で鮮明に印刷してある。つまり形からすればポケット版で、一五二六年のヴォルムス版の新約聖書を薄くしたもの、と言えよう。奥付によれば、これは「主の一五二八年五月八日に印刷された」。そして印刷屋の偽名を付け加えている。一五二七年から三五年にかけて「マルブルクのハンス・ルフト」からルター派の書物が英語で十冊ほど、非常にきれいな印刷で発行されているが、これはそのうちの最初のものである。しかしハンス・ルフトというのは、本当は、アントウェルペンのヨハンネス・ホーホストラーテンのことである（註2）。確かに当時ハンス・ルフトという印刷屋が存在することは存在したが、ヴィテンベルクの人で、特にルター自身の著作を発行することで成功した人である。このように印刷屋が本名を隠すやり方は、このところ急速に増えてきていた。ホーホストラーテンは自分をいろいろな名前で呼んだ。たとえばパリシュのペーテル・コンジェとか、マルボロウのヨアンネス・フィロポノスとか、バーゼルの無名のアダムとか（註3）。印刷屋によっては、自分の土地を「ユートピアの」などと記したり、非常にルター派的なやり方だが、「ローマの聖ペテロ寺院で」などと記している者さえいる（註4）。『マモン』の頁はあまり装飾はほどこされていず、欄外の註はまったくない。「この本の主たる註」は最後の二葉にまとめて印刷されている。表題の頁と呼べるようなものはない。その代りに、最初の紙の最初の頁には、次のように書かれている。

すべての良き行為の母たる信仰が、我々のなすいかなる良き行為にも先立って、我々を義とするのである。

それは、夫が妻と結婚してからでないと、正嫡の子どもを得ることができないのと似ている。更にまた、夫が妻と結婚するまでは、彼女はずっと実を結ばない。彼女が処女のままでいれば（その限り、彼女は実を結ぶことができない）、子どもをもうけることはない。それと同様に、信仰が我々を義とすることがなければ、つまり、我々を神と結婚させることがなければ、我々はこれまでと同様実を結ばないのである。信仰が聖霊の種を我々の中に植えると（聖ヨハネが第一書簡で言っているように）、我々は実を結ぶようになる。パウロがエフェソス書簡第二章で言っているように、信仰によって恵みが汝を安全にするのである。汝がみずからなすのではない。それは神の賜物であって、［人間の］行為の結果ではない。だからいかなる人も誇ってはならないのである。我々はキリスト・イエスにおいて良き行為をなすようにと作られた神の作品である。我らが良き行為の中を歩むようにと、神は定められたのだ。

これが英語で発行された六番目のルター派の著作の「表題」である。一五二五年のケルンの新約聖書の一部の頁に次いで、小さい書物が次々とイングランドに密輸入された。第二の著作は、ティンダル自身の新約聖書の全訳で、ヴォルムスから持って来られた。第三はティンダルの『ローマ書概要』であり、第四はロイの『短い対話』、第五がジェローム・バーロウの『我を読み、怒るな』であるが、これは明らかにロイの示唆によるものである。ティンダルのこの新しい書物の「表題」はいわばラッパを吹き鳴らすものであった。これははっきり宣言してルター派的である。そして新約聖書から成り立っている。最後の三分の一は、ティンダル自身の一五二六年の訳によるパウロの言葉の引用である。このような触れ込みの本なら、イングランドで力強い影響があったことと想像される。実際、以下に見るように、そうであった。

## 『悪しきマモンの譬え』の序論

この六つの本のうち、著者の名前をはっきりさせているのは、これがはじめてである。この本の最初の四葉は序文で、「ウィリアム・ティンダル別名ヒチンズから読者へ」という題がつけられている。ここでは彼は、自分が著者であるということをはっきりさせる必要があると考えたにちがいない。この序文の半分ほどもしめる最初の二頁には示唆に富む話がのっているのだが、そこで彼はまず、以前の自分の立場について説明している。

以前新約聖書の時には自分の名前をのせなかったのに、この小さな文章のはじめにのせることにした理由は、新約聖書の時には私はマタイ六章で人々に、善をなす時には秘かになせ、そして良きことをなしているという自覚に満足するがよい、とキリストが教えていることに従ったからである。神が我々を見給うのであって、忍耐強く、キリストが我らのために贖い給うた最後の日の報いを待つべきである、ということだ。しかし本書では自分の名前をすすんで載せることにした。また、そうせざるをえなかった、ということでもある。

そうせざるをえなかった、という理由は、不幸な出来事から生じている。一五二六年の新約聖書の仕事をヴォルムスで終えた後、うさんくさい助手のウィリアム・ロイはストラスブールに行き、まるで愚かな印刷物を発行したのであった。ティンダルは公に自分とロイの関係を切り離すことが必要となった。それを彼は、ここでその出来事を語り、そしてロイのなしたそれらの出来事は新約聖書ことにパウロの教えに反する、と述べることによって、なそうとした。その点は、明らかである。ウィリアム・ロイは、ティンダルが到着を期待していた名前の知られない人物の代りをつとめられたほどの有能な助手であったが、ティンダルとはうまがあわなかった。それで、仕事が終ると、一五二六年のはじめにティンダルと別れ、うさんくさい仕方で新しい友人と金を作り、ストラスブールに行った。「そこで彼は、自分はすぐれた能力があり、ちょっとした仕事をしてきたのだと触れまわった……。」現実に厄介なことになったのは、続く一五二七年の五月になってからである。

その一年後、本書が印刷に付される十二ヶ月前であるが、グリニッジの修道士でジェロームという人物がこれまたヴォルムスを経由してアルジェンティン〔ストラスブール〕に行った。そして、今までとは違う仕方でキリストの弟子になる、〈神が恵みを与えて下さる限り〉洗礼の時になした信仰告白を守り、自分の食いぶちは自分でかせぎ、もはや怠慢に、あの、キリストを信じないようにと教えられている捕囚者たちの汗と労働に依存して、生きることはしない、短い靴をはき、あずき色の上着を着て生きていくのだ、などと言っていた。

ロイと同様ジェロームもフランシスコ会の改革された厳格派のグリニッジ修道院の修道士であった。ジェロームが言っていることは、明らかに、彼のキリスト者としての良心はもはや、キリストを信じないようにと教えられている修道院の召使たちの労働に依存して怠慢に生活することを許さず、巡礼者としての印を身につけて（「短い靴」）、修道院の規律に従って（「あずき色の上着」）生きるのだ、ということである。忠告されたにもかかわらず彼はロイと一緒に仕事をすることにし、反ウルジーの詩文を作ることにした。『我を読み、怒るな』の初版には、最初に枢機卿ウルジーの紋章が印刷されている。そして枢機卿の帽子は赤い色に塗られ、紋章の中の六つの斧からは赤い血の滴がしたたり落ちている。ティンダルがここでロイを批判しているのは機嫌が悪かったからだ、などと主張する人もいるが（註5）、そういうものではない。この譬え話の解説の書物の序文にロイに対する文章が置かれているのは、理由がないわけではない。この解説においてティンダルは信仰に従属する行為という問題を組織的に取り上げている。ロイの悪しき行為は信仰が欠けていることを示し、信用に値しないのである。

## 譬え話

この書物の本論はルカ一六章〔一―九節〕のイエスの譬え話の引用からはじまっている。これはやや大きな、太い活字で印刷されている。ここではティンダルは自分自身の一五二六年の翻訳をそのまま引用している（句読点を二、三変更しているが）。

一人の金持がいた。その財産を管理人が浪費しているという告発が彼のもとにとどいた。金持は管理人を呼び、言った。お前のことでこういうことを聞くとは、どうしたことだ。お前の仕事の記録を見せなさい。お前はもう管理人を続けるわけにはいかないかもしれない、と。管理人は自分に言った、どうしよう。私の主人が私から管理人の職を取り上げようとしている。今さら土を掘ったり、物乞いをしたりすることはできない。それは恥ずかしい。どうしたらいいか、うまい知恵がある。管理人の職から放り出された時に、彼らは私を家に迎え入れてくれるだろう。そこで彼は自分の主人に借金している者たちをみな呼んだ。まず最初の者に言った、あなたは私の主人にいくら借りがあるか。彼は言った、百トンの油です。そこで管理人は彼に言った、自分の借金証書を持って、急いで座り、五〇トンと書き直せ。それから次の者に言った、あなたはいくら借りている？　彼は言った、小麦百クォーターです。管理人は彼に言った、借金証書を出して、八〇と書き直せ。主はこの不正な管理人を誉めた。賢くふるまったからである。此の世の子らは、自分のことにかけては、光の子らよりも賢いのである。またあなた方に言う、悪しきマモンを用いてでも友達を作れ。必要な時に、彼らはあなた方を永続する住まいに受け入れてくれるだろう。

この書物の以下に続く論述は、三つの大きな部分に分けられる。そしてそのそれぞれが体系的に、より小さな章に分けられている。この論述の重要な特色の一つはティンダルの他の著作の場合と同様に、従来注目されてこなかったことだが、議論が論理的段階をきっちり踏んで進められていることである（註6）。第一の大きな部分は、信仰と行為に関してである――何故まず信仰がなければならないか、また、信仰のみが義とするのか。第二の部分は「マモン」という単語（財産を意味するアラム語の単語）の意味について、就中「不義なマモン」についての短い議論からはじまっている。「不義なマモン」というのは、主として、「隣人たちの必要のために用いられ、利用されることがない故に」不義なマモンと呼ばれる。そこから、何故我々は不義な管理人の真似をしなければならないか、という議論にはいる。彼は自分の不義に賢く従事した。もしも義なる者たちがそれと同じくらいに賢く働き、祈り、学ぶことをしたら……。続けて二九頁にもわたって長々とマタイ五、六、七章（山上の説教）と福音書のほかの個所の引用がある。また時々そこからそれて、パウロやヨハネの引用がはじまる。真の知恵はキリストを信じる真の信仰に従わねばならないという点について、新約聖書そのものに語らせているのである。続いて聖書の力について一頁。最後の部分は、我々は当然断罪されているのだが、神が霊を送って下さって我々の眼を神の恵みへと開かせて下さった、ということについての新約聖書の理解からはじめている。ここでティンダルは、良き行為とは何か、その意図は何か、それはどのように働くか、ということを問うている。そして、新約聖書があげている良き行為の中の主要なものを列挙し――断食、遵守、祈り、慈善――最後に三八頁を費やして聖書の教義とその説明について記している。

方法は、この時代の説教がふつうそうであったように、どちらかというと単純に体系的な議論が、それぞれの表題のもとに置かれ、新約聖書の基本的な真理——我々が罪ある存在であること、キリストの約束、キリストへの信仰のみが我々を救うということ——が反復、説明され、一種の段階的積み重ねが作られている。ティンダルはルターに従っているが、ほかの場合と同様に、中身をまったく自分のものにしている。特に中心的な事柄をくり返す場合にそうである。これが福音である、とティンダルは言う。そしてその上に、福音が何であるかをまた積み重ねる。更にまた、そしてまた、と積み重ねる。これは二十世紀の方法ではない。しかしこの積み重ねが読者を、いわば新約聖書づけにする。読者は、福音書について多くのことを学ぶことなしに、この本を読み終えることはない。キリストとパウロの教えを多く学び、ヨハネとペテロからも多くの傍証を得るのである。これを書いている時に、おそらくティンダルは、読者の一部にとってはこの本が新約聖書の言葉に英語で出会う最初の経験である、ということを心に置いていたであろう。行為よりも前に信仰があるという新約聖書の教義の最初の解説である。新約聖書の言葉への言及と引用を積み重ねることが、読者に確信を与える効果がある。ティンダルは宗教改革者として、旧約と新約がそれぞれ別に、次いでまた両者まとまって、聖書が聖書を解説し、保証する、ということを理解していた。後になると、聖書の力がティンダルをして当時の教会の慣習で聖書的でない事柄を攻撃するところまで行かせた。しかしここでは、後の『服従』などの書物におけるような攻撃を多くはしていない。

全体の議論に一頁半の序論がつけられているが、ここでまず、人々が誤って行為に信頼を置くようにさせられているので、自分は新約聖書の教えを展開するのだ、と述べている。彼の考えがどのように整えられているかを多少見ておくために、以下で、三部のうちの第一部の構造を示しておく。第一部は信仰と行為についてで、これが更に三つの部分に分れ、そのそれぞれが更に三つに分れている。

一　信仰がまず来るのであり、信仰のみが義とする。
A　信仰のみが生命をもたらす。律法は死をもたらす。
1　神は必ずやその約束を実現する。
2　パウロとキリストは、良き行為が効果をあげる前にまず善が必要なのだと宣言している。
3　律法は義とすることができず、約束のみが義とする。
B　聖書は良き行為を命じている。
1　マタイ二五章、「私が飢えていた時……」
2　これらの良き行為は信仰からのみ生れる。
3　聖書は信仰と行為の両方を神にのみ帰している。
C　外面的な行為が内面的な善を示す。
1　義は信仰による。行為によって示される。何か利益を得ようというものではない。
2　永遠の生命は、信仰と善き生き方に続いて生じるものである。自分で獲得できるものではない。
3　神（聖者ではない）が我らを天に迎え入れる。行為は貧しき人々に対してなされるべきであって、聖者のためになすべきものではない。

（この本全体の体系的な図式は、本書の最後の付録Aに記しておいた。）

ティンダルの用いた資料はルターである。特に、二度同じものがヴィテンベルクで一五二二年に印刷された『不正なマモン、ルカ一六章、についての説教』である（註7）。しかしここではほんの一部分でしかルターはこの譬え話を解説していない。

これは、より本質的には、信仰と行為の関係について、ルカ一六章だけでなく新約聖書の他の多くの個所に照らして議論している。これらの個所は、行為が人間に救済と天とをもたらすと示唆しているように見える。しかしルターは、まず第一に、信仰のみが義とする、と主張し、第二に、真の信仰は常に、自らすすんで、報酬を求める気持なしに行なわれる良き行為の中に示される、とし、第三に、人間を天に迎え入れるのは聖者たちではなく、神である、としている。（註8）

これはティンダルの三つの部分のうちの第一部のみである、ということがすぐにわかる。ティンダルはルターを大きく引き伸ばした。以前にも、ケルン版の新約聖書への序文や、『ローマ書概要』でも同じことをなしている。しかしここでは、引き伸ばし方がもっと大きい。ルターのこの説教は、印刷で、四折り版の六枚を数えるだけである。ティンダルのこの文はその六倍ある。以前と同じように、引き伸ばし方は二種類ある。ルターのどちらかというと骨格だけの文を、さまざまな人間の経験などによって、より詳しく展開し、また新しい材料も多く加えるのである。『悪しきマモン』では、その二つがどちらも大幅に展開されている。ティンダルは、聖書の翻訳と解釈の技術を学ぶにつれ、自分自身の力を発達させ、ルターをだんだんと後においていく。ここでは彼はルターの神学を日常の経験によって根拠づける。ドイツ語の教義の記述を更に大きく展開し、人間的であるとはどういうことか、本当は人間には価しない信仰の賜物を与えられる経験とはどういうものか、といったことについて、くり返し記述を重ねていく。更に、ティンダルだけがこの譬え話の全体を解説している――ルターの文は単に最後の句、「悪しきマモンを用いてでも友達を作れ。必要な時に彼らはあなた方を永続する住まいに受け入れてくれるだろう」という句を解説しているだけである。ルターはしばしば説教をなし、そのうちの多くが今日も残っている。ワイマール版には一五二二年について六四の説教が印刷されている。ルターの場合、これがふつうの分量である。かなり多くは、すでにその当時に印刷されていた。しかしこの「不義なマモン」についての説教は一五二二年だけで少なくとも五版、一五二三年に一版、ヴィテンベルクで印刷されている。更におそらくアウクスブルクでもバーゼルでもエルフルトでも印刷されている。これは信仰が優先するということについて述べた有名な文章であって、ティンダルはこれを訳すことによって、自分が確かにルターの大きな流れの中にいるということを示しているのである。同時にまた彼は単にそれを訳しているだけではない。彼の『悪しきマモン』は、実生活的に解説され長さも五倍になった英語のルター的著作である。

ティンダルがルターを自由に離れる度合いがどんどん増している、ということは、あらゆる個所で感じられる。ルターの導入の三つの段落の代りに彼は、独自の段落を一つ置いている。これは、「多くの者が……したので……」という句ではじまっていて、ルカ福音書の最初の句の彼自身の翻訳の文を利用している。多くの者が「人々を真の信仰から引き離そうとしてきた」ので（続けて聖書の引用文によってその趣旨を補い、更に、「人々が彼ら自身の良き行為によって神の御前で義とされうるなどと信じるようにさせ、こうして神の純粋な言葉を駄目にし、自分たちお好みのアリストテレスをともかく確信し……」と続ける。この点が更にまた展開される）、「そこで私もまた……手をつけることにした」というのである。この句でまたルカ福音書の最初の文の真似にもどって来ている。

そこで私もまた、この福音書と新約聖書の他のいくつかの個所を解説することに手をつけることにした。また（神が私に恵みを与えて下さる限り）聖書をその正しい意味のもとに置き、アブラハムの井戸を再び掘る作業に手をつけることにした。ペリシテ人が此の世の知恵の泥でもってこの井戸を埋めてしまったので、それを取り除け、きれいにしよう、というのである。神が、御子にして我らの主なるイエスへの愛の故に、私にその恵みを与えて下さるように。その御名に栄光あれ。アーメン。

こう記した後、ティンダルはルターが最初にローマ書から短く四個所引用しているのを大幅にふくらませ、信仰だけが義とするということを示そうとし、更に六頁以上にもわたって信仰、律法、福音についてのローマ書以外の個所も多く引用して説明している。彼ははじめからすでにルターを離れて、律法と福音についてかなりな分量の説明を加えているのである。この主題についてまったくはじめて触れる読者の手にとどくことを期待しているのだ。ルターは一五二二年の八月までに、つまりこの説教の月であるが、すでにこの主題について非常に多くを書いていた。それに対し英語では、一五二八年まではこういうラディカルな神学については、ティンダル自身の一五二五年のケルン版の序論と、同じく彼のヴォルムスでの『ローマ書概要』を除いては、まったく何も書かれていなかったのである。ティンダルは、この点にもまた注目しておく必要があるが、エラスムス流の良き雄弁家として振舞った。エラスムスの「敷衍（amplificatio）」という「姿（figura）」を用いているのである。彼の三八行の導入の文とそれに続く三〇行の譬え話の引用は（ルターの方は全部で三三行だが）、これで一つの文である。バランスのとれた配分で、学校教師の教えと聖書の教えの違いについて敷衍して（amplify）いる。それに続いて本論がはじまると、彼はまず、ルターがパウロに基づいて信仰のみが義とすると証明している個所を記し、続いてそれを、聖書の引用を次々と積み重ねていく仕方で、広く展開する。ティンダルは「敷衍」の手法を特に二つの方向で用いている。聖書的な方向と実生活的な方向である。そのどちらにおいても、彼の方法は的確にエラスムス的である。古典のテクストへの言及を、同じ点に関して、あるいはそれに付随する問題に関して、日常生活から取られた例につなげて、それを良い、鮮明なラテン語で書くというのは、エラスムスがたとえば『デ・コピア』において学生に教えた書き方である。エラスムス自身がどのようにその方法を用いて書いているかは、

『エンキリディオン』に見られる。しかしティンダルは自分自身である。良い、鮮明な英語で書いている。この点はエラスムスは評価しなかっただろう。そして彼のテクストはすべて聖書である。エラスムスははっきりとそれを避けている（エラスムスがローマ書について書いている個所を我々は知らない）。ティンダルはルターの聖書についての言及を引き継ぎ、ルターのぶっきらぼうな叙述を日常生活からの例でもって埋めて、より豊かな人間性をもった文にしている。その点についての例をあげると、ルターは最初の頁で「（病気の人間は）働き、健康な仕事をなす前に、まず肉体的に健康にならねばならない」と記している。ティンダルはその考えを受け取って、更に詳しく述べる。

病気の人間が、健康な人間の仕事をなすことができるようになる前に、まず自分自身癒され、健康にならねばならないのと同様、あるいは盲人が見ることができるようになる前に、まず視力を与えられねばならないのと同様、あるいは足かせなどで縛りつけられている人間が歩き、走れるようになる前に、まずその足かせから解放されなければならないのと同様、悪魔によって捕らえられていると聖書の中に記されている者たちが神を誉めたたえることができるには、まず悪魔が追放されねばならないのだ……。（註9）

しかしエラスムスと違って、ティンダルが「敷衍」の手法を使って人間生活の場面を描くのは、すべて一つの主題についてである。すなわち、キリストの働きが人の身体に及ぼす癒しについてである。ルターが、信仰が人間の心に対して影響を加え、人間を新しくし、新しく生れ変らせ、新しい生き方をさせる、と述べていることについて、ティンダルは以下のように敷衍している。

この故に信仰は、強く働き、徳に満ち、いつまでも働き続ける。信仰はまた人を新しくし、甦らせ、変え、変化させ、全体を新しい質と交りへと変えるのである。そこで人は自分の心が変えられ、変化し、以前とはまったく違うようになり、以前は愛することができず憎むだけだったのが、今や愛する力を持つようになり、以前は嫌っていたことを喜ぶようになり、以前はひたすら喜んでいたことを嫌うようになった、ということを感じるのである。そして信仰は人の精神を自由にし、神の意志に自由に従うようにし、長く消耗な病気の結果疲れ、やつれてしまった肉体に健康が与えてくれるのと同じことを精神に対してなしてくれるのである。病気の時は、脚は身体を支えることができず、手を上げて必要なことをすることもできず、味覚は駄目になり、砂糖は口の中で苦く、胃はソースやスープまで受けつけず、吐き気を催してしまう。しかし健康が訪れると、健康は人を変化させ、きれいに変え、肢体のすべてに力を与え、これまでは誰がすすめようとなすことも我慢することもできなかったようなことを、自ら進んでなしたいと思うようにさせる。そして今や健康な事柄に意欲を持つようになり、肢体は自由自在となり、健康な人がなすべきことをすべてみずから進んでなす力を持つようになる。以前はそれをなす力がなく、捕らわれ、束縛の中にいたのである。それと同じように、正しい信仰は精神に対して一切のことをなしてくれる。（註10）

ティンダルは、最初の数行ではルターをやや自由に訳しているが、その後、病気から癒された喜ばしい状態について、さまざまな例を並べている。この本の後の方では、家庭生活からとられた場面なども見られる。たとえば、自然と律法と約束というよく取り上げられるテーマについて三つの段落を用いて書いているが、その中で、律法が怒りをあらわにする、怒りを生み出しさえするということを説明して、「母親が子どもに、揺り籠をゆするといった程度の仕事を命じても、子どもは不満をいだき、命令は隠された毒を表に出すことしかせず、子どもは母親に対して腹を立て、母親は自分を愛してはいないなどと思わせてしまうのである」(註11)としている。

そのすぐ後で、信仰についてこれまで聞いたことのない者が信仰という考え方を受け入れるのは、いわば、「自分たちにはまったく関係のない異国でなされた事柄ないし物語が語られるのと似ている。しかし彼らはそれを信じ、それが真実の事柄であると言うようになる」(註12)。ルターとティンダルをそのまま並べてみると、信仰の賜物が人々の人格に与える効果について、ティンダルがルターの言葉にくり返しつけ加えていることがわかる。これはルターのテクストに対するティンダル独自の改変であって、目立つものである。ティンダルは改心の経験、変身について記録している。彼の方法は、できる限りの文章技術を駆使するものである。すばやいリズムで短い対句をくり返す、頭韻や母韻によって音の型を作る、等々。しかしそういった技術を通じて、キリストを受け入れて改心するとはどういうことかについて「我らの心で」強く感じることができるのである。その経験の本質と密度のどちらも明らかである。

そして福音が我らに説かれる時、我らは神の慈愛を信じる。そして信じつつ、我らは神の霊を受ける。これは永遠の生命の手付け金である。我らはすでに永遠の生命にある。そして我らの心においてすでにその甘きことを感じ、神とキリストの親切に圧倒される。こうして我らは神の意志を愛するのである。愛よりして我らは自由に行為をなすことができる。すでに我らに価なくして与えられているもの、すでに我らがその継承者と定められているものを、自分の行為によってかちえようというわけではない。(註13)

これはティンダルであって、ルターではない。ティンダルのルターに対するつけ加えのうちで最も顕著なものは、外面的な行為は内面的な信仰の徴であるということを示すために彼が選ぶ実例の展開である。つまりルカ七章のイエスを自分の家に招いたパリサイ人シモンの話と、「罪人であった」女がイエスの足に香油を注ぎ、その罪が許され、その信仰が彼女を救ったのだと告げられる話（この女性は、上に見たように（註14）、後の教会の伝承ではマグダラのマリアと同一視されている。しかし福音書はそういうことを言っていない）が選ばれている。この単純な実例が、ティンダルの説明をもってすると、A・ヒュームがいみじくも形容したように、「懸河の段落」になるのである。「その抗いがたく流れてくる急流のような文章が、主題となっている事柄を正確に表現する――「マリアの愛のように、これらの文章そのものが『滞留したり停滞したりすることができず、噴出せざるをえない』のである」（註15）。主題は、キリストと信仰の臨在を強く感じるところからなされる行為の現実性である。この実例が『悪しきマモン』の三頁をも満たしている。ティンダルは書く、

たとえばキリストの足に香油を注いだマリアの例を考えてみよう……。（ティンダルは続けて、ルカ福音書のこの物語を全文一五二六年の自分の翻訳から引用する。シモンが「キリストを自宅に招いた」というところからはじめて、イエスの「少なく赦された者は……」という言葉まで。その引用の結論としてティンダルは「行為は愛の果実である。そして愛は信仰の果実である」と記し、以下に続く。）しかしマリアは強い信仰を、従ってまた燃えるような愛を、持っていた。だから極めて深遠な従順をもって顕著な行為をなしたのである。一方では、彼女は明瞭に自分自身を律法の中に生きる者として認識していた。それは、彼女がいかなる危険の中にいたかということであり、また、罪の残酷なきずなの中に、恐ろしい断罪の中に、神の罪人に対する恐ろしい判決、審判の中にいたということであった。他方彼女は、キリストの福音が説かれているのを知っていた。鷲のように鋭い眼をもって神の極めて豊かな慈愛が約束されていることを見ていたのである。それは言葉によるいかなる表現をも超えており、すべての従順な罪人のためにキリストにおいて定めら

れたものである。従順な罪人はみずからの罪を知っている。彼女は神の言葉を強く信じており、神の慈愛と真実の故に神に栄光を帰し、言葉に表せないほど、いや理解しがたいほど豊かな神の親切に満たされ、圧倒されて、愛に燃え上がり、言葉が愛の中に飲み込まれた結果、その愛を押しとどめておくことができなくなって、噴出したのである。愛に飲み込まれていたから、何も考慮することもなく、心の中の燃えさかる愛を表現することのみを考えた。彼女はそんなにたいした罪人であったわけではないが、みずからを考慮することなく、またいつも弱い罪人のことを軽蔑するパリサイ派の奇妙な偽善も、また香油の高価さも考慮することなく、あらゆる謙虚さをもってキリストの足元に身をよせたのである。キリストの足を自分の目の涙で洗い、それを自分の髪の毛でぬぐい、そして貴重な香油を注いだのである。疑いもなく、キリストに対する愛を表明するためにその足元に走りよったのであり、それが出来るならば地獄に落ちてもかまわないと思ったのである。(註16)

この個所は修辞学上の分析に対応していて、頭韻、三重の均衡(parison)(訳註16a)、反復(repetitio)を示している。しかし同時にこれは人格的な特色の出た文であり、ルターの説教のいかなる点よりももっと直接的である。上に言及したニコラス・ラヴの『鏡』の個所と比較してみるとよい。そこではマリアは自分の感情を直接ことばに出して表現している。そういう言葉が実際にルカ福音書に記されていると思い込ませようとするのであるが、本当はルカ福音書から百里の距離も隔たっている。それに対しティンダルはここで、行為を生み出す愛の力について述べる文を豊かに展開している。ニコラス・ラヴとティンダルは、どちらも、福音書を利用して書いている。しかしそれ以外のすべての点で、まるで正反対である。ラヴはマリアの言葉なるものを創作して、あたかもそれが福音書に記してあるかのように見せかける。献身の思いと敬虔な模倣に満ち、そしてまったく教会の枠内に閉じこもっている。ティンダルはルカ福音書のテクストをそのまま提示し、それを説明し、改心に際して信仰が罪人に与える直接的で驚くべき力に注意を向けさせる。――テクストそのものに依ることによってのみ可能な経験であった。

この個所はルカ七章の物語をすべてていねいに引用し、かつ、愛によって推進され信仰によって鼓吹される内的な善がいかに純粋で、うわべだけでない善行を生み出すか、ということを展開しているのであるが、これはルターにはない。これはティンダルが用いる二重の「敷衍」の典型である。一方ではルターが指摘する聖書の個所を大幅に拡張し、引用もずっと長くし、他方ではその教義の意味を人間の行動に根拠づける。個々の部分の長さはまちまちである。たとえば、我々がⅡAと名づけた部分はほんの数行から成り立っていて、ルターを直訳して「マモン」という言葉を説明している。第二部と第三部のそれぞれの最後の部分は数十頁もの長さである（第一は二六頁、第二は三〇頁ある）（訳註16b）。そしてこれらの部分はすべて新約聖書からの細かい引用とその註釈からなっている。マタイ、ルカ、ヨハネの福音書に、ローマ書、第一、第二コリントス書、ヘブライ書、ヨハネとペテロの第一書簡、それにヤコブ書である。旧約聖書はほんの数回言及されているだけだが、それも新約の目を通してである。たとえばアブラハムとラハブの信仰の古典的な実例はヤコブ書二章から見ているし、エジプトの王が暗黙のうちに言及されるのもヘブライ書一一章を通してである。この書物を読み終えれば、新約聖書の重要な個所の多くを英語で知ることになるであろう。ティンダルがルターと異なる点の一つは、常に教えようとしていること、できる限りものごとを鮮明に示そうとしていることである。全体の最後の部分をなす聖書の引用では、ティンダルは不義な管理人の譬え話からまったく離れて、一見、天にはいるためには良い業をなさねばならぬ、と言っているかのように思える個所を多く引用して、説明している。たとえば「もしも生命にはいりたいのなら、戒めを守りなさい、マタイ一九章〔一七節〕」などである。この原文にして二六頁ほどの部分は、ここでは十分に論じる余裕はないが、もっと多くの注目に価するものである。ここでは、キリストの言葉に根ざしつつ、業を天にはいるためのパスポートにするという考えがいかに間違っているかを明らかにしているからである。良き業が天に価するのではない。あるいはその行為者を義とするわけでもない。何故なら、義認と天はキリストの血のおかげで与えられるからである。良き業に言及するのは、それが神の意志であるからである（註17）。マタイ福音書だけでも、このことは反論の余地なく示されている。このように新約聖書に沈潜する点で、ティンダルはルターと異なっている。ルターは、この文書ではそうでもないが、他ではもっと多く旧約から引用している。これまた、もちろん、一五二五年のケルン版の序論の最後の部分はティンダルではなく、誰かほかの者がルターを訳したのだ、と考えられる理由の一つである。ティンダルがいわば一人で飛翔し、教育的な目的のために書く時には、彼の心は新約聖書だけに向いている。この本の目的の一つは、英語でものを読む人々の心に新約聖書の本質を浸透させることにあったに違いない。これがまずルターに従っているという点では、ルター的な文書である。しかしその大部分は独自のもので、ティンダル的である。一冊の本の全体が新約聖書にひたりきっている、ということをティンダル的と呼べるとするならば。

彼の「敷衍」のもう一つの使い方は、人間の生活についてのはるかに強い感覚に存している。第三部では常に良き業を頭に置いて論じているのだが、この部分をはじめる時に彼が考えている良き業とは、中世末期に良き業の基準となっていた三つの組合せ、つまり断食、慈善、巡礼ではない。彼ははじめる、「良き業とは、神の法の枠内でなされるすべてのことである。その業の中で神に栄誉が帰され、その業をなすことができる故に神に感謝が捧げられるのである」（註18）。その数行後で彼は、断食などというものは、現代の痩せるためのダイエットと同様、容易にゆがんだものになりうる、ということをはっきりと述べている。

ある者は肉と飲み物を摂らない。けれども此の世の商売に熱中して、神のことなど一度として考えることもない。ある者はバターを摂らない。卵をやめた者もいれば、白身の肉を一切やめた者もいる。ある者はこの日に、ある者はあの日に、ある者はある聖者の聖日に、他の者は他の聖者の聖日に断食する。要するにそれぞれがそれぞれ勝手な目的で断食しているのだ。歯が痛いとて断食し、頭が痛い、熱がある、疫病だ、突然の死に出あった、首をつった、おぼれた、等々で断食する。そして地獄の苦しみから逃れようとする。

最後の文の流れるような、駆け出すようなリズムは、緩歩する馬のようで、みごとである。文の切れ目のおかしさが、断食の習慣の愚かさとうまく対応し、最後の九単語（そして地獄の苦しみから逃れようとする）でもって、愚かさが頂点に達する。しかし彼は続ける、「ある者はひどく抜けていて、二つの聖マリアの日の間の木曜日に断食する。クリスマスとキャンドルマス（聖燭日）の間のマリアの日は清められていて、そこでマリアを礼拝すれば疫病から免れられる、というのだ」（註19）。数頁後、「神の法の枠内でなされるすべての業は良い」ということを説明する時には、彼はぶっきらぼうである、「いかなることであろうと、神の法の枠内でなすことはすべて神に喜ばれるためになしているのである、と知るがよい。それは水を作っている時のようなものである。もしも風や水がなくなったら、どちらであろうと、それがどんなに貴重なものであるかを感じるだろう。この故に神にどれだけ感謝すべきかわからないほどである」（註20）。こういう基本的な現実から、次の文では、重要な点へと移っていく。「神に喜ばれるという点では、どの業が他のどれよりすぐれている、というようなことはない。……使徒であろうと、靴屋であろうと……。台所の使用人で主人の皿を洗っていようと、使徒であって神の言葉を説いていようと……。仕事と仕事を比べれば、皿洗いと神の言葉の説教とでは違いがある。しかし神に喜ばれるという点では、まったく違いはないのである」（註21）。言い替えれば、「一般信徒の中の最も素朴な者であっても、霊的生活の最高点に到達することを妨げるものはない」のである（註22）。イングランドの高位聖職者たちがこの書物とこれを好む人々を葬ろうと思ったのも、不思議ではない。

この本の中には、日常生活のそのままの様子が、太陽の光が突然さしこむかのように、出て来るところが二十個所以上もある。赤ん坊の揺り籠をゆするように言いつけられた子どもが文句を言うところとか、役者がほかの人物に化けて舞台にもどってくるとか、おかゆをすすらねばならない病人とか、月食の原因を発見した人物とか、子どもに「私の犬を愛さない者は、私を愛さない者だ」と言って叱っている父親だとか、火遊びや水遊びの危険について注意される子どもとか、飲む葡萄酒をとりかえる居酒屋の常連とか、皿洗いをする召使とか。これは、まったく高尚であろうなどとはしていない一つの小さな文学である。キャクストンだったらこういうものを富裕な上層階級の自分の顧客たちのために印刷しようとは思わなかっただろう。実際、ティンダルはキリストにおける行為の大衆性（「すべての人が、どんな仕事や職業の人であろうと……自分の仕事や職業を共同の利益に関連して考えるがよろしい。そしてキリスト御自身に仕えるごとく、兄弟たちに仕えるがよい」）（註23）を説明する時、読者の実際の仕事や職業を正確に数え上げる表を提供しているのである、「酒屋であろうと、パン屋であろうと、仕立屋であろうと、飲み屋の主人であろうと、商人であろうと、農夫であろうと」。超上層階級に属するサー・トマス・モアがせせら笑ったのも、不思議ではない。せせら笑うどころか、これはけしからんと思った。こういう者たちには、福音は上等にすぎる。福音の良き知らせは彼らから切り離しておかねばいかん（註24）。

ティンダルも論争的になることがある。この世界は神を理解せず、ソクラテスやプラトンやアリストテレスは神を示していない、と言って説明する時、彼は教会の一般的な考え方について述べているのである。「聖職者である者が、何が神学の課題であるかを知らずにいる、などということがありえようか。」この本のはじめの方で彼は、「神の子の血は全世界のすべての罪と悪よりも強い」ということを説明して言う、……そしてそこの点にこだわるがよい……（すなわち死の時に）。……さもないと、自分のまわりに千本もの聖なる蝋燭をたて、百トンもの聖水と、船いっぱいの免罪符と、修道士の上着をいっぱいつめこんだ布袋と、此の世でのあらゆる儀式と、そしてこの世界のすべての人間の良き業と賞賛に価する事柄を積み上げたとて、もしもそれらはたいして聖なることではなく、かつても聖なることでなかったのであれば、汝は滅びるだけである。（註25）

ティンダルの『悪しきマモン』の序論は、アンティキリストに対する強い攻撃で終っている――役者のように異なった名前と衣装とでまた舞台に登場してくるのは、ほかならぬアンティキリストなのだ――それは長い段落で、キリストがパリサイ人を偽善者として批判するのになぞらえて、はっきりと名指しで「我々の高位聖職者たち」に対してものを言っている。「一方で教皇、枢機卿、司教、等々があり、他方で律法学者、パリサイ派、長老、等々があって、名前は異なるが、事柄はまったく同じなのである。」

昔のアンティキリストたちは、キリストをピラトのところに連れて行って、我らの法によればこの者は死なねばならぬ、と言った。……彼らは、自分では、一切のことを良き熱心をもってなしているのであり、あなた方を非常に愛していて、もしもあなた方がキリストの仲間になるくらいなら、あなた方を焼いてしまう方がいいと思っているほどなのだ。……彼らが福音書を焼いているのを見れば、彼らは［私の］この仕事をも焼いてしまうだろうに、それなのに何故私がこの仕事を苦労してなすのか、と問う人がいるかもしれない。私は答えよう。新約聖書を焼くことによって、彼らはまさに私が予期したことをなしたのである。もしもそれが神の御意志であるならば、彼らは私をも焼くかもしれない。しかし彼らにそれ以上のことはできないのだ。

しかしながら、新約聖書を翻訳することで私は私の義務を果した。今も果しており、これからも、神が私になすようにと命じておられる限りのことを私はするであろう。……もしも神の言葉がそのことを証言して下さるならば、そして汝が心の中でそうなることを感じているのなら、心安んじて神に感謝するがよい。（註26）

## アントウェルペンにおける印刷

印刷は、イングランドよりも低地地方においてはるかに重要であった。一五〇〇年十二月にいたるまでに、低地地方ではすでにほとんど二千冊になんなんとするほどの書物が印刷された。それに対しイングランドでは三六〇冊印刷されたにすぎない（註27）。十六世紀のはじめ数十年間に、アントウェルペンにはおよそ六十の印刷屋が居た。これらの印刷屋は、大きくなりつつあった英語の市場に対応できるだけの印刷を良質に仕上げることができた。またラテン語、ドイツ語、フランス語、デンマーク語、イタリア語、スペイン語、ギリシャ語、ヘブライ語で印刷することができた（註28）。十分な資金を持った大きな印刷工場、技術のすぐれた担当者、知識のある翻訳者や編集者などがそろっていて、書籍を安価で、効果的に、すばやく作り出すことができた（註29）。出来上がった印刷はたいてい良質で、輸出用で、大量生産であった。時には多少質の劣るものもあったが。ティンダルの一五二六年の新約聖書の最初の海賊版も、その質の劣るものの一つである。これはファン・エントホーフェンとも呼ばれたクリストフェル・ファン・ルーレムントから出版されたもので、一目で頁の全体を見られるような小さな十六折り版であった。イングランドの権力者がルターとティンダルとロイの本（やがてほかの著者たちのもの）に対する禁令を発布していたけれども、彼らの本のすべてが廃棄されたわけではない。確かにアントウェルペンにおいてさえ、一五二七年のはじめごろ、ティンダルの新約聖書が燃された（註30）――ティンダル自身がそれを直接眺めていた可能性があると考えると、興奮させられる。アントウェルペンで一五二五年に印刷の仕事をはじめたホーホストラーテンは、はじめラテン神学を専門としていたけれども、やがて、特にスカンディナヴィアで、ルター派の人々と関係を持つようになったようである。彼は勇気を示した。一五二六年と一五二八年の二度にわたって、禁止されていたデンマーク語の本を、「バーゼルの無名のアダム」という名で印刷した。彼はまた「マルブルクのハンス・ルフト」の十巻本も印刷した（註31）。これは半ば黒文字で、美しいというよりは、職人的な印刷であった。十巻とも同じ木版の署名がはいっていて、しばしば、表題の頁の一つないし二つの区切り方も同じであった。「宗教」書を英語で印刷して密輸するのは危険であったが、その危険は同時に「誘惑的」をも意味し、儲かるのは確かであった。

ティンダルの本が攻撃されたのは扇動的な欄外の註のせいだ、などという意見が相変わらず今でも歴史家の間で言われているものだから、ここではっきり述べておくけれども、ティンダルが生きている間に印刷された『悪しきマモンの譬え』の版には、序論以外は、欄外の註はまったくつけられていない。本の最後の数頁には、頁数と関連づけられた小さな註がある。「律法は死、約束は生命」「約束が義とする」「タレント、マタイ二五章」などで、これらは一種の索引の役割を果している。欄外に註がある場合は、ティンダルの論文に典型的なやり方のものである。つまり序論には八つの欄外の註があるが、それは一種の大ざっぱな要約なのである。「第二テモテ二章。神の言葉をもって悪をなじるべきであって、悪口雑言を並べた詩文でなしてはならぬ」、「アンティキリストというのは、キリストに反する、というだけの意味である。それは誤った教義の説教者以外の何者でもない」、

「アンティキリストはいつも居た」、「アンティキリストは、見つけられると、舞台から出て行く。そして変装してまたもどって来る」、「アンティキリストは霊的な事柄であって、目に見ることはできない。神の言葉の光に照らせばわかる」、「聖職者階級は、自分たちの霊的な子どもに対しては燃えるような熱心さを持っている」、「すべての教義を神の言葉によって検査せよ」、「神の言葉がそれは真実であると証するもの以外は、何も信じるな」。これらが本文を要約している点である。序論を全部読む前に欄外をざっと見れば、論点がわかる。自分の道を見定める役に立つのである。ほかの場合もそうだが、ティンダルの死後に発行された版では、欄外に置かれる註がぐんと増えているということは注目しておく必要があろう。ジョン・デイの一五七三年の版にいたるまで、平均して各頁に五つ六つの註が置かれている。ウォルターがパーカー協会版のテクストで印刷しているのは、これらの註である。しかしその場合も、欄外に刺激的な攻撃の材料を探そうと頑張っても、失望させられるだけだろう。

## 『マモン』の受容

『悪しきマモンの譬え』は一五二八年五月八日に発行された。おそらく、その後ほど遠からぬうちにイングランドで出まわりはじめていただろう。ルター派狩りをやっている権力――タンストール、ウォーラム、ウルジー自身――がこれを手に入れた時には、怒り狂った。大司教のウォーラムの神学問題諮問委員会は、その中に二十以上の異端的発言を発見した。やや後に、サー・トマス・モアはこれを「非常に邪悪なマモン（mammona iniquitatis）、邪悪の宝庫、源泉……マモンの邪悪な書物」と呼んだ（註32）。一五二八年六月一八日、ウルジーは低地地方でのイングランド大使ジョン・ハケットに、その地の総督に三人の異端者の引き渡しを要求するようにと命じている。この三人は、ティンダルとロイとリチャード・ハーマンというイングランド人の商人であったと考えられる。ハーマンはアントウェルペンの市民権を持っており、異端の書物を売るために所有していたという。総督は、皇帝といえども強制送還したりする権限は持っていない、しかし、この三人とその書物を捜査してみよう、そして、もしも見つかったら裁判にかけるだろう、と答えた。彼らが有罪であると認められる場合にのみイングランドに送還されるか、あるいは現地で処罰されるであろう、と。しかし捜査官はこのうち一人を見つけただけだった。商人のハーマンである。彼は六月に投獄された。秋のはじめごろには彼らはまだティンダルとロイを捜索中で、またハーマンに対する証拠をも探していた。モズレーはハーマン・リンクの書簡というものを発行している。その書簡は、国家権力がおちいった混乱を描いている。しかしこれは、あまりに貧弱な、ないし誤った、ないし時代錯誤の、ないしその三つすべてを兼ねる情報に基づいている。総督の裁判所はイングランドに対してくり返しもっと証拠を提供せよと要求した後、ウルジーからほとんど、ないしまったく返事が来なかったので、ハケットの要求した件をすべて放棄することにし、ハーマンを一五二九年二月五日に釈放した。

ティンダルの『悪しきマモン』は、一五二六年のヴォルムスの新約聖書と、同じ年に出たアントウェルペンのエントホーフェンによるその海賊版、『ローマ書概要』、それに(ロイと)バーロウの『我を読み……』に加えてこれが出版されたものだから、イングランドにおける弾圧にますます火をつけた。フォクスが言及している者のうち多くが、たいていはティンダルの新約聖書とともに「悪しきマモンと呼ばれる書物」を持っていたという理由で、審問ないし処罰、ないしたいていはその両方を受けた。フォクスは必ずしも厳密に事柄の起こった順に記載しているわけではない。まあ、フォクスに対して親切な言い方をしてあげれば、そういう言い方になるが、要するに資料が手に入った順にただ並べていく傾向がある。従って、一五二八年五月以降イングランドでどんどんとひどくなっていった弾圧を、月を追って出来事を順に鮮明にとらえることは難しい。しかしながら、十分に明らかなのは、第一に、ティンダルの『悪しきマモン』がイングランドに直接的な打撃を与えたこと、福音的な人々と呼ぶことのできる人々の間では、特に商人や貿易商の間では、かなり広く読まれ、所有されていたということである（註33）。第二に、その数年後にいたるまで、この本は影響力を保ちつづけ、相変わらず禁止されており、禁書狩りがなされていた、ということである。フォクスは、この本を所有していた何人かについて、特に殉教の死をとげた場合には、その審問の様子を非常に詳細に描いている。たとえば「殉教者ジョン・テュークスベリー。ロンドンの皮革商人」（註34）がそうである（ストライプは、フォクスの文書を用いながら、彼を小間物商としている）（註35）。彼はティンダルの新約聖書と『悪しきマモン』を読んで改心し、一五二九年四月にタンストールや他の司教などによって、二度審問され、後にはモアがチェルシーの自分の家で彼を審問した。そこでは丹念に拷問されたという（註36）。そこからロンドン塔に送られ、そこでも「ついに歩行困難になるまで」拷問された。（彼はいったん棄教したのだが、その後棄教を取り消し、ストークスレーによって生きながら焚刑に処せられた。）最初の審問の時に、彼は「義認の教義やその他信仰にかかわるすべての教義について」非常によく知っていたので、「……タンストールやその部下の学者たちは、一介の皮革商人が彼らと議論することができ、かつ聖書の知識と天的な知恵とが非常に豊富であったので、たちうちすることもかなわず、恥をかいた。」フォクスはこの尋問とそれに続く出来事について数頁割いている。テュークスベリーは最初タンストールによって尋問された。そこにはセント・アサフの司教とウェストミンスターの大修道院長も同席した。尋問の内容は、「『悪しきマモン』の書物から引き出された」異端の諸条項についてであった。最初の質問は、「悪しきマモンと呼ばれる書物の内容を正しいと認めるか」ということであった。テュークスベリーは、然り、と答える。フォクスはタンストールの公文書から書き写してきているのだが、これによるとテュークスベリーは正直で誠実なキリスト信徒として登場する――バニヤンの「誠実者」と「堅固者」を混ぜ合わせたような存在である。自分が得たことにしっかりと固執している。この本の慈善に関する部分、すなわち、さて、慈善の行為が何を意味するかを知れ。それはなんの役に立つかを。慈善によって、他に対して慈悲深くあること、兄弟にとって必要なことを助け、その隣人となること、兄弟に対する義務を果すこと、兄弟に対して自分の負っていることを返すこと、といったこと以上のものを求める者は盲目であり、キリスト教徒の何たるかを理解していないのである。(註37)

この個所(これはティンダルの本のこの個所を多少書き変えたものである)が示された時に、テュークスベリーは答えて、「この本全体を通して私はいかなる誤りをも見出さない。この本全体が良いものであって、これは私の良心に大きな慰めと光を与えた」と答えた(註38)。最初の審問は一九の個条についてであった。そのうち典型的なものをあげると、「第一に、アンティキリストは外面的な存在ではない。たとえば、先祖の人々が言うような、突然現れて奇跡行為をなすような者ではない。アンティキリストは霊的な存在である――これに対し彼は答えて言った、ここには何の誤りもない、と。」「また、信仰のみが義とするのかどうか、という条項についてたずねられると、彼は答えて、もしも行為の功績によって天にはいることができるのであるとすれば、自分はうまくできないだろう。何故なら、行為は信仰にともなって生じるものだからである。キリストが、その受難によって、我らすべてを救い給うたのである、と答えた。」あるいは、「『我々は本性において罪に定められた者である。ひき蛙が本性においてひき蛙であり、蛇が本性において蛇であるのと同様である』という文について、彼は答えた、それは正しい。その本に書いてあるとおりである。」その次の審問はタンストールと、イーリー、リンカン、バース、ウェルズのそれぞれの司教、およびその他の者たちによってなされ、五つの異端条項が加えられた。たとえば、「『我々は互いに互いのために祈る。その場合、我々は隣人に、自分の義務を思い出させるようにせねばならぬ。自分の聖性をあてにしたりしないように』という項目について」、テュークスベリーは答えた、「お好きなように理解なさい。私はこの文をよく理解していますから」と。くり返しくり返しテュークスベリーは、自分はその本にいかなる誤りも欠点も見出さない、と答える。審問官たちにはとても同意しがたい態度であっただろう。

後になされた『悪しきマモン』に対する攻撃には、どのようにして弾圧を加えるかというやり方がよく現れている。一貫して証拠に手を加えて作り変え、何とか異端に仕立てあげよう、というのである。引用文は不完全であり、要約はうまく捏造され、さまざまな理念が導入されている。大司教のウォーラムは一五三〇年の五月二四日に、その配下の司教たちとともに、「聖書や他の書物が英語で読まれることをやめさせるための……公開文書」を発行している。それは、「『悪しきマモン』と名づけられたティンダルの書物から司教たちが集めた異端的教えや誤り」という項目からはじまっている。フォクスは異端とされた個条を二九個条引用して、それに説明を加えている(註39)。第一の個条は、「信仰のみが義とする」である。フォクスはこれを説明して、「この個条は聖書の原理であり、我らの救いの根拠であって、聖パウロや聖書の全体からしてこれは十分に明らかである。いかなる人もこれを異端とすることはできず、異端とするのであれば聖パウロをも異端としてしまうのであり、この恵みの約束に対して、またキリストの十字架に対して敵対することになる」と言っている。

ほとんどすべての条項について、フォクスは、「その個所を読めばいい」とか「ティンダルの言葉はこうである」と言って、ティンダルがゆがめて引用されていることを指摘している。たとえば第七個条、「キリストは、そのすべての行為をもってしても、天に価しない」について、フォクスはティンダル自身の文を記す(註40)。この文は単に欠点のないキリスト論を示しているのみならず(それをこの条項は無視しているのだが)、ティンダルの文を一部省略することによって攻撃がなされるにすぎない、ということが示される。ティンダルの文は、「……キリストが天に価することはなかった(天はすでに彼のものだったからだ)……」となっている。文の前後関係を示し、言葉遣いを直し、省略された部分をもどし、そして特に直接聖書に依存しつつ、フォクスは、異端をでっちあげるために必要とされた操作がどういうものであったかを示すのである。第二、第三条項（「律法は我々が神を憎むようにしむける。なぜなら我々は悪魔の力のもとに生れたからである」および「我々が神の意志に同意するのは不可能である」）に続けて、それに関するティンダルの文を全文引用する前に、フォクスはつけ加える、「これらの条項が捏造されたティンダルの個所は『悪しきマモン』の中の次の文である。どうかこの個所を率直に読んで、自分で判断していただきたい」（註41）。

モアの伝記を書いた現代のある伝記作者は、『悪しきマモンの譬え』のことを「獰猛」であると呼び、「これは信仰義認を賞賛し、良き行為は報酬をあてにしてなされるなら罪となる、というルターの標準的な立場を支持している」と述べ、それだけで話を終らせている（註42）。ティンダルの本の中身を戯画化しているのは別としても、どちらが「獰猛」であるか、と言いたくなる。新約聖書を正確に英語で発行し、神の言葉が燃やされるのに異議をとなえ、信仰に関する新約聖書の教義を新約聖書からの多くの引用によって説明するのと――投獄し、屈辱を与え、くり返し拷問にかけ、ついに人間の男女を生きたまま燃やすのと。

# 第八章　ティンダルとイングランドの政治

## イングランドの読者と弾圧

我々はここで少し時間をさかのぼり、イングランドで起こっていたことをとらえ、ティンダルの書いたものを買って学んだ人々のことを見ないといけない。イングランドにおけるルターとその書物に反対する第二のキャンペーンの波は、公には、一五二六年二月十一日に聖ポール教会でなされた示威運動からはじまっている。この時フィシャーがルターに対する彼の二度目の説教をなし、ロバート・バーンズやスティールヤードの商人たちが焚書のために急いで集められたルターの本の山の上に薪を投げさせられていた――その中にはドイツ語の新約聖書やドイツ語のモーセ五書があった。トマス・モアがスティールヤードの襲撃の時に没収したものである。

これは、この百年以上にわたる司教たちのウィクリフ派弾圧の延長線上にある。ウィクリフ派の聖書の写本の断片がとらえられ、その所有者は棄教を強いられ、はなはだしきは焚刑にされたのであった。翌月、一五二六年の三月、新しい、有意義な要素が加わった――権力者の立場からすれば、破壊的な要素だが――洒落た印刷の、英語による新約聖書全編が何部も出まわっていたのである。表題の頁には名前がのっていなかった。それは海外から大量に持ち込まれたもので、はじめのうちはたいして秘密にもされていなかった。アントウェルペンその他の場所からロンドンの六軒ほどの書籍業者のもとに輸出される英語の本の流れが常に存在していたが、その中にはいっていたのである。この本の輸送費は、明らかに、海峡の両側にいる善意の協力者によって支払われていた。イングランド南部や東部の他の業者も、熱心な読者にこれを頒布していた。表題の頁に何と書いてあったかはわからない。今日たった二部だけ残っているもののうち、一部ははじめの七十頁を欠き、他の一部は完全だが表題の頁だけ欠けている(註1)。しかしながら、表題にはティンダルの名前は記してなかったはずである。コクラエウスは(ウルジーに、また国王とモアに)報告して、名前はわからないが二人のイングランド人の背教者がヴォルムスに逃げたとしているが、表題の頁が印刷屋の名前と場所を記している可能性もあまりない。今日残っているものには、最後の頁に奥付ものっていない。本は小綺麗な、おそらくは製本されていないが、完全な形の八つ折版として輸入された。ケルン版の印刷された紙よりも目立って小さく、ポケットに入れて持ち運ぶにも容易であった。おそらくは単に「新約聖書」とのみ記してあったのだろう。序文も、欄外の註もなく、いきなり「聖マタイの福音書、第一章」とはじまっていた。最後は「聖ヨハネの黙示録二二章」とあって、「新約聖書の終り」と記されている。その後に「読者に」と題した三頁ほどの解説的後書きがあり、更に印刷屋が付した二頁の正誤表がある。

一、二ヶ月後、一五二六年の夏に、ウルジーのもとに司教たちが集り、「間違った訳」は燃やされねばならぬ、「またそれを所有し、読んでいる者は鋭く矯正され、罰されねばならぬ」ということで一致した(註2)。タンストールは副司教たちに対して、一五二六年十月二四日に禁令を発し、その中で、この新約聖書はティンダルとロイの共同の仕事である、と述べている(註3)。その翌日、書籍業者を召集して、警告を発した。更に二日後、タンストールは聖ポール教会で有名な説教をなし、二千もの誤りを発見した、と述べる。そしてこの英語の新約聖書が何部か燃やされた(註4)。

一五二六年十一月までには明らかに、ティンダル自身が注意深く作ったヴォルムス版の新約聖書に加えて、クリストフェル・ファン・エントホーフェンがアントウェルペンで印刷した三千部がイングランドにやって来た［本書五四四頁以下参照］。これは、どうやら、奇妙に小さい十六折り版で、校正もきっちりされていなかった。ヴォルムスでなされた印刷の部数は少なめに見積もっても三千部あったから(註5)、これにエントホーフェンの海賊版の三千部を加え、ケルン版の印刷された紙もある程度あっただろうから、これもこっそり流通したという事情を考慮すると、ウルジーは洪水が押し寄せたといった感じの報告を受けたと考えられる。彼はその洪水を、源にさかのぼって差し止めようと考えた。一五二六年十一月二一日、低地地方へのイングランド大使であったサー・ジョン・ハケットはウルジーから、英語の新約聖書の生産と頒布にかかわっている印刷屋や書籍商に対して行動をとるように、という指示を受け取った。一五二七年の一月半ばには、アントウェルペンとベルゲン・オプ・ゾームとで本を燃やすのに十分なだけ集めることができた。――ロバート・リドレーの二月二四日付の手紙によれば、「何百部もの」新約聖書が「海のむこうで燃やされた」(註6)。一五二七年五月には、大司教のウォーラムが新約聖書を廃棄するために買い取るという計画をたてた、「欄外の註をつけたものも、註のないものも同様に」。そしてその配下の司教の一人ノーウィチのニクスは、一五二七年の六月一四日に大司教に対して手紙を書き、大司教が「恵み深く、祝福された行為」をなしたことを祝い、神がそれを高く報いて下さるであろう、と言っている(註7)。

新約聖書を焼き捨てるなどということは、とても考えられないことだが、一つのことである。しかし人間を生きたまま燃やすとなると話は別である。それはおそろしく大規模な仕方でなされた「鋭い矯正と処罰」であった。

教皇の命令に従って異端の書物を焼くのは教会を清める行為であり、異端者自身を焼くのはもっと有徳の行為であって、彼らの霊魂がひどく病んでいるのだから、それを清めて天に行くことができるようにしてあげる、というのだ。ウィクリフ派は数十年にわたってこういう殉教を経験してきた。そして一五三〇年以降は同じことがルター派に対してなされることになる。しかし、ティンダルの新約聖書が一五二六年の三月に最初にイングランドに上陸してからおよそ一八ヶ月ぐらいの間は、本を買い上げてそれで焚き火をするのがルター派に対するキャンペーンの限度であったように思われる。ウルジーの配下の者たちは、聖書を配布している者たちを発見できなかった。ヴォルムスとアントウェルペンでの印刷の部数、ドイツと低地地方の配布者、印刷屋、書籍業者の効率、輸出入業者一般の効率、繊維の輸出入の大きな規模、などを考えあわせると、ティンダルの新約聖書の所有者、読者は一五二七年の夏の終りまでには、イングランド南部と東部にわたって数百人、もしかすると数千人にも及んだと考えられる（加えて、ゼーラント［アントウェルペンから河を通って海に出る河口の先にちらばっている半島や島々］から［スコットランドの］セント・アンドルーズやエディンバラに少なくとも一回、一五二七年はじめに、大きな輸送が行なわれた）（註8）。これらの読者は疑いもなく、ロンドンやケンブリッジ、オクスフォードに集中していただろう。

一五二七年十一月に、このキャンペーンは新しい段階にはいった。ケンブリッジではトマス・ビルネーが逮捕され、ウルジーの前にひかれた。彼の逮捕はこれがはじめてではなかった。ヒュー・ラティマーが「小さいビルネー」と呼んでいるこの人物は、その時三十歳代はじめで、トリニティ・ホールのフェロウであった。「教養科目のすべてにわたってよく学び、二つの法［法律と神学？］を職とするにいたった。」（訳註8 a）フォクスはビルネーについて長く書いているが、中世の聖者伝の絵画のように、一切が一度に起こったかのように並べていて（死者の記憶を語ってくれる人の言葉をほとんど逐語的にそのまま書き下ろすのは、フォクスの毎度のやり方である）、断片をつめこんだ万華鏡のようなものだが、そこからある程度全体像をのぞき見ることができる。

この神の人は、法学士であったが、背が低く、非常に痩せていた。食も厳格に節制していた。教養があり、聖書の勉強に熱心で、勤勉であった。そのことは彼の説教などによって明らかである。罪人を改心させ、癩病院で説教し、彼らをシーツでくるんであげ、必要な助けをなしていた。そうすることで、彼らがキリストに改心するのではないかと望んだのである。また、絶望している人たちを努力して訪問し、囚人や慰めのない人たちのための説教者となった。ケンブリッジの偉大な行為者であり、サフォークとノーフォークでの偉大な説教者であった……。(註9)

ラティマーの言葉によれば、彼は「柔和で慈愛に富み、素朴な善人で、此の世的なことには適さなかった」。不潔で悪臭のある病院や監獄の訪問者という像に適した性格である。エラスムスのノーヴム・インストルメントゥム［新約聖書］をすでに学んでいて、そのラテン語訳によって自分自身ですでにパウロの信仰義認の教義を見出していた。それは深い効果を持った。「すぐに私は自分の内面で、すばらしい慰めと平穏を感じたようであった。私の傷ついた骨が喜びで跳びあがったほどである」(註10)。彼はケンブリッジの二人の指導者に大きな影響を与えた。ロバート・バーンズとヒュー・ラティマーである。更にほかの者たちにも影響を与え、その及ぶ範囲は広かった。ルターと同様ビルネーも、この内的な経験は、外面的なしきたりの遵守にのみ依存する宗教は無意味であるということの理解につながっていた。しかし彼の離反はごく僅かであった。彼は教皇の絶対性や教会の権威、化体説［パンと葡萄酒がミサに際して実際にキリストの肉と血に変化するという教義。大陸の宗教改革者はこれを否定した］や懺悔といった中心的な教義については、正統派の立場を保っていた。彼は内側からの改革を欲していたのである。そしてエラスムスのように、宗教的肖像や聖者の礼拝には反対してよいと思っていた。一五二五年七月に彼はイーリーの司教区で説教する許可を得た。しかしそれよりも広く活動した。聖者礼拝についてイプスウィチの修道士と議論した。ノーウィチのある教会で説教の最中に説教台から引きずり下ろされたという話は有名である（フォクスがその話を詳しく描いている。実際それは二度も起こったことであった）。一五二六年のある時彼はウルジーから聖者礼拝についての意見をただされた。そしてマルティン・ルターの教義を支持したり、広めたりしないという宣誓をさせられた。彼は喜んでその宣誓をしたという。

ビルネーの一五二七年十一月の逮捕は、彼にとってもっと厄介なことのはじまりであり、猛攻撃のはじまりであった。ウルジーは、彼と彼の仲間のトマス・アーサーをロンドンのタンストールのところに送った。フォクスはタンストールとビルネーの間のていねいなやりとりと、審判とを、記録している。ビルネーは何故自分が異端として告発されているのか不思議であった。尋問の時に彼は、ルターは「悪しく、嫌らしい異端」である、と述べている。そしてルターの教義を説教しているという非難を退けた。尋問は注意深くなされたのであろう。しかし彼は、法学の訓練を受けていたにもかかわらず、不思議なことに、自分がはっきりと見ているルターとの相違を尋問者たちにわからせることができなかったようである。司教たちの絶対的な世界においては、ビルネーは異端だった。タンストールはそのように宣言し、彼を弁護する証言を聞くことを拒絶した（註11）。友人たちに説得されて、ビルネーは棄教した。しかし、どうして自分が有罪とされたのか理解できないと言い続けた。困惑と疑念の苦しみのうちに、ロンドン塔に一五二七年十二月より一年間幽閉された。棄教を再度確認したので、一五二八年十一月にウルジーは彼がケンブリッジにもどることを許可した。しかしその時すでに精神的な状態が危険になっていて、友人たちは彼が一人にならないように気をつけた。トマス・ビルネーの無邪気な几帳面さが、あるいは一五二七年十二月になされた尋問でトマス・アーサーが言ったことかもしれないが、本人は気がつかないままに、タンストールを通じてウルジーに、ティンダルの新約聖書の配布者や所有者を知るための必要な情報を与えたのかもしれない。確かなことは、一五二八年二月には司教［タンストール］は新しい攻撃を、今までよりもずっと大規模で、かつ効果的な攻撃をはじめることができた、ということである。六ヶ月にわたって彼は、司教区全体（彼の司法権はエセックスにも及んでいた）を組織的に捜索して、ウィクリフ派とルター派を探し出した。すでに三月半ばまでに、彼の監獄はいっぱいになった。これらの投獄者の調書によって、かの最初の新約聖書の読者がどういう人々であるかがはじめて明らかになってきた。

当然予想されることだが、これは、よく知られたウィクリフ派の場合とよく似ていた。モズレーの記録では、「ふつうは彼らは棄教して、罰を受けた」（註12）。フォクスは、一五二七年から一五二八年およびその後に「福音の故に」告発された人々を多く記録している。その記録は確かに価値あるものだが、不完全である。フォクスの書いたものはそれ以外に多少ストライプによって、その一七二一年の『教会の記録』に印刷されている。更にまだ発行されていないものも多く残っている。フォクスが感情的に色づけしている部分は大きいと思われる。今日ふつうに手にはいるフォクスの文書のうちで最も良いのは、ヴィクトリア朝時代に発行されたものだが、そこではフォクスの描く事件の起こった順番は時にほとんど従い難い。しかし、ある程度の流れは見出すことができる（註13）。たとえば、この時期について彼は「ロンドン、コルチェスター、またほかの土地」の二八人の名前を記している。その中にはリチャード・ネクトン（これはおそらく書籍商のロバート・ネクトンのことであろう）、司祭が一人、聖職禄つき司祭（パーソン）が一人、司祭補が一人、また「その曾祖父も同じ宗教的理由で焚刑に処せられたウィリアム・ブチャー」（註14）などが含まれる。リチャードないしロバート・ネクトンという人物は、これ以前にもフォクスが、後にジョージ・コンスタンタインなる男によって裏切られた人々の一人として上げている人物である。この男は「上述の大法官サー・トマス・モアに、この聖書を持っていた船乗りの名前と積み荷の商標とを教えた。その結果後に書物が没収され、燃やされたのである」(註15)。コンスタンタインはケンブリッジで宗教改革の考えを持つにいたった者の一人である。アントウェルペンに行きそこでティンダルとジョイに知り合った。イングランドで本を配布するためにもどったところで逮捕され、モアによって尋問された。異端としての処罰を逃れるために、彼は海外での仲間の名前と本を運んだ船乗りの名前を申し出た。その上で逃亡し、アントウェルペンに一五三一年の十二月に到着した。死んだのは一五五九年である。

このように裏切られてつかまったネクトンは、ニューゲイトの刑務所に入れられ、そこで死んだ。「ベリーの修道僧」リチャード・ベイフィールドは一五二七年のクリスマスに二冊の英語の新約聖書を買った(註16)。フォクスはもっと前の個所でベイフィールドについて述べ、ロバート・バーンズが彼に影響を与えた、としている。ほかにもバーンズから影響を受けた一般の信者をあげている。

バーンズ博士は彼〔ベイフィールド〕にラテン語の新約聖書を与えた。またほかの二人が彼にティンダルの英語の聖書と、「悪しきマモン」と呼ばれる本と「キリスト信徒の服従」をも与えた。彼はこれらの本を二年間ですっかり読みこなし、その結果、自分の家〔つまりベリーの修道院〕の牢獄に入れられた。そこでひどく鞭打たれ、口に猿ぐつわをかまされ、曝し台にさらされた。九ヶ月も同様の拷問が続けられたあと、バーンズ博士が彼を助け出すことができた。……このベイフィールド……はマスター・ティンダルとマスター・フリスに対して良きことをなした。何故なら彼は……この二人の著作をすべて売ったからである。(彼は拷問されて)その本を買った人たちを告発するよう強制されたが、誰の名前も出さなかった。……(註17)

フォクスは「リチャード・ベイフィールドによって持ち込まれた本のカタログ」という便利な表を提供している。

これは主として聖書の註解書で、ルター、エコランパディウス、ツヴィングリ、ポメラン（ブーゲンハーゲン）、ランベルト、メランヒトン、ブツァーほか十数人もの著者のものである。そして

ティンダルのサー・トマス・モアに対する返答の文書、ジョン・フリスの英語による煉獄についての議論、申命記と呼ばれるモーセの第五の書に対する序論、創世記と呼ばれるモーセの第一の書、レビ記と呼ばれるモーセの第三の書への序論、民数記と呼ばれるモーセの第四の書への序論、出エジプト記と呼ばれるモーセの第二の書への序論、〔ティンダルによる〕高位聖職者の策謀、英語の新約聖書とローマ書への序論〔概論〕、悪しきマモンの譬え、キリスト者の服従

そして更に英語で書かれた五冊の小さなプロテスタントの書物。その中にはジョイの小祈祷書、バーロウの『正しい対話』と『ソープの審問』が含まれる（註18）。このリストはそれだけで独得の興味がある。モーセ五書がそれぞれ別に扱われているという点だけでない。これは、ティンダルの友人の商人でロンドン市の参事会員であったハンフリー・モンマスがサー・トマス・モアによって尋問され、投獄されたのと同じ時期のものである。ウィリーという名の家族が八人とも逮捕された。その中には「ルーシー・ウィリーとアグネス・ウィリーという二人の少女もいた。……キャサリン・ウィリーはまだ子どものベッドに寝ていた。ほかに二人の女性が、その二人の少女とともに羊の首肉で作ったスープを食べているところを見つけられた。」六月二八日は聖ペテロの日の前日で、断食の日であった。フォクスはつけ加える、「また、上述のジョン・ウィリーは家に英語の祈祷書やほかの本を持っていた。」（註19）

タンストールはロンドン司教であった期間の最後の二年間（一五二八年―三〇年）、特に三つの領域で異端の

問題を扱わねばならなかった。彼はこの事柄の処理において、まったく自分の意のままに行動したわけではない。ウルジーの代理人として行動したのだし、リンカン（広い司教区）の司教で心の狭いロングランドほかの人々とも協力しなければならなかったからである。第一の領域はケンブリッジのグループで、特にバーンズ、ビルネー、アーサー、ベイフィールドなどであった。その中にはジョージ・ジョイも含まれた。彼は出頭するように命じられたが、ロンドンでのリンカンの司教の宮殿で「冷たい出頭を踊った」あと（彼によれば出頭を命じたのはこの司教であって、ウルジーではない〔五四一頁参照〕）、うまく大陸に亡命するよう計らった。大陸に着いてから彼は自分の考えの弁明を発行する。これはベッドフォードの近くのニューナム大修道院の次長であったジョン・アシュウェルに対してあてられた小冊子である。ジョイを告発した張本人はこの人物であった。この本はアントウェルペンのマルティン・デ・ケイセルによって一五三一年六月十日に印刷された。これは、この時の状況を考えれば、よく感情を抑制した、面白いとさえ言える、自分の冒険と信仰についての記録である（註20）。

ケンブリッジの異端とされた人々は教皇の権威を排除したり、聖礼典の問題に手をつけたりはしなかった。彼らは聖者に対して祈ることを非難し、新約聖書を読んで信仰のみによる義認ということを確信した。第二のグループは主としてコルチェスターに基盤を持っていて、ウィクリフ聖書を所有し、ウィクリフ派の伝統を受け継いで英語で書かれた聖書を用い、聖餐に関するカトリックの教義に反対した。大勢の男女がつかまって、うち多数がロンドンに送られた。彼らのなした懺悔と棄教の記録がフォクスの文書の中に残っている。ストライプがこれを印刷している（註21）。第三のグループはロングランドにそそのかされてタンストールが捜査したものである。ロングランドが、大量の異端の書物がオクスフォードに流れ込んでいる、と警告したので、それを受けて捜査された。一五二八年二月二一日にトマス・ギャラッドないしギャレットがブリストルの近くで逮捕された。彼が本を配布したのは確かである。ロングランドは彼を尋問することをタンストールに要求した。同時にゴウという名の書籍商、ビルネーの友人のフォーマン博士、フォーマンの助祭であったジェフリー・ロウム、フォクスによればこの人物は聖アンソニー学校（スレッドニードル街にあるモアの以前の学校）の助教師を一時つとめた、「ケンブリッジの書籍商シガー・ニコルソン」と「オランダ人のジョン・レイマンドが、ティンダルの新約聖書を千五百部アントウェルペンで印刷させ、五百部をイングランドに持ち込んだ故に」(註22)、つかまった。（後者は、エントホーフェンという名前でも知られているアントウェルペンの印刷屋クリストフェル・ファン・ルーレモントの兄弟であるヨハンネス・ファン・ルーレモントのことである。）フォクスのリストは更に続く。「修道士でかつ卸売り商品倉庫の管理人であったポール・リューサー」、「ある商人かつ仕立屋」、数人の司祭、「ある聖水の管理人」、二人のタイル商人（建築関係の貿易は、繊維貿易と同様、伝統的に反正統主義者と関係があったようである）、そして「ジョン・ティンダル。その兄弟ウィリアム・ティンダルに海を越えて五マルク送ったこと、またその兄弟から手紙をいくつも受け取り保存したことの故に」(註23)。ジョン・ティンダルはボズウェルという名の布地生産者の件とも関連して名前があがっている。一五二八年二月二八日にボズウェルは布地を売るためにロンドンのコルチェスター・ホールに居た。「そこにたまたまロンドンの商人で、アウグスティヌス派修道院の近くの桶が二つある井戸のところに住んでいたジョン・ティンダルという者が入って来た。」ボズウェルはジョンに布地を買わないかとすすめたが、買わなかった。政府の政策の結果失業率が高まっていたので、布地を買っても売れないだろうと思ったからである。ボズウェルは尋問のためにウルジーのところに送られ、その時「ロンドンにいる一人の人物の名前を上げた」。しかし何が起こったのかは記録されていない(註24)。ウルジーはまた、「英語の聖書やほかの禁止された本をいくつも購入した」トマス・オールウェイをロンドン塔に囚監し、一年以上たった後、タンストールとロングランドのところに送った。彼らは彼に重い刑罰を与え、ロングランドの言い分によれば、もはや彼は食いぶちを稼ぐこともできなくなるだろう、ということである(註25)。

一五二八年八月の少し前、オクスフォードにあるウルジー自身のカーディナル・カレッジの若い学者のグループが逮捕され、囚監された。彼らは優秀であるというので、ウルジーが特にケンブリッジその他からここに呼び寄せた者たちである（「最上の若者たちで、しっかりした判断と鋭い知恵を持っていた」）。その中にはジョン・フリスも含まれていた（フォクスによればティンダルも含まれていた）。フォクスはこの話を二回用いている。二回目は、彼らは「ロンドン博士、カーディナル・カレッジの校長であったヒグドン博士、そしてコミサリー〔司教のもとで働く役人〕であったコティスフォード博士」によって告発された、としている。これは以前紹介した「塩漬けの魚」の話の別版である（註26）。若者たちは「学校で集って……異端とみなされるような集会をやった」。「宗教の悪弊について話し合った……」からである。「彼らは……そのカレッジの地下の深い穴蔵にある牢獄に入れられた。そこには塩漬けの魚があって、……彼らはみなその不潔な臭いに汚染された……。」彼らのうちで最も若く、かつ賢かったクラークという人物は「やさしい若者だった」のだが、最初に死んだ（註27）。

## イングランド、一五二九―三一年

フォクスの記録によれば、一五二九年を通して弾圧は続いた。ロンドンの「皮革商人」（ないし小間物商）のテュークスベリーは「ティンダルの新約聖書と『悪しきマモン』を読んで改宗した。彼は書かれた聖書（つまり手書きの写本の。おそらくはウィクリフ聖書）を持っていた」（註28）。フォクスは、彼が「聖書と天的知恵とをもって述べたので」タンストールとその配下の学者たちすべてに恥をかかせたという議論を、長々と紹介している。続いて、上に述べたように、サー・トマス・モアのチェルシーの館で拷問された（註29）。フォクスは、彼の審問は一五二九年の四月二一日にはじまったとしている。五月八日、「身体が弱まったため……自分の教えを引っ込め、否定して」、悔悛の秘跡を与えられた。（フォクスはおそらくテュークスベリーの尋問の日付けを二年ほど早く記している。）絵描きのエドワード・フリーズは、コルチェスターにできた新しい宿屋のテーブル掛けなどに「聖書の言葉をいくつか」刷ったかどで投獄された。「そのことによって彼は、異端と呼ばれる者たちの一人であることがはっきり知られたのである。」彼はフラムの司教邸に「ジョンソンという人物とその妻、ウィリーとその妻と息子」と一緒に投獄された(註30)。アリス・ドリー夫人は召使のエリザベス・ワイトヒルとロンドン博士によって告発された。セント・アンドルー・アンダーシャフトの司祭ロバート・ウェストが棄教し、告解をなした(註31)。ロンドンの司教区では、一五二九年に、フランシスコ会修道士のポール・リューサー、商人で仕立屋のロバート・ホワップロド、ライのニコラス・ホワイト、司祭のリチャード・キチン、司祭のウィリアム・ウィーゲン、聖水管理者のウィリアム・ヘイル、ベリーの修道僧ウィリアム・ブロムフィールドなど、みな棄教した。

その後場面は暗転する。一月ないし二月になって、大陸に居たことがあり、おそらくアントウェルペンのイングランド人の亡命者たちに個人的に知られていたトマス・ヒットンという司祭がケントで異端を説いたという理由で逮捕された。尋問の時に彼は、海外から新約聖書と祈祷書を一冊ずつ密輸入した、と白状した。投獄された後、大司教のウォーラムとロチェスターの司教フィシャーによって有罪を宣告され、二月二三日にメイドストーンで生きながら焚刑に処せられた。彼は宗教改革者の中ではイングランドの最初の殉教者であった。アントウェルペンのイングランド人の亡命者の中で深いショックが走った。ジョイはこのすぐ後に印刷された彼の『オルトゥルス』の中で暦に新しい聖人を導入し、二月二三日を「聖トマス」の日と定めた。つまりトマス・ヒットンのことである。モアがその『対話』の中でティンダルをあざけり、異端の人物が自分の生命を救うために偽証しなかった例などない、と書いたのに対して、ティンダルは『返答』の中でヒットンをあげ、他でもヒットンのことにふれている(註32)。モアはすでに、自分と異なる意見の者たちを根絶しようと悪意に満ちて動きはじめていたが、この最初の指摘に失敗した。そこで彼は、ティンダルの『返答』に対して、ヒットンの逮捕に関して品のない作り話を作って反撃した（「生け垣にかけられていた亜麻布を……こそ泥したかどで」）。そして想像で彼の異端たることを何ほどか列挙し、聖職者と結婚という主題についていつもながらのいやらしい幻想をつけ加えるのも忘れない、「この男はおそらく、犬どもにベッドを占領されている間は、クッションを婚姻の床にすれば十分だと思っていたのだろう。彼らの司祭たちは、私が思うに、その土地の人々によく知られる場所で婚姻の床を持つからだ。さもなければ、彼らは教会で公に婚姻の行為を行なって、教区民全体を自分たちの獣のような淫乱の証人にするというようなことはしないだろうから」（註33）。だから、とモアは続ける、ティンダルがこの新しい聖者のことを喜ぶ理由はない、その名前をカレンダーから削って、「祝福された司教、聖ポリュカルポスの名前をそこにもどすべきである。」モアはヒットンについての喧嘩腰の記述を次のように結んでいる。ヒットンは「その間違った信仰と異端とを……ティンダルの聖なる書物から」学んだのだ、「そして今、誤りと虚偽の霊が彼のみじめな魂を彼自身とともに此の世の短い火から［地獄の］永劫の火へと運び去った。見よ、これが悪魔の悪臭をはなつ殉教者サー・トマス・ヒットンであって、こういう者の焚刑をティンダルは誇らざるをえないのだ。」さすがにこれに説明をつける必要はあるまい。

チャールズ・ラムは、モアのこのヒットンについての記述は「超サタン的な知恵と悪意でもって書かれている」と評している（註34）。モズレーは、「確かにモアにはもっと高貴な側面があった。しかし宗教改革者に対しては決してその側面を見せなかった」と記す（註35）。サー・トマス・モアは一五二九年十月二五日に大法官となった。ウルジーはその八日前に失脚し、国璽を手離している。北部に追放された。一五三〇年二月二一日にタンストールはダラムの教区に移された。もっともこれは彼にとってもっと大きな収入を得させる地位であった（註36）。一五三〇年十一月以降、ロンドンの司教はもっと凶悪なジョン・ストークスレーとなる。ウルジーは一五三〇年八月に、目ざましい再起をかけて動き出す。まず十一月にはヨークの大司教に叙任される。しかし結局逮捕され、その三日後、一五三〇年十一月二九日の朝死んだ。

その間、一五三〇年には、一般人の水準では、裏切りと逮捕が相次いだ。バーフォードのサイモン・ウィズダムは「英語の本を三冊持っていた。一冊は英語の福音書で、他は祈祷書、三番目は英語での聖書の要約」であった。弾圧はしばしば、単なるゴシップにすぎないものを根拠になされた。たとえばジョン・イートンとその夫人セシリーは、教会で頭を下げて聖礼典を見ないようにするのを「教区のある人物」が見た、また肉屋の店で鐘が鳴る音を聞いて、「何という下手くそな鐘だ」と言ったということを理由の一つとして、ロングランドによって弾圧されている。ジョン・イートンは「英語でイエスの福音書を持っていた」。ジェイムズ・アルガーないしエイヤーは、万人祭司を宣言し、煉獄を否定するところを聞かれた、という。そしてアルゴンビー博士がマタイ一六章の「汝はペテロなり」に言及したのに対して、「福音書ではそれに続けて『我が後ろにさがれ、サタンよ』等と記されている」、と答えたという。ロング・ウィザムのジョン・フレンチは二つの聖礼典に関して教会の教義を否定した。フォクスの記している表によれば、聖書を英語で読むのを聞いたという咎で十人もの人がロングランドに弾圧されている。一五三〇年八月に逮捕されたジョン・リバーンは、姉妹と妻と父によって証言された。教会での礼拝は英語でなされねばならない、と信じていたという。フォクスは「ルターの最初の動き以来、ヘンリー王の時代に、こうして棄教を強制されたすべての者たち」の簡単な表を記している。そこにはロンドンとコルチェスターの地域から百以上もの名前があがっている(註37)。更にほかの八人が後の個所で言及されている(註38)。フォクスはまた、ロンドンだけで、一五三一年に棄教した者三十人についてやや詳しく述べている。そこではしばしばその商売、職業を記している——皮なめし人、ガラス細工人、奉公人、仕立屋、ハープ奏者、製本屋、機織り工、司祭——その多くは、アントウェルペンから持ち込まれた英語の新約聖書やほかの本を持っていたという理由である。ここに「アントウェルペンのオランダ人クリストファー」（エントホーフェンのクリストフェル・ファン・ルーレムント）の名前もある。「上記のジョン・ロウ（製本屋）に英語の新約聖書を一定数売ったかどで、ウェストミンスターで投獄され、そこで死んだ」（註39）。（この話は、少なくともエントホーフェンによるティンダルの海賊版は製本されずに輸入された、ということを示している。）

ストークスレーはロンドンで、またほかのところでも、人間の男女を異端のかどで生きたまま燃やすということを、再びやるようになった。それまではロンドンでは十二年以上も行なわれていなかったことである。彼のもとで一五三一年春にトマス・ビルネーとリチャード・ベイフィールドが再度逮捕された。ビルネーは八月一九日に燃された。ベイフィールドは十一月末だった。トマス・ダスゲイトないしベネットがデヴォンシアで一五三二年一月に、ジェイムズ・ベイナムとジョン・ベントとトマス・ハーディングが一五三二年の春に燃された。アンドルー・ヒューエットは一五三三年七月四日に、ジョン・フリスとともに燃された。「ケントの少女」と呼ばれたエリザベス・バートンとその共犯者が一五三四年四月に燃された。ほかにおそらく、少なくとも四人は居た（註40）。

これらの名前のうち何人かについて、少し詳しく述べてみよう（「ケントの少女」はティンダルの物語には属さない。もっとも、サー・トマス・モアが失脚した時に、彼女との関係が疑われたのが打撃となった）。ビルネーは釈放されたあと、良心に苦しんだ。自分で自分の原則を破ったと自分を責めたのである。一五三〇年に彼は再びノーフォークで公衆の前で説教をはじめ、またノーウィチで一人の隠棲している女性にティンダルの新約聖書を一部わたした。これはすぐにノーウィチの司教の役人の見つけるところとなり、つかまって、有罪とされ、司祭籍を奪われ、司教顧問官から世俗の警察の手に引き渡され、ノーウィチのウィクリフ派処刑場で燃やされた。ビルネーの件は非常によく知られている。詩人のジョン・スケルトンは「最近棄教した何人かの若い学者に対する返答、等」の中で、ビルネーはうかつにも自分の薪を運んでいる間に笑みをもらした、という趣旨のことを言っている（註41）。スケルトンはウルジーの命令でこの文書を書いたのである。彼とトマス・モアが同じ攻撃の両翼を担っていたという証拠がある（註42）。モアがしつこく異端の者たちを侮辱する中には、ビルネーに対するおそろしく脚色された大量の書き物も含まれている。まず『対話』の中で、次いでビルネーが亡くなった後に『駁論』の中で。『駁論』の序文でモアは、自分が聞きつけてきたことをもとに、創作をはじめる。ビルネーは「自分はその点で（教会の平穏と統一に関して）ひどく間違ってしまって、神の教会を侮辱することによって神をいたく傷つけてしまった、と神に告白し、慈悲を願った」（註43）。これについては、第一に、ビルネー自身自分の信仰を撤回すべき要素をまったく持っておらず、第二に、エリザベスの時にカンタベリーで大司教になったマシュー・パーカーはビルネーの死の目撃者であったのだが、そういうことはなかったと否定している。

もう一人のケンブリッジの人物ベイフィールドは、一五二八年にタンストールの前で棄教し、海外に逃亡した。そしてティンダルとフリスを大いに助け、三度もロンドンに書物の大きな荷物を運んだ。うち二度はイースト・アングリアを経由、一度はロンドンのセント・キャサリン波止場に直接持って来た。そしてそこでモアにつかまった。彼はこの最後の冒険行の時に、ジョージ・コンスタンタインが与えた情報からモアが得た知識によって、つかまったのである。モアは『駁論』の序文の中でリチャード・ベイフィールドについて述べ、「最近まで司祭で、修道僧であり、異端に落ちたが棄教し、その後犬のように自分が吐いたもののところにもどり、海外に逃亡し、そこからティンダルの異端書をほかの多数の有害な種類の本とともにこちらに送っていた。」モアはベイフィールドが「放免と赦しを懇願した」くせに、本を送り続けたということに文句をつけている。更にほかにもいろいろ多く文句をつける。

司祭で修道僧でありながら、彼には妻が二人あった。一人はブラバントで、一人はイングランドで。彼がどういうつもりだったのか、私は明らかにすることができない。一人が彼を拒絶した時のためにもう一人確保しておきたかったのか、それとも二人とも、一人はここにもう一人はあそこに持っておきたかったのか、あるいはまた二人とも同じ場所で、一人は自分が司祭である故に、もう一人は自分が修道僧である故に、持っておきたかったのか。ベイフィールドの焚刑については、ティンダルは何も誇るべき理由はない。(註44)

ジェイムズ・ベイナムはもっと大きく話の種になった。ロンドンの四法学院に属する紳士であったが、一五三一年十二月に、ティンダルの本を五冊ともすべて、加えてフリスとジョイの本も所有しているということをストークスレーに見つかってしまった。一五三二年二月に棄教し、薪の束を運ぶ刑罰を受け、二〇ポンドの罰金を支払った。しかしビルネーと同様、自分の良心に非常に苦しんだ。三月のある日曜日の朝、フォクスの記録によれば、「彼は聖オースティン教会に、片手に英語の新約聖書を持ち、胸にキリスト者の服従をいだいて（そういう服従の心を持って、の意味ではなく、同名の表題のティンダルの本を胸にいだいて）、現れた。そして自分の座席のところで人々の前に立ち、涙を流しつつ、私は神を否定してしまった、と公に述べた……」(註45)。フォクスはベイナムの件の記録に大幅な頁を割いている。そして彼の焚刑についてもしっかりした叙述をしている。しかし問題とされたのは、トマス・モアが彼に対して暴力をふるったということを二度にわたって言及している点である。――「彼は彼を自分の邸宅の中の牢獄にぶちこんだ。そして庭の木にくくりつけて、鞭打った。この木を彼は誓いの木と呼んだ。それからロンドン塔に送って、拷問にかけさせた。そこにサー・トマス・モア自身顔を出し、彼が歩けなくなるほど痛めつけた……」(註46)。死刑の前に彼はまたロンドン塔で拷問された。「そこに二週間閉じ込められ、自分の意見を取り消すようにと鞭で打たれた」(註47)。フォクスのモアに関する記録の正しさを疑う意見は、主として、これを無視するものと、そんなことは可能性としてありえない、というものとがある。ここは、そういう泥沼の議論につきあう場所ではないから、やめておく。モアはともかくベイナムの死を喜んだ――この者はただのおしゃべりにすぎぬ、とモアは言う。そして他の異端者もともに、「それに価するのだから、此の世の火が彼らを焼く。そしてスミスフィールドの火の後に、地獄が彼らを受け入れ、そこでこのみじめな連中は永遠に燃え続けるのだ」(註48)。モアが書いていることだけからも、この時点での人格的混乱は大きく、狂信的に、逆上したと言ってもいいくらいに、ほんの僅かでも異端の様子を示した者を嫌いぬく仕方は、通常はカトリック教会の聖者たるものに期待されるはずの資質というものについて読者に何ほどかもの思わせるだろう、ということは言っておかねばならぬ。

## 密輸

一五二六年つまりティンダルの最初の新約聖書の時期までにすでに、海峡をわたって書物をイングランドに輸出することは半世紀も続いていた。ロンドンは、こういう大陸からの輸入物を受け取るための主な港であった(ここだけだったわけではないが)。そしてここには多少の書籍商もいた。おそらく六人もいたかいないかの程度であったが。一四八三年に議会の定めた条例は、こういう本の輸入を促進する意図のものであった。それは一五三三年まで変えられていない。年々海外で印刷される本の量は増え、国内でも増え、売られる本も増えた。ロンドンの書籍商には、もともとロンドン人のヘンリー・ペプウェルやロバート・ネクトン、あるいはアントウェルペンの成長し続ける書籍輸出の現地での代理人をつとめるフランドル人のペーテル・ケッツやフランシス・ビルクマンなどがいて、実質上は、自分たちの好む本をなんでも輸入できた。ルターの本は公的には禁止されていたし、一五二一年と一五二六年には見せしめのための焚書も行なわれたが、しかしそのラテン語訳は売れ行きがよかった。書籍商はラテン語の本を知識人に、英語の本は増大しつつある一般人に売った。学校の教科書——近くにあるコレット校長の聖ポール学校のラテン語文法——ラテン語の技術書（金や銀の見積もりの仕方について。そういう本が売れたということは、北ヨーロッパの富の増大を示す）、ソールズベリー式文（Sarum usage）のついたラテン語の祈祷書の上等の印刷、ラテン語で書かれた荒唐無稽の紀行文、英語で書かれた衛生や家庭内の技術についての本、暦、後に百科事典と呼ばれるようになったもの、一五二〇年代の前半にはこういったものすべてが、更にほかにもいろいろ、アントウェルペンからロンドンの書籍商へと船で運ばれて来た（註49）。全体として、外国で印刷された本の方が質がよかったし、従ってよく売れた。フランスからもドイツからも、低地地方からも北イタリアからも、スイス、スペインからも。アントウェルペンはその中でも大きな拠点であった。ルターやティンダルの本は密輸されて本屋で売られ、あるいは私的に商人や信者の手を通して入手されたことだろう。

密輸は有効であった。ティンダルの本を筆頭にした長いリストにのっているさまざまな本を手に入れることを禁じる取り締まりの努力は、明らかに効を奏さなかった。あらゆる証拠から見て、禁止された書物の読者は年々増え続けるばかりだったからである——逮捕されれば罰を受けるにもかかわらず。布地の梱（これが最も普通の手であった）に印刷された平らな用紙がうまく隠され、秘密の標識がつけられたようである。見たところ葡萄酒やオリーヴ油でいっぱいの樽や桶が、危険なプロパガンダを入れた防水の箱を隠しているかもしれない。穀物や皮革の貨物も、必ずしもいつもそういうものだけを載せているわけではない。ていねいに包まれた小麦粉の袋も、しばしば、禁止された書物をうまく粉の中に隠していた。衣類などを入れる長持の側面や底が二重になっていたり、秘密の入れ物や区切りがあったりして、それがさまざまな文書をもた

らした……（註50）

現代のカトリックの歴史家がすごい話を書いている。

すでに一五二六年三月末までに、ロンドンにいたる輸送の動脈にそって、東海岸にそった港や河川や運河を通して、そしてイースト・アングリアのヒースの荒野や沼地を通して、最初に印刷された英語の新約聖書の爆発的な分量の部数が密輸された。

……ある力がやってくる
このちりぢりになった王国に。この力はすでに
我々の知らない間に賢く、秘密の足を
我々の最も良い港のいくつかに持っていて、まさに
彼らの旗印を堂々と掲げようとしているところである。（『リヤ王』、III. i. 30-34）

イングランドのプロテスタント宗教改革は、根本的に新しい段階にはいりつつあった。ラテン語の教養人や一部の聖職者の中に包まれていたのが、その覆いを破って、今やその闘いを市場へと広げ、一般の人間を宗教の革命という時代を超えた武器でもって武装しようとしている。（註51）

ティンダルの本を密輸する貨物について顕著なのは、その分量である。もしもヴォルムスの新約聖書が六千部印刷されたという数字が正しいのならば、それだけですでに尋常ではない。ヴェネチアでは、この三十年前、印刷屋のアルドゥスがギリシャ語の本の売り上げをあげるために、それまでの百部とか二百五十部にかわって、そ

れぞれの本につき千部刷ることにした。それまでは五百部がせいぜいと考えられていた（註52）。ドイツの印刷屋は一つの本で大量の売り上げをねらうよりも、いろいろな本を多く出す傾向があった――ケルンのハインリッヒ・クヴェンテル（ペーターの父）は十五年間で四百もの本を発行した。一四八〇年から一五二〇年ごろにかけて、ヨーロッパでの本の印刷の平均は、一冊につき千部から千五百部であったと考えられる（註53）。聖書はよく売れた、というのは事実である。しかしルターの『九月の契約書』でも初版は四千部である。もしもティンダルの最初の新約聖書の部数が信用できるとすれば、それは、彼が翻訳者としてずい分と自信を持っていたことを示している。彼はイングランドでの需要についてよく知っていた、ということだ。オクスフォードで過ごした日々、おそらくはケンブリッジでも、またグロスターシアにもどってからの日々が、こういう必要について彼の眼を開いたのである。ロンドンでの数ヶ月は、それを更に見定める助けとなっただろう。発行部数を非常に多くすることは、ペーター・シェーファーにとって大きな経済的な賭けを意味する。彼はドイツでは大きな印刷屋のうちにははいらなかった。ティンダルははっきりと確信を持つ必要があった。実際にこの版がどのように売れるかは、この時点ではまだ予測はつかなかった。しかし、相当の部数が途中で失われることを考慮に入れたとしても、彼は需要の分量を見誤ってはいなかったのである。この新約聖書は、たとえば、アントウェルペンで一五二七年から一五三四年までの間にイングランドで売るために五回も海賊版が作られた。この商売は、ティンダルが一五三四年版の新約聖書の序文で抗議することによって、はじめて歯止めがかかったものである。それぞれの海賊版が売り切れたからこそ、更に次の海賊版が作られた。そしてティンダルの一五三四年の改訂版がその一切を越えた。結論として、多分六千部というのは誇張だろう。慎重な学者は三千部だろうと推量する（註54）。それでもこの数字は、一冊の小さな革命的な本を印刷、船積みするには、非常な自信がなければ出来ない数字である。しかもこれはほとんど装飾のない、活字を窮屈につめた印刷で、見ばえがしないと言ってもいいくらいのものである。

――ここにはルターの聖書の、クラナッハがデザインした版画と装飾でいろどられた、洒落た頁はどこにも見当たらない。

以上の点は、一五二〇年代半ばのイングランドの「異端者」の人数を数えることは難しいとよく言われる故に、強調しておく価値がある。ケンブリッジのルター派的学者たちは、確かに傑出してはいたが、人数からすればそう大したものではなかった。一五二八年にオクスフォードで見つかったグループは大部分がカーディナル・カレッジの人たちだが、フォクスが数えたものでも、せいぜい五人しか居なかった。そのうちの一人はティンダル自身だから、ここでは数字から除かれるべきだろう。ロンドンではおそらくロバート・フォーマン博士が中心になって異端の書物が売られたのだが、その人数はこれよりほんの少し多いという程度だった。こういった数え方によれば、イングランドのルター派はせいぜい五十人にも満たなかったとすることが可能である。そのうちの多数はおそらく無害な学者であって、日和見をこととする。残りは商人で、利益を求める人たちである。同様に、ウィクリフ派はルター派よりも多かったが、研究によれば、一五二〇年代のロンドン、南東部、中部でのウィクリフ派に対する弾圧は数百人の名前を上げているけれども、同じ名前を何度もくり返しているから、実際にはもっとずっと人数は少なかったという。言い替えれば、フォクスのような「宣伝家」によって長いこと支持されてきたプロテスタントの見方、つまりヘンリー八世当時のイングランドでは宗教改革への期待は非常に強くポピュラーであった、という見方は、間違っている可能性がある、ということになる。どの派の流れであろうと、「異端」はすべてでせいぜい数百にも満たなかっただろう――従って、イングランド史においては無視してもいい程度の勢力であったということになる。最近のカトリックの修正主義者たちは、こういう意見を確かなこととして主張している(註55)。確かに、反聖職者主義の力はこれまで過大評価されてきた。しかしそれは社会のあらゆる層で顕著であった(「廷臣や王室の法律家といった重要な人々の間でさえも」)(註56)。そして教会は反動的な攻撃によってそれを押さえ込もうと一所懸命であったのだ。何故それほどまでに危機感をいだいたか。加えて、こういう修正主義者の立場に対するに、たとえば、一五二五年から一五五八年の間のイングランドのプロテスタントの名前を三千人もあげることができる。しかもそれは、記録に残されるほどに社会的に地位の高い人々だけの話である（註57）（『宗教改革とイングランドの国民』と題された精力的な修正主義の本が、メアリー女王による改革者の弾圧については僅か七単語ですましているのを見ると、どうも多少驚いてさしあげる必要があるだろう）（註58）。それら一切に加えて、ティンダルの印刷の部数は、六千であろうと三千であろうと、顕著である。ティンダルは、エラスムスの友人であったタンストールとか、ヘンリー・フィリップスなどに対してクリスチャンとして信頼をもってつきあったという点で、「単純な」人間であった。フィリップスに対して親しくしたことが致命的な結果をもたらしたのだから。しかし彼は、その聖書の翻訳、印刷、配布、販売——そして読書——に関する場合には、間違いもなく市井の様子をよく知った人間であった。彼は自分の市場を確信していたに違いない。

次に起こった出来事はティンダルに深くショックを与え、そこから立ち直ることはなかった。大陸に居た十一年間で、仕事をしている内に考え方の方向を変えることが多少あったにせよ（たとえばルターから何ほどか遠ざかってツヴィングリの方向に向かった、ないしもっと徹底した契約の神学の方に向かったと言ってもよいかもしれない）、ロンドンで彼の最初の新約聖書に対して起こったことの情報を彼が知るようになった時ほど鋭い変化が生じたことはなかった。ほかならぬカスバート・タンストールが、それをすべて没収することを命じたのである。そして聖ポール教会で、彼が結構な説教をなしてこの聖書を否定した後、集められた聖書が儀式ばって積み上げられ、燃やされた。ティンダルの反聖職者主義的な攻撃は、その本につける欄外の註もあわせて、この出来事以降にはじまったのである。

## イングランドにおける焚書

ケンブリッジのルター派の指導者で学者であったロバート・バーンズが一五二五年のクリスマスになした説教のことはすでに述べた。競争相手の学者たちがこれをウルジーの耳に入れたところから、面倒が生じはじめた。一五二六年二月にバーンズはロンドンで枢機卿のもとに出頭するようにと命じられた。彼の友人たちは彼を弁護するために一緒に出かけたが、その中にケンブリッジの友人のマイルズ・カヴァーデイルが居た。嫌疑は、ルター派である、というものであった。彼がケンブリッジで逮捕された時、町はすでに禁書の捜索がなされていた。しかし禁書の所有者たちは（フォクスは三十人居たと言っている）、事前に警告されていたので、それらの本を隠す余裕があった。捜索班は「本が置いてあるところにまっすぐに行った」にもかかわらず（このことから、この小さなグループの中にも内密のスパイがいたことがわかる）（註59）。フォクスはウルジーの前でのバーンズの生き生きとした答弁と、その後数年以上にわたる彼の弾圧の不幸な物語を伝えている。ここでこの件に言及するのは、ウルジーの反ルター派キャンペーンが一五二六年のはじめに再開した、ということを指摘するためである。

ウルジーはローマ教皇の遺外大使という資格で、ヘンリー王の承認も得、サー・トマス・モアにも協力してもらって、一五二六年一月二六日と二七日にロンドンのスティールヤードの手入れを実行する。そして五人のドイツ人を「ルターの書物を所有していたかどと、ウィクリフ派であるという疑惑によって尋問すべく」逮捕した（註60）。それから、同年二月十一日に聖ポール司教座教会でもう一つの大きな行事を執り行う。豪華に着飾り、高い台の上に座し、言われているところによれば、三六人の司教、大修道院長、小修道院長を従えて司式した（註61）。ロチェスターの司教であったジョン・フィシャーが説教し、ルターに対する二度目の攻撃をなした。ロバート・バーンズと五人のドイツ人が棄教し、公に告解をなし、薪を運んで火にくべた。それに続けて「異端の」、つまりルターの書物が火に投じられた。ルターに対する闘いの新しい段階がこうしてはじまった。この土地の人間とこの土地で見つかった書物に対する攻撃である。もっとも、はじめしばらくは燃やすのに十分なほどの本が見つからなかった、と言われているけれども（註62）。

ティンダルの新約聖書がイングランドに一五二六年三月に到着しはじめた（註63）。タンストールはスペインで三度目の大使職をつとめた後、イングランドにもどっていたが、秋のはじめにはティンダルの新約聖書の出まわっていた分量がすでに十分多かったので、タンストールの注意を引いた。十月二四日に彼はロンドン市当局に対しラテン語で建議書を書き、ティンダルの新約聖書やほかの本を探し出し、没収することを提案している。

ルターのセクト（訳註63 a）の支持者である多くの邪悪の子らが、極度の悪性によって目がくらみ、真理とカトリックの信仰の道から迷いだし、巧妙にも新約聖書を我らの英語に翻訳して、それによって多くの異端的信条や誤った意見をふりまき、大衆を誘惑している。彼らの悪しく、転倒した解釈によって、これまで汚されることのなかった聖書の尊厳を汚し、神の最も聖なる言葉と、その真の意味とを巧妙に侮辱しようと試みた。この翻訳は大量に印刷されている。欄外に註をつけたものも、つけていないものもあり、英語で、伝染病的で有害な毒を含み、ロンドンの我らの司教区にばらまかれている。（註64）

翌日、ロンドン市当局は、すべての市参事会員がその監督下にある者たちを「いくつかの異端の書物に関して」調べるべきである、という議決をなした（註65）。

「大量に印刷され」とあるのは、印刷部数が多かったという事実を支持する証言である。また「欄外に註をつけたものも、つけてないものも」というのは、一五二五年のケルン版の新約聖書の製本されていない紙が出まわっていたことを証拠づける。しかし、つい二年にもならない前にティンダルに、きっとロンドンで新約聖書を英語に翻訳する場所を見つけられるだろう、と言ったその同じタンストールが、今やその同じものを「伝染病的で有害な毒を含み」と呼んでいる、という事実に注目しないといけない。状況が変ったのだ。今やウルジーが教会と国家のすべての機構をすばやく動員して、異端に対して公に恐怖政治を組織しようとしている。すでに一五二四年十月に、それ以前ではないが、輸入されるすべての本を異端的思想に関して検閲せよ、という任務がウルジーに対してだけでなく、ウォーラム、タンストール、フィシャーに対して与えられている（註66）。［一五二六年］十一月三日に大司教のウォーラムが自分の補佐の司教たちに、タンストールの建議とほとんどまったく同じ言葉で命令を出している。どうもこれはウルジーが指揮をとって、みんなで共通の攻撃をはじめた、ということであるらしい（註67）。「高位聖職者や学者」の集りで、ティンダルの新約聖書が「呪われ、断罪され、……燃やされるように命じられた」という証拠がある。一五二七年二月よりやや前のことである。タンストールづきの司祭であるロバート・リドレーがそのことを記している。コクラエウスがすすんでケルンにおける異端の新約聖書印刷者のことをウルジー自身に知らせたのは一五二五年のことである。そこでウルジーは英語の聖書を警戒するようになり、それに対する戦略をたてた、ということだろう。

タンストールは、ヘンリー王がこのほぼ十年後にローマと決裂するまでは王の政策であったことを推進する上で、ウルジーの協力者であった。しかしタンストールはまた、彼にとっては楽しくないことであったが、ウルジーの部下であった。両者の間に摩擦があった痕跡がある。ロンドン司教タンストールは、枢機卿が彼の司教区の異端狩りにくちばしを入れたことについて、腹を立てている（註68）。多分タンストールは自分の権威を確立したかったに違いない。彼もまた一五二六年十月二四日に、聖ポール教会でドイツにいる異端に対する説教を行ない、その異端の著作の焚書を自分でも主宰して行なった。その異端とはティンダルのことで、その本は新約聖書である。その何部かが数日後、多分次の日曜の十月二八日に聖ポール教会で燃やされた（註69）。説教の翌日、十月二五日に、彼はロンドンの書籍商をノーウィッチの司教の館の礼拝堂に召喚して、ルター派の書物を、ラテン語のものであれ英語のものであれ、輸入しないようにと警告を与えた（註70）。

タンストールの説教は残っていない。しかしさまざまな方向でその一部は伝えられている。それは、ティンダルの訳の間違いを並べたものであったようである。現代の歴史家はよく、タンストールがこの時二千もの間違いを上げた、と指摘する。しかし、それだけ列挙したら聴衆は眠ってしまった——あるいは怒ったことだろう。つまり彼はいくつか実例をあげ、あとは一般論を述べたと考えられる。（事実、この説教に対する反響は、普通考えられているよりもずっと、ほとんど怒りが表面化しかねないものであった。教会のこの公的代表者の英語の新約聖書に対する悪意は人々を嘆かせた、と信じるに足る証拠がある。）四年後にティンダルは、一五三〇年の『高位聖職者の策謀』において、タンストールのことをダラムの司教の秘書と呼んでいる——ウルジーは一五二三年から二九年の間、ヨークの大司教職とともにダラムの司教職も保っていたからだ。ティンダルはタンストールをそう呼んだ後で、次に、ロンドンの司教と呼んでいる。

ダラムの司教区については、本当を言えば、彼［タンストール］はうまく適合せず、年寄りのチャプレンに仕えていただけである。要するに、そのチャプレンの大勢いる秘書たちの上役の一人にすぎなかった。……そして、キリストの福音に対してどのように仕えた結果か、彼はロンドンの司教職にたどりついたのだ。だが彼はそこでどういう奉仕をなしたか。新約聖書を Doctrinam peregrinam（異邦人の教え）と呼んで、燃やしたのだ。（註71）

この抗い難い五つの単語、「彼は新約聖書を燃やしたのだ」が、ティンダルのショックを表現している。ヨーロッパでもイングランドでも、これまで焚書は行なわれてきた。一五二〇年六月一五日の教皇勅書『エクスルゲ・ドミネ』（主よ、立ち給え）（訳註71a）はルターの提案することのうち四一項目を異端と断罪し、またルターの本を見つけ次第燃やすことを信者に命令している。この命令はローマで当日直ちに実行され、ルヴァンでは十月八日に、ケルンでは十一月十二日に実行されている（註72）。ルターもこれに対等に返礼した。一五二〇年十二月十日の朝、ヴィテンベルクの町の外壁とエルベ川の間の野で、教会法、教皇令集などの本に加えて、この勅書を焚き火にくべた。市民たちと大学の関係者がこれを見ていた。これは報復行為とみなされ、広く知られるようになった。タンストールは一五二一年の早い時期にヴォルムスに来た（四月十一日に、つまりルターが国会に登場する五日前に、離れている）。一月二一日にここからウルジーに手紙を書き、「間抜けな者」がルターのなした宣言をラテン語に訳して広く普及しようとした、と嘆いている。ルターは、この焚書の時に燃やした教皇の文書が誤りに満ちていると宣言する論文を発行したのである。『教会のバビロン捕囚について』である。ルターのローマ教会に対する最も強烈な攻撃であった。タンストールはそれを一部同封し、ウルジーに燃やすよう依頼している。ルターの著作を英語で普及させることに協力しているかのように思われるのが嫌だったからだ（註73）。ウルジーに対して、書籍商を呼び集め、ルターの本を輸入、販売ないし翻訳することを禁じるのがよい、と勧めている。二ヶ月後、教皇はウルジーの禁書令をほめているが、「大規模な焚書の方がもっとよい」と示唆を与えている（註74）。その更に二ヶ月後、一五二一年の五月一二日に、聖ポール教会でのウルジーの最初のルターの本の大規模な焚書の儀式がとりおこなわれたのであった。ケンブリッジでの焚書はそれより前だったかもしれない。これらの焚書は、ある意味では、この数週の間に展開された同盟関係をめぐってのやけくその外交ゲームの動きとみなされるべきであろう。皇帝カールは教皇と結んでルターに反対するだろうか。その場合ヘンリー八世はカールと同盟するだろうか。ヴォルムスの国会の翌日、一五二一年四月一九日に、皇帝は意図を明らかにし、「マルティンのすべての本が、どこで見つかろうと、燃やされねばならぬ。そして彼自身悪名高き異端として罰されねばならぬ……」と宣言した(註75)。つまりウルジーのロンドンがその三週間後に焚書を行なったのは、イングランドは教皇および皇帝と結ぶよ、ということを目に見える仕方で示したものにほかならない。だからこれは、ロンドン駐在のヴェネチア大使によれば、ほんの四日か五日であわてて準備されたものである。その直前、ヴェネチアとナポリでもルターの本の焚書が行なわれた(註76)。ともかくその時集められたルターの本を何でもいいから燃したこれらの炎は、国際政治のシグナルであった。

だがタンストールは新約聖書を燃やした。これがティンダルが非常にショックを受けた点である。またそれも当然であった。そもそも規模が違った。それにもっと悪いことに、本質的に事が異なっている。異端の著者として知られることは、自分が一所懸命やった神学的な仕事が破壊される危険を犯すということである。しかし神の言葉そのものを燃やすとなると、これは別種類の大量破壊である。それはすべての男女が見ることができるようにとギリシャ語の原典から学者がていねいに英語に訳した神の言葉なのだ。最近約百年にわたって、あわて者の歴史家たちは、タンストールがティンダルの欄外の註を攻撃したのはそれなりの理由がある、などと述べている(註77)。彼の欄外の註はいつも、この種の歴史家などの間では、辛辣なものというレッテルを貼られてきた。けれどもティンダルの一五二六年の新約聖書は欄外の註をただの一つも含んでいないので、これは当らない。もしもケルンで印刷されたマタイ福音書二一章までの製本されていない紙(訳註77a)を頭に置いて言っているのなら一応正しい。そこには確かに欄外の註が存在している。しかし、すでに見たように、それらの註はまったく「辛辣」ではない。例外なくそれは、聖書に出て来る単語や表現を説明したものにすぎない。従ってこれも当たらない。確かに、「ペテロ」とはすべてのキリスト教徒の男女のことであると説明するなど、当然とはいえ刺激的なものもあったが。実際、すでに見たように、ティンダルは自分がモデルとしたルターの一五二二年の新約聖書の註のうち、教皇や高位聖職者を批判したものはすべて削除している。タンストールが攻撃したのは、ティンダルの訳した新約聖書そのものにほかならない。六八〇頁あるのだから、二千も間違いがあったというと、一頁に三つずつという勘定になる。そのうちいくつかは、教会にとって非常に深刻な攻撃とみなしうる単語であっただろう。「教会（church）」の代りに「集会（congregation）」とし、「慈善（charity）」の代りに「愛（love）」とし、「告解する（do penance）」の代りに「悔改める（repent）」としている、など。あるいはまたいくつかは（正確に言うと、決して多くない）、ティンダル自身が後に自分で訂正した誤りでもあろう。しかもその大部分はこの上もなく瑣末なものである。ティンダル自身後に、ｉの字に点をつけ忘れるなど異端的であった、などと述べている（註78）。

ティンダルのショックは二重であった。イングランドの司教がイングランドの言語に訳した新約聖書を燃やしたこと。そしてその司教がほかならぬカスバート・タンストールであって、エラスムスの友人であり、エラスムスがブリュージュの町でそのギリシャ語の新約聖書を編集した時にそれを助け、ギリシャ語新約聖書の写本の読みについて情報を提供することまでした人物であった、ということである。タンストールは自身ギリシャ語学者であって、ティンダルの英語がギリシャ語原典に忠実であるということをこの上もなくよく理解できたはずである。「集会」「愛」「悔改める」などという語についてさえ、いや、これらの語については特に、そうである、ということを。タンストールはイングランドにおけるほとんどほかのいかなる人よりも、エラスムスが『ノーヴム・インストルメントゥム』（新約聖書）につけたギリシャ語原文に対する自分の新しいラテン語訳においてしばしば人を驚かせる単語を使っている、という事実を知っていたはずである。第四福音書の冒頭の重要な語である「ロゴス」というギリシャ語の単語をヴルガータのように verbum（語）と訳すことをせず、sermo（言葉）としたなど［一〇三頁参照］。――そして、ギリシャ語のekklesia（集会、教会）の訳としてcongregatioとするのは随所に出て来る。タンストールは、このやや後［一五三九年］、『大きな聖書（the Great Bible）』の二つの版の表題の頁に、これを認可した者として名前をのせているのだ。彼はここでは政治をやっていたのである。ウルジーと国王を通じて教皇の傀儡を演じて、自分のキリスト教ヒューマニストとしての教養を教会のために裏切り、ウルジーの好意を得ることを優先した。「偽善者」という単語は、それに「日和見」という形容詞をつけようとつけまいと、彼を形容するのに強すぎることはない（註79）。ティンダルのショックは、実際、当然である。ルターの文書を燃やすのは、それを集める仕方やその意味することがいかに無茶であろうと、一つのことである。政治のために神の言葉を燃やすのは、ティンダルにとっては、野蛮なことであった。

それはまた、ほかの大勢の人にとっても同じことであっただろう。ロンドンでの反応は困惑であったことが見てとれる。実際、政治的には、ウルジーが率いる教会は大きな間違いを犯したのだ。龍の歯をまいてしまったから、それがやがて破滅をもたらす。それは単にヘンリー王の離婚やローマとの断絶の結果ではない。ルターは聖書を覆い隠す千年もの部厚さを誇る壁を壊した。イングランドの司教たちは、その壁をもっと高くしようとした。ロンドンの男女は、ニコラス・ラヴのおかゆなんぞで満足することはなかった。教会がやることができたのは、ラヴの作品に加えて主の祈りを英語にするぐらいのものであった。ルターはドイツ人にローマ書を、そのまま、与えた。それに新約聖書の全体を。ヘンリー・モンマスはロンドン塔からウルジーに手紙を書き、タンストールの説教の時に自分もそこに居た、と記している。「以前自分はロンドンの司教がポールルズ・クロスで、ウィリアム・ティンダルの新約聖書の英語訳はひどいものだった、と話したのを聞いたことがある。しかし自分はティンダルのどこに悪いことがあるのかわからない。」（註80）。ケンブリッジの学者ジョン・ランバートは、司教が彼に対してむけた四五個条の攻撃に対して返答した一五三八年の長い文章において（フォクスが全部印刷している）、

書いている、

加えて、私はポールズ・クロスに居た。最近海外で印刷された新約聖書が最初に禁止された時のことである。偉いお人がこれに反対して説教するのを聞いて、私の心は本当に非常に悲しんだ。彼はこの中にいくつもひどい間違いを見出したと説明したけれども、私には、いや私だけでなくおそらく他の多くの人も、まったく間違いはないと思えた。しかし（可哀想なことに）、悪意は良いことを言えないのである。神が我らみなを助け、悪意を矯正し給わんことを。（註81）

ランバートは、そしておそらく「他の多くの人も」、タンストールの悪意を知って、悲しんだのである。

ティンダルの一五二六年の新約聖書に対する公の攻撃の全体の動きを最も詳しく伝えているのは、『我を読み、そして怒るな』である。この犬のほえ声のように品のない作品は、すでに述べたように、一五二八年以前に英語で出まわっていた僅か六つのプロテスタントの著作のうちの一つであるという点以外には、まったく注目に価しないものである。六つのうち四つはティンダルのものである。ジェローム・バーロウはタンストールの説教を聞き、焚書を目撃した可能性がある。「ワトキン」がたずねる、「誰がそういうことを起こしたのだ」。「ジェフリー」が答える、

ほんとはロンドンの司教が
枢機卿の権威をかさにきて
ポールズ・クロスで熱心に

福音に光があてられることを
異端だと言って告発した。
呪わしい異端者だと呼んだのだ、
尊い福音が一般信徒の
目に入るようにした者たちを。
彼は怒りにまかせて宣言した、
誤りを多かれ少なかれ
三千以上は翻訳の中に発見したと。
しかしみんなが及第するとしても、
申し上げるが彼だけは、その一つの誤りについても
試験に通らなかっただろう。(註82)

彼は更に続けて言う、「普通の女でも／容易に天に入るだろう／完全な仕方で生きる者たちと同様に」。そして、「ある序論によれば……売春婦の方が……先に救いにいたるだろう／キリストの受難のおかげで／外面は聖なる仕方で生きている者よりも」。これに対し「ワトキン」は答える、「それはマタイ二一章にそのままのっていることだ」(ティンダルの訳では、「イエスは(祭司長や民の長老たちにむかって)言った、まことに汝らに言う、取税人や売春婦の方が汝らより先に神の国にはいるだろう、と」)。こういう韻をふんだ詩でもって、「議論の弱いところでは、どなるがよい」という原理に従ってついに暴力的な憤りにまで達してしまったタンストールの怒りくるった姿が描かれている。彼はおそらくは自分自身を裏切っているということに気がついていたことだろう。

マタイ二一章の重要な句を「ある序論」に書いてあることにするなど、エラスムスと共同して仕事をした人物としては奇妙なことである。多分タンストールはそもそもその新約聖書をよく知らなかったのだろうか。しかしそうだとすると、誰が二千もの誤りを見つけたのか。ロイとバーロウの詩では、その数は三千に増やされている。怒りくるったタンストールはもしかすると、単に効果をねらって、二千とも言い三千とも言ったのか〔訳註82a〕。

この詩は、すべての背景にウルジーがいる、ということを疑っていない。しかしながら、ほかに興味のあることを二つ指摘している。第一は、「赤い帽子の男〔枢機卿ウルジー〕」は、聖書の英語訳をなした人物に対して何らかの処置をせねばならぬと説得される必要があった、という点である。最初は「彼はピラトの言葉を述べた／私はこの男に何の過ちも見出さない」。しかし彼は司教たちを集めて詰問することにした。「そこで司教カヤパが答えて言った／福音が断罪されることの方が／もっとはるかに良い……」。カヤパというのは、もちろん、イエスの審判をとりおこなったユダヤ人の大祭司である。ロイとバーロウは、これが誰をあてこすったものか、欄外に註をつけてはっきりさせている。「Hoc est London episcopus（これ、ロンドンの司教なり）。」これは上で述べたように、リドレーが「一五二七年の二月以前のある時に」なされたと指摘している会合を、証拠づけるものである。第二は、ウルジーはこの詩でほかにも多くの点で批判にさらされているのだが、そのどの点にもまして、くり返し、詩の多くの行で何度も何度も叩きつけられるように「神の言葉を、聖なる契約書を、燃やした」と告発されていることである。

## 新約聖書の読者

一五二六年の版のうち、どのくらいが実際にイングランドに到着したのか、わからない。十八世紀に書かれたストライプの貴重な『教会の記録』はいくつかの取り引きの実例を記している。コルチェスターのパン屋ジョン・パイカスは、一五二六年にコルチェスターで「ロンドンのロンバードという人物から英語の新約聖書を買い、それに四シリング支払った」。バーンズは二人の人物に新約聖書を三シリング二ペンスで売り、「それを隠しておくようにと求めた」。ロバート・ネクトンは「聖歌歌手サー・ウィリアム・ファーボショアに、サフォークのスタウンマーケットで、例の新約聖書を一部七ないし八グロートで五部売った。彼はまたサー・リチャード・ベイフェルに製本されていない新約聖書を二部売った。……サー・ベイフェルはこれに三シリング四ペンスを支払った」。あるオランダ人（ドイツ人のこと）が、現在はフリート監獄に収監されている人物であるが、ロバート・ネクトンに新約聖書を一部九ペンスで、二ないし三百部売った。うち一部は「大型版」で、他は「小さい版」であった（後者は恐らくエントホーフェンの十六折版の海賊版のことであろうか）。燃やされたのが何部で、全部ていねいに読まれたのが何部であるかも、わからない。しかし、こういう危険を犯して買ったものは、熱心に読まれたことと考えられる。また、製本をくずして、ばらばらに分割して読まれたこともあっただろう。ティンダルの新約聖書を持っていたという理由で異端とされ、投獄され、焚刑にされた者たちのことを、フォクスが数年後に調べて発行しているのだが、それによると、彼らはこの書物を読むことによって福音の光に出会ったのだという。しかしながらこの時のことについては、ホールが一五四八年に出した『年代記』で、ちょっと考えつきそうもない喜劇的な話を紹介している。（この話については、アントウェルペンはイングランドへの本の輸出の大きな集散の中心地で、ヴォルムスで印刷されたティンダルのものもこの港を経由してイングランドに届いただろう、ということを頭に置いておく必要がある。）一五二九年の夏にカスバート・タンストールはキャンブレ条約の交渉のために大陸に来ていた。この件をホールは詳細に記しているが、横道にそれて、次の話にはいる。

ここで、ちょうどこの頃〔一五二八年〕は、ウィリアム・ティンダルがそのしばらく前に英語で新約聖書を翻訳し、印刷した時期であった、ということを指摘しておこう。ロンドンの司教はこの翻訳が気に入らず、この間違い誤った翻訳（と彼は言っていた）をつぶすべく、どのように企んだらいいかを考えていた。たまたまその同じ時に、オーガスティン・パキントンというロンドンの絹織物商で非常に正直な人物がアントウェルペンに滞在していた。司教もまたこの時この地に居た。このパキントンはウィリアム・ティンダルを非常に気に入っていたのだが、司教に対してはまったく反対の態度を見せた。司教は自分の計画を実現しようとして、新約聖書のことを話に持ち出し、買うことができたら嬉しいのだが、と持ちかけた。パキントンはそれを聞いて、司教に言った。「猊下、もしもお望みなら敢えて申し上げますが、その話なら私はこの地にいる他のほとんどのイングランド人の商人よりも多くのことをしてさしあげられます。ティンダルの新約聖書を持ち込んできて、ここで売ろうとしているオランダ人〔ドイツ人〕やその他の外国人を私は知っています。ですから、もしも猊下がそれをお買いになることをお望みなら、印刷されてこの地で売れ残っているその本をすべて手に入れてさしあげます。」司教は神の助けが自分のつま先のところまで近づいていると思い、実は（後から考えたら）悪魔が手のこぶしのところまで近づいて来ていたのだが、言った、「良きパキントン氏よ、どうか労をとってそれを手に入れて下さい。私は心から、それがいくらにつこうと、その代金を支払いましょう。この本は間違っていて、中身のないものです。私はそれをすべてつぶすために、ポールズ・クロスに集めて燃やしたいのです。」オーガスティン・パキントンはウィリアム・ティンダルのところに来て、言った、「ウィリアム。あなたが貧しくて、かつ新約聖書やほかの著作を山と積んで持っておいでだということを私は知っている。そのせいであなたは友人たちを危険におとしいれ、あなた自身も貧窮しておいでだ。それであなたのために一人の商人を見つけてさしあげた。その商人はあなたの手元にある新約聖書をすべて、もしもあなたがお望みなら、即金で買い上げると言っている。」ティンダルは言った、「その商人とは誰ですか」。「ロンドンの司教ですよ」とパキントンは言った。「それなら、本を燃やすためじゃないですか」とティンダル。「いや、まったく」とパキントン。「それはうまい話だ」とティンダルは言う、「それで二重に得をすることができる。この本の代金を彼から受け取って、借金から解放され（そして全世界が神の言葉を燃やしたということで彼に文句を言い）、金の残りは、私にもっと勉強する時間を与えてくれるでしょう。そうすればこの新約聖書の改訂をなし、新しく改訂版を印刷させることができます。第二版は第一版があなたの気に入ったよりももっと気に入るようになると思いますよ。」こういう具合に商売が成立し、司教は本を手にし、パキントンは感謝され、ティンダルは金を手にした。

後に、また新約聖書が印刷され、大量に、三倍もの分量がイングランドに持ち込まれた時、ロンドンの司教は、まだそんなに沢山の新約聖書が海外に残っていたのかと知って、オーガスティン・パキントンを呼びつけ、言った、「サー、どうしてこういうことになるのか。海外にまだそれほど多くの新約聖書が残っていたとは。あなたはそれを全部買い占めたと私に約束し、確言したではないか」。そこでパキントンは言った、「私がお約束申し上げたのは、その時点で手に入るものをすべて、ということでした。しかし彼らの方が知恵があるということがわかりました。彼らが活字と印刷機を持っている限り、どうにもなりますまい。ですから、猊下に申し上げますが、印刷機も買い占めるのが最もよろしゅうございましょう。そうすれば安心しておいでになられます」。司教は笑って言った、「わかった、パキントン、わかったよ」。これでこの一件は落着した。（註83）

モズレーが、この話はうまくできすぎていて、売るための本を持っているのが誰かという点についても矛盾している、と指摘しているのは正しい（註84）。一五二九年までには、ティンダルの発禁書は『悪しきマモンの譬え』と『キリスト者の服従』を含むようになっていた。そしてこれらの本もまたどこかで購入され、燃やされたのは確かである。そうではあるが、この話には、基本の理念に関しては、何ほどかの真理がある。燃やすために本を大量に買いつける、という点で（ティンダル自身は新約聖書を燃やされるために売るなどということに同意しなかっただろうけれども）。特に、パキントンは絹織物商人で、繊維製品の貿易にたずさわって富裕な人々に上等の繊維製品を売る仕事に従事していたということを考えれば、話の基本のところは何ほどか当っていよう。

## ハンブルクにおけるティンダル

『マモン』の話のところで述べたように、一五二八年の夏の間、六月の終りごろ、ウルジーは低地地方の総督にティンダルとロイを捜索することを依頼した（註85）。これは失敗に終った。一五二八年の九月から一五二九年のはじめにかけて、リンクや西部に、ティンダルはアントウェルペン、ケルン、フランクフルトで見つかるだろう、という噂が出まわった。ティンダルは一五二八年十月に『服従』を印刷し、一五三〇年一月にモーセ五書を印刷したのだが、その期間、本当のところどこで生きていたと考えるべきか。どこであろうと、彼は五書の翻訳の仕事をしていた。彼のヘブライ語は今やすぐれた翻訳の仕事をなすのに十分な程度の水準に達していた。一五二八年末から一五三〇年はじめにかけての時期について、フォクスは、その第二版においてだけだが（一五七〇年）、大変な話を一つ伝えている。

ティンダルは申命記と呼ばれるモーセの第五の書の翻訳を終えた時、それをハンブルクで印刷しようと思って、（アントウェルペンから）ハンブルクに船でわたった。ところが途中で、オランダの海岸で、難破した。その結果彼は自分の本を、原稿や他の本の写しのすべてを、失ってしまった。その結果また、すべてを新しくはじめなければならなくなった。同じ仕事を二重にやるという不都合が生じたのである。こうしてその船で金銭と、写しと時間とを失って、彼はほかの船に乗ってハンブルクにやって来た。ハンブルクでは、彼に頼まれて、マスター・カヴァーデイルが待ち受けており、そこでモーセの五書をすべて訳す仕事を助けた。復活祭〔一五二九年三月〕から十二月までのことである。ここではマルガレーテ・フォン・エマーセン夫人（訳註85 a）という尊敬すべき寡婦の家に滞在した。だが同時に、この町で、熱病が大流行した。そこで彼はハンブルクでの仕事を急いで片付け、再びアントウェルペンにもどった。（註86）

ウルジーの長い手が届いてきていたので、ティンダルがアントウェルペンを離れようと思ったのは理解できる。フォクスはここで話を面白く作っている、としばしば言われてきた。カヴァーデイルがハンブルクに来たという記録はないし、ハンブルクには印刷屋がなかったからである。しかしモズレーはその二つの理由に反対する根拠をあげ、フォン・エマーセン家と熱病の流行について調べ上げ、フォクスの記述が正しいと支持している。

ティンダルがその時期ハンブルクに居たのは、実際、確からしい。本当はハンブルクにも印刷屋はあった。中には大きな印刷屋もあった。ハンブルクから三五マイル離れたリューベックのゲオルク・リヒロフ二世で、この頃、ハンブルクにも印刷屋を開業したのである。ティンダルはまた、以前の知人のヨハンネス・ブーゲンハーゲンが居たのでこの町に行く気になったのかもしれない。彼はルターの親しい協力者であった（イングランドの改革者たちにあてて励ましの手紙を書いたのは彼である）。もしかしてティンダルがヴィテンベルクでヘブライ語を学ぶために滞在したことがあったのだとすれば、その頃彼はヴィテンベルクの市教会の牧師であった。一五二八年七月にブーゲンハーゲンはハンブルクの教会の改革を指導するために招かれている。ティンダルは宗教改革の町に行こうとしたのであろう。一五二九年二月までには、すでに改革は実現していた。そこではティンダルは安全であっただろう。

ではマイルズ・カヴァーデイルについてはどうであろうか。その時点で四二歳であったが、もともとヨークシアの人で（ヨーク市の出身）、ケンブリッジにおり、ロバート・バーンズの影響を受けた。バーンズを支持し、「エラスムスからコレットを通してルターへ」という同様の過程をたどった（註87）。ジョン・ベイルはケンブリッジ時代のカヴァーデイルのことを、「友好的でまっすぐな性質で、非常にやさしい精神の持ち主の青年……神の霊が……彼の中にあって……揺れ動く心の人々を慰める静かな小さな声の持ち主であった。彼の文章は魅力的で、やさしく、明晰に流れていく。それは動き、教え、喜ばす」と記している（註88）。もちろん彼が、一五三五年十月に、英語で最初の聖書全体の訳をこの国に提供したのである。これには改訂版もあり、つまり一五三九年四月の『大きな聖書』である（二十世紀末にいたるまでイギリス国教会で毎日用いられている祈祷書に採用されている詩篇の訳は、ここから取られたものである）。しかし一五二八年には彼は修道僧であることをやめ、エセックスでミサと聖像礼拝と耳に聞かせるためだけの告白とに反対する説教をなした結果、面倒が自分にふりかかるのは確実だろうと見てとって、その年の末に大陸に亡命した。そしてそこでおよそ七年間滞在したのである。彼がティンダルに招かれて、五書の訳業を助けるためにハンブルクに行った可能性は十分にある。ギリシャ語とヘブライ語の知識は僅かであったが、最近なされたラテン語、ドイツ語、フランス語の翻訳を消化する能力は役に立っただろう。ケルンで最初に新約聖書の訳を発行しようとしていた時にティンダルが、後に『マモン』の序文で説明しているように（註89）、イングランドから来て助手として働いてくれることを期待して待っていた名の知れぬ人物もまた、カヴァーデイルであった可能性はある。カヴァーデイルが一五三四年と一五三五年にアントウェルペンでティンダルとともに居たことは確かである。カヴァーデイルがハンブルクに居てティンダルとともに働いたというフォクスの記述が間違っている、などという理由はまったくないのである。

では船の難破の件はどうであろうか。これに言及しているのはフォクスだけである。ティンダル自身は何も言っていない。だからといって、難破がなかったとは言えまい。ティンダルが自分の生涯について物語る時には──大学について、グロスターシアでの経験について、ロンドンで後援を得られなかった件について──より大きな枠の中で、より大きな問題点に関して言っているのである。オクスフォードの「神学」はグロテスクな愚かさであった。また田舎では、ものを知らぬ偏屈な人間が聖なる職務を担っていた。ロンドンの司教は、ヨーロッパ中でここだけ、神の言葉を母語に訳すという光を拒絶して、イングランドを暗闇の中に保っていた。それに対して難破の物語の質はティンダル個人の英雄的な運命というにすぎない。だから言及される必要はなかった。おそらくは数年間にわたる仕事（「原稿」）も、写本を含む必要な文献（「写し」）も失われてしまった。ヘブライ語のテクストや辞書や文法書、七十人訳などの一次資料、それにパグニヌスやルターのような二次資料をまた集める労力と費用は、相当な欲求不満や絶望さえも伴うことであっただろう。ほかに代え難い自分の原稿を失ってしまった嘆きはむろんのことである。しかしながら、こういう災害に遭った著者や画家や作曲家はみな、結果においてもっと良いものができた、と言うのが常である──勇気をもって再びはじめることが新しい明るさをもたらすもののようである。我々にとって最も悲しむべきことは、時間の喪失である。ハンブルクでリヒロフが一五二八年の終りごろにティンダルの五書の印刷をはじめていたら、ティンダルは旧約聖書の訳をもっと多く仕上げることができたであろう。一五三五年に逮捕される以前に旧約の歴史書を終らせただけでなく、詩篇や預言書の訳もできていたかもしれない。実際には、彼が自分で校閲して出版したのはモーセ五書だけである。もしも難破の物語が事実であるとすれば、これは改訂版ということになる。それと、彼の死後一五三七年に発行された歴史書の訳だけである。

一五二九年八月、イングランドでは舞台が変化した。ヘンリーは離婚を必要とした。そしてヨーロッパ中の大学にそれを支持することを求めた。議会が召集された。この問題がはらむ広がりは大きかった。そして当面、ルター派、ウィクリフ派狩りの熱はさめた。ウルジーはほかのことでいっぱいだった。一方で国王に仕えつつ、同時に、［神聖ローマ］皇帝はこの離婚の件で害を受けた王妃キャサリンの甥であったから、そちらに対しても気を遣わねばならず、教皇に対してもそうだし、それに自分も教皇になる機会をねらっていた。民間人の世界については、このことが意味したのは、アントウェルペンも直接的に危険な場所ではなくなっていた、ということである。ティンダルはその同じ年の終りごろにハンブルクからアントウェルペンにもどっていたことだろう。ドイツの方がもっと安全だっただろうけれども、アントウェルペンはイングランドとつながりがあり、貨物がイングランドに向って積み出され、イングランドからの亡命者が歓迎される場所であった。エドワード・ホールの物語るタンストールとパキントンの話、パキントンがティンダルの本を燃やすために手に入れたという話の舞台はこの町である。一五二九年八月はじめにタンストールとモアはキャンブレでハケットと会って、和平を交渉してきた。その帰りがけにタンストールはティンダルと同時に同じ町にいたことになる。一五二九年の秋のはじめというと、ティンダルがアントウェルペンにもどってくるには多少早すぎる（ティンダル自身が新約聖書を燃やすために売るのに同意したという話そのものは、ありそうもないことだが）。何ほどかは時期のずれについて柔軟に考えねばなるまい。フォクスは、ティンダルはハンブルクでマルガレーテ・フォン・エマーセンの家に一五二九年十二月まで居た、と言っている。しかし五書の最初の創世記がアントウェルペンのホーホストラーテンの印刷所から出版されたのは、一五三〇年一月一七日である［つまり、一五二九年十二月までハンブルクに居て、すぐ一月半ばにアントウェルペンで創世記を発行するのは不可能だから、もう少し早めにアントウェルペンにもどっていたということだろう、というのである。」

その後は、ティンダルは自由に生きられた人生の残りの期間をすべてアントウェルペンに居る。およそ四年半である。この間、イングランド人会館に滞在していたようである。この建物はすでにずい分以前に壊されている――その地域で今日残っているのは二、三の古い街路と、カテドラルだけである。イングランド人会館というのは、イングランドの商人の居住する建物であった。彼らのうち一定数は、動きつつあった宗教改革に対して親近感をいだいていた。この会館付きのチャプレンも居て、この四年後にはジョン・ロジャーズがそのチャプレンになった。彼は正統派的信仰を持った司祭であったが、すぐにティンダルの支持者となった。ティンダルの死後ロジャーズは、一五三七年に、トマス・マシューという名前で、ティンダルの聖書の訳を発行している、これが国王の認可した最初の英語の聖書となったものである。ロジャーズはメアリー女王が一五五三年に即位してから焚刑に処したおよそ三百人の殉教者のうちの最初の人物である。

## 『高位聖職者の策謀』

ティンダルが聖書の訳ではない著作の中の最後の作品（『モアへの返答』を別として）を書いたのは、アントウェルペンのイングランド人会館であっただろう。これは小さな本で、『高位聖職者の策謀（The Practice of Prelates)』と題されている。国王は、王妃が以前王の兄の妻であったという理由で、王妃をうとんじてよいものだろうか』と題されている。ホーホストラーテンから、「マルブルク」での出版という名目で発行されている。これは高位聖職者に対する猛々しい批判をなした本である。かつ、国際謀議などについてのティンダルの感性に反して、特にウルジーの上昇志向という事実を軸に論じている。彼は教皇という絶対的な権力の地位に登りつめたいと思っていた。

ティンダルはここで妻を離婚するという問題の適法性について考察し、ヘンリーがキャサリンを離婚することはできない、と結論づけている。高位聖職者たちがこの離婚をおしすすめ、ヘンリーがフランス王の妹と結婚できるようにしようという陰謀は、彼ら自身の得をはかろうとする行為である、と見ていた。この息のつまりそうな紛糾は、この本全体を通して、教皇という蔦がイングランドという国の木にからみついて窒息させようとしていることだ、という風に描かれている。practice という語は、今日ではふつうは職業的実践を意味するけれども、ここではもっと古い意味で用いられている。今日ではこの意味はもはやほとんど失われているけれども、あざむいて策をめぐらすこと、という意味である。——毒を盛られて死ぬ時のレアティーズは言う、「汚い策謀（practice）が私の方に向ってきたのだ」（『ハムレット』V.ii.309）（註90）。「これは策謀（practice）です、グロスターよ」とゴネリルは、倒れて死にゆくエドマンドに対して言う（『リヤ王』V.iii.151）、「戦争の掟によれば、あなたは答えないでよろしいのです。誰だかわからない敵が……。」シェイクスピアはこの単語を明らかに、生命をおびやかすような策謀と結びつけて用いている。

この本は長くはない。また、この世紀の後半になってなされた再版では、四分の一ほど縮められている。ヘンリー王はこの本のことをひどく怒った、と言われている。まあ、そうだろう。エリザベス朝時代の編集者や印刷屋は、その中にジョン・デイも含まれるが、最後の部分のうち相当量を削除する必要があると考えた。ティンダルがヘンリーのキャサリンに対する離婚に学識をもって反対し、アンとの結婚の合法性に疑問を呈する論述をなしている部分である。アンはエリザベス女王の母となった。それに、この部分は事実この本の中ではあまり説得力のある部分ではない。レビ記の個所をいくつか解説する仕方で展開されているこの部分は、高位聖職者の策謀について他の部分でなされている議論のように生き生きとしてはいない。そちらでは強烈な攻撃が鋭いリズムを生み出している。短い序論からしてすでにそうである。序論では、昔の律法学者やパリサイ派がキリストに対して政治をもてあそんだのと同様、現代の者たちもキリストの説教者である「異端者たち」に対して同じことをなしている、と言われる。ある段落は、「汝ら民の長老たちよ、神を畏れるがよい……」という書き出しではじまっている。

すでに学んだことから予想できることだが、全体の構造は二十の論点にわたって論理的にきっちりと構成されていて、情熱に力を加えている。欄外の註はほとんどない（後の版は、パーカー協会のものも、相変らずこの点で誤った印象を与える）。ペテロに関する聖書の話を中に混ぜていく仕方、本来キリストを説くために任命されたはずの高位聖職者たちの裏切り、教皇の歴史とその財政的破綻、等々が攻撃を頂点にまで高めて行き、現在の高位聖職者たちの策謀の問題にいたる。彼がそれを列挙する時は、力がある。「彼らは貴族の邸宅での家令から出発して、権力者の土地の管理人、司教の秘書、王の顧問官、大使などを経て、戦争と此の世の事柄を、然り、此の世の禍いの、すべてを司さどってきた」（註91）。この話の頂点で、w音とm音を交代させていく仕方は、相当な効果を生んでいる（war and ministering … worldly matters … worldly mischief）。やや進んで、彼はその最も強烈な皮肉の一つに達する。数頁がシャルルマーニュについて割かれている。その半分は彼の欲望についてである。特に、彼の情婦だった女性の屍体、魔法をかけられた指輪の力、井戸、修道院などについての荒唐無稽な伝説にふれ、「そしてその修道院に彼は横たわり、正しくも聖者となっている」と結論づける（註92）。その直後に、大学制度の愚かさについての有名な個所が続く。神学の学生たちは「異教の教えで八年から九年もはぐくまれ」、聖書からは締め出され、教会が認めないことは説かないという誓いをさせられる。実はそれが何であるのかも知らないし、どのみち司教なしに叙任されることもないのに（註93）。

続いて、洒落た短いチョーサー的な描写が出て来る。教会があらゆる事柄にいやらしく侵入してくる、という点についてである。

そして教区のちっぽけな司祭も同じ具合で、どこかの家にやってきて、奥さんがちょっといき（snout-fair）なら、何らかの策をめぐらしてそこに居すわる。人のいい夫と同じ暇つぶしの趣味につきあうか、あるいは何らかの仕方で気前よく振舞うか、あるいはその夫に金を貸し、その結果義理があるから夫は司祭を追い出したくても追い出すことができないようにさせるか。その場合彼は、司祭のことを我慢せざるをえなくなり、好もうと好まざるとにかかわらず司祭を我が家で気ままに振舞わせることになる。（註94）

これはチョーサーの「船乗りの物語」や「送達吏の物語」に出て来る話みたいである。snout-fair という句はティンダルが発明した言い方で、その後二世紀間にわたってしばしば用いられるようになった。

更にもっと長い部分が続き、イングランドの歴史における司教たちの策謀を例示している。その後半をしめる重要主題が「トマス・ウルフジー（Wolfsee、ウルジーWolseyのこと）」の権力についてである。彼の嫌らしい策謀の内幕を暴露し、まったく手加減しない――確かに、すべて伝聞に基づいているだけだが。

また同様な仕方で彼は淑女、紳士諸君を手玉にとった。どんな身分の高い女性でも、彼は親しくなって、贈り物を贈ったりした。それどころか、カンタベリーの聖トマスがいつも後から行くことになっていたところを、枢機卿トマス［ウルジー］はしばしば君主を差しおいて自分が前に行ったりして、かの聖者の定めた秩序を逆転させたのである。ものわかりのいい女性がいて、それが彼の目的に合致するなら、彼はその女性にも王妃を裏切って、王妃が言ったりしたりしたことを彼に報告するように、と誓わせたりした。実際私は、そういうことで自分の主人の王妃をこれ以上裏切りたくないという、まさにそういう理由で宮廷を去った女

性を知っている。(註95)

国内の件でも国際的な件でも、ウルジーがひどく駄目にしてしまったことの例をティンダルは詳しく指摘する。そのようにして、最後に王妃の離婚の件に話をもっていって痛烈な攻撃をしかける準備をしているのである。「ウルフジー」と同様、これらの頁に出て来るリンカンの司教ロングランドも、ストークスレーも、三人とも二十年前にはモードリン・ホールと関係していた。

離婚の件についてのティンダルの議論は最後の部分に出て来るだけだが、その件をこの本の表題に掲げているのは、これがこの問題に対する彼の返答だからである。大陸に居たので、彼は、宗教改革者たちが、結婚が法的に無効であることがわかった場合にも、その結婚は続けられねばならない、という意見であることを意識していた。他方、イングランドの読者に対して書くのに、ラティマーのような改革者たちが、そういう結婚はそもそも結婚でないのだから、解消すべきだ、と言っていたことも意識していた。ティンダルが一方で、兄弟の妻と結婚することを禁じているレビ記一八章を引き合いに出し、他方で「レヴィル結婚（Levirate)」、つまり夫が死んだ後その男系の血筋を絶やさないために夫の兄弟と結婚すること、を命じている申命記二五章をそれにぶつけて議論を錯綜させているのは、ティンダルにしてはあまりうまく議論できていない個所の一つである。ここでは彼はめずらしく不鮮明である。歯に衣着せた言い方で結局レビ記の方を支持するのだが、それは最初の夫が生きている間にのみ妥当するとし――どうもちっとも歯切れがよくない。ただ、イングランドは離婚問題の政治的危険性を認識せよ、と彼は書く。この件のもたらす結果は、教会がこれまでにこの国にもたらした不名誉よりももっとひどい不名誉以外の何ものでもない、と予見している。この本全体が言わんとしていることは、国王の離婚の件は国際的にひろがっている教会の「策謀」のもう一つの実例としてしか考えられない、ということであろう。その最もおこがましい例がウルジーに見られる、ということである。ティンダルは、ウルジーがすでに引退して北部に居るということを知っていた。しかしそれは、ウルジーがまたまたおなじみのうさんくさい動きをやらかしたにすぎない、ということも知っていた。ウルジーはもどって来ようとしている。

ティンダルは、福音書に密着して書く時には、この本でもやはり実力を発揮する。序論の後、本文は次のようにはじまる。

我らの救い主イエス・キリストはピラトに答えて言った、「神の国は此の世のものではない。」そして言う、「弟子は師より偉大ではない」（マタイ一〇章［二四節］）。……この故に、もしもキリストの国が此の世のものでなく、キリストの弟子は師のあり様以外にありえないのだとすれば、此の世においてキリストが肉体的には不在である期間キリストの国に仕え、その群の世話をやく代理人たる聖職者たちは、皇帝や王や公爵や諸侯や騎士や世俗の裁判官や役人にはなれないはずである。あるいは、名前をごまかしてこういった支配領域を持ったり、暴力の行使を必要とするような官職についたりしてはならないはずである。（註96）

この段落はキリストという語ではじまり、上級の官職の列挙で終っている。これは彼が、教会と国家の交錯を露骨に扱ったこの本においてしばしば象徴的に用いる修辞的な図式である。一者が多者に対するという象徴は、この根本から発して、彼の論調の全体を通っている。キリストのみではじまったことは、キリストとともにクリスチャンの魂のみで、あるいは集会に集る対等なクリスチャンの間で、続けられるべきである。ところがそれが絶対的な此の世の権力をともなった巨大で国際的な権力の位階になってしまった。文を、読む側が期待する以上に拡張していく巧みさは、ほとんど制御し難いほどの力強い感じを与えるものであるが、それがしばしば見受けられる。序論では彼は最も情熱的に書く。どの文にも聖書の翻訳者が感じられるほどである。序論の中の次の段落には、その二つの質がどちらも見られようか。

そしてすべての人がこのことに耳を傾けるようにせよ。彼らは誰もそれほど偉大ではないのだから。そしてこのことを彼らに対する返答とせよ。邪悪な王アハブが預言者エリヤに言った、「イスラエルを煩わせているのは私ではなく、あなたとあなたの父の家である。主の戒めをないがしろにし、偶像に従ったからだ」と。それと同様に、罪を難ずる真理の説教者は、此の世の社会と社会共通の利益とを混乱させる者ではない。悪しき行為者たちがそうしているのである。すなわち高位聖職者、権力のある君主などは神をおそれることなく歩み、いまわしい仕方で生き、自分たちを実例として一般の人々を腐敗させている。神の怒りを此の世のすべての社会にもたらすのは、この者たちである。そして、社会共通の利益を戦争、欠乏、貧困、疫病、不運、その他あらゆる類の不幸でもって混乱させているのである。(註97)

終りから二番目の文、つまり「真理の説教者」という具体的な語ではじまる文は、暗い「悪しき行為者」という表現と対照的である。しかし文はここで終ってはいない。更に続いて、七つの概念を重ねていく——高位聖職者、君主、神をおそれぬ、いまわしい、腐敗させる、一般の人々、実例。最後の文は、「すべての社会に……怒りをもたらす」と「社会共通の利益を……混乱させる」の二つの句でつり合いをとり、最後の頂点は災悪の列挙で終り、その最後はティンダルがよく用いるダクテュロスの韻律（つまり、強い音節一つに軽い音節を二つ続ける韻律——(mis) fortune）で終るのである。このように、この段落はエリヤが一対一で「邪悪な王アハブ」と並ぶところからはじまり、悪をくわしく展開する二文でもって終っている。

アハブとエリヤのやりとりも面白い。これは列王記上一八章［一七―一八節］のほとんど逐語訳であるが、実は後の『マシューの聖書』にそのまま現れるものである（註98）。この時点でティンダルはすでにモーセ五書を発行していたが、ここでは明らかにその先を考えて仕事をしている。ここで彼は「王たちの第三の書」をヘブライ語から訳している。今日我々が「列王記上」と呼んでいるこの文書（訳註98a）の最後の数章に出て来るエリヤと呼ばれる預言者の話は、宗教的亡命者にとっては重要な話であった。彼らはこの恐れを知らぬ神の人の運命に、自分たちを重ねあわせて見ていたのだ。エリヤは自分の国で追われる身となり、遠くの地に隠棲し、その孤独の中で神に対して「私だけが生き残りました。しかも彼らは私の生命をも奪おうとしています」［一九・一四］（註99）と嘆く。しかしながら神は、風や地震や火といった自然の激動の中にはいまさず、「小さな静かな声で」［一三節］問う、「エリヤよ、汝はここで何をしているのか」（ティンダルの訳による）。神の命令は、政治に介入せよということであった――「行って、ハザエルに油を注ぎ、シリアの王とせよ。……またナムシの子エヒウに油注いでイスラエルに対する王とせよ……」［一五―一六節］。更に神は、預言者の仕事も終焉するわけではないと宣言する、「そしてアベル・メフラのサファトの子エリシャに油注いで、汝の代りに預言者とせよ。……加えて、イスラエルに私のために七千人を残した。その七千人は誰もバアルに膝をかがめることをせず、バアルに口づけすることもしなかったのだ。」一五三〇年にアントウェルペンで彼のヘブライ語の仕事がどこまで進んでいたのか、今や我々には知りえない。しかし、一五三一年のどこかの時点で彼は預言者ヨナの短い書を訳し、出版している。

## 預言者ヨナ

預言者ヨナの不思議な物語もまた、一人の預言者の隠棲と拒否、そして神の名をもって相対すべき責任とを物語っている。異郷のニネヴェの人々のところに神の言葉をもたらせば、それを受け入れて悔改める可能性があるのに、ヨナはそうしようとせず、地の果てまで（ジブラルタルを越えて）逃げ出そうとし、奇跡的な嵐と鯨のおかげで連れもどされることになった。彼の説教は功を奏し、ニネヴェの町は王から野獣にいたるまで皆悔改めたのだが、これがヨナの気に入らなかった。ヨナは町の外に座って、ふてくされていた。そこに葡萄の樹が奇跡的に育って、彼に日陰を与えた。けれどもすぐに枯れてしまったので、「熱い東風」の熱が彼をひどく苦しめた。ヨナは葡萄の樹が枯れたことをひどく怒ったのだが、神はそれに対し、自分では何の労もとらなかった葡萄の樹が枯れたからとて、ヨナがそのように自分勝手に怒る理由があろうか、と問うた。それでどうして、「あの人口が多く、十万人以上も人がいて、右左の区別もわきまえないで生きている、加えて家畜も多いあのニネヴェの町のことを、私が惜しまずにいられない」理由を理解しないのか、と（註100）。

僅か四章しかないヨナ書は宗教改革者たちにとって重要であった。ルターは旧新約聖書全体を発行する一五三四年以前に、すでにヨナ書だけを特に選んで一五二六年に訳して発行している。宗教改革のヨーロッパでは、ヨナ書のラテン語訳や現代語訳が多く出まわっていた。だからティンダルがヘブライ語の聖書全体の訳よりもはるかに先立って、多分まだせいぜい五書の訳がやっと終った程度の段階で、まず後期預言書のヨナ書だけを訳したとしても、特に変ったことをしているわけではない。列王記下一四章［二五節］にアミタイの子預言者ヨナなる人物が言及されているので、ヨナ書の物語は歴史的な実話であると考えられた時もあった。よく知られているように、キリスト自身、ヨナの話に言及しつつ、聖書をどう正しく読むべきかを教えている（マタイ一二章［三八―

四一節〕、ルカ一一章〔二九―三二節〕)。これはこの話をキリスト自身の復活の隠喩として解釈するものである。加えて、宣教者自身がいかに弱くとも、罪深き国に対して悔改めの説教をなすことがどれほど効果のあることかを鋭く指摘している。

この翻訳はふつう一五三一年になされたものとみなされる。その理由は、一五三二年に出たモアの『ティンダルの返答に対する駁論』で言及されているからである。この部厚い本の序文の最初の方でモアは「これらの悪しき諸セクト……の本」を一七冊列挙している。うち七冊がティンダルのものである。彼らはルターの追随者から派生した者たちである。「ルター自身のセクトから出て来た新しいセクトであって、蝮の子のように母の腹を食い破って出て来たものである。……第一にティンダルの新約聖書。これはその誤った翻訳の故に、彼らすべての父である……。」続いてモアは、ローマ書の講解、『悪しきマモン』『服従』および『聖ヨハネの第一書簡の講解』をあげ、更にジョイ、フィシュ、ロイの本と、「言われているところによればジョージ・コンスタンタインの作である『ソープの審問』」もあげている。「それからティンダルの訳したヨナもある。ヨナは鯨に呑み込まれたけれども、しかしこの本を喜んでいる者はそれとはまるで違う仕方でこの本を喜ぶことに呑み込まれて滅びにいたるのである。人間の霊魂が悪魔によって呑み込まれ、神の恩恵によってそこから出されることさえない、ということもあるのだ」(註101)。

アントウェルペンに居たイングランド人の商人スティーヴン・ヴォーン(この人物については後に詳しく述べる)がトマス・クロムウェルにあてた一五三一年六月一九日づけの手紙で、「預言者イザヤとヨナが英語で出版されている。そしていかなる人の力でもその進出を押さえることはできない」(註102)と記している。これは、アントウェルペンのマルティン・デ・ケイセルから出版されたジョージ・ジョイのイザヤ書の翻訳が一五三一年五月に出された、ということの証拠でもある。奥付では一五三一年五月十日となっている。ヨナの翻訳もまたマルティン・デ・ケイセルから出ている。これも八折り版で、本文はすべてバスタード活字である。表題の頁の最初の行のみ飾り文字で印刷されている。つまり明瞭にジョイのイザヤ書と対になっている出版である。主題も共通している。ジョイは表題の頁に「神の預言者の教えと警告を軽んじてはならない」と記している。ヨナの序論はくり返し印刷されてきたが、翻訳そのものは失われてしまったと長い間考えられてきた。ところが、一八六一年にアーサー・ハーヴェイ卿が自分の家の書架でこれを発見した。一五三〇年代はじめの他の八つの宗教改革文書とともに一冊に製本されている。ほかに『農夫の祈りと苦情』、『ある紳士と百姓のまっとうな対話』、『マスター・ウィリアム・トレーシーの契約書』を含む。今ではこれは大英図書館に置いてある。表題は二三行にも及ぶ。そして訳者の名前は記されていない。序論が三八頁あり（欄外の註はない。これまた一五七〇年代にジョン・デイによって加えられた）、次いで本文の訳が七頁ある。これも註はない。最初の頁には、違う活字で、おなじみの「W・Tからクリスチャンの読者へ」という見出しがつけられている。長い序論は、生き生きとしているというよりはむしろ堅実で格調があり、宗教改革者たちの主張を記している。すなわち、今や教皇の教会に閉じ込められていたところから解放された聖書は、イングランドの人々に説かれるように、と呼びかけている。もしもかつてギルダスやウィクリフの時代にそうだったように、国がその心を閉ざすならば、恐ろしい結果を招くであろう、というのである。

翻訳は、「W・T」と記してあることから、ティンダルがヘブライ語からなしたものであろうと考えられる。ただ、英語の使い方にはっきりした特色が見られるわけではないので、確かにティンダルのものと認定することはできない。長い序文も、ほかの者には書けないような内容のものではない。たとえばジョージ・ジョイでもこれなら書けただろう。確かに、ティンダルおなじみの癖のある言い方がいくつか出て来ることは出て来る。たとえば、偽善者たちは聖書の物語をまるでロビン・フッドの物語を読むようなつもりで読み、「誤った曲をかなで、あてにならぬ隠喩を並べる以外には何の役にも立っていない」、などという言い方がそうである（註103）。あるいは列挙の仕方――真の預言者、説教者と教皇とを対比する第十二段落の長い文に見られるような――もそうである。

教皇は神に対して罪を犯し、神の聖なる霊の真理を消そうとすることにおいて常に主導者であり、他の者に仕事を押しつけるラッパの吹き手である。そしてただ自分の自由、恣意、特権、富、繁栄、利益、楽しみ、暇つぶし、名誉と栄光を求め、自分の兄弟たちに対しては束縛、奴隷の身分、捕囚、困窮、悲惨、下品な従属を求める。自分のこととなるとやたらとむきになり、硬直し、残忍になって、自分の偽りの権威に対して僅か一言でも反対する言葉を言わせようとせず、うさんくさい策略やごまかしの偽善を手つかずに保とうとする。しかもキリスト教世界の全体が相互に衝突するようにさせ、そのため何十万人もの生命が失われても気にすることもしない。（註104）

確かにこれはティンダル的な特色ではある。もっとも列挙の仕方がいささかくどすぎると言えなくもない。生きたイメージが用いられている個所もある。たとえば若い生徒は「子どもが肉体において成長するための時を持たねばならないのと同様に、霊と愛において、また霊や愛に基づく行為において」成長する余裕を持たねばならない、というような（註105）。あるいはヨナが異教の都市ニネヴェに敢えて出かけて行く能力にまったく欠けていたことを、意表を突くような比喩で表現する。「ヨナ自身の自由意志は、この世の中で最も気の弱い女が生きた蛇やくさり蛇がいっぱいつまった盥の中に跳び込んでみろと言われた時と同じ程度の弱さしかない」（註106）。しかし序論全体を見れば、こういう生き生きとした色彩のある文と月並みな文との比率は、ティンダルの他の文章と比べて、多少低いと言わざるをえない。第二段落で人の外側を「樹皮、殻、……硬い骨」、内側を「髄、核心、骨髄、そしてあらゆる甘さ」と表象しているのは、以前創世記につけた彼の序論を思わせるけれども、もとをただせばルターから来ている。

ティンダルが聖書をしっかり勉強した結果がこのヨナ書への序論に見られ、その結果彼は大きく変化した、という議論がなされた。第三段落の「律法……福音……実例」は、ティンダルが「自己矛盾を避けるためには、初期の方針を大幅に変更せねばならなかった」ということを示している、というのである（註107）。しかし実際にはそのような変化は認められない。ティンダルの印刷された文章の中の最初のものはケルン版の一五二五年の新約聖書の序論であるが、これは、律法と福音のどちらも内在しなければならないと指摘している点で、このヨナ書序論と変らない。「実際、五書の序論とヨナ書の序論の双方で律法に付与された大きな位置は、一五二五年の新約聖書の序論のまったく福音的な調子と矛盾している」（註108）などと言うのは、その三つを誤って紹介するものだと言われても仕方があるまい。ヨナ書序論で新しいのは、ほんの僅かな傾向という程度だが、聖化という主題、つまり右で紹介した学校の生徒の場合のように信者が主にあって「成長する」必要があるということに力点を置く方向に向かっている、ということである。

## トマス・クロムウェル

パトネーで醸造人と毛織物の仕上げ職人と鍛冶屋をやっていたという無気力な父親の職業から、法律家の道を通って、ウルジーの右腕になるまでにのしあがった有能なトマス・クロムウェルは、今や四十歳代の半ばで、枢密院の新しいメンバーに加えられたばかりであった。――そして、枢機卿ウルジーの失脚後は、自分の仕えた主人のやったことを修正する作業に全精力を傾けた。彼の権力はどんどん増大していった。一五三二年以降の十年間でイングランドの生活が極度に変化したのは、国王の力によるものか、それとも王の腹心であったクロムウェルの力によるものか、いまだに議論されている。ローマから議会へと権力がはっきり移行したこと、教会人の富と誇りを制限したこと、次いで、修道院を大きく二段階をふんで解体したこと、こういったすべてがこの時期に実現した。ヘンリーは賢く、気まぐれで、予測がつかず、感情的で、徐々に機嫌の悪さが増大していった。クロムウェルはもっと賢くて、よく調子を整えられ、整備された機械であった。理想的な行政者であって、十分に先を見通すとともに、現在のことをしっかりやっていた。アン・ブーリンは一五三三年一月にはすでに秘かにヘンリーと結婚していた。そして同年六月一日に王妃として戴冠した。九月には女の子を、つまりエリザベスであるが、生んだ。その時期までにはキャサリンとの離婚は必要な手続きをすべて終えていた。

イングランドの政治の実質は改革の方向へと動き出した。アン・ブーリンは夫の王に影響を加えた。次章で見るように、一五二九年にティンダルの『服従』を夫に勧めたのである。ティンダルは一五三〇年五月に異端として告発され、神の言葉を歪める者とされたが、一五三一年一月にティンダルの実際的な支援を政策の中に取り入れることの価値を考慮しはじめたのは、ヘンリー自身の考えたことであったかもしれない。あるいはその計画の全体がクロムウェルの描いたことであって、王の名を通じて実行したのかもしれない。ヘンリーが『服従』に感銘を受けたのは確かであろう。そこに表明されているエラストス主義（教会は国家に従属すべきものとする）は、まさにヘンリーの耳に心地よい事柄である。ヘンリーはみずから進んで、ないしクロムウェルに推されて、ティンダルとの接触を求めた。一五三一年一月にクロムウェルは、低地地方に居たイングランド人の企業家商人の一人、彼の以前の友人であり部下でもあったスティーヴン・ヴォーンに、ティンダルを探し出してイングランドにもどるように説得するよう、依頼した。

この動きは、ティンダルの『高位聖職者の策謀』がロンドンに到着した時に惹き起こした敵意を考えると、ますます驚くに価する。一五三〇年十二月に、ミラノの大使と、神聖ローマ皇帝の大使シャピュイ（訳註108a）の二人がそれぞれその手紙の中で、この本を滅ぼそうとする活発な動きがあったことを伝えている。ミラノ大使によると、この本は三千部も出まわっていた。著者はドイツに居るイングランド人で、ティンダロ（Tindaro）という。つまりティンダルである。Magna doctrinae（非常な学識のある）人物である、と言われている。二人の大使がどちらも、大学はみな［王の］離婚に賛成であってティンダルの本には反対である、と告げる掲示が目立つ場所にたてられた、と記している。悪い情報公開などというものはそもそもありえないので、これらの掲示はむしろ逆効果をあげ、ティンダルの本に対する興味をあおる結果となった。何人かのルター派の商人は、ティンダルの本を売るために所有していたというので、奇妙な罰を受けた。シャピュイによると、その商人たちの中には著者の兄弟であるジョン・ティンダルも含まれ、十一月半ばに逮捕され、そのすぐ後で、ロンドンの主な通りを引き回された。頭にボール紙で作った司教帽がかぶせられ、そこには「peccasse contra mandata regis（私は王の命令に背きました）」と罪状が記してあった。首にはその本がぶらさげられ、引き回された後、用意された火の中にそれを投げ入れさせられた、という。シャピュイもまたこうしたやり方には反対で、これでは、それまで一人が話していたことを百人が話すようになるだけだ、と正しく観察している（註109）。フォクスは、ジョン・ティンダルは海外に居る兄弟のウィリアムに五マルク送り、また彼から手紙を受け取って保存していたという理由で棄教をせまられた、とのみ記している。しかし、フォクスの持っていた文書の中には、これと同じ出来事をより詳しく語ったと思われるものがあり、それをストライプが印刷している。ジョン・ティンダルとともにトマス・パトモアという商人と、もう一人若い人がいた、というのはこの件であろう。彼らはストークスレーによって逮捕され、大法官のモアの前に引き出され、拘禁された。星室庁に送られ、「ティンダルの新約聖書やほかのいくつかの書物を受け取り、それを（ロンドンの町中に）ばらまいた」かどで有罪とされた。彼らはその罪を自白し、刑罰として、次の市場の日まで投獄され、その日に「しっぽの方に向いて馬に乗り、頭の上には紙をのせ、新約聖書やほかの本が……彼らにしっかりとくくりつけられ、あるいは服や外套にピンで留めたり、縫いつけられたりした」。チープにある旗のところに到着すると、そこで「大きな火に」それらの本を投じ、かつ罰金を課せられた。ストライプは一八八四〇ポンド一〇ペンスというとても信じ難い巨大な金額を記している（註110）。

シャピュイはこのほかに、掲示の板が立てられた後ほんの数日後、突然引っ込められ、壊された、と伝えている。話が広まってしまったせいか、それとも著者が応答することを王が恐れたせいだろうか、という。トマス・モアは『駁論』の序文でこの本のことを「嘘っぱち」が書いてあると馬鹿にしているが（註111）、しかしごく短く、それだけにとどめている。ティンダルが持っている力が本気になって恐れられていた、と思われる節がある。それも当然である（註112）。多分、この掲示を引っ込めるよう命令が出されたのであろう。シャピュイは、非常に確かな権威筋から聞いたこととして、王は「司祭ティンダルがもっと大胆に王に反対してものを書くことをおそれ、これまでに書いたことを撤回するようにと説得するためにイングランドに呼びもどし、いくつかの有利な地位を提供し、枢密院議員の座を約束した」と伝えている（註113）。王が『高位聖職者の策謀』に対して怒ったことはどうなってしまったのか。おそらくクロムウェルか誰かが、リンドン・ジョンソンの言葉をもじって言えば、宮廷にとってはティンダルを内側に居させて外に向って書かせる方が、外側から内に向って書かせるよりもよいだろう、と考えたということか。おそらく一五三〇年十二月に書かれたクロムウェルあての手紙が残っている。これによると、ティンダル氏に一つの手紙が無事届けられた、という。その手紙とは、王からウィリアムの兄弟ジョン・ティンダルにあてて、ウィリアムの住所を問い合わせたものであろうか。

## スティーヴン・ヴォーン

スティーヴン・ヴォーンはこの使者にはもってこいの人物であった。以前にもクロムウェルのために奇妙な使いの仕事をなしたことがあったからである（註114）。これよりしばらく前に、この両者の間で、長い複雑な通信が「非常に奇妙な細工をほどこした鉄製の物入れの箱」についてかわされている。クロムウェルはこれをアウグスティヌス派修道院にある彼の家のために注文したのだが、「ヴォーンが買うのを躊躇するほどの高価なものであった」（註115）。ヴォーンは改革に反対ではなかった。イングランド人会館の支配人は彼が異端ではないかと疑ったこともあった。今や彼は低地地方で王の委託を受ける人物である。しかも信用されている。一五三一年一月二六日にベルゲン・オプ・ゾームから王に報告を書き、ティンダルの居場所をつきとめるために最大限の努力をしたが、うまくいかなかった、と述べている。ここからティンダルあてにフランクフルトとハンブルクとマルブルクにそれぞれ手紙を送り、王の権威に基づいてイングランドでの行動の安全ほか必要な保証を約束した。前にイングランドでクロムウェルのもとに居た時に、ティンダルがそれを受け入れるであろうと聞いていたことである。しかしティンダルは断る旨返事してきた。イングランドは彼にとって安全ではなく、罠もあるだろうと疑ったのである。ヴォーンはティンダル自身の手紙を二通同封している。一通はヴォーンにあてたもので、他の一通は誰だかわからない他の人物にあてた同じ件についての手紙である。ヴォーンは、ティンダルの『モアに対する返答』を一部入手しようと思ったが、できなかった、とも記している（註116）。王あてのヴォーン自身の手紙とそこに同封したティンダルからの返事とを彼は書き写して、クロムウェルに送っている。そしてこちらには重要なことが書き添えてある。「ティンダルをイングランドに呼びもどすのは、無理なようです。彼をおびやかすさまざまな事柄がイングランドから伝わって来るのを日々聞いているものですから。大法官閣下に答える本が出版されたら、彼はそれ以上はもう書かないだろうと思います。この男は、国王陛下がお考えになっておられるよりももっと知識のある人物です。そのことは、彼の著作からも知られます。彼がイングランドに居られるよう、神がはからって下さいますように。」(註117)

これは我々に多くのことを教えてくれる。ティンダルはどこに居ようと、「日々」イングランドの状況について耳にしている。ヒットンの焚刑はもっと状況が悪くなることの前ぶれであろう。ロングランドがその巨大な司教区で活動しており、ストークスレーがロンドンでタンストールの跡を継いだ。そしてモアが大法官である。フォクスが記録していることは、起こっていたことのうちの一部分にしかすぎまい。ニュースというのはいつも部分的なものである。ティンダルは答える前に、三月はじめのラティマーやクロームの逮捕、ビルネーとアーサーの再逮捕のことを聞く時間の余裕があっただろう――これらのことがティンダルの耳に達した可能性は極めて高い。ジョン・フリスは四旬節の間に短期間イングランドにもどり、情報を持ち帰っている。ティンダルは、行動の安全の保証などといっても、あまりあてにならないということを知っただろう。この上もなくつまらぬ理由で、ないし理由にもならないような理由で、安全を保証した文書など容易に没収されてしまうだろう――こんなものは、運転免許証にサインするのを忘れた、といった程度のことの十六世紀版でしかない。まさにそういうことがこの年の終りにロバート・バーンズに対して起こっている。モアが『駁論』の中で書いているのだが、「しかし彼は当地に来てから自堕落にも安全保証書に明瞭に違反し、没収されるにいたったので、焚刑されるのは法的に正当である……」(註118)。ジョン・フリスはこれに答えて、バーンズの安全保証書を自分はアントウェルペンで見ているが、そこに書いてあった唯一の条件は、クリスマス以前に到着せねばならぬ、ということだけだった、しかもバーンズはその条件を守った、と記している(註119)。

ヴォーンはティンダルが何を書いているかを知っており、それについて何を言われているかも知っていた。そしてこれがティンダルの書く最後になろうということも。この指摘は正しい。もしもその意味するところが、ティンダルはモアとのやりとりはこの本をもって終る、ということを意味しているのであるとするならば。事実、『返答』以後はティンダルは二度とモアの名前に言及しない（『主の晩餐』は彼の著作ではない）。しかしヴォーンが聞いた中で最も重要なことは、ティンダルは「国王陛下がお考えになっておられるよりももっと知識のある人物です」というくだりであろう。この点は重要である。ヴォーンは、フランクフルト、ハンブルク、マルブルクの人々に手紙を書いてティンダルにわたしてくれと依頼する仕方で調査をしたのである。また彼は当然アントウェルペンでも聞いてまわったことだろう。こうして得られた答は、ティンダルは極めてすごい学者である、ということを示唆していた。そのことは、彼の著作によってもわかる。

ヴォーンは一五三一年三月二五日にクロムウェルにもう一通手紙を書いている。これによると彼は、ティンダルの『返答』を「走り書きで」書き写した写本を入手した。そして今、それを清書して王に送ろうとしているところだ、という。これは「びっしり書いて三帖分の紙になる」という。つまり写本の紙で七〇葉以上ということだ。彼はできるだけ早くこの仕事をやろうとしている。それまで彼がティンダルの著作の何を読んだことがあるのか、よくわからない。というのも、この著作について彼は、「彼がこれまで書いたいかなる著作よりも、これは穏健な仕方で書かれている」と記しているからである。多分、モアの『対話』に対する憤りは宗教改革者の間で非常に大きかったので、それと比べてティンダルのこの文は「穏健」に思えたということであろうか。あるいはおそらくヴォーンは、ティンダルの現在の著作の代表例として送るには、この本はいかにも不適切であるという思いがあって、とまどっていたのであろうか。あるいは彼は多分、秘書に写本の仕事をやらせていたので（自分でやっているという感じではない）、この本をよく知らなかったのか。というのも、「国王陛下がこの本を受け入れる」ということがわかるまでは、ティンダルはこれを出版しないだろう、とヴォーンは記しているからである。これは事実ではない。また、ティンダルはこの本の中に国王に対する手紙をも入れている、というのだが、これまた、ティンダルがこの本を印刷に付する前にその手紙を削除したとでもいうのでない限り、事実ではない。我々はこの時期のティンダルの全容を正確に知りたいのであるが、ヴォーンの与える知識は断片的なもので、商人としての彼の眼から見ているだけで、どうもじれったい。彼は、ティンダルが大いに尊敬さるべき人物だということ以外には、自分が取り組んでいるこの人物が何者であるかがよくわかっていなかったようである。もしもティンダルがイングランドに居れば、それはイングランドにとって大いに益のあることだろう、とは言っているけれども。モズレーの言うように、ティンダルがこの著作をやめる条件についてアントウェルペンで聞いたことを、思うにジョージ・ジョイあたりからであろうが、ヴォーンは誤解した、思うにジョイ自身も誤解して彼に伝えた、ということであろうか。たとえばもしも王が英語の聖書の自由な流通を許可するならば、論争的な文書を発行することはやめるだろう、といったような。

その三週間半のち、四月一八日に、ヴォーンは再び王に対して手紙を書く。その中に、ティンダルの『返答』の写本のできた部分を同封して、王に提出している。しかし、この手紙の残りの部分で彼は続けて、ティンダルの伝記に関して最も重要な記録の一つと言えるものを記している。以下にその全文を紹介する。予想に反して、彼はティンダルに会うことができたのだ。

彼はある人物をつかわして、私を探させました。その使者自身はよく知らない人だけれども私の友人であるという人物が、私に会いたいと言っている、というのです。そして、この使者が私を連れて行くから、そこで彼と会ってくれないか、と申します。それで私はその使者にたずねました、「あなたのその友人とは何者ですか。どこにいるのですか」と。彼が言うには、「お名前は存じません。しかし、彼がおいでになる場所にいらっしゃって下さるのでしたら、喜んで私が御案内申し上げます。」こうして、どうもよくわからなかったけれども、私は一緒に行くことにしました。そしてアントウェルペンの市門の外にまで出て行き、その近くの野原にはいって行きました。そこに、例のティンダルが私を待っておりました。出会うとティンダルは、「私を御存じありませんか」とたずねました。「よく思い出せませんが」と私が答えますと、彼は「私の名はティンダルです」と申しました。「まさか、ティンダルさん。あなたにお目にかかることができるとは」と私が申しますと、彼は「あなたとお話ししたいとずっと思っておりました」、と。「私もそう思っておりました。いかがお考えですか。」「国王陛下が、私が最近この町で出版したいくつかの本について、特に『高位聖職者の策謀』について、ひどく不愉快に思っておられるとうかがっております。そのことを私は不思議とは思いません。現にこの本の中で私は、ほかならぬ国王陛下に、その国土に居る聖職者たちが陛下に対して巧妙な態度に出ていることを警告し、彼らの恥ずべき腐敗した策謀が少なからず陛下とその国土の安寧とを脅かしていると述べているからです。このことをなすにあたって私は、忠実な臣民の心をもってし、またそうしていることをはっきり宣言しております。その心は王たる陛下の平穏とその臣民の安寧とを願うものであります。目的は、国王がこのように警告されて、彼らの巧妙な夢想に対して必要な段階で必要な回復措置をお取りになられることを期待してのことであります。そのことのために苦労し、貧困をしのび、生れ故郷から亡命し、友人たちから遠く離れるという苦い経験を続け、飢餓、渇き、寒さ、どこに行ってもつきまとう大きな危険などを耐え、そして更に、数え難いほどの他の厳しい、けわしい闘いを耐えねばならなかったとしても、なお理性をもって彼らの無情を感じることもせず、私は自分の努力をもって神に栄光を帰し、わが国王に真の奉仕をなし、その命令をよく満たそうと希望しておりました。そうであってみれば、陛下が御自分で判断なさったかあるいは他の者たちにそそのかされて、私が陛下に対して純粋な思い、真実で腐敗していない熱心さと感情を示すことをしていない、などとお考えになられることがどうして生じるのでしょうか。私が陛下に対して、枢機卿［ウルジー］に注意なされるよう御警告申し上げた時に、私の中にそういった思いが存在していなかったでしょうか。枢機卿の邪悪については、私の文章によって、その後陛下はお知りになられたとおりです。これが憎しみに価することでしょうか。あるいは、神は神の言葉が世界中に広まることを命じておられるのに、キリスト教君主であられる陛下がその神の意にそむき、神の知恵を僭越にも越えようなどと思いなしている邪悪な人々の方を信用なさる、などということがありえましょうか。彼らは、キリストがその契約の中ではっきりと命じておられることに逆らい、人々が理解できる言語で神の言葉を持つことなど法的に許されない、と申し立てております。その理由は、神の言葉の純粋なることが彼らの邪悪さを暴くようにと人々の目を開くからであります。他のすべての君主の臣民は、その君主の庇護のもとに、それぞれ自分の言語で聖書を持っておりますが、わが国王の臣民の場合にそうすることは、他の臣民の場合と違って危険であるなどということがありえましょうか。現に私は今そうでありますが、人間の自然の身体は真理を担うことができるほど強くはない、ということを考えれば、私にとっては生よりも死の方が心地よいと申せましょう。」

こうして長い会話を続け、私も自分の知恵をつくせる限り答えようとしましたが、そのすべてをここに書くのは長過ぎますけれども、ともかく私はていねいに彼を説得して、彼がイングランドに来る意志がないかどうか確かめようとしました。もしも彼がそうしたいと思うなら、彼に危険が及ぶことのないよう必要な手段は取るから、と確約し、その目的のために必要な保証は、友人たちを通じて陛下より発行していただくようにするから、と申しました。けれどもこれに対して彼は、陛下がこれほどの保証をお与え下さったことはかつてなかったけれども、それでもイングランドに行きたいとも思わず、敢えて行くこともしないだろう、と答えました。彼自身以前に書いておりますように、陛下のお約束とて、聖職者たちは、異端者に対する約束は守る必要はないと確信いたしておりますので、きっと破ることになるだろう、と恐れておるのであります。

その後彼は、大法官閣下の本に対する著作をすでに書き終えているが、陛下がこれをごらん下さる時までは印刷公刊することはしないつもりだ、と語りました。それは彼が、前著を急いで発行したことについての陛下の彼に対する不愉快を認識しており、かつ自分が頑固者であると陛下に伝えられていると思うが、実際にはそうではないということを示したいと思っているからだということです。以上が彼が私とかわした会話であります。私はこれを彼が語ったままに、一語一語、自分に可能なすべての仕方で思い出せる限り正確に記しました。従って、陛下が私の努力の良いところを評価して下さると信じます。私は陛下に伝える必要があると思ったことをお伝えいたしました。これらの言葉を語った後、彼は、私が彼のあとをつけるのではないかと心配したのでしょうか、また夜も近づいておりましたし、別れを告げて、町から離れて行きました。私の方は町にもどることにし、近いうちに偶然の機会があればまたお目にかかりたい、あるいは直接会えなくても、何かの音信を耳にしたい、と挨拶いたしました。しかしながら私の想像するところでは、彼は別の道を通って町にもどったのだろうと思います。というのも、彼が町の外のどこかに宿る様子はなかったからです。私は急いで更に彼を追いかけることをしませんでした。近いうちに彼とまた話す機会があろうと考えられたからです。下手に彼を追いかければ、おそらくはかえって私の目的を達成することができず、むしろ私自身を危険にさらすことにもなろうかと思われました。

貧しい判断ながら私がこの男について思ったことを陛下に率直に申し上げるとすれば、確かに申せることは、私が話した相手の人物は……ではなく……（註120）

ここのところで文章は切れている。

　ヘンリーは非常に怒って、手紙の紙を引きちぎり、後に何も残らないようにしたのだ、などと議論されたこともある。しかしそれは想像がすぎるというものだろう。残っている部分だけでも、十分に説得力がある。ヴォーンは感銘を受けていて、自分の委託された仕事を真剣に受け止め、語られたことを記憶しようと十分に努力している。最初の段落の大部分をしめるティンダルの長い話は、言葉の調子も内容も、語られたそのままのようである。ほとんどテープレコーダーで録音したかの如くだ。ティンダルが「私を御存じありませんか」とたずねたのに対して、ヴォーンはぶっきら棒に「いいえ。あなたはどなたですか」などと答えることはせず、商人的な礼儀正しさによって上手に「よく思い出せませんが」と答えている。ていねいな社交辞令をそのまま記したもので、従って、これに続く部分も話したままを記したものと考えられる。二十世紀末ごろの読者ならば、ティンダルの長い話は、いかにこれがティンダル自身の生の声を反映しているように見えても、話したままに記録するなど不可能なことだと思うだろうが、そういう読者は、前日の新聞の見出しの文さえうまく記憶できない人物であろうか。我々の場合は、朝起きたばかりでいきなり色さまざまな情報の断片が大量にとびこんでくるのだから。記憶の技術というものは、かつては、学校で教えられ、大学でより完全なものとされた。これは修辞学の一部であって、たとえばキケロの方法などに見られることだが、話の全体との関連でなされるのである。ハムレットはヴィテンベルクの新しい大学の学生だったが——大学にもどることを禁じられたので、卒業することさえしていない——「かつて（once）」（というのはかなり以前のことを指す）たった一度だけ聞いたことのある演説の中から複雑な文章を十二行ほど正確に思い出すのに、別に何の困難も感じていない、ということを思い出してみるのもいいだろう（註121）。

重々しく、大いに思慮深く、注意深く、自分の力を自覚して発揮する人物が最高の仕事を、つまりイングランド王の目を開くという仕事をなそうとしているところを、この手紙は紹介している。我々はスティーヴン・ヴォーンのおかげで、ほとんど唯一とも言えるティンダルの直接の姿を垣間見ることができるのであって、その点彼に感謝すべきなのである。クロムウェルの返事は五月中には書かれたものだが、特色のない混乱を示している。線を引いて消したり、行の上や下に挿入したりした書き直しが、普通よりもはるかに多く、手紙の全体にひろがっている。つまり、誰かが手を加えたのである。ヴォーンにとっては、いくつもの点で意味を読み取ることが難しかっただろう。ヴォーン自身の手紙は一種の勝利の感覚がにじみ出ているもので、おそらく彼はこの手紙で誉めてもらえると期待したことであろう。しかし実際にはクロムウェルは、王の非常な憤りをどう伝えるか、この長い手紙で言葉に苦労している様子が見てとれる。彼はこの本を次のように判断した。

扇動的で悪意のある嘘と荒唐無稽な意見とに満ちている……。いやらしい悪口と想像でしかない嘘でいっぱいで、ただ民衆を感染させ、中毒させようとしているだけだ。……この故に国王陛下は私に命じられて、あなたがこれ以上例のティンダルを説得して、この国土にもどってくるようにさせる努力を放棄するのが御意であることをあなたに伝えよ、と仰せられた。……国王はその国土にかような人物がいないことを喜んでおられる。……（註122）

この手紙には、ほかにも数多くティンダルについてこういった調子のせりふが出て来る。「忌まわしく、厭わしい異端……有毒で疫病のような著作……誤った、扇動的な意見……」等々。王がこの本を自分で直接見たかどうかは、疑わしい。こういった言葉遣いは、王の役人におなじみのものである。手紙の最後は、クロムウェルからヴォーンにあてた、海運に関する報告を続けるようにというもっとおだやかな指図がいくつか記されている。そして——この部分は現物では残っていないのだが——百二十単語にわたる追記があって、王の手紙の趣旨を取り消し、ヴォーンにもっとティンダルの帰国を説得する努力を続けるように、としている、「国王陛下は慈愛と憐れみと同情に心が傾いておられるのだから」(註123)。追記の方は、この絶対君主について、まるで正反対の像を示しているのだ。クロムウェルのこの追記は、ヴォーンが五月二〇日にベルゲンからクロムウェルにあてた次の手紙でヴォーン自身が書き写している。そして、ティンダルに二度目に会った時に、それを直接見せた、という。それはティンダルを深く感動させた。

これを見ると、彼の態度は非常に変り、その手紙を自分の胸近くに持って、涙が目にたまったようでした。そして答えて、「これは何と恵みに満ちた言葉か。そうでしょう」と申しました。「もしも国王陛下が、せめて聖書の本文だけでもその国民の間で発行することを許可して下さるならば、せめて［神聖ローマ］皇帝のこの国土や、他のキリスト教君主の臣民のところで発行されているのと同様に許可して下さるならば、御意にかなうどういう人物の訳であろうと、私はただちに、もうこれ以上書きませんとつつしんで誓約いたしましょう。この土地にこれ以上二日もとどまることはせず、直ちに国王の国土にもどり、そこで国王陛下の足元にうやうやしくひれふして、いかなる苦痛でも拷問でも受け、もしもそれが陛下の望まれるところなら死んでもかまいません。もしもこのことが成るのであれば。その時までは、私は、何が生じようと、あらゆることの困難を忍び、耐え、忍びうる限り多くの苦痛を生きる上で耐え忍びましょう。」(註124)

この時の会話はあまりに長く、ヴォーンはそのすべてを書くことはできなかった。しかしここでも十分なことが伝わってくる。そしてこれらの言葉のうちに、ティンダルの率直な心の努力が示されている。ティンダルは気難しい精神の持ち主であるなどと非難する何人かの現代の著者たちは、このヴォーンの手紙を読んでもいないのだろう。少なからず重要なのは、ほかの誰がなすのであろうと聖書の翻訳が推進されるべきだ、という彼の気持、ヘンリー王は皇帝と同じように行動し、その臣民が聖書を持てるようにできるはずだ、せめて「本文だけでも」、つまり説明的な註なしであっても、という点である。手紙のほかの点は、読めばおのずとわかることである。

ヴォーンは三度ティンダルに会った。そして六月一九日の手紙でクロムウェルに、「国王の御意がどういうものであるか」を再び伝えたのであるが、「結局同じ言葉しかもどってきませんでした」と記している（註125）。つまり、王が英語の聖書を許可しない限りは、自分は本を書くことをやめないし、イングランドにもどることもしない、というのである。ティンダルの『返答』の一部を受け取った時の王の対応について、ヴォーンは示唆に富む文を記している。「もしも国王陛下がみずからそれを眺められたら、他の人物がなした判断よりも正確に御判断下されたでありましょう。」彼は、クロムウェルの混乱した手紙は王自身の不機嫌な対応を述べているのではなく、他の人物の意見を記しているだけだ、ということがよくわかっていたのである。ヴォーンはこの夏イングランドにもどっている。そして十一月には低地地方にもどり、更に二度ほどティンダルについて暖かい手紙をクロムウェルあてに書いている。しかしこれについてはクロムウェルの返事はない（註126）。別の使者が必要となった。そしてモアの友人であるサー・トマス・エリオットが遣わされた。しかし今度はティンダルを説得するためではなく、できれば逮捕するためであった。

殉教した学者たち

話を多少先に進めすぎるが、ここでティンダルの親しい友達の一人の運命を見ておくのがよいだろう。またティンダルの後のもっと小さな著作についても。ティンダルはロンドン時代からすでにベイフィールドを知っていた。おそらくベイナムも知っていただろう――「福音主義者」の群は小さかったのだ。二人とも焚刑に処せられた。彼らの死は、またほかの者たちの死は、ティンダルの心を深く動かした。中でも最も耐え難かったのは、若きジョン・フリスの焚刑であったにちがいない。フォクスは彼について数頁記しているが、その書き出しは、「嘆かわしいことが多くあった中でも、私にこの上もなく悲しい思いを与えたのは、あの良き学者でありすばらしい青年であるジョン・フリスの嘆かわしい死とその蒙った残酷な扱いであった……」となっている(註127)。フォクスはここで、このように有能で、謙虚で、立派な青年が焚刑に処せられたことについて、ロンドンで、またイングランド中でもヨーロッパでも、悲しみが広く広まったと述べている。彼はケンブリッジの特に傑出した若い学者であったのだが、ウルジーがオクスフォードに作った新しいカレッジに輝きを加えるために一五二五年に招聘した学者のうちの一人であった。アントウェルペンでティンダルとともに居て、ルターとツヴィングリが一五二九年にマルブルクでなした、主の晩餐にキリストが臨在するということの意味をめぐっての論争にも出席している。スコットランドの若い改革者パトリック・ハミルトンもこの少し前にマルブルクに滞在している。ハミルトンの殉教の後、フリスは、ラテン語から英語に訳した本を一冊発行している。英訳の表題は『聖書の重要な個所の引用集』となっているが、英語を話すクリスチャンの間では『パトリックの個所』という名で流布したものである。これは信仰義認に関する聖書の個所を集めたものである。ハミルトンはスコットランドにもどり、断罪され、一五二八年二月一九日に焚刑に処せられた。この焚刑を祝うために、ルヴァンの神学部はセント・アンドルーズの司教が「邪悪な異端者」を消滅させた「価値ある行為」の賞賛に参加している。「この良き例があなたがたのところだけでしか意味がないなどとはお思いにならないで下さい。……あなたがたは、私たちに大きな勇気を与えて下さったのです」(註128)。ジョン・ノクスはスコットランドの宗教改革の歴史を書くにあたって、「我々の歴史をはじめるべきは」ハミルトンからである、と言っている(註129)。一五二九年七月にフリスは、「リチャード・ブライトウェル」という名前で、アントウェルペンのホーホストラーテンから八折り版の小さな本を出した(「マルブルクのハンス・ルフト」シリーズの一冊である)。『アンティキリストの黙示』と題されたもので、ルターの本の翻訳である。この本の最後に「反対命題。キリストの行ないと我らの聖なる父である教皇の対比」と題された「小論文」がつけ加えられている。キリストの行ないないし発言と教皇の行ないないし発言を七十八項目にわたってそれぞれ短く比較したものであって、大部分は読めばすぐにわかるようなものである。よく絵画にプロテスタントの説教の模様が描かれているが、そこにこうした場面も見られる(註130)。一五三一年の四旬節にフリスは短期間イングランドに行く。残念ながら彼は、アントウェルペンのティンダルのところにもどるのに、イングランド当局の公の行動についてあまりかんばしい知らせを持ち帰ることはできなかった。名著『煉獄駁論』が一五三一年にアントウェルペンで発行された結果、彼はすでに指名手配されることとなり、そのしばらく後に逮捕された。この頃までに、海外からイングランドに持ち込まれた最初の時期の宗教改革の宣言の書物に対する反論も出されるようになって、それに対して更に精緻な議論を重ねて再反論する書物の波が出はじめていた。フリスの『煉獄』はその中でも最もみごとなものの一つで、煉獄という主題についてラステル、モア、フィシャーらに反論している。煉獄というのは、聖書にはまったく基づいていない、というのだ。彼は七月に再びイングランドにわたり、変った冒険を経験した後(註131)、逮捕され、ロンドン塔に幽閉される。クロムウェルは彼に一定の名誉を与える。つまり、時たま足かせなしで外出を許可された。彼はここでも多く書き、それもすぐれたものを書いている(註132)。ティンダルから手紙を二通受け取ってもいる。その最初のものは、彼を「ジェイコブ」という名で呼び、聖礼典に関して論争する場合には気をつけるように、と注意している。フリスはまさにそれをやろうとしていた。そして、聖礼典に関してはっきりと意見を述べたという廉で殉教したイングランドの最初の人物となった。司教たちにとっては、祈祷書にはっきりと記されている国教会の教義の核心にふれることであったから、これはおぞましい異端の見解であったのだ。ティンダルの第二の手紙は殉教の直前に送られたものので、フリスを直接名ざし、はげましている手紙である(註133)。

どちらの手紙も、この時期に監獄に送られた他の多くの手紙と同様、新約聖書的な意味で力づけようとする「慰め」の手紙である。そしてここでもティンダルらしく、ほとんど新約聖書の引用句でうまっている。第一の手紙には次のような段落がある。

最後に、もしも私にあなたを助けることができるような才能があり、必要な助力を与えることができるのであれば、私は遠く離れて神に最後を託すようなことはしないでしょう。私の肉体は疲れておりますが、魂はまだ衰えておりません。しかし神は私に此の世では悪い運をお与えになり、人間の目からすれば神の恵みを得られず、言葉もつたなく、粗雑で、愚鈍、知恵も遅い者です。あなたの役割は、私に欠けたものを提供することにありましょう。心の低さがあなたを神とともにある高さに高めているのと同様、言葉の謙虚さがあなたを人々の心の中に沈ませて行くのです。自然は年齢に権威を付与しますが、謙虚さは若者たちの栄光であり、若者たちに栄誉を与えます。愛にあふれている故に、つい多弁になりました。(註134)

第二の手紙は、最後の部分でいくつかの知らせを伝えている――弾圧について、またジョージ・ジョイが聖書全体を翻訳する許可を王からもらう申請をしていることについて。「これを理由に、新しい聖書の発行についての噂が流れています。他方、弾圧は、アントウェルペンで印刷する可能性のあるすべての印刷屋と製本屋で、また一人のイングランド人の司祭のところでも、英語の本を大量に狩り集めています。これは五月九日のことです。あなたの御夫人は神の御心に服し、自分自身のために神の栄光が妨げられることは欲しておられません」（註135）。ジョン・フリスはティンダルのことを「その学識と聖書についての見識からすれば、イングランドのいかなる司教よりも高い地位を与えられるべきだ」と記し、また「誠実で明澄で無垢の心の持ち主」とほめている（註136）。これはフリスの焚刑は一五三一年（訳註136a）七月四日に行なわれ、バニヤンの「信仰者」の殉教のようであった。これはイングランドのもっとも将来性のある若者を失うことであったのだ。

サイモン・フィシュもまた一五三一年に亡くなった（訳註136b）。もっとも彼の場合は疫病のせいである。彼は有名な――かつ悪名高き――匿名のパンフレット『乞食のための懇願』の著者である。ともかくとことんまで反聖職者主義に貫かれていて、果してプロテスタントの宗教文書と言えるかどうかわからないが、モアはこれをも攻撃している。ここで「乞食」と呼ばれているのは、社会からはみ出た者たち、癩病人、病人、困窮者などで、彼らが王に対して、自分たちは別の階級である聖なる乞食や浮浪者の故に飢餓によって死のうとしている、と訴えている。聖なる乞食とはつまり、司教、大修道院長、司祭、修道僧、修道士、免罪符販売人、送達吏などであって、彼らは王国の中に王国を作り上げ、それは王国全体の三分の一もしめるほどで、それを十分の一税（主婦は卵まで十個目は税としてささげねばならぬ。さもなければ異端とされる）、遺言税、死亡税、免罪符、科料などによってとことんまで搾り上げている、という。彼らはこの批判に対して反論することができなかった。彼らが即座に対応したことといえば、異端として非難することであり、破門であり、そしておそらくはリチャード・ハンの場合のような暗殺であった。――リチャード・ハンは、ある司祭による強制取り立てに反対した有名なロンドン人で、監獄で殺されたところを見つけられた。フィシュはフリスとは異なった流れの人物だが、その死は、フリスと並んでもう一つの喪失であった。（彼の妻はベイナムの息子と再婚している。）イングランドは絶望的な争いの渦巻く雀蜂の巣のようであった。体制を僅かでも批判する者は異端として告発し、しばしば死に至らしめた。ティンダルは、今居るところでは、まだましであった。

## 聖書の解説

スティーヴン・ヴォーンのティンダルについての最後の手紙は一五三一年十一月十四日付のもので、王にあてて「最近ティンダルによって発行されたもう一つの書物、つまり『ヨハネ第一書簡の講解』」が同封されている。その年の九月に発行されたものである。聖書の翻訳は別として、ティンダルの最後の三つの書物はいずれも聖書の短い解説で、アントウェルペンで発行されている。一五三一年に印刷されたこの第一ヨハネに関するものに次いで、『マタイ五、六、七章の講解』つまり山上の説教についてと、最後に、一五三三年に最初に印刷されたと考えられる『聖礼典についての短い宣言』である。ただしこの初版は残存していない。

ヨハネ第一書簡は、一定期間、宗教改革者にとって貴重な文書であった。ティンダルの書物は小さな八折り版で、マルティン・デ・ケイセルの印刷によっている。これは、子どもでも理解でき、しかし賢者も困惑するような単純でかつ意味深いこの書簡の解説として、なかなか魅力のある本である。ティンダルはこの書簡から時に一文ずつ、時に二文ないし三文ずつ取り上げて、詳しく展開し、説明し、教えている。ここでもまた、この本を読み終えれば読者は新約聖書に書かれていることを非常に多く知ることになる。そして新約聖書が個々の信者の生活にいかに編み込まれ、また挑戦しているものであるかを理解するのである。ヨハネは愛の使徒と呼ばれているが、それは義の愛であって、この書簡の最後の三章において示される義の要請は強いものである。神は義の愛である。最初の二章においては、神は光である。これはティンダルにとって、いわば低い調子でものを言うきっかけを与えた。花火などない、というのである。最後の、「小さい子らよ、偶像に気をつけよ」［五・二一］を解説する個所は、ティンダルに聖者礼拝を適当に揶揄するきっかけを与えている（「聖ホワイトは一年に一度チーズをもらっているに違いない。それも大きな型のチーズを。だがこの聖者はまだチーズを食べていない」（註137））。しかしそれは、高く舞い上がる嘲笑へと連なるのではなく、新約聖書の聖礼典についての教義の解説へと続いている。この本は明らかに『聖書への道』と同じ目的で書かれたものである。これは、新約聖書の翻訳は序文も欄外の註もついていていなかったので、その翻訳の補助としてともに読まれるために書かれている。『聖書への道』（おそらく一五三〇年に書かれた）は一五二五年のケルン版の序論を拡大したもので、聖書を読むための手引きとなっている。第一ヨハネの解説も、新約聖書の中心的な神学を理解する助けとなるもので、ここではローマ書の使徒パウロよりもずっと近づきやすく、しかしパウロと同様に厳しい使徒によって書かれた書簡によっている。ティンダルはこの解説にあたって、本文を新しくギリシャ語から訳しなおしたようである。

ティンダルは山上の説教に真正面から、その霊的要求のすべてを理解しようとして取り組んでいる（この点で我々はニコラス・ラヴの『鏡』と比べることができよう。ラヴはこの個所にさしかかると、イエスは座して教えはじめた、と述べて、以下はアウグスティヌスの教えを長々と解説し、最後に貧困の必要について短くつけ加えている）。ティンダルのこの本は頑張った本で、力をつくして書いている。第一ヨハネの解説よりはやや部厚い八折り版で、一五三三年の早い時期の出版とみなすのが妥当なところであろう。何故ならこれは、ルターがマタイ福音書の同じ部分についてなした解説にある程度依拠しているからである。ルターの方は一五三二年の秋に出版された。彼は短いテクストに十分な余裕をもって長い解説を加えている。

序論が全体の調子を決めている。「ここに読者はマタイの第五、第六、第七章の解説をお読みになる。これらの章において我らの霊的イサクであるキリストが、再びアブラハムの井戸を掘っておられる。その井戸を律法学者とパリサイ人が、かの邪悪で悪意に満ちたペリシテ人が、涸れさせ、誤った解釈の泥で埋めてしまった」と書きはじめる（註138）。アブラハムの井戸とは聖書のことであり、聖書は天の国であり、永遠の生命であって、「父なる神と子なるイエス・キリストの知以外の何ものでもない」。律法は必要であるが、我々が救いを得るのはキリストによってのみ、信仰によってのみである。五頁までに彼は、読者を焦点にまで導く形を作っている。その焦点とは、キリスト（もしも行為だけで十分であるとすれば、キリストの死は無駄だったことになる）は「他の聖者よりも優った何ものかであり……、フランシスコ会修道士や同会の厳格派修道士は、キリストは聖フランチェスコよりも顎から上の分だけ高いなんぞと考えているけれども、実際には天にてもっと高いところにいますのである」（註139）。

この本の中には、大切にしたくなる個所がたくさんある。たとえばくり返し出て来る新約聖書の引用文、それが実生活上の経験に編み込まれて出て来ること、ものの言い方が直截であること、などである。

ある者たちは言うだろう、人は教皇や司教、高位聖職者たち、瞑想と孤独に生きる聖なる霊的な人々、そして此の世のお偉方などにちょっかいを出したりしなければ、弾圧を受けることなくして十分に長い間説教を続けることができる、それどころか恵まれた立場に立つこともできよう、などと。私は答える、真の説教とは辛いものである、と。腐敗したものはすべて塩されねばならぬ。これらの者たちは、他のどの人よりも最も腐敗しているので、ほっておかれてはならないのだ。（註140）

結婚についての短い、穏やかな個所が目を引く。

男はすべて妻を持つがよい。そして自分の妻が最もすばらしく、最も良い者であると思うがよい。また女もすべて自分の夫のことをそう思うがよい。神が汝の妻を祝福して下さったのであり、また彼女を汝に対して罪なきようになして下さったのである。これは美しく、すばらしいことであろう。そして汝らが二人で共に蒙るすべてのこともまた祝福されているのであり、それはまさにキリストの十字架であって、神の嘉し給うことである。そうであれば、どうして汝は僅かな苦労などの故に妻を嫌になったりして、他の女を渇望したりするのか。それは汝の魂を汚し、汝の良心を殺し、汝を永遠の苦悩に陥れることになる。(註141)

日常生活の様子が生き生きと描かれている。たとえば強制取り立てに関する皮肉を言っている個所などがそうである(註142)。あるいは、修道僧について。彼らは法の適用免除の特権を持っているのだが、そこで「彼らの狭い規則を、自分たちが着ている外套の頭巾の幅のように広くする」(註143)。神とマモンの間の短い会話など、マモンがいかにももっともらしく描かれていて、読者にもっと読みたいと思わせるところである(註144)。あるいは、もしも誰かが「聖エドモンド教会の土地財産、聖アルバン教会の土地財産、聖エドワード教会の土地財産などの聖なる教会の財産」のための強制取り立てに対して抗議したりすると、「彼ら（修道僧）は荊や雑草どもの方にむかって、はりねずみよりも荒っぽくふくれあがる。そして彼らの呪いの言葉を聖水の如く、降ってくる雹よりも大量にふりかける。そして彼らの上に破門の宣言を稲妻よろしく吐きかける。かくして彼らを粉々になるまで食いつくす」(註145)。（パーカー協会版では、強制取り立ての描写の一つが抜けている、「役に立つ瞑想のためにはいささか下品にすぎる話題にむかう（as turning upon a subject too indelicate for profitable contemplation）」(註146)。ティンダルが示しているのは、神の戒めの真の意味をキリストが復元した、ということである。そこから当然のことながら、信仰より生じる行為と、誰もが日常知っている教会の腐敗した行為との間に鋭い区別の線が引かれるのである。ティンダルの最後の二つの文書のうち、第一は、『聖礼典についての短い宣言』である。これはおそらく彼の残した原稿の中に発見されたものであって、生前には発行されなかったと考えられる。今日知られている最も古い版はロンドンで一五四八年ごろに印刷されたものである。この文では彼はジョン・フリスとよく似た考えを示している。特に聖礼典を、それを支持しようと反対しようと、そのことの故に断罪されることなどありえないような「どうでもいい事柄」のうちに数える、などという点で共通している。祭壇でなされる聖礼典を本当に豊かな経験にまで高めることができるのは、内面的な信仰によってなのだ――この見解をモアは荒れ狂って否定し、この故にフリスは死んだ。もう一つの文書は、これまたフリスも同じ主題について書いたもので（ティンダルの文書は、フリス自身が書いた原稿とともに綴じられているのが発見された）、グロスターシアの紳士ウィリアム・トレイシーの要請によって書かれたものである。これは、これから証明される必要があるが、後にプロテスタント共通の信仰告白の様式になったものに基づいて書かれているようである。すなわち、我々が救われるのはキリストのおかげであって、行為や聖者やミサのせいではない、ということである。トレイシーはすでに亡くなっていたが、異端として宣言され、その屍体が司教法務官によって掘り出されて、燃やされた。王の役人たちにしてはじめて出来るようなことである。これは有名な事件となった。ティンダルのこの文は、彼自身の死後まで発行されなかった。

# 第九章　『キリスト者の服従』



『悪しきマモン』の五ヶ月後、一五二八年十月二日に、再びホーホストラーテンから（これまた再び「マルブルクのハンス・ルフト」の名で）、ティンダルの次の本が出版された。長さも二倍以上ある。『キリスト者の服従』である。これもすばやく海をわたった。読者は縦五インチ半横四インチの小さな本を手にする――ジェイムズ・ベイナムの有名な話では、胸にだいたという（註1）。ふつう教会の座席に置いてある詩編ぬきの小さな祈祷書ほどの大きさである。「マルブルク」シリーズのほかの本と同様、三百頁あまりにびっしり印刷してあり、おなじみのバスタード活字であった。そのほぼ二倍の大きさになる小型四折り版がロンドンで一五三六年に発行され、さらに一五四八年にも発行された。その後の数十年間になおいくつかの版が出、一五七二年にはジョン・デイがロンドンで聖書の翻訳以外のティンダルのすべての著作を殉教者著作集に入れることにした。すなわち『三人の立派な殉教者W・ティンダル、ジョン・フリス、バーンズ博士の全著作……』である。発行年は一五七三年、二折り版の大きなもので、各頁が二欄に分れており、フォクスの『殉教者たちの行動と記録』からとられた解説がつけ加えられ、本文は多少の変更が見出される程度だが、ともかく大量に欄外の註が加えられた。

『服従』は三つの主な部分からなる。三六頁の序文は「ウィリアム・ティンダル別名ヒチンズから読者へ」と題され、聖書と聖書を読む者との両方が弾圧されるこの時代に、信仰を強めようという目的を表明している。次に八頁ほどの短い部分が「本書の序論」と題され、服従、すなわち神への服従についてのすべてを論じるのだ、と言われる。本文そのものもいくつかの小部分に分れる。そのうちあるものは短く、たとえば第二部の「夫に対する妻の服従」は一頁しかない。他方非常に長いものもある。「王、裁判官、役人の義務」の項目がそうである。この本は翻訳を別とすると、彼の著作の中で最も重要なものである。非常に広く読まれ、続く数十年間、多くの人々の思索を豊かにしていった。ティンダルの仕事に『服従』しかなくても、彼は重要な存在だっただろう。

ティンダルが何故この本を書いたかは、表題からして明らかである。宗教改革者たちはヨーロッパに暴力をもたらしている、と言われていた。トマス・モアはルターに対して、ドイツ農民戦争とローマの略奪の際の残虐行為に責任があると非難している（註2）。だから、新しく理解されるようになった聖書の教えは、臣下の者は王に従わねばならないと教えている、ということをはっきりさせておく必要があった。改革者は、悪口を言う者がきめつけているように反逆をけしかけているのではなかった。トマス・モアは、ティンダルが権威に対する服従に反対してものを書いている、と記している。しかしこれは事実の正反対である。改革者の考えは、王や支配者には服従せねばならない、ということであった。神が「彼らを通して此の世を支配するために」彼らを選んだのであり、「従って、彼らに抵抗する者は神に抵抗するのである。」

こういう政治理論は基本的にはルターのものである（註3）。行政権力に対する反逆は常に悪いものとされる。行政権力は神によって任命されているからだ。臣民の義務はこのことを受け入れることにあるが、悪しき命令には従うことはない。しかしもしも抗議をなすのであれば、甘んじて罰を受ける覚悟がないといけない。ルターはこの考え方を一五二五年以前からすでにはっきりと強調している。たとえば『詩編八二篇講解』がそうである（訳

註3 a)。

ティンダルがルターのこの基本的な教説に傾いた傾き方は、いかにもティンダルらしく個性的である。彼は支配者に対する服従というこの中心的教説をもっと広くかつ非常に実生活的な広がりの中に置いている――子どもの親に対する、召使の主人に対する、妻の夫に対する服従。彼はこの本全体を「汝らの」懐胎の瞬間からはじめているほどである――その一切は神のもとにある(汝の両親が一緒になる時を定めたのも神である)。

身分秩序というものは、十六世紀初頭においては、人々に十分おなじみの教説であった。この世紀のはじめの三十年間に、これは多くの本に登場する。たとえばティンダルと同世代のサー・トマス・エリオットは、信仰にかかわる神学的な理念は別として、他の多くの関心をティンダルと共有している。古典や教父のテクストを翻訳し、その中にはイソクラテスの『ニコクレスのために(Ad Nicoclem)』も含まれる。英語の表題を Doctrinal of Princes(君主についての理論)として、一五三四年に発行している。また健康に関する重要な入門書も書いた(ティンダルが神の救いの業を描く力強いイメージのうちの多くは、病気から健康を回復することについてのものである)。一五三八年の羅英辞典も重要である(註4)。エリオットの『行政者のための本』(一五三一年)は基本的には貴族の息子を育てるためのガイドブックであって、教育と政治に関する論稿であるが、この本のはじめの方でエリオットは「身分の違い」について記している。「ここから秩序が生じる。……一切の事柄から秩序を取り去ってみるがよい。何が残るだろうか。……神が、その栄光ある創造の仕事のすべてに、身分と階級とを据えたのではないのか」(註5)。ティンダルは身分についての教説において、別に目新しいことを言ったわけではない。新しいのは、そして影響力があったのは、第一に、反逆は悪だというルターの教説に彼がつけ加えた点である。内戦の後、イングランド人は強力な独裁君主を必要としていた(註6)。第二に、ルターの教説を大量の説得力のある聖書の引用や実例でもって裏づけている点である。

全体を通して、この文章の織物は細部が充実していて厚みがある。扱っている事柄は広い範囲に及び、調子は強い。一つの調子だけでなく、さまざまな調子がある。全体は一つの、はっきりした精神で貫かれているが、それぞれの場所では個々の声が語っていて、劇的とも言える調子であるからだ。たとえば第二の部分つまり序論は、三文からなる形式を整えた段落ではじまっており、ルカ福音書のはじめの三文を真似して「……でありますので(forasmuch as …、ギリシャ語 epeideper)」という古典ギリシャ語的なものの言い方をしている(訳註6a)。それに対して、議論の調子が高まると、英語の話し言葉のリズムと語彙とが突入してくる。

教会堂、礼拝堂、祭壇、高祭壇、聖餐杯、礼拝用衣装、鐘などの聖物扱い、というよりむしろ呪物化。本、鐘、燭台、オルガン、聖餐杯、礼拝用衣装、聖職者のマント、祭壇の飾り布、白衣、手ふきの布、清めの水の鉢、水差し、舟形の器、香炉などあらゆる類の装飾品は、無料で彼らに提供されねばならない。彼らはそれに対してびた一文支払わないであろう。加えて、乞食修道士が群がる。パーソン(parson、聖職禄つき司祭)が鋏を入れ、ヴィカー(vicar、聖職録のつかない司祭)が剃り、教区の司祭が角を切り、修道士が削り、免罪符販売人が爪を切る。あとは肉屋が皮をはぐだけである。(註7)

そして仲介者なしに聖書そのものを持ち、知ることの重要性を論じる議論の核心において、ティンダルは、良い説教者や教師ならば持っているような鮮明さをもって書いている。「聖書の全体は、キリストにおける神の約束と契約ないしそれにかかわる物語であって、汝の信仰を強めるためのものであるか、あるいは汝に悪行を避けさせるべき律法ないしそれにかかわる物語である」(註8)。更にほかの「話者」もいて、いずれも強い声をはなっている。

この本でティンダルが教皇を攻撃しているのは明瞭である。しかしながら、ティンダルは単に反教皇の毒舌を書いているだけで、教皇というだけで口から泡をふくほどの憤りを爆発させているにすぎない、などという見方が時に、特に何人かの現代の著者によって表明されているが、それは当らない。（自制心を失ったのはモアであって、ティンダルではない。）ティンダルは聖書の中に教皇なるものが存在しないことを知っていた。教皇から生じることのすべてが聖書の中にあるわけではないのだ。聖書がまず最初に来なければいけない。教皇とは、誤謬の産物である。だからこそ、生活の多くの局面における服従の分析に際して彼は常に読者への長い呼びかけを置き、英語の聖書を弁護するだけでなく、いわば神的な憤りをこめた不信をもって、教皇以下の者たちに対して情熱的に反駁をぶつけるのである。彼らは、聖書がキリスト教の源泉であり、キリスト教の源泉はその全体がすべての人の手にはいるようにならねばならない、さもないとキリストは無駄に死んだことになる、ということがわかっていないのだ。

文体の、また修辞的な多彩さは、どんな長さで書く場合であろうと、ティンダルの特色であるが、『服従』ではそれにもう一つ別の工夫が加わる。たとえば最初の方の数頁で彼は、弾圧が不可欠であることを、また神の言葉を攻撃する偽善者に対する神の力というものを聖書そのものが述べている、ということを示す。よく整えられた議論で、彼は、その文を、段落を、頁を、聖書からとられた煉瓦でもってうまく組み上げていく。すべての文が旧新約聖書にひたりきった精神から出て来ているのだ。最初の文は、新約聖書の多くの書簡のおなじみの書きはじめの文を思わせる。「我らの主なるイエス・キリストにあって、恵み、平安、知識における成長が読者とともにあるように……。」一つおいて次の文の「しかしむしろ主にあって多く大胆であれ……」は、パウロの第一テサロニケ書簡二章［二節］やピレモン書［八節］を思い出させる（訳註8a）。続いて「明らかな証拠（evident token）」は第二テサロニケ一章［五節］とピリピ一章［二八節］から取られている（訳註8b）。何度もくり返し出て来る「（此の）世の」という句はヨハネ福音書とヨハネ第一書簡全体を通しておなじみの句である。第一段落の終りに近く、此の世は弾圧をことと するものだということの指摘をまとめるところで、聖書的な考えがいわばすっかり聖書の衣をまとって出て来る。ヨハネ一五章［一九節］がそのまま引用される。「もしもあなた方が此の世からのものであるならば、此の世はおのれのものたるあなた方を愛したことであろう。しかし私はあなた方を此の世から選び出したので、その故に此の世はあなた方を憎むのである。」

## 『服従』における聖書

ティンダルのこの本全体を通じて、常に聖書の音が鳴り響いている。聖書の引用句や言及があらゆるところにある。少なくとも二つか三つの聖書の引用文のない頁はまず見当たらない。文体的にはさまざまに多彩であるが――威厳や美しさが突然現れる。日常生活から取られた要素がすばやく顔を出す。皮肉、混乱の証明、怒り、リズムにのった句が次々と積み重ねられていって最後に爆発する文にいたる――これらすべてにおいて、聖書は決して遠く離れることがない。実際、神が遠く離れることなどないのだ。『服従』は神に満ちている。ティンダルの大部分の本がそうであるのと同様に。

続く数頁では、ティンダルは「神の教えは神自身の強い力が守る」ということを論証する。その徐々にせり上がっていく論法において、聖書の語句や聖書の物語への言及（出エジプト記、ダヴィデの弾圧）が並ぶ。しかしそれらはだんだんと聖書そのものの直接の引用に道をゆずる。あたかも聖書みずからが議論を引き取ってくれたように。そこに、普通のものの言い方がまざりあっていく。「最後に、彼らが自分たちにできることをすべてなし、これで十分だと思った時に、そしてキリストはと言えば地の底にいまし、大量の鉾やまさかりがキリストを囲んで押さえつけようとしていた、まさにその時に、人間の力ではどうにもならなくなったと思えた時に、神が助け給うたのである」(註9)。あるいは「誰が紅海を干したか。誰がゴリアテを倒したか。汝が聖書に読むこれらすべてのすばらしい行為を誰がなしたのか」(註10)。読者に「ヘブライ書第十一章を慰めのために読む」ことを薦める。本文から離れて、読者がみずから新約聖書をひもとくようにさせるのである。そして、読者がそれを読んだと思えたところで、彼はその聖書の文について更に註釈を加え、みずからの議論を強化する。マタイ七章の言葉を利用して、「もしも我々が求めれば、得ることができ、我々が門を叩けば、開けられ、我々がたずねれば、見出すだろう……」と言う。このようにして彼は自分自身の言葉と聖書および読者が直接聖書から得たものとに、今様の表現を用いるとすれば、相互作用を与えるのである。

従って、彼が聖書の言葉でないもの言いをする時は、よく目立つ。ダヴィデが若かった頃に弾圧されたことが、後に徳の高い王になるために役立ったのだ、ということを説明するのに、彼は、「我らの王たちも今日そのように育てられていれば」とつけ加える。

我らの聖なる司教たちは王をまったく異なった仕方で教えている。陛下はお好きなものを取ってよろしい、欲望の欲するままに取り、何も遠慮なさることはございません。陛下には何事もお許ししましょう。我らは権力を持ち、神の代理でありますから。この国土においては、我らのなすがままにおまかせいただきたい。我らが陛下のことを配慮し、また、「世の中に」いかなる安寧も生じないようにさせましょう。陛下は信仰を保護することだけはなさらなければよろしい。(註11)

これはもちろん聖書の言葉づかいではない。論点は、修辞的なうまさと、皮肉で成り立っていて、それだけである。

## 『服従』の第一部の構造

ティンダルは散漫であるとしばしば悪口を言われてきた。形式の整っていない一種の狂詩曲で、兎狩りの右往左往とどっちこっちだとさえ言われた。しかし「でありますので（forasmuch）」、「かてて加えて（moreover）」、「最後に（finally）」とか、「第一に……第二に……第三に……」ときっちり列挙する仕方とかは、そういう批評がみなしているよりもティンダルの文章にずっと秩序があることを思わせる。もしも彼が一定の図式に従って書いているのでないとすると、中世末期の文章の考え方によって訓練されたオクスフォード出身者としては異常だったということになってしまう。彼の議論が体系的に整えられていることは、無理なく発見できよう。『服従』の第一部はその良い例であろう。それは三つの部分に分れる。

Ａ　聖書そのものが、神の言葉は必然的に弾圧を生じさせるということを示している。

Ｂ　しかしながら神は、聖書が全体を通して示しているように、それよりも大きい力を持っている。

Ｃ　すべての人が聖書を自由に手に入れられるようにすることが何より重要である。聖書を自分たちの母語で持つことに反対する者は、間違っている。

更に、この最後の部分をモデルとして分析してみよう。この部分がまた三つの部分に分れる。以下ではⅠ、Ⅱ、Ⅲと番号をつけよう。そのそれぞれが、二つずつ組になった対によって成り立っている。以下では、1と2に対する3と4としておく。

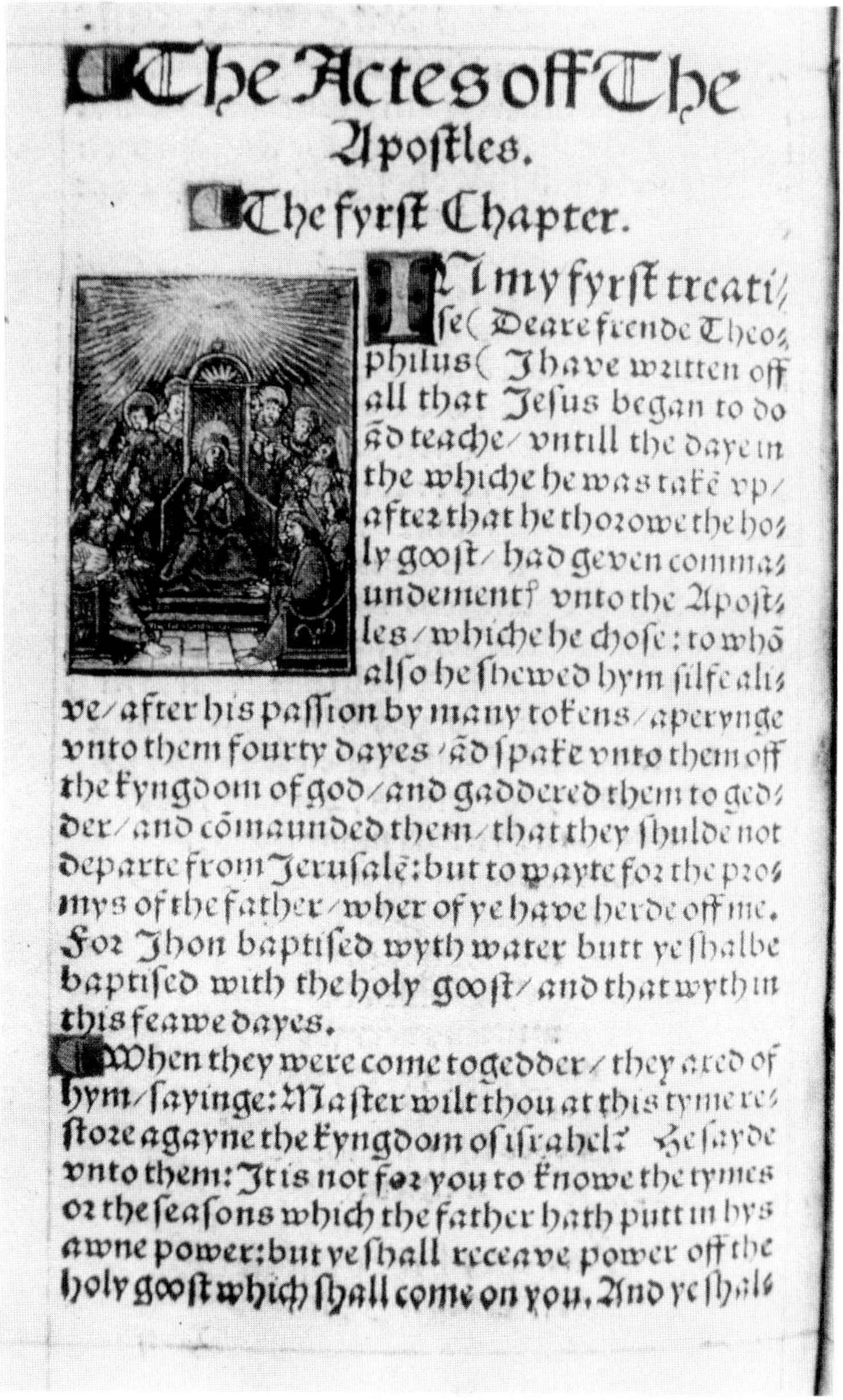

The Actes off The Apoſtles.

The fyrſt Chapter.

In my fyrſt treatiſe (Deare frende Theophilus) I have written off all that Jeſus began to do ād teache/ vntill the daye in the whiche he was takē vp/ after that he thorowe the holy gooſt/ had geven commaundementſ vnto the Apoſtles/ whiche he choſe: to whō alſo he ſhewed hym ſilfe alive/ after his paſſion by many tokens/ aperynge vnto them fourty dayes/ ād ſpake vnto them off the kyngdom of god/ and gaddered them togedder/ and cōmaunded them/ that they ſhulde not departe from Jeruſalē: but to wayte for the promys of the father/ wher of ye have herde off me. For Jhon baptiſed wyth water butt ye ſhalbe baptiſed with the holy gooſt/ and that wyth in this feawe dayes.

When they were come togedder/ they axed of hym/ ſayinge: Maſter wilt thou at this tyme reſtore agayne the kyngdom of iſrahel? He ſayde vnto them: It is not for you to knowe the tymes or the ſeaſons which the father hath putt in hys awne power: but ye ſhall receave power off the holy gooſt which ſhall come on you. And ye ſhal-

*1.* ティンダルのヴォルムス版新約聖書の今日完全な形で残っている唯一のもの［使徒行伝の最初の頁］。こういう仕方で装飾がほどこされていたのはほんの数部だけだっただろうと言われている。装飾をほどこしたのが誰で、いかなる目的のためであったかは、知られていない。（ブリストルのバプテスト・カレッジ学長の許可を得て再録）
［今日ではこれは大英図書館にある。また第５章訳註6c参照］

2. グロスターシアのスティンチコウムの丘から南西方向にむかってバークレーの谷を望む。ティンダルが生れたのはこのあたり。セヴァーン川の向う側にウェールズの丘が見える。
(写真は Tim Davies)

3. オクスフォード、モードリン・カレッジの塔。ティンダルがここに到着する少し前に完成した。
(写真は Tim Davies)

4.（および表紙）ウィリアム・ティンダルの肖像。オクスフォードのハートフォード・カレッジの食堂にかかっている。誰が描いたかは知られていない。ティンダルが亡くなってしばらく後のものだと言われている。しかし、実際のティンダルの姿を描き出していると信じる理由が十分にある。ティンダルが指さしているのが何の本かはわからない。下欄のラテン語の文は、訳すと、

この絵はウィリアム・ティンダルの姿をできる限り描いたものである。彼はかつてこのホール〔モードリン〕の学生であり、また誇りであった。ここでより純粋な神学の勉強をはじめた後、アントウェルペンで新約聖書と五書を土着の言語に訳す作業に献身した。この作業は同国人の救済に大きく貢献するものであって、彼がイングランドの使徒と呼ばれるのも当然のことである。彼は1536年にブリュッセルの近くのフィルフォルデで殉教の冠を与えられた。彼の敵（皇帝の検事総長）でさえも、彼は学識があり、信心深く、かつ善良、と言っている。

ティンダルの手の下の２行の文は、

ローマの暗闇をこの光によって散らすためには、
故郷と生命を失っても私はかまわない

と訳されてきた。（ハートフォード・カレッジ学長の許可を得て再録）

The gospell of S. Mathew.
The fyrst Chapter.

Hys ys the boke of
the generaciō of Jesus Christ the so-
ne of David/The sonne also of Abra
¶ Abraham begatt Isaac: (ha.
Isaac begatt Jacob:
Jacob begatt Judas and hys bre-
Judas begat Phares: (thren:
and Zaram of thamar:
Phares begatt Esrom:
Esrom begatt Aram:
Aram begatt Aminadab:
Aminadab begatt naasson:
Naasson begatt Salmon:
Salmon begatt boos of rahab:
Boos begatt obed of ruth:
Obed begatt Jesse:
Jesse begatt david the kynge:
¶ David the kynge begatt Solomon/of her that was the
Solomon begatt roboam: (wyfe of vry:
Roboam begatt Abia:
Abia begatt asa:
Asa begatt iosaphat:
Josaphat begatt Joram:
Joram begatt Osias:
Osias begatt Joatham:
Joatham begatt Achas:
Achas begatt Ezechias:
Ezechias begatt Manasses:
Manasses begatt Amon:
Amon begatt Josias:
Josias begatt Jechonias and his brethren about the tyme of
the captivite of babilen
¶ After they were led captive to babilen/Jechonias begatt

• Abraham and David are fyrst rehearsid/because that christe was theyr promysed unto them.

Sainct mathew leveth out certeyne generacions/& describeth Christes linage from solomō/after the lawe of Moses/but Lucas descrybeth it accordyng to nature/frō nathan solomōs brother. For the lawe calleth them a mannes childre which his broder begatt of his wyfe lefte behynde hym after his deth. Deu. xxv. c.

5. ティンダルの1525年のケルン版の未完成の新約聖書。ルターの1522年の『九月の契約書』をほとんど真似して印刷された。左欄の頁大の挿絵は、天使が聖マタイのためにインク壺を支えている場面。印刷屋のペーター・クヴェンテルはこの同じ木版画を1526年に発行されたルペルトゥスの『マタイ註解（In Matthaeum）』でも多少削って用いている。ルペルトゥスのこの本は、何と、ティンダルを裏切ったコクラエウスが編集したものである。

6.（左頁上）ティンダルの時期よりやや後のアントウェルペンの地図。イングランド波止場は画面右上の37番と記されているところ（この写真ではほとんどわからないが）。イングランド会館は中央のやや右の交叉路のところの17番。

7.（左頁下）アルブレヒト・デューラーによるアントウェルペン港のデッサン、1520年。
（ウィーン、アルベルティーナ版画館）

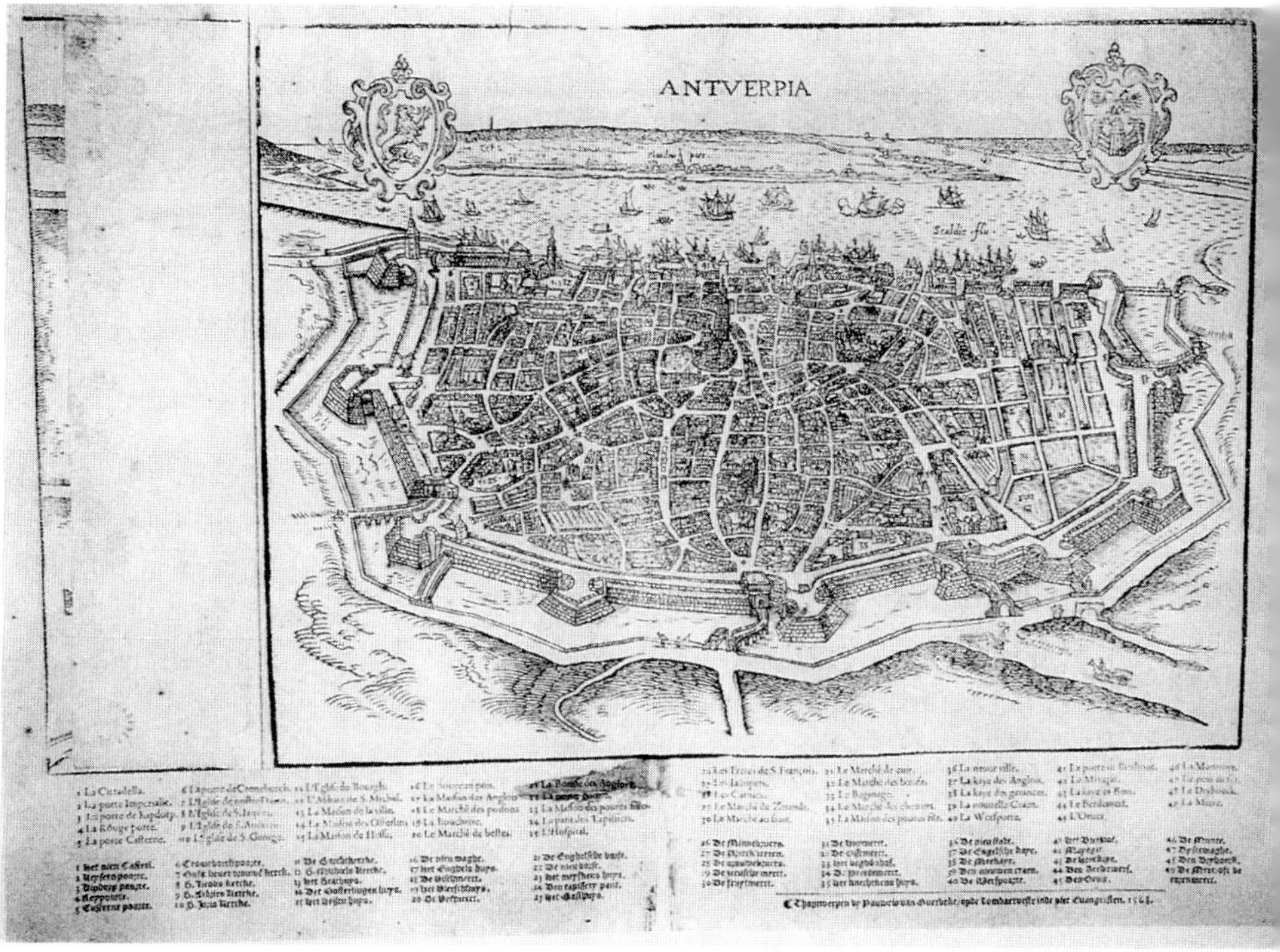
ANTVERPIA
Scaldis flu.

1520

The obedie͂
ce of a Christen man and how Chri-
iste͂ rulers ought to governe/
where in also(yf thou ma-
rke diligently)th-
ou shalt fynde
eyes to pe-
rceave
the
crafty conveya͂ce of all
iugglers.



8．ティンダルの『キリスト者の服従』の表題の頁。「マルブルクのハンス・ルフト」（アントウェルペンのヨハンネス・ホーホストラーテン）による印刷。1528年10月。表題の全文は、必ずしも内容と対応しない。まわりの挿絵はまるで不釣合い。上欄はアポロとその付属品である月桂樹の冠と弓と蛇。竪琴の代りにリュート。とすると三人の女性はムーサイであろうか。下欄はヴェヌスの誕生。三人の女性は、ギリシャ語の単語が記されているように、「恵み」。両側の欄は、ムーサイを正しく九人にするために下手くそに並べたものか、あるいは「恵み」の女性をやたらと繰り返したものか。（あるいは上欄まで含めてすべての女性が「恵み」であるのか。アポロは、古い写本の挿絵などでは「恵み」の女性たちと共に描かれている。）これと同じ挿絵の枠は1523年にケルンで印刷された二冊の本でも用いられている。また『服従』の後一年の間にアントウェルペンで印刷された四冊の本でも用いられている。その中にはエラスムスやジョン・フリスの聖書註解もある。（大英図書館）

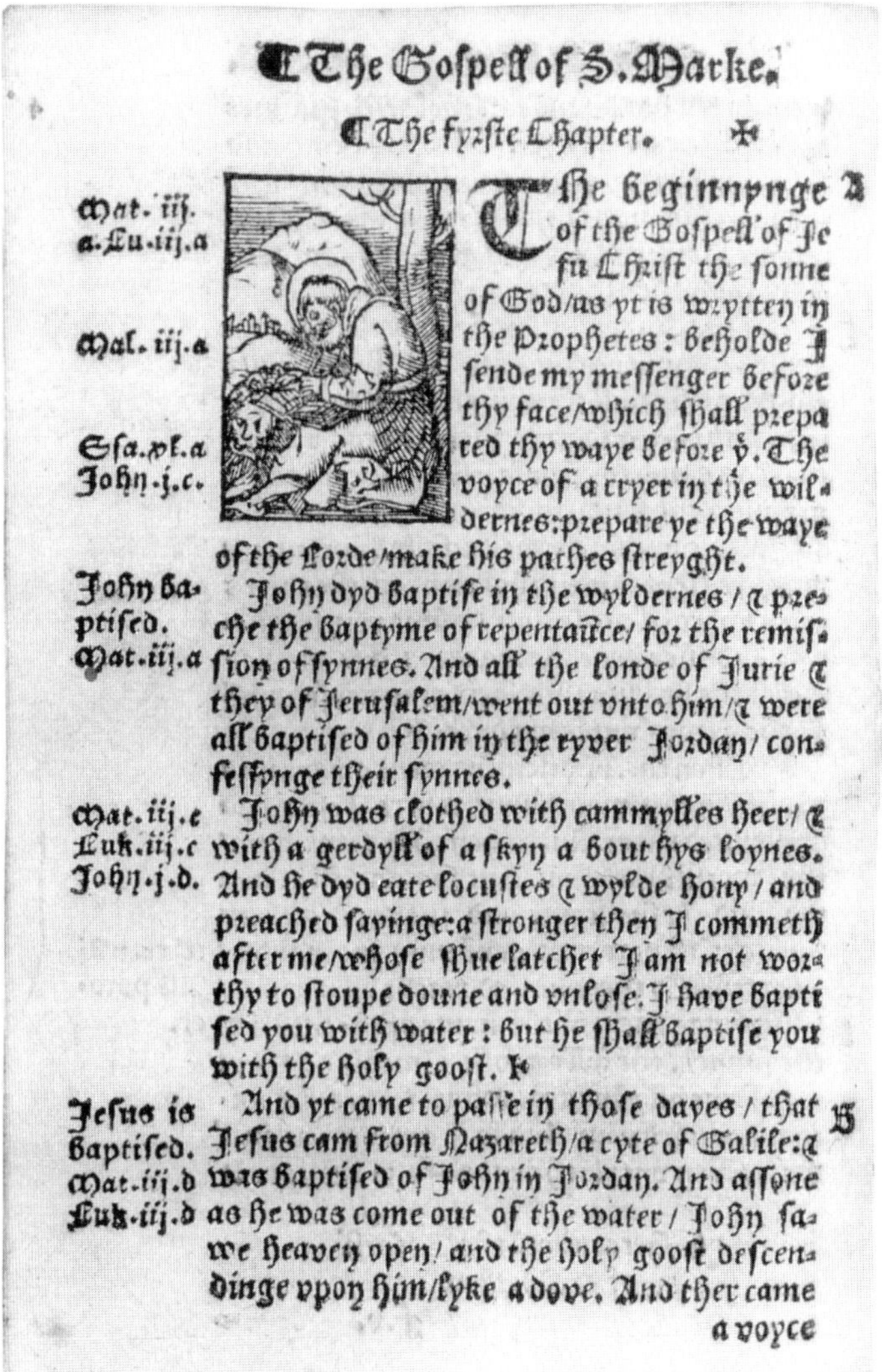
The Gospell of S. Marke.

The fyrste Chapter.

Mat. iij. a. Lu. iij. a
Mal. iij. a
Esa. xl. a
John. j. c.

The beginnynge of the Gospell of Jesu Christ the sonne of God/ as yt is wrytten in the Prophetes: beholde I sende my messenger before thy face/ which shall prepared thy waye before yᵉ. The voyce of a cryer in the wildernes: prepare ye the waye of the Lorde/ make his pathes streyght. A

John baptised. Mat. iij. a

John dyd baptise in the wyldernes/ & preche the baptyme of repentaunce/ for the remission of synnes. And all the londe of Jurie & they of Jerusalem/ went out vnto him/ & were all baptised of him in the ryver Jordan/ confessynge their synnes.

Mat. iij. e Luk. iij. c John. j. d.

John was clothed with cammylles heer/ & with a gerdyll of a skyn a bout hys loynes. And he dyd eate locustes & wylde hony/ and preached sayinge: a stronger then I commeth after me/ whose shue latchet I am not worthy to stoupe doune and vnlose. I have baptised you with water: but he shall baptise you with the holy goost.

Jesus is baptised. Mat. iij. d Luk. iij. d

And yt came to passe in those dayes/ that Jesus cam from Nazareth/ a cyte of Galile: & was baptised of John in Jordan. And assone as he was come out of the water/ John sawe heaven open/ and the holy goost descendinge vpon him/ lyke a dove. And ther came B
a voyce

9．ティンダルの1534年の新約聖書のマルコ福音書のはじめのところ(実物大)。
(大英図書館)

purpull and bysse.

And they shall make the Ephod: of golde Iacyncte, scarlett, purpull ād white twyned bys se with broderdworke, The two sydes shall co me to gether, clossed vppe in the edges thereof And the girdell of the Ephod shalbe of the sa me workemanshippe ād of the same stuffe: e- uen of golde, Iacyncte, scarlete, purpull ād twy ned bysse,

And thou shalt take two onyx stones and graue in them the names of the childern of Is rael: sixe in the one stone, and the other sixe in the other stone: acordinge to the order of the- ir birth. After the worke of a stonegrauer, euē as sygnettes are grauen, shalt thou graue the. ij stones with the names of the childern of Isra- el, ād shalt make thē to be set in ouches of gol de. And thou shalt put the two stones apō the two shulders of the Ephod, ād they shalbe sto nes off remembraunce vnto the childern off Israel. And Aaron shall bere their names be- fore the Lorde vppon hys two shulders for a remembraunce.

And thou shalt make hokes off golde and two cheynes off fine golde: lynkeworke and wrethed, and fasten the wrethed cheynes to the hokes.

And thou shalt make the brestlappe of en- sample

XXVIII. Chapter.
¶ The forme of Aaron with all his apparell.

*10.* （見開きの２頁）ティンダルの1530年の出エジプト記より。（実物の115%大）（大英

The volume of the bokes called Apocripha: Contayned in the comen Transl. in Latyne, whych are not founde in the Hebrue nor in the Chalde.

The Regestre therof.

The thyrde boke of Esdras.
The fourth boke of Esdras.
The boke of Tobiah.
The boke of Judith.
The reast of the boke of Hester.
The boke of Wysdome.
Ecclesiasticus.
Baruch the Prophete.
The songe of the .iij. Chyldre in the ovē.
The storye of Susanna.
The storye of Bel and of the Dragon.
The prayer of Manasseh.
The fyrst boke of the Machabees.
The second boke of the Machabees.

文字が大きな飾り文字で記されているのが印象的。(大英図書館)

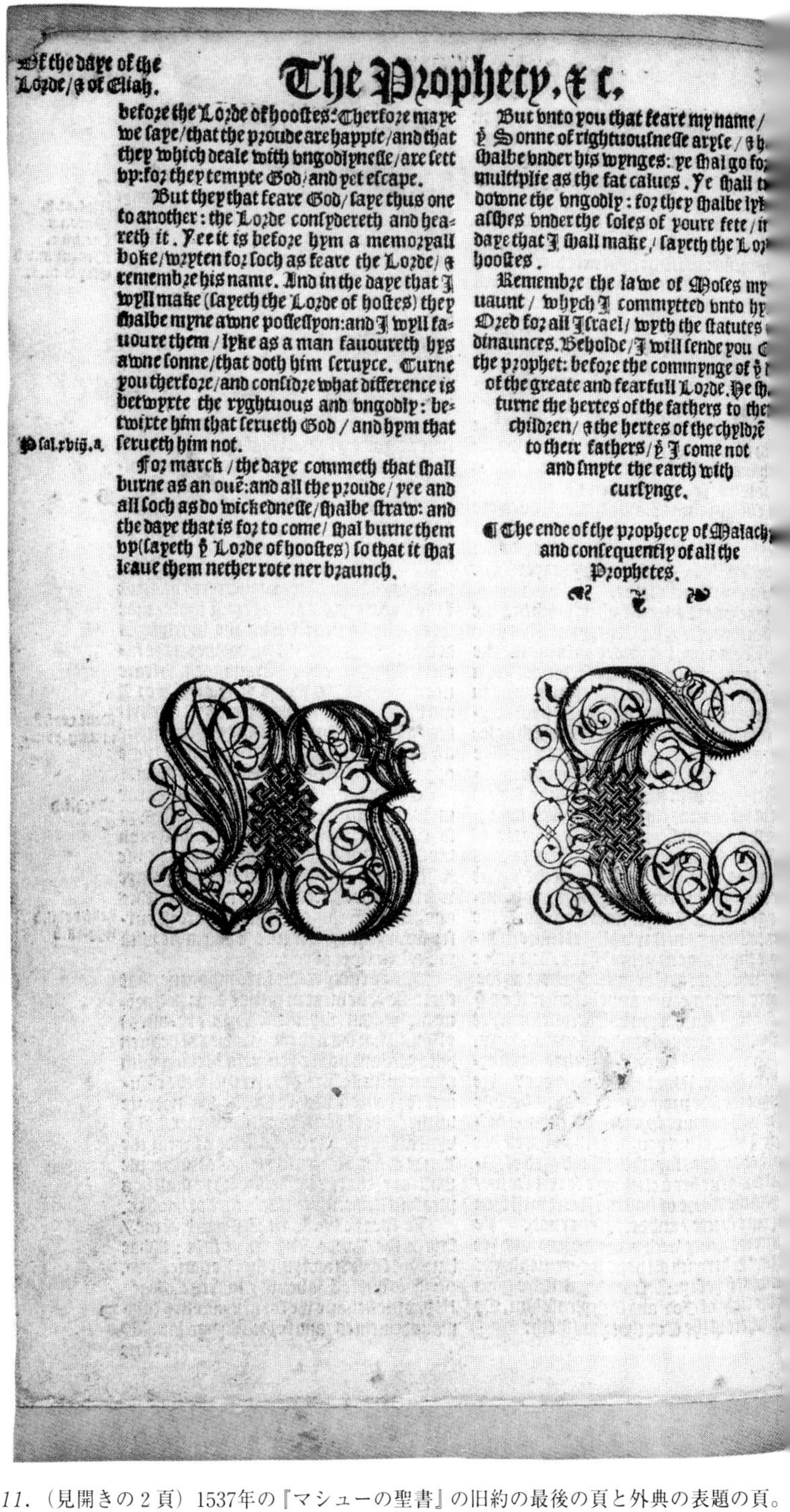

Of the daye of the Lorde/ & of Eliah.

# The Prophecy, &c.

before the Lorde of hoostes: Therfore maye we saye/ that the proude are happie/ and that they which deale with ungodlynesse/ are sett up: for they tempte God/ and yet escape.

But they that feare God/ saye thus one to another: the Lorde consydereth and heareth it. Yee it is before hym a memoryall boke/ wryten for soch as feare the Lorde/ & remembre his name. And in the daye that I wyll make (sayeth the Lorde of hostes) they shalbe myne awne possessyon: and I wyll fauoure them/ lyke as a man fauoureth hys awne sonne/ that doth him seruyce. Turne you therfore/ and considre what difference is betwyxte the ryghtuous and ungodly: betwixte him that serueth God/ and hym that serueth him not.

Psal. xvij. a.

For marck/ the daye commeth that shall burne as an ouē: and all the proude/ yee and all soch as do wickednesse/ shalbe straw: and the daye that is for to come/ shal burne them up (sayeth ỹ Lorde of hoostes) so that it shal leaue them nether rote ner braunch.

But unto you that feare my name/ ỹ Sonne of rightuousnesse aryse/ & h
shalbe under his wynges: ye shal go for
multiplie as the fat calues. Ye shall t
downe the ungodly: for they shalbe lyk
asshes under the soles of youre fete/ i
daye that I shall make/ sayeth the Lor
hoostes.

Remembre the lawe of Moses my
uaunt/ whych I commytted unto hy
Ored for all Israel/ wyth the statutes
dinaunces. Beholde/ I will sende you E
the prophet: before the commynge of ỹ
of the greate and fearfull Lorde. He sh
turne the hertes of the fathers to the
children/ & the hertes of the chyldrē
to their fathers/ ỹ I come not
and smyte the earth with
cursynge.

The ende of the prophecy of Malach
and consequently of all the
Prophetes.

11．（見開きの２頁）1537年の『マシュ一の聖書』の旧約の最後の頁と外典の表題の頁。

Then sayd the serpent vnto the woman: tush ye shall not dye: But God doth knowe/ that whensoeuer ye shulde eate of it/ youre eyes shuld be opened and ye shulde be as/ God and knowe both good and euell. And the woman sawe that it was a good tree to eate of and lustie vnto the eyes and a pleasant tre for to make wyse. And toke of the frute of it and ate/ and gaue vnto hir husband also with her/ and he ate. And the eyes of both them were opened/ that they vnderstode how that they were naked. Than they sowed fygge leves togedder and made them apurns.

And they herd the voyce of the LORde God as he walked in the garde᷉ in the coole of the daye. And Adam hyd hymselfe and his wyfe also from the face of the LORde God/ amonge the trees of the garden. And the LORde God called Adam and sayd vnto him where art thou? And he answered. Thy voyce I harde in the garden/ but I was afrayd because I was naked/ and therfore hyd myselfe. And he sayd: who told the that thou wast naked? hast thou eaten of the tree/ of which I bade the that thou shuldest not eate? And Adam answered. The woman which thou gavest to bere me company she toke me of the tree/ ã d I ate. And the LORde God sayd vnto the woman: wherfore didest thou so? And the woman answered/ the serpent deceaved me and I ate.

大）（大英図書館）

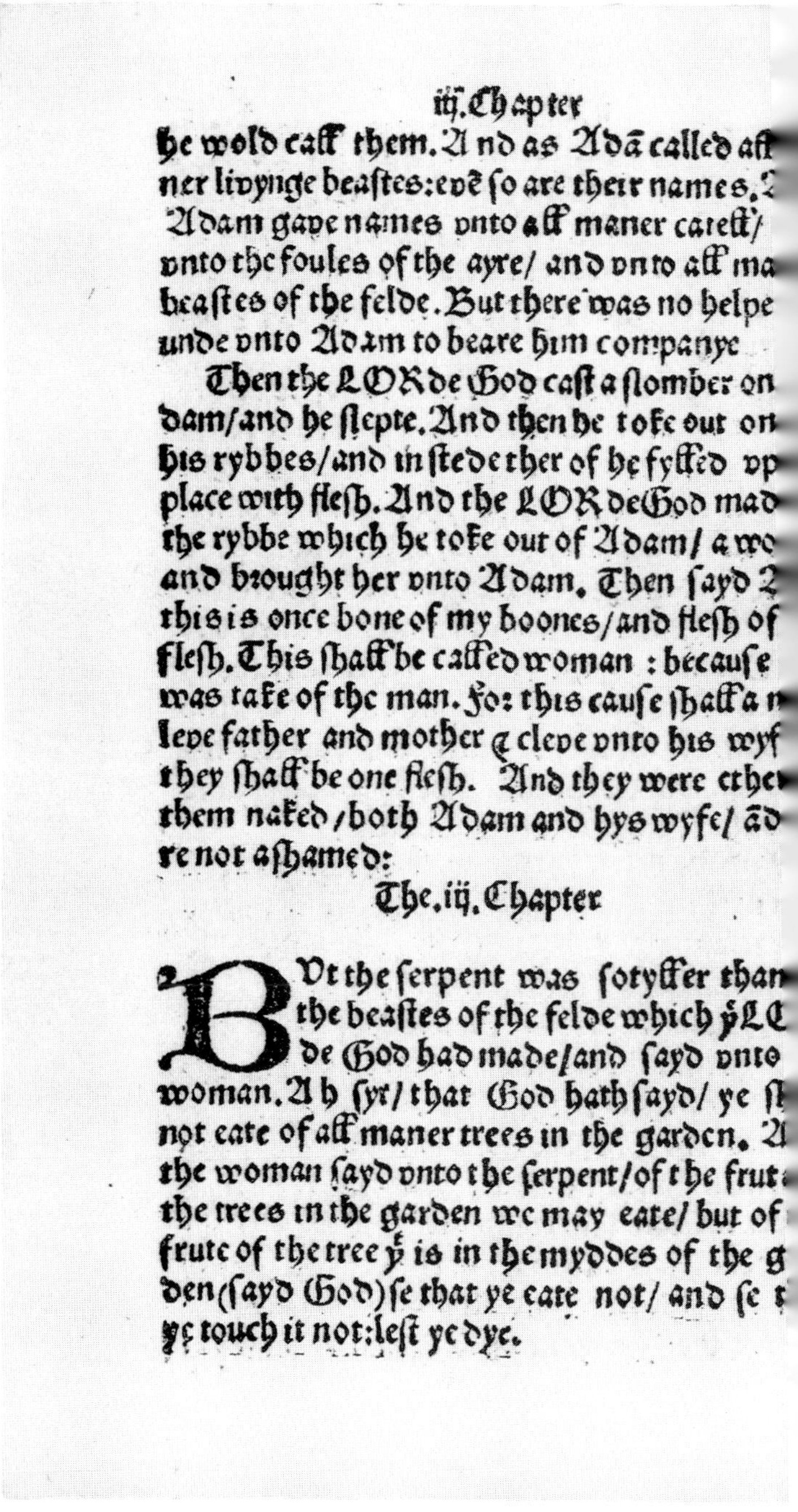
iij.Chapter
he wold call them. And as Adā called aft
ner livynge beaſtes: evē ſo are their names.
Adam gave names unto all maner catell/
unto the foules of the ayre/ and unto all ma
beaſtes of the felde. But there was no helpe
unde unto Adam to beare him companye
Then the LORde God caſt a ſlomber on
dam/ and he ſlepte. And then he toke out on
his rybbes/ and in ſtede ther of he fylled up
place with fleſh. And the LORde God mad
the rybbe which he toke out of Adam/ a wo
and brought her unto Adam. Then ſayd A
this is once bone of my boones/ and fleſh of
fleſh. This ſhall be called woman: becauſe
was take of the man. For this cauſe ſhall a m
leve father and mother & cleve unto his wyf
they ſhall be one fleſh. And they were ethe
them naked/ both Adam and hys wyfe/ ād
re not aſhamed:
The.iij.Chapter
But the ſerpent was ſotyller than
the beaſtes of the felde which ye LO
de God had made/ and ſayd unto
woman. Ah ſyr/ that God hath ſayd/ ye ſh
not eate of all maner trees in the garden. A
the woman ſayd unto the ſerpent/ of the frut
the trees in the garden we may eate/ but of
frute of the tree yt is in the myddes of the g
den (ſayd God) ſe that ye eate not/ and ſe t
ye touch it not: leſt ye dye.

*12*．1530年のティンダルの五書より、創世記３章のアダムとエヴァの堕罪の物語。（実

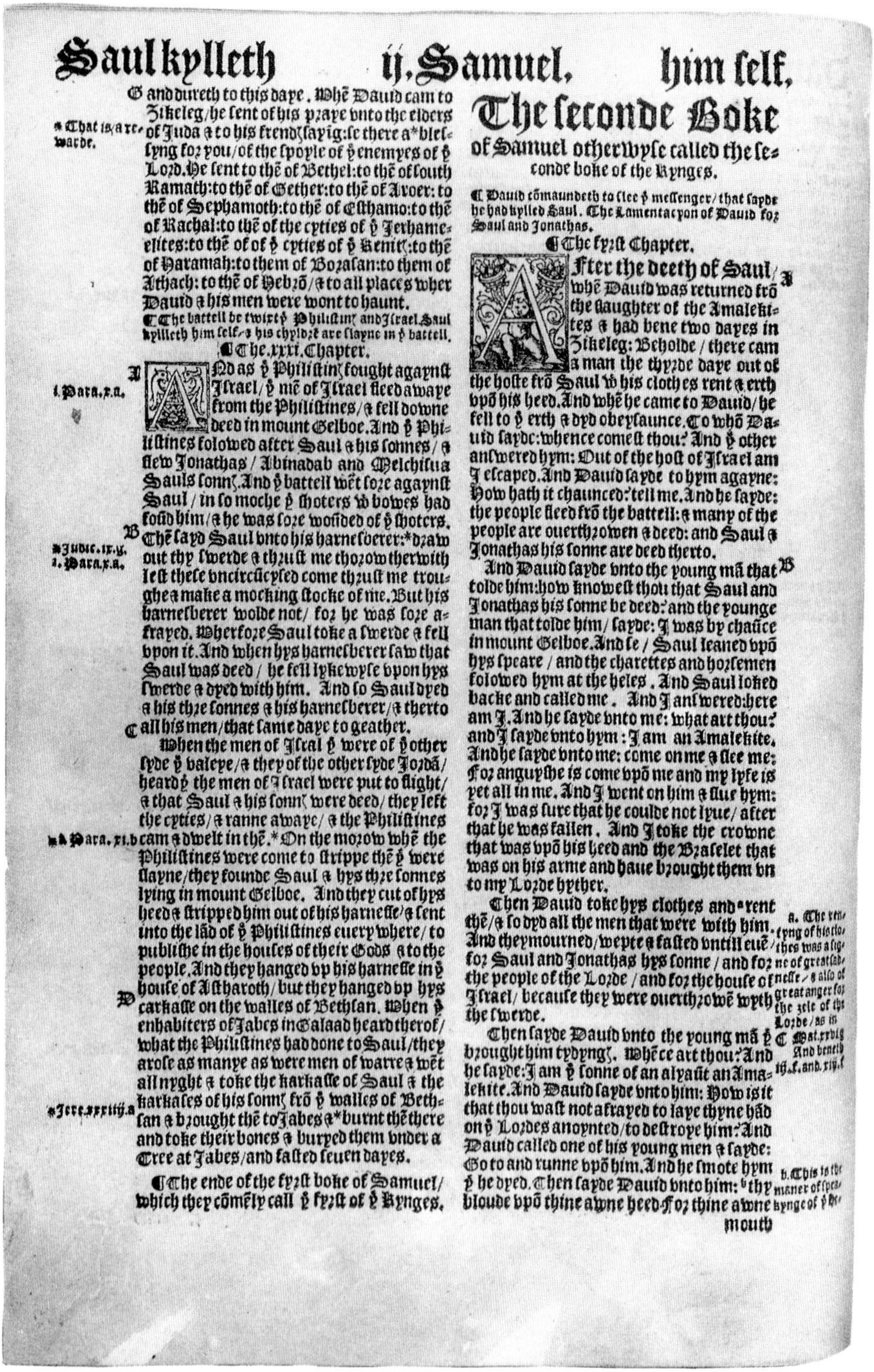

Saul kylleth ij. Samuel. him self.

G and dureth to this daye. Whẽ Dauid cam to Zikeleg/ he sent of his praye vnto the elders of Juda & to his frendꝭ/ sayīg: se there a* blessyng for you/ of the spoyle of ẏ enemyes of ẏ Lord. He sent to thẽ of Bethel: to thẽ of south Ramath: to thẽ of Gether: to thẽ of Aroer: to thẽ of Sephamoth: to thẽ of Esthamo: to thẽ of Rachal: to thẽ of the cyties of ẏ Jerhamelites: to thẽ of of ẏ cyties of ẏ Kenitꝭ: to thẽ of Haramah: to them of Borasan: to them of Athach: to thẽ of Hebrõ/ & to all places wher Dauid & his men were wont to haunt.

* That is, a rewarde.

¶ The battell betwixt ẏ Philistinꝭ and Israel. Saul kylleth him self, & his chyldren are slayne in ẏ battell.

¶ The .xxxi. Chapter.

A AND as ẏ Philistinꝭ fought agaynst Israel/ ẏ mẽ of Israel fleed awaye from the Philistines/ & fell downe deed in mount Gelboe. And ẏ Philistines folowed after Saul & his sonnes/ & slew Jonathas/ Abinadab and Melchisua Sauls sonnꝭ. And ẏ battell wẽt sore agaynst Saul/ in so moche ẏ shoters wͭ bowes had foũd him/ & he was sore woũded of ẏ shoters.

i. Para. x. a.

B Thẽ sayd Saul vnto his harnesberer: * draw out thy swerde & thrust me thorow therwith lest these vncircũcysed come thrust me troughe & make a mocking stocke of me. But his harnesberer wolde not/ for he was sore afrayed. Wherfore Saul toke a swerde & fell vpon it. And when hys harnesberer saw that Saul was deed/ he fell lykewyse vpon hys swerde & dyed with him. And so Saul dyed & his thre sonnes & his harnesberer/ & therto

C all his men/ that same daye to geather.

* Judic. ix. g. i. Para. x. a.

When the men of Israel ẏ were of ẏ other syde ẏ valeye/ & they of the other syde Jordã/ heard ẏ the men of Israel were put to flight/ & that Saul & his sonnꝭ were deed/ they left the cyties/ & ranne awaye/ & the Philistines cam & dwelt in thẽ.* On the morow whẽ the Philistines were come to strippe thẽ ẏ were slayne/ they founde Saul & hys thre sonnes lying in mount Gelboe. And they cut of hys heed & stripped him out of his harnesse/ & sent into the lãd of ẏ Philistines euery where/ to publishe in the houses of their Gods & to the people. And they hanged vp his harnesse in ẏ

D house of Astharoth/ but they hanged vp hys carkasse on the walles of Bethsan. When ẏ enhabiters of Jabes in Galaad heard therof/ what the Philistines had done to Saul/ they arose as manye as were men of warre & wẽt all nyght & toke the karkasse of Saul & the karkases of his sonnꝭ frõ ẏ walles of Bethsan & brought thẽ to Jabes & * burnt thẽ there and toke their bones & buryed them vnder a Tree at Jabes/ and fasted seuen dayes.

* i. Para. xi. b

* Jere. xxxiij. a

¶ The ende of the fyrst boke of Samuel/ which they cõmẽly call ẏ fyrst of ẏ Kynges.

The seconde Boke of Samuel otherwyse called the seconde boke of the Kynges.

¶ Dauid cõmaundeth to slee ẏ messenger/ that sayde he had kylled Saul. The Lamentacyon of Dauid for Saul and Jonathas.

¶ The fyrst Chapter.

A AFter the deeth of Saul/ whẽ Dauid was returned frõ the slaughter of the Amalekites & had bene two dayes in Zikeleg: Beholde/ there cam a man the thyrde daye out of the hoste frõ Saul wͭ his clothes rent & erth vpõ his heed. And whẽ he came to Dauid/ he fell to ẏ erth & dyd obeysaunce. To whõ Dauid sayde: whence comest thou? And ẏ other answered hym: Out of the host of Israel am I escaped. And Dauid sayde to hym agayne: How hath it chaunced? tell me. And he sayde: the people fleed frõ the battell: & many of the people are ouerthrowen & deed: and Saul & Jonathas his sonne are deed therto.

B And Dauid sayde vnto the young mã that tolde him: how knowest thou that Saul and Jonathas his sonne be deed? and the younge man that tolde him/ sayde: I was by chaũce in mount Gelboe. And se/ Saul leaned vpõ hys speare/ and the charettes and horsemen folowed hym at the heles. And Saul loked backe and called me. And I answered: here am I. And he sayde vnto me: what art thou? and I sayde vnto hym: I am an Amalekite. And he sayde vnto me: come on me & slee me: For angusshe is come vpõ me and my lyfe is yet all in me. And I went on him & slue hym: for I was sure that he coulde not lyue/ after that he was fallen. And I toke the crowne that was vpõ his heed and the Braselet that was on his arme and haue brought them hyther to my Lorde.

Then Dauid toke hys clothes and a rent thẽ/ & so dyd all the men that were with him. And they mourned/ wepte & fasted vntill euẽ/ for Saul and Jonathas hys sonne/ and for the people of the Lorde/ and for the house of Israel/ because they were ouerthrowẽ wyth the swerde.

a. The rentyng of his clothes was a signe of great sadnesse/ & also of great anger for the zele of the Lorde/ as in Mat. xxvi. g And beneth iij. f. and. xiij. f

C Then sayde Dauid vnto the young mã ẏ brought him tydyngꝭ. Whẽce art thou? And he sayde: I am ẏ sonne of an alyaũt an Amalekite. And Dauid sayde vnto him: How is it that thou wast not afrayed to laye thyne hãd on ẏ Lordes anoynted/ to destroye him? And Dauid called one of his young men & sayde: Go to and runne vpõ him. And he smote hym ẏ he dyed. Then sayde Dauid vnto him: b thy bloude vpõ thine awne heed. For thine awne mouth

b. This is the maner of speakynge of ẏ He

13．1537年の『マシューの聖書』のサムエル記下の最初の頁。（大英図書館）

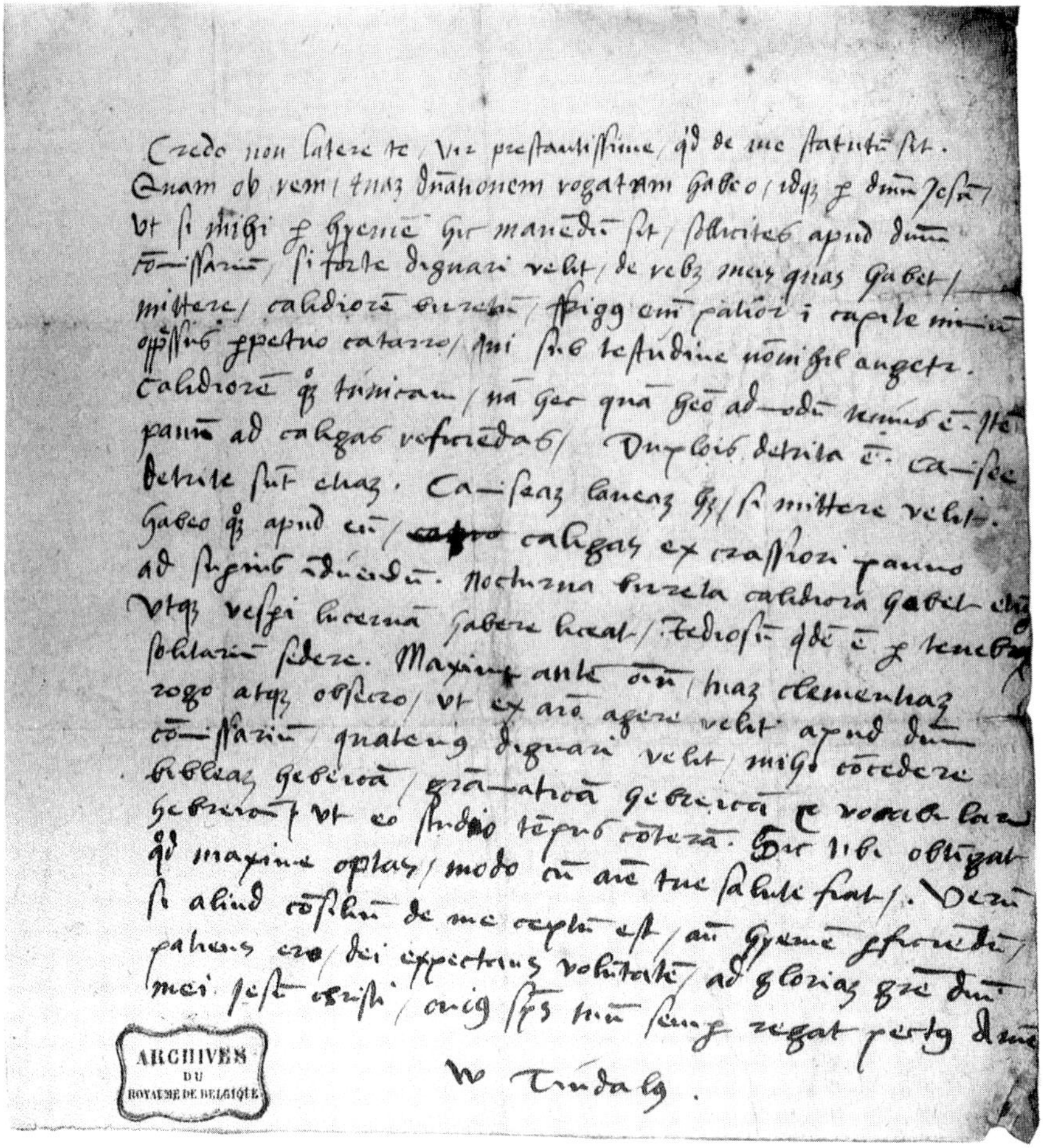


*14.* 1535年夏にティンダルがフィルフォルデの城の独房で書いたラテン語の手紙。訳文は本書641頁。
（ベルギー王立公文書館）

5．ティンダルの処刑。フォクスの1563年の『行動と記録』より。かなりな程度画家の想像によるもので、当の死刑の実際の目撃証言(647頁)とは必ずしも一致しない。この写真は大英図書館にある『行動と記録』の本から撮ったものだが、この原本ではティンダルの最後の叫び声[口のところに記されている]から open とう単語が削り取られている。何故、誰が、削ったのかは、知られていない。(大英図書館)

CⅠ1 イスラエルの子らは、その暗さにおいてさえ、律法を自分たちの母語で持っていた。旧約聖書である。それならどうして我々昼の明るさの中を歩む者に同じことが許されないのか。

2 モーセはイスラエルの子らに常に聖書に注意していることを命じた。それならどうして我々キリスト教徒がそれ以下でありえようか。

しかし

3 一般信徒は世俗のことに忙しすぎるから、聖書を持つだけの正当な理由がない、などと言われる。しかし世俗のことで最も忙しいのは司教たちではないか。

4 一般信徒は聖書をいろいろ異なって受け取るのではないか、と危惧されている。しかし、聖職者たちはそもそも聖書をまったく教えることをしていない。

CⅡ1 キリストもパウロも聖書に対応しようとした。それならどうして我々も、誰かがキリストやパウロについて述べていることの信憑性を聖書なしに確かめることができようか。

2 キリストは偽預言者に対する警戒を呼びかけた。ここでも（この致命的な点について）唯一の指標は聖書である。

しかし

3 我々は僧職者階級に神の言葉を教えてもらうために金を払っている。しかも彼らはそれを教えない。

4 いずれにせよ英語はあまりに粗野で聖書にはむかない、と言われている。それは事実ではない。実際、ヘブライ語はラテン語に訳すよりも英語に訳す方がうまくいく。

CⅢ1 現在説教されていることは、神学的には無茶苦茶に多様である。十五人の、いやそれどころか数え切れないほどの、相互に矛盾する博士たちの意見に従っているからである。それなのにどうして我々は聖書なしにそれらすべてについて判断できるだろうか。

2 しかし聖書は難しいので、これらの博士たちなしには理解できないのだ、と言われる。特にアリストテレスなしでは。しかし本当のところアリストテレスは聖書と相容れない。

しかし

3 教えられるべきは本物の聖書である。そうすればこういう哲学の害は除かれる。ところが実際には混乱が教えられているのだ。

4 堕落させる世俗の寓話は許可されている。

この部分にも、豊かな表現が多く含まれる。例えば、ティンダルが言うには、聖書を博士たちによって理解せねばならないというのは、ヤード計（巻き尺のこと）を布でもってはかるようなものだ。ましてや、布はいろいろ異なったものがあるのだから、これはますます難しい愚行である。右にCⅡ4と番号をつけた部分は、英語の聖書の必要性を説いた有名な個所である。これは全文引用すべきであろう。

使徒行伝で読むことのできる使徒たちの説教は、またその他使徒たちのすべての説教は、疑いもなく、彼らの母語で説かれたものである。とすれば、［我々が］それを母語で書かない理由はないだろう。我々のうちの誰かが良い説教をしたとして、それが書かれない理由はない。聖ヒエロニムスもまた聖書を自分の母語に訳したのだ。我々が同じことをしていけない理由はない。彼らは、我々の言葉は非常に粗野だから、我々の言葉に訳すことはできないのだ、と言うだろう。しかし彼らが誤った嘘つきであるほどには、我々の言語は粗野ではない。ギリシャ語はラテン語よりも英語にうまくあう。そしてヘブライ語の財産は、ラテン語よりも千倍ほど多く英語と一致するのだ。ものの言い方はヘブライ語と英語では同じである。だから、千もの個所では、それをただ一語一語英語に置き換えさえすればよい。ラテン語ではまわり道をして訳さないといけない。それでラテン語では、ヘブライ語にあるような優しさ、甘美さ、意義、純粋な理解をも表現できるようにするには、非常な苦労をしないといけない。九割九分九厘、ヘブライ語は英語に訳す方がラテン語に訳すよりも良いのである。実際、もしも私の記憶が間違っていて、子どもの頃に読んだことを忘れてしまったのでないとすれば、イングランドの年代記に、アデルストン王が聖書を当時のイングランドで用いられていた言語に翻訳させようとし、高位聖職者たちも王にそれを勧めた、という話がのっているはずである。(註12)

ここでCⅢ3および4とした部分は、これとはっきり対照的であり、ティンダルが聖書の教えについては感動的に、かつ謹厳に書き、そうかと思うと一転してギヤを入れ替えて違う調子に移る、といった書き方の趣味をよく示しているので、これも全文引用しておこう。最初の長い歩調の文で示されている確信と、後の方の、当時の形而上学的な論争に対していらいらした絶望を表明しているところと、はっきり対照的である［以下CⅢ3からの引用］。

こうして、汝は、誰もが他を教えることがないように、誰もが自分で聖書をとって学ぶがよい、と思っている。だが私はそうは言わない。確かに、汝らが教えることを欲しないのであれば、もしも誰かが真理を探し、聖書を自分で読んで、神が知識の扉を彼のために開けて下さることを望む時には、神は、神の真理の故に、その人を教えて下さるであろう。必ず教えて下さる。しかしながら、私の言いたいことは、師匠が弟子にヤード計のすべての点がわかるように、まず何インチあるか、次いでフィート、半ヤード、四分の一ヤード、ネイルを教え、それからこれによって他のものを計ることを教えるのと同様に、汝らが神の法を民に教えるようになるように、ということだ。神が我々に、父母、主人〔訳註12a〕、諸卿、王、ほかすべての上の身分の者に対してどのように服従することを求めているかを、また我らが互いに親切な愛をもって接するように神が命じているかを、教えるようにと。そして生れながら持っている毒が我らの心を神の命令と御心に反抗するようにしむけている、と教え、神の前ではいかなる人間も義たりえず、律法によって断罪されている者であるということを証しせよ。その上で（彼らを律法によって従わせ、恐れさせた上で）、神がキリストにおいて我らに対して立て給うた契約と約束を、また神がキリストにおいていかに我らを愛し給うかを教えるがよい。また彼らに、信仰の原理と基礎を教え、聖礼典が何を意味するかを教えるがよい。そうすれば、汝の説教において聖霊が働き、彼らの心を動かすことができよう。我らは生れながらの知恵で、生れながらの理性の真の原理から帰結するものを認識するようになるのがよいのだが、そうではあっても、信仰の原理と明白な聖書と、聖書のテクストの前後関係から、我らはすべての人間の理論と教説を判断し、そのうちの最善のものを受け取り、最悪のものは排除すべきである。汝らがまた彼らに、聖書のものの言い方の特色を教え、ことわざや譬え話をどう解釈するかを教えることを望む。そうすれば彼らが〔聖書の〕外に出て、多種多様な博士たち、哲学者たちの野原や牧草地を歩きまわろうとも、そこから害を受けることはあるまい。彼らは毒と蜜を区別できるようになっており、健全なもの以外には何も家に持ち帰らないだろうから。

しかし現在は、汝らはみごとに正反対なことをやっている。汝らは彼らを神の言葉から追い払い、二年間の学芸修士の過程を修めなければ聖書には近づいてはならないとしている。まず彼らを詭弁学と benefundatum〔三段論法で、しっかりした前提に立つこと〕とで訓練する。そして彼らをもっともらしい議論で腐敗させ、また論理学や自然の philautia〔自己愛〕や形而上学や倫理哲学や、その他アリストテレスのあらゆる種類の本を引き合いに出して彼らを説得しようとする。更には、自分自身今まで見たこともないようなさまざまな博士たちの本を引き合いに出す。おまけに、ある者はこのことを支持し、他の者はあのことを支持する。ある者は実在論者で、ある者は唯名論者である。彼らの範疇やら全称命題やら第二概念やら quiddities［本質］やら hecceities［個別］やら relatives［関係］やらでもって結構な夢を見ている。species fundata in chimera［キマイラに基づく種］は vera species［真の種］であるかどうか、そしてこの命題が正しいかどうかについて、non ens ist aliquid［非存在もなにものかである］なんぞと言う。それで、ens［存在］は equivocum［多義的、多音的］か univocum［一義的、一音的］かと議論する。ある者は、ens は単に一音だという。他の者は ens は一義的であると言い、更に ens creatum［創造された存在］と ens increatum per modos intrinsecos［内在的に非創造の存在］とに分ける。こういう具合にして喧々囂々と八年なり十二年なり更にそれ以上の年月をすごして、そうして彼らの判断力はすっかり腐敗してしまう。そのあとでようやく神学の勉強をはじめるのである。

その神学も、聖書についてではない。それぞれが各種各様の博士を取り上げる。まさに色さまざまで、我らの宗教の諸セクト間にはさまざまな様式と恐ろしく多様な型とがあって、どれも他と似ていないので、ある博士は他の博士と矛盾し、という具合である。それぞれの宗派、それぞれの大学、いやそれぞれの人がそれぞれ異なった神学を持つ。それでともかく自分の選んだ博士の御意見と一致するものが、自分の福音なのである。それが真理であるのは彼にとってのみで、それを彼は後生大事にかかえていく。そして誰もが自分の博士を支持するために、聖書を駄目にして、自分の想像に応じて解釈する。いわば壺作りが泥をこねるようなものだ。ある者はこれは地獄に関すると言い、他の者はこれは煉獄の証明だと言い、更にある者は limbo patrum［父祖たちの辺土］だと言う。聖母マリアの昇天だ、などと言う者まで居る。その同じテクストから、猿はしっぽを持っていた、などと証明しようとしたりするのだ。灰色修道士［フランシスコ会］はあるテクストから、聖母マリアには原罪がなかった、と証明しようとし、黒色修道士［ドミニコ会］は同じテクストから聖母マリアは原罪によって母の胎に宿った、と言う。そしてそのすべてを彼らは、それぞれもっともらしい理屈を並べて言っているのである……。(註13)

八頁にわたる序論は、聖書は不服従や反乱を教えてはいない、ということを論じている。反逆の悪は、キリストがはっきり与えた命令に反するところから生じる。それは福音書の示しているとおりである。我々は「まだほんの赤ん坊の頃から、トルコ人を殺せ、ユダヤ人をやっつけろ、異端者を燃やせ、教会の特権や権利と言われているもののために闘え」と教えられてきた。そして、もしも教皇に従うことによって自分が殺されるとしても、「我らの魂は、まだ我らの血が冷たくならないうちに、天へと上って行く、いや天へと飛んで行くのだ……」と教えられてきた。とすれば、我々が「神の真なる言葉」のために闘うべきだと考えるのに、何の不思議があろうか。ティンダルはこの序論を、もしも彼が聖書にさからって言っていることがないかどうか、すべての点にわたって点検してほしい、と言って終っている。最後に、神の霊が読者を「何が神の御前で正しいかを判断する」ことができるようにして下さい、と祈りをつけ加える。一番最後の十行は、新約聖書の句をいろいろ引用するものである。

## 本論

ヘブライ書の著者のように、ティンダルはこの本論を「神は……」という文ではじめている。しかし、ヘブライ書のように歴史を巨視的に［創造のはじめから］振り返るのではなく、他の尺度の出発点［個体の生命の誕生］からはじめている。

神の言葉によって証明せられた、すべての身分の服従。
また第一に、子どもの両親に対する服従。

神（一切において一切を働く神）は、不可思議な判断と目的のために、また神の喜びのために、汝の父と母が一緒になって汝を造るべき時を定めて下さった。汝の母の胎において、神は汝とともにいました。そして汝を形造り、汝に生命を吹き込み、そして汝に対する大きな愛の故に汝の生れる前から母の胸に汝のために乳を備えられた。そして汝の父母が、またすべての者が汝を愛し、あわれみ、汝のために慮かるようにとして下さった。

なごやかな書き出しである。以下の二七〇頁にわたって続く新約聖書の教義の山々、腐敗した教会に対する壁をも砕く議論、どっしりした聖書的原理などは、神が「不可思議な判断と目的のために、また神の喜びのために」母の胎の中に「汝」を創造し、幼児である汝が乳を与えられるようにと備えて下さったということを見た上で、はじめて述べられるのである。おだやかで、かつ驚くべき書き出しである。序論でこの直前まで彼が論じていたこと、すなわち神が偽善者や誤った人々に対してなす復讐の禍い、あるいは一般の信者が誰でも神の言葉を持つことができるようになるのを妨げる形而上学的な議論の間抜けさ加減などの指摘とは、まるで離れたものいいである。しかしそれは、以下に続くすべてを、真に実生活に根ざした枠の中にみごとにおさめている。

『服従』の本論、つまりティンダルの言う「小論」は、三つの大きな部分からなる。第一部は服従に関する神の法について。いかなる人もそこから免除されない。第二部は、父、夫、主人、土地の主人、王、ないし裁判官としてどのように統御すべきかを述べている。第三部は「徴。聖礼典などは聖書に出て来るから、正しい。聖者崇拝などは間違っている」という表題のもとに、伝統的な聖書の四つの意味について——第一のみ、つまり字義通りの意味のみが正しい徴である、という。三部それぞれが更に小さい部分に分けられ、それが更にまたいくつかの小部分に分けられる。こうして思考の過程を細かく示す枠組みを見ることが可能である（付録B参照）。

## 『服従』に関する神の法

服従に関する神の法は、子ども、妻、召使（教皇の追随者はこの法からずらかるのであるが）、そして特に王、行政者、支配者にあてはまる。王、行政者、支配者は神の義を実践する者である。そして、その責を直接神に対して負う。いかなる人もこの法から免除されない。特に、修道僧、修道士、教皇、司教は免除されない。王は、暴君であっても、我々の福祉のために働く神の仕え手なのである。神の法を正しく守ることができるのは霊的な人のみであるから、この法に対するいかなる服従の基盤も内的なものである（この部分がパウロを大量に引用するのは、不思議ではない）。此の世の権力への服従は、新約聖書の教えるところによれば、キリスト、ペテロ、パウロをモデルとする。一切を、良きものも悪しきものも、悪しき支配者すらも、我々は神から受け取るのである。だから、これに逆らってはならない。

「教皇の悪しき権力に対して」と題された小部分は、マタイ二六章［五二節］の引用からはじまる。キリストがペテロに「剣をおさめよ……」と命じる個所である。これが、この本の主たる部分の頂点である。そして、表題は言葉が激しく噴出することを思わせるけれども、実際には、聖書の多くの個所が引用ないし言及され、その意味するところについての考察が記されているのである。これは砲兵隊のつるべ撃ちではない。新約聖書が服従の霊的根拠について主張していることを項目別に整理した十二頁以上にわたる解釈なのである。その中でたまたま統治者に対して抵抗する権利をも否定しているのである。

## いかに統治するか

次の部分、つまり『服従』の本論の第二部であるが、これは本全体の書き出しとぴったり同じようにはじめられている。もう一度新たに書きはじめるような形で書く意図は、はっきりしている。第一部の最後の、第二部への橋わたしをする個所で、「神は統治者を真理の知識へと招いて下さるのであるが、その統治者はいかに統治すべきか」という主題が告げられる。ここでも彼はこの主題に、父、夫、主人、土地の主人の役割について短く述べるところから入っていく。第二部に移るところでも記しているように、「神はいかなる身分もその慈愛から除外なさらない」からである。続いてすぐに「王、裁判官、役人の義務」に移り、「民は神の民であって、彼らの民ではない」ということの意味を組織的に概括する。いつもそうしているように、ティンダルはここでも、あるべき姿と現実の姿の間を行ったり来たりする。あるべき姿は、聖書を緻密に、正確に読むことから解説される。現実の姿は、「此の世を捨て、此の世から切り離され、神の国を説くように任命されたはずの」司教や高位聖職者が此の世の国を統治する能力がある唯一の人間とみなされている、という風にうまい文で描かれる。教会の高位の職は、フルタイムの職として神の言葉を説く仕事に従事することを要請する。「神の言葉を説く仕事は、ハーフタイムの人間には荷が重すぎる。また、此の世の国を統治する仕事も、ハーフタイムの人間には重すぎる。

どちらもそれぞれ全人間を要する仕事である。従って、一人の人間が両方をなすことはできない。あらゆる瑣事にまでちょっかいを出さねば気がすまない者は、キリストの忍耐を説く資格がない……。」司教や教皇は、「聖書を肉的、世俗的に解釈し、神はペテロにこう言われた、私はペテロの後継者だ、だからこの権威は私だけのものだ、などと言って」、自分の権力の拡大をはかったりしてはならないのである。（註14）

## フィシャーに対して

こういう「哲学」、現実になされている「聖書の濫用」、神の言葉の侮辱の実例を示すために、ティンダルは二三頁にわたって、ロチェスターの司教ジョン・フィシャーがマルティン・ルターに対してなした説教を批判している。この説教は一五二六年二月十一日に、聖ポール教会でなされたルターの本の焚書に際してなされたものである（T・バースレットが一五二八年に印刷している）。ティンダルは七つの論点にしぼり、そのいずれにおいてもフィシャーは聖書を間違って理解している、ということを示す。そして七つの論点のそれぞれにおいて、キリストが、キリストのみが、権威である、という結論を示す。第一に、モーセとアロンは「影によって」キリストと教皇を示しているというフィシャーの議論を退ける。これはティンダルは、新約聖書に基づいて容易になすことができた。第二に、使徒たちが説いたのはキリストであって、ペテロではない。第一コリントス書簡の第三章［二一―二三節］でパウロが「一切は汝らのもの、汝らのもの、汝らはキリストのもの、そしてキリストは神のものである」と述べる時に、「汝らはペテロのもの、汝らは教皇のもの」なんぞとは言っていない。第三に、使徒たちはキリストの権威に基づいて福音を説くために遣わされたのであって、彼らが勝手に考えることを説くためではない。キリストが命じたことを説くためなのである。「キリストは、私は私の道を行く、そして見よ、ここに私の代りにペテロが居る、などとは言っていない。……」司教たちはキリストの臨在する姿も見ないから、結局自分で自分の神をこしらえているのである――「アロンが子牛をこしらえたように、教皇は大きな雄牛を次々にこしらえている〔訳註、ここでティンダルはbullという単語に、雄牛という意味と、教皇勅書という意味があることにひっかけて皮肉を言っているのである〕。第四に、何故キリストの座すなわちエルサレムは、ペテロの座すなわちローマのように大きくないか。偽使徒たち（「頭を剃った国家」）はキリストを、また皇帝や王たちさえも、押しやって、自分たち自身のことを説いている。「かくして彼らは神と人との代りに支配し、あらゆる権力を自分たちのものとし、自分たちの好むことを行なっている。」第五に、フィシャーはルターがパウロと福音とについて言っていることをおそろしく誤解しているのみならず、パウロ自身をもっとひどく誤解している。フィシャーは「聖書に対してかくれんぼを演じている」のだ。彼がやっていることは、パウロの権威を取り去って、ペテロの権力に服せしめる作業の一環にすぎない。「加えて、Pasce, pasce, pasce〔養え、養え、養え〕。ロチェスターはこれに英語の訳をつけずにいるが、これは角を切れ、毛を刈れ、剃れなどという意味ではない」(註15)。第六に、フィシャーは教会の外から導入された「悪しき伝統と誤った儀式」を、オリゲネスに依拠して、パウロの権威によるものだなどと主張しているが、ティンダルは、聖書の外の権威に頼るのなら、アリストテレスだろうとプラトンだろうと「ロビン・フッドであろうとも」構わないことになろう、と言う。フィシャーが、マルティン・ルターが教皇の勅書を燃やしたのは教皇自身を燃やそうとしているということであって、それはキリスト信徒を殺したことだ、と難癖をつけているのは、ティンダルに絶好のきっかけを与える。「私も同じ議論をしよう（この議論は、まあ正しい議論だろうと思う）。ロチェスターとその聖なる兄弟たちがキリストの契約書〔ティンダル自身の一五二六年の新約聖書〕を燃やしたのは、まことに、もしも彼らのもとにキリストが居たなら、キリスト御自身をも燃やしただろう、ということの証拠ではないか」(註16)。最後に、「純粋に悪辣なまったくの狂人で、悪意に満ちた脳みそでこんがらがっている」フィシャーは、福音を逆さまに解して、「我々は聖なる業によって義とされるのだということを証明しようとして、ガラティア書五章のパウロのテクストを半分だけ引き合いにだす。」フィシャーのラテン語の知識が間違っているだけでなく――彼は「デポネント動詞〔受動形を能動ないし自動の意味に用いる〕を受動の意味だと思った」――その新約聖書神学もただただ間違っている。ティンダルは最後の四頁でパウロとヨハネから熱心に引用を重ね、解説して、明らかにしている。信仰のみが根源なのだ（註17）。

フィシャーに対する七つの点があわさって、一つの結論へとつながる。聖書は、まずキリストと、キリストへの信仰とがなければならぬ、としている。制度的教会はこの真理を否定し、みずからの権力を第一としている。教会の過ちだけでなく、その悪意（神の言葉を説く者を黙らせようとするだけでなく、積極的に神の言葉を歪曲している）を証明するのに、ティンダルは幅が広い。旧約聖書（モーセとアロン）からキリストの業と神学にいたり、使徒に話が及び、それから現在の教会の策謀へといたる。

これは偉大な駁論である。ここでは、フィシャーは単に間違っているだけでなく、小さく見える。このフィシャー批判はティンダルのこの本の全体の構成にうまく適合している。本のこの部分で、ティンダルは司教や高位聖職者たちが神の言葉を説かないばかりか、積極的に歪曲しているということの確かな実例を必要としたのだ。ここで彼は歪曲（「欺瞞」）という問題点にもどってきて、教会の策謀の部厚い織物の中に満ちている愚かしさをからかいはじめる（「我々は、聖水、聖火、聖パン、聖塩、聖なる鐘、聖蝋、聖枝、聖蝋燭、聖灰……などに対してどういう敬意を表そうか。私は、堅実な信仰は……聖霊によってもたらされる、と言おう……」）。悪魔を追い払うために、我々は聖水をまいたり、鐘をならしたりしている（ティンダルはこの欄外に更に註をつけ、「ならば司教たちはどうして鉄砲を撃って悪魔を追い払わないのだ」としている）（註18）。彼がここから長々と列挙する教会のあらゆる策謀の原因は、要するに、教会がアンティキリストによって支配されているからである。『服従』のこの第二部で一貫している主題は、あらゆる場所で王たちはこういう抑圧に対してみずからの国土を守らねばならぬ、ということである。また、「明らかで、公明な聖書」によって信仰が判断されるべきだ、ということも特に論じられている。それは「一般信徒の判断を排除するものではない」。多くの一般信徒は、何も教えない聖職者と同じ程度には賢いのである。「我々クリスチャンが教会をいつも無益に訪れ続け、その結果、八十歳の老人が昨日生れたばかりの赤子と同じ程度しかものを知らない、などというのは、恥ずべきことではなかろうか。」(註19)

「これは狂気ではあるが、その中に秩序がある」という言い方で、ポロニウスは、心の中に同じように大量のものを持っているある人物のことを、沈着に正気であると評している。付録Bの分析で示したように、思考の過程は決して感情の力に押し流されてはいない。ハムレットの場合と同様、思考と感情をあわせて秩序づけることで、力が生み出されている。次の個所は、教会の偽善者たちによって王が廃位されたということを扱った部分に出て来る。実際王たちは、「細かいことにやたらと神経をとがらせ、重要なことについてはまったく気をつかわない」者たちによって「土地と権威と名誉と服従」とを奪われたとしても、その者たちより低いわけではないのだ。

キリストは、汝ら盲目の案内人はぶよを漉して、らくだを呑み込んでいる、と言っている。マタイ二三章。細かいことにやたらと神経をとがらせ、重要なことについてはまったく気をつかわずにいる我々の盲目の案内人たちもまた、藁につまづくくせに、材木を跳び越えるようなことをしていないであろうか。彼らのうち誰かがミサに行く前に自分のつばや口をゆすいだ水を呑み込んだら、あるいは鼻で聖餐のパンにふれたら、あるいは驢馬に息を吹きかけるのを忘れたら、あるいは香油をつけていない指でたままさわったら、あるいはLaus tibi, domine（主よ、汝の誉められんこと）の代りにハレルヤと言ったりしたら、あるいはBenedicamus domino（我らは主を祝福する）の代りに Ite missa est（これぞミサなり）と言ったら、あるいは聖餐式の杯に葡萄酒を注ぎすぎたら、あるいは灯火なしで福音書を読んだら、あるいは十字の切り方を間違えたら、どんなに震え上がることか。どんなに恐れることか。何というおそろしい罪を犯してしまったか。神よ、御恵みを、わが霊なる父よ、と彼は叫ぶ。しかしめかけを囲い、他の男の妻と交わり、聖職禄を金で買い、一つの国土を他の国土と争わせ、一日に二万人もの人を死なせても、それは彼らにとっては瑣末のこと、暇つぶしにすぎない。（註20）

この「アンティキリスト」と題された部分全体を通じて、ティンダルは神の言葉に直接に訴えることから離れることはない。王から下々の者にいたるまで誰もが公明な聖書に訴えることができる、ということが決定的であるのだ。

神の言葉によってすべての人の教えを試せ。汚れていると神の言葉によって判断される者は誰であろうと、癩病人とみなされるべきである。聖書の一つの個所が他の個所を明らかにする助けとなるだろう。そして前後関係が、つまり前と後の文が、その真ん中にはさまった個所に光を与えてくれるだろう。公明で明らかな聖書の個所が、わかりにくい個所の誤った、悪しき解釈をいつも正してくれるだろう。（註21）

### 徴

次に彼は本書の第三部にさしかかる。ここでもう一度「アンティキリスト」の部分の議論をふりかえるだけでなく、教会の組織についての議論をもう一度取り上げなおす。今度は、教会の組織は誤った徴によって作られている、という視点から議論される――たとえば高位聖職者が赤い衣を着るなどということを取り上げ、彼らは「神の言葉を証しするためにいかなる時でも殉教する用意がある」ということか、などと皮肉を言っている。他のさまざまな装飾、「彼らの偽装のあらゆる華麗さ」も、同様に誤っている（註22）。

まず「神が命じ給うた徴」について論じられるべきである。つまり「キリストが我らの慰めのために残して行かれた聖礼典について……」。当然彼は「キリストの体と血の聖礼典」を最初に置いている。そして「これぞ我が体……これぞ我が血……これを我が記念のためになせ……」〔ルカ二二・一九、二〇〕というキリストの言葉を引用した後、ただ、この約束とそれに対する信仰がすべてである、とのみ言ってすませている。続けて、洗礼、婚礼、身分秩序（聖職）、告解、（罪の）告白、悔恨、懺悔の実践、赦免、結び解くこと、堅信礼、塗油（臨終に際しての最後の塗油）、その他もろもろの儀式について論じられる。このうち、ティンダルの分析によれば、最初の二つ（聖餐と洗礼）だけが真の新約聖書的な聖礼典として残る。また、婚礼や身分秩序などいくつかは神によって命じられたもので、（もしも新約聖書に応じて整えられれば）高い価値のものではあるが、聖礼典と名づけることはできない。何故ならそれは、キリストにおける神の霊的約束を含むものではないからである。

予想されるように、ここでも、聖書を現行の慣習と一つ一つ対照させていくティンダルおなじみのやり方が見られる。悔悛以下の六項目の教会の伝承についての彼の反対意見は、「告解は、他の多くの単語と同様、我々を欺くために彼らがこしらえた単語である」という文でもってはじめられる。聖書の言葉が意味していることは、悔改め、つまり精神の変化である。悔改めと罪の告白について、彼は新約聖書的な霊的な意味を説明する。それは「〔司祭の〕耳にこそこそささやく懺悔」などとは何の関係もない。「耳にこそこそささやく懺悔などは、まさにサタンの働きである。それはこれまで作られたものの中でも最も虚偽のものであり、信仰を食いつぶすものである。」そういう形態は「小さいごまかし」の故に初期のギリシャ語の教会は廃棄したのである。ティンダルは数頁にわたって新約聖書の権威について注意深く述べていく。「……誰かある人が罪を犯し、しかし悔改めて約束を信じるならば、キリストにおいて罪から解かれ、赦される、ということは神の言葉によって確かである。司祭は、このことを説教する以外の権威を持っていない」（註23）。その上ではじめて彼は、教皇が「劫罰と罪障」から赦免する権威を持っているという主張の批判にかかる。死にいたる罪一つにつき煉獄で七年間過ごさねばならず、そこから釈放されるための免罪符を教皇が金で売ることができる、という考え方である。修道士たちも同じことをやっている。「かくして罪は此の世でもっとも儲かる商売となった。」

神の約束のすべてを彼らはきれいさっぱり拭い去り、あるいはあからさまな嘘でかためて彼らの告白を確立しようとする。そして、彼らがそのすべてをラテン語でなすのは、我々を真理の知識から遠ざけておくためである。

彼らはラテン語で祈り、ラテン語で洗礼をほどこし、ラテン語で祝福し、ラテン語で赦免を与える。彼らが英語で唱えるのは、呪いの言葉だけだ。（註24）

堅信礼もキリストにおける神の霊的な約束を含まないから、聖礼典ではないが、教区でも法廷でも同じような力を発揮する。「最後に塗油であるが、これまた何の約束もない。従って霊に欠け、何の利益もなく、まるで不毛で、迷信的である。」続いて「儀式一般」という表題で十二頁ほどの論述が続く。この土地の慣習の愚かさは、新約聖書の教えによって明らかとなる。以下の個所には、欄外に「業が救うのではなく、御言葉が救うのである。

すなわち約束である」と註がついている。

イングランドの多くの土地で洗礼はヴォローすることと呼ばれている。司祭がその時に「volo（我欲す）と言いなさい」と言うからである。子どもはちゃんとヴォローしてもらった、などと言われる。我々の助祭はこの二十マイル以内では最も良いヴォロー者である、といった具合だ。人々がどれだけていねいにこの儀式を見ていることか。何か忘れられたりしないか、子どもが水の中にきちんと沈められるかどうか、あるいは、子どもが病気だったりする時に司祭が遠慮して子どもを水につけげず、頭に水をたらしたりするだけだと、人々は心配しておののいたり、ふるえたりする。「言いなさい」のジョン様、これでこの子は十分にキリスト教化されたのでしょうか、と彼らはたずねる。この子は果してこれで十分にキリスト教を頂戴したことになりましょうか、と。彼らは実際、これではこの子はまだキリスト教化されていない、と思うのである。私は、何人かの司祭が叙任の儀式の時に司教が儀式の一つを忘れたというので、自分たちはまだ本当に司祭にはなっていないと思い込み、もとの修道院にもどっていった、という話を知っている。堅信礼のことを人々は「司教する」と呼んでいる。司教が子どもの額にバターを塗ってくれれば、その子は安全なのだなどと信じている。彼らはこの種の業が安全にしてくれるのだと考え、また塗油についても同様に考えている……。

（註25）

以上を要約して、「唖の儀式など聖礼典ではない。迷信である。……キリストの徴はものを言うが、アンティキリストの徴は唖である。」続けて十二頁ほど「祈りと良き行動について。また愛の命令について」述べられる。これはすでに「信仰による義認についての私の本」、つまり『悪しきマモンの譬え』において、「十分に書いておいたが」、ここでは「我々の修道僧や修道士やその他の霊的な人々の祈祷や良き業がいったい何の役に立つか」を明らかにするために、「一言、二言、述べることにする。」そう言っておいて、数頁にもわたって新約聖書の緻密な引用をなし、キリストにおいて我々は誰しも他の者と同様に良い存在なのであって、あらゆる基準に照らして平等で、キリストの故に愛があるのである、ということを説明する。「そして以上のことに何もつけ加える必要はない。」しかしながら、修道僧や修道士やその他の連中にとっては、愛は金を与えた結果である――食器棚に飾った愛というか、ティンダル自身の表現で言えば、「つき出た腹の愛」である。

## 「聖書の四つの意味」

『服従』は最後に全体の要約を二一頁にわたって記している。しかしその前に、この第三部の中の最も長い部分が置かれている。これは本全体の中でも最も長く、「聖書の四つの意味」について詳しく論述を展開している。これがここに置かれている理由を知るのは難しいことではない。この本を終える前に、いわば彼の大本営に対するありうるかもしれない攻撃に対して前もって身を守っておく必要があったのだ。この本全体は、教会が現在行なっていること、教会の信仰のほとんどすべてが、いかに破滅的に間違っているかを述べたものである。そしてそれは新約聖書に示されているキリストとその約束の光に照らしてなされている。もしも彼の新約聖書の読み方が誤っているとしたら、それも、個々の点の解釈どころか全体の方法そのもので誤っているとしたら、キリストとその約束について語る彼の主張はまったく無効となってしまう。書物の終りを頂点へと上りつめるような仕方で終るのは、ティンダルの特色である。そして、偉大な翻訳者の技術にふさわしく、聖書の言葉と解釈についてのこれらの頁は、この本の中で最も生き生きと書かれている部分である。

ラテン語の聖書のすべての単語を四つの異なった仕方で解釈するやり方は、教父たちの解釈の方法にまでさかのぼる。特にそれはオリゲネスの特色で、ティンダルよりさかのぼること千年も昔のものであるが、それ以来ずっと標準的な解釈となってきた。ティンダルの居た当時のオクスフォードの学者たちはこの解釈方法に何ほどか重要な批判の眼を向けはじめていた(註26)。アレゴリー的な解釈は旧約でも新約でもまったく知られていないというわけではない。キリストのいくつかの単純な言い方(「私は葡萄の樹である」〔ヨハネ一五・一〕)からダニエル書やマルコ一三章の黙示文学的文章の不可思議な概念にいたるまで、またヨハネ黙示録全体にわたっている。しかしながら、教会の方法の危険は二つの点にある。第一にそれは、好き勝手な話のつなげ方のかなり粗雑なやり方とでもいったものにお墨付きを与える。そこでは、その時々の気まぐれに応じて、原文の単語が何でも好きなことを意味しうることになってしまう。そしてそれは自動的に、その時代の教会に非常によくあてはまることを意味することになる——そして聖書は非常に解釈し難いものとなり、この方法をよく勉強した者だけが扱うことができる、ということになる。(キリストの譬え話、たとえば神の国の譬え話とか放蕩息子の譬え話などを思い出してみれば、そういうことはありえないということがすぐにわかろう。)

従って汝は、聖書は一つの意味しか持っていない、つまり字義通りの意味しかない、ということを理解するだろう。そしてこの字義通りの意味こそ一切の根であり、土台なのである。それは揺らぐことのない錨である。この錨にしっかりつかまっていれば、過つことはなく、迷い出ることもない。字義通りの意味を離れれば、道をはずれる以外にありえない。聖書もことわざ、比喩、謎、アレゴリーなどを用いることがある。それはどんな文書でも同じことだろう。しかしことわざ、比喩、謎、アレゴリーが意味するところのものは、常に、字義通りの意味である。汝はそれを勤勉に探し当てねばならぬ。英語においてもまた我々は一つのこ

とについての単語や文を借りてきて、それを他のことにあてはめ、それらの単語や文に新しい意味を付与するのである。(註27)

このような隠喩の用い方を彼は日常の言語から例示する。「跳ぶ前に見よ」、「枝の上に乗るためには、枝を切ってはならぬ」……。しかしこういう日常の例は、すぐに刺が生える。「何かがうまくいかないと、我々は言葉を借りてきて、司教がそれを祝福なさったのだ、などと言う。……裏切られたくせに、どうして裏切られたのかわからない人のことを、我々は、あの人は告悔に行って来たのだ、などと言う。」(もっと多くの意味があるのは、「彼女は教区司祭殿の妹の娘だ、彼は司教の妹の息子だ、彼の叔父さんは枢機卿だ」などである。)聖書も「キリストは子羊である」といったような隠喩を用いる。しかし正しい解釈は無茶なものではない。キリストと信仰という基盤に関係づけるのが正しい解釈である。家が基礎の上に立っているのと同様、アレゴリーは字義通りの意味の上に立っている。アレゴリーは、それ自体としては、何ものも証明しない。

ティンダルは実例として、ペテロがマルコスの耳を切り落とした(ヨハネ一八章[一〇節])という出来事を解釈してみせている。またパウロも創世記のハガルの物語について同じ方法を用いている[ガラティア四・二一―三一]。以下は有名な個所である。

我々もまた同様に聖書から比喩やアレゴリーを借りてくる。我々がアンティキリストたる教皇のもとにみじめにも囚われており、弾圧されているということを述べるために、ファラオやヘロデ、律法学者やパリサイ人のことを比喩として借りてくる。この捕囚と信仰の堕落と我々が今置かれているこの盲目との最大の原因は、第一に、アレゴリーなるものから生じてきたのである。というのも、オリゲネスとその時代の人々は聖書のすべてをアレゴリーに引きつけて解釈したからである。その後に来る者もずっと長い間その例に従い続けてきた。その結果ついに彼らは、聖書はその上にアレゴリーをかぶせてごまかすためだけのものと思い込んで、聖書の本文の組成も構造も忘れてしまったのである。だから二十人もの学者が一つのテクストについて二十通りもの仕方で解釈を並べる。子どもがやさしい歌にいろいろ替え歌を作るようなものである。そこに我らの衒学者どもが「上昇的」な解釈（訳註27 a）だのコポロジカル（chopological）な解釈だのをたずさえてやってくる。僅か半インチほどのせりふをもとに彼らの一部は九日分の糸をも紡ぎ出す。それどころかキリストを説くものに厭きてしまって、信仰に関するいかなることであろうと、聖ヨハネの福音書やパウロの書簡だけでなくオヴィディウスやほかのさまざまな詩人の作り話をもとに証明しようとする。彼らはあまりに盲目になってしまったので、字義通りの意味は役に立たないなどと言うばかりか、それは有害で、魂を毒し、殺す、とまで言い立てる。彼らはこういうあきれた教説を、パウロが第二コリントス書簡の三章［六節］で「文字は殺し、霊は生かす」と言っていることから証明しようとする。だから我々は、彼らはコポロジカルな意味を探り出したのだ、なんぞと言わねばならなくなる。（註28）

（コポロジカルというのはティンダルが彼らをからかうために作った造語である。）

続いて、パウロがこの個所で何を言おうとしているかについての厳密で聖書に満ちた説明がある（基本は、この「文字」とは律法を指す、ということである）。そして聖書の多くの種類の物語がこの理解に対応していると説明する。聖書の誤った解釈の中でも最も重大なものは、マタイ一六章［一八節］のペテロに対するキリストの言葉である。「汝はペテロなり。この岩の上に私は私の集会を建てよう。」この個所やその他の個所によって教皇は自分がキリストによって任命され、縛り、解く権限が与えられ、闘う権威が与えられたのだと、まったく誤って思い込んでいる。この解説の中には、宗教改革者のもう一つの鍵になる原理が含まれている。聖書が聖書を解釈する、という。すなわち、どんな個所も聖書の残りの部分によって判断されるべきだ、ということである（これは、一般の信徒にはほんの少しずつ与えればいいというトマス・モアの考えでは駄目だ、という理由の一つでもある）。「今や聖書がみずからを証しする。そして聖書の他の明らかな個所によってその個所が説明される。すなわち、もしも教皇が自分の解釈を支持するキリストないし使徒や預言者の実例を、あるいは明らかな個所を示すことができないとすれば、その解釈は誤りなのである」（註29）。「教父が、教父が」（キリスト教の教えの昔の解釈者たち）と引き合いに出しても駄目である。彼らは神の言葉を眠らせてしまって、自分たちで言い争っていただけだ。「ある教皇は他の教皇の勅令を非難し、時には同時に二人の教皇が存在した。いや、三人も居たことがある」（註30）。教会による聖書の間違った解釈を支えるために「奇蹟、奇蹟」などと叫ぶのも役に立たない。「神はキリストの血によって我らに対し永続的な契約を立て給うたからである。その契約に反対するいかなる奇蹟も我々は受けることがありえない。」だから奇蹟というのはごまかしのものであるか、あるいはもしもそれが神の言葉に反する教えを主張するものであるなら、悪魔から出たものである。この部分は、そして基本的にはこの本は、教皇があれこれの権威を主張する時に――王ないし皇帝よりも上の権威を、あるいは「キリストのすべての集会」よりも上の権威を、否定することの許されない権威として、神の言葉を説くことに反対したりあるいは「異端者」を燃やすために主張する時に、新約聖書のどの個所を学ぶべきかを勧告して、終っている。常に神の言葉によって武装し、「キリストが万物の最終目標であることを覚えよ。キリストのみが我らの憩いの場、キリストは我らの平和である。エフェソス書二章。」



## 要約

本書の最後の二十頁は、「以上に書かれたことの概括反復」、つまりこの本のレジュメである。彼ははじめる、「私はあなたがたに対して、子ども、奉公人、妻、臣下の者たちの服従について記した……」。続けて、論じてきたすべての点を確実にくり返す。もっとも、ティンダルであるから、これを退屈な叙述にすることはない。コーダに新しい素材を含めるのは、当然のやり方である。ここではそれは、新しい例を上げる仕方でなされている。この最後の部分で彼が向いている方向は、「神が此の世の統治者となし給うた者たちは、もしもクリスチャンであるのならば、どのような仕方で統治すべきか」ということに向って材料を集めることである。新しく導入された例の中で最も長いものの一つは、

王は、王になって以来、教皇との争いでどれだけの金額を費やしたか計算してみるべきである。……それは四十ないし五十万ポンドにものぼるだろうと私には思われる。この故に王は、彼ら［高位聖職者たち］にびた一文までをも支払わさせるべきである。彼らの司教冠や、十字架の飾りや、聖物入れの箱や、その他教会のあらゆる宝物からその金額を没収し、それを再び王の平民たちに払うべきである。……（註31）

王室の年代記は王に「歴代の教皇が歴代の王になしたこと……」を教えてくれるだろう。もしも王が平民たちにその財産をもどそうとしないならば、貧民の福祉のために、教育と国防のためにもどそうとしないならば、平民は「神が彼らの罪の故に王を盲目になさったのだ、と考えるにちがいない。そして神に訴えようとするだろう。」神は「彼らのために懲罰を下される」であろう。この最後の数頁では、聖職者の、司教や教皇の悪について明らかにされるに応じて、言葉の調子がずっと上昇していく。焦点は常に、王たちは、国際政治の最も上の水準にお

いてすら、彼らによってだまされている、というところにある。しかしティンダルはそこからすぐに、日常生活の現実に舞い降りることができる。「貧しい男が死に、妻と六人の子どもを養うのに、雌牛一頭だけ残された。しかしこの雌牛は情け容赦もない墓場［の管理者］のために取り上げられてしまうだろう。そうなったら、この妻と子どもたちには、もう何でも生じるにまかせるより仕方がない」（註32）。一番最後の数頁は、本当の要約が並んでいる。そして「本書の表」つまり索引が十四頁にわたってついている。

## 『服従』と君主制

ヘンリー八世はティンダルの『服従』を「これは私と他のすべての王が読むための本だ」と言って誉めた、と言われている。王がこの本をどのようにして一冊手に入れたかを語るロマンチックな物語や、こういう驚くべき評価を王がなしたのは本当かどうかという問題にはいる前に、この言葉で王が何を言おうとしたと考えられるか、見ておく必要があろう。

『服従』をあわてて読んだ結果、一部の歴史家は、君主に対する非抵抗を説くティンダルのルター的教説は、君主に絶対的で制限のない権力を付与するものである、とみなしてきた。たとえば、「これによって汝は、王は此の世においては法に縛られることなく、好きなままに正しいことも悪しきこともなすことができ、神に対してのみ責任を取ればよい、ということがわかるだろう」という文にそのことが示されている、と。臣民が不服従の抵抗を考えたりするのは間違っている、と。しかしティンダルはまた、そのすべての頁を通じて、王自身が神の前でどういう条件に立たされているかということに焦点をあてている（神に対してのみ責任を取る）。統治者は、神の法と一致して行動すべき宗教的、道義的責任のもとにある（註33）。つまり重い、特別の荷を担っているのである（リチャード二世からヘンリー五世とその父親にいたるシェイクスピアの王たちにはこの重さはよく知られていた。それは王にのみある重さである。リチャード三世のように気軽なのは、道義に反して思い上がる王位僭称者である）。ティンダルはヘンリー八世であろうと他の誰であろうと、自然の法に服さないような権限を与えたりはしない（註34）。もちろん難点は、君主が神の法に従って行動しようとしないことがあり、しかもそれを差し止めることができない、という点にある――非抵抗の思想には常についてまわる難点である。しかし、神的な君主、一つの国家に一つの法、等々の原理のもとに闘うという後に宗教改革の基準となった姿勢は（註35）、すでにティンダルのこの書で予告されているものである。そして神に対してのみ責任を取るという王の条件を認めることで、むしろティンダルは、特に「すべての君主」が持っている「共通の悪弊」、つまり「女と高慢」についてものを言うのに妨げを感じていないのである。

## 支配者たる王

ティンダルの『服従』は異端の書とされた。しかしながらその影響は広く広がった。おそらくあらゆる階層に広がったようである。著者不明の『キリスト者の定め』（一五三七年）は、君主に対する服従をもっと卑近な生活の中での服従（たとえば、子どもの親に対する）との関連に置いて見る、という点でも、聖書の引用という点でも、ティンダルと驚くほどの共通点を示している。聖書の引用はティンダルよりも多くなっているほどだ（註36）。その十年後の一五四七年に、エドワード六世の時に、最初の公けの説教集が出されたが、これも同趣旨のものである（これらの説教集は統治の手段であって、国家の全体に配られ、いくつかの定められた日曜日には教会で説教の代りに説教壇で読み上げられねばならなかった）。この『服従について』と題された説教集は、日常生活をいとなむに際してしっかりした王の統治が重要である、としていて、明瞭にティンダル的な思想を表明している。ティンダルに依拠しているもっとはっきりした例としては、ジョン・ベイルの『ジョン王』（一五四〇年？）があげられる。この最後の部分はティンダルの『服従』のいくつかの個所をそのまま再録したものである（註37）。ベイルはティンダルの同時代人だが、トマス・クロムウェルがまだ失脚する前に彼のために働いていた人物である。その仕事の一つとして、クロムウェルのおかかえの巡回劇団のために反カトリックの劇をいろいろ書いた。そのうち五篇が残っている。四つは中世後期のアレゴリー的な道徳劇の様式によっている。「慈愛」とか「欲望」とかいった擬人化された登場人物が「人」の魂をめぐって争う、といった具合である。しかし『ジョン王』はそれとは違っている。「偽り」「私有財産」「誘惑」などが舞台に登場するけれども、劇の中心にいるのはジョン王、スティーヴン・ラングトン、枢機卿パンダルファスなどの人物であって、これらはいずれもティンダルが言及している人物である。一五三〇年代の終りごろにはこのジョンという王はプロテスタントの原形として、教皇とそのすべての権力に立ち向かう王として、評判のいい人物像であった。ベイルの劇の中心人物の王としてなかなか効果的である。劇の最後に、この王が死んだ後、「帝室の尊厳」がティンダルの『服従』を引用する――当時のこととてもちろん引用だという断り書きは記してないが、どこからの引用であるか、すぐに知られたことだろう。ティンダルの本はクロムウェルのまわりの人々にはよく知られていた。ティンダルはまた、この政治理論を聖書に基づいて本質的に解説することで広く知られるようになった最初の人物であった。ティンダルの政治理論の影響は、聖書によって強く根拠づけられていて、遠くエリザベスの時代より後まで及んでいることがわかる。シェイクスピアもその重要な例の一つである。

『服従』ではティンダルは、誰が誰に従うべきかという点で、身分階級は神の定めた秩序であるというテューダー王朝時代の考え方を強く支持している、と言われている――すなわち、創造の秩序においては、一切のものにそれぞれその位置がある。後の著者が「存在の大きな鎖」と呼んだもので、神からはじまって天使たちの階層を経て王にいたり、臣民のあらゆる階層が続き、更に下って動物の王国にいたり、有機的生命の最下層にまでいたる、というものである――だからこのティンダルの本が王にうけたのだ、と。ヘンリー八世はこの時点で、イングランドにおいて天使よりも下にいる一切のものに対して、教皇も神聖ローマ皇帝も抜きにして、イングランド王が絶対的尊厳を持っているということを支持する学識豊富な議論を必要としていた。

確かに、ティンダルの本論の第一部は「あらゆる身分の服従は神の言葉によって示されている……」という言葉ではじまっている。しかしこの本の真の核心は、もっと深い点にあるのである。最初から最後まで、これは聖書についての本である。そして教会の制度によって聖書が無視され、歪められているという点である。この言葉の重要な点は最後の四単語にある。「神の言葉によって示されている」という点である。ティンダルの『服従』は、聖書の政治的影響について英語で書かれた最初の本である。聖書についてということは、必然的に、神のもとでは土着の言語で書かれた聖書が何よりも必要である、ということを意味した。これまたヘンリー王の気に入るところである。ヘンリーはそのむら気の中でいろいろなことをしたが、うち一つは一五三九年の『大きな聖書』であって、その表題の頁にヘンリーは、口々に感謝を唱える臣民に英語の聖書を与える人物として自分の姿を描かせている。

## アン・ブーリン

ヘンリー八世は『服従』にすっかりとらわれてしまった、と言われてきた。彼がそれほどの感動を示すというのは、どうも事実らしくない。しかし、この本が最初に印刷された時点では、ヘンリーは、後に彼の第二の妻となる若い女性にすっかりとらわれていたのだ。アン・ブーリンである。当時のある文書によれば、そしてもう一つ別の資料も同じことを述べているが、彼女がこの本を将来の夫のところに持って行き、薦めた、ということである。

ここは、アンの性格について、また彼女が宗教改革者たちに示した共感がどの程度のものか、更には彼女の失脚の原因について、詳しい議論を試みる場所ではない。これらすべての問題について、常に意見が改められ、相変わらず鋭い議論が続いている。当時も後世においても党派的な力によっておそろしく強くゆがめられてきた像の背後に正確な像を見出そうと努力する現代の歴史家は、難しい問題に直面する。長い間我々は二つの極端な意見の衝突にさらされてきた。一方の極端には、俗悪な女アン、魔女、陰謀をたくらみ、姦通をなし、年輩で聖らかな王妃キャサリンの厚顔な競争者、冷酷で野心的な自分の一族の道具、といった像がある。これはもとを正せば、神聖ローマ皇帝がイングランド宮廷につかわした大使ユスタス・シャピュイのゴシップ好みの報告から出て来た像である。この人物はいわば鍵穴からのぞくスパイであって、まず確実に英語を読めなかった、いや話すこともできなかった、と言われている。キャサリンを救うために奔走していた——そして、イングランドに対する教皇の権力を代表していた。他方の極端には、教養豊かで学問がわかり、聖らかなアン、という像がある。キリストの教会の改革の仕事と、英語の聖書と、夫とを愛していた。夫もまた彼女を深く愛し、彼らの間にできた子どもエリザベスによってイングランドはその最も偉大な女王を得たことになる。教皇側の勢力がすばやく対応し、しばしば姦通を犯したなどというまったく信じ難い理由をもってめぐらした悪辣な陰謀の犠牲者となった。そして王が出来事の本当の意味に気がつく前に、殺されてしまった。(彼女が失われたことを王が非常に強く後悔した、というのはまず確かな事実である。) 彼女が多く犯したという姦通や近親相姦のうち、いくつが本当に信用に価するのか、そもそも信用に価するものがあるのか、常に問題とされてきた。魔女であったという話は、彼女の手が僅かにゆがんでいる、というところから出て来た話であると考えられる。また、元気な男の子を生むことがやたらと期待されていたのに、死産してしまった、というのがこの件の主たる理由であろう。彼女はその結果神の罰を受けた、これも彼女の有罪の証拠である、というのである。歴史の専門家たちは、おそらくは宮廷の勢力が彼女に対してでっちあげ、好きなように作り上げたいわば泥沼のようなものをかきまわす仕事をせねばならない。加えて、王のはかり難い心理という最深の謎がある。アンの失脚は謎のままとどまっている。宮廷の勢力によって王がどの程度動かされたか、彼女を追い払おうとするさまざまな動きにどこまで王自身が関与していたか、わかっていない。どういう者たちが圧力集団を形成していたかは、今日では確かめられると思うが、彼らは結局、最も強い味方をあてにしていた。アン王妃に反対する部隊は英国全体にもヨーロッパの他の地域にも居て、いまだにキャサリン王妃の結婚の正当性とメアリー王女の王位継承権とを確立しようとしていた。つまり、神聖ローマ帝国の教会の高位聖職者たちである。それに対しアン王妃を支持する小隊はイングランドの将来を Fidei Defensor（信仰の擁護者）としてのヘンリー王、ローマからではなくウェストミンスターとカンタベリーによって管轄されるイングランド教会の長としてのヘンリーに期待していた。小人数のイングランド人亡命者がいろいろと書いていることにブーリン家の人々が興味をもっていたというのは、もしかすると誇張かもしれない。しかしティンダルの本は、容易に戦線を突破して宮廷の核心にまで到達した（註38）。一五三〇年代のヘンリー八世の宮廷は、ヨーロッパにとってさえも、異常なほどの熱病にかかっていた。我々のここでなすべき作業は、ティンダルの『服従』が単にそこに到達したというだけでなく、本当にそこで読まれたかどうか、読まれたとしたらどういう効果があったかを、冷静に判断することであろう。

フォクスは、次のような話が記されている写本を持っている、と述べている。アン・ブーリンが『服従』を一冊持っており、それを、自分に仕えるアン・ゲインスフォードという一人の貴族の女性に貸した。また、彼女に仕える者の中にジョージ・ゾウチという青年がおり、この者はアン・ゲインスフォードの求婚者の一人であった。ある日彼は、ふざけて、彼女からその本をひったくった。そして読みはじめたのだが、非常に気に入ったので、彼女が泣いて頼んだのに、返そうとしなかった。ところが、王の礼拝堂の主席司祭であるリチャード・サンプソン博士という人物が、礼拝中にこの若者がそれを読んでいるのを見つけ、呼びつけて、本を没収し、枢機卿に提出した。というのも、ウルジーが彼に、ふさわしくない本が王の見るところとならないよう、よく見張っているように、と警告していたからである。アン・ブーリンがその侍女に本を返すように言った時、侍女は膝まづいて、事実を白状した。

アン婦人は別に悲しみもせず、この二人のことを怒りもしなかった。彼女が言うには、これは主席司祭や枢機卿が没収し得る本の中で、最も良い本であろう、と。そして王のところに行き、膝まづいて、この本をとりもどす助力を王に頼んだ。王の言葉によって、本はもどされた。そこで彼女は王のところにその本を持って行き、非常にていねいに、この本を読んで下さるようにと懇願した。王は読み、その本のことを喜んだ。王が言うには、これは私とすべての王が読むべき本だ、と。(註39)

ストライプがフォクスの原稿を印刷発行している。この物語の大筋は、一五九〇年代に発行されたアン・ブーリン物語によっても確かめられる。こちらはジョージ・ワイアットという、詩人のサー・トマス・ワイアットの孫によって書かれたものである。祖父のトマスはまだ若かった頃、フランスでの教育から帰国したばかりのアンと恋に落ちた（これはヘンリー王が彼女に最初に出会う前のことである）。以前の歴史家はよく、ワイアットの詩の中に二人の情熱の物語をあわてて発見しようとしたものであるが、これはシェイクスピアのソネットの中に彼の伝記を見出そうとするのと同じ程度に疑わしいやり方であり、かつ役に立たない。ケントにあるワイアット一族の家は、ブーリン家の居城であるヒーヴァー城に近かった。トマスとアンが幼なじみであった可能性は十分にある。アンが失脚した時、トマスは自動的にいやらしい非難の標的とされた。ヘンリーとの結婚以前にも以後も彼女と性的関係を持ったなどという曖昧な嫌疑のために、短期間投獄されもした――その嫌疑はすぐに晴れたが、汚点を残した。トマスの孫は、不正を蒙った女性としてアンの話を書いたのだが、同時に、ウルジーに対して昔の借りを返そうとしたのだろう。この物語はフォクスの話を補強していて、アンが神学的にどういう関心を持っていたか、ウルジーの党派が「秘密警察」を動かすことが多く、その手は政治ゲームの明らかな標的としてアン自身にも及んだ、等々のことを述べている。ワイアットの叙述ではティンダルの本の書名は上げられていないけれども、「宗教に関する論争、特に教皇とその僧侶たちの権威について、また彼らの王や国家に対する行動について」扱った本である、としている。アン・ブーリンはこの本を読み、王が読むとよいと思った個所に爪でしるしをつけておいた。この本が窓のところに置いてあるのを侍女が見つけ、自分でも読みはじめた。そこに彼女の求婚者が現れ、その本を取った。彼女が王妃に呼ばれたので、彼はこの本を読みながら出て行った。そこに枢機卿に仕える貴族の一人が出くわし、その本を取って、ウルジーに提出した。アンはこれを聞き、すぐに王にそのことを訴えた。そして本の中にしるしをつけてある個所がある、ということも話した。彼女が王の部屋を出たすぐ後に、ウルジーがその本を手に入ってきた。この本の悪口を言い、アンを陥れるてことして利用しようとしたのである。しかし王の心はすでに枢機卿に対して硬くなっていて、アンがつけたしるしを見てその本を読んだ。そして王がこれを読むことが枢機卿の滅亡を早めた。(もしもフォクスの記す年代が正しいのだとすれば、ウルジーは一五二八年の夏の終りには失脚したのだから、この時はすでに失脚しかかっていたはずである。)

ヘンリー王は、アンが子どもの時から思春期までの間海外で過ごしてもどってきた後で、一五二七年の五月はじめに、恋に落ちた。最初は明らかに、彼女の容貌に加えて、音楽と踊りの才能、それに魅力のある話し方に魅せられたのである――フランスの宮廷は彼女をよく教育した。ヘンリーは六年間もねばり強く彼女と結婚したいと主張しつづけた、ということを頭に置いておかねばならない。これは、ヘンリーの側には単なる突然の情熱以上に深いものがあった、ということを示唆している。それはまた、彼女の側には、自分が王にとってそれだけ長い間待つだけの価値のある存在であり尊敬に価する王妃たりうるということを示そうとする決意があった、ということを示している。当時の文書についての最近の研究は、フォクスやストライプやジョージ・ワイアットが、アンは宗教改革を支持し、特に土着の言語に訳された聖書に関心を持っていた、としていることを裏づける――彼女が持っていたティンダルの一五三四年の新約聖書は今日大英図書館に保存されている。また、確かな筋によれば、彼女は英語の聖書を自分の部屋に開いて置いてあった、と言われている(註40)。ウルジーが異端的だと非難した人々のことを、彼女はとりなした。全体として見て、彼女は、よく言われているよりももっと宗教改革に対して熱心であった。この歴史の資源層は豊かであって、もっと十分に掘る必要があろう。

## ティンダルの修辞的技術

『服従』のそれぞれの部分で、それぞれの段落で、いや、ほとんど一文一文にわたって、技術的、修辞的な工夫が万華鏡のようにはりめぐらされていることが見出されるし、また分析してみればそれが確かめられる。論争者としてのティンダルは単純で（しかし危険な）偏屈者で、整理されていない考えを大量に文章にして吐き出し、破滅的な暴言をやたらとつめこんでいる、などという昔のティンダル像は、事実からこの上もなく離れている。彼の言葉には情熱がある。しかしまた、技術者的な巧みさもあるのであって、それは、当時の良き教育を受けた者がするように、冷静かつ厳密に、言葉の秩序の機構がどのように働くかをよく知っているのである。シェイクスピアから「自然の子」、つまり技術に欠けている、というレッテルをはがすのに数世紀もかかった――それは、あたかも彼のすべての戯曲や詩が高いところから漏斗を通して彼の頭の中に注ぎ入れられ、彼自身は何もすることなく、ただそれを書き下ろすだけだった、と言っているに等しい。今日では我々はもう少し良く知っている。そして、ストラトフォードの学校でのすばらしい教育が彼に、その生涯を通じて伸びて行く偉大な古典的文学の基礎を与えたのだ、ということを見ることができる。この教育はまた彼に、言葉を最大限の効果を上げるように用いる図式や方法を与えたのである。それを彼は更に顕著に発達させ続けた。まさに同じことがティンダルについても真実である、と我々は想定することができる。ティンダルの教育は（シェイクスピアと違って、オクスフォードであった）、シェイクスピアよりも二世代早かった。だから、エラスムス的な成熟した教育改革の恩恵をシェイクスピアのように受けることはなかった。しかし当時でもやはり基本点は、どういう効果であろうと必要な効果をあげるために、言葉をいかにして働かすかを教えるものであった。古典的なシステムは今日すっかり消えてなくなって、見えなくなっている。そして、自己を表現するというロマンティシズム亜流によってすっかり消し去られてしまった。しかし、ティンダルを理解するには、彼が、中世末期および初期人文主義の修辞学の方法をもって仕事をしている、ということを見ないといけない。当時それは普通に理解されていたものである。

これは――一つの大陸にも似た――巨大な領域であって、これまでまだ正当に探索されたことがなかった。これに触れる短い研究はいくつかなされてきたが、奇妙なことに、トマス・モアと論争の技術についてのみなされている（註41）。その関連の中でティンダルの力強い皮肉についても観察されているが（聖職者は「あなたがたのことを非常に愛していて、あなたがたがキリストと親しくなるくらいなら、燃やしてしまいたいほどなのだ」）、ティンダル独自の複雑さに注目されていない。彼の皮肉好みは、たとえば教皇庁の陰謀などについて書く場合に、やたらと慇懃ていねいに「我らの最も聖なる父」と言う点などが指摘されている。また彼の論理や類推の教科書的な用い方についても指摘されている。しかしそこでも、ティンダルがそういうことには興味を持っていないと率直に述べている点に、彼の繊細さを見ようとしない。ティンダルの議論の reductio ad absurdum〔相手の議論を論理的に押し進めていけば、まるで無意味なことに帰着するよ、とからかう手法〕の技術は、たとえば聖職者について記す場合に、明瞭である――もしも彼らが言うように、ミサのたびに煉獄から一つの魂が救い出されるというのであれば、ともかく大勢の司祭と数多くのミサがあるのだから、彼らが時々休憩したとしても、煉獄はとっくの昔に空っぽになってしまっていただろうに、という。モアのつかみどころのない手管は――inuendo つまり議論の途中で同じ用語の意味を違えて用いて、誤解したふりをするとか、わざと間違えて引用するとか、論争相手の文法を修正して、その権威を失墜させるとか――ティンダルのいわばまっすぐなボールを投げ返し続けるけれんみのない能力といい勝負である。この二人の論争は、その技術の見せ場として尊敬されてきた。

しかしながらティンダルは、論争においても確かに本格的な論客ではあるけれども、他の場所ではもっと修辞の力を発揮する。そしてそのことについては、これまでほとんどまったく注目されてこなかった。彼の解釈者としての修辞的な技術については、まだまだ多くのことが分析されないといけない。翻訳者としての技術とまでは言わないが。『服従』はその分析をはじめるのに良い場所かもしれない。その構築の一部でも覗いてみれば、どれだけのことがわかるか、わかるだろう。どこでもいいから一つの個所を取り上げて（註42）、どういうことになるか見てみよう。エラスムスの『デ・コピア』の最近の英語訳（註43）を用いることにする。修辞の目的は変化させる方法を多く用いることである、ということを思い出しておこう。そしてよく訓練された修辞の技術者がこれらの方法の一つ一つにつける述語をできるだけ記していくことにする。これは単なるレッテル貼りではない。技術者が用いることのできる方法がどれだけ沢山あるか、ということを示すためである。「何と驚くべき仕方でイスラエルの子らはエジプトに閉じ込められた(locked)ことか。彼らは何という患難、障害、逆境(tribulation, cumbrance, and adversity)の中にいたことか。」この文はエラスムスの言う admiratio〔驚嘆〕である。つまりエラスムスが三二章で言っているように、「感情的な調子を変え、異なった装いで提示する」のである。Locked という動詞は deflexio〔転意〕、つまり一種の隠喩である(一六章)。Tribulation, cumbrance and adversity は、enallage〔変化〕をなしている。つまり「同じ言葉に小さい変化をつけることによって、多様さが得られる」(一三章)。「彼らに約束された土地はまた、ずっと遠くであって、大きな都市に満ちており、空にまでとどく高い壁に囲まれ、大きな巨人が住んでいた。」「満ちて……空まで……大きな巨人」は明らかに hyperbole〔誇張〕である(二八章)。「……までとどく高い壁(wall)に囲まれ(walled)」と同じ単語をくり返すのは、上に向うすっきりした動きを再現する。これは tractatio〔操作〕であるかもしれないが、厳密には repetitio〔反復〕である(エラスムスには repetitio は出て来ないが)。「しかも神の真理が彼らをエジプトから導き出し、巨人たちの土地へと植えた。」「植えた」という隠喩は、deflexio〔転意〕そのものである。しかし「導き出し」の主語、つまり「神の真理」は、catachresis〔濫喩〕と呼ばれる隠喩を転用したものである。エラスムスはこれを「これまでそれを表現する的確な単語が存在していない独自の意味を表現するもの」として、実例としてたとえば「遠くまでとどく計画」を上げている。「これはまた我々が学ぶために書かれた。何故なら、神の力に逆らう力はなく(there is no power against God's)、神の知恵に逆らう知恵はないからである(neither any wisdom against God's wisdom)。神はいかなる敵よりも強く、賢い。」「より強く、賢い」は auxesis〔増加〕である。つまり、予想されるよりも強い単語を用いて、意味を充実させるものである。Power の語を God's のあとで省略し、「知恵」うんぬんのところで動詞を省略しているのは、epanalepsis〔繰り返し〕の一つである。つまり、意味をより早く通じさせるものである。そこから、結論づける比較級が出て来る、「いかなる敵よりも」。これはまったく誇張ではない。

もしかするとこれで十分かもしれない。論争以外でもティンダルは自信を持った技術的熟練者であるということを、今や認めるべき時だろう——つまり彼の文章の大部分がそうなのだ。

# 第十章　サー・トマス・モア

## モアと宗教論争（註1）

一五二〇年代の後半、イングランドでの反ルターのキャンペーンは増大しつつあった。いずれ教会人の注意はもう一つ別の紛争、つまり「国王の大きな事件」である離婚とそこから結果するローマとの断絶の方に向うことになるけれども、一五二八年にはロンドンで、またオクスフォードとケンブリッジでも、異端狩りの大波があった。イングランドでのプロテスタント抑圧の動きの背後にはウルジーが居たが、その頃までに前面に出ていたのは三人の人物である。一人はジョン・フィシャーで、ロチェスターの司教であり、ルターに対するこの人物の説教はティンダルが『服従』の中で攻撃するところとなった。フィシャーは反ルターの文書をラテン語でいくつも書いたが、それはイングランドの外でも多く読まれた。「ルターの有害な教説に対して」という聖ポール教会でなされた最初の有名な説教はヨハネ一五・二六についてのものだが、ウィンキン・ド・ウォードによって一五二一年に印刷された。次は五年後の説教で、「汝の信仰が汝を救った」という個所についてなされたものだが、一五二六年二月十一日の聖ポール教会での式典に際してなされたものである。この時、ロバート・バーンズとスティールヤードの五人の商人とが棄教させられ、そのしるしに、ティンダルの新約聖書を燃やす焚き火にする薪を運ばさせられた。この説教は「T・バースレットのところで」一五二六年に印刷された（註2）。二人目はロンドン司教カスバート・タンストールで、この人物の行動についてはすでに見てきた。後でもまたお目にかかることになろう。三人目がトマス・モアである。彼がウィリアム・ティンダルの物語に最初に登場するのは一五二九年六月である。ティンダルを滅ぼそうとしていたタンストールが友人のサー・トマスのことを思い出したのだ、と言われている。タンストールがこの腰の重い人文主義者を説得して、新しい大地を切り開き、その新鮮な力をもって、大陸からの異端の流入に対する戦いに参ずるようにさせたのだ、と。一五二九年にモアは彼の新しい大地を切り開いた。それまでラテン語で書いていたのを、英語で書くようになったのである（註3）。若い頃には詩を英語で書いていた。また最初に発行された書物は、ピコの甥がラテン語で一五一〇年ごろに書いた『ミランドゥーラの伯爵ピコの生涯』の英訳である。また『リチャード三世の物語』も英語で一五一三年に書かれたが、一五五七年まで出版されなかった。同じ本のラテン語版も一五六六年まで発行されなかった（この頃までには、ホールが一五四八年に出した『年代記』にすでに英語版が組み込まれ、この王様についての独得な、ひどく着色され、中傷に満ちた像がここからシェイクスピアにはいりこみ、誰もが知るようになったのである）。『四つの最後の事柄』もまた一五二二年に英語で書かれた。しかしながら一五二九年までは彼は、ラテン語の擁護にかけてはタンストールよりももっと歴戦のつわものであった。ティンダルの人生にモアが介入してきたのはどういうことだったのかを理解するには、まず、それ以前の八年間にモアが顕著な仕方で率先したイングランドの反異端の運動を見ておかねばならない。

　トマス・リナカーのもとで、次いでウィリアム・グロシンとともにギリシャ語を学んだオクスフォードの日々以来、トマス・モアはイングランドのキリスト教人文主義学者の小さな星座の中の中心の星であった。エラスムスが最初にイングランドを訪問した一四九九年に、すでに会っている。自分の家に招いて友好を深め、以後、手紙のやりとりや、共同の仕事をしている（エラスムスの二度目のイングランド訪問の時に、風刺作家ルキアノスの翻訳を共同してなしている）。この二人は互いに誉めあって、イングランドの少数のすぐれた「知識人」がどういうものかということを示した。エラスムスはイングランドを三度目に訪問した時に、一五〇九年に、その最も有名な『愚神礼賛（encomium moriae）』を書いた。この表題は、モア（more）の名前をもじったものである。「愚神」を誉めるこの風刺文学の作品はヨーロッパ中で興味を惹き起こした。ロンドンで法律家をしていたモアは、聖職者の生活にひかれ、いっとき、リンカンズ・イン［四法学院の一つ。法律家が住む］に住みつつカルトジオ修道会の修道士の生活の一部を経験している。一五一〇年から一八年まで彼はロンドンに二人居る長官代理の一人であり、一五一五年には繊維製品（特に毛織物）の貿易に関する紛争のためにフランドルに使節として派遣されている。またそこからカレーとブリュージュにも派遣されている。（繊維製品の貿易についての仕事をすることによって、後に、異端の書物の密輸をとらえるのに必要な細かい知識を身につけたのかもしれない。）ブリュージュに派遣されていた時に、彼の最も有名な本である『ユートピア』を書きはじめた。ルヴァンで一五一六年に印刷されている。これはエラスムスのことを頭に置いた本である。一五二〇年から二一年には「金襴の野」に参加し、一五二一年に騎士に叙任された。国王の気に入られて、一五二三年に下院の議長となり、一五二五年にはランカスター公領法務官［この肩書きは、ランカスター公爵の代りとして国王の権限を代行する地位ということで、実際にはランカスター公領とは関係なく、国王の側近の権力者であることを意味する］となった。

上に述べたように（註4）、カスバート・タンストールは一五二一年一月にヴォルムスからウルジーにあてて手紙を書き、ルターに関する、特にその『バビロン捕囚について』に関する情報を伝えた。この本がイングランドに持ち込まれないようにしたいと思ったのである。一月末か二月はじめには、ウルジーはおそらくルターの本の販売と所有を禁止する禁止令を出している。禁止令そのものは残っていないけれども、そのもたらした影響からして、禁止令が出されたものと考えられる（註5）。一五二一年四月までに王ヘンリー自身がルターに対する本の執筆にかかっている。『七聖礼典の主張（Assertio septem sacramentorum）』である。ルターが『バビロン捕囚』において聖書に基づき聖礼典は二つしかないと宣言した、その異端の見解に対し、聖礼典は七つあるという正統神学を「主張」したものである。トマス・モアは王に近かったから、この時期の最も深刻な論争につきあうことを避けるわけにはいかなかった――ルターから来る脅威は、教会がすべての人間の生活を掌握することを脅かすものであった。モアは、王のルターに対するこの『主張』の執筆に自分も協力した、と言っている（註6）。この本の実際の著者が誰であるかは、有名な議論のあるところである。ヘンリーは一五二一年四月に書きはじめている。そしてすぐに書くことを放棄した。一ヶ月後、前年に出された教皇のルターに対する勅書『エクスルゲ・ドミネ（主よ、立ち給え）』をウルジーがイングランドで発布する時に、それが取り上げ直された。一五二一年五月二一日にフィシャーが聖ポール教会でルターに対する説教をなした時にはじめて、王がルターを攻撃する文書を書いているということが公にされた。ウルジーもここに出席していて、この君主の未完の作品の原稿を手に持って聴衆に見せたという。そして印刷屋のピンソンから六月一二日に発行された。緊張力を持続することなど無理であったヘンリーが自分で正統主義の議論をていねいに集めるこの本を書き上げたなどとは考えられない、と言われてきた。この本は、最初に免罪符と教皇の権威に関する短い部分が置かれ、残りはすべて聖礼典に関する正統主義の弁護で貫かれている。おそらくは数名の神学者に委託されて書かれたものであろう。ウルジーが『エクスルゲ・ドミネ』を発布してルターを攻撃する時に、この委託をなしたものであろうか。トマス・モア自身は「陛下の任命と、この本の製作者たちの同意により」多少の協力をしたにすぎない、と言っている（註7）。しかしこの本の攻撃の仕方は、モアが自分の本で示している法律的な発想からする議論とよく似ている。驚くべきことにこの本は——王が書いたのであろうと、他の誰かが書いたのであろうと——教皇の権威は曖昧にしか弁護されていない。ここでヘンリーは正統主義の標準的な考えを支持し、教会の慣習は聖書によってはっきりと定められてはいないとしても、キリスト自身に発する口伝伝承の一部であって、ミサに際しての司祭の身ぶりにいたるまでキリストによって教えられ、伝承として伝えられてきたものであり、教会が過つことはありえない、と述べてはいるが、しかし、論点の慎重な選び方が多くを語っている。王と教皇が衝突するような場合は慎重さが重要なのだということを、法律に長けた人物が誰か王に教えたのであろう。従ってここでは教皇の権威は免罪符にかかわる問題に限られて弁護されている。そして教皇の主権を弁護する点でこの本が曖昧であることは、ルターが公に不服従を示したことに対する野蛮な弾劾と、教皇レオの人物をやたらと誉めちぎる煙幕の中に、うまく隠されている（註8）。トマス・モアは法律家神学者であって、王と毎日会っており、数年後、一五三四年に自分で書いていることによれば、自分が王にそういう慎重さを勧めたのであるという。そこから生じるこの本の法律的な細かさと、神学的な決疑論と、異端の人物に対する凶悪な攻撃の混ざりあいは、後のモアが自分で示している特色なのである。『主張』の中にモアを見るのは間違ってはいないだろう。

ルターを攻撃するという仕事は、国際的なものであった。イングランドで作られた諸著作は、正統主義キリスト教を擁護するヨーロッパ全体にわたってのやりとり——敢えて狂奔とは言わぬにしても——の一部であった。イングランドの君主の書いた本は重要であって、一五二一年から一五二二年にかけてロンドン、ローマ、ストラスブール、アントウェルペンで発行され、六版を重ねた。一五二二年にはドイツ語にも訳された。これは「ルターに反対する本の中で広く売れた最初の本」と言われてきた（註9）。ルターにとってはこれはいやな打撃であった。一五一七年以降の多くの出来事は彼に、ヨーロッパの王たちは彼の主張を支持するだろうと思わせた。それが突如として危険になったのである。今や、もっと悪いことに、イングランドの君主がこの『主張』において彼に対して強く反対を宣言したとなると、彼があてにしていたドイツの君主などもヘンリー八世に見ならうかもしれない。ヘンリー自身にとってはこの本は良いものであった。これによって教皇から何か特別な宗教的称号を得られるかもしれない。それは彼が長い間のぞんでいたことであった。彼は自分の本を署名入りで二八部も贈呈した。そのうち君主や重要な枢機卿などに送るものは子牛皮紙に、あまり重要でない枢機卿や大学に送るものは紙に印刷してあった。一五二一年十月二日の水曜日に、レオ十世に献呈する儀式がとり行なわれた（註10）。

神聖ローマ帝国のローマ駐在大使はカール五世に、この本の著作にはイングランドの知識人がみな関与していると言われている、などと書き送っているが（註11）、教皇の枢機卿会議はその九日後にヘンリーにFidei Defensor（信仰の擁護者）という称号を贈ることに決めた。その後ずっとこれはイギリスの君主の称号として用いられ続け、今日にいたるまで貨幣などにFid. Def. ないしF. D. と記されている。ローマの枢機卿会議は『主張』を公認した。もっとも彼らがその中にある政治のたくらみを評価したとは考えられないけれども（註12）。ヘンリー王は教皇に近い高僧たちから大いに誉められ、その本はよく売れた。

ルターは一五二二年の春にヘンリー王の『主張』を読んだ。それは彼がヴィテンベルクで制度改革に忙しく、また新約聖書の翻訳の仕事で更に多くの時間をとられていた時のことである。この本の彼に対する攻撃の暴力的なことに彼はショックを受け、またこれがドイツ語に翻訳されたことに狼狽した。彼はすぐに小さな本でもってこれに応えた。いかに慌てていたかがわかる。『イングランド王ヘンリーへの反論（Contra Henricum Regem Angliae）』と題されたもので、ヴィテンベルクで数ヶ月後に印刷されている。彼はまた、後に彼自身記していることだが、ヘンリーの本はほかのかなりな人数の者たちによって書かれたものとして知られている、ということも耳にした。つまり、王の見解は公の、人々によって十分に支持されている政策であったということを疑うわけにはいかなかったはずである。この一年前までは彼はイングランドの知識人の間で彼に対する興味が、たとえ懐疑と疑いを含み、何ほどか好意に欠けるものであったにせよ、続いていくことを期待していたようである。このように悪意に満ちた反対に出会うとは、彼は、ウルジーが教皇勅書の『エクスルゲ・ドミネ』を受けてその支持を表明するまでは、想像していなかったことであろう。これ以前のイングランドでのルターに対する対応がどういうものであったかは、モアとエラスムスの間でやりとりされた書簡から判断することができる。一五一八年三月にエラスムスはモアにルターの『九五個条』の写しを一部贈っている。それに付された手紙は冗談まじりのもので、反教皇の言論をもてあそび、教会内の腐敗に対する皮肉な批判を盛りこんでいる。二人ともこの種のことを好んだのである（註13）。そこではルターは強力な語り手、書き手、すぐれた学者、さまざまな矛盾にもかかわらずすぐれた人物とみなされているが、しかし、古いおなじみの手合い、つまりカリスマ的な預言者の最新版が今度は学識をもって登場したにすぎない、と想像されている。エラスムスが一五一九年五月三〇日付のルターあての手紙で示唆しているように、トマス・モアはおそらくイングランドで「あなたのお書きになるものを高く評価しているすぐれた人々」のうちの一人であっただろう。モア自身、その一五一九年の「ある修道僧にあてた手紙」の中で、ルターは異端ではなく、単に極端なアウグスティヌス派というにすぎない、とみなしている（註14）。ドイツにおける出来事は、どんどんと空を暗くしつつあった。しかしモアがルターに反対する王の『主張』の仕事にくみするようになったのは、特に、ウルジーが教皇勅書の趣旨を満たそうとイングランドでキャンペーンをはじめたことと、ルターが『ヘンリーへの反論』で反駁したせいである。ヨーロッパのカトリックの相当数の論客が、『ヘンリーへの反論』が出た後、ヘンリーを支持する文書を公表して、王の後援にくみした（その中には後にティンダルの裁判の裁判官の一人として登場するジャック・ラトムスもいる）。しかしルターに対するイングランドの側の主たる応答は（もちろんラテン語で書かれたものだが）、トマス・モアが書いたものである。

## ルターに対するモア

ヘンリーの『主張』が出た時、ルターはほかのことで忙しかった。彼は、ドイツのさまざまな指導者との議論によって、またヘンリーのこの本がドイツ語で本屋で容易に手に入るということによっても、いらいらしていた。ヘンリーに対する彼の最初の応答はドイツ語で書かれ、一五二二年の八月一日に『ドイツ語の応答』として発行された。ラテン語の『ヘンリーへの反論』はその増補版で、九月末になって発行されたものである。世の中はきつい。神の言葉を確立する闘いは、丘に上っていくような熾烈な戦闘にならざるをえないので、あらゆる類の武器を必要とする。彼はヘンリーを stolidem regem（阿呆な王）、stultum regem（間抜けな王）などと呼んでいる。「彼は王の精神をもって出て来たわけではなく、王の血が体内を流れているわけでもない。売春婦のように奴隷的で露骨に品のない、節度に欠ける態度をもっている。」……「こういう間違いを犯すようでは、彼は王というよりはつまらぬ道化者にすぎない。」ルターは王のトマス主義を攻撃している（註15）。「ヘンリーはトマス主義の頭蓋骨と、下賤の民の精神を持っている。」彼は「トマス主義者たちの悪鬼である。」ルターはヘンリーにたずねる、「あなたは今やもはや王ではなく、聖所荒らしの強盗の一員であるのが恥ずかしくないのか……」（註16）。しかしこういったルターのものの言い方が特にいやらしいというわけではない。これらの攻撃の言葉はプラウトゥスやテレンティウスの喜劇に出て来る言葉づかいであって、これらの喜劇が議論をする場合のいわばネタ本であった。ヘンリー自身『主張』の中でどういう言葉づかいをしているか、比べてみるとよい。彼はルターのことを

地獄の最も貪欲な狼が彼を襲い、食らいつき、呑み込んで、腹のいちばん底のところにまで落とし込んだ。

彼はその場所で半分生き、半分死んでいる。敬虔な牧者が彼を呼び、彼が失われたことを嘆くと、彼はこの異教徒の狼の汚らしい口から、こういったいやらしい雑言を吐き出すのである。それはすべての羊の群の耳にとって厭わしく、嫌らしく、えげつないものである。（註17）

ルターの『ヘンリーへの反論』はまるで品性のつつましさを踏みにじり、ヘンリーの王冠を汚物でまみれさすような攻撃をしている、などとこれまで言われてきたが、どうしてそういうことが言われるのか、まったく理解できない。この二人の論争者のうち、むしろヘンリーの方がよほど攻撃的であると思われる。それにもかかわらずルターの本だけが「侮辱的で……辛辣で……いやらしい……」などと言われてきた（註18）。

このやりとりの中で、論争の実態が明らかとなる。ヘンリーは古い権威、すなわち教皇や公会議の宣言、教父、慣習、伝統、数、時の長さなど――そしてルターを異端として決めつける人格的な誹謗の側に立っていた。ルターは sola scriptura（聖書のみ）のために、神のキリストにおける贖罪行為を人間にあずからせるという良き知らせを永遠に告げつづける神の言葉のために、闘ったのである。それは聖書によって告げられるものであり、聖書の解釈は聖書によってのみなされる。ルターの「聖書のみ」に関する最も鮮明な主張は、一五二〇年に彼が書いた『主張』に見られる。そこで示唆されていることは、一五二一年の『バビロン捕囚について』の中で、また今や一五二二年のこの『ヘンリーへの反論』の中で更に詳しく展開されているのである（註19）。

ここで議論されているのは、教会にとって最大の危機とも言える事柄である。大バシリウスはこの千年も前に、聖書だけでなく、使徒たち以来伝えられた秘密の口伝伝承にも同等に従わねばならぬ、とはっきり述べている。中世末期までに、この口伝伝承なるものは、大量の儀式や慣習を生み出してしまった。それは常に批判にさらされてきたものである。ルターが『ヘンリーへの反論』の中で主張していることは、聖書を真の権威としてとりもどそう、ということである。聖書は、新しく作られたしきたりや制度がどういうものであるかを示し、判断し、断罪する（註20）。教会を内側から部分的に改革するなどという可能性は〔つまりプロテスタントの宗教改革ではなく、カトリック教会の内部から、カトリックの従来の基本的枠を保ったまま、部分的な手直しだけすればよい、という立場。本書五九頁ほか参照〕、「聖書のみ」の根本的な力によって根こそぎくつがえされてしまったのだ。

ルターに対する応答の一つにジョン・フィシャーの『ルターの主張に対する駁論（Assertionis Lutheranae confutatio）』がある。一五二三年はじめにアントウェルペンで印刷されたもので、その後数十年間にわたりくり返し再版された。その中でフィシャーはヘンリーの『主張』の持つ力を誉めている。これまた、彼自身もおそらくその著作に加わっていた、ということを示唆するものの言い方である。しかしながらフィシャーはルターの『ヘンリーへの反論』に言及していない。ヘンリーは一五二三年一月二〇日にグリニッジからザクセンの公爵たちに手紙を書き、その中でルターのもたらす危険を警告しているが、その中で彼はルターに対して直接答えようとしないという仕方で自分の尊厳を守っている。いや、彼が答えたということにふれない、という仕方で。しかし同時に、ドイツのすべての君主がヘンリーはルターに反撃する能力があるということを知っている、ということを言っている。しかし今やルターに対するもっと緻密な応答が必要とされた。いわばマルティン〔ルター〕を非マルティン化して、あざ笑うことができるような。そして同時に、その中で彼を個々の点すべてにわたって論駁するような。確かに王は、ザクセンの公爵たちに対する手紙において、ルターがやった蚤がかみつくような行為に対してなされるべきことはすべてなした。その点は誰もがすぐに同意したことであろう。しかし、おそらく宮廷では、更にほかの選手を出すこともできるのではないか、ということも言われたのであろうか――王はそれを禁じてはいない。「対話と議論の達人、十分な知識があってかつ宗教的な関心もあり……霊的に熱狂的ではない人物」（註21）が必要とされた、ということであろうか。トマス・モアにこの仕事が託された、ないし頼まれたということは、知られていない。ともかく結果として出て来たのは、モアの一五二三年の『ルターに対する返答』の二論文である。

## モアの『返答』

一五二三年にはモアはイングランドの代表的な人文主義者で、エラスムスの友人であるとして、ヨーロッパ中で知られていた。そして特に『ユートピア』の著者として知られていた。彼は法律家であり、政治家であり、宗教的敬虔と教養で知られた家柄の主人であった。王の通信物を整え、実施する仕事で王によく仕えていた（註22）。彼がウルジーによる反ルターのキャンペーンにだんだんと組み込まれていったということは、人文主義者的「良き教養」をもった彼の宗教的、教育的、社会的関心に、今や、教義的な争いと論争的な戦いがつけ加えられたということを意味する（註23）。論争というのはそれまで常に学校教育の方法であった。緻密な議論に言葉による攻撃を組み合せたものである。今やそれは、全面戦争の技術となる。モアの当時の友人たちの中では、エラスムス自身がその頃、長く続き、しばしば不愉快でもあった論争にかかずらわっていたし、ジョン・フィシャーはルフェーヴル・デタープルと福音書に出て来る三人のマリアが同一人物であるかどうかということについて論争していた。トマス・モアもこれまで、いくつかの非神学的な論争において、議論と毒舌の技術を用いてきた。そして今や彼は、ルターに反論するという実効のある仕事を公けに引き受けた（註24）。

モアの『返答』は、イングランド宗教改革の一文書としても、またモアの論争家としての展開を示す素材としても、重要であるけれども、ここはそれを詳しく取り上げるべき場所ではあるまい。神学的な議論は、ヘンリーの『主張』を偽装的に利用しつつ、巧みに二つの部分に分けられている。モアはヘンリーよりも更に強く、書かれていない伝承の力を聖書よりも重要視しており、しかもそれをもっと複雑な細かい議論でなしている——法律家の声が遠ざかることはない。この準備のために彼はいろいろなことをなしている。コクラエウスのようなカトリックの論争家を読み（彼はコクラエウスを引用している）、フィシャーから学び、また宮廷での日々の生活からも学んでいる。特にドイツ人の博学の学者でルターの敵であったトマス・ムルナーが当時イングランドの宮廷に出入りしていたので、彼から学んでいる。ルターの書いたものは自分で読んでいる。もっともていねいに読んだわけではなく、またたいした分量は読んでいない。一五一八年から二〇年にかけてルターの著作集は四つの異なった編集で出版されているが、モアはたまにそれを少し参照する程度であったように見える。モアが集中したのは、当然予想されるように、一五二〇年より後に出されたもの、特に『バビロン捕囚について』と『ヘンリーへの反論』の二つであった。彼のところにはほかにもルターに関する資料はうまく整えられた仕方でとどいていた。ルターが自分で書いたものではなく、「口伝伝承」によって。つまりヴォルムスの国会以前からその後にいたるまで教皇の権威筋がいろいろと捏造した虚偽や誤謬を伝える大量の噂である。これはドイツ全土を通じて熱心に受け取られ、反対賛成の議論がなされたものであった。ルターは西方教会にとってその千年間で最も根本的なチャレンジをなしたのであって、そこで彼についてはともかくあらゆる方面から野蛮で極端な話が捏造され続けた。彼は神であり悪魔であり、聖者であり怪物であった。ウルジーが大法官であった宮廷においては、ルターの言い難いほどの異常さを語った話が飢えた者が食べ物を求めるようにして集められ、モアは常にそういうものを耳にし、読むことができたであろう（小さい例を一つだけあげると、ルターの姿をいやらしく形をくずした子牛の怪物として印刷した肖像など）。そしてモアはそういったものを注意深く集めて利用したのであった。王がモアに対して、ザクセンの公爵たちに対する王の手紙の尊厳と適切さを損なわないような仕方でルターに対する反論を書くようにと、はっきりと依頼したのかどうかはわからないが、ともかく一五二三年の冬には宮廷で、王の尊厳と『主張』とを弁護し、ルターに対する攻撃を拡大する大きな計画が存在していたのは確かである。そしてルターに対する返答を書くのに最も適した位置にいたのがモアであった。

モアは王やその顧問官にはふさわしくない言葉を用いる必要があったから、またそういうやり方を好んだから、ここでは偽名を用いている。そのことによって彼はより柔軟に、愚か者と対決しなければならないのは面倒だが仕方がないという雰囲気と、教義にかかわる最も重大な問題とを結びつけることができた。そのために彼はフェルディナンドゥス・バラヴェルスという学生を創作した。バラヴェルスはスペインの大学に留学しており、そこでたまたま手紙のやりとりをしていた知人の叔父を訪問したのだが、この叔父が彼に、これまでイングランド王がみごとに反論した以外のルターの狂気の発露を攻撃してみたらどうだと勧められ、それを実行することにし、その結果がこの本である、というのである。これだけでもいい加減複雑だが、トマス・モアは更に新しい偽名で別版を書く。こちらはウィリアム・ロス（Guilielmus Rosseus）という名前で、ヨハンネス・カルケリウスという人物にローマの郊外から手紙を書くという格好である。こちらはまたまったく新しい書き方を示している。モアはここではヘンリーの議論から離れ、自分独自の仕方で、書かれざる伝承の力の故に教会は聖書よりも上の立場にあるということを長々と擁護しようとする。二つの版に共通する基本の方法は、論争相手の文を逐語的に引用するというスコラ的伝統手法であるが、それを補ってできる限り完全な文にするという人文主義的な拡張を加えている。この方法は特にロス版の方でより一層顕著である。これは良き教養の良き作法からすれば、いささか行き過ぎている。この方法の思惑は、ていねいな註釈によって読者は納得して、あとは自分で論争相手がまったく愚かであるということを判断することができるだろう、というものである。更に、モアが実際にロス版でやっていることだが、時々相手の文を改竄して引用し、しかも読者はそれに気がつくまい、というのである（註25）。しかしながらこれはトマス・モアの作品である。彼の性格の複雑さがすべて現れている。それは「生真面目さのせいで増幅された」喧嘩好きであり、「真剣な信心であるが、しかし深い嫌悪感と克服しがたい敵意とをもって相手に対するものである。ルターは異端者だったのであって、だから完全な悪であったのだ」(註26)。異端は異端者のあらゆる部分を汚染している。その教説のすべてを、その個人的な生活のすべてを。そしていかなる時代のいかなる異端、異端者も所詮一つのものなのだ。真理もまた一つである。だから教会は決して、いかなる小さな点でも妥協することはできない。妥協したりすれば、一切がすぐに崩れてしまうだろう。こういう絶対的な立場どうしが衝突すれば、どちらの側も相手の議論につきあっていることはできない。劇に出て来る仇敵どうしでも、たとえばハムレットとレアティーズがそうであるが、まったく腹を立てあって対決していても、直接に相手に対して攻撃を加え、攻撃を受け、といったやりとりをするものだが、この場合にはそういうものもありえず、ただ絨緞爆撃のようなやり方しかありえない。モアの爆弾はその目的のために注意深く選びぬかれている。聖書と古典の著者からの引用がしばしばなされるが、(ヘンリーとは違って)教父の権威に依存することは避けている。これはもはやルターを攻撃する武器としては役に立たないからだ。彼の強度な爆弾は、下品な悪口をも、いわばラブレー的な悪口をも含む。現代のある伝記作家によれば、「(モアは)論理の第一(prior)前提と派生的(posterior)な議論との間の修辞的、論理的な区別をかけことば的にこねくりまわしながら、ルターについて次のように書いている。」

彼(ルター)は王冠を糞でよごしたり汚したりする第一(prior)権利をすでに持っているのだと書いている以上、我々は、彼が第一(prior)前提から派生的(posterior)な結論を推論することをもっと正確に学ぶようになるまでは、この派生論(posterioritics)の専業者の糞にまみれた舌は、小便をしている雌騾馬の尻(posterior)を舌の前部(anterior)でなめるのが一番ふさわしい、などと言ってさしあげる派生的

(posterior) 権利も持っていないということになろうか。(註27)

ヨーロッパ全土を通じて反ルターの文章を拾い集めれば、一五二三年までに限ったとしても、これと同様な言葉の暴力にいくらでもお目にかかることができよう。しかしモアはこのように汚らしく「喜んで」(右に引用した伝記作家は「学校の便所での男の子たちのおしゃべりのように退屈な、一本調子の糞便論」と評している)(註28)、他の者たちよりもはるかに低く下がっている。モアの本はただただみっともない。もっと悪いことに、それは言葉だけでなく精神においてもみっともないのである(註29)。以下に一例だけ引用しておこう。まったく無作為に引き出した例である。ロス版の最後の段落の終りの部分、つまり一一章二七節の終りであるが、英訳で引用する。結語の直前の部分で、従ってこの著作全体の頂点をなす部分である。

(ルターは) 口の中に便所の汚物を、つまり糞尿しか持っていない。これらの汚物でもって彼は道化を演じているのである……。彼は、ほかの人ならば桶の中に吐き出すような汚物を自分の口の中にほおりこむ……。もしも彼がその愚行と凶暴とを、これまでもすでにあまりにもよく知られるようになった狂気のわめきを、やめるとすれば、もしも彼が自分の汚物を飲み込み、自分の舌やペンを汚らしく汚しまくった糞をなめてきれいにするならば……、それというのも彼はこれまで自分の口に水垢、下水、便所の汚物、糞尿しか入れたことがないのだが……、それならば我々は適宜会議を催して、この狂気の修道士くずれ、便所的精神のごろつきを、荒れ狂い、わめきちらすままにほっておき、糞尿をたれ流し、その汚れにまみれたままにしておくかどうか決めることにしよう。(註30)

モアの一五二三年の『ルターに対する返答』(Responsio ad Lutherum) は期待どおりにヨーロッパ中で読まれた。もっとも、その著者が誰であるか、イングランドにおいてすら、必ずしもよく知られていたわけではない。ウルジーが自分の国で展開していたキャンペーンは、勢力を強めつつあった。彼はオクスフォードとケンブリッジの神学者を一五二一年の五月に召集し、ルターについて討論させたが、この神学者たちはまず確実に王の『主張』の著述に関与している。この会議の結果として、その後直ちにルターの本の最初の焚書が行なわれたのである。それはケンブリッジやロンドンで行なわれた。ロンドンの方が有名であるが。その後彼らは分れてそれぞれの町にもどり、そこでさまざまな著述を通して反ルターの活動をはじめた。彼らはこの後数年間にわたって熱心にこの活動を続けた(註31)。ロンドンでは上述のようにジョン・フィシャーが『ルターの主張に対する駁論』(Assertionis Lutheranae confutatio) を書き、アントウェルペンで一五二三年に印刷された。フィシャーはケンブリッジの法務官でかつロチェスターの司教であった。この本は彼が一五二一年五月に聖ポール教会でなした説教をもとに書かれたもので、以後のルターに対する駁論の基準となったものである。フィシャーはヨーロッパ全体で学者として通っていた。彼はまた、おそらくは王の依頼によって、ルターの『ヘンリーへの反論』に対する返答を書いた。『王の主張の弁護』(Defensio regiae assertionis) である。モアのものと同じ一五二三年に書かれたが、一五二五年まで発行されなかった。彼のルターに対するもう一つの返答である『聖なる司祭職の擁護』(Sacri sacerdotii defensio) もこの時に発行された(註32)。この本はカスバート・タンストールに捧げられているが、フィシャーが書いた反ルターの文書のうち少なくとも四冊はタンストールの協力によって書かれたものである。タンストールは、ウルリッヒ・ヴェレヌスという人物が最近書いた本についてフィシャーに注意をうながしている。ヴェレヌスによれば、聖ペテロはローマに行ったことがない。それは「教皇の優越権に対し破壊的な意味」を持つだろう(註33)。フィシャーはこれに対し、『妄論の転覆』(Convulsio calumniarium) において直ちに反論している。フィシャーとタンストールはほかの仕方でも反ルターのキャンペーンで共同している。一五二四年にウルジーとウォーラムとフィシャーとタンストールとが輸入本の公的な検査官となった。しかし、資料の示すところでは、この仕事を最も多くやったのはフィシャーとタンストールである。彼ら二人はまた、教会を改革する小会議をローマが召集した時に、イングランドの代表として選ばれている(註34)。宮廷では、詩人のジョン・スケルトンが『一部の若い学者たちに対する応答』を書いて、反正統主義的な若い大学人を非難している。王妃キャサリンの聴罪司祭たちは、ルターの免罪符についての発言に対する論文を書いている。また王の秘書のリチャード・ペイスがフィシャーのルターに対する最初の説教をラテン語に訳して、教皇レオ十世に送っている(註35)。こういう活動はヨーロッパ全土にひろがっていた。ラテン語の文書がイングランドに持ち込まれ、また持ち出された。イングランドは、多大な権力を有する君主がみずから『主張』を書いたというので、反ルターのキャンペーンでは高く評価された国であったのだ。エラスムスからはじまって、大陸の主な学者たちは、イングランドがルターに反対する著作を支援、奨励していることを喜んだ(註36)。その一人、ヨハンネス・エック（ルターの初期の反対者の一人で、イングランドではヘンリー八世、フィシャー、モアなどに紹介されたことがある）が一五二五年に、この世紀に書かれた反ルターの本の中で最もよく売れるようになったものを書いた。『重要な個所の教本』（Enchiridion locorum communum）である。これは反ルターの論争に際して用いるべき有用な議論を集めた引用集であって、百版以上を数えた。

キャンペーンは成功しつつあるように見えた。一五二〇年代も後半になると、イングランドにおけるルターの影響は衰退するだろうと思われた。そこに、予測し難い出来事が生じた。一五二五年九月一日にルターは、おそらくデンマーク王の影響で誤って、王ヘンリーはルターの考えに対し好意的になるだろうと考え、ヘンリーに対し、自分の『ヘンリーへの反論』をその線で改訂する用意があると書き送ったのである。それまでルターはヘンリーが例の文書の唯一の著者であるとは思っていなかった、と記し、その上で、和解を申し出たのである。もっともその和解の条件はルターの側に大幅に引き寄せるもので、たとえば、ヘンリーが改心して福音を受け入れれば、ということが一つの条件になっている（註37）。同じ頃、ルターの忠実な部下であるヨハンネス・ブーゲンハーゲンが『イングランドの聖者たちへの手紙』（Epistola ad sanctos in Anglia）を書いた。ここで彼はルターの神学を要約し、イングランドのルター派の人たちに忍耐して解放の希望を持ちつづけるようにと呼びかけている（註38）。同じ年のクリスマスにロバート・バーンズとヒュー・ラティマーがケンブリッジで、本書の前章でふれた説教をなした（註39）。そしてケルンのコクラエウスが、二人のイングランド人が英語の新約聖書を印刷しているところに出くわしたのである。イングランドで再びルター派を捜査することが求められ、実行に移された。ヘンリー王のルターに対する返答は冷淡なものであった。ここでのものの言い方の技術や素材はモアの『返答』におけるものと一致するから、この場合の「ヘンリー王」は疑いなくトマス・モアのことである（註40）。この返答はルターを猛烈に攻撃しているけれども——修道女と結婚したことを非難し（彼女を「彼の淫売婦」と呼んでいる）、異端とみなされる点や狂気の過ちを長々と列挙する——しかし、顕著なことに、ルターが教皇を攻撃している点にはふれていない。

一五二七年の春の少し前、モアはブーゲンハーゲンに対する返答をラテン語で書いた。ここではモアは明らかに自分だけで書いている。この「手紙」（論文）はおそらく相手に送られはしなかった。発行されたのもようやく一五六八年になってからである。これは強硬な議論であった。ルターの狂気が暴動、虐殺、略奪を結果するだろうと彼が以前予測していたことは、ドイツ農民戦争において現実となった。プロテスタントの運動は分裂して互いに戦争をしかけている、ということをモアは知っている。その対立を彼は容赦なくあばき、対立が更に広がるようにあおる。聖書に依存することはできない、と述べる。奇跡がカトリック教会の権威を保証するのであって、異端者はいかなる奇跡もなすことができない、ということを一度ならず、くり返し言い続ける。――「これを言っているのは、かつて大衆が誤った、愚かな奇跡をすぐに信じてしまうことを軽蔑していた人文主義の学者である」（註41）。この発行されなかった論文でモアは、最も神学的である場合も、「キリストが我らの義である」という信仰告白の単純さを攻撃し、予定説を長々と論駁するのである。

反異端の論争については、モアはコクラエウスから学んでいる。コクラエウスもヘンリーの『主張』の擁護を書いている。そして自分が英語の新約聖書を発見したことを大袈裟に自慢し、その本をヘンリー八世、ウルジー、フィシャー、タンストール、ウェストに献呈することで箔をつけようとしている。そのうち三部は、ケルンにおけるイングランドの代表使節であった人物が一五二六年九月に前書きをつけている。ジョン・ワロップという傑作な名前の人物である。コクラエウスはフィシャーと手紙のやりとりもしている。彼はフィシャーを非常に尊敬していて、その『駁論』の一部をドイツ語に訳して出版することまでしている。ほかにも大勢いたが、彼もまた、ドイツにおけるプロテスタンティズムの進行について情報を集めては送り出すのに忙しい蜂の一匹であったのだ。彼がこの仕事をモアのためにしてやったのは明らかである。モアはこの時ブーゲンハーゲンに対するラテン語の「手紙」を書いていたからだ。モアがこれを出版できなかっただけでなく、おそらくはブーゲンハーゲンに送ることさえしなかったという事実は、この時のモアの精神状態を示していて面白い。彼はまた、エラスムスを説いて、異端者たちに反対する著作を書かせる、という大きな試みにも失敗した（註42）。

## 異端に関する対話

モアは新しい戦略を必要とした。一五二八年のはじめに彼は、二つの課題を心の中にかかえていた。第一は、

「大法官として教会と政府の力を結集して異端者たちにのぞみ、彼らと彼らの信仰とを潰し、必要ならば彼らを焚刑に処してもイングランドから消すためにできることはすべて行なうこと」であった(註43)。第二は、戦略の大きな変更であった。すなわち、異端に対する反論を英語で書くことである。それは、英語で書かれた異端の書物――たとえばティンダルの新約聖書――が密輸されてきて、その毒によって無学で素朴な人々をすべて汚染していることに対する解毒剤になるはずであった。英語で書けば、その人々の手に届いて、真の信仰を強める役に立とう。エラスムスに反異端の文書を書かせることに失敗したので、彼は今や自分でそれをなそうとしている。「仕事も放り出し、時間と睡眠を犠牲にして、彼の生涯で最も大切であったこと、つまりカトリック教会の弁護のために捧げようとした」のだ(註44)。モアはどうやら自分でタンストールに、英語でこの仕事をすることを自分に任命してくれるように、そのために、異端の書物を読めるようにしてほしい、と頼んだようである。タンストールのモアに対する手紙が残っている。「親愛なる兄弟よ、あなたは我らの土着の言語においてもラテン語においても第二のデモステネスと言われるほど傑出した方です。……我らの言語で書かれた彼らの狂気のたわ言と、ルターの本を何冊か、お送りしましょう。……あなたなら、これらのねじれた蛇どもがどういう隠れ家にひそんでいるか、容易にお見つけになることができましょう……」(註45)。モアはすぐに結果を出した。『異端に関する対話』である。一五二九年六月に発行された。

サー・トマス・モアがウィリアム・ティンダルの世界に登場するのは、この日からであって、それ以前ではない。どちらもオクスフォードの優秀な学生であり、後にすぐれた仕事をなしたのであるが、それまで彼らのたどる道が出会うことはなかった。モアはティンダルよりも十七歳年上で、例の裕福な、互いにお世辞を言いあっているイングランドの人文主義の狭い、排他的な世界にはいっていった。その後政治の世界にもはいり、市政と宮廷とで高い位置にのぼっていった。一五二九年半ば、『対話』の発行の時点には、彼はあと数週間で大法官になろうとしていた。それに対してティンダルは汗水たらして働く言語の技術者であって、もっと快適な上層の仕事に誘惑されることはなかった。彼は何よりもまずギリシャ語聖書の学者であり、そして今やヘブライ語聖書の学者であった。新約聖書を以後永久に生きつづけることになるすぐれた英語に訳し、聖書の信仰義認の教義の意味するところについて二冊の本を発行した。一冊は行為義認に関するもの、もう一冊は市民的服従に関するものである。ティンダルは当然反撃されることを予想はしていただろう。しかし、タンストールやフィシャー以外に誰が攻撃してくるかは、まだわからなかった。モアが攻撃してきたことに、彼はおそらく驚いたことだろう。

ティンダルがけしからんことに偉大なモアを悪しざまにののしったので、モアがその巨大で忠誠ある重みでもってドイツからやってくるこの煩わしい虫をひねりつぶそうとしたのだ、などという趣旨のことを書いている著者も何人かいる。もちろんモアは英語の新約聖書によって攻撃されたと感じただろう。彼は人からものを教えてもらう必要はない。特に、外国でさまよっているわけのわからぬイングランド人なんぞに、「司祭」でなく「長老」であり、「教会」でなく「集会」であり、「慈善」でなく「愛」である、などということを教えてもらう必要なんぞはない（註46）。聖書には煉獄などというものはなく、七つの聖礼典のうち五つはそもそも聖礼典ではない、などということも。時代の流行の回転木馬において、つまり今日の一部の勢力の強い知識人たちの間では、ティンダルは祝福された聖トマスにとっての単なる煩わしさの一つ、偉大な人の上着にくっついた栗いがにすぎない、なんぞと評価されている。いわばティンダルの生涯はモアなしでは意味がない、とでもいうかの如く。実際ティンダルは時に、まず第一に「サー・トマス・モアの敵対者」として言及される。彼が我々に英語の聖書を与えてくれたという事実は、まるで小さなことのように、ついでに言及されることの一つにすぎない。これは愚かである。現代のカトリックの英語の聖書であるエルサレム聖書でさえ、これは何度も改訂を重ねているけれども、そのどの版でも、ティンダルの翻訳の遺産に依拠しているのである（訳註46ａ）。だから我々は、モアは一五二九年の七月まではティンダルの生涯に何らふれることはなかったという事実を指摘しておくのがよかろう。その時点ではすでにティンダルの仕事の半分はなされていた。そしてモアがはいりこんできた時には、職業的な訓練を受け、経験もつんだ人殺しとしてはいりこんできたのである。この『対話』はソクラテス的な、人文主義的な論争という格好で出て来ている。しかし実際にはそんな理性的な代物ではない。その意図するところは殺害である。

一五二九年六月に最初に出た時には、モアの『対話』は四巻本で、各頁が二欄に分けられている部厚い二折判で、威嚇的に重苦しい黒文字活字で印刷されている。個々の区分の表題は単に「第一巻」等々とあるだけである。ほかに、かなりしばしば欄外に註がつけられている。たとえば「神は、教会が非難に価するような過ちに同意することを許し給わない」（第二巻十二章）とか、「ルター派はこれまでキリストの教会から出て来た最悪の異端である」（第四巻十七章）といったものである――この二つの註が、この部厚い本の全体を要約しているようなものであるが。最初の二巻は聖者、巡礼、奇跡、異端のセクトについて扱い、ルターとティンダルを標的にした攻撃を行なっている。第三巻は、教会と聖書は同等とみなしうるか、ということを扱う。その第八章で、ティンダルの新約聖書やイングランドにおけるルター派の異端について大がかりな攻撃に移る。また、横道にはいって、リチャード・ハン（ロンドンの司教によって殉教せしめられた人物であると広く言われていた）の件を長々と扱う。第四巻はルターの攻撃で、農民戦争やローマの略奪の残虐（尾ひれをつけて語られる）をルターのせいにしている。

この本全体が論争の手口によっている。架空の論敵が自分の立場を弁護する議論をなし、それに対して著者が答えて、相手の間違いを賢く直してやる、というものである。多くの段落が、「著者は……ということを示す」という書き出しではじまっている。モアのいつものやり口であるが、架空の話の部分は特に斜めにかまえている。この六年後、モアはロンドン塔で例の『患難に対する慰めの対話』という高貴な文章を書いていて、「その主題は人間の精神が支えることのできる最も重いもの」(註47)、すなわち死刑がすぐ近くにせまっていることを確信していて、おそらくは大きな苦痛をもってそれに耐えているのだが——この本に、二人のハンガリー人の間のラテン語の対話のフランス語訳のそのまた英語訳である、という格好をつけている。それと同じ趣味で、この本の場合も、今やイングランドで英語でもって広まっているルター派の異端に論争をいどむ大きな著作でありながら、ルター派の新約聖書（と彼はみなしている）という焦点についてまで、「信心深い私の友人が私のところに、その友人で秘密を信じこんでいる者を送ってよこしたので……」という体裁で書かれている。この不可思議な友人の「特別な秘密を信じている男は使い走りを仕事としている者であるが」、その男がこの論争の相手となって登場する、というわけだ。「使者の男」というのは、とるにたらない人物という比喩である。この人物は、宗教改革とそれに対する教会の答について世間に広まっている見方を適当に拾い上げ、大学で何ほどかルター派の網にひっかかり、明らかに正しい事柄についても混乱して、聖者礼拝やその他聖者に関することには反対し、英語の聖書に賛成するなどと言うようになった。モアはその都度いとも手軽に、この人物が間違っていると証明することができる。この使者の男の言うことをすべておよそ間抜けな雰囲気で包んでいるからである。たとえば、信仰にとって聖書があれば十分であるということ、ルターのsola scriptura（聖書のみ）という「異常な」概念（モアはそう信じている）であるが、それをこの使者は著者に対してあらゆる教育を自分は馬鹿にするのだと「楽しそうに」語る、という風に紹介されている。「論理学は彼によればただのおしゃべりで……、数学は商人のためで、幾何学は左官屋さんのためである……。」「聖書以外に光はないので……、キリスト者にとっては聖書の知識さえあれば十分であるのだから……」とて、教養科目の四教科と三教科を馬鹿にする。こうしてこの使者は、本論にはいる前からすでに、とんちんかんな道化にされてしまっている。その上ですぐに、プロテスタントの主張の中心点の一つにとりかかる。「彼はどんな難しい問題に出くわそうと、聖書の個所を一つ定めてそれを他の個所と比べるのが最も正しく確かな解釈であると経験によって知っているのだ、などと言う。そうすれば、自分たちの間では十分によく自分たちの主張をなすことができる、と」（註48）。ものの言い方が巧みに操られていて、「どんな難しい問題に出くわそうと」とか「経験によって知っている」といった軽薄な言い方で、聖書の全体を知り、それを知的に学ぶということは、馬鹿者のちゃらちゃらした行動と変るところはない、ということを示そうとする。（しかし、モアに敬意を表するためにつけ加えておくと、「聖書のみ」に含まれる一種の危険性はすでにドイツで明らかになりつつあり、後のドイツではっきりと登場してきている。）

弁論に対して反駁の余地を残さない反対弁論を対置するのはモアの心情にぴったりのやり方である。彼のこういう技巧は、ラテン語で反ルターの大量の文章を書くことで訓練されてきた。ここにあるのは、ほとんど審問官モアの姿である。忍耐強く、丁重で、寛容なようでありながら、その実、二つのことを絶対的に確信している点で、鉄のように硬かった。教会はどんな小さなことについてでも過つことはないということと、いつの時代のいかなる異端者もあらゆる点で悪魔なのであるから、焼き亡ぼさねばならない、という点である。モアのこの本当は実在しない相手、いわば半分へこんだ風船のような架空のものの考え方を相手にした議論の仕方は、うさんくさいものがある。しかしこういう架空の低級な精神を相手にする会話という形で、モアはルター派を小さい枠に押し込めようとしているのである。彼らは騒乱を引き起こす力はあるが（モアはおよそ度を越して、ルターは農民戦争の暴虐やローマの略奪の際の残虐に責任がある、などと言っている）、それ以外はやたらとけちくさい存在だ、というのである。このようにしてルター派たるティンダルはおよそ愚劣な枠にはめられる。彼の新約聖書は第三巻の半ばまではあまり攻撃されていないけれども、この本のあらゆるところに彼の影がある。そして最後の巻の後半は、彼はルターより悪いということの説明にまるごと費やされている。最初の二巻でティンダルの『服従』は直接にはほとんど言及されていないけれども、あらゆるところで『服従』が意識されている。それは議論の主題の選び方から知られる。モアは偶像、聖者崇拝、巡礼等々の必要性に固執しているのだ。モアの最初の英語の著作であるこの本は同国人大衆（ないしモアのこういう本のことを知っていて、それを許容するような人々）に対して呼びかけたものであるが、その主題はティンダルなのだ。それは不思議な友人とその使者、垢ぬけしたわかりやすさを持った古典的な対話、町のおしゃべりやロンドンの噂話、最近のヨーロッパの出来事、現在の教会の慣行などについての発言などといった装置に覆われており、ルターの体現している異端なるものに対する憤慨が筆を運ばせているけれども、ティンダルこそが標的なのである。モアの『対話』は一五二九年と一五三一年と一五五七年に発行された（一五五七年のものは甥のウィリアム・ラステルが監修した）。その後一九二七年までは発行されていない。そして一九二七年の版は『ティンダルに関する対話』という表題で発行されている（註49）。この表題は原著者の認めたものではないけれども、この本にそういう表題をつけたくなった気持はわかろうというものだ。事実そうなのだから。

モアのこの本の外形は、大きな、ごついものである。百五十頁を越す二折り判で、各頁が二欄に分れ、非常に太い黒文字活字で印刷されている。内容的にはこれは、「すぐれたプラトン的対話。おそらくこれまで英語で書かれた対話篇の中で最もすぐれたもの」などと評価されてきた（註50）。この本の扱う範囲は広く、中には面白いものもある。そのうち三つの事柄が中心となっている。聖者礼拝と、英語の聖書と、無謬の教会である。議論には、プラトンの対話篇のような仕方で時と場所に言及するとか、中断するとか、「楽しい話」や口語的言いまわしや時に雄弁さも見せて、活気を持たせている。しかし、活気があるのはこういう個所に限られるというところが問題なのだ。あとは、どの欄もどの欄も、退屈である。価値のある、ないし新鮮な議論はまったく何も提供されていないからだ。新しい神学的な真理は何も提供されない。ただ、教会が過つことはありえない、ということがしつこく繰り返されるだけである。「使者」は罠にかけられる。非常にゆっくりと。一切が前もって見えている。モアは教会の忍耐を示そうと試みているのであるが、実は、彼の読者の忍耐を度を越えてためしているのである。たとえば、偶然開いた頁には次のように書いてある。

（私）あなたがたまたまそこにお出でになって、よかったと思いますよ。あなたが彼らに、私たちが話しあったことについて、つまり聖者たちに祈ること、偶像や遺骨の礼拝、巡礼に行くことなどについて述べたという点についてはどうということもありませんが。それらについては、あなたは彼らに何ら新しい知識を語ったわけではありません。彼らの方が、あなたが私から聞いた、もしくは聞けたかもしれないはずの事柄を、もっと多くあなたに語ることができたでしょうから。よかったのは、あなたによれば非常に学識のあるというあの人たちのところにお出でになって、あなたは彼らからすでに十分にこれらのことについて（私たちがこれから話そうとしていることですが）お聞きになっておいでのはずだからです。もしもそうだったとすれば、その点では私たちの仕事は短くてすみますから。あるいは、ほかの点についてあなたはもっと多く教えられておいでで、そうだとすれば私たちの議論はより豊かなものになりましょうし、事柄にもっと率直にふれることができましょう。そうすれば、あなた御自身やあなたの御主人のような方がこれから私たちが取り扱うような事柄についていかなる疑問もお持ちにならないようになって、もっと満足なさることになりましょうから。

（彼）実際、彼らは彼らの考えを私に示してくれました。そういう点に話が及びましたら、そのことをあなたにお聞かせ申し上げましょう。

（私）それは喜んでお聞きいたしましょう。そして、私の貧しい知恵が許す限り、あなたにお答え申し上げましょう。しかしながら、一つの点ではっきりしていただきたい。いろいろ努力した挙げ句に私たちの間で合意したことについて、彼らは満足しておいでしょうか。

（彼）本当のことを申し上げますと、一人を除いて皆満足しておいでです。そしてその一人も、一つのことを除いて満足しておいでです。これらのことについて彼らはあなたのことを大いに誉めておいでました。

（私）いやまあ、お誉めにならないで。私がうぬぼれるといけませんから。しかし一つのことを教えて下さい。満足していなかったのが誰なのかはどうでもいいのですが、その人が何に満足でなかったかを、そして、何故満足でなかったかを教えて下さい。

（彼）どうにもこうにも、彼は、聖書からはずれた教会の信仰は聖書そのものの言葉のように確かなものではありえない、我々が信仰する義務はない、と疑っているのです。

（私）おやおや、私たちが話したことをよく思い出してごらんになれば、あなたは彼に証明してあげるのに十分なことをすでに御存知であるはずなのに……。（註51）


プラトンはこれにはもの申したくなるだろう。四百語に及ぶこの文を読むと［訳註。右では、何とか日本語として普通に意味が通じるように格好をつけて書いてみたが、原文はもっとはるかに不必要な冗語に満ちていて、意味を取るのに極度にいらいらさせられるような冗長かつわかりにくい文である］――そしてこれが典型的なモアの文で、いささかたるみすぎていて、千鳥足で、いわば夕食後のしまらない調子なのだが――モアは英語のすぐれた散文作家だという今世紀初頭の評価（註52）に文句をつけざるをえなくなるだろう。いや、この個所はいわばサー・トマス・モアが立ち泳ぎをしているような個所であるのかもしれない。しかし彼は立ち泳ぎの訓練をいささか大量にやりすぎている。そんなものをどうして我々はのんびり見物する必要があるのだろうか。これと同じ趣旨をティンダルに書かせたら、僅か十九単語ぐらいですませただろうか。「彼らは聖者や偶像や遺骨や巡礼についてあなたよりよく知っている。聖書が教会にまさる権威だ、という議論がなされていた。」

聖書と教会教父に味をつけるために、英語作者モアはチョーサーやロビン・フッドを持ち込む。市井の喜劇とでも呼ぶべきものも時々出て来る。そういう話がロンドンで起こったことになっているのがまだましと言うべきか。たとえば奇蹟についての議論（第一巻第十章）の中で出て来るウォルブルックの若夫婦のとんちんかんな物語などがそうである。彼らは結婚し、床を共にし、一年もたたないうちに子どもを生んだという（話の焦点は、自然の過程をどこまで見積もるかということだが）。語り手の下品なおしゃべりがお笑いを作り出す。こういった饒舌なおしゃべりが突然出て来て人をひきつける。「我々のロンドンの使者」に見られるような語り方で、ビルネーやハンなどの異端とされたイングランド人について書く場合がそうである。サー・トマス・モアはこういったやり方に熟練している。そして読者はこういうものを更に求めるようになる。最後の巻で彼がルターに対してやたらと繰り返し並べる悪罵は、まるで面白くない（今やプラトンは数マイルもかなたに行ってしまった）。彼がルターに関して用いる挿話は魅力があるなどとはとても言えない。聖アルバン教会でのいかさまの奇蹟の話はうまく語られている。これはシェイクスピアの『ヘンリー六世、第二部』（第二幕第一場）にも出て来る話である。この種の市井の挿話を時々入れる理由は、もしかすると、僧職者階級のはなはだしい腐敗の問題をあわてて避けて通る時に、読者の注意をそらすためだったのかもしれない。だから彼がルターのように（あるいは『マモン』や『服従』におけるティンダルのように）敢えてその問題を取り上げる人たちを攻撃するのは、寒々と間違っている。

その二つ、つまりロンドンとルターとがティンダルにおいて合体する。誤った、ルター派の、新約聖書が首都に到着した。教会の慣習よりも上に置かれるなどという悪しき位置づけをされたその聖書は、腐敗しているのだ、とモアは主張する。そして反論を詳しく述べる。ティンダルが「長老」「集会」「愛」などと書くのは、あるいは

「恵み」(grace)の代りに「恩寵」(favour)と書くのは、意図的な誤訳である、などと主張する(註53)。モアの本の表題の頁は、この本が偶像、遺骨、聖者、巡礼、およびまた、「ルターやティンダルの疫病のようなセクト、それはルターがザクセン地方ではじめたもので、ティンダルが苦労してイングランドにまで持ち込もうとしたものだが、そのセクトに関する多くのこと」を扱う、と告げている。ティンダルはまずこの本のはじめの方で、ポールズ・クロスで新約聖書を焚書にしたことの弁解をする部分にくっつけて、嘆かわしいといった調子で言及される。「(その新約聖書は)最近マスター・ウィリアム・ハチン、別名マスター・ティンダルによって英語に翻訳された。この人物は、人々の言うところによると、海外に出て行く前からよく知られていて、きちんとした生き方をしており、勉強家で、聖書のことをよく知っていた。イングランドのさまざまな場所で人々に好かれ、説教によって多くの貢献をなした……。」(註54)

しかしティンダルは不運なことに、とモアは書くのであるが、ヴィテンベルクでルターと一緒になった。「そして(聖書の翻訳の)欄外に、あのしょうがないセクトを広めるために、相当数の註釈を挿入した」(どうもモアは自分ではティンダルの翻訳を見てはいなかったのではないかと問わざるをえない。この時点ではまだ、ティンダルが聖書の翻訳の欄外につけた註釈は一五二五年のケルン版の断片だけしかなかったのだ。そして、この欄外の註釈に多くのルター主義を読み取るのは、非常に特殊な色眼鏡でもかけない限り、無理だろう。序論は別の話だが)。ティンダルの異端――これらの註釈の僅かの言葉と、『マモン』と『服従』に出て来る言葉によって異端と決めつける――はあらゆる部分に浸透しているので、彼の新約聖書はとても部分的に修正してやることなどできない、と言う。第三巻第十章では以下のように記されている。

> 著者は、ティンダルの翻訳があまりに悪いので、修正してやることもできない、ということを示す。

しかし彼〔＝使者〕は言った。誰か立派な人たちが誤りを修正してあげることができるのではないでしょうか。もしもそれだけの問題ならば、その本はまた印刷に付することができましょう。（私）もしもその点について論じるのであれば、ごらんになったとおり、誤りはあまりに多く、本全体にひろがっていて、言ってみれば、織り目のすべての穴をいちいち繕うくらいなら、布全体を新しく織り直す方がまだまし、というようなものです。彼の翻訳を必要な限り全部修正して良いものにする努力をするくらいなら、まったく新しく全体を翻訳する方がまだ楽でしょう。それに、私が思うに、賢い人なら、敵の手でかつて毒を入れられたパンを、たとえ友人がそのパンをていねいにこすってくれたとしても、決してきれいにはならないので、敢えて食べることはしないだろうと思います。（註55）

数頁後に、モアは結婚の問題にもどって来る。使者は間抜けにも、「司祭が妻を持つのはいいことです」などと言う。モアは喜んで（「（私）おやおや」）、言う。ルターとティンダルがそういうことを言っており、それ以上のことまで言っている、と。

というのもティンダルは（その本はいずれもルターの著作とルターの最悪の言葉から拾い上げた最悪の異端でしかない。それをティンダルが翻訳し、ティンダルの名前で発行したものである）、服従に関する狂気の本において（その中で彼はすべての教皇に対して、すべての王に対して、すべての高位聖職者すべての司祭すべての宗教家すべての法すべての聖者に対して、キリストの教会の聖礼典に対して、すべての有徳の行為に対して、神に仕えることに対して、そしてそもそも善なる一切の事柄に対して、さんざんに悪態をついているのであるが）、その本においてティンダルは、司祭は妻を持たねばならぬなんぞと言っているのであ

る。(註56)

もちろんモアは悪態をついているわけではない、ということだろう。こういう文にこそ「狂気」という形容詞がぴったりとあてはまる。就中、ティンダルの『服従』のひどくねじまげた解釈がそうである(註57)。司祭は妻を持たねばならぬと言っている、などときめつけるのは、はなはだしい犯罪というべきだろう。モアは、ルターやティンダルがパウロを理解していると主張するのを次の言葉でせせら笑う。

……今にいたるまで千五百年もの間、かように大いなる特別な戒命に気づくような知恵ないし恩寵を持つ人はただの一人も居なかった。そして今やついに神は啓示によって特別に秘密の神秘をかの二人の神的な人物たるルターとティンダルに示した、というわけだ。さもないとかの聖なる修道僧はかの聖なる修道女との結婚を失うことになるし、ティンダルも私が思うに結婚を欲しているのだが、その良き結婚を失うことになる。(註58)

この個所のあたりではティンダルはもうどっぷりと異端にひたっていることになっている。そして、本の残りの部分で彼の名前はまだ何度も言及され、ついに最後の数頁ではティンダルの名前が圧倒的に増え、ルターよりももっと悪い異端にされてしまう。モアがティンダルをおとしめるためにはもう一度ルターの結婚の問題を取り上げるしかなかった(モアはルターの名前をあげてこの件に十数回も言及し、更にほかでも一般論として言及している)、というのは、いかにもお粗末な議論の仕方である。おまけにティンダルの妻なるものを勝手に想定している。ティンダルに関する文献でそういうことを言っているのは、この個所だけである。ティンダルは司祭であったのだから、それはありそうもない。モアは、ティンダルがパウロの第一テモテ書簡三章二—四節を支持する唯一の理由は（『服従』でこの個所について数頁の議論が割かれている）、「何らかの良き結婚をしようとしていた」からだ、としている。モアはこうして自ら品性を落としているのである。この後彼は十欄ほどにもわたって司祭と結婚という主題について記している。それからハンの件について長い横道にはいった後で、第三巻一六章で英語の聖書の問題にもどってくる。そして間違って、ウィクリフ以前にも英語の聖書がいくつもあって、その頃は英語の聖書を印刷するのは合法的だったのだ、などと主張している。「使者」に、教会が英語の聖書を拒絶したことに民衆はがっかりしている、と熱心に述べる機会が与えられる。それを利用してモアは、毎度おなじみの議論を長々ともてあそぶ。民衆が英語で聖書を手にしたら、誤解するだろう——特にローマ書は「非常に難しい内容であって、学識のあるごく少数の人にしか理解できない」ものである（註59）。（信仰のみによる義認という新約聖書の教義の典型的な展開がローマ書にのっているのだ。）聖書が英語に訳されることそれ自体は良いことである、とモアは説明する。「良いカトリックで、学識のある人物によって。」その場合、司教たちがそれを買い上げ、ばらばらに解体し、その小さな部分部分を信用できる人たちにあずけ、その人たちが亡くなったら司教に返すのがよい（註60）。第四巻でようやくほぼルターに話を集中する。それもしばしば彼が勝手にルターの悪しき影響として想像した事柄、たとえばローマの略奪に際して嬰児を串にのせて焼き殺したなどという残虐行為はルターのせいだ、という具合に、極度に脚色された議論を展開している。異端というものは、モアにとっては、必ず暴動や暴力に走るものなのだ。（彼はここで、ホールの『年代記』によれば彼自身が「非常に多くの人々」を告訴人も証人もいないのに逮捕、投獄したこと、自分のチェルシーの家でテュークスベリーやベイナムを拷問にかけた、などということについては口を閉ざしている）（註61）。ティンダルへの言及はこの本の中で数十個所に及ぶが、ここでその頂点に達し、モアのルターに対する憎悪の織物の中にティンダルも織り込まれる。これが悪罵の積み重ねの最後の部分であるが、ここでもティンダルに対する議論は何の進歩も見せない。ティンダルが『服従』の中で書いていることについてまるで初歩的な誤解をならべているだけである（註62）。ティンダルの犯した反逆とは、要するに、人々が英語でパウロを読めるようにしたこと、新約聖書の四つの鍵になる言葉（presbuteros, ekklesia, agape, metanoeo）を「司祭、教会、慈善、告悔（priest, church, charity, do penance）」と訳さずに、ギリシャ語の意味を正しく汲んで訳したこと（長老、集会、愛、悔改め、senior, congregation, love, repent）である。

## ティンダルの『サー・トマス・モアの対話に対する返答』

やや話を先取りすることになるが、ここでティンダルの返答と、それに対するモアの返答を扱っておくのがいいだろう。ティンダルの『返答』は一五三一年、モアの『対話』の二年後に現れた。それに対するモアの返答の大著『ティンダルの返答に対する駁論』は一五三二年に発行され、更に彼の『弁明』（その多くの部分がティンダルに対する議論に費やされている）が一五三三年に発行された。

『サー・トマス・モアの対話に対する返答。ウィリアム・ティンダルによる』という表題だが、表題の頁には更に次の長い文が続いている。「最初に著者は教会とは何であるかを宣言する。次いで、マスター・モアが新約聖書の訳について文句をつけているいくつかの単語を説明する。その後、彼の四巻全体の中で何らかの真理があるかに見える章をすべて取り上げ、一つ一つ反論する。汝眠っている者は目覚めよ。キリストが光を与え給う。エフェソス書五章」。この歯切れのいい小さな四折り判でティンダルは最初からことの核心にふれ、最後までそこにとどまる。教会を験すのは聖書である。教会の教義も実践も聖書によって験される。読者がみずから判断するがよい。短い序論で彼は次のように書く。

この故に読者は、その配下の者たちを引き連れた教皇が教会そのものであるのかどうか、彼らの権威が聖書よりも上にあるのかどうか、彼らが聖書なしで教えるすべてのことが聖書と同等なのかどうか、彼らが過つことがありえないかどうかという理屈だけでなく、現実にこれまで彼らが間違っていたかどうかを、……判断するがよい。彼らのもの言わぬ儀式や聖礼典から何か良いものが出て来て汝の魂へといたるかどうか、判断するがよい。彼らの告悔、巡礼、免罪、煉獄、巡礼の番所での祈祷、もの言わぬ祝福、もの言わぬ赦免、彼らのもの言わぬぼそぼそ声だのあるいは大声だの、彼らのもの言わぬ奇妙な聖なる身ぶりについて、また彼らのもの言わぬ見せかけ、贖罪がなされたという宣言、義認など一切について、判断するがよい。(註63)

本論は次の文ではじまる、「この教会という単語はさまざまな意味を持っている。」第一の意味は、昔のクリスチャンが神の言葉を、また説教や祈りを、自分たち自身の言語で聞いていた場所である。それは近頃の「意味のない声、騒がしい音、大声、叫び声、狐をしっしっと追い払ったり、熊をおびき寄せたりするかのような声」とはまるで異なる。次に、教会とは正しくは集会である。長老（elder）が居ても、司祭は居ない（ティンダルは以前の「年長者」seniorという単語をやめて、ここでは「長老」にしている）。慈善ではなく愛によって結合し、恩赦（grace）ではなく恩寵（favour）を経験し、信仰告白ではなく知識を得、告悔ではなく悔改めをなす集会である。続けて彼は、「教会が福音以前からあったのか、それとも福音が教会以前にあったのか」、「使徒たちは信仰すべきことを何も書き残さなかったのか」、「教会が過つことはありうるか」といった問題を片づける。ティンダルは次々と叩きつける、それも中心的な問題点を。しかもこれでまだ最初の数頁にすぎない。モアのプラトン流の蒸気の噴出――確かにそれはところどころ魅力のあるものには違いないが――の後では、ティンダルのこの文に接すると、純粋で豊かな泉から水を飲む思いがする。加えてここには神学の議論が進められている。モアにはおよそ欠けていたものだ。多くの頁に新約聖書の教義が見出され、それも聖書そのものの引用によって支えられている。たとえば「教会が過つことはありうるか否か」という部分で信仰について論じた長い爽快な個所がそうである。

……キリストの選んだ教会とは、キリストを信じて悔改めるすべての罪人の全集合である。彼らは神の慈愛をまったく信頼し、神がキリストの故に彼らを愛し給い、彼らに慈愛を与え給うであろう、いや現在すでに与え給うておられ、彼らの罪を許し給う、ということを彼らの心において感じとっているのである。その罪を彼らは悔改める。神はまた、彼らの罪へと向う心、その故に再び罪へと自分たちが引きつけられていくのではないかと彼らがおそれるその心をも赦し給う。そしてこの信仰は、彼ら自身がそれに価するかどうかの考慮は一切なしに持つことができる。唯一の根拠は、父なる神の慈愛に満ちた真実、偽ることなく神がこのように約束し、誓って下さった真実なのである。

この信仰と知識が永遠の生命である。これによって我々は再び生れ、神の子とされた。……そしてこの信仰がすべての真理の母である。……そしてこの信仰が使徒たち、預言者たちによって据えられた基礎である。……そしてこの信仰が、その上にキリストがその集会を建てると言われた岩なのだ。……そしてこの信仰の岩に対しては、いかなる罪も、地獄も、悪魔も、虚偽も、過ちも、打ち勝つことはできない。(註64)

信仰に関するこれらの頁は、ほかの多くの個所でもそうだが、聖書の個所の引用集である。ここでもまた読者は、ティンダルのこの本を開ける時には新約聖書のことを何も知らなくても、読み終える時には新約聖書について多くのことを知るようになる。モアの『対話』との対照は明らかである。読者はモアを読み終えた時、トマス・モアという人物の面白い、知識が豊富で、賢くて、長々とひねくって迂回し、悪意に満ちた精神について大量に知るにいたるのである。『服従』の場合と同様にティンダルは、自分の目的は教会の誤りを明らかにすることにあるのであって、いわば掃除するのが目的であって、破壊する目的ではない、ということをはっきりさせている。彼は人間を生きたまま燃やすようなことを欲しない。相手がマスター・モアであろうとも。ティンダルの本の第一部は、教皇とその教会によって戯画化され、ないし置き換えられた新約聖書の教義一般を調べ直すというものである。第二部はモアの『対話』に対して一巻ずつ巻を追って組織的に反論するものである。必要な場合は、章を追って、更に一行ごとに、反論している。その指摘は的確であって、モアはやられっぱなしである。論点は鋭く述べられ——ティンダルはある意味でモアよりも英語をよく使う——しばしば非常に簡潔である。たとえばモアの第一巻に対する書き出しの部分がそうである。「第一章で彼は、そもそもこの本の全体をはじめるのに、読者にうまいきっかけを与え、以下にどのような真理が述べられているかを前もって味見させるために、実在しない人物から送られてきた手紙を偽造する」（註65）。当り！　第四巻第十四章以降ティンダルはしばしば直接の会話の形式によっている。以下がその例である。これがモアの第四巻第八章に対するティンダルの文の全体である（文中の頭文字のところの欄外にそれぞれ「マスター・モア」「ティンダル」と記してある）。

Ｍ　マルティン〔ルター〕によると我々は恩恵をもってしてもいかなる善をもなすべき自由意志を持っていないのだとすれば、マルティンを信じる者はどうして善き行ないをなすことができようか。　Ｔ　恥知らずの〔嘘つき〕作家よ。

Ｍ　ルターによると我々の意志なしで神のみが人のなすあらゆる害悪を生み出すのであるとすれば、ルターを信じる者はいかなる害悪をも平気で耐え忍ぶということか。　Ｔ　あらゆる虚偽の父から生れ出た息子よ。

Ｍ　ルターによると此の世の生の後で人は、最後の審判の日が来るまでは、肉体においても霊魂においてもいかなる善も悪も感じないというのであるとすれば［つまり煉獄の否定］、ルターを信じる者は、自分がどんなに長く罪の中に生きていようと気にしないのか。　Ｔ　キリストとその使徒たちもほかのことは教えていない。いかなる時もキリストの再臨を待望しているように、とさとしたのである。汝らはその再臨は決して来ないだろうと信じているから、［煉獄という］商品をもう一つ偽造したのだ。

Ｍ　もしも汝らが我々を信じないのなら、マルティンの本を開けるがよい。　Ｔ　汝らこそが彼の本を閉じてしまったのだ。だから大胆にも汝らの欲望することを平気で言い立てることができるのだ。

Ｍ　彼らは自分たちが教えるように生き、自分たちが生きるように教える。　Ｔ　しかし彼らは、他の者たちが彼らのことを偽って言い立てているような仕方では、教えることも生きることもしていない。（註66）

ここではモアは『対話』に印刷されているとおりの言葉を述べている。従って、モア自身がここに直接居るという印象を与える。モアの『対話』における実在しない友人から送られて来た秘密の使者の会話という偽作とは異なるのだ。ティンダルの方法は、一対一の決闘である。

読者がこれを読めば新約聖書の光に照らして教会の慣習の何たるかを知るにいたる、という点で、この議論は価値がある。しかし、こういうことをする必要があったというのは残念なことである。ティンダル自身、モズレーの表現によれば、「決してモアを相手にすることなく、以後はモアの名前に言及することさえしなかった」（註67）。

しかしここでは彼はモアによって、不正直で、悪しき意図があり、おまけにギリシャ語学者としても駄目で、新約聖書を誤訳している人物としてやっつけられたのだから、それに反論したとしても単なる悪意から出たものとは言えない。ティンダルは、かつて『ユートピア』において偏見というものをこっぴどくやっつけたあのキリスト教人文主義者に、いったい何が起こったのかと不思議に思う以外になかっただろう。ティンダルの英語の新約聖書はモアの友人であるエラスムスのギリシャ語と新しいラテン語の新約聖書を継承したものであるのだから、モアは当然これを立派な仕事として認識できる学者だったはずである。一五三〇年にいたるまでにモアは国王の私的奉仕者として働き、下院議院の議長をつとめ、騎士の称号を得ていた。しかし一五三〇年になると彼は、単にルターに反対する議論を支援する立場から変って、自ら進んでその旗を振る立場に立つようになった。『対話』の発行後数週間もたたないうちに、彼は「イングランドの大法官となった……。これは、それまで数百年間、聖職者以外の人物がなったことのない地位である」、とモズレーは指摘している（註68）。亡命したイングランドの宗教改革者たちや、イングランドにとどまって脅しにさらされている宗教改革の協力者たちにとっては、モアは身売りしたのだと感じないわけにはいかなかっただろう。

ティンダルのモアに対する個人的な憤りはこのためである。そしてまたモアが唯一の特権的な立場に立って教会の肉的慣習を維持していたからである。

我々の宗教の肉的な慣習と、八百年にもわたって彼らが歩んできたやり方とを「見るがよい」。すなわち彼らが、第一に聖書をごまかすことによって、次いで、彼らが無限に蓄えている財産の力を用いて腐敗させることによって、そして最後に剣によって、彼らの嘘を確立してきたそのやり方である。（註69）

ティンダルの言語は力強い。そうならざるをえなかった。モアの言語よりも彼の言語の方が力強く感じられるのは、主として二つの理由からである。第一に彼は、少なくとも彼の前提の一つ、すなわち教会が現実に腐敗しているという事実の認識が正しいということを知っており、かつ、モアもそれを知っているということを知っている。モアはこの事実を認めようとしない。モアはこれよりだいぶ前にエラスムスと共に教会の間違いを茶化す遊びをしていた時に、実態は良いなどと言える状態よりはるかに隔たっているという認識を何ほどか持っていた。ティンダルはそのエラスムスを知っており、『エンキリディオン』を自分で訳し、そのものの言い方も知っている。ところが今やモアは歯をくいしばって、教会が過つことはありえない、と言い続けている。モアは嘘に身売りしたのだ。「そのことが、どういう顔つきをして矛盾した言い訳を並べる必要があったかを、示している。それはすべて、彼らの盗人的虚偽といまわしい嘘で身を固めるためであり、寄り集って巧妙な詭弁を考え出し、真理を抑圧し、光を押しとどめ、一切をいつまでも暗黒の中にとじこめておくためである（to oppress the truth and to stop the light and to keep all still in darkness）。」（註70）

この書物全体を通じてティンダルは聖書をしっかりと引用することによって、自分の側につけている。教会を断罪しているのは、福音のキリスト教なのだ。彼の第二の強みはリズムである。これはモアにはとても真似できないほどにみごとなものである。右の引用の最後の部分［英語の原文を引用した部分］の強調点を注意して見るだけでも、ティンダルが強調点を流れるように作っていく技術がわかろう。press ... truth ... stop ... lightと続けてきて、三語からなる次の長い、主な強調点にいたり（keep all still）、最後に強調のない in に続けて darkness というダクテュロス音節で終る（訳註70 a）。これは僅かに高揚した話言葉を基本とするものの言い方であって、声に出して読まれることを求めている。それが非常に満足できる結論へといたるのである。現に彼のここでの議論がそうであるように。この職人的技術は『返答』の全体を通じて用いられていて、教会は過つことなしというモアの主張を強く押さえこむ。彼の力は、しばしば、聖書を直接引き合いに出すところから生じる。無謬の教会の導きなしに我々はどのようにして聖書の何たるかを知ることができるのか、という問いに対して、ティンダルは次のように自分の答をはじめている。「誰が鷲に自分の餌を見つけ出す仕方を教えたか。それと同じことで、神の子らは自分たちの父を見つけ出し、キリストに選ばれた者たちは自分たちの主を見つけ出し、主の足跡をたどり、従うのである。……」(註71)。ティンダルの正当な憤りを表現するリズムは特にこういう比喩が用いられるところで劇的な効果をもたらす。たとえばモアの『対話』の第一巻への返答の最後の部分がそうである。「小さき群」(ルカ一二章の句)は静かにキリストを告白する。それに対し「大群」は吼えまくって、小さき群れに暴力的に襲いかかる……。この部分の一四個の段落はすべて引用する価値があるが、それでは長くなるので、ここでは最後の部分だけを引用する。

神は言い給う、聖ヨハネの福音を信じれば、救われよう、と。つまり、大量の十字架の飾りとともにその福音書をかつぎ歩くとか、そういった種類のきまりを守ることによって救われるのではない。

神が汝に苦い受難を与えて下さるように、と彼らは吼えはじめる。何という異端だ。聖なる教会は聖書を必要としていない、という。なぜなら彼らは聖霊を持っていて、聖霊が彼らに秘かに吹き込んでくれるから、何を言おうと、なそうと、命じようと彼らは無謬である、というのだ。……汝はひどい異端者だ、焚刑に価する、とのたまう。そうするとその人物は教会から破門される。もしも小さな群がその程度のことを恐れないと、彼らは王に直訴する。「陛下に申し上げますが、彼らは危険で、扇動的な者たちであります。適当な時期に注意しておかれないと、陛下の支配領域を破壊することさえなしかねません。非常に頑迷ですから、改宗させることは無理で、神と聖なる教会の命令に反抗いたします。ですから彼らの人数がもっと増え、大群になると、陛下に対してますます反抗することになりましょう。一切を転倒し、必ずや新しい法律を作り出し、陛下をさえも自分たちに従えようとするか、あるいは陛下に逆らって立ち上がりましょう。」かくして、小さな群の一部は破滅させられ、残りは散らされて亡命することになる。今まで常にそうであったし、これからもそうであろう。だから決して誰も思い誤ってはならないのだ。（註72）

ティンダルはこれ以上答えることをしない（註73）。彼はほかになさねばならぬことがある。もしも彼がこの『返答』を書くために費やした時をヘブライ語の翻訳の仕事にまわすことができていれば、申命記よりも先の部分の翻訳にもっと早くかかることができただろうし、あるいは、もっと後になって、歴代志下よりも先に進んで詩篇にまでとりかかることができただろうに、と惜しまれる。彼はついに、殉教の死をとげるまでに、詩篇の訳には到達できなかったのだ。

## モアの『ティンダルの返答に対する駁論』

モアはこの仕事をやめることができなかった。大著『駁論』の最初の三巻をすでに一五三二年はじめに出版し、その一年後に残りの六巻を発行している（そのうち第五巻はロバート・バーンズに対する攻撃である）。

残忍な頁が数百頁にもわたり、全部でおよそ五十万語もあるこの著作をもう一度眺めてみると、心が重く沈む。モアはすでに、ものごとがどう整えられねばならないかについて、感性をまったく失ってしまっている。全体にわたって自暴自棄が支配している。どの頁もどの頁もくり返しティンダルを、実際のティンダルであれ彼が勝手に想像したティンダルであれ、ともかくまるごとやっつけ続け、怒り狂ってののしるのでないと（ティンダルは

「悪魔の犬小屋にいる悪魔犬」とか、その程度のレッテルが数十個も並べられる。そのうちでは、「忌まわしい獣」というのはまだ抑制のきいた表現に属する）、西洋世界の教会の全体が一挙に崩壊してしまうだろう、と思い込んでいるかのようである。『対話』の中のいくつかの激した部分は、役に立つ議論を何ら提供してはいなかった。けれども、『駁論』の方はもはやほとんど読むに耐えない。モアの文学的判断力はどこに行ってしまったのか。彼の常識は、とまで問う気にはなれないけれども。これほどの長さで、これほど残忍に書き続けると、彼自身が擁護しようとしていることにとっても破壊的な効果があるということがわからなかったのだろうか。このおよそ二五年後にモアの伝記を書いたニコラス・ハープスフィールドでさえも、この追跡の血迷った様子を次のように記している。「ティンダルはしばしば追いつめられ、極度の困憊に達して、二十組のグレイハウンド犬に追われる兎のように、あちこち逃げ回る。まるであらゆる瞬間にとっつかまることを恐れているかのように」（註74）。現代のイェール版の三巻本の編集者は、うまく要約している。

モアの駁論の方法は、ティンダルの文を少しずつ引用し、それも一度に一段落以上に及ぶことはめったになく、たいていはごく短い一文を引用するだけであるが、それからそれに対して大量の反撃の砲撃をあびせかけて圧倒する、というものである。議論のさまざまな前提を切り離したりくっつけたりする丹念な論理展開、反論を強化するための大量の議論の発明、聖書の個所の説明、とげのある個人攻撃的な悪口雑言、教父の文の引用、野次、律法主義的類推、時々出て来る下品な言葉、聖者や殉教者の証言、過去の異端者を引き合いに出す警告、公会議の布告の引用、神学的特徴、侮蔑する言葉の反復、そしてこれらのやり方の数え切れないほどの変奏。（註75）

この編集者は、モアはティンダルを細心、正確に引用しているとも述べている（註76）。これはモア自身も自慢していることである。けれども、これはそれほどはっきりと言えることではない。モアがティンダルの文を違えて引用している個所が見つかる。多分、この編集者のモアに対する同情的な言い方を借りれば、モアは「喧嘩的な論争で疲れてしまった」ということか（註77）。モアは、やりたい時には、平気で誤訳する。教会の伝承は直接に使徒に由来し、従ってキリストに由来する、従ってまた単に聖書だけというよりも権威があるのだ、という誤った教義を弁護するために、彼は第一コリントス十一章のパウロの文を引用する。キリスト教世界全体で最もよく知られた個所の一つ、すなわち聖餐式設定の場面の言葉を導入する文である〔二三節〕。モアはヴルガータから引用して記す、ego enim accepi a domino quod et tradidi vobis（すなわち私〔パウロ〕は〔この言葉を〕主から受けたのであり、それをまたあなたがたに伝えたのである）。彼はこれを更に英語に訳す、For I have received that thing of our Lord by tradition without writing, the which I have also delivered unto you（すなわち私は我らの主のこと〔言葉〕を書かれたものではなく伝承によって受けたのであり、それをまたあなたがたに伝えたのである）（註78）。問題の語は「書かれたものではなく」である。これはラテン語訳のパウロには出て来ないし、ギリシャ語原文にも出て来ない。そもそもこの個所だけでなく、パウロのいかなる個所にもラテン語でもギリシャ語でも他のいかなる言語でも、出て来ないものである。モアがこのせりふを挿入したのだ（訳註78a）。モアの尊敬されている厳密さなるものについては、これだけですでに十分だろう。

別の編集者は『駁論』の最初の「貴重な三七頁」は「当時のイングランドの宗教状況についての貴重な情報であり、解釈である」と解説している。これだけならなかなか立派なようだが、この編集者は更に続けて記す、「モアはここでイングランドの代表的な改革者について自分流に整理した知識に基づいて、改革者の動機の悪口を言い、彼らは臆病だと述べ、彼らは宗教的政治的犯罪者と同等だと決めつける。――こうして彼らが崇拝され

ないようにねらっているのである。」(註79)

ウィリアム・ティンダルの伝記を書くには、モアの彼に対するほとんど二千頁にもわたる攻撃を、モアが英語で書いた山のような分量の攻撃を、いかに扱うか考えねばならない（現代のイェール版の印刷では、『駁論』だけでも、千三十四頁になる）。いわば牧場を遠回りするようなこの作業は、サー・トマス・モアについて多くのことを教えてくれるので、なかなか面白いものである。あの有名で、賢く、複雑で、嘲笑的な人物について。モアの死刑の十三年後の一五四八年に『年代記』を書いたエドワード・ホールは、横道の議論で、モアの嘲笑の習慣について強調して記している。

彼を愚かな賢者と呼ぶべきか賢い愚者と呼ぶべきか、私にはわからないが、ともかく彼がその学識とは別に、機知に富んでいるのは疑いもなく事実だが、その機知は悪口と嘲笑にまぜあわされていて、彼のことを最もよく知っている人々にとっても、人とのやりとりである種の嘲笑をうまく使ったという点以外は、彼は人から評価されようとは思ってはいなかったと思えるほどであった……。(註80)

しかしモアのこの特色は、人文主義者的、エラスムス的な軽やかさを失っていて、ルター以降の異端者に対してものを言う時にはえげつないものになっていた。やけくそに異端を叩きつぶそうとしていて、かつて持っていたバランスも失ってしまったのだ。神学的には、せんじつめれば、彼の攻撃はティンダルの聖書の翻訳における四つか五つの単語の訳に対する反対でつきる。ティンダルがエクレシアを「集会」と訳した等々は、もちろん、基本的には攻撃的なことである。モアは、教会がまずあったので、聖書はその後であるという正統主義の教義を擁護しなければならなかったからだ。彼の文学的資質だけに話を限っても、どうしてこのように変ってしまったのか、と言わざるをえない。この謎は面白いが、そうすると、牧場の遠回りが泥沼にはまりこむことになる。読者は奇妙な事実に気がつかざるをえない。『駁論』において彼は何故あれほどしばしばルターの結婚問題にもどってくるのであろうか。モアは何を議論していても、修道僧と修道女の関係（「修道士と修道女が一緒にベットにもぐりこむ……。修道僧の結婚……」）〔註81〕にもどってこないといけないと思っているのではないかという印象を持たざるをえない。これは好色の問題だ、と彼は言う。これで彼は点を稼ぐ。そこで彼はこれを離れることができなくなり、いつまでも続けてこの妄念のかゆみを掻き続ける。数えられないほど多く。『駁論』第三巻の以下の個所を例にしよう。これは全体の特色を典型的に表現している。

神がこういったちゃちな連中を遣わすなどということはありえない。そうだとすれば、何らかの奇蹟が示されたはずである。この恥知らずの者たちは全世界が、単に彼らの言葉だけに基づいて、聖書の理解に関して、千五百年にも及ぶすべての聖者や賢い博士たちに逆らって、彼らを信じるようにと仕向けているのだ。そして率直で素朴な人々をすべて手玉に取る。そして、聖書には難しい個所は何もないなどということだけを自分たちを支える証拠としているのだ。その聖書を彼ら自身が解説し、恥知らずにも神をおちょくったり嘲ったりするのに役立てようとしている。神だけでなく、すべての良き人々を、すべての良き行為を、すべての宗教を、断食を、祈りを、献身を、聖者たちを、儀式や聖礼典を、嘲っている。そして大胆にも信仰の名において悪徳を主張し、修道士と修道女の間の好色を賞賛して、それを結婚と呼んでいる。かくして彼らは、このようにぬけぬけと恥知らずで忌むべき冒涜によって聖書を堂々とあざ笑うので、もしも神を思うしかるべき熱心が人間たちの間にあるならば、聖書をこのように嘲るかように下劣な者どもは、そういう解釈をなすたびに、熱した鉄をその冒涜的な舌に突き通してやるがいいのだ。〔註82〕

この文の構文はまったく混乱している〔訳註。実際この文はとても訳し難い。原文ではこの引用文全体で一文なのだ。全体の主文は最初の「神が……遣わすなどということはありえない」で、後は、それに次々と従属文を重ねていき、ついに文の構造そのものが混乱し、次々と出て来る定動詞や不定詞がどこにどうかかるのか、まるでさまになっていない。訳文は一応文章として通じるように訳したけれども〕。それと共に、知識もまた混乱している。ティンダルが神を「嘲る」などというのはまず最もありえないことであるし、「すべての良き人々を、すべての良き行為を、すべての宗教を……」も同様である。そして構文や知識だけでなく、感情もまたすっかり混乱している。最後の言葉は単純に恐ろしく、一種の狂気を示唆している。

ティンダルの伝記を書くにはモアについても書かねばならない。それは、はっきり言って、『対話』における以上に『駁論』の千頁において、どの頁でも五、六回ぐらいティンダルの名前が出て来るからである。『弁明』の多くの頁においてもそうである。しかし、釣り合いをとるべきだ、なんぞという意見が出て来る。歴史家はしばしば、モアとティンダルの論争については主として六つの文献が存在する、といった言い方をする。三つがティンダルのもので、三つがモアのものである、と。こういう言い方で対等に扱っているつもりなのだ(註83)。しかしながら第一に、こういう紹介をする人は、モアの文の常軌を逸した長さには言及しない。それはほとんど七五万語にも達する。それに対しティンダルの『返答』は八万語にすぎない。第二に、こういう紹介では、ティンダルの側の論争の最初の書物は新約聖書の翻訳である、という数え方をする。これは露骨にことを歪めている。最初の文書はモアの『対話』以外ではありえない。こういう本が出現したことは、ティンダルを驚かしたことであろう。第二の文書がティンダルの『返答』である。第三と第四がモアの『駁論』と『弁明』である。六番目の文書も存在しない。モアが攻撃された最後の文書である『主の晩餐』はティンダルが書いたものではないからだ

（註84）。モアの奇妙な性質の謎にせまろうなどという努力をウィリアム・ティンダルの伝記の物語の中に持ち込むのはただの迷惑ないし場違いにすぎない。我々は、ティンダルについて何が言われているかを記しておくだけにしよう。モアに関する章において我々に関心があるのはその点だけだからである。それでもう先に進むことにしよう。

第一に、異様。ティンダルは「悪魔の犬小屋にいる悪魔犬」であり、「悪魔のくずで深く酔っぱらって眠りかけた単調な奴」〔モアはこんなところで頭韻を楽しんでいる。a drowsy drudge drinking deep in the devil's dregs. 要するにd音ではじまる悪罵の単語を並べただけで、表現としては意味をなさない〕、「新しいユダ」、「ソドムとゴモラより悪い」、「偶像崇拝者、悪魔の礼拝者、モハメット教徒より悪い」、「野卑な動物的な口から冒涜の汚れた泡を吐き出している」、などなど多数。——けれどもルターに対してはあれほど強く用いられていた排泄物の用語を悪口に用いる仕方は、ティンダルに対しては出て来ない。これは不思議に思われる。排泄を話題にしたのはまずルター自身だったという事実は、モアがラテン語で反ルターの文書を書いている時に異常な妄想にとりつかれたことの説明にはならない。どのみちこの件についてのルターの有名な句は、非常に多く誤解されてきたものにすぎないからだ。彼が言ったのは、キリストが人類救済のために人間となったということは、人間である以上、便所にも行ったということだ、というのである（註85）。モアはルターに対してはすべてラテン語で書いたけれども、ティンダルには英語で書いたからこの違いが出て来たということか。しかしもしそうだとしても、何故そうなのか。英語は当時はるかに非公式の言語であった。だから英語の方がよほど容易に、糞便などの語を用いて人の悪口を言えたはずである。事実ティンダル自身の『高位聖職者の策謀』で三回、『服従』で一回、僅かな言い方だがこの種の単語が出て来る。ヴィクトリア朝時代の編集者であるヘンリー・ウォルターは、つつましくも、これを削除したり、説明せずにおいたりしている（註86）。この仕事がモア自身の自発的なものであったか、他から頼まれたかは別として、この仕事の意識がこういう下品な方法を避けさせるように働いたのか。それとも意識下の抑制が働いたのか。耐えずくり返して修道僧が修道女と寝るということを言っているところからすると、モアはこの書物を無防備に書いている。もう少しつっこんで考えると、モアのティンダルに対する攻撃の分量の多さや極端な獰猛さは、イングランドの「体制」社会においてティンダルの影がいかに大きかったかを我々に教えてくれると言える。ティンダルは非常に恐れられた異端であった。教会とその支配領域を彼の影響から守るためには、正当だろうと卑劣だろうと、どんな方法でも許された。彼の書物、彼の支持者、そして彼自身、正しい熱心さによって焚刑にされねばならなかったのだ。モアはそのことを不気味な仕方で予見している（註87）。

この論争は、一五三〇年代初期におけるティンダルと教会との間の亀裂の深さを示している。ティンダルは新約聖書に基づいて、キリスト教徒の生活は内面的なものであると書いている。信仰の賜物によって心の中でキリストを受け入れるということは、解放の経験であり、全存在に力を与えるものである。キリスト教徒にとってはこの改心において一切が変容するということは、全新約聖書が証言していることである。教会の大量な儀式等の慣習的行為は、この個人の内面における体験に照らせば、無用のものか、邪魔でさえある。モアは、そうではない、と言う。信仰とは、この千五百年を通じて教父たちによって作られ、議論され、擁護されてきた教会のドグマを信じることである。そのドグマと慣習的行為とは、キリストの口から使徒たちを通して、すでに聖書が書かれる以前から、秘密に伝えられ、確立しているものなのだ。神はその教会の中にのみいますのであり、従って教会が過つことはありえない。それ以外のことを主張するのは、どういうことであれ、文字通り断罪されねばならぬ。

今日我々はこの論争をようやく正確に位置づけることができるようになりはじめているのだが、そうすると、この論争を知ることは、いわば二枚の対立する信仰のタピスリーを全部広げて、並べて陳列することになる。学問の水準では、聖書についてはティンダルが正しく、モアは間違っていた。聖書よりも上位にある秘密の、書かれざる伝承という教義は、生き残ることができなかった。しかしながら我々の興味は単に歴史的なものだけではありえない。というのは、十六世紀が終る前に、さまざまな公の出来事や新しいものの理解の仕方が我々自身の土地の宗教の本質をすっかり変えようとしていたのであるから。それは我々自身の土地だけでなく、ヨーロッパの多くを、そしてついにはより広い世界の宗教の本質を変えることになったのである。その変化はまさにこの点からはじまった。ルターの九五個条がドイツと北ヨーロッパに影響を与え、ティンダルの聖書が英語を話す世界に語りかけた、この時点からなのである。

ティンダルがはじめた革命は、決して単に、最も獰猛な反対にもかかわらず彼が人々に聖書を母語で与えた、というだけのことではない。新約聖書を理解できるようにと、彼がその全体を与え、また旧約聖書の半分を与え、かつ彼の死後すぐに神の言葉の全体が英語で手にはいるようになったのであるけれども、これらの行為がまた、聖書の知識がとうとうと流れ込む奔流を通す水門を開けることになったのである。それ以来ずっと、聖書の知識は自由に我々の手にはいるようになった（註88）。焚刑、書物であれ生きた人間の男女であれ燃やしたことの記録は、反対勢力の頑強な行動を物語る。モアのティンダルに対する文章は、彼らの理論を詳細に述べている——それ流していると言う方が正しいかも［著者はここでも語呂遊びをやっている。spell out を spill out と言い換えただけのことである］。モアはくり返しくり返し書く、聖書を無謬の教会の導きなしに理解するのは不可能である、と。モアは説明する、聖書は教皇と教会のヒエラルキーに属するのだ、と。聖書は教会の生きた声によって解釈される。教会が聖書を解釈し、用いるのだ、と。この最後の点については、ティンダルも熱心に賛成している。両者の相違は、ティンダルにとっては教会の生きた声とは信じる者たちの集会である、というところにある。ティンダルはそのことを新約聖書そのものが説明しているということを知っている。それは出発点の最初から、ペンテコステの時から、キリストの復活の直後からそうなのである。ティンダルは書く、聖書はキリスト者の全体に属する、彼らはその集りにおいて聖霊によって導かれている、聖書は一握りの人間、ないし系列に連なる人間に属するわけではない、と。かくして聖書はそれぞれの世代において解釈されうる。この点に両者の根本的で、和解し難い違いが現れる。聖書はそれぞれの世代において解釈し直されうる、解釈し直されねばならない、と言う時、彼は現代的であり、前方を向いている――そして神学を解放している。モアは後方を見ている。ティンダルは（ルターに反して）新約聖書正典をそのまま保ち、ヤコブ書をも支持することができる。しかしまた彼は、最近の知識に従って、ヘブライ書をパウロに帰するのは疑問であると自由に意見を述べることもできる。だからとてヘブライ書の権威が減じるわけではない。モアはこの態度に驚いた。だがティンダルの主張はその数年後、一五三四年版の新約聖書のヘブライ書への序論において述べられ、「これは聖書の他のすべての文書と一致する故に」(註89)、誰が書いたのであろうと、聖書の一部である、としている。この点で彼は、聖書をその全体においてとらえようとする議論の進め方においても、結論においても、正しいのである。

ティンダルは、彼らの時代の教会は真のキリストの教会ではない、何故ならその教会は福音の教えを放棄し、もっと悪いことに、この福音を説く者を弾圧したからだ、と主張して、モアを怒らせた。キリストによって贖われた男女の心によって作られる教会の代りに、現代の教会は大量の外面的な行為以外には何も持たないものになっている、とティンダルは見ている。すなわちラテン語の単語を並べること、さまざまな身振り、祭儀、儀式、物体の礼拝、巡礼、十分の一税、ほか多数のことである。この点にもう一つの和解し難い相違がある。ティンダルは内面的な教会を見ており、モアは外面的な教会を見ていた。モアはこの議論を種に大量の反論を積み上げた。どのようにして見えざる教会に出会うことなどできるのか、と問い、キリストの身体は身体を必要とするのだと指摘する「聖餐式・ミサは「キリストの身体」にあずかることであると言われる。従ってまた、教会は「キリストの身体」であるとされる。ならば、教会は身体を必要とする、というささか詭弁的な議論である」。その点ではモアは正しかった。しかし、もしもその目に見える教会が内的で霊的な生活の必要性を理解しているということをもっとよく示してくれていたならば、そしてこれほどに外的に、非常に目に見える仕方で、腐敗していたのでなければ、ティンダルの議論は必要なかったであろう。

和解しがたい相違の第三点は、ここから出て来る。ティンダルが言っているのは、人間の行為は、木が果実をみのらすごとく自然に信仰の賜物を外面的にも表現する信仰者の心から出て来る時にのみ、神にとって価値のあるものとなる、ということであった。それに対しモアは、ティンダルはそもそも行為がいかなる価値もないと言っている、とくり返ししくどく曲解してみせる。二人の人物は街路の両側に立って、どなりあっている。相違は非常に大きく、両者が出会うことはありえない。しかしながら、ティンダル自身の行動がその信仰の証しとなる。教会はモアに反して改革された。奇妙な仕方によって、外からの改革ではあったが。

二人とも相次いで殉教の死をとげた。不思議な一致だが、二人とも死に際しての極度の苦痛を免除された――モアははらわたを抜かれることはなかったし、ティンダルは火で燃やされる前にすでに絞殺されていた。しかし彼らが互いを相手にして残した遺産は、まったく対立するものであった。モアは我々に、ティンダルを攻撃するほとんど読み難いほどの大量の文を、七五万語も残した。ティンダルは我々に英語の聖書を与えることによってモアを怒らせた。英語の聖書は、イングランドが以後ほとんど五百年にも及んで世界に貢献した最大の貢献だったのだ。

# Ⅳ　ヘブライ語と旧新約聖書

# 第十一章　ティンダルの五書

一五三〇年一月のある日、よく作られた小さな本が数部アントウェルペンから密輸されてイングランドに現れた。これもアントウェルペンのホーホストラーテンの印刷したものである（これまた「マルブルクのハンス・ルフト」となっている）。表題の頁には単に「創世記と呼ばれるモーセの第一の書」とあって、ほかには何も書かれていない。次の頁は序文で、「W・T〔ウィリアム・ティンダル〕から読者へ」という言葉ではじまっている。従って、この本の出所にいかなる疑いもありえない。一目見ればこれは、旧約聖書の最初の五つの書物、創世記、出エジプト記、レヴィ記、民数記、申命記の訳を印刷したものである、とわかっただろう。それぞれの文書に別個に序論がついている。ところどころの欄外に註があり、うち一つ（出エジプト記）には頁大の挿絵が十二枚もはいっている。一五二六年の新約聖書、『悪しきマモン』、および『服従』とちがって、この本の本文はローマ文字で印刷されている。創世記と民数記だけがおなじみのバスタードの黒文字である。この違いは、五書のそれぞれが別々に発行されてイングランドに持ち込まれるように印刷された、ということを示している。これは、その後に生じたことの理由を示しているように思われる。すなわち、ティンダルの『（モーセ）五書』の原典は今日およそ十二部ほど残っている。その大部分は全部そろったものであるが、ボドレー図書館にあるものの一つは創世記のみであるし、ニューヨークにあるものは創世記以外のすべてがそろっているのである。

たとえばロンドンの読者は、すぐに本文を最初から読むとすれば、「はじめに神が天と地をつくった。地は空虚で空で、暗闇が深みの上にあった。神の霊が水の上を動いていた。そして神が言った、光あるべし。そして光があった」(In the beginning God created heaven and earth. The earth was void and empty, and darkness was upon the deep, and the spirit of God moved upon the water. Then God said: let there be light and there was light) という文に出会うだろう。知識のある読者ならば、ラテン語の In principio creavit Deus coelum et terram. Terra autem erat inanis et vacua, et tenebrae erant super faciem abyssi, et spiritus Dei ferebatur super aquas. Dixitque Deus: fiat lux! et facta est lux. という文に慣れているだろう。百五十年も前に作られたウィクリフ訳のいずれかの版の写本を持っている読者ならばこれらの言葉を次のような文で知っていただろう、In the first made God of nought heaven and earth. The earth forsooth was vain within and void, and darknesses were upon the face of the sea: and the Spirit of God was born upon the waters. And God said, Be made light; and made is light. 今日我々がウィクリフBと呼んでいるやや後の多少変えられた改訂版ならば、In the beginning God made of nought heaven and earth. Forsooth the earth was idle and void, and darknesses were on the face of depth: and the Spirit of the Lord was born on the waters. And God said, Light be made, and light was made となっている。(訳註a)

ティンダルの創世記は何ほどか衝撃的に新しい。彼はラテン語を訳しているのではなく、ヘブライ語を訳していたのである。そして彼は、わかる英語を書いていた。チョーサーの時代からティンダルの時代までに英語は変化した、というだけのことで、Be made light; and made is light と let there be light and there was light の違いを説明することはできない。
この本がいかに新しかったかということの別の例を示そう。一五三〇年の読者は創世記の終りやその他いくつかのところで、「多少の単語の解説の表」という頁を見出すであろう。「アブレク（abrech）」「シロ（Siloh）」あるいは「ザフナト・パエネア（Zaphnath paenea）」〔五〇六―七頁参照〕などといった耳慣れない単語のほかに、「エホヴァ」にも次のような説明がついている。

エホヴァとは神の名前である。いかなる被造物もこの名で呼ばれることはない。そしてこれは、自らのみによっていて、他のいかなるものにも依存しない者、と言っているに等しい。また読者は大文字でLORDとあるのを（印刷の間違いでない限り）見出されると思うが、これはヘブライ語ではエホヴァ（すなわち「存在する汝」「存在する者」）となっているところである。

そこで出エジプト記六章のはじめ〔二〜三節〕では「……我は主なり。……エホヴァという我が名において……」となっている。これは実際新しいことであった。ヘブライ語では子音四文字〔YHWH〕によって表される聖なる名前は、発音してはならないものであった。そこで、子音に母音記号の点がつけ加えられた時には、Adonai（主）という単語の母音がつけられた。つまり、読む時にはAdonaiと読んでいたのである。ルネサンス期のヘブライ語の学者は、これらの母音が聖なる四子音にもともとついているものと解してしまった。その結果エホヴァ（Yehovah）という読み方が生じたのである（四文字語の発音を再構成しようとする今日の学者の意見では、これは、ヤハウェYahwehと読まれる）。エホヴァという語が最初に書かれたのは、一五一六年のラテン語のある文書においてである。その十四年後ティンダルはこの名前を、ふつうの、ラテン語を知らない人々が読むことを期待している文書において用い、解説しているのである。これは驚くべきことであったに違いない。ヴルガータが「nomen meum Adonai（我が名はアドーナイ）」としているのに応じて、ウィクリフ派聖書の出エジプト記六章は my name Adonay としているし、ウィクリフBでは my great name Adonai となっている。ウィクリフBではそれに更に欄外に註をつけて、「アドーナイ、すなわち四文字語で、神を、被造物との関係ぬきで、神自身として示す語」としている。（この註は、説明し難いことをほんの数語でうまく説明する試みとして評価さるべきであろう。）ティンダルの創世記のイングランドの読者は、さまざまな意味において旧約聖書の神にはじめて出会ったという風に感じたことであろう。この神とかわされた契約が、多くの人々の神学にとって最も中心的な事柄となったのも、不思議ではない。

第三の例は人間の堕罪の物語から取ろう。創世記三章はヴルガータでは次のようにはじまっている。sed et serpens erat callidior cunctis animantibus terrae, quae fecerat Dominus Deus. Qui dixit ad mulierem ...（しかしまた蛇は、主なる神がつくった地のすべての生き物のうちで最ももの知りであった。それが女に言った……。）初期のウィクリフ派の訳は、写本によって少しずつ相違するが、But and the adder was feller than any lifers of the earth, the which made the Lord God. The which said to the woman ... となっている。これはヴルガータを誰かが一語一語英語の単語に置き換えただけのもので、十四世紀末の英語においてさえ、こういうものは見当たらないような代物である。第二版つまりウィクリフBはまだましであるが、ごつごつした英語で、But and the serpent was feller than all the living beasts of the earth, which the Lord God had made. Which serpent said to the woman ... としている。ティンダルの文は、But the serpent was subtler than all the beasts of the field which the Lord God had made, and said unto the woman ... となっていて、二十世紀末の読者にも語りかけるものである。そう言える理由は、一六一一年の欽定訳もこれに僅かの変更を加えただけで採用しただけでなく、一九八九年の『改訂英語聖書（Revised English Bible）』のような現代訳などでも下敷きにされている、ということでもあるが、しかしそれだけでなく、上に述べたように、これが後世のラテン語からではなくヘブライ語の原典から訳され、かつ、わかりやすい英語で書かれているからなのである。ヘブライ語本文の学習者は、そこにまだヘブライ語の文章の形が残っていることを見出すであろう。――たとえば、「そして言った」という句で、きびきびと文を続けていく仕方など。ラテン語の訳では、その都度新しい文にしている。また、英語を話す現代人はここに用いられた語彙、シンタクス、リズムを容易に認識するであろう。「蛇」（serpent）は問題がない。subtler（より巧妙に）は議論の対象になろうが、少なくとも欽定訳の more subtle と同じ程度には現代的に感じられよう。「野の獣」（the beasts of the field）は現代英語においても良いシンタクスであるけれども（「経済の状態」the state of the economy、「保健当局の挫折」the collapse of the health service、「内閣の倒壊」the fall of the government）、実は the＋名詞＋of＋the＋名詞という形はヘブライ語の「構成形（status constructus）」［名詞と名詞をつなげる時の形］と呼ばれる文法的な形を正確に訳したものであるとともに、この形が出て来るたびにこのように訳すことに決めたティンダルの創意なのである。我々が the＋名詞＋of＋the＋名詞という便利な言い方を持っているということは、英語史上の重要な出来事とも言える。これは多少形式ばったものの言い方をしたい時に便利な言い方なのだ。たとえば「総理大臣の辞任」という時に、the Prime Minister's resignation と言うよりも the resignation of the Prime Minister と言う方がややきっちりした言い方になるとか、ヨハネ福音書八・三七で Abraham's seed（アブラハムの末裔）と言っておいて、すぐ二節あとでは the works of Abraham（アブラハムの業）と言う、という具合である。この使い分けは、もとをただせば、ティンダルにまでさかのぼる。

しかしながら、一五三〇年においては非常に新しく、かつ大きな衝撃力を持っていたこの小さな本の力をよく示してくれるのは、創世記三章の次の文である。ヴルガータは cur praecepit vobis Deus, ut non comederetis de omni ligno Paradisi?（［蛇がエヴァに言う］、神は何故あなたがたに、楽園のすべての木から食べてはならぬ、と命じたのですか）。これがウィクリフ訳の二つの版では Why commanded God to you, that ye should not eat of each tree of paradise? となる。ティンダルはいわば眉間に一撃をくらわす、Ah, sir, that God hath said, ye shall not eat of all manner trees of the garden.（おやおや、あの神様があなたがたに、庭のどんな種類の木からも食べてはならぬとおっしゃったというわけですね）。この蛇は、ラテン語訳のように質問をしようとしているわけではない。彼は、神が何かをなした理由をわざわざ尋ねなければならないような者ではない。「あの神がそう言った」ということを彼はよく知っているのである。ヘブライ語の世界ではない北国でも、こういう「あの that」の用法が見られる（ラテン語の ille にあたる）。「that Jack, he does go on so（あのジャックめ、まだそれをやり続けている）」などというのがそうである。蛇はからかい半分の宮廷的な挨拶で女に対して Ah, sir と挨拶する（註1）。彼女はこのようにお世辞を言われ、うまく取り入られて、おしゃべりにも、質問されていないことまで説明してしまう、「そして女は蛇に言った。庭の木の実を私たちは食べてもいいのですが、庭の真中にある木の実については、神は、食べてはいけない、その実にさわったりしたら死ぬ、とおっしゃるのです。」

ティンダルはまさにヘブライ語原文にぴったりあわせて、むき出しで、喜劇的で、かつ同時に悲劇的である（註2）。このすべてにおいて、人間のおそろしい必然性というものが現れている。二人の登場人物「蛇」と「女」は軽く描かれているが、しかしおそろしく親近感があり、「聖なる書物」特有のやや遠く離れたものの言い方のかげに安全に隠されてはいない。続く文がティンダルの特色をよく示す。欽定訳は、よく知られているように、このところを「そして蛇は女に言った、あなたは決して死なないでしょう。And the serpent said unto the woman, Ye shall not surely die」と訳している。ヴルガータは Dixit autem serpens ad mulierem: nequamquam morte moriemini（欽定訳とほぼ同じ）、ウィクリフ訳の第一版は Forsooth the adder said to the woman, Through death ye shall not die、同第二版は Forsooth the serpent said to the woman, Ye shall not die by death としている。ティンダルの Then said the serpent unto the woman: tush ye shall not die（そこで蛇は女に言った、まさか、死にはしませんよ）は、直接的で知をてらった蛇の見下したものの言い方をうまくとらえている。この蛇は手を軽く振って（あるいは上等の手袋と格好いい杖というところか）、そんなことは考慮の外だよ、と打ち消しているのである（註3）。

ティンダルの訳は更に続けてヘブライ語の原文のむき出しの雰囲気をうまく伝えている。人間の堕罪のところを、欽定訳は従属文を重ねる長々とした文（ひどくラテン語的である）の最後に置いているが（And when ... and that ...）、ティンダルはヘブライ語の接続小辞の waw［「そして」にあたる。しかし「そして」よりもはるかに軽い］が文を次々と並べる時に果す役割をうまく理解している。この単調な繰り返しによって文はおのずと前に進む力を得る。かくして悲劇的な必然性が強調される。When ... と書くと、必然性ではなく、たまたまその時にそうなったという感じになってしまう。

そして女はその木が食べるにおいしそうで、眼には心地よく、賢くしてくれる良い木であるのを見た。そして実を取って食べた。そして一緒に居た夫にも与え、夫も食べた。そして二人の眼は開け、自分たちが裸でいるということに気がついた。

And the woman saw that it was a good tree to eat of and lusty unto the eyes and a pleasant tree for to make wise. And took of the fruit of it and ate, and gave unto her husband also with her, and he ate. And the eyes of both of them were opened, that they understood how that they were naked.

## 一つの本としての聖書

創世記のはじめのこれらの章は、ヘブライ語から英語になされた最初の翻訳である。最初に印刷に付されたというだけでなく、そもそも最初に訳されたものである。このことは強調しておかねばならない。一五二九年や三〇年のイングランドではヘブライ語はオクスフォードやケンブリッジのほんの一握りの学者にしか知られていなかったか、あるいはむしろおそらく誰も知らなかった。ふつうの人々にとっては、そもそもヘブライ語と呼ばれる言語が存在する、それも聖書と何らかの関係のある言語である、ということそのものが新しい知識に属したのである。宗教はラテン語であった。ミサはラテン語でなされた。洗礼ほか、その他すべての宗教行為もラテン語であった。司祭がなすすべてのことがラテン語であった。ミサで読まれる詩篇もラテン語であった。礼拝の時に読み上げられる聖書もラテン語であった。見ることのできる聖書というのは、ラテン語の部厚い書物であった。一部の司祭や大部分の一般信徒は、ラテン語の単語などほんのいくつか知っていたにすぎない。聖書の全体を考えたりしたのは、ごく少数の人間しかいなかった。聖書は全体を通して、前の部分も後の部分も、相互に参照するものであり、創世記から黙示録までという聖書そのものに書かれていることだけでなく、天地創造から歴史の終りにいたるまでのこと、一つの全体なのである。

ここに、一五三〇年に、ヘブライ語から英語に訳されて、創世記がポケット版の大きさで手にはいるようになった。ここではじめて、faciamus ei adjutorium simile sibi（彼のために、彼と似た助け手を作ろう）というラテン語の代りに、あるいはウィクリフ訳第一版の make we help like him や第二版の make we to him and help like to himself の代りに、ティンダルの読者は I will make him an helper to bear him company. という文を見出した（訳註3a）。アダムとエヴァの物語、カインとアベル、ノア、アブラハムとイサク、ヤコブとエサウ、ヨセフとその兄弟たちなどの物語は、部分的には、話の大筋は、さまざまな経路によって、たとえば説教でふれられることによって、あるいは教会堂のガラス絵に描かれているから、あるいは時にさまざまな職能団体の演じる神秘劇によって、人々におなじみのものとなっていたけれども、今やこれを全部通して読むことができる。原文そのものを語らせる仕方で。創世記のほかの、あまりおなじみでない部分もすべて、読むことができる。しかしながらもっと重要なことは、創世記に続けて五書のほかの本も訳されたことである。こうして天地創造からはじまって第二の律法（Deuteronomy［申命記］という語の字義通りの意味は「第二の律法」ということである）（訳註3b）の発見までの物語が手にはいるようになったのだ。それは単に古い律法や少し新しい律法のすべてというだけでなく、一つの民族が神とかわした契約の意味があらゆる仕方で展開されていて、五つの書物の全体が学ばれることによってそのことが理解されたのである。

ここで我々は再び、聖書の書物相互の間の関係が、宗教改革者たちにとっては、聖書を読むということの重要な点であった、ということに注意しておこう。創世記はもちろん特別な位置にあるものとして理解され続けてきた。天地創造と人間の堕罪という神の与えた基本の出来事から書きはじめているのであるから。この二つがまさに神学の基本である。加えて世界の最初の書物として（そのように信じられていた）、世界の最初の著者であるモーセによって書かれたものとして、それは聖書に関して重要なことを示していると考えられる。すなわち、中心に一つの書物を持っている宗教ということを示しているのである。創世記は常に非常に重要視されてきており、図書館いっぱいになるほどの註解書が創世記について書かれてきた。ほとんど一単語一単語にわたり註解が書かれている。そのことはミルトン学者がよく知っていることである（註4）。しかしヘブライ語の聖書では創世記に続いて出エジプト記やレヴィ記が存在しているのである。物語も何ほどか続いているが（主としてモーセとエジプト王、疫病と出エジプトの物語）、しかし成文法がそれよりも長く記されているのである。成文法はレヴィ記に最も多い。続いて民数記。ティンダルはこれを「（五書の）第二と第三の書において彼らは律法を受け取った。第四の書においては、彼らは行動し、実践しはじめている」と解説している。最後は申命記である。ティンダルはこれを次のように解説する。

この本は日夜読み、手元から離さずに置いておく価値がある。これがモーセの書物の中で最もすばらしいものであるからだ。これはまた易しく、明解であって、知ることのできる非常に純粋な福音であり、信仰と愛についての説教である。信仰から神への愛が生じ、神への愛から隣人への愛が生じる。

ユダヤ人にとっては、この五つの書物がまとめてトーラー（字義通りの意味は「教え」）、すなわち神とその民である「イスラエルの子ら」の間の唯一の関係たる律法を形成する。一切はここからはじまるのである。クリスチャンの読者にとってもまた、律法が本質的な出発点である。しかし今やそれはキリストにおける新しい契約のもとにある（「新約」）。イエス自身その教えにおいて律法を守るべきことを主張した（参照、マタイ五・一七「私は律法と預言者を廃するために来たのではなく、成就するために来たのである」）。イエスの行為や言葉の意義はイスラエルの子らをはるかに越えて広くひろがるものであるけれども。キリスト教神学の核心であるパウロの信仰義認は、パウロ自身明らかにしているように、神が与えた律法に囚われる幽囚の暗闇から新しく神が与えたキリストにおける贖罪の新しい陽光の中へと新しく生れかわった身体の中に位置づけられている。キリスト教徒にとって、ヘブライ語聖書の律法のすべてを学ぶことが重要である、とティンダルは主張する。それはキリストが律法に関して何をなしたかを知るためである。ティンダルは新約聖書の各部分にどれほどヘブライ語の要素が存在するかを知っていた。それは福音書の著者やパウロやペテロが旧約聖書を引用する場合に限られない。新約聖書の中にヘブライ語的なギリシャ語があるということを彼は見出したのだが、後に一五三四年の新約聖書の改訂版の序文でそのことにまた言及している。更にティンダルは、ヘブライ語が英語に非常にうまく適合するということも発見した――ヘブライ語をラテン語に訳すよりも、あるいはラテン語を英語に訳すよりもうまく。彼がヘブライ語を訳した時になしたことはすべて、この発見に関連している。これは彼独自の発見である。そして、イングランド国民がこのことを正当に評価するのを妨げてきたのは無知と偏見の故でしかなかった（訳註4a）。

ティンダルが、ティンダルだけが（時に一人二人の助手は居た。たとえばアントウェルペンではジョージ・ジョイが（訳註4b）、ハンブルクではマイルズ・カヴァーデイルが。しかし彼らのヘブライ語の知識は、もしも知っていたと仮定しても、初歩的なものにすぎなかっただろう）、ヘブライ語から英語に訳すという仕事の全体に従事したのである。二つの言語の親近性という幸運な事実の発見は、確かにニュートンの万有引力の法則の発見ほどには重要でなかったかもしれないが、西洋のキリスト教神学、言語、文学の歴史にとっては高い価値のあることである――思い切った主張であるが、しかし容易に支持しうる主張である。このことに関する研究はまだまだこれから大幅になされねばならないが。ヘブライ語の形が英語に及ぼした巨大な影響は、現在においてもまだ正しく認識されていない。すでに述べたヘブライ語の「構成形」が英語で the＋名詞＋of＋the＋名詞となった、という点だけではない。あるいは今日では一種の格言だと思われている多くの親しみのある表現、「光あれ（let there be light）」〔一・三〕、「私は弟の番人なんですか（am I my brother's keeper?）」〔四・九〕、「ノドの地にて（in the land 〔of〕 Nod）」〔四・一六〕、「著名な人々（men of renown）」〔六・四〕、「人の心の想い（the imagination of man's heart）」〔八・二一〕、「すべての人の手が彼に逆らう（every man's hand against him）」〔一六・一二〕、「老いて、年齢も進んでいて（old and well-stricken in age）」〔二四・一〕、「塩の柱に変えられた

(turned into a pillar of salt)」〔一九・二六〕、「エジプトにとうもろこしがある（corn ... in Egypt)」〔四二・一〕、「私の灰色の髪を悲しみとともに墓に入れる（bring my grey head with sorow unto the grave)」〔四二・三八〕、「この土地の良き産物（the fat of the land)」〔四五・一八〕、「水のように不安定（unstable as water)」〔四九・四〕等々、ティンダルの創世記からすぐに思い出す表現を並べてもこのように沢山あるが、それだけでもない。ヘブライ語の物語の語り方は、高揚した場面においてさえも、「そして」という語によって文を次々とつないでいくものであるが、それはラテン語やギリシャ語の発達した物語の従属文をくっつけたりぶらさげたりするやり方(when ... ; ... who ... ; ... that ...) とはまったく異なっており、英語の物語に深く存在しているものである。

旧約聖書の英語訳の諸版はすべてティンダルを継承している。ティンダルが訳すことのできなかった文書に関してすらそうなのだ。マイルズ・カヴァーデイルは旧約聖書の後半部分を英語に訳して印刷、提供した最初の人物であるが、ティンダルとともに仕事をしたことがあり、ティンダルを真似したのである。カヴァーデイルはティンダルほどヘブライ語を知らなかった。しかし彼が旧約聖書の後半をなす偉大な詩的文書を、すなわちヨブ記、詩篇、雅歌、そしてすべての預言書を、ルターのドイツ語訳、パグニヌスが新しくヘブライ語から訳したラテン語訳、オリヴェタンのフランス語訳、七十人訳のギリシャ語などを参考にして訳した時、彼はそのヘブライ語から英語への翻訳を、ティンダルの訳した部分と並べてひどく違和感を与えたりしないような水準のものにすることができたのである。これは実証できる。カヴァーデイルの詩篇は、二十世紀末近くの今日においてもイギリス国教会において礼拝などで用いられる祈祷書によって親しまれているものであるが、確かに時にぎこちなく、時に古くさくはなっているけれども（たとえば thou hast holp the runagates in his scarceness という文など)、旧約聖書のうちでティンダルから欽定訳へと受け継がれた部分とつながっているという印象を与えてきた。そこで教会の会衆は、教会で教えられる定まった旧約聖書の教えの個所が言語的に見て、カヴァーデイルの詩篇と姉妹とは言えないまでも、少なくとも従姉妹であるということを理解したのである。ティンダルはこの発見、ヘブライ語と英語が相互に非常によく合致するという発見を、『服従』の序文において述べている。そこで彼は、上に述べたように、聖書はその時代においては人々の母語で書かれていた、ということを論じている。ヒエロニムスもそれを自分の母語に訳したのである、それならば「何故我々もそうしてはいけないのだろうか」。事実ギリシャ語はラテン語よりも英語にうまく合致する。

そしてヘブライ語の特色はラテン語よりも英語に千倍もよく合致する。両者のものの言い方は同一であり、だからそれは千もの個所でただ逐語的に英語の単語に置き換えればすむ。それに対してラテン語ではうまく対応する表現を探しまわらなければならず、その上、それがヘブライ語で持っているような暖かさややさしさ、意味や純粋な理解をうまくラテン語に訳し変えるには、多くの努力を必要とする。ラテン語に訳すよりも英語に訳す方が千倍も良いのだ。（註5）

ティンダルは数量化している。「……千倍もよく合致する」「千もの個所が……」「……千倍も良い」。Hyperbole（拡大）と repetitio（反復）という修辞的手法によって自分の言いたいことを強調する、ということはあるにせよ、読者はティンダルの主張の正しさを認めねばなるまい。これらの言葉は、ヘブライ語から英語に訳す仕事を実際非常によく知っている人間が書いたものである。二つの言語の特質が一致するのだ。両者が非常によく似ているから、その作用は同じ範囲で働き、「千もの個所において」一単語一単語がぴったり適合する――これは単にそういう適合の個所がしばしば出て来るというだけのことでなく、さまざまな異なった領域にそのように適合する単語が見出されるということでもある。五書は荘厳に天地創造の物語からはじまる。しかしすでに見たように、すぐに堕罪の物語にはいり、生々しい会話と出来事に移る。創世記はヘブライ語の文章の幅広い色彩を含んでいる。それを一様の水準にならしてしまおう、などというのでないとすれば、翻訳はその多様性に対応しないといけない。物語がある。それは時に、最後の十二章のヨセフとその兄弟たちの物語のように豊かで、小説的ですらある。しかしまた時に、四章のカインとアベルの物語のように奇妙に短い。二二章のアブラハムと子どものイサクの場合もそうである。単なる家系表もあるし、ほとんど年表に近い記述もある。軍事的記録がいくつもあり、宗教的啓示の話もある。家庭内の争いが細々と記されたり、部族の伝説、夢の話、叙事詩、ほかいろいろ。ティンダルがなしている主張は、英語は――一五三〇年においてもなお――それらすべてに適合している、ということである。実際、ラテン語と比べて、英語もそれをよくなしうる、という以上に、「千倍も良く」なしうる、と彼は言う。

ティンダルの『五書』は『服従』の一年ないし一年半後に発行された。しかし彼が『服従』を書いていた時にはすでにヘブライ語の勉強がかなり進んでいただけでなく、経験を経た翻訳者になっていた、というのは明らかである。『服従』の序文に五書の雰囲気が強く見られるのは、示唆的である。イングランドで聖書を読んだが故に弾圧された人々に神の力を思い出させようとしている個所で、彼は記す。「イスラエルの子らはエジプトで何と大変な仕方で閉じ込められていたことか。……しかも神の真理が我らを連れ出したのだ。……誰が紅海の水を乾したか。……」ヨセフは勝利を得る前に、不当にも投獄されていた。イスラエル人は「乳と蜜の流れる」土地にはいる前に、沙漠で四十年も飢えてさまよった。六頁におよぶ長い段落において（新約聖書のヘブライ書十一章――宗教改革者たちにとって非常に重要な聖書全体の使信である「信仰」について述べた個所の一つ――を読むようにと勧めたあとに置かれている）、申命記八章などのモーセ五書の個所をいくつか紹介する仕方で、モーセがイスラエルの子らを慰める個所を要約している。ここでもまた聖書全体が視野にある。五書だけというのでなく、ヘブライ書などの書簡だけでもなく、旧約の歴史書と新約の全体が視野にある。この段落はマタイ七章、二八章、ルカ一二章、ローマ書八章の引用で終っている。『服従』の著者はすでにギリシャ語だけでなくヘブライ語に没頭している。

## ヘブライ語を学ぶ

ティンダルはどこでヘブライ語を学んだか。はっきり答えれば、そんなことはわからない、ということになる。一五二〇年代のイングランドではヘブライ語はほとんど知られていなかったから、大陸のどこかで学んだにちがいない。大陸ではヘブライ語の研究が急速に進んでいた。非常に可能性があるのは、ドイツのどこかで、ということだろう。彼がヘブライ語をよく知っていた、それどころか例外的によく知っていたという事実は、以下で示すことにする。ティンダルにいかなる才能も認めようとしない者たちは（そういう者がけっこう大勢いたのだ）、彼のヘブライ語の実力は初歩的なものでしかなかった、と言い立てた。彼はルターの最近の独訳やパグニヌスのラテン訳に依存していたのだ、と。後で見るように、確かに彼はルターの翻訳も利用し、パグニヌスやほかのものも利用している。すぐれた翻訳者は、可能な限りすべてを利用するものだ。しかし、ティンダル自身が顕著なヘブライ語の学者であったということは、微塵も疑うことはできない。それは、一五二〇年代のイングランド人の標準からすれば、驚くべき水準だったのだ。第一に、ティンダルが一五二五年までに知っていたイングランドのヘブライ語の知識の水準を見てみよう。ヨーロッパでは、また時にイングランドでも、中世へブライ語の作品などというものも存在したけれども（一二六〇年代にオクスフォードに居たロジャー・ベーコンはヘブライ語を知っていて、それを学ぶことを勧めている）、イングランドにおけるヘブライ語の勉強は実際にはエリザベスやジェイムズの時代になってようやく広まりはじめたのである。G・ロイド・ジョーンズの最近の研究のおかげで（註6）、その数十年間におけるヘブライ語の知識についてはかなり多くのことが知られるようになった。しかし、チューダー朝初期については、ヘブライ語の知識についてほとんど知られていない。ジョン・コレットのようなオクスフォードの人文主義者は、十六世紀にはいる以前においてすでに、たとえば創世記一章の特に「難解な個所」は、「ヘブライ語に通暁し、ヘブライ語の註解書を参考にすることができるようにならないと」、正確に理解することはできないだろう（註7）、などと言ってはいるが、キリスト教徒の生活にとってヘブライ語のテクストの持つ重要さはまだ十分に認識されていなかったから、この言語の研究は進まなかった。オクスフォードやロンドンの人文主義者たちはほとんど皆、ヨハンネス・ロイヒリンのようなすぐれた、かつ熱心なヘブライ語の権威であった大陸の学者たちと交流があったけれども、それはすべて彼らが若い頃にイタリアに留学していた時に得た個人的なつきあいのおかげであって、ここでもまたイングランドの新しい学問の深層はまだ十分につき動かされておらず、十六世紀はじめごろにはまだヘブライ語の知識を重要なものと思うところまでは行っていなかった。むしろ逆に、ロイヒリンやケルンのコルネリウス・アグリッパ（この人物は一五一〇年にロンドンでコレットと共に時を過ごしている）はヘブライ語のカバラにふけっていたものだから、人々はヘブライ語に対して何ほどかの警戒心を持っていた。カバラはヨーロッパ全土を通じて知識人たちを夢中にさせていたが、ヘブライ語の聖書そのものの註釈と言えるようなものではなかった。カバラの教えは三種類のものである。新プラトン主義やグノーシス的な流出という神の概念、ユダヤ教の黙示文学的な理念、そして「聖書のもっともつまらぬ個所にも深い霊的な意義や隠された意味を読者に発見させる」技術の提供である（註8）。こういうほとんど魔術的な図式は、イングランドにおいても百年以上にわたって人気があった（アグリッパはおそらくシェイクスピアの一六一一年に書かれた『テンペスト』の大元の資料の一つと言えるかもしれない）。しかし、若い人文主義者たちがパドヴァやフィレンツェで出会ったこういう理念の魔力は、十六世紀のはじめ数十年間のイングランドの寒い気候では長続きしなかった。ここでは、教会を内側から改革し、聖書を原典で読み、教育を革命的に変えるという、広く認められたエラスムスの三つの理想を実現しようと思えば、そういう流行の熱気などではないはるかに落着いた知識を必要としたのだ。

オクスフォードのコーパス・クリスティ・カレッジは一五一七年に、ウィンチェスターの司教であったリチャード・フォクスによって創建されたが、ギリシャ語の教育をオクスフォードで最初に提供したところである。しばらく後になると、このカレッジの「三言語の図書館」（ラテン語、ギリシャ語、ヘブライ語）は有名になった。もっとも、一五三七年まではヘブライ語の本は一冊しかなかったのだが。ケンブリッジでは、セント・ジョンズ・カレッジが一五一一年に創建され、その教科課程はロチェスターの司教であったジョン・フィシャーが作ったものだが、三言語の教育を提供することになっていた。しかし、実際にはほとんど進歩していなかったと言えよう。ヒリンの『ヘブライ語入門』(De rudimentis hebraicis) である。一五〇六年にドイツで発行されたロイ「一五三〇年に彼（フィシャー）は、ヘブライ語とギリシャ語がこれまでおろそかにされてきている、と嘆いている」(註9)。こうしてイングランドにおいても、大陸におけるのと同様、聖書の理解に関してヘブライ語はギリシャ語と同様に価値があり、本質的である、という認識が増大していた。しかし、大陸の諸大学と違ってイングランドでは、唯一の例外を除いて、オクスフォードとケンブリッジでの僅かな格好づけ以外にはほとんど何もなされなかったのである。ジョン・フィシャーは一五二五年に書いた『聖なる司祭職の擁護』においてラビの文献に言及するなどしてしているが、それは直接の知識ではない。もっとも後になって（一五三五年）、ケンブリッジのクライスツ・カレッジに自分が持っていたボンバーグのヘブライ語の聖書とパグニヌスのヘブライ語の辞書を遺贈している(註10)。ケンブリッジのキングズ・カレッジの副寮長が一五二一年に亡くなった時、その蔵書には二冊のヘブライ語の本があった。一四八〇年から一五〇二年にケンブリッジに居たフランシスコ会修道僧のリチャード・ブリンクリーは、ベリー・セント・エドマンズの大修道院から一五一八年にヘブライ語の詩篇を一冊借りている。これはヘブライ語の知識があったことを示唆する。必ずしも確かにそうだというわけではないが。フィシャーもブリンクリーも自分でヘブライ語を教えることはしていない――そして我々は、ティンダルが『服従』の中心部分でフィシャーの学識について長々と詳細に攻撃しているのを思い出すのである。

しかしながら、その例外が重要である。ロバート・ウェイクフィールドが大陸のいくつかの大学でヘブライ語を学んでいる。その中には三つの言語を教えるルヴァンの大学も含まれる。彼がルヴァンに居たのは一五一七年以降である。彼は一時、一五二二―二三年に、テュービンゲン大学でロイヒリンの後継者をつとめることさえした。ケンブリッジ大学で給料をもらってヘブライ語を教える最初の教師になったのも彼である。一五二四年のことであった。そして同じ年に、就任の演説を公刊した。ウィンキン・ド・ウォードで印刷されたのだが、これがイングランドでヘブライ文字の活字を用いて印刷された最初の本である。ウェイクフィールドの演説はラテン語で書かれ、新旧約の両方を理解するために必要な知恵の泉としてヘブライ語を学ぶようにと呼びかけたものである。ティンダルと同様に彼もまた、新約聖書のギリシャ語はそこにヘブライ語が含まれていることを見なければ理解できない、と主張している。もっともウェイクフィールドの関心はまったく学問的なものにとどまった。彼はそもそもいかなる翻訳にも反対であったのだ。この演説の中で彼はイングランドでヘブライ語を知っている学者を三、四人あげている。うち一人がジョン・ストークスレーであるが、今までのところこの言及以外にストークスレーがヘブライ語を知っていたということを証拠づけるものは何も見出されていない。彼の弟が後にケンブリッジでヘブライ語の欽定講座教授になっている。またルヴァンでの彼の後継者は、もう一人のイングランド人、ロバート・シャーウッドであった。この人物が一五二二年以前にすでにオクスフォードでギリシャ語とヘブライ語を何ほどか学んだのは確かである。これらの事実はすべて、ウィリアム・ティンダルに関して意味がある。なお研究する余地があるのは確かである（註11）。

「そういうことはドイツではもっとよくやっている」と言われたかもしれない——あるいは低地地方か、イタリアか、スイスか、スペインか。ヨーロッパにおいては、ヘブライ語を学ぶことがキリスト教にとって重要であるということの理解は増大しつつあった。そのことの例はたとえば枢機卿ヒメネスの場合に見られる。彼は一四九八年にマドリッドの近くのアルカラで新しい大学を創設した。アルカラのことをラテン語でコンプルートゥム（Complutum）と呼ぶ。この大学は、ほかのいくつかの特色と並んで、聖書学の中心地でもあった。ほかの多くの人と同様、彼もまたヴルガータに問題が多いことを知っていた。そして、古代の三つの言語で書かれた旧約聖書を並べて印刷して発行することによってこの問題を解決する試みを打ち出した時に、彼は、場合によってはその行為の結果国際的な憤りをまねくかもしれない、という可能性を気にすることはなかった。この旧約聖書は全部で四巻あったが、各頁が三つの欄に分れており、真中の欄にはヴルガータが、七十人訳が頁の内側の欄に置かれた。七十人訳には行間にラテン語訳が付されていた。頁の外側の欄にはヘブライ語本文が置かれ、その外の欄外にはヘブライ語の基本形（root）［五〇三頁参照］が書かれていた。この立派な仕事は全六巻で完成したが［第五巻は新約聖書］、コンプルートゥムの多言語聖書（Complutensian Polyglot）と呼ばれている。第一巻と第六巻にはヘブライ語の勉強の助けとなるよう文法と辞書がのっている。一五一四年から一七年にかけてそのすべてが印刷されたが、教皇から出版許可をもらうのに手間取り、出版されたのは一五二二年であった。この仕事のためにヒメネスはヘブライ語の写本とヘブライ語の学者を必要とした。そして相当な費用をかけて、その両方を手に入れはじめた。彼はまたトレドの大司教でもあった。トレドはユダヤ教研究の中心地である。それで彼は研究所を作ることができた。そこでは少なくとも四人のカトリックに改宗したユダヤ教学者がヘブライ語のテクストの研究に従事していた。そのうちの一人アルフォンソ・デ・サモラは、ヘブライ語の教授として任命された最初の人物である。一五〇八年であった。

スペインとイタリアの間には学問的な交流があった。イタリアでは一四七〇年代以降、ヘブライ語の聖書は何度も、部分的に、あるいは全部が、印刷されてきた。時にはそれは非常に美しく印刷されている――母音記号をつけるのは印刷上技術的に困難を伴ったのであるが――そしてそれ以来、北イタリアはヘブライ語文法の研究の中心地となった。そこで、すでに見たように、新しい勉強をしようとするクリスチャンの留学生をヨーロッパ全土から引き寄せたのである。もっとも必ずしもヘブライ語聖書の解釈の中心地となったわけではないが。マルシリオ・フィチーノとピコ・デラ・ミランドーラという二人のクリスチャンの新プラトン主義者は、同時に非常に影響力のある思想家であったが、ラビ文献をよく知っていた。もっとも彼ら自身のヘブライ語の知識がどの程度であったかは、問題であるが。しかし彼らは彼らのユダヤ人教師たちの思想に対して開けていた。そして十五世紀から十六世紀への移り目ごろに、彼らを訪れてくる人文主義者たちを通じて、ユダヤ教の思想を受け入れる雰囲気を北部ヨーロッパにもうまく伝えたのであった。

ピコの最も重要な弟子は、クリスチャンの学者ヨハンネス・ロイヒリンであった。彼はドイツにもどってからもユダヤ人学者たちに習ってヘブライ語の実力をより高める努力をした。そして一五〇六年に『ヘブライ語入門』(De rudimentis hebraicis)〔ふつう Rudimenta linguae Hebraicae と呼ばれることの方が多い。意味は同じことだが〕を発行したのである。ヘブライ語の文法と辞書を同時に含むもので、これはヨーロッパ全体を通じて非常に重要なものとなり、宗教改革者たちの基本の道具であった。ティンダルにとっても、ルターやメランヒトンにとってと同様、そうだったはずである。ロイヒリンはまた悔改めの詩篇〔詩篇全体の中から悔改めに関するものを七篇集めたもの〕を一五一二年に発行した。ドイツで印刷公刊されたはじめてのヘブライ語の文書である。これは特に学生のために訳文と註釈を含むものであった(註12)。ロイヒリンがクリスチャンとしてこういう仕事をするのは勇気のいることであった。何故なら、ヘブライ語という言語の存在についての知識が無知と頑迷にこりかたまった部厚い層にまでとどくにつれて、敵意が生じ、ひろまっていったのである。一方では、ヘブライ語の聖書の評価が徐々に高まるにつれ、それは、しばしば休眠状態に陥っていたヨーロッパの神学と実践に、神とその民の新しい結びつきをもたらすように感じられた。それは神の言葉そのものによって宗教改革の仕事に内側から息吹を吹き込むものであった。それだけに他方では、たとえばフライブルク（ロイヒリンもここで学んだことがある）のある修道僧などは、一五二一年に、「この言葉を話す者はユダヤ人になってしまったのだ」などと言ったりしたのである。キリスト教徒を教えるユダヤ人の教師は、生徒たちの信仰を破壊しているという非難を受けるのを恐れねばならなくなった(註13)。

ヒエロニムスのヴルガータがキリスト教世界の聖書だった。そして、ローマの教会はその教義的な教えをこの訳の言葉づかいの上に築いたのである。……無知、無学の修道僧たちは新しい学問の進歩におそれをなして、説教壇から、ギリシャ語と呼ばれる新しい言語が発見されたが、これには気をつけねばならぬ、ここからすべての異端が出て来たのだから、と叫び立てた。この言語で書かれた新約と呼ばれる書物が今やあらゆる人々の手にあって、「刺と茨に満ちて」いた。(註14)

そして今やヘブライ語と呼ばれるもう一つの新しい言語が出現した。これはもっと悪いのであった。

ロイヒリンは一五一〇年にドミニコ会の修道士たちから集中砲火にさらされた。「書物の争い」として知られている事件である。ドミニコ会士たちはヘブライ語の書物はすべてキリスト教信仰に敵対するものであると考え、燃やされるべきだと主張した。ロイヒリンはここでも勇気をもってユダヤ人及び彼らの宗教の権利の弁護に立ち上がり、ヨーロッパ全土から支持を集めた。彼の支持者の一人はエラスムスであった。もっともこの偉大な賢人は、驚くべきことに、聖書を理解するためのヘブライ語の重要性ということについては、よく言って微温的という程度であった。彼は、ユダヤ教を「まったく無意味」とみなす欠点があったようである（註15）。最近の研究によれば、ロイヒリンの支持は言われているほど広くひろがっていたわけではなく、鮮明でもなかった。ロイヒリンは（ドミニコ会によって影響された）教皇によって断罪された――ヘブライ語の研究に対して恐れがいだかれていたことの一つの現れである。しかしながらヨーロッパ全土にわたるこの争いが特にドイツの学者たちを刺激して、ヘブライ語を本気になって学ぶようにさせたのである。

ティンダルはヘブライ語を学ぶに際して、どういう勉強の手段を持っていたか。ロイヒリンの『ヘブライ語入門』は文法と辞書がのっていたから、この言語を学びはじめるのに最適のものであったことだろう。印刷されたヘブライ語の聖書のテクストは、ドイツの本屋を通じてそれほど無理なく手に入れることができただろう。もしもコンプルートゥムの多言語聖書の諸巻を見ることができたなら、それは彼にとって非常に価値あるものであっただろう。それによっていくつかのテクストを比較検討することができたし、文法と辞書もついていたし、ヘブライ語聖書の大部分についてタルグムもついていた。タルグムというのは、アラム語による聖書の翻訳ないし註釈的翻案である〔訳註。タルグムがついていたのは、五書だけである〕。これを見るには彼はどこかの大学か、設備のいい修道院の図書館を利用する必要があっただろう――とすると、彼がヘブライ語を多く学んだのはヴィテンベルクであった、という意見がやや有力になるところだろうか。ティンダルは明らかに、言語に関しては人並み以上に巧みであった（バスキアスは、ティンダルは八つの言語を知っている、と言っている。八つの中にはもちろん彼自身の言語も含まれる）。彼がユダヤ人の教師に教わることができたかどうかは、知ることができない。彼のヘブライ語の水準は、彼が訳した旧約聖書の翻訳が欽定訳（その頃までにはセム語の研究は大幅に進んでいた）だけでなく現代にまで生き残っているほどに正確だったという事実、しかも彼はそれを一五二六年から一五二九年の三年間で、同時にほかの書物をアントウェルペンの出版社から出す作業もしながら、仕上げてしまったという事実は、ことの事情を知るために何ほどかの示唆を与えてくれる。彼以前のすぐれた知識人はそもそもヘブライ語をやらなかったか（オクスフォード・ケンブリッジ・ロンドンの人文主義者）、はじめたけれどもすぐにやめてしまった（エラスムス）。直接の教師がいようといまいと、何らかの仕方でユダヤ人の側の助力を必要とした。十二世紀末頃のプロヴァンス地方で、モーセ・キムチがヘブライ語教科書を書き、それがラテン語に訳されて、クリスチャンのヘブライ語学者たちに利用された。その兄弟のダヴィデは、学習を容易ならしめるために、文法を書き、また広く利用されるようになった辞書『基本形の本』を書いた。この辞書は非常に影響力のあったものである——たとえばイタリア人のサンクテス・パグニヌスもこの影響を受けた。パグニヌスは一五二八年にBiblia（聖書）を発行した。旧約をヘブライ語から、新約をギリシャ語から自分で新しくラテン語に訳したものである。これは節の数字を書き込んだ最初のものであった［訳註、今日用いられている節の数字は、もう少し後に、新約聖書ではロベール・エチエンヌが一五五一年につけたものである。旧約聖書については私は知らない。ともかくパグニヌスのものはまだ今日のものほど細かいものではなく、時として一段落全体が一節になるくらいに、各節の長さが長かったので、あまり普及しなかった］。この本は直ちにヨーロッパで聖書をそれぞれの言語に訳すに際して、大きな影響を持つにいたった。彼は、ヘブライ語を従来のヴルガータとは違ったラテン語に訳したというだけでなく、中世のラビ、特にダヴィデ・キムチの註解を苦労して学び、難しいヘブライ語の単語や表現の意味を明らかにするのに利用したのである——これはなかなかの成功をおさめた（註16）。彼にとってはまた、「ラシ」（Rashi, 1040-1105）の註解も同様に役に立った。「ラシ」とは、ラビ・ソロモン・ベン・イサク（Rabbi Solomon ben Isaac）の頭文字をとったものである。ユダヤ教の聖書註解書の中では最もすぐれたものとして知られていた。非常に深い学識があり、まずヘブライ語の字義通りの意味が最初にあるので、テクストのより深い意味などと言われて伝えられてきたものはそこから派生したものにすぎない、ということを明らかにする能力があった（註17）。さて、ティンダル（ないし「マシューの」聖書の編集者のジョン・ロジャーズ）は彼の註解を確かに知っていた。だから欄外に、「ラビ・ソロモン」の註解による、という指摘が出て来るのである（たとえば列王記上）（註18）。いくつかの個所では、ティンダル（ないしロジャーズ）はそれをパグニヌスから孫引きしている可能性もある。それはたいした問題ではない。とすれば、ティンダル（ないしロジャーズ）がパグニヌスを利用していたということが明瞭になるからである。これはどのみちそうだろう。（列王記上一四章の読みでは、ティンダルないしロジャーズは Rab. Sal. を独自に利用している）（註19）。重要なのは、ティンダル（ないしロジャーズ）が、こういう中世の主たるユダヤ教の学者を参考にしている、ということである。

## ティンダルの翻訳作業

ティンダルが直接目の前に持っていた最大の参考書は、疑いもなく、マルティン・ルターのドイツ語の翻訳であったが、その問題にはいる前にあと二つふれておきたい。ウルリッヒ・ツヴィングリの聖書註解書のうち何冊かはちょうどティンダルがモーセ五書を訳すのに利用できる時期に発行されているが、ヘブライ語のテクストの知識に立脚しているだけでなく、言語学的な興味（それは翻訳者には価値のあることであり、ツヴィングリ自身もその興味を持ってはいたけれども）よりは、神学的な興味を示しているという点でも、役に立ったことであろう。これはまた、スイス宗教改革の初期の時代に非常に特色のあったさまざまな論争に際して点をかせぐ必要からも、推進された。ツヴィングリは説教台でギリシャ語とヘブライ語の聖書を用いていた（これはルターにとっては嬉しくないことだっただろう）。もう一つ、無名のフランス語の旧約聖書の翻訳が一五二八年にアントウェルペンで印刷された。これはカトリックの「内からの改革者」であったジャック・ルフェーヴルのなしたものだろうと言われている。この翻訳はヴルガータに大幅に依存しており、ティンダルに知られていた可能性がある。

マルティン・ルターがヘブライ語にとりかかったのは、やや遅れていた。彼はロイヒリンの『ヘブライ語入門』を出版直後の一五〇七年に、エルフルト大学での二度目の滞在のはじめごろに手に入れている。しかし、これをあまり多く勉強した形跡はない。教師が居なかったからである。しかしながら、一五一三年と一五一五年の間にヴィテンベルクでなされた詩篇についての講義は、ヴルガータに依存しているものの、ヘブライ語のテクストも多少援用している。もっともそれは、彼以前の註解書に頼ってのことであるが。一五一九年に、詩篇についての講義の二度目のシリーズが発行されたが、その頃までにはヘブライ語をもっと身につけていたようである。彼のドイツ語の新約聖書は一五二二年九月に発行されたものだが、ヴィテンベルクのギリシャ語の教授であったフィリップ・メランヒトンというすぐれたギリシャ語学者が校閲しており、学問の歴史においてもすぐれた一里塚であるが、言語の歴史にとっても重要なものであった。それは特に明晰な日常のドイツ語で書かれていた。ルターの「九月の契約書」はほんの数週間で五千部も売れた。十二月には次の版が出され、更に二年間で十版以上も発行された。更にその同じ時期に海賊版が六十版以上も出されたと言われている。ヴィテンベルクの印刷屋ハンス・ルフトは、ほかの点でももっと重要な存在となった。その前三年間で、ルターのパンフレットの巨大な分量を印刷したのである――一五二〇年には、彼の『ドイツ国民のキリスト者貴族へ』という呼びかけが五日間で四千部も売れた（註20）。ルターの新約聖書は、新しい種類の一里塚であった。

一五二三年の夏に、ルターの五書が出た。新約聖書と同じ美しい二折り判で、ルカス・クラナッハ（父）の挿絵がつけられている。それはいずれ、一五三四年の秋に、高地ドイツ語のルター聖書（訳註20a）として完成にいたる。ルターの五書は土着の言語への聖書翻訳の歴史において、重要なものである。ヘブライ語から訳された最初のものであるからだ。この作製の過程について知られていることは、ティンダルの五書――こちらはずっとこぢんまりと、大きさは八分の一ほどであったが、ルターのものより影響が大きかった（訳註20b）――の作製についても光を与えてくれるかもしれない（くれないかもしれない）。

ルターは一群の助け手に大幅に依存していた。過去の世代の人もいれば、同時代の人もいる。十四世紀のフランシスコ会士であったリールのニコラは中世のすぐれた聖書註解の学者であったが、旧約のヘブライ語のテクストを知っていたのは確かである。ルターは彼を通じてラシの著作を知るようになった。ルターはまた、パグニヌスとゼバスティアン・ミュンスターの学識に敬意を表している。後者は一五二八年以降バーゼルでヘブライ語の教授であった。一五二六年にプロテスタンティズムに改宗するまでは、彼もまたフランシスコ会士であった。ユダヤ教の著作をラテン語に訳し、またセム語の研究についての著書もある。ルターはまたベルンハルト・ツィークラーの助けを借りている。ライプツィヒの有名なヘブライ語学者である。また特にマテーウス・アウロガルスの助けは大きかった。ヴィテンベルクで一五二一年から二八年までヘブライ語の教授をつとめ、その後学長になった人物である。彼もまた、ヘブライ語の文法と辞書についていくつかの本を書いている。彼の後にヘブライ語の教授になったのはカスパル・クルーツィガー（父）であった。当時の最もすぐれたヘブライ語学者は、ニュルンベルクのアンドレアス・オジアンダーであった。これらの学者がみなルターに協力した。ルターは彼らを自分の「サンヘドリン」と呼んでいる。彼らの存在は、ロイヒリンの『ヘブライ語入門』が発行されてからまだ二十年もたっていないのに、ドイツでいかにヘブライ語の研究が進んだかを示している――そして、いかにイングランドが遅れていたかも。

ティンダルがヘブライ語を学びに行ったのはヴィテンベルクであっただろうか。そう想像したくなるのは無理もない。もちろん、別にオジアンダーやアウロガルスを、ツィークラーやクルーツィガーを個人的に知らなくても――あるいはルター自身をも――これらのすぐれたヘブライ語学者の知識がルターの五書の翻訳に流れ込んでいた、そこから学ぶことはできただろう。実際、そうであったに違いない。彼はルターの五書を非常によく学んでいる。あるいはまた、ルターの書いたものに大量に負っているとしても、必ずしも直接個人的にルターと知り合う必要はなかっただろう。すでに見たように、ティンダルの仕事が最初に印刷に付された一五二五年以来、ティンダルはルターを英語化することに精を出していた。もちろん、彼独自の要素も強度に発揮されてはいるけれども。

もしもこの二人の宗教改革の偉大な指導者が互いに知りあって、それぞれのこの上もなく深い洞察や熱意を交換しあったのであったとすれば、伝記作家たる者、その場面を小説的に描くという誘惑にかられるだろう。互いに「マルティン」「ウィリアム」と呼び合い、従ってまた当然ドイツ語の二人称は Sie ではなく、親しい相手に用いる du を用い、ヘブライ語のいくつかのハパクス・レゴメノン［hapax legomenon, pl. legomena、知られているすべての古代のヘブライ語の文献で、ないし少なくとも旧約で、たった一度しか用いられていない単語のこと。従って、その意味を確定し難いことが多い］から生じる問題について意見をかわしあう、といった想像をするのは。しかし残念ながら、こういう親しげな場面は想像で描くことができるだけである。

少なくとも知られている限りは、重要な影響はすべてルターからティンダルへの一方通行であったことからすれば、もしもこの二人が会ったことがあるとしても、それは遠くから見た、という程度のことであっただろうか。もっとも、もしかするともっと近づいたかもしれない、と思わせる理由がまことに僅かながらないわけではない。実際、イングランドから来た若い外国人で、ほとんど一人きりで、紹介してくれる人もなく、教会のつながりもなかったのだから、彼が何らかの影響をルターに与える可能性があるわけはなかった。ドイツの宗教改革はすでに発電所みたいに強力になっていたが、イングランドは一五二〇年代ではまだ何も提供するものはなかった。ドイツのヘブライ語研究はヨーロッパの先端をきっていたし、ギリシャ語についてはヴィテンベルクでフィリップ・メランヒトンが世界の頂点にあった。そのどちらにおいても、イングランドでは目に見える成果は存在していなかった。ルターは政治的存在であり、独自の権威を持っていた。彼は直接に王たちや皇帝たちにあててものを書くことができた。デンマークの前の王に説得されて、おそらく一五二五年の五月にヘンリー八世あてに前よりは多少穏健な返事を書いた時には、ルターは、以前は誤った情報によって誤解していたのだ、などと主張することができた。J・F・モズレーはやや無理をして、この点にルターに対するティンダルの影響を見ようとしている。ヘンリーの論文は「イングランド王の尊厳よりははるかに品位のない」ものであって、すでに述べたように、ヘンリー自身によって書かれたものではなく、「陛下の王国の破壊者であるウルジー」のまわりにいる「ずるがしこいソフィストたち」によって書かれたのだ、ということをルターに伝えた「信用のおける人々」のうちの一人がティンダルだった、というのである(註21)。

しかしながら、直接の証拠はないけれども、ティンダルがヴィテンベルクでヘブライ語を学んだというのは、ありうることである。フォクスは曖昧ながら、ティンダルがヴィテンベルクに居たことを示唆している。「最初に国外に出た時に、ティンダルはドイツの一番遠いところにまで旅をした。ザクセン地方にまで行ったのである。その土地で彼はルターや他の学者と話をした」(註22)。ザクセン選帝侯は宗教改革に好意的であった。そしてヴィテンベルクは安全な、学ぶに便利な都市であったことだろう。大学があり、いくつも図書館があり、有名な学者が何人も居た。コクラエウスとトマス・モアは二人とも、ティンダルがヴィテンベルクでルターと会ったと言っている。もっともモアはコクラエウスに依存しているかもしれず、コクラエウスはルターと一緒に居たと言えばティンダルの悪口になると思って言っているだけであるが。モアは、最近ドイツから帰国した異端者たちを尋問した結果、ティンダルは「まっすぐルターに会いに行き」、新約聖書を翻訳していた時「ヒチンズはヴィテンベルクに居た」という証拠を得た、と主張している。コクラエウスは、ティンダルとロイは「ドイツ語をヴィテンベルクで学んだ」と言っている(註23)。敵対者が断罪を目的としてこういうことを言う場合は、いささか注意して扱った方がいい。けれども、コクラエウスの指摘は確かに奇妙である。ティンダルはドイツ語を学ぼうと思えば、どこに居ても、ドイツ語を母語とする人から学ぶことができたはずである。大陸にむかって出発する以前に、ロンドンに居た時にでも学ぶことができたはずだ（ルターの新約聖書はすでに出版されていた）。それなのにどうしてドイツ語を学ぶためにわざわざヴィテンベルクにまで行かねばならぬ。おそらくこれは、コクラエウスの理解しえたところでは、ティンダルがヴィテンベルクで「ある」言語を学んでいたということであったのだろうか。コクラエウスはヘブライ語の重要さに気がつかなかったから、ドイツ語と間違えたということか。ありうる話である。

これはしかし、藁をもつかむ話である。ティンダル自身はモアのこの発言に対し、「彼は、ティンダルはルターと話したと述べているが、それは事実ではない」と答えている。これでは事態は何も明らかにならない(註24)。しかしながら、これについてモズレーは傑作な議論を提供している。ウィリアム・ロイがヴィテンベルク大学で一五二五年六月十日に Guilhelmus Roy ex Londino という名前で学籍登録をしている、という事実にモズレーは気がついた。それで、ティンダルの名前もないかと探してみたのだが、見つけられなかった。しかし彼は、一五二四年五月三〇日の項に、ハンブルクのマティアス・フォン・エマーセンの名前があるのを見つけた。モズレーは、これがハンブルクでその五年後ティンダルに宿を提供した寡婦のマルガレーテ・フォン・エマーセンの甥であるという事実に目をとめる。そこから彼は推測する。ティンダルはイングランドから船でまずハンブルクまでわたってきた。「スティールヤードの商人の一人がおそらく推薦したので」、エマーセン一家のところに数日滞在した。そこから彼はマティアスとともにヴィテンベルクに出かけて行って、そこで学生となり、九ないし十ヶ月、「おそらく大学の冬学期の終りまで」滞在した。そのあと、四月にハンブルクにもどり、そこからモンマスに資金を送ってくれるようにと頼んだのだ、と。この話にはどこにも証拠となるものはない。もっともモズレーは、ヴィテンベルクの学籍簿の一五二四年五月二七日の項目にその証拠を見つけたと信じている。マティアス・フォン・エマーセンの名前の「すぐ近くに」、Guillelmus Daltici という名前が見つかった。その名前の説明はなかったが、「突然私にひらめいた。Tindal という名前の二つの音節を反対に並べれば、Daltin になるではないか。それと Daltici は一字違いにすぎない、と。今日残っている学籍簿は原本のコピーにすぎない。書き写した人が最後の一文字を間違ったとすれば、一切は明らかである」(註25)。というわけでモズレーは、ティンダルがヴィテンベルクに九ないし十ヶ月いて、そこでドイツ語を学び、新約聖書の翻訳をほとんど仕上げた、と結論づけるのである。モズレーは、ティンダルの一五二五年の新約聖書は、ほかの点はともあれ、少なくとも本の作りについてはルターの『九月の契約書』に依存している、ということを知っている。しかし彼が描くティンダルのヴィテンベルクでの行動はいささか不必要に複雑になりすぎている。加えて、ティンダルがギリシャ語とドイツ語だけでなくヘブライ語までこの「九ないし十ヶ月」でヴィテンベルクの学者たちから習ったなどと考えられるだろうか。ティンダルがその最初の新約聖書の翻訳をフィリップ・メランヒトンの近くで、ドイツ語が話される環境の中で、更に仕上げる作業をしていた、と想像できたら面白いけれども、その点でも何ら証拠はない。ティンダルほどの才能のある人であっても、こういう巨人たちの間にたちまざって、同時にヘブライ語を身につける勉強もするというのは、ちょっと無理というものだろう。

ここで、ヘブライ語という言語について、また一五二〇年代のイングランド人にとっては、どんなに賢くても、それをゼロから学ぶことがどういうことであったのかを、多少記しておきたい。第一に、ラテン語やギリシャ語も含めてヨーロッパ語族の言語の語彙、文法、シンタクスに親しんでいる者にとっては、だれでも、ヘブライ語にはじめて接するのは驚くべき異質の体験なのである。ヘブライ語は、もしもヨーロッパ諸語と何らかの縁戚関係があるとしても、非常に遠く離れた従兄弟という程度の関係である。それは単に文字がラテン語やギリシャ語とは異なる、書く時は右から左に書く、といった程度のことではない。ヘブライ語の単語の大部分は三個の子音からなる形を基礎とする。基本形（root）である。これが中東諸語に共通する特色である。（一二〇〇年代のはじめごろに書かれたダヴィデ・キムチの『基本形の本』は、これ以後この言語をヨーロッパで学ぶ者たちの基礎となった）。子音の基本形が活用して、他のすべての形を作り出す。そこで、大部分の単語は三子音の基本形にもどすことができる。単純な例を一つだけあげると、「生む」（yalad）という動詞から「子ども」（yeled）という名詞が出て来る。更に「助産婦」（meyalledet）という単語まで出て来る。ヘブライ語の文字はすべて子音である。古いテクストでは、単語の間に僅かの空白しかなかったから、それしか書いてない。母音はそこに「点」を書き加えることで表現する。子音のまわりの定められた位置に点や棒を配置するのである。この母音記号の書き方は西暦紀元後九世紀ごろにいくつかの段階を経て作られたものである。

しかしながら、それよりずっと重要なのは、言語の位置が大きく違うということである。ラテン語は地中海地域に広く広がった言語であって、日常生活において語られ、書かれ、同時にまた幅広い文学を生み出すことができた言語である。もしも叙事詩の中の単語が一つ理解できないとすれば、学者は同じ言語で書かれた極めて大量の他の文献を参照することができる。更に碑文があり、日常の記録があり、等々。そこで似たような単語や変化形を見ることによって、問題の単語の意味を調べることができる。ギリシャ語についても同じことが言える。この場合はもっと顕著であろうか。ギリシャ語の重要な文献、たとえばホメロスの叙事詩などに何か難しい個所があっても、この作品が書かれたのは非常に昔のことでありながら、それに対応する知識は極めて広いギリシャ語世界に、数千平方マイルの地域と数百年にわたる長い期間にひろがって語られ、書かれてきた言語に見出すことができる。聖書の世界のヘブライ語は、それとははっきりと対照的である。おそらく前十三世紀から前二世紀にわたって書かれたものだが、この期間のヘブライ語の文献は聖書しか存在しない。ラビ文献のヘブライ語は後二百年ごろ以降に書かれたものだが、聖書のヘブライ語の直線的な継承者ではない。四百年の空白の期間に、その間ユダヤ人は捕囚にあったのだが、多くの単語が忘れられた（訳註25 a）。いわば、シェイクスピアの作品以外に英語が存在しない、といったような状態なのである。ヘブライ語はシェイクスピアと同等に栄光のある言語であるとともに、シェイクスピアと同等に限られている――しかし、この比較は成り立たない。ヘブライ語はシェイクスピアの無比の幅広い語彙やシンタクスに比肩するものではない。可能な基本形の幅は限られている。特に詩文においてはそうである。理解の困難な個所が出て来た場合、それもしばしばあることなのだが、いわば枠の内側から取り組まねばならない。洗濯物の表みたいにいろいろ文献があるわけではない。確かに、まったく絶望的というわけではなく、補助的な手段が三つの領域に見出される。第一に近隣の言語、たとえばアラビア語のように言語構造と基本形が共通する言語から助けを得ることができる。次に、ミドラシュと呼ばれるラビたちの註解や解説からも説明が得られる。第三に、紀元後の最初の数世紀になされた諸翻訳、つまりアラム語の翻訳（タルグム）、ラテン語の翻訳、そして特に七十人訳（LXX と略記される。七十人の学者が奇跡的に同一の訳文を作ったという神話から出て来た名前）と呼ばれるギリシャ語訳が役に立つ〔訳註。七十人訳は前三ないし前二（一？）世紀になされたもので、「紀元後の数世紀」ではない〕。しかしながら、多くのハパクス・レゴメナ（一度しか用いられない単語。たとえば出エジプト記における神殿の什器などの記述あるいは預言書における日常生活に関する用語）については、あてにできる参考手段はまったく存在しない。

だから一五二〇年代にヘブライ語を学ぶラテン語学者は、まったく不慣れな領域にはいって行ったのである（現代の理論宇宙科学者が酸素を基礎にする自分の慣れた経験を離れ、生物が窒素を呼吸し、窒素酸化物の海を泳ぎまわるような世界を理解しようとするのに似ていなくもない）。それにまた、初歩の段階から聖書のテクストだけを相手に勉強しなければならない。初歩の勉強に際しても、家で飼っている犬の話や郵便配達の人がやって来たといった日常生活の楽しい話などは出て来ないのである。古代のすべてのヘブライ語の文章が、第一課から、神の言葉だった、というだけではない。この書かれた言葉には、後の表現が言うところの「多くの暗い個所［難解な個所］」があったのである。十六世紀も進んでいくと、ヘブライ語の聖書についての知識は大幅に増えた。より良いヘブライ語のテクストが印刷されたし、セム語の研究の世界も広がって、他のセム語からの知識も導入されるようになった。「暗い個所」の相当数は理解されるようになった――しかしすべてではない。一定数の個所は、二十世紀においても、より良いヘブライ語のテクストと比較言語学の顕著な普及にもかかわらず、まだわからないまま残っているのである。それを体験してみるためには、最近の英語訳聖書をどれでもいいから二つ取り上げて比較してみるとよい。我々が今日においてもまだ、確実な理解からは遠い、ということがよくわかるだろう。

## ティンダルのヘブライ語の翻訳

翻訳する時にティンダルが二つの原則を心に置いていたのは明白である。一つは、ヘブライ語の原文をできる限りよく理解すること、つまり利用できる補助手段はすべて用いることである。ヴィテンベルクの研究者たちの仕事、パグニヌス、ヴルガータの中に含まれる伝承、七十人訳など。第二は、意味のわかる英語でもってものを書くことである。どちらの原理も翻訳をするためには明白なことであるが、第二の原理は必ずしも常に守られてきたわけではない。一六〇七年から一六〇九年にかけてジェイムズ王のために仕事をして、一六一一年以降欽定訳聖書として結実した翻訳を作ったロンドンのヘブライ語学者たちは、ヘブライ語についての増大した知識の上にあぐらをかいて、言語学的厳密さを好むあまりに英語の訳文は曖昧になっても平気であった。その曖昧な訳文はしばしば、付加的な語句（原文にはない語句というので、イタリックで印刷された）によって補われていた。欽定訳の逐語主義は、特に預言者のわかりにくい個所においては、しばしば理解しようとする思いをうちくだく。（たとえばホセア書一〇章［七節］、As for Samaria, her king is cut off as the foam upon the water.「サマリアについては、その王は水に浮かぶ泡のように切り捨てられる」［現代の諸訳もいろいろ異なっているが、ここで「泡」と訳された語は現代の諸訳では「木切れ」と訳すのが普通である］。これはたまたま頁が開いていた個所である。ほかにもジェイムズ王の旧約聖書には曖昧な個所が多くある。）ティンダルは明晰に書こうとした。だから、出エジプト記の終りの数章（および列王記や歴代志）における神殿の什器などの描写などわかりにくいものであるが、ティンダルの読者はそれなりに像を描くことができる。レヴィ記八章［八節］の訳では、祭司の衣服につける象徴的な道具である「ウリムとトンミム」という神秘的な単語を「光と完全」と訳した。これでもまだ奇妙ではあるが、少なくとも単に「ウリムとトンミム」と記すよりは、何事かを意味するに近い（訳註25b）。聖書は決してわけのわからぬおまじないではない、という彼の原則――『服従』の主題――をここでも貫いているのである。彼の創世記そのものを見てみよう。「モーセの第一の書」という言葉ではじまる全体の表題の頁からはじめてもいいし、豊富な「いくつかの単語の解説の表」がのっていて最後に装飾がついている終りの頁からはじめることもできるが、ともかく、鮮明であろうとする決意は一貫して続いている。四一章［四三節］の abrech というまったく不可思議な単語は今日でもなお意味がわからないのであるが、ティンダルは本文にはそのまま abrech と記し、欄外に可能性のある訳語をいくつか記載している。これはエジプトの言語に由来する単語であると言われているが、四一章にはほかにもヨセフ物語の中に zaphnath paenea という表現も出て来る〔四五節。ふつうは二番目の語は paneah ないし paneach と音写する〕。これまたティンダルはそのまま記し、最後の欄外の註に説明を入れている（欽定訳は最初の語を「膝をかがめよ」と訳している。ティンダルが註に記したいくつかの可能性の一つである。二番目の単語は訳を避け、ティンダルと同様にヘブライ語の音写を記しただけである。現代の諸翻訳もそうしている）（訳註25 c）。ティンダルは、「箱舟」「エデン」「天空」「元帥」「もや」などという単語に註をつけている。「箱舟」の註は「平らな船で、衣類箱ないし長持のような形をしている」となっている。ほか更に十数個の註がつけられているが、「祝福」「呪い」「信仰」「契約」などという単語に教義的な説明をほどこす自由も持っている。他方では彼は俗語も用いている、創世記七章で「魅惑する者（enchanters）」と言う代りに charmers と言い（訳註25 d）、courtesy という単語を創世記四三章〔一一節〕では「多少の分量」という意味で用いている（「多少の乳香、多少の蜜（a courtesy balm, and a courtesy of honey）……」）。また「エサウは野から帰って来て、疲れていた（Esau came from the field and was fainty）」（創世記二五章〔二九節〕）。あるいは「カインは極度に怒って、（目を）ふせた（Cain was wroth exceedingly, and loured）」（創世記四章〔五節〕）。欽定訳はここを Cain was very wroth, and his countenance fell と訳し、現代の『改訂英語聖書』は Cain was furious and he glowered としている。エサウは「巧みな狩人になり、耕し手となった（became a cunning hunter and a tillman）」（創世記二五章〔二七節〕）。これは欽定訳の was a cunning hunter, a man of the field よりも職人的な雰囲気をうまく示している（訳註25 e）。創世記三一章〔二八節〕でラバンは言う、「こんなことをするなんて、あなたは馬鹿だ（Thou wast a fool to do it）」。欽定訳は Thou hast now done foolishly in so doing としている。五書全体にわたる両者の特色の典型的な実例である。ティンダルの文の方が現代的に感じられ、欽定訳が古くさい（最近のある訳はこれを In this you behaved foolishly と訳している。この訳は、前もって次々と解説の文書を発行して、研究を重ねたという御託宣をむきになって宣伝しておいでのものなのだが）。同じ章でティンダルは不滅の訳を提供している。すなわち、欽定訳が「ミツパ」（mizpah、「物見の塔」を意味するヘブライ語の単語）という語を訳さずにそのまま音写しているところを、ティンダルは toot-hill と訳している。これは、西部の丘陵地で用いられる単語で、見張りが立つ丘を意味する〔二七頁参照〕。ティンダルには明晰な文を書こうという決意とともに、面白く書こう、また変化をつけようという気持ちが見られる。これは、この世紀の後半になると、議論のたねになった。神の言葉の独自な感覚を維持するためには、ヘブライ語なりギリシャ語なりの単語を英語でも常に同じ単語で訳すかどうか、という問題である。ティンダルは自由に変化させている。それによって、ヘブライ語が同じ定型句を反復しているのに対し、陰影をつけることができる。たとえば「ということが起こった、it came to pass」という句をくり返さずに、「たまたま起こった、it fortuned」とする、など。一五三〇年の創世記では彼は、ヘブライ語の中心概念である bᵉrith〔契約〕という単語を、testament, bond, appointment, covenant と訳し分けている。そして巻末の用語解説のところで、testament という項目をもうけ、解説している（註26）。この自由な訳し方は、彼が英語の表現力に自信を持っていたことを明瞭に物語っている。英語には、最初にゲルマン語（アングロ・サクソン語）、次にロマンス語（ノルマン・フランス語）が流れ込み、それにラテン語が加わって、大量の要素が流れ込んで来た。そのことは、およそ一四〇〇年ごろ以降の英語は意味の近い同義語が豊かになった、ということを意味する。それが微妙な陰影を可能にする。たとえば「聖なる」ということを言うのに、holy, sacred, sanctified と使い分けて繊細な違いを作る、といった具合である。ティンダルはこの柔軟さを手のものにしている。だから彼の訴える力が常に力強かったのである。加えて彼は、ラテン語では難しい効果を英語では上げることができる、と知っていた。たとえば語り方の色彩や調子に大きく変化をつける、など。すでに見たように、堕罪の物語では彼は、ヘブライ語の奇妙に生硬で喜劇的な悲劇にうまく自分の英語をあわせることができた。創世記の後のほうの物語になると、もっと豊かな語り口が現れる。たとえば二四章のリベカに対するイサクの求婚、あるいは二九章のヤコブがラケルのために仕えた話。「ヤコブは七年間ラケルのために仕えた。しかし彼女を愛していたので、ほんの数日のようにしか思えなかった（And Jacob served seven years for Rahel, and they seemed unto him but a few days, for the love he had to her）」［二〇節］。欽定訳はこれを一語も変えずにそのまま採用している（『改訂英語聖書』はぎこちない。When Jacob had worked seven years for Rachel, and they seemed like a few days because he loved her, he said to Laban, I have served ... 愛を括弧の中に入れ、仕えたことが従属文になり、主文は「彼は言った」になっている。そこで、「ほんの数日」という強い対照がピントはずれになり、ティンダルの軽快に歌うような単音節語の連続、for the love he had to her を、もっとごつごつとしたものの言い方に平板化している、because he loved her）。ここでは、ティンダルには非常にしばしば見られることだが、強調のリズムが読者をつかまえて放さない。たとえば「そこでヤコブはエサウにパンと赤い米のスープを与えた。エサウは食べ、飲み、立ち上がって、出て行った。こうしてエサウは自分の長子権を重んじなかった（Then Jacob gave Esau bread and pottage of red rice. And he ate and drank and rose up and went his way. And so Esau regarded not his birthright）」（二五章［三四節］）。文の一つ一つが完結していて、それぞれがリズムを持っている。真中の文は軽く強調された四つの and でリズムが作られている。その後に主たる強調の四単語が置かれる（ate ... drank ... rose ... way）。それぞれの前に軽い強調が置かれることによって、後方に向って上る感じが作られる。drank という一単語から rose up という二単語へ、そして went his way という三単語へ。それに続く文は結果であって、原因ではない。欽定訳が「こうしてエサウは自分の長子権を駄目にした（thus Esau despised his birthright）」としているところをティンダルは、事実を述べるはっきりした、平明な文を置いている（And so Esau regarded not his birthright）。

あるいはまた、以下の創世記二八章［一〇―一三節］の単音節語を重ねる文で強調点がどううまく作られているかを見てみよう。

ヤコブはベエル・シェバから出発し、ハランの方に行った。そしてある場所についたが、太陽が沈んだので、そこに一晩中とどまった。そしてその場所の石を取り、頭の下において、その場所で眠るために横になった。そして夢を見た。見よ、地の上にはしごが立っていて、その頂きは天に達していた。そして見よ、神の使いがそれを上り下りしていた。しかも主がその上に立ち、言った……

Jacob departed from Berseba and went toward Haran, and came unto a place and tarried there all night, because the sun was down. And took a stone of the place, and put it under his head, and laid him down in the same place to sleep. And he dreamed and behold there stood a ladder upon the earth, and the top of it reached up to heaven. And see, the angels of God went up and down upon it, yea and the Lord stood upon it and said …

Haran の語の後は、単音節語でない単語は僅か六つしかない。tarried, because, behold, ladder, heaven, angels である（そしてこの六つの単語が全体の要約をなす）。第二の文は、普通のことを述べている文なので、それぞれ and ではじまる三つの句を順に並べている。それぞれが軽い強調を重ねて行く、And took a stone of the place … （そしてその場所の石を取り）、そして次の And he dreamed（そして夢を見た）という文のはっきり重い強調点へと向う。「夢」の内容を語る文は、また、三つのアナパイストス（anapaistos、弱弱強のリズム）にいたる（and the top/of it reached/up to heaven）。ここから欽定訳がやっているように up の語を取り除けると、いわば、無限のはしごの上り下りを一突きでやめさせてしまうような感じである（and the top of it reached to heaven）。

ここで『改訂英語聖書』（ＲＥＢ）と比べてみると、三つの点で面白い。第一に、ティンダルがいかに簡潔であるか、第二に、言語的な厳密さだけが優先されるとどういうことになるか、第三に、言語の生命力をいかに台なしにするか。

He came to a certain shrine and, because the sun had gone down, he stopped for the night. He took one of the stones there and, using it as a pillow under his head, he lay down to sleep. In a dream he saw a ladder, which rested on the ground with its top reaching to heaven, and angels of God were going up and down on it.（訳註26ａ）

それはまあ「夜はそこに泊まった（he stopped for the night）」というのは意図的に「正しい英語」をお使いになったのだろう。たとえば夏休みに車で南フランスに行く長い旅行の途中で一泊した、という具合である。この訳者は、and tarried there all night という表現を誰も理解できないだろう、とお考えになったのだろうか。この表現の豊かさについては言わないとしても。Tarried there all night（そこに一晩中とどまった）と言えば、肉体的な存在感がある。ＲＥＢの文はその存在感を失っている。こういう存在感はティンダルの強みの一つである。それは特に創世記にふさわしい。創世記では、座り、立ち、見、食べ、飲み、旅し、争い、悲しみ、性的な行為をし、家族を形成し、商売に出かける、といった人間的に忙しい人間たちのところに、神自身が、ないし神の天使たちが、直接に現れる強烈な場面が描かれる。英語の率直さを聞くことのできるティンダルの耳が、会話のリズムを制御する。そのリズムにおいて多くのことがなされるのである。

そして彼女［ハガル］は去って、ベエル・シェバの荒野を行きつもどりつさまよった。瓶の中に持っていた水も使いきった時に、彼女は子どもを灌木の下にほうり出し、そこからは見えないところまで、矢を射た先のように遠くのところまで行き、そこで座った。「私はこの子どもが死ぬのを見たくない」と彼女は言っていたのである。そして見えないところまで行って座り、声をあげて泣いた。

そして神は子どもの声を聞いた。神の使いが天からハガルを呼び、言った、「何をわずらっているのか、ハガルよ。恐れるな。神は子どもの居るところでその声を聞き給うた。立って、子どもを抱き、手の中に抱きなさい。私はこの子から大いなる民を作り出すだろう。」そして神は彼女の眼を開いた。彼女は泉の水を見た。そして行って、瓶を水で満たし、子どもに飲ませた。神はこの子どもとともにいました。子どもは成長し、荒野に住み、弓を射る者となった。（創世記二一章［一四―二〇節］）

And she departed and wandered up and down in the wilderness of Berseba. When the water was spent that was in the bottle, she cast the lad under a bush and went and sat her out of sight a great way, as it were a bowshot off: For she said: I will not see the lad die. And she sat down out of sight, and lifted up her voice and wept.

And God heard the voice of the child. And the angel of God called Hagar out of heaven and said unto her: What aileth thee Hagar? Fear not, for God hath heard the voice of the child where he lieth. Arise and lift up the lad, and take him in thy hand, for I will make of him a great people. And God opened her eyes and she saw a well of water. And she went and filled the bottle with water, and gave the boy drink. And God was with the lad, and he grew and dwelled in the wilderness, and became an archer.

創世記の最後の五分の一、つまり三七―五〇章は、ほとんど切れ目なしに一気に、ヨセフとその兄弟たちの物語を語る。上手に語られたヘブライ語の物語で、その性格描写も筋の展開も、近代の小説に似ている。ティンダルは、創世記のはじめのきびきびした、やや風変わりな文を我がものとしていたのと同様（「そして主はカインにしるしをつけた。彼を見出す者が誰も彼を殺したりしないためである（And the Lord put a mark upon Cain that no man that found him should kill him.）」（四章［一五節］）、ここでは、長く入り組んだ文の動きを我がものとしている。さまざまなリズムが息の長い物語を先に先にと動かしていく。人間たる者のあまりかんばしくない状態を描写するのに、いろいろな型の強調がなされる。「見よ、夢見る者がやって来る。来れば、殺してやろう（Behold this dreamer cometh, come now and let us slay him）……」［三七・一九］、「彼女は彼の衣をつかみ、言った。私といっしょに寝なさい（And she caught him by the garment saying: come sleep with me）……」［三九・一二］、「しかしながら給仕頭はヨセフのことを思い出さず、忘れてしまった（Notwithstanding the chief butler remembered not Joseph, but forgot him）……」［四〇・二三］、「お前は私の灰色の頭を悲しみとともに墓に入れようというのか（And so should ye bring my gray head with sorrow unto the grave）……」［四二・三八］。ここでもまた、会話がうまく語られている。そして、人々の語り方を聞くティンダルの耳が、物語を生き生きと頁から生れさせる。特に緊張した場面での語り方がそうである。「お前たちは私から子どもを奪ってしまった。ヨセフはいなくなり、シメオンはいなくなり、またベニヤミンをも取り去ろうとしている。こういうこと一切が私にふりかかってくるのだ。ルベンは父親に対して答えて言った。もしも私が彼を連れて帰って来なかったら、私の二人の息子を殺せばいいでしょう(Me have ye robbed of my children: Joseph is away, and Simeon is away, and ye will take Beniamin away. All these things fall upon me. Ruben answered his father saying: Slay my two sons, if I bring him not to thee again)」(創世記四二章〔三六―三七節〕)。

## ティンダルとルターの五書

創世記だけでも、ヘブライ語と英語は特にうまく一致するというティンダルの主張を証明している。今引用したばかりの「お前たちは私から奪ってしまった……」は、英語で書かれたヘブライ語である。ヘブライ語の専門家ならば、ここにヘブライ語の形を容易に見て取るだろう。そしてこれは、欽定訳にはとても出来ないような仕方で、はっきりと英語である。欽定訳は、Me have ye bereaved of my children: Joseph is not, and Simeon is not… としている。創世記におけるこのヘブライ語から英語へという作業全体のうちどの程度がティンダル自身の仕事か、という問いをここで問わねばならぬ。しばしば言われるようにそれはルターからの盗作ではないのか。そういう問いに対しては、たとえば創世記四二章のこの個所は絶対にそうではない、と答えられる。以下は一五二三年のルターの五書である。

yhr habt mich meyner kinder berawbt, Joseph ist nit mehr furhanden, Simeon ist nicht mehr fur handen, BenJamin wollt yhr hyn nahmen, Es geht alles uber mich. Ruben antwort seynem vatter und sprach, Wenn ich dyr yhn nicht widder bring, so erwurge meyne zween sone.

これを英語に移すと（別に意図的に滑稽に書いているわけではない）、次のようになる。

> You have from me my children robbed, Joseph is not more present, Simeon is not more present, Benjamin will you away take, everything goes over me. Ruben answered his father and spoke, If I to you him not again bring, so throttle my two sons.（訳註26 b）。

こう見れば、ルターからの影響とは言えないだろう。影響があったとすれば、「奪う」という動詞（robbed）ぐらいか。いくらなんでも、Joseph ist nit mehr furhanden（Josepf ist nicht mehr vorhanden）がティンダルの Joseph is away の下敷きにある、などということは言えないだろう。ティンダルの All these things fall upon me は、ルターの口語的な Es geht alles uber mich とはまったく対応しない（訳註26 c）。七十人訳の方がまだティンダルに近い。すなわち ep' emoi egeneto panta tauta は、逐語的に訳せば、all these things happen to me となる〔訳註。逐語的に訳すのなら、happen ではなく、happened にならないといけない〕。ヴルガータはやたらと多くつめこんでいる、absque liberis me esse fecistis, Joseph non est super, Simeon tenetur in vinculis, et Beniamin auferetis; in me haec omnia mala reciderunt（お前（たち）は、私を子どもたちから引き離してしまった。ヨセフはもう居ない。シメオンは囚われている。そしてベンヤミンを連れて行く。これら一切が私にふりかかってきた）。ティンダルがヘブライ語の原文とどう取組んでいるかを見る方が、話はずっと簡単で、かつ意味があるというものだ。原文を直訳すると、Me you have bereaved; Joseph is not, and Simeon is not, and Benjamin you will take; on me have been all these (things)〔訳註、直訳とは言え、will take とするか単に take とするか、have been とするか単に are とするかは、解釈の問題である。どちらかというと、and Benjamin you take; on me are all these things とする方が素直な直訳と言えるだろう。」

ルターとティンダルの関係を見るために、あと二つだけ小さな例を見てみよう。上記〔四七九頁〕で我々は、蛇がエヴァに答えて、「まさか、死ぬことなどありませんよ」と言う、そのティンダルの表現力について見たけれども、その個所をルターは yhr werdet mit nicht des tods sterben としている。直訳は you will not die with the death であるが、ヴルガータの nequaquam morte moriemini（決してあなたは死を死ぬことはない）や七十人訳〔ヴルガータとほぼ同じ〕を多少反映していると言えなくはない。しかしヘブライ語原典をそのまま訳しただけである。いわばルターは大勢に従っている。それに対しティンダルはヘブライ語を自分流に処理した。ヘブライ語の原文が「死を死ぬ」と「死」という語をくり返して強調しているのを、独自の仕方で印象的に英語で強調したのである。欽定訳は、「死」という語の反復にもどっている。(註27)

創世記四九章には、十二支族のそれぞれを祝福する古い詩が引用されている。この詩にはいくつか非常に難しい個所がある。ティンダルの印刷された訳文の多くがそのまままったく変更されずに欽定訳に残っている。そのこと自体が、ティンダルのヘブライ語の実力を示している。難点の一つは、ガドに関する文である〔一九節〕。ティンダルはそれを「ガドについては、戦士たちが彼を襲うであろう。しかし彼はその戦士たちを追い払うであろう（Gad, men of war shall invade him. And he shall turn them to flight）」としている。これは意味ははっきりしている。それに対し欽定訳の文はそれほどはっきりはしていない、「ガドについては、軍隊が彼に打ち勝つだろう。しかし最後には彼が打ち勝つだろう（Gad, a troop shall overcome him: but he shall overcome at the last）」。overcome という動詞を二度くり返している。これはヘブライ語本文でもそうであり、七十人訳もヴルガータもそうしている。ルターは、これも言葉遊びをしているが、異なったやり方をしている。すなわち、Gad, geruft, wirt das heer furen, und widder erumb furen. 英語に訳すと Gad cries out, will the Lord lead, and lead about again となる（訳註27a）。これだけ違っていると、ルターは違うヘブライ語のテクストを用いているのではないかとさえ思いたくなる。しかし、話の中心ははっきりしている。ティンダルはここでもまた、七十人訳やヴルガータに依存せず、自分独自の訳を提供している、ということである。そして、その独自の特色をルターからもらい受けたのではないことは、何よりも確実である。

この問題は更に詳しく扱うことが必要である。ジェラルド・ハモンドの先駆的な書物（註28）と重要な論文（註29）は――上記の実例はハモンドとは無関係である――ティンダルが時に文法においても語彙においてもルターにそのまま従っている場合がある、ということを明らかにしているが、当時知られていたヘブライ語の文法書や辞書が僅かであったことを思えば、それは驚くに価しない。しかしながら、上記の簡単な比較でも、ティンダルは創世記のいくつもの個所で独自の訳を提供しているのであり、ティンダルはヘブライ語の訳者としてもルターとは別の存在であるということが更に強く明らかになってくるのである。

## ティンダルの創世記――序論と欄外の註

ティンダルの創世記は各頁の上に章の数字が記載されているが、各章の要約も引照ものっていない。頁の見ばえは、驚くほどすっきりしている。欄外の註は全部で六つしかない。六つともルターに七二個ある註のいずれともまったく無関係である。二四章の中ほどにある註は、「神は我々に恩恵を与え給う時は我々を祝福しておいでなので、我々からその恩恵を取り去り給う時には我々を呪っておられるのである」となっている。三二章につけられた註は、「祈りとは、強い信仰をもって神の約束にこだわることであり、神が慈愛と真理の故にのみその約束を実現して下さるであろうと熱望しつつ神に懇願することである。ヤコブがここでしているように。」司教や聖職者一般に対して向けられた註は、二四章の終りのところに一つだけあるが、穏やかなものである、「隣人を祝福するということは、その隣人のために祈るということであり、その隣人に良きことを願うことであって、二本指をその人の上で振ることではない。」四章と九章の二個所で、カインに関連して、教皇に言及している。教皇の絶対的な権力、王権をも超える権力に関してである。最後の註は四七章のファラオの祭司たちに関するもので、次のようになっている。

盲目の案内人は、兄弟たちをキリストの愛の掟に反するようにしておくことから利益を得ているのである。我々を囲む蔦の木はこれらの偶像に仕える祭司たちに学んで、少しずつ這い上がり、やがて世界の大きな木々を偽善でもって覆ってしまう。そして偶像崇拝的な迷信の根をこれらの木々の中に差し込み、彼らの詩をかなでて木々の樹液を吸い取り、木々にはひからびた枝だけが残って、緑色なのは蔦の葉っぱだけ、ということになる。

ティンダルの五書の第一巻には序論が二つついている。第一は「W・Tから読者へ」と題されたもので、めずらしく彼が自伝的なことを記している貴重な文章である。自分がいかに英語の新約聖書の必要を自覚するようになったか、それをロンドンの司教の後援を得てなすことができるのではないかと想像したこと、そこから追い払われ、「今や経験がはっきりと示してくれているように、イングランドにはどこにもそれをなす場所がない」ということを自覚したこと、などが記されている。第二は創世記に対する序論である。まず最初から、聖書を用いるということは、そのために神に助けを求めるということである、という主張が出て来る。そしてそれを示すためにパウロ書簡から四つの個所が引用される。聖書は律法と約束を、そしてまたたとえば善と悪とを、見つけるために読まれねばならぬ。「この喜びは、平明な本文と字義通りの意味において、ますます多く見出されるのである……。」また続けて彼は書く、一見それがいかに受け入れ難いように見えても、「すべての文字が汝ら自身にかかわる、ということを考えよ。」後半で彼は創世記の要約を記し、それに霊的な註釈をつけている。「（ヤコブの）子らの弱さに注意せよ。更に彼らの罪に、また神が彼らを、彼らの悪にもかかわらず救って下さったことに注意せよ。」序論を彼は次のように結んでいる。

（神に従おうとする人々の）学びと慰めのために、聖書の果実があるのであり、その故に聖書は書かれたのである。そして聖書をこういう目的をもって読むことが永遠の生命へといたらせるのである。また、アブラハムの裔にあるすべての民族に約束されている喜ばしい祝福へといたらせる。アブラハムの裔とは我らの主イエス・キリストのことである。栄誉と賞賛とが永遠に主キリストにあるように。また主を通して我らの父なる神にも栄誉と賞賛とがあるように。アーメン。（註30）

## ティンダルの出エジプト記、レヴィ記、民数記、申命記

ティンダルの五書の残りの四つの文書は、何ほどか相違している。出エジプト記とレヴィ記と申命記は軽いローマ文字の活字で印刷されていて、頁がもっと鮮明に見える。ただし、もっと小さいローマ文字で多少欄外の註がつけられている。出エジプト記には頁大の木版画が十一葉入れられている（これはほかの印刷屋が作ったものを借用したものである。こういうことは当時はよく行なわれた）。「証しの箱舟の形」などの絵であって、挿絵によってわかりやすくなるだろうという配慮である。ルターの五書で用いられているルカス・クラナッハの大きな、

劇的な木版画を小さくして真似をしたもののように見える。美しいというよりは豪放である。二八章には、恐ろしげでやや寄り目のアロンが描かれている。「あらゆる飾りのついた僧服」を着て、読者をにらみつけ、上半身は、まるで羊の群が空を飛んでいるような、固い羊毛状の雲に対して立っている。「人目を引きつける」といったところか。

出エジプト記への序論は、次のようにはじまっている。

創世記の序文によって、この本にもまた聖書のほかのすべての本にもどのように接したらよいかがわかったであろう。本文と、その平明な物語に固執せよ。そしてそこに書かれているすべてのことの意味を自分で探し出すように努力せよ。また聖書のあらゆる種類のものの言い方、箴言、比喩、借りた表現などの真の意味を理解するように努力せよ。このことについては私は『服従』の最後の部分ですでに論じている。巧妙なアレゴリーに対して警戒せよ。

ティンダルはクリスチャンと教会人が出会うユダヤ教律法というものについてやや長めに論じている。そして出エジプト記の内容を適当に要約し、後半にいたって二つの契約、旧約と新約の関係を述べる。そして「モーセの律法を守るか破るかに応じて祝福か呪いが生じる」ということについての情熱的な段落でもって結んでいる。「クリスチャンは、弱い自分の兄弟がより完全になるようにと努めるものであって、天におけるより高い位置などを求めるものではない。」（もしも私が千年にもわたって神の意志を行なってきたとして、それに対し同じ千年間悪魔の意志を行なって来た者がいるとしても）、その罪人が今日悔改めるなら、クリスチャンである私と今や平等なのである――「この千年間、私は祈り、悲しみ、求め、嘆息し、探して来た。それを今日この日に私は見出したのである。その故に私の力をつくして喜び、神の御恵みと慈愛を讃美する。」レヴィ記への序論は、当然のことながら、犠牲と儀式について論じている。その中に、誤ったアレゴリーに対して警告する強い調子の個所が含まれている。民数記への序論は「第二と第三の書物で彼らは律法を受け取った。この第四の書物で彼らは行動し、実践しはじめている」という言葉ではじまっている。これは五書につけられた序論の中でも最も長いものであるが、ここで彼は教会の慣習の問題にもどってきて、『服従』で扱った問題点のいくつかを更に長く展開している。特に、誓約することから生じる問題について論じている。申命記への序論は最も短く、簡潔であって、次の言葉ではじまっている。

この本は日夜読み、手元から離さずに置いておく価値がある。これがモーセの書物〔五書〕の中で最もすばらしいものであるからだ。これはまた易しく、明解であって、知ることのできる〔that is to wede = that is to know〕非常に純粋な福音であり、信仰と愛についての説教である。信仰から神への愛が生じ、神への愛から隣人への愛が生じる。〔四八二頁にまったく同じ引用文〕

そして一章ごとにその内容をおおまかに追っていく。「第二八章は怖ろしい章であって、震えるべきものである。」二八章というのは長い章で、厳しい旱魃と疫病と敵軍の包囲の恐怖を描いている章である。ティンダルはこれを「忌むべき盲目」の結果として生じることとみなしている。出エジプト記の前にいくつかの単語の解説の頁がつけられているが、申命記の最後にも単語の解説の短い表がつけられている。

出エジプト記から申命記までの四つの書物においても、頁の上部にはずっと章の数字が記されているだけである。引照はなく、章の中の小見出しもない。欄外の註はやや多い。出エジプト記四〇章全部で四六個の註があるが、うち一二個は簡単な単語（「賜物 gifts」など）についての註である。ルターには三七個の註があるが、ティンダルのものはいずれもルターには依存していない。レヴィ記には二一個、民数記には一九個あるが、いずれも短いものである。中命記には四〇個あるが、それぞれもっと短い。うち最も短い註は一六章に出て来るもので、単に「何故」と記しているだけである。

これらの一二六個の欄外の註はしばしば悪口を言われてきた。悪口を言う者たちはたいていは実はそれを読んだこともないのであるが。そして悪口の言葉だけが人から人へと伝えられて、ひどい場合は、ティンダルの五書の註はスキャンダル的であるとか（ティンダルの敵対者が言いふらしたものであるが）、せいぜい良い場合でも「塩辛い」とか（近代のティンダル好みの人々による評言であるが）言われてきた。ここでは我々は事実をはっきりさせておくのがよかろう。欄外の註の多くは説明的なものである。たとえば「パンという語はすべての食べ物の意味に理解するがよい。肉、果物、ほか何でも」（レヴィ記二一章）〔八節への註。ふつう日本語訳では「パン」と訳さずに、「食物」と訳している語をティンダルは直訳して「パン」とし、それにこういう註をつけている〕。あるいは説教的な註、たとえば「悔改める者に憐れみが与えられないことはない」（レヴィ記二六章〔四四節〕）。あるいは知識を提供する註、「この故に我々の鐘は楽しい音を出す」（民数記一〇章〔一〇節〕）、「ここから聖水というものが出て来た」（民数記一九章〔九節〕）、「これはヘブライ人が役職者を任命する仕方である。使徒もまた、助祭、司祭、司教を任命する時に、使徒行伝に見られるように、あるいはパウロやテモテに見られるように、これ以外の仕方ではしなかった」（民数記二七章〔二三節、手を頭の上にかざす任命の儀式について〕）。

ヘブライ語学者としてのティンダルがしばしば顔を出す。註の中で最も長いものは、出エジプト記二八章につけられた三つの註のうちの一つである。

光と完成。ヘブライ語ではこれはそれぞれ光という語、完成という語の複数形である。私の考えでは、前者は自分の中に光を持って輝いている石（複数）であり、後者は水晶のように澄んだ石（複数）のことである。そして光とは神の言葉の光を示し、純粋さとは神の言葉に従う澄んだ生活を示す。この故にそれはイスラエルの子らの例と呼ばれたのである。これは神の言葉を求め、それに従って行動することを思い起こさせるために〔祭司の〕身につけられたからである。〔三〇節の「ウリムとトンミム」をティンダルは「光と完成（light and perfectness）」と訳し、その訳語に自らこういう註をつけている。〕

一二六個の註のうち、四〇個は明瞭に『服従』の著者に由来するとわかるものである。つまり教会の制度・行事の中で聖書に由来しないものに警告し、教皇が聖書的でない権力を持っていることを警告するものである。たとえば申命記六章の第二段落の鳴り響くような言葉、「これらの言葉を汝らの心にとどめよ」〔六節〕に、ティンダルは註をつける、「今時では、一般信徒が神の言葉を見たり読んだりするのは異端だということになっている。」これは辛辣だが、事実でもあった。申命記一九章で証人は一人であってはならないとされている個所について〔一五節〕、ティンダルの註は、「いや確かに、聖なる教会に対する異端などとして断罪される場合においては」となっている。申命記四章〔二節〕の「（神の）言葉にいかなるものも付け加えてはならない」には、「そうだ。また誤ったものをつけ加えてアリストテレスの正しさを主張しようとしてはならない。そうではなく、アリストテレスの誤った学問をこれによって非難すべきなのだ」。民数記一六章〔一五節〕でモーセは反逆者たちに腹を立て、神に対し「彼らの捧げものをかえりみないで下さい」と言う。ティンダルの註、「我々の高位聖職者たちはこういうことが言えるだろうか。」

『服従』の著者は非常に反教皇的であったが、その全四巻を通じて教皇に言及する註は二三個しかつけていない。それに対し五書では、たとえば出エジプト記二一章〔一四節〕で殺人者は祭壇に逃れても免罪されないとあるのに対し、ティンダルの註は、「しかし教皇は、それなら私の祭壇に来るがよい、と言う」。出エジプト記三二章でモーセは罪あるイスラエルの民のために神にとりなして祈っている〔一一節以下〕。それに対する註、「教皇であったら、このような提案をしたという理由で、二十万人もの人を炭のように黒いとみなして断罪し、地獄に送ろうとするだろう。モーセのようにとりなしの祈りを祈ることなどしなかっただろう。」同じ章の次の註は最もしばしば言及されるものである〔アロンの作った金の子牛の故に神の罰としてイスラエルの子らが三千人殺されたという話について。二七—二八節〕。「教皇の牡牛はアロンの子牛よりももっと多くの人を殺す結果となった。その一本の毛につき十万人にも及ぶ。」この註は少なくとも洒落である〔英語では bull という単語が「牡牛」という意味だけでなく、「教皇勅令」という意味があるのにかけた駄洒落〕。この章の最後の註〔三二—三四節について〕は、「おお、かわいそうなモーセよ。そしておお、慈悲深いパウロよ、ローマ書九章。そしておお、無慈悲な偶像をいっぱい並べているおぞましき教皇よ。」

その二章あとでは、家畜の初子を神に犠牲として捧げねばならぬというところで、「もしも（驢馬の子の代りに神殿に捧げるべき子羊を）贖うことをしないならば、その驢馬の子の首は折られなければならない」とある〔二〇節〕のに註をつけて、「これは教皇にうまくあてはまる個所だ」。申命記一章の主の言葉（訳註30 a）、「私があなた方に告げたのに、あなた方は聞こうとしなかった」〔四三節〕にティンダルがつけた註は、「ここに教皇支持者たちの真の姿を見ることができる。彼らもまた神の言葉のあるところで信じようとせず、神の言葉のないところで大胆になる。」

最も悪名の高い註は民数記二三章のものである。バラムはモアブ王バラクの言葉を引用して言う（訳註30 b）、「神が呪わなかった者をどうして私が呪うことができましょう。主がこばむことをしなかった者をどうして私がこばめましょう」〔八節〕。この問いに対してティンダルは答を欄外に記す。「教皇なら、どうして呪ったらいいのか知っていることだろう。」こういった言葉は怒りの表現である。聖書の欄外は社会的・宗教的な慣習に対する怒りを表現すべき場所ではない、と思っている者は、その聖書をあまりよく読んでいないのであろう。

## ティンダルの業績

創世記において非常に変化に富んだヘブライ語にうまく英語を対応させることができたティンダルは、続く四つの書物においても、律法授与の長い場面のところどころに物語場面がちりばめられている構造を生き生きと表現することができた。彼はここでもまず足を踏み間違えることはない。たとえばレヴィ記であるが――これは霊的な慰めのために夜中でも手元に置いておきたいというような本ではない。欽定訳でレヴィ記を読んだ後でティンダルのレヴィ記を読むと、車のフロントグラスが突如としてきれいになって、前方の道路がすっきり見わたせるようになった気分である。「主はモーセに語り給うた」というところ、欽定訳は And the Lord spake unto Moses としているが、ティンダルはしばしば And the Lord talked with Moses とする。あるいは、たまたま開いた頁だが、五章のはじめのところ〔一節〕、欽定訳は「もしもある人が罪を犯し、誓いの声を聞くなら（And if a soul sin, and hear the voice of swearing）……」としている。何らかの意味を伝えているのだろう、ということはわかる。それに対しティンダルは、「もしもある人が罪を犯し、呪いの声を聞いたとして（When a soul hath sinned and heard the voice of cursing）……」としている。こちらは少し意味がはっきりする（訳註30 c）。一八章の性的禁忌を記している章では、欽定訳は一貫して露骨に「裸を露わにする（uncover the nakedness of）」と訳している（『改訂英語聖書』は一貫して「〔性的〕関係を持つ（have intercourse with）」）。それに対してティンダルは、「秘密（secrets）」ないし「秘部（privies）」を「露わにする（uncover）」、「曝す（discover）」、「開ける（open）」、「明らかにする（unhele）〔＝reveal〕」などと訳し分けている。名詞も動詞もいろいろ使うことによって、律法授与の記述に、肉体が禁じられたことをなしているという感じを一層よく与えているのである（訳註30d）。そしてティンダルは、そうすることが求められる場合には、壮大な高みへと上りつめることもできる。「力強い手と、大きく広げた腕でもって（with a mighty hand and a stretched out arm）」（申命記四章〔三四節〕）。あるいは「汝、心をつくし、魂をつくし、力をつくして主なる汝の神を愛すべし（and thou shalt love the Lord thy God with all thine heart, with all thy soul and with all thy might）」という申命記六章〔五節〕のすばらしい句。これらは欽定訳にそのままはいってきただけでなく、国教会の礼拝で日々用いられる言葉となった。

食べ物に関する法律はいろいろ難解な個所があり、今日でも説明がつかない個所がある。汚れているとされる動物、たとえばレヴィ記十一章に出て来るものだが、これは本当のところどういう動物なのか。そのうちいくつかは、すぐにわかる。駱駝や兎や豚である。ティンダルは生き生きとした言い方でこれらの生き物の表を並べているが、確かにその後のヘブライ語の研究は、欽定訳の時代においてすでに、ティンダルの訳語よりもずっと正確になってきている。たとえばティンダルは「小さい梟、こうのとり、大きな梟、back、ペリカン、かささぎ、あおさぎ、かけす、……たげり、つばめ」〔一七―一九節〕としている。しかし少なくともこれらは、back を別として〔六〇二頁以下参照〕、十分にわかる単語である。back というのは、彼にとっては十分におなじみの単語だったから、ここで用いることにしたのだろう。もっともオクスフォード英語辞典（ＯＥＤ）にもこの単語ははいっていないけれども。ティンダルの、どんな場合も意味の通じる表現で訳そうという原則は、ここでも明らかである。面倒なのはその次の表である。足のほかに飛ぶための関節も持っている生き物〔昆虫〕の表である。すなわち arb … soleam … hargol … hagab …〔二二節〕。これらはすべていなごの類であるのは確かだが、ティンダルはいずれも訳さずにヘブライ語の単語の音を記しているだけである。ヴルガータははじめの三つについては七十人訳の単語をそのままもらって、むさぼり食ういなごか蛇といった雰囲気の単語を並べ、最後に「いなご」をつけ加えているが、ティンダルは七十人訳やヴルガータを見ても役に立たなかったから、ルターの真似をしてヘブライ語の音写にとどめたのである。ルターは Arbe … Selaam … Hargol … Hagab … としている。ティンダルはいなごの種類を四種類もあげることができなかったから、まとめてヘブライ語の単語をわからぬままにそのまま記すことにしたのである。キリスト者の歩むべき旅路を歩む者たちにとって、こういったことはたいして意味のあることとは思えなかったからであろう。こういった困難な個所では、ティンダルがルターに依存しているのは明らかである。しかし、この場合もまた、もっとずっと研究が進むまでは、この点をあまり強調するのも賢くあるまい。出エジプト記九章二〇節の flee to house（家へと逃げる）という言い方は、ルターのドイツ語をそのまま、どちらかというと無考えに英語に移したように見える点の一つである。しかしこの個所のヘブライ語は el ha-batim であって、単に「家へと（to the houses）」を意味するだけである。それをルターは七十人訳とヴルガータに反して「家の中へと into the houses」としている（訳註30 e）。

物語部分ではティンダルは迷わない。出エジプト記の前半、二〇章の十戒の授与にいたるまでの章は、豊かな物語に満ちている。イスラエル人がエジプトで受けた抑圧についての叙事詩の一部である。疫病、過越祭の設定、紅海の水が二つに分れた中を通っての逃避行、荒野の彷徨、など。一四章［二一節］の句は欽定訳とティンダルを対比して見るといいだろう。欽定訳、「そしてモーセは手を海の上にさしのべた。そして主は、一晩中強い東風によって海を退けさせ、海を乾いた土地にした。そして水は分かたれた（And Moses stretched out his hand over the sea; and the Lord caused the sea to go back by a strong east wind all that night, and made the sea dry land, and the waters were divided）」。それに対しティンダルは、「モーセが手を海の上にさしのべると、主は、強い東風を一晩中吹かせて海を運び去った。そして海を乾いた土地にし、水は分れた（When now Moses stretched forth his hand over the sea, the Lord carried away the sea with a strong east wind that blew all night, and made the sea dry land and the water divided itself)」。「海を運び去った（carried away the sea)」というのは、みごとに身体的動きを表現している。それに対し欽定訳の「海を退けさせた（caused the sea to go back)」は法的な表現、あるいはむしろ無味乾燥な表現である。ティンダルは「強い東風を一晩中吹かせ」と「吹く」という動詞を補っているが、それによって自然界の出来事という感じが積極的に出ている。（欽定訳がティンダルをより良く改訂している個所が十一章に一つだけある［五節］。すなわち、主が言われるには初子の死はエジプト人のすべてに及ぶ、「玉座に座すファラオの初子から石臼をひく女奴隷の初子にいたるまで」、というところを、ティンダルは「石臼の中にいる女奴隷の初子（unto the firstborn of the maidservant that is in the mill)」としているが、欽定訳はそれを「石臼の後にいる女奴隷の初子（unto the firstborn of the maidservant that is behind the mill)」と変えている。）

五書には更に異なった種類のヘブライ語と取り組まねばならないところがある。創世記四九章だけでなく、出エジプト記一五章、また民数記二三—二四章の一部、申命記三二—三三章は詩文であって、イスラエル史の非常に古い時代に由来する。従ってまた、翻訳者にとっては難点に満ちている。ヘブライ語の詩文の作り方の原則は、一七五三年までは非ユダヤ人には正確には知られていなかった。この年になって、司教のロウスがそれを対句(parallelism）と呼んだ（たとえば「主は我が力、歌である。主は我が救いとなった（The Lord is my strength and song / and he is become my salvation)」など）。しかしティンダルは、ふだんはいろいろ変化をつけようとするのであるが、詩文の場合にどうしたらよいか、気をつけていたにちがいない。難しいヘブライ語の詩の翻訳者としてのティンダルの技巧は、きっと証明することができるであろう。彼が詩篇や預言者の翻訳の作業をする前に殺されてしまったということは、常に嘆かわしいことである。多少の慰めは、五書の中のいくつかの個所から我々はティンダルの詩の訳文について知ることができる、という点である。これは後の詩篇と重なることが多いものであるから、ここから我々は詩篇の翻訳者としてのティンダルの姿を想像することができる。右の「主は我が力、歌である……」という引用は出エジプト記一五章［二節］のティンダルの訳文であるが、同じ文が詩篇一一八篇［一四節］に出て来る。欽定訳はどちらの個所もティンダルの文をそのまま継承している（訳註30f）。出エジプト記一五章や中命記三二章の他の文もまた欽定訳はティンダルをそのまま継承している。継承しなかった句が一つだけある。そしてこの句は、ティンダルの悪口を喜んで言う人たちの手がかりとなってきた。出エジプト記一五章のはじめのところ［四節］である。ヘブライ語の原文は、エジプト軍が紅海で溺れた件について、「その戦車と軍勢」に言及した後、対句の部分で mibhar salisaw と記している。直訳は「彼の隊長たちの選び」である。七十人訳は「選ばれた騎兵」とし、ヴルガータは「選ばれた隊長たち」としている。ルターは auserwelten hawbleut、つまり「選ばれた士官」である。それに対しティンダルは jolly captains としている。jolly という語は、一九三〇年代には、中産階級の子どもの誕生日に未婚の叔母が贈る心のこもったお祝いのカードといった雰囲気があって、その意味だとすれば、これはもうおそろしく間違った訳である。しかし、一九三〇年代以前の細かいことは議論しないとしても、一五三〇年においてはこの単語の二つの主要な意味は「勇みたった、雄々しい、勇敢な」ないし「傲然とした、威張った、横柄な」であった。この二つの意味を結びつければ、この語は、紅海で滅んだ士官の集団の独得な、自信に満ちた姿をなかなかうまくとらえているのである。それと比べると、欽定訳が「選ばれた（chosen）」としているのは、どちらかというと平凡である。

jolly という単語のこういう意味は、後世には伝わらなかった。しかし、ティンダルの翻訳の驚くべき長所は、多くの語句が生き残ったというだけでなく、英語という言語の語彙を今にいたるまで豊かにする効果があったということである。続く数世紀間のすべての聖書翻訳者の中で、最も多くの点で近代的な感性を持っているのはティンダルであるのだ。それに加えて、新造語を作る才能がある。五書では、すでに述べたように、英語の単語としてエホヴァ（Jehovah）という語を作っただけでなく、mercy seat（贖罪の座）、Passover（過越）、scapegoat（贖罪山羊［レヴィ記一六・七以下］）など、その多くはscapegoatのようにいまだに非常に生きて、日常用いられている単語である。そして、使われているうちに語義の幅がひろがってきた。たとえばscapegoatは動詞としても用いられる［身代りに罪を着せる］、など。一時期、mercy seat（出エジプト記二五・一七以下ほか多数）という語はティンダルの造語ではない、という意見が支配的であった。ヘブライ語のもとの単語（kapporeth）が何を意味しているかは別として、それをこう訳したのはルターのGnadenstuelが最初である、というのである。しかしルターの語は正確には「恵みの椅子（chair of grace）」の意味である（訳註30g）。オクスフォード英語辞典がこの三つの単語について記しているように、ティンダルがこれらの造語をなしたという事実は否定されてはならない。

一五三〇年ではティンダルは、単なる生かじりという以上の水準でヘブライ語を知っていたごく僅かのイングランド人の一人であったようだ。彼がヘブライ語を学んだのは、ドイツのどこかにおいてであろう。イングランドを離れてからのほんの数年間で、一方でギリシャ語から訳した最初の英語の新約聖書やほかの著作も出しながら、彼はヘブライ語を、彼が発行したものがその後五百年間も生き続けるほどの水準に達するまで学んだのである。そしてそれを今にいたるまで、彼が書いた当時とほぼ同じくらいに新鮮なものであり続けるほどの英語に訳したのである。ふつうテューダー朝時代の功績を公的に数え上げる時、政治的にはヘンリー八世とエリザベス一世の君主としての栄光を思い出し、劇作家や詩人の栄誉を讃え、画家、音楽家、建築家の遺産を上げるのであるが、今までのところ、ティンダルの小さな五書の本を業績としてあげることがまったく忘れられてしまっている。

# 第十二章　一五三四年の新約聖書

（親愛なる読者よ）、ここにあるのは神がキリストの血において我々と結び給うた新約、新しい契約である。

ティンダルは新約聖書の改訂版の序論をこのようにはじめている。彼の生涯のうちで最も栄光ある仕事であり、自分の名前を表題の頁にのせた最初の翻訳である。大きさはいつもどおりポケット版であった。縦六インチ横四インチ、厚さは一インチ半、四百頁ほどの小さいが部厚い本で、手に持つとちょうどいい感じの大きさである。読みやすい黒文字の活字で、各頁の欄外は十分に余白があって、魅力的な印刷である。外側の欄外は幅が一インチもあり、上下の余白もゆったりしている。頁の上部の柱にはそれぞれの文書の表題が簡潔に記してあるだけである。外側の欄外には多少の註と、聖書の引照個所が記され、内側の欄外には大文字で段落記号がつけられている。章の数字はローマ数字で記され、そこで行間を開けていないから、それぞれの文書の本文はずっと通して続いている。本当はそういうものである。アントウェルペンの印刷屋であるマルティン・デ・ケイセルが作ったこの力強いがつつましやかな八折り判は、ケルンのペーター・クヴェンテルのルター版を真似した壮大な四折り判ほどの劇的効果はないけれども、序論と欄外の註があり、装飾も多めで、ヴォルムスのペーター・シェーファーよりは面白そうな外見である。今回はそれぞれの文書ごとに序論が置かれている。そして大部分の文書と序論のはじめにはちょっとした装飾がほどこされている。黙示録には頁の三分の二ほどの大きさの木版画が二十二枚挿入されている。偉大な美術作品というわけではないが、力に満ちている。序論の一つは、つまりローマ書序論であるが、ローマ書の本文とほとんど同じくらいに長いものである。本の最後には一五頁ほどかけて、旧約聖書の個所が四十個所ほど引用されている。ソールズベリーの司教聖堂の礼拝で特定の日に読まれていた個所である（「ソールズベリーの用法（Sarum use）」と呼ばれるこの聖書引用が一五四九年に編まれた最初の祈祷書の基礎となった）。ティンダルは、礼拝する者がこれらすべての聖書の個所を英語で聞く、ないし英語で知ることができるようにと翻訳したのである。その後さらに一八頁にわたって一年間を通して読まれるべき書簡と福音書の定まった個所の引用の表が並んでいる。これまた後の祈祷書を先取りするものである。この本は三千部印刷されたが、そのうちおよそ十二部が今日でも残っていて、イングランドとアメリカの図書館に存在している。

本全体に対する序論は二つある。最初のものは「W・Tから読者へ」というもので、そのはじめの文は右に引用した（註1）。続けて、「最初の版の時には助け手がおらず、また不注意のせいもあってあちこちに散見する多くの間違いを、緻密に読み直し（ようやく今）、ギリシャ語原文と比べ直して、除去した」とある。ティンダルは、すでに八年前にヴォルムスで約束した改訂の仕事にとりかかるのが遅くなったことを自ら認めている。そして「ようやく今」、全体を完成する仕事をなした。もう一度ギリシャ語から見直したのである。このことは何よりもはっきり言っておく必要があった。確かに、ほかのすべての翻訳者と同様、彼もまたできる限りの助けを他に求めたけれども、中心はギリシャ語の新約聖書と取組むことであった。そのテクストはエラスムスの一五一六年の先駆的な仕事であり、今や第四版に達している（ティンダルは一五一九年の第二版と一五二二年の第三版を用いている）。ティンダルの悪口を言う人は、そのギリシャ語の知識の不足を言い立てるが、それは彼自身のこういう発言のすべてにさからうものである。いや、どの頁のどの段落にも圧倒的に沢山ある証拠を全部無視するものである。ティンダルの次の文は、つまりこの本の第三と第四の文であるが、以下のとおりである。

もしも変更を必要とするように思えるところ、ないしそもそもギリシャ語の原文と一致しないように見えるところがあれば、そういう欠点を見つけた人は、ギリシャ語の言葉づかいにヘブライ語の句やものの言い方がはいってきている、ということを考えてほしい。ヘブライ語の完了形と現在形はしばしば同じ意味で、未来形は希求法と同じで、また未来形は能動態ではしばしば、受動態では必ず、命令の意味である。（訳註１ａ）

これは、畑を耕す少年に対して語りかけるにはいささか奇妙なものの言い方だと思われよう。しかしながら、畑を耕す少年も、他のいかなる人にも負けず、最も良いものを受ける権利がある。そして学者であり職人であるティンダルは、すべての読者に対してそういうものを提供しようとしたのである。前回の新約聖書の翻訳以後彼はずっとヘブライ語の勉強と翻訳を続けてきたのだが、それが彼に、当時のほかのいかなる学者、翻訳者にもできないくらいに新約のギリシャ語への洞察を付与したのである。新約聖書はしばしばヘブライ語の単語や文を訳している――イエスの言語は要するにアラム語であった。当時のこの地域全域で用いられていたヘブライ語の方言である。新約聖書の著者はみな、ヘブライ語をギリシャ語に訳していた。旧約聖書を頻繁に引用したからである。更に、新約聖書の理念の多くは、ヘブライ語の表現を時に微妙に変化させたものを基礎としている。ルカ福音書のようなギリシャ的な文書でさえも、旧約聖書の反響に満ち満ちている（訳註１ｂ）。しかしティンダルがここで頭に置いているのは、こういったことではなかろう。それは、もう少し微妙なことであった。ティンダルが気がついていたのは、哲学的、神学的なギリシャ語を書いているパウロのヘブライ的な精神は、言ってみれば、ギリシャ語にヘブライ語的なアクセントをつけて書いている、ということであった。黙示録はユダヤ教の黙示文学の伝統に立っており、ギリシャ語で書かれたキリスト教の本であるが、本質的にはヘブライ語的なものである。等々。（ティンダル自身がこれらの例を上げているわけではないが、この二つは最も顕著な実例である。）彼はもっと広範な事柄に気がついていた。動詞について、特にその時制についてである。ヘブライ語の時制は、言ってみれば、旧約聖書の宗教の中核である――エホヴァはその名前を聞かれた時に、要するに「私は在る」と答えているのだ。「過去の完了（preterperfect）」（我々の言う現在完了だが）、たとえば「私が命じた（I have commanded）」はヘブライ語ではしばしば現在の「私は命じる（I command）」と同じである、とティンダルは指摘している。このことは、神の統御する歴史の上にうち建てられる宗教にとっては、非常に意味のあることである。同様に、未来は単なる未来だけでなく、意志、願望の意味も含み持つ（「希求法」）。英語の I will go into the house of the Lord（私は主の家に行こうと思う）の場合がそうである。あるいは「我が命令に従え（Obey my commands）」のような能動の命令の場合もそうだし、受動命令の場合は常にそうである（Be ye obedient to my commands、汝らは我が命令に対し従順であれ）。時制のこういった使い方は、ヘブライ語については確かにそうである。ティンダルはこれらの、あるいは更にほかのヘブライ語の形が一定数の新約聖書のギリシャ語の背後に存在している、という事実を観察している。そして翻訳もそれに応じて訳している。第一段落の最後の文、つまり五番目の文であるが、こう結んでいる。「同様に、人称は人称に、数は数に、そして条件文は疑問文に対応する、等々、ヘブライ語ではそれが普通の用い方である。」英語でも、彼のあげる最後の点にあわせて言えば、If you go into the house of the Lord, there you will praise him（もしもあなたが主の家［神殿］に行くなら、そこで主を讃美することであろう）という文は、Do you go into the house of the Lord? There will you praise him（あなたは主の家に行くであろうか。そうしたらそこで主を讃美することであろう）と言い換えられる。（ティンダルが『服従』の序論で、ヘブライ語は英語と最もよく合致すると指摘していることは、この新約聖書序論の最初の段落のほかの点でもあてはまるが、この点で非常にはっきりとわかる。）

この新しい巻で我々が出会う最初のものは、働いている翻訳者、技術者であるティンダルである。同じことは未完成のケルン版につけられた序文でも言えるけれども、そこではまだこれほど直截で詳細ではなかった。彼のギリシャ語の理解は今や当時よりもずっと進んでいる。ヘブライ語の翻訳やほかの著作にたずさわっている間も、彼はギリシャ語をおざなりにしていたわけではない。この間の彼のギリシャ語の研究は、単に、五書の翻訳に際しては七十人訳を常に参照している必要があった、というだけのことではなかっただろう。確かに、七十人訳そのものは、そのギリシャ語にヘブライ語の味をただよわせているので、これはこれで十分に考慮に価したであろうけれども。彼は更に進んで、コイネーのギリシャ語、すなわち新約聖書が書かれた一世紀の地中海世界の生活の言語の特色についてよく考えただけでなく、この言語の独得の特色が新約聖書の本文において現れている点についても考察している。この点を見れば、彼がその時代のヨーロッパのほかのどの学者よりも進んでいたということが示されよう。ヴィテンベルクのすぐれたギリシャ語の教授フィリップ・メランヒトンの仕事は、ルターのドイツ語訳新約聖書が版を重ねるごとに変って行った過程によく示されているけれども、そのメランヒトンよりもすぐれているくらいである。ティンダルはまた、自分がギリシャ語の翻訳者として高い水準で注目されているという事実も自覚していた。そして彼は、学識のある批判も無知からする批判もどちらも抜き去るために——彼のギリシャ語の理解は間違っているとか、単に彼は心変りしただけだ、などと言われていた——悪意を持つことなしに、技術的な点をかかせいだのである。

これは後の章で取り上げるべきことだが、この点でもすでに、悲しみの叫び声をあげざるをえない。彼は巨人のような大きさの学者であった。ギリシャ語の知識においてヨーロッパ全体の先頭に立ち、ヘブライ語の実力も今やそれに相当し、英語の音を奏でる類い稀な才能を持っていて、すでに非常に多くのことを実現してきたけれども、まだなお最大の仕事のうちでなさねばならないものが残っていた。その彼が、このすぐ後に、悪辣で、けちくさく、汚らしい悪漢にだまされて、殺されるにいたったのである。これはシェイクスピアにたとえてみれば、イアゴーのように嫉妬深い人物が本当に生きていて、人生半ばにその人物に殺されたようなものだ。とすると、偉大な悲劇の諸作品は書かれなかったことになる。もしもティンダルが旧約聖書の詩的文書や預言書も訳すことができていたら、我々はカヴァーデイルの旧約をしのぐ旧約全書を英語で持つことができていただけでなく、新約聖書の訳文も更に一層洗練されたものとなっていたことだろう。新約の多くの部分は旧約の詩や預言書と直接に結びついているのであるから。ティンダルの一五三四年の新約聖書は一つのすぐれた業績である。しかし、もしも生きていたら、そのまた八年後ぐらいには次の改訂版が出ていたことだろう。ティンダル自身常に言っていたように、翻訳の仕事は終ることがないからである。

まさにそのことが、第一序論の二番目の段落の主題なのだ。一部分引用しよう。

もしも私自身あるいは誰か他の人の注意によって、自分の不注意を、あるいはより平明に訳しうる個所を見つけたら、すぐにそれを修正しようと思う。しかしながら、多くの個所において、本文からあまり遠く離れた訳をなすよりも欄外に註を入れる方がよいと私には思われる。そしてまた本文が一見かなりわかり難いように見える多くの個所が、前後関係を読みあわせてみると、十分に鮮明になるものである。

この主題は彼にとって絶対的に優先する主題である。翻訳の技術である。彼はここで二つの重要な点を指摘している。欄外の註は何よりもまず説明的なものである。そして、難しい個所も全体の前後関係を考慮するとわかるようになる、ということである。欄外というものは、これまでの聖書の本文を伝える長い歴史においてしばしば、本文から出発して、あるいはむしろ本文から離れてふくらませていくひどくアレゴリー的な解釈をのせる詳細な註のために用いられてきたのに対して、ティンダルは欄外の註をそういうことに用いることはしなかった。註のいくつかは、教義的な説明であって、ふつうは本文中の単語に星印をつけて欄外で解説するものであるが、大部分の註はむしろ翻訳を補うための目的である。そして第二に、聖書は外から口を出さなくても、聖書そのものが聖書の解説となるのである。この第二点を彼は、第二の序論という特別な序論をわざわざつけ加えて、集中して論じている。

第一の序論の話を続けると、その第三段落は長い、並行する二つの文からなっていて、「偽預言者と悪意のある偽善者たち」（彼が考えているのは教会のスコラ学的伝統、「教皇の間抜けな学者たちの愚鈍な知識」である。ここで「間抜け」（dunces）というのは、ドゥンス・スコトゥスとその支持者たちを皮肉った駄洒落である）は「聖書に註をパン種のように多く入れ込む毎度おなじみの学問」をいとなんでいて、それによって天国に鍵をかけ、「聖書を読んだり聞いたりする者が理解できないようにさせている」、ということを述べている。その故に彼は「あなた方（最も親愛なる読者たち）に前もって警告し、聖書にはいる正しい道を示し、聖書を開ける真の鍵をわたそうと」したのである。この「鍵」は欄外の註（この新約聖書の最初の欄外の註である）によって「聖書へいたる正しい道」と指摘されているものだが、この後十二頁にわたって続いている。ティンダルのおなじみの、約束において律法が成就されるという新約聖書の教えの要約である。福音書とパウロの鍵になる章が言及されている。しかし目に見えてルターとは異なった印象である。旧約聖書への言及は僅か二個所しかない。その一つは神の霊にはっきりと逆らう者の例として、旧約に登場する四人の人物についでに言及している場合で、「ファラオ、コザ〔コラ〕、アビラム、バラム、ユダ、魔術師シモンほかのように」というだけのものである。もう一つはやや後で、モーセを退けるものである（訳註1c）。全体で一九回聖書の個所に言及しているが、そのうち五回を除いてあとはすべてマタイとルカである。残りはヨハネが二回、ヤコブが一回、パウロが三回である（訳註1d）。これはルターの通常のやり方と異なっている。加えて、ルターから微妙にずれてきていることが認められる。ティンダルは契約という概念にもっと近づいているのだ――これは、同じ一五三四年に発行された創世記の改訂版でヘブライ語の $b^{e}$rith という語の訳語を一貫して「契約」（covenant）に統一したこと〔後述五五七頁参照〕と関連しているだろうか。これはあたかもティンダルが聖書を読む鍵を、生硬な教義よりも、どちらかというとクリスチャンの生活の日常の判断に関する実生活的な関心の方に結びつけている、というように見える。「ほかのすべてのことが含有され内包されている一般的な契約とは、以下のものである。すなわち、もしも我々が神に対して従順で、キリストの例にならってその律法のすべてを守るならば、神は全聖書を通してキリストにおいて約束されたすべての慈悲を保ち、履行して下さると我々に保障して下さった、ということである。」その三段落あとには、「キリストが我々のために贖って下さった慈愛と恵みの約束はすべて、我々が律法を守るという条件のもとになされたのである。」

ある学者はこれを「ほとんど律法を守ることによる義認であるように思える」と記している（註2）。しかしながら古典的な宗教改革者の立場が最後にはもどってきて、最後の頁では「キリストの血におけるごまかしのない信仰が、キリストの故に愛するように働くのである」という主張が支配している。しかしながら、ケルン版の序論の獰猛な教義の主張はここではもうまったく過ぎ去ってしまっている。その代りに、鋤で耕す農夫の少年への教えが語られる。

キリスト者たることをはじめるには、二つのことが要求されているということがわかろう。第一は、堅実な信仰と全能の神への信頼である。そうすれば、神が我らに約束し給うた慈悲をすべて得ることができる。それはキリストの血の功績と功徳のみによるのであって、我々自身の業にはまったく関係がない。そして第二は、悪を棄てて神に立ち返るということである。そうして神の律法を守り、我々自身と我々の腐敗した本質とに対して恒常的に闘うのである。そうすれば我々は神の意志を日々よりよく行なうことができるようになるであろう。

この序論の最後の二頁は、metanoeo を「告悔する」(do penance) と訳さずに「悔改める」(repent) と訳すことについての理由と、「長老」(elders) という単語についての註に用いられている――「彼らを長老と呼ぼうと司祭と呼ぼうと、私にとってはまったく同じことである。それが神の言葉に仕える仕事をする者、神の言葉の仕え手であるということがわかればよろしい……。」続いて四福音書についての短い序論と、正誤表がある。

しかし、その後にすぐ新約聖書の本文が続くわけではない。その代りに八頁半にわたって「ウィリアム・ティンダルから再度クリスチャンの読者へ」と題された部分が続く。ここでは彼は直ちに問題の核心にはいる。彼がこの改訂版を出す前に、ジョージ・ジョイが彼の訳文を取り上げ、書き変え、ティンダルの版がその印刷屋ではじめられる前にすでに「多数」印刷してしまった。ジョイの変更は多くの個所に及び、かつ重大であった。「マタイ、マルコ、ルカを通して常に、使徒行伝でもしばしば、ヨハネやヘブライ書でも時に、復活という単語を見出すと彼はそれをこの生の後の生、ないし本当の生等々と書き直した。復活という語を嫌悪しているようである。」ティンダルは言う、もしもそれが正しいのなら、ティンダル自身も、またヒエロニムスを含む過去の誰であろうと皆、間違っていたということになろう、と。しかももっと悪いことに、これは単なる過ちという程度のことではない、とティンダルは言う。ジョイが復活について奇妙な考えを持っていたことは、すでに長い間よく知られていた事実である。そして、ロンドンの兄弟たちを混乱させ、重大な結果をもたらしていた。特に悪かったのは、彼が自分の名前をその新約聖書にのせていなかったことである。ティンダルは特にその点がけしからんことだと思った。彼は怒った。怒って当然である。彼は言う、やりたければ誰でも聖書を自分の欲するままに訳せばいい。ギリシャ語からでもラテン語からでも、ヘブライ語からでも。「あるいは（もしも彼らがそうする必要があるのなら）、ちょうど狐が穴熊の穴に小便をひっかけておいて、だからこれは自分の穴なのだなんぞと主張するように、私の翻訳と仕事を取り上げてそれを勝手気儘に変え、作り直し、駄目にした上で、これは自分自身の翻訳なのだと言って、自分の名前をつけて発行するがよい。しかしジョージ・ジョイのように隠れんぼをするのはよろしくない。」ティンダルはまだジョイのこの出版物を全部読む暇はない。「だからそれがほかの点も変更しているかどうか、私は知らない。」しかし、読者がそれとわかるように、彼の出版の奥付を引用しておく、とティンダルは結ぶ。その奥付は「本の最後に、しかし書簡と福音書の一覧表の前に」置かれている（ついでながら、これではまるで目につきにくい）。「ここで新約聖書が終る。これは注意深く校閲、校正され、今やまたアントウェルペンで、私、エントホーフェンのクリストファー〔クリストフェル〕の寡婦が印刷したものである。我らの主の一五三四年、八月。」これが問題の話である。

## ジョージ・ジョイ

もしもジョージ・ジョイがもっと魅力的な男であったら、面白かっただろう。しかし実際には彼は出会う人すべてを怒らせた。今から見ればあきれるほど愚かなことだが、ジョン・フォクスまで怒らせたのである。ジョイはおそらくティンダルとほぼ同年齢で、一五〇九年ごろから二七年ごろまでケンブリッジに居り、そこのピーターハウスのフェロウであって、ラテン語とギリシャ語の実力があったという（註３）。当然のことだが、彼の生涯の最初の時期についてはほとんど知られていない。ベッドフォードシアで司祭をやっていたのは確かであるが。しかしながらティンダルと違って彼は、恨みを感じたような場合には、自分の生涯の中のいくつかの点について自己弁護の文を発表することを好んだ。そのうちの一つは、一五三一年まで発行されなかったものであるが、一五二七年の冬のはじめごろにすべての人から不当に扱われた、ということを記している。ベッドフォードの近くにあるニューナム大修道院の副院長であったジョン・アシュウェルが、ジョイはいくつかの異端的考えを持っている、と断定した。そのことが秘かにリンカンの司教であるジョン・ロングランドに伝えられ、更に小さい醜聞がつけ加えられた。そこでジョイはウェストミンスターのウルジーのところに出頭するよう命じられた。異端とされた四つの点に答えよ、というのである。ロンドンで彼は他の二人のケンブリッジ出身の人物に出会った。トマス・ビルネーとトマス・アーサーである。彼らもウルジーと司教たちによって尋問されていた（註４）。ジョイはこの時おそらく何ほどか危険な状態にあった。しかし彼にとってまず問題だったのは名誉を傷つけられたことであった。そのことは彼の物語ににじみ出ている。「雪が降っていて、寒かったが、私は馬に乗って出かけた。」ところが枢機卿の邸宅において、またその外で、一週間以上もほっておかれた。邸宅の中で迷子になり、台所にはいってしまったのだが、特に悪いことに、「私は時々司教が出て行くのを目撃したのだけれども」、誰も彼を認めることをしなかった。それで結局リンカンの司教の邸宅に行くように命じられたのだが、そこでもほっておかれ、食事も宿舎も提供されなかった。彼は、自分はもっと丁重に扱われるに価する、と考えた。「こうして私は自分のことを考えた、私はケンブリッジの学者だ、と。だから副法務官の司法権と偉大な神たる枢機卿にのみ服する。マスター・ガスコインが私に迎えをよこしたわけではない。だからこの人々にもう一度会いに来るまでに一息つくことにしよう。」

そこで、翌朝ロンドンで誰か人にうさんくさい仕方で会った後、「私は馬に乗り……海岸へと向かった。」こうして一五二七年十二月に彼は英仏海峡を超えて、おそらくはアントウェルペンに逃げた。一五三五年まで亡命を続け、その後また一五四〇年から四八年まで亡命した。どこでも出会う人と必ず争いを引き起こしながら、一五五三年にイングランドで死んだ。彼が書いた作品のうち確かなものの一つは、いくつかの小祈祷書である（クランマーの一五四九年の祈祷書の先駆となったと言われる）。また最近のダニエル書註解書をいくつかつなぎあわせた長い、おそろしく退屈なつぎはぎ細工を発行している。また英語で印刷されたものとしてははじめての、ラテン語からの詩篇の翻訳（一五三〇年）、イザヤ書の翻訳（一五三一年）、そして一五三四年五月にエレミヤ書の翻訳を発行した。イザヤ書の翻訳はティンダルのヨナ書と同じアントウェルペンのマルティン・デ・ケイセルから、同じ月に発行された。エレミヤ書の方は同じくアントウェルペンの「エントホーフェン出身のクリストファーの寡婦」から発行された。その夫は一五二六年十一月に、ウルジーからの指示により、異端の書物を印刷したという理由で一度逮捕された。しかしアントウェルペンの当局は彼の裁判を行なおうとしなかった。一五三一年にイングランドで、英語の新約聖書を売ったという理由で、ウェストミンスターで投獄され、そこで死んだ。

彼の旧約聖書の翻訳はさまざまなラテン語の二次文献からなされているのであるが（ジョイはヘブライ語ができなかった）、カヴァーデイルと比べると、全体としてあまりうまくできていない。このことは、ジョイに忠実な伝記の著者たちも認めるところである（註5）。しかし彼はすでに英語の聖書を印刷するやり方を知っていた。加えて、おそらくすでに印刷屋のファン・エントホーフェンと何らかのつながりを得ていた。そこでファン・エントホーフェンは彼のエレミヤ書をすぐに印刷に付そうとしたのである。従ってこの会社がおそらく一五三四年の春に、ティンダルの一五二六年のヴォルムス版の新約聖書の海賊版第四版の校閲をなしてくれるようにと二度にわたって彼に頼み込んだのも、別に驚くべきことではない。海賊版の第一版は一五二七年に、第二版は一五三〇年に、そして第三版は一五三三ないし三四年に出た。ティンダルがこれについてどう思ったかは、記録がない。あまり気にしなかったのかもしれない。それはいずれも読みにくいほどちっぽけで、ほとんど不格好な十六折り判で、およそ四五〇頁あった。それに英語を読めないフランドル人によって版が組まれ、校正されたのである。英語の新約聖書の需要は大きかったから、エントホーフェンは最初の三つの版全部で七千部ほどをすぐに売りつくしたけれども、今日それは一部も残っていない。こういう売れ行きは、イングランドでどの程度の需要があったかについての世論調査的な効果がある。ファン・エントホーフェンはもしかすると神の言葉を愛する愛にのみ動かされてこのことをなしたのかもしれないが、彼（後に彼女）がこの投資からかなりな利益を得たことは当然考えられる。市場の動向を正確に把握していたということだろう（註6）。多分ティンダルはこういう海賊版をまったくけしからんこととまでは思っていなかったのだろう。英語に誤りがあることはティンダルにとって残念なことだっただろうけれども、しかしそれはどのみちよくあることだった。ぶざまな、部厚くて小さい十六折り判の小さな文字を読むのは面倒だし、印刷の間違いや活字の不揃いも多かった。地方による綴りの相違もいろいろ持ち込まれた、などということまでは言わぬことにする。こういったことはすべて、市場の末端に居る読者（学生など）をして、鋭い想像力を養わしめた。ティンダル自身は読みやすい八折り判よりも小さい判で発行することはなかったということと（その半分の大きさであれば密輸もやりやすかったはずだが）、海賊版に対してただの一度もものを言わなかったということは、どちらも驚くべきことである。彼が攻撃したのは、それも大声で、自分にできる力をすべてふりしぼって、自分の見つけることのできる最も公の場所で攻撃したのは、ジョイが暗黙のうちに神学をいじくりまわしたことに対してであった。

ファン・エントホーフェンがジョイに近づくには、それなりに理由があった。ティンダル自身が断片に終ったケルン版への序文で、修正の意見を歓迎するという趣旨のことを公にしている。また、上に述べたヴォーンに対する発言からも、この当時のティンダルの態度は推測することができる。「もしも国王陛下が、せめて聖書の本文だけでもその国民の間で発行することを許可して下さるならば、……御意にかなうならばどういう人物の訳であろうと、……（私は帰国して）国王陛下の足元にうやうやしくひれふしましょう」（註7）というのである。

アントウェルペンの印刷屋たちは、ティンダルが改訂版の仕事にかかっているということを噂で知っていたはずだが、ティンダルは一五二六年の版で約束した自分自身の改訂の仕事がなかなかはかどらなかった。

ジョイがどういう仕事をしなければならなかったかは、もはや知りえない。一五二六年のヴォルムス版を一部もって仕事をしていたのだろう。こうしてできたジョイとエントホーフェンの海賊版は一冊だけ残っている。非常に顕著にティンダル自身の原文と一致している。変化している個所は百個所にも満たない。しかもそのほとんどは非常に微細な変化である。加えてジョイがその場に居て協力したのだから、英語を読めない印刷屋が活字を組む作業をやるのは非常にやりやすかったはずである（註8）。ジョイは海賊版第三版ないしその校正刷りを修正する作業をしたのであろうけれども、そうするとそれはティンダルの原文からはすでに四段階隔たっていたことになり、一段階隔たるごとに少しずつ新しい間違いが導入されていったであろうから、ジョイが直面したのはフランドル的英語、いやほとんどフレングリッシュとでも呼ぶべきものの活字の山であったことだろうし、従ってかなりな労働であっただろう。しかしながら、どれほど多くの、あるいは僅かの、ことをなさねばならなかったとしても、いずれにせよ彼は四つの戦略的な失敗をやらかしている。四つとも明瞭に、彼が持っていた不当なうぬぼれから結果するものであった。そのことは、彼の伝記作家たちが細かく記している（註9）。要点を記すと、以下のようになろうか。

第一に、彼はティンダルの作業の正確さをチェックするためにヴルガータを手元に置いて参照していた。これではあたかも、とどのつまりヒエロニムスこそが真のテクストなのであって、エラスムスのギリシャ語のテクスト（ティンダルはそれに基づいて作業していた）はただの遊びにすぎない、ということになろう。ジョイはあまりギリシャ語を勉強していなかった。そのジョイが、当時の最も優秀なギリシャ語学者の一人のなした仕事を「修正する」作業をやったのである。第二に彼は、おこがましくも、文章を勝手に書き変えた。たとえばマタイ一六章［一八節］でイエスはペテロに言う、「汝は石である。まさにこの石の上に……（Thou art Stone. And upon this same stone ...）」（訳註9a）。第三に、息がつまるほど愚かしいことだが、彼は「復活」などという重要な単語に関して、ティンダルの神学を「修正」した。二〇個所にもわたって「復活、resurrection」を「此の生の後の生、the life after this life」などと書き改めたのである。たとえばヨハネ五章のティンダルのみごとな展開のところで、「生命の復活」とティンダルが書いているものを「生命そのもの」と変えた（註10）。第四に、以上のいずれも匿名でこっそりなされた。表題の頁にはティンダルの名前をのせているくせに、敢えてティンダルに断ることもしなかった。同じアントゥエルペンの町に居る隣人であり、同僚であり、同じ亡命者であり、クリスチャンの兄弟であったティンダルに。

これに対してティンダルが一五三四年の新約聖書の第二序論でなした返答は、雷のように轟く。ジョイは、自分の著作であることを銘記するのであれば、自分のやりたいようにやればいいだろう。そうしなかったというだけで、すでに十分よくない。しかし、ジョイがこの決定的に重要な領域で、匿名でこっそりと主要な「修正」を行なったというのは、これはもう巨大な過ちである。イングランドの改革者たちは聖書にも、あるいはアウグスティヌスにいたるまでの初期の教父たちにも、その後でさえ、煉獄に関する教理は何も見出さなかった。そして、イングランドの改革者の中でも最も有能な若者の神学者であるジョン・フリスがこの三年前、一五三一年の夏に、まさにこのことを証明するために、決定的な本を出版したばかりであった（註11）。ティンダルもそれを手紙で支持している。そして、ジョイがアントウェルペンでこういうことをするほんの数ヶ月前、ロンドンで焚刑に処せられたのであった。これは、改革者たちにとっては最大の喪失の一つであった。この歴史上の大きな愚行に対して、ジョイはほとんど信じ難いほどの下手くそなへまをつけ加えたのだ。宗教改革者たちが取り上げたこの問題は、いわばダイナマイトのようなものだった。もしも煉獄が消えてなくなれば、教会の権力と収入の大部分もまたそれとともに消えてなくなるのである。そこで改革者たちは、肉体の復活についてはいわずもがな、亡くなった人間の霊魂が現在どういう状態であるのかということについて、新約聖書から理解できる限りのものを急いで選び出していたのだ。

通常ティンダルとジョイの間の争いと呼ばれているものは、実は極めて一方的なものであった。ティンダルは新約聖書の出版に際して一撃を与え、それでこの問題にけりをつけた。争いを引き起こしたのはジョイの方である。ファン・エントホーフェンの次の海賊版、つまり第五版だが、それにジョイは自己弁明の文をのせた（註12）。それによると、ジョイはティンダルをたずね、この件について自分たちの意見を一緒に出版しようともちかけた。しかし、ジョイがどうやら何かいやがらせをしかけてティンダルを説得しようとしたにもかかわらず、ティンダルの方はこれを拒否した。それでジョイは一五三五年二月に新しい本をまた発行した。『弁明』という偏向した、節度のない本である。ここで彼は長々と自分とティンダルの間のことについて自己弁護的に記し、ティンダルとの対話という形式で、一点一点にわたってティンダルに対して「答え」ている。彼が成功しているのは一つの点だけである。ティンダルを自分自身と同じ程度にけちくさい人間に仕立てるということである。彼はティンダルのギリシャ語にまでけちをつけた。対話による議論というのは、知的に真剣な議論であるのだが、彼の『弁明』はまさにそういうものではない。これは個人的な復讐の念であって、きりなく続き、従って極度に退屈なしろものである。これを読むと、不平たらたらの客みたいにジョージ・ジョイが一日中家のまわりをついて歩いてきて、その話を絶え間なくしゃべりつづける、といった感じを受ける。ティンダルが堂々と沈黙を守ったのは正しかった。

ティンダルに何ができただろうか。国際的な著作権の印ができ、それに応じて訴えることができるようになったのは、それより四八〇年も後のことである。彼は今度はじめて自分の名前を表題の頁にのせ、序論を書いて、このけしからん本のことを指摘した。そしてそれで終りにしたのである。彼が怒ったのは、自分の虚栄心が傷つけられたからでもなく、まして経済的利益を阻害されたからでもない。神の言葉に対して損害が加えられたからだ。こういう愚かな言語理解を持つというだけでも十分に間違ったことだが――ギリシャ語の anastasis という語は「復活」以外の何も意味しない――そしてできの悪い作品をティンダルのものであるかのようにして出版したということも。しかしティンダルが激怒したのは、ジョイが聖書とはどういうものかをまるで理解していなかった、という点である。彼は聖書全体の調和を崩したのだ。聖書は、それ自体としてあるのであり（sui generis）、かつ何よりもまず神の事柄としてあるのである（Dei generis）。ティンダルは鮮明な比喩でこのことを述べる。聖書は、聖書自身にまかせておけば、ちょうど沸騰した鍋の上に泡がのぼってくるのと同様に、おのずと過ちを外にしめ出すのである（註13）。彼が今書いている仕事は、要するに、そういうことなのだ。ギリシャ語の metanoeo（悔改める）という単語の誤解が、ここ三百年間にわたる教会の慣習を強力に支えてきた。しかしそれは、ギリシャ語から英語に訳された新約聖書の全体を持つことによって、おのずと除去されようとしていたではないか。

## 新約の各文書への序論

一五二六年の新約聖書とは違って、今回は、一五三〇年の五書の場合と同様に、新約の各文書それぞれに序論がつけられている。「四福音書についての序論。それはどういうものか、その権威は何か」という序論が「W・Tより読者へ」の最後に短く置かれている。「聖マタイ」への序論はほんの六行半である。強調されているのは、著者自身がそこに記されている事柄に居合わせたということ、あるいは「マルコ」と「ルカ」の場合は（マタイにだけ「聖」がつけられている）、最初の使徒たちを直接知っている、ということである。「ヨハネ」は、それにふさわしい人間的なやさしさと神学的な強さをもって書かれている。「ルカ」では使徒行伝にも言及している。使徒行伝だけは独自の序論がついていない。ただ表題がほかの場合よりやや長く記されている、「使徒行伝。福音書記者聖ルカによって記された。聖ルカは使徒たちの行動の場に居合わせた。」

ここで絵は劇的に変る。「パウロのローマ人への書簡への序論」は三六頁もの長さである。パウロの書簡そのものと同じくらいの長さなのだ。他の書簡への序論と同様、これもほとんど、まったくとは言わないが、純粋にルターである。この数週間前にヴィテンベルクで発行されたルターの全聖書にのっているものから訳されている（訳註13a）。パウロのローマ人への手紙はキリスト教神学にとって常に中心の文書であり続けた。イングランドの改革者たちにとっては、ローマ書を再発見したこと、スコラ学的な註釈の「バロック的」に華麗な装飾をぬぐい去ってその純粋なテクストを発見したことは、彼らに聖書の力に結びつくことを可能にしたのであった。大陸の宗教改革はローマ書を福音全体の突出した点としてとらえ、旧約と新約を統合する点であると考えた。ティンダルがローマ書について書くのに、ルターの成熟した思想をそのままもらい受け、これにつけ加えたり変更したりする必要をほとんど感じなかったのは、当然のことであった。これはまた問題の解決にもなった。ケルン版の新約聖書の序論は、ルターのローマ書序論が直接には引用されなくても、背景に濃厚に存在していたけれども、教義的には、個所によっては、荒削りであった。ティンダルは、今回の新しい序論は、キリスト者の生活についてもっと包括的に書きたいと欲したようである（実際に書かれたものからそのように判断される）。律法のもとにおける罪といういわば堅牢な牢獄のような事実についてよりも、むしろキリストにおける約束がキリスト者の毎日の生活にどのような影響を及ぼすかについて、鍵となるものを提供したかったのである。それはまた、行為に何ほどかの価値を認める方向に傾いていた。ルターであったら、おそらく気に入らないような仕方で。ローマ書への序論と、他の書簡への序論についてはまったくルターに依存することによって、彼は、全体の最初に置いた自分独自の序論をやや自由に書くことができたのである。

しかし各書簡への序論（ローマ書の後では、ほとんどの場合、それぞれ一頁強にすぎない）は、まったく純粋にルターというわけではない。それは微妙な仕方で再構成されている。ローマ書序論の最後から五段落目のところで、「この書簡の要点と全趣旨は、……」という文から、本文中でも欄外でも何も指摘しないでティンダルはルターを離れ、独自の文に移る。第一コリントス書簡の序論は、ティンダル独自の文ではじまっている。ガラティア書序論はルターのままである。ヘブライ書の序論は、後で見るように、特別なものである。ケルンを去ってからもう八年もたっているので、ティンダルはその時のようにルターに入ったり出たりをくり返すのではなく、もっと大幅にまったく独自の部分を書いているのである。この一五三四年の序論を少しでも調べてみれば、ティンダルが前よりもはっきりとルター的でなくなり、自分独自のもの、もっとイングランド的なものへと向っていることがわかろう。もしも彼がもっと長生きしていたら、これから生れようとしている英国国教会に非常に深い影響を及ぼすような新しい、よりイングランド的な宗教改革の神学の構築者となったことであろう。これは想像にすぎない。けれども、彼が何ほどかルターに対する従属から離れはじめたその時に大陸でルター派として処刑されたという事実は、一抹の悲しい皮肉ではある。

ルターとの距離はヘブライ書――問題の多いことで有名な文書――への序論で最も明らかである。これはローマ書序論に次いで長く、およそ千五百字ほどの文章であるが、ルターの翻訳ではない（エラスムスの翻訳でさえない。そうすることもできたはずだが）。ティンダルはまずこの文書がパウロによって書かれたということへの疑問をはっきりと紹介することからはじめている。その疑問は古代にも当時にもあった。少なくとも四世紀のヒエロニムス（訳註13b）にいたるまでの最初期の教父たちや、比較的最近の中世の解釈者たちの間では、意見は割れていた。この書簡は使徒的にはちがいないが、パウロが書いたわけではない、といったように。一五三四年以前の二十年間にヘブライ書について文章を書いている七人の学者はいずれもこれを権威ある文書として認めてはいるけれども、うちブリンガーとエコランパディウスの二人だけが著者はパウロだとしている。ティテルマンスと一五二一年のエラスムスの二人はこの点については沈黙している。一五一六年のエラスムスとガエタノの二人はパウロが著者だという点に疑念を示している。ルターとブーゲンハーゲンの二人は反対している（また後にカルヴァンもド・ベーズも、またジュネーヴ聖書の訳者たちも反対している）。ティンダルは「この書簡については、その著者が誰であるかということについてすぐれた学者たちの間で多くの疑問があった」と認めている。パウロの他の書簡とは似ていない、と指摘し、よく問題にされる二章（三節）の句はガラティア書一章のパウロと矛盾している、と言う。しかし彼はこの問題を、「他の学者たちの判断」にゆだねる、とする。ティンダルが言うには、これは「人の信仰にかかわる問題ではない。……著者が誰であるかに疑念をさしはさむことは許される。」

そこから彼は直ちに、自分に興味のある問題に移る。すなわちもう一つの大きな問題であって、「この書簡に書かれているいくつかの文の故に」この書簡全体を排除しようというしばしば言われた意見についてである。その個所とは特に六章〔特に四―六節〕であるが、加えて十章と十二章も持ち出された。その意見によれば、これらの個所は、「もしも人が一度洗礼を受けて、その後で罪を犯したら、もはや赦されることはない」ということを主張している。もしそうだとすれば、それは「聖書の全体に逆らう」ものである、とティンダルは言う。これは実際よく知られた問題である。顕著なのは、ティンダルがここで非常に強く自分自身の意見を打ち出していることである。まず第一に、この問題を論じるのに伝統となっている議論ではなく、まったく自分自身の原則、すなわち新約聖書の個所は新約聖書全体を用いて説明すべきであり、新約聖書全体によって確認される、という原則に応じて議論していることである。第二に、この神学的な問題を、自分の読者たちの日常生活に密接に関連づけて考えていることである。ヘブライ書六章の問題の文を解明するために、彼はマタイ、マルコ、ルカ、ヨハネ及びペテロの文を――まさに権威ある著者たちを――そしてパウロ自身については第二テモテを、引き合いに出す。そして、新約聖書によれば、神の光から自分自身を意図的に切り離すことは可能である、と指摘する。第六章の問題の個所は、たとえばパリサイ派のような「悪意をもった不親切は」、「もはや聖霊が彼らのもとに来たって、彼らを悔改めさせるように働くことはない」ということを言っているだけであって、「それは聖書のうちのほかのどのテクストとも同等に真実であると私は思う」というのである。十章の個所〔二六節以下〕は、ただその前後関係に置いて読めばよろしい。これは聖霊を冒涜する罪について述べられている個所であって、それはモーセ〔の律法〕のもとで断罪されるよりもキリストのもとでもっとひどく罰されることになる。何故なら、悪意をもって真理を弾圧するような罪人には、「慈悲へと通じる道はもはや閉ざされてしまっている」ということなのだ。そして第一二章については、エサウが一度失った長子権を再びとりもどすことはできない、という文〔一六―一七節〕は、「霊的な眼をもって読まねばならない」とティンダルは言う。

エサウは長子権を売りわたした時に、単に自分の兄弟たちみなの上に立つ主人となり、その国の王となる、という此の世的な出世をおろそかにしただけでなく、神の恵みと慈悲とを拒絶したことになるのである。それはまた、アブラハムとイサクによるすべての霊的祝福を、そしてキリストにおいて我らに約束されたすべての慈悲とを拒絶したことにもなる。［もしもエサウが長子権を確保していれば］キリストはエサウの子孫ということになっていたはずなのだ。ここからして、この書簡は聖書の他の真正な文書と同様に、聖であり、神的であり、正統の教えであるということを否定してはならない、ということがわかろう。

では、もしもヘブライ書が真正な聖書の文書であるとして、それはどういう文書であろうか。ティンダルが言うには、それは「キリストの信仰の基礎」を据えるものではないが、その基礎の上に、

純粋な金や銀やまた宝石［の建物］を建てるものである。そして［旧約］聖書にもとづいてキリストが祭司であることを必然的なこととして証明している。しかしながら、聖書全体において、これほどはっきりと旧約聖書の犠牲、儀式、人物たちの持っている意味、意義を説明した文書はほかにはない。……

そういうことであるから、実際

もしも故意の盲目と悪意に満ちた悪意がなかったとすれば、この書簡だけで十分に教皇主義者たちの心の中からあのたちの悪い異端を取り除くことができたであろう。すなわち我らの教会でなされている聖礼典やら儀式やら、彼らが発明したあらゆる種類の伝承やらに関して、行為義認を主張するという異端である。

その後、最後にあと一段落置かれている。以上のところでティンダルは、最高の基準すなわち聖書そのものから判断すれば、この書簡は真正な聖書の文書である、ということを確認した。最後に彼は、この書簡は正しい位置にその核心を据えている、ということを示す。彼がここで示す短い議論の鮮明さ、その論点の力は、この書簡に関するそれまでの議論にはなかったところのものである。たとえば一五二一年にエラスムスは、旧約と新約の間の不連続性を強調する中世の議論を利用する以外のことはしなかった。ルターは、パウロが著者であるということに強く反対した後、中世において言われていた比較の言い方（キリストは旧約の律法よりも「もっとすぐれている」という程度の言い方をしていた）をひっくり返して、旧約であろうと新約であろうと、救済にはキリストだけで十分なのだ、という新しい教義を強調した。ティンダルのなしていることは、いささか異なる。彼はイングランドに居る自分の読者を知っていた。鋤で耕す少年ほかすべての人々である。そして聖書を密輸入して読むという状態に置かれていたその人々に対して彼は書いているのである。彼は単に、聖書のいかなる部分も減らすことをしない、というだけでない。この書簡が直接の影響を及ぼすことを期待していたのである。この書簡の著者は弾圧を知っていた。「キリストのために拘禁され、受難していた。」この著者は「一切をキリストのためになしていた」。だから遠くにいる群れのことを心づかって、彼らのもとにこの書簡を、そしてまた使者としてテモテを、送ったのである（訳註13c）。

## 欄外の註

ティンダルの新約聖書は、そこにつけられた註が狂暴に挑発的なものであったため、相手を非常に怒らせたのだ、などと言う歴史家が時々いる。あるいは、そもそも彼が註をつけたことそのものが人を怒らせたのだ、などと言う者さえいる。註をつけるということがそもそもまるで新しいことであったかのように。しかし実際には、欄外に註をつけるのは非常に長い歴史のあることであった。そして、ティンダルが一五三四年の新約聖書につけた註は、狂暴などというものではなかった。それはすべて、聖書の他の個所の引照であるか（ほとんどの頁に数個の引照がつけられている）、あるいは内容を短い単語で示すものである。たとえば山上の説教のある頁には、欄外に「取税人、慈善、ラッパ、祈り、おしゃべり」とある。長いものでも二十単語ぐらいで、解説的な註である。たとえばローマ書一二章の欄外には、「ここで預言とは、聖書の解説のことである。聖書の難しい個所は、意味の明らかな個所、信仰の基本的な表現の個所と一致するように説明されねばならない」とある。もしも挑発的なものがあったとすれば、それは、たとえば「義認は信仰より来る」（ローマ書三章）といったようなパウロの健全な教えの解説によってひき起こされたにすぎない。だがこれは、パウロがそこで言っていることをそのまま繰り返しただけである。

一五三四年の新約聖書が『マシューの聖書』の中に再録された時に、もっと多く欄外の註がつけ加えられた。そのうち一定数は長いものであった。最も長いものは数百単語にも及ぶもので、使徒行伝十章につけられたものである。その趣旨は、聖書は、行為によってはいかなる人も救われることはないと言っている、というものである。『マシューの聖書』のローマ書の最初の八章には、びっしりと註がつけられている。ヤコブ書にはもっと沢山ある。デイが一五七三年に二折り版でティンダルとフリスとバーンズの著作集（もちろんティンダルの訳業は再録されていない）を発行した時までに、註は更に大幅に増やされた。そこではついに、ティンダルが聖書の各文書について自分で書いた序論にまでティンダル自身が大幅に註をつける、ということにされてしまった（ローマ書序論には、二倍の註がつけられた。いずれもまったく新しいものである）。しかし一五三四年の新約聖書では、ティンダルはそういうことはごく僅かしかしていない。不幸なことに、パーカー協会版の編集者であるヘンリー・ウォルターは後世の版に従うことにした。そこでたとえばヘブライ書への序論は、ティンダル自身は一つも註をつけていないのに、七つもの註がつけられている。

## ティンダルの翻訳

ティンダルは今や presbuteros というギリシャ語の単語を「長老」（elder）と訳すことに決めた。マタイ五章の「平和を支える者たちは幸いである（Blessed are the maintainers of peace）」は「平和を作り出す者たちは幸いである（Blessed are the peacemakers）」と変えられた――読者は後者の言い方に慣れているから、それで後者の方が響きがいいと思う、というだけのことではない。こう変えれば、基本の単語である「平和」（peace）という語がもっと強く強調され、他の行の「慰められる」「義」「憐れみ深い」などという語とうまくリズムがあう。マタイ六章の最後の句〔三四節、「その日にはその日の悪で十分である」〕の問題を彼は一連のサクソン語の単語でもって勝利に満ちて解決した。一五二六年の訳では、ラテン語系の sufficient という単語や多少無器用な構文のせいで、ぴったりとうまく表現できていたというわけではない（Each day's trouble is sufficient for the self same day.）。今回は彼は for the day present hath ever enough of his own trouble としている（訳註13 d）。ここでは英語の語彙と動きのあるリズムが、ギリシャ語のすっきりした六単語の文をみごとに訳して、ほとんど格言とでも言える表現を生み出している。マタイ七章［九節、「あなた方のうち、自分の子がパンを求めているのに、石を与えるような者がいるだろうか」］では、文の順を逆にして、良い効果をあげている。すなわち which would proffer his son a stone if he asked him bread? を、if his son asked him bread, would he offer him a stone? に変えた。また［一二・四二でも、「見よここにはソロモンより大いなる者がいる」という句を］、同じように順を変えて良い効果を上げている。すなわち behold here is a greater than Solomon を and behold a greater than Solomon is here とした。マタイ八章［二六節］では、oligopistoi［信仰の小さい者たち］というギリシャ語の一単語を訳すのに、O ye endued with little faith（汝ら小さな信仰しか与えられていない者たちよ）とあったのを、O ye of little faith（汝ら信仰小さき者たちよ）と変えている。［同一一・七で］洗礼者ヨハネは「風にゆらぐ葦」（a reed wavering with the wind）であるというところ、wavering（ゆらめく）ではなく shaken（ゆるがされる）に変えている。こちらの方が印象として鮮明である。マタイ一三章［五一節］で「はい、御主人様」というところ、yea sir とあったのが、yea Lord になっている。同じく一三章［五七節］の「預言者は自分の故郷以外では敬われないことはない」というところ、There is no Prophet without honour ... とあったのを、A Prophet is not without honour ... と変えている。この前後関係ではこの方が鮮明だし、印象も強い。以上、マタイ一四章のところまで到達したが、ここまででですでに一五二六年の新約聖書と比べて二百個所以上も変更が加えられている。新約聖書全体では、五千個所以上もの変更がある。

新約聖書のギリシャ語についてのティンダルの研究は今やヘブライ語についてのしっかりした知識の上に立脚していたのだが、彼は、新約のギリシャ語のある部分には背景にヘブライ語が存在している、と主張している。この主張は、すでに彼以前にメランヒトンが何ほどか研究した可能性はあるけれども、時代をはるかに越えた認識であった。新約聖書のギリシャ語は古典の、文学のギリシャ語ではない。それは地中海東部の生きて働く言語であった。だから、エルサレムでアラム語を話す人々が、ヘブライ語の聖書に立脚した自分たちの宗教について語る場合に、そのギリシャ語にそういう色彩を与えたとしても不思議はない。パウロが旧約聖書を引用する時、ティンダルはギリシャ語の背景にまではいりこんで、ヘブライ語の原文からそれを訳している（訳註13 e）。しかし、それ自体すでに驚くべきことだが、これは彼がその序論で言おうとしたことではない。おそらくヘブライ書一〇章［八節］の訳で我々は彼が序論で言わんとしたことにもっと近づく。ここで彼は「全燔祭と罪祭」（holocausts and sacrifice for sin）と訳していたところを、「焼く犠牲と罪の捧げ物」（burnt sacrifices and sin-offerings）と変えたのである（訳註13 f）。もっともこの変更によってウィクリフ聖書の言葉づかいに近くなっているけれども。

その同じ年、一五三四年に、ティンダルは創世記の改訂版を出版した。改訂は、多少の小さい変更だけだが、重要な変更が一つある。ヘブライ語の単語の b$^{e}$rith［契約］の訳である。一五三〇年のモーセ五書では、ティンダルはいろいろ使い分けている。bond, testament ほか。しかし今回は covenant で一貫している。これは、一五三〇年代に関しては、歴史的に意味のあることとみなされてきた。宗教改革者が契約という概念を法的な方向を強調して理解する神学にむかっていたことを示す、というのである。そうかもしれない。しかしこの議論は疑問である。今まで指摘されてこなかった事実は、創世記の改訂はティンダルがたとえばパウロのローマ書九章、エフェソス書二章、四章などの再検討を終った後でやった可能性がある、ということである。特に第二コリント書三章が重要である。ここでは「契約（covenant）」［旧約の契約と違って、新しい契約］は、今回の訳では、神が「顔を隠さずに（with his face open）」なすもの、となっている［一二―一八節参照］。一五二六年の訳では、この個所［一八節］は次のように訳されていた。「そして今や、主の栄光は我らすべてのうちに、鏡を見るように、現れた。そして我らは、まさに主と同じ姿――すなわち霊――へと、栄光から栄光へと、変えられるのである

（And now the lord's glory appeareth in us all, as in a glass: and we are changed unto the same similitude, from glory to glory, even of the lord ——which is a spirit）」。この文が今度は、「しかし我らは皆、主の顔が隠されずに主の栄光を見るのである。そして我らはまさに主の霊と同じ姿に、栄光から栄光へと変えられるのである（But we all behold the glory of the Lord with his face open, and are changed into the same similitude, from glory to glory, even of the spirit of the Lord.）」となった。契約とは、みずからを顕し、我々を直接に見る神とかわす関係である。

## まとめ

一五三四年の改訂には、非常に豊かなものが多くあり、そのすべてをここで適切に紹介することはできない（註14）。これは、二十世紀最後の数十年間にいたるまで、英語を話す人々が知っている新約聖書であった。欽定訳を作った人々は、一方では多少奇妙なこともおやりになったけれども、他方では、ティンダルの新約聖書を手に入れたままそのままで後世に伝える知恵も持ち合わせていた。だから欽定訳においては、どの文もこの文も次から次へと実はティンダルの文なのである。「神にはあらゆることが可能である（With God all things are possible）」［マタイ一九・二六］、「神のうちに我々は生き、動き、我々の存在を持っている（In him we live and move and have our being）」［使徒行伝一七・二八］、「良きことをするのに、倦むことなかれ（Be not weary in well doing）」［第二テサロニケ三・一三］、「見よ、私は扉のところに立って、叩いている（Behold, I stand at the door and knock）」［黙示録三・二〇］。格言とも言えるほどの文になっているのがわかろう。すべてを上げるわけにもいかないから、以下その代りにヨハネ十章の一部［一一―一六節］を引用しておく。

I am the good shepherd. The good shepherd giveth his life for the sheep. An hired servant, which is not the shepherd, neither the sheep are his own, seeth the wolf coming, and leaveth the sheep, and flyeth, and the wolf catcheth them, and scattereth the sheep. The hired servant flyeth, because he is an hired servant, and careth not for the sheep. I am that good shepherd, and know mine, and am known of mine. As my father knoweth me: even so know I my father. And I give my life for the sheep: and other sheep I have, which are not of this fold. Them also must I bring, that they may hear my voice, and that there may be one flock, and one shepherd.

私は良き羊飼である。良き羊飼はその羊たちのために自分の生命を与える。雇われた召使は羊飼ではなく、羊もその召使のものではないから、狼がやって来るのを見ると、羊の群を残して、逃げる。そこで狼が羊たちをとらえ、羊たちは散らされる。雇われた羊飼は、雇われた羊飼であるが故に、逃げて、羊たちのことに気を配らない。私がかの良き羊飼いである。自分の羊たちを知っており、また羊たちに知られている。それは、父が私のことを知っており、私もまた父を知っているのと同じことである。そして私は羊たちのために自分の生命を与えるのである。そしてまたほかにも羊たちがいる。この囲いの羊ではない。私は彼らをも連れて行かないといけない。彼らが私の声を聞いて、全体が一つの群れになり、羊飼いも一人になるためである。

# 第十三章　『マシューの聖書』

一五四八年にエドワード・ホールの『ランカスターとヨークの二つの高貴で著名な家族の統合……』という年代記が発行された。「ヘンリー四世の不安定な時代」以降、八人の王の治世を経て、「ヘンリー八世の勝利に満ちた治世」までを扱ったイングランド史の本である。この本はたとえばヘンリー六世、エドワード四世、リチャード三世の時代の薔薇戦争の歴史に関する第一次資料でもあるけれども（そしてシェイクスピアほかの著者たちも資料として用いている）、ヘンリー八世の時代の記述がほとんど半分をしめている。

「ヘンリー八世の第二七年」という項目では、つまり一五三六年のことだが、「そして続く二月にアン王妃は早産し、子どもは死んで生れた」という簡潔だが悲劇的な文にすぐ続けて、ホールは長い段落を割いて「ウィリアム・ティンダル、別名ヒチンズ」の死を記録し、その生涯を紹介している。明瞭に正確な記述である。この項目の二番目の文は、「この人物は新約聖書を英語に訳し、それをはじめて印刷に付した。またモーセ五書とヨシュア記、士師記、ルツ記、列王記の諸文書、パラリポメノン上下、ネヘミヤ記ないし第一エスドラ記、預言者ヨナを訳した。しかし聖書をそれ以上は訳せなかった」、となっている。列王記の諸文書とは、今日サムエル記上下および列王記上下と呼ばれているものである。パラリポメノン（Paralipomenon）というのは今日歴代志（Chronicles）上下と呼ばれているもの、ネヘミヤ記とは今日では二つに分けてエズラ記・ネヘミヤ記と呼ばれているものである。ギリシャ語訳では今日のエズラ記、ネヘミヤ記が第一エスドラ（Esdras）、第二エスドラと呼ばれている。ホールの記す他の事実は正確であるし、ここで彼が歪曲すべき理由は何もないから、この点についても彼は真実を伝えていると考えられる。それにホールの本は彼が亡くなった直後にリチャード・グラフトンが出版できるように整え、印刷に付したのであるが、グラフトンは当時の英語の聖書翻訳のことをよく知っていた。

ヨシュア記からネヘミヤ記までの歴史書は、五書においてアダムの創造からはじめられた選民の歴史を引き継ぐものである。約束の地にはいるところからはじまり、王国の設立、バビロン捕囚、エルサレムへの帰還にいたるまでを物語る。つまりすべての聖書物語――そして世界の物語――の基礎になる書かれた歴史物語である。もしもティンダルがこれらの書物の翻訳を仕上げ、旧約聖書全体の半分を完成した上で、自分で印刷させたのであったとすれば、それは今日まったく残存していない。しかし彼は五書の翻訳を一五三〇年に仕上げ、創世記については一五三四年に改訂版を出し、ヨナ書を訳して印刷し、一五三四年の新約聖書の巻末には四十個所の旧約の引用が付されているのだが、そのうち六個所を除いて他のすべては五書以外からの引用であるのだから、彼がヘブライ語の仕事を続けていたのは明らかであって、またそれは彼としては当然のことであっただろう。

一五三七年に大きな二折り版の聖書が現れた。きれいな印刷で（おそらくアントウェルペンで印刷された）、各頁が二欄に分れ、黒文字の活字で印刷されていた。表題の頁は、

バイブル。すなわち全聖書。旧約と新約が、トマス・マシュー氏によって正しく純粋に英語に訳されている。天よ、聞け、そして地よ、耳を傾けよ。主が語り給うからである。一五三七年、国王陛下の慈悲深い認可に

よって発行された。

となっている。これは聖書全体が英語で発行された二番目のものである。一番目はその二年前にカヴァーデイルがなしたものであった。カヴァーデイルのものは国王に献呈されていた。こちら、トマス・マシューのものは逆に国王によって認可を受けている。これは重要な本である。

内容は容易に紹介できる。五書はティンダルのものである。多少小さな点が変えられている。新約聖書はティンダルの最後の版、つまり一五三四年版の増刷版で、通称「G・H」と呼ばれているものである。五書と歴史書以外の旧約、つまり旧約聖書の半分をしめるヨブ記、詩篇、箴言等及び全預言書は、カヴァーデイル版のものを変更なしに再録している（エズラ、ネヘミヤもそうである）。しかしながら、ヨシュア記から歴代志下までの歴史書はカヴァーデイルのものと非常に異なる。そして、既存の版のいずれかによっているとは思えない。ただ、ヘブライ語の扱いも英語の扱いも、まさに五書におけるティンダルの手法と合致する。五書では、いかにしてでもともかく意味をはっきりさせようというティンダルの決断、表現を変化させることを好むこと、そして「活動の人（men of activity）」〔創世記四七・六〕、「厄日のきまりを守った（observed dismal days）」、「高い山々の上、高い丘々の上で、そしてすべての緑の木々の下で（upon high mountains and on high hills and under every green tree）」〔申命記一二・二〕といった英語のきまり文句を作り出した彼の表現能力など、いずれもまったくカヴァーデイルとは異なるものである。ところがこれらの歴史書においては五書の場合とまったく同様に、ティンダルがヘブライ語の表現を英語に変える場合のこうした顕著な特色が多く見出されるのである。ほかにも議論をつけ足すことはできるだろうが、この表現上の個性の持続の故に、『マシューの聖書』の歴史書がティンダルによるものであることはほぼ完全に確かと言える。

この大きな本は、いくつかの顕著な特色を持っている。うち一つは頁大の挿絵である。堕落以前のアダムとエヴァの楽園における賢明そうな姿が描かれている。彼らは「自然的な自然」に囲まれている――植物、動物、天の存在、風景。いずれもそれぞれのことで忙しくしている。そのすべてを善意にあふれた創造主が主宰している。そこには蛇の片鱗も見えない。もう一つの特色は、いくつかの個所に、非常に大きな、重々しい飾り文字があることである。その点については後でもどってくるが、ここではとりあえず最後のものだけ指摘しておきたい。すなわち旧約聖書の最後に、頁いっぱいにW・Tという飾り文字がある［写真11参照］。おそらく、ウィリアム・ティンダルがこの翻訳の全体に大きく存在しているのだよ、ということを示そうというつもりなのだろう。

英語の聖書に関する国王の施策は変りつつあった。クロムウェルは国王にその出版を許可するよう説得するだけの力があった。ふつうにはこの本が我々の英語で書かれた聖書の本当に一番最初のものであるとみなされている（註1）。この聖書の全体を作った「トマス・マシュー」というまことに新約聖書的な名前の人物は、架空の人物である。ティンダルのことを隠すための偽名でしかない。そのことは、ごく最初から知られていた。一五四八年にジョン・ベイルが、一五六三年と一五七〇年にジョン・フォクスが、「トマス・マシューという名前で出された」聖書という言い方をしている（註2）。そしてこの二人とも、実際にこの本を整えたのはティンダルの友人であるジョン・ロジャーズであると言っている。

この人物はロンドンのある教会の聖職禄を一五三二年のクリスマスから一五三四年の秋まで保有していた。それからアントウェルペンに行き、そこでイングランド人会館のチャプレンとして、イングランド人の商人たちのために働いた。ということは、そこで必然的にティンダルと知り合ったということでもある。ティンダルもその会館に住んでいた。彼が一五三五年五月に逮捕されるまでの数ヶ月間一緒だったということになる。一五三六年の秋、ティンダルの死後、ロジャーズはザクセン州のある「プロテスタントの」教区の仕事を引き受けている。ということはつまり、アントウェルペンに居る間に彼は宗教改革の側についたということである。一五四〇年の十一月に彼はヴィテンベルク大学に登録している。その後イングランドにもどって来たが、メアリーの統治の初期に、改革者の立場を明らかにしたが故に、逮捕され、その年のうちに焚刑に処せられた。メアリーはプロテスタント信者約三百人を焚刑にしたが、その最初の人物がロジャーズである。彼のことを公文書は「ジョン・ロジャーズ別名マシュー」と呼んでいる（註３）。

彼はギリシャ語を知っており、ヘブライ語も何ほどか解したようである。イングランド人会館で一緒に過ごした数ヶ月の間ティンダルの翻訳の仕事を助け、ティンダルが逮捕された後では、印刷のために準備されていたその原稿の責任を引き受けた、というのが彼について長い間言われてきた伝承であるが、この伝承には証拠が数多くある。一五三五年五月にはすでにロジャーズは『マシューの聖書』のための材料を集めていたはずである。それも、なかなかうまくやっている。この聖書の最初の二十葉には序説的な文章が置かれている。まず教会暦や一五二八年から五七年の暦などの実用的なものが置かれている。それから、「聖書を学ぶための示唆を与えてくれる聖書の個所の引用……」というのが一頁置かれているが、ここには頁の下に大きな飾り文字で「ＩＲ」と記されている。ジョン・ロジャーズ（John Rogers）のことである。それから「最も高貴にして慈愛に富む君主ヘンリー八世王」への献呈の辞が三頁続く。王妃ジェーンにも敬意が捧げられ、「陛下の忠実にして誠実な臣民トマス・マシュー」と署名されている。そして頁の下には飾り文字で今度は「ＨＲ」とある。もちろん「ヘンリー王」のラテン綴り（Henricus Rex）の頭文字である。更に数頁、聖書の内容を要約した序説的な頁が続く。一種の宗教百科辞典であるが、この少し前、一五三五年にオリヴェタンがヌシャテルで印刷した新しいフランス語の聖書にのっているものを逐語的に訳したものである。それから、天地創造から一五三七年にいたるまでの世界の歴史が短く記されている。本のだいぶ後の方で、預言書の部分の表題の裏側の頁にていねいに装飾された「ＲＧ」及び「EW」という飾り文字がのっている。これは、この出版の資金を提供したロンドンの印刷屋リチャード・グラフトン（Richard Grafton）とエドワード・フウィットチャーチ（Edward Whitchurch）の頭文字であろうと言われている。（グラフトンは印刷段階でホールの『年代記』を校閲しているから、この年代記がティンダルの翻訳の仕事に関して述べていることは正確な記述であると考えられる。）「WT」という頭文字は預言書の最後、外典の前に置かれている。外典は、カヴァーデイルの聖書と同様、ここでも聖書に含まれるものとみなされている。

ロジャーズは編集者的な仕事をしている。ティンダルの本文に対して加えた変更はほんの僅かであるが、目立つものである。すでに論じた蛇がエヴァに対してものを言うせりふ、「Ah, sir ...」という句をロジャーズは「Yea: hath God said indeed, ye shall ...（へえ、神は本当に言ったのですか、あなたは……いけない、と）」と書き直している。可能性としては、ティンダル自身が三度目の改訂（一五三四年の改訂では「Ah, sir ...」をそのまま保存している）としてこう直す気になったのかもしれないが、ロジャーズがもう少し月並なものの言い方に変えた可能性もある。我々としては後者の可能性に傾く。創世記全体で五七個所の変更があるが、そのほとんどは「耳飾り」を「金の耳飾り」としたり、「すする」という語を sip から sup に変えたり、といった程度のものである。意味のある変更は五つ六つというところか。たとえば創世記四六章〔三四節〕でティンダルが「羊を飼う者はすべてエジプト人にとってはおぞましいものであった（For an abomination unto the Egyptians are all that feed sheep）」と書いたものを、「エジプト人は羊飼いをすべて嫌った（For the Egyptians abhor all shepherds）」と変えた。こちらの方がすっきりしているが、二つのちょっとした陰影が失われている。「おぞましいもの（abomination）」という名詞と、羊を飼うという行為を動詞（feed）で表現しているところである。二六章〔一九節〕で「湧き出る水（springing water）」を「生ける水（living water）」としたのも、イサクの下僕たちが谷で井戸を掘った時に見つけたものの力を少し低下させた程度である。もっとも「生ける水」の方が直訳である（訳註3a）。二四章［五八―五九節］で、リベカは、この男（イサク）と共に行きたいかとたずねられると、「はい（yea）」と答える。ティンダルは続けて書く、「そこで彼らは妹のリベカを出立させた。リベカの乳母とアブラハムの下僕も（Then they brought Rebecca their sister on the way and her nurse and Abraham's servant）」。『マシューの聖書』ではこれを「そこで彼らは妹のリベカを乳母と一緒に生かせた（So they let Rebecca their sister go with her nurse ...）」としている。これまたすっきりして、かつ直訳的であるが、少し人間性に欠ける。四九章［二二節］でティンダルは「娘たちが支配するにいたる（the daughters come forth to bear rule）」としているが、ロジャーズはより良いヘブライ語の写本を見ることができたのか、それともヘブライ語をよく知っている人の助力を得たのか、「娘たちは壁の上に駈けあがった（the daughters ran upon the wall）」と変えた。この個所は今日では「枝が壁の上に生えのぼる（the branches climb over the wall）」と訳すのだが、ロジャーズは苦労して、現代の訳に半分だけ到達したのである。このように訳文がまったく異なることがあるのは、古代のヘブライ語の詩がいかに難しいかをよく示している。だから、一つの単語の変更に手をつけるだけでも、賞賛に価するといえよう。しかし、ロジャーズが印刷した「娘たちが壁の上に駈けあがる」という文は、意味をなさないし、その意味を想像することもできない。ティンダルの原文の「支配するにいたる」の方が少なくとも理解できる。従って、この変更はティンダルのなしたものとは考え難い。

五書全体で数えると、ティンダルの原文が『マシューの聖書』で変えられているのは、全部で三百三十個所ある。うち相当数は brodered を bordered（接する）に、ox を bullock（雄の子牛）に、date tree を palm tree（やしの木）に変える、といった程度の小さい変更である。しかし重要な変更も一定数ある。出エジプト記二八章［三〇節］でティンダルが「光と完全」と訳していた個所は「ウリムとトンミム」になった。残念なことである。同十章〔七節〕では、ファラオの廷臣たちのせりふが鋭さを欠くことになる。『マシューの聖書』では彼らはモーセのことについて、「私たちはいつまで、こうして、しょうがない依願を聞かされるのでしょうか（How long shall we be thus evil intreated?）」と言っているが、ティンダルの一五三〇年の版では「この男はいつまでこうして私たちを悩ますのでしょうか（How long shall this fellow thus plague us?）」となっていた。ティンダルの「悩ます（plague）」という能動態の他動詞は直接的に的を射ている。それに対して自動詞的な受身の「しょうがない依願を聞かされる」はずっと遠回しな言い方である。かつ、問題になっているのが誰であるか（「この男」）を指摘していない。レヴィ記二〇章〔六節〕は、一五三〇年のティンダルでは、主の言葉が「霊を操る人間や厄日を定める人間のところに行って、その人間を崇めるような者がいれば……（If any soul turn unto them that work with spirits or makers of dismal days and go a-whoring after them ...）」となっているのを、「魔術師や占い師のところにむかわせ（turn him to enchanters or expounders of tokens）」と変えている。レヴィ記二五章にくり返し出て来る「五十年目の年」を『マシューの聖書』ではそのつど「ヨベルの年（year of jubilee）」と記している〔一〇、一三、一五節ほか〕。ティンダルのもとの文は「角笛を吹く年（year of horns blowing）」、「ラッパの年（trumpet year）」、「角笛の年（horn year）」などと訳し分けている。これならともかく意味をなす。「ヨベル」では翻訳とは言えない。民数記では『マシューの聖書』はティンダルが不注意で落とした文を二つ拾い上げている。また他の個所では（レヴィ記一一章、申命記一章）ティンダルが不注意でくり返したものを削っている。

上記のように、ロジャーズの仕事は編集者的なものである。問題のある個所についてより良い知識を導入しよう、時にはより良いヘブライ語の本文にあたろうという姿勢が見られる。それも、ティンダルの五書が発行されてからほんの数年の間になされた仕事である。ジョン・ロジャーズのヘブライ語の知識は、この仕事をするのにふさわしいものであったと思われる。しかし彼は、ティンダルが連れ去られた後もこの仕事を一人でやったわけではないだろう。また彼がカヴァーデイルの英訳聖書を目の前に置いて仕事をしていたのは確かである。上記の「ウリムとトンミム」のような変更の多くはカヴァーデイルですでになされているものである。ロジャーズがなしたことが正しく評価されるためには、一五二九年から一五三五ないし三六年の間に大陸でヘブライ語の知識がどこまで進歩したかについてもっと多くの研究がなされねばなるまい。しかし彼がなしたことは、それも輝かしくなしたことは、ティンダルの五書の二十万語に及ぶ文をそのまま、イングランドの影響力の大きな読者層のもとにとどけたことである。それよりももっと長い新約聖書についても同様である。こうして彼のおかげで、以後数世紀にわたって使われる英語の聖書の大部分をティンダルの訳がしめる、という伝統が確立したのである。ロジャーズが導入した三百個所あまりの変更は、このことの大きさと比べれば、ほとんど無視していいほどのものである。五書についてのロジャーズの編集者としての手法を頭に置いて、我々は歴史書についても確かな判断をなすことができよう。歴史書はロジャーズの編集したものしか伝わっていないのだが、この部分についても我々が手にしているものはティンダルの仕事であるとまずは絶対に確信できる。

形態は非常に異なる。ティンダルの一五三〇年の五書は小型の小さな本である。頁の見ばえはすっきりしていて、きれいに印刷された本文以外には何もつけられていない。本文は、文書によってはローマ字の活字で印刷されている。そうでないものも、すべて、見やすい。たまに短い註がついているだけである。章の数字でさえ控えめに小さい。それに対し一五三七年の『マシューの聖書』は大きな二折り版で、部厚く、重い（訳註3b）。本文はごつい黒文字の活字で、各頁が二欄に分けて印刷されている。（一五四九年にいくつか再版が出た。うち一つは残念ながらマイクロフィルムになっている。また一五五一年に最後の版がいくつか出た。これらはいずれも小さめの二折り版で、本文が押し詰められてしまって、しばしば判読し難い。）各文書のはじめの頁は、装飾が印刷されている。また各頁のはじめに、大きな文字でその頁を要約する柱がつけられている（「サウルは自ら死んだ」というように）。章の区切りは大きく区切られ、章の数字の前にその章の要約がある。そして外側の欄外に大きな大文字で段落の数字が記されている（節の数字は英語の聖書ではまだ用いられておらず、この二十年後に現れたジュネーヴ聖書ではじめて出て来る）。欄外には註記がびっしり記されていて、霧雨が降っているかの如くである。聖書のほかの文書の引照、説明的な註、重要な個所であることを指し示す記号、小見出し的なもの（たとえば列王記下の後半や歴代志で王の名前を入れる）、など。しかしながら、これらの欄外の書き込みはまだ小雨といった程度である。一般的な傾向としては、十六世紀も末に近づけば近づくほど、註記はますます増えていく、と言える。たとえば、ジョン・デイの復刻版は、一五五一年以降、更につけ加えられた註で欄外はいっぱいになり、ジュネーヴ聖書の一五九九年以降のいくつかの版では、黙示録など、小さな活字の註記が頁いっぱいにひろがり、聖書の本文はすみっこに押し込められている。

これらのうち、引照はロジャーズないしティンダル自身によるものではない。しかし欄外の註は、私の検討した限りでは、この二人のどちらかのもののようである。それは他のヨーロッパの聖書の註をまるごと写したものではない。そういう写し方は当時としては普通になされていたことであるが。

## ティンダルと歴史書

ティンダルは、歴史の大波のとうとうたる流れを記載した八巻（訳註3c）の書物を前にしていた。ヨシュア記一章、「主はヨシュアを約束の地に侵入するよう励ました」（一章の要約にそう記してある）というところからはじめて、「ユダはバビロンに連れて行かれた」（列王記下の最後の章につけられた表題）にいたるまでである。その次にまた歴代志の上下で、今度はアダムからはじめて、しばしば退屈な藪の中を通る感じだが、もう一度すべてがくり返される。最初の二つの文書、つまりヨシュア記と士師記は、強烈な、時に驚くべき物語と、単なる表とを交互にのせている。歴代志もそうだが、こちらは生き生きとした描写に欠ける。そのすべてをうまく訳すには、ティンダルはまず二つの技術を必要とした。一方では物語の語り方、他方では、家系、部族、村々の名前の長い表をせめて少しでも面白いものにする仕方である。加えて、難しい詩文が士師記五章やサムエル記下二二章あるいは歴代志上一六章などで長々と出て来る。短い詩文はあちこちに顔を出す。以上の翻訳の仕事は、たとえば創世記の場合と比べると、よほど大きな課題に立ち向かわないといけない。創世記の古い散文は、語彙も少なく、構文も比較的単純であった。それに対しサムエル記や列王記では、翻訳者はしばしば、ダヴィデ王やソロモン王の側近の生活の微妙なものの言い方に通じていた宮廷史家のヘブライ語とつきあわないといけないのである。

まず表から扱おう。ティンダルは、可能なところでは、いろいろ変化をつけている。たとえば順に交代していく指導者の名前の表で、ヘブライ語の前置詞と代名詞を組合せた語 tahtaw（彼の代りに）を、in his room, in his stead, in his place などと語を換えて訳している。あるいはヘブライ語の名詞の mahaloqet という語を（訳註3d）、簡単な単語ではあるが、number, host, part, company などと訳し分ける。しかしこういう個所ではティンダルが手腕を発揮する余地はあまりない。ヨシュア記の後半に出て来るいろいろな表や、歴代志上の最初の九章、最後の五章などがそうである。

詩はこれとは逆の問題を生じさせる。つまり、あまりに多くの可能性があるのである。詩の基本の技術は、同じことを変化をつけて言う、というところにある。二行の並行句を並べて効果を発揮する（「私は彼らを地の塵のように細々と打ち砕く。街路のほこりのように踏みつぶす」、サムエル記下二二章［四三節］）。しかし古代のヘブライ語の文は意味をはっきりととらえることが難しいことがある。だから、鮮明な文を書こうというティンダルの意欲は、ここで障害にぶつかる。彼が翻訳する上で参照することのできた知識が限られていたことを思えば、ずい分とよくやったと言える。一六〇九年にこの部分の翻訳を担当した欽定訳のロンドンの委員たちは、ヘブライ語の研究がその後七十年たってずっと進歩したことの恩恵を受けていたし、ヘブライ語本文の正文批判もずっと進んでいた。しかしそれでも、ティンダルが訳した三つの長い詩は、これらの学者たちも結局ほぼそのまま継承することとなったのである。サムエル記下二二章はほぼ詩篇一八篇と同じ詩である。祈祷書にはカヴァーデイル訳の詩篇が採用されているが、それを見ると、カヴァーデイルが詩篇の翻訳に際してどういう仕事をしたかを容易に見てとれる。

欽定訳は詩篇一八篇三二―三八節を以下のとおりに訳している。

God is my strength and power: and he maketh my way perfect.
He maketh my feet like hinds' feet: and setteth me upon my high places.
He teacheth my hands to war; so that a bow of steel is broken by my arms.
Thou hast also given me the shield of thy salvation: and thy gentleness hath made me great.
Thou hast enlarged my steps under me; so that my feet did not slip.
I have pursued mine enemies, and destroyed them; and turned not again until I had consumed them.
神は私の強み、私の力。神が私の道を完全にして下さる。
神は私の足を雌鹿の足のようにし、そして私を高いところに立たせる。
神は私の手に戦いを教え、鋼の弓も私の腕によって打ち砕かれる。
汝は私に汝の救いの盾を与え給うた。汝のやさしさが私を大きくした。

汝は私の足どりを私の下で大きくして下さった。だから私の足はすべることがなかった。

私は私の敵を追い、滅ぼした。彼らを食いつくすまで、私は引き返すことがなかった。


それに対しカヴァーデイルは、ここで思い出しておく必要があるが、ヘブライ語をほとんど知らなかった。だから主としてヴルガータから訳した。従って、可能なところではほかの助けも得たとしても、目立って異なる感じを与えている。

It is God, that girdeth me with strength of war: and maketh my way perfect.
He maketh my feet like harts' feet: and setteth me up on high.
He teacheth mine hands to fight: and mine arms shall break even a bow of steel.
Thou hast given me the defence of thy salvation: thy right hand also shall hold me up, and thy loving correction shall make me great.
Thou shalt make room enough under me for me to go: that my footsteps shall not slide.
I will follow upon mine enemies, and overtake them: neither will I turn again till I have destroyed them.

私を戦う力で武装して下さるのは神である。また私の道を完全にして下さる。

神は私の足を雄鹿の足のようにする。そして私を高いところに立たせる。

神は私の手に闘うことを教え、私の腕は鋼の弓も打ち砕くであろう。

汝は私に汝の救済による保護を与え給うた。汝の右手が私を支え、汝の慈愛に富む矯正が私を大きくするだろう。

汝は私が行くのに十分な空間を私のもとに作って下さるであろう。だから私の足どりはすべることがない。
私は私の敵を追いかけて、つかまえるだろう。彼らを滅ぼすまで私は引き返すことがないだろう。

これに対し、ティンダル訳［サムエル記下二二・三二以下］は以下の通りである。

God is my strength in war, and riddeth the way clear before me. And maketh my feet as swift as an hinds', and setteth me fast upon my high hold. And teacheth my hands to fight, that a bow of brass is too weak for mine arms.

And thou hast saved me with thy shield, and keptest me ever in meekness. And thou madest me space to walk in, that my feet should not stumble. I followed mine enemies and destroyed them, and turned not again until I had consumed them.

神は戦さにおける私の力である。私の前で道を清めて下さる。私の足を雌鹿の足のように速くなし、私を高い位置にしっかりと立たせる。そして私の手に闘うことを教えて下さるので、黄銅の弓も私の腕には弱すぎる。

汝は汝の盾で私を救い給うた。そして私をおだやかさの中に保って下さる。汝は私が歩むべき空間を確保して下さる。だから私の足はつまづくことがない。私は私の敵を追い、滅ぼした。私は彼らを食いつくすまで引き返さなかった。

ティンダルは、いつものように、鮮明である。最初の文は、戦争における私の力であるところの神を主語に置いている。一切はその点に凝縮する。「私の前で道を清めて下さる（riddeth the way clear before me）」というのは、欽定訳やカヴァーデイルの「私の道を完全にして下さる」ではわからない様子をはっきりと示してくれている。ヴルガータはここのところを et posuit immaculatam viam meam（私の道を問題のないようにして下さった）としている。ルターは und macht meine Wege ohne Wandel（私の道を間違うことのないようにして下さった）である。カヴァーデイルと欽定訳の「弓」は鋼鉄で、ヴルガータは青銅であるが、ルターとティンダルは黄銅である。もっともドイツ語では bow of brass などと韻をふむことはできないが。カヴァーデイルは「私が行くのに十分な空間を私のもとに作って下さるであろう（Thou shalt make room enough under me for me to go）」としているが、これはルターの Du machst unter mir Raum zu gehen を直訳したものである。そしてこの方が欽定訳の「私の足取りを私の下で大きくして下さった（enlarged my steps under me）」よりもよい。欽定訳のこの句はヴルガータの Dilatasti gressus meos subtus me を訳している。そしてヴルガータは七十人訳が「私の足取りを広くし……（widen my steps）」としているのに従ったのである。ヴルガータの「弱々しい足取り（infirmata vestigia）」（これもまた七十人訳に従っている）とルターの「足首を……すべらせる（Knochel ... gleiten）」は、どちらも、カヴァーデイルの「すべる足取り（sliding footsteps）」や欽定訳の「すべる足（slipping feet）」のような表現力はない。しかしそれよりもティンダルの「足はつまづくことがない（feet should not stumble）」の方がよい。これは足の弱さ、すべること（gliding, sliding, slipping）などと違って、自分の前の道が清められたことから生じる結果を的確に示している。最後に、この文の最後の句については、欽定訳はティンダルのものをそのまま頂戴している。

カヴァーデイルがこの詩全体を通して動詞を過去形にしたり未来形にしたりしているのは、ヘブライ語をあまり学んでいない訳者が何とかヘブライ語を訳そうとしたことから生じる当然の結果である。しかしこの詩においては未来形は七十人訳でもヴルガータでもルターでも用いられていない――ティンダルも。この詩全体を支配している時制は、ヘブライ語では、未完了である。これはいろいろな意味を含みうる。カヴァーデイルは未来だけを考えた。そうするとこの詩の作家は、契約はまだこれから実現されるべきことと考えていたことになる。たとえば前の方の句〔一七節〕は「彼（神）は高みから私をつかまえようと遣わされるだろう。そして私を多くの水から取り上げて下さるだろう（He shall send down from on high to fetch me: and shall take me out of many waters）」と訳されている。ティンダルはヘブライ語をもっとよく知っていたから、ここでは過去形にし、その結果もっと力強い文となり、かつ、詩篇の作家が言おうとしているのは、神は私に対してこのことをなして下さったのだから、今もなおここにいますのであり、今もなおそれをなし続けて下さるということだ、と示すことができた。ヘブライ語の未完了はこういう過去の意味を含むのである、「彼は高みから遣わして、私をつかまえた。そして激しい水から私を引き抜いた（He sent from on high and fetched me, and plucked me out of mighty waters）」。ティンダルがヘブライ語の yamsheni を「引き抜く（pluck）」と訳しているのは良い訳である（出エジプト記二章でファラオの娘が赤ん坊にモーセという名前をつける場面で、「私がこの子を水から取り出した（I took him out of the water＝ティンダルの訳）」と言うところで使われている動詞である）。「引き抜いた（plucked）」は、カヴァーデイルの「取るだろう（shall take）」、七十人訳の「つかまえた（proselabeto）」、ヴルガータの「取り上げた（assumpsit）」、ルターの「引いた（zog）」よりもよい。

ティンダルはヨブ記、詩篇、イザヤ書、ないしエレミヤ書に到達する前に処刑された。従って、彼が旧約聖書のこれらの詩的高みをどのように訳すことができたのか、我々はもはや決して知ることができない。唯一の例外は『マシューの聖書』で詩篇と重なるこれらの部分である。サムエル記下二二章と詩篇一八篇の重なりに加えて、歴代志上一六章が詩篇一〇五篇、九六篇、一〇六篇と重なっている。それからまたティンダルが預言者を引用した僅かの個所がある。それらについては、この章の最後に扱う。ティンダルが最も難しい詩の文章を扱う仕方を知ることは、彼のヘブライ語と英語の技術を評価するのに良い方法であるから、我々はここで更に詩篇一八篇の個所をあと二つだけ簡単に扱い、それから『マシューの聖書』の詩をもう一つ扱うことにする。その後で、士師記、サムエル記、列王記の物語の語り手としてのティンダルに移ることにする。

この詩の終りの方で、カヴァーデイルが次のように訳している個所がある〔四四節後半—四六節。一部の日本語訳と英語訳では四三節後半—四五節〕。「私が知らなかった民が私に仕えるだろう。彼らは私のことを聞くとすぐに、私に服するだろう。しかしよその子どもたちは私に対してしらを切るだろう。よその子どもたちは衰え、自分たちの獄の外で恐れるだろう(A people whom I have not known shall serve me. As soon as they hear of me, they shall obey me: but the strange children shall dissemble with me. The strange children shall fail, and be afraid out of their prisons)」。カヴァーデイルが「よその子どもたち」としているのは、ヴルガータの filii alieni をそのまま訳しただけである(そしてヴルガータは七十人訳の hyioi allotrioi の直訳である。そこからルターの fremden Kinder にいたる)。しかしカヴァーデイルは、この「よそ者の子ら(sons of aliens)」の行動についてヘブライ語原文が記していることをうまくわかるように訳していない。現代の訳で最もわかりやすいのは、多分、エルサレム聖書(一九六六年)だろうか、「私が知らなかった民が今や私の僕である。異邦人が私にこびを売りに来る。私のことを聞くや否や、彼らは私に従う。異邦人は心が青ざめ、ふるえながら砦から出て来る(A people I did not know are now my servants, foreigners come wooing my favour, no sooner do they hear than they obey me. Foreigners grow faint of heart, they come trembling out of their fastnesses)」(訳註3e)。ヘブライ語原典の言わんとしていることは、征服された者たちのへつらいである。彼らは恭順の様子を示す以外に仕方がない。ティンダルは「というのは、私が知らなかった民が私の僕となった。そして異邦人が身をかがめて私に近寄り、一言で私に聞き従う。異邦人はちぢみ上がり、閉ざされた場所でも恐れでふるえるだろう（For the people which I knew not became my servants. And the aliens crouched unto me, and obeyed me at a word. And the aliens that shrink away shall tremble for fear in their defended places）」と訳している。そして「閉ざされた場所」に註をつけ、「すなわち、砦の中で身をひそめ、隠れていようとも、という意味である」としている。なおこの場合の defended の字義通りの意味は shut up である。ティンダルはすぐにわかるように書いている。その理由の一つは、彼の用いる動詞が直接的に現実的であるからである。「身をかがめる」「ちぢみ上がる」「ふるえる」。エルサレム聖書の come cringing、改訂英語聖書の come fawning の方が〔どちらも「近づいて来てへつらう」の意〕、現代のより正確なヘブライ語の理解に基づいているのであろう（訳註3f）。しかしティンダルの「身をかがめて私に近寄り（crouched unto me）」は最も現実的に場面を再現している。劇の中の一つの瞬間と言えるほどのものである。続けて「一言で私に聞き従う」というのも、直接的に動的な効果を上げている。この動きで「異邦人」が生き生きとした存在になる。しかも動きがそこで止まるわけではない。カヴァーデイルはぼやけている。「よその子どもたちは私に対してしらを切る。……衰えるだろう。」ティンダルは一貫して動きを追っている、「異邦人はちぢみ上がり、閉ざされた場所でも恐れでふるえるだろう」。（ここのところで現代の訳〔改訂英語聖書〕は「異邦人はがっくりくるだろう（foreigners will be disheartened）としている。これではまるで、ヒースロー空港で荷物のワゴンを見つけそこなった、といったような感じだ。）（訳註3g）。

ティンダルの詩篇の訳は、動きのある動詞でうまっている。「私は彼らを消耗させて、打ち叩いた。だから彼らは立つことができず、私の足もとに倒れた（I wasted them and so clouted them, that they could not arise: but fell under my feet）」（サムエル記下二二章〔三九節〕）。カヴァーデイルは「私は彼らを強打する。そこで彼らは立つことができず、私の足もとに倒れるだろう（I will smite them, that they shall not be able to stand: but fall under my feet)」としている。ティンダルの「いと高き者〔神〕」は稲妻を「投げつけた(hurled)」〔一五節〕。カヴァーデイルでは cast forth となっている。ヘブライ語の原文ではここは動詞が省略されている。しかし、カヴァーデイルがティンダルよりも点をかせいでいる個所もある。ティンダルが「主よ、汝はわが光。主はわが暗闇を照らし給わん(Thou art my light, O Lord, and the Lord shall light my darkness)」としているところ〔二九節〕、カヴァーデイルは「汝はまたわが灯火をともし給わん。主なるわが神はわが暗闇を光に変え給う(Thou also shalt light my candle: the Lord my God shall make my darkness to be light)」としている。欽定訳はここはほぼカヴァーデイルに従っている(訳註3h)。

最後にこの詩のはじめの方の二文からなる句を、ティンダルが身体で感じられるような明晰さを追求している例として示しておこう〔五―六節〕。カヴァーデイルは「死の悲しみが私を囲み、神に逆らう激流が私を恐れさせる。地獄の苦しみが私のもとに来たり、死のわなが私をとらえた(The sorrows of death compassed me: and the overflowings of ungodliness made me afraid. The pains of hell came about me: the snares of death overtook me)」と訳している。後のジュネーヴ聖書はもう少し理解しやすくしている、「死の悲しみが私を囲み、邪悪の洪水が私を恐れさせた。墓の悲しみが私のまわりを囲み、死のわなが私をとらえた(The sorrows of death compassed me, and the floods of wickedness made me afraid. The sorrows of the grave have compassed me about: the snares of death overtook me)」。そして二度目の「悲しみ(sorrows)」に欄外の註をつけ、「あるいは縄ないし太索(or, cords, or cables)」と説明している。欽定訳はほぼジュネーヴ聖書に従っているが、「邪悪の洪水」というところ(カヴァーデイルの「神に逆らう激流」)を、さかしらにももっと鮮明にしようとしている、「神に逆らう人々の洪水(the floods of ungodly men)」。しかしあまり成功しているとは言えない。また欽定訳の訳者たちは最後の動詞をヴルガータに従って訳している、「死のわなが私を妨げた(the snares of death prevented me)」（訳註3-i）。これは、死が誰かを追いかけて来てとらえる、という古典的な死のとらえ方を表現していて、正しいけれども重く、混乱させる。ヘブライ語の原文は基本に二つのイメージを置いている。どちらも具体的で、それぞれが並行句になっている。一つは大量の水で、溺れさせるもの。他は縄で、わなにかけて縛るもの。ヘブライ語の語は多義的で、結び目を作るという基本の意味から展開する。一つは縄で（多分縄と訳すのが正しい）、他は苦しみで身をよじる、という意味である。水も縄も、それによってとらえられると、死にいたる。二つの主要な名詞（ジュネーヴ聖書の「邪悪」と「墓」）はどちらも固有名詞である。エルサレム聖書はそのことを認識している、「死の波が私をとり囲み、ベリアルの奔流が私に向って襲いかかった。シェオルの縄が私をぐるぐるまきにし、死のわなが私の前にあった（The waves of death encircled me, the torrents of Belial burst on me; the cords of Sheol girdled me, the snares of death were before me)」。これで言語的には正確なのだが、特に最後の行が不鮮明である。しかし二行目は改訂英語聖書の「破壊的な大波が私をとらえた（and destructive torrents overtook me)」なんぞよりはずっと良い（訳註3-j）。

ティンダルは――この句を最初にヘブライ語から訳したのはティンダルだが――「死の波が私を閉じ込めた。そしてベリアルの洪水が私を恐れさせた。地獄の縄が私のまわりを囲み、死のわなが私をとらえた（For the waves of death have closed me about, and the floods of Belial have feared me. The cords of hell have compassed me about, and the snares of death have overtaken me)」と訳した。Fear という他動詞のこういう使い方と、compass about という言い方は、今では用いられない。以上のすべての訳のうちで、ティンダルだけが原文の並行する具体的な名詞と、同じく並行する具体的な動詞が強度に単純明快に流れていく様子をうまく保っている。waves, floods, cords, snares 及び closed about, feared, compassed, overtaken.

## 「デボラの歌」

士師記の第五章は非常に古い英雄歌である。デボラとバラクがシセラとカナンの王たちに対して勝利し、イスラエルを抑圧から救ったことを祝って歌ったものである。初期のヘブライ語の詩がすべてそうであるように、これもまた力に満ちた詩であるが、しばしば難解である。この詩は特に難しい。本文の相当部分が修復不可能なくらいに破損していることが明らかだからである。ここでは翻訳者の仕事は、ひどくずれてしまわない範囲内でともかく意味のある文を作り出すことである。従ってこれは、訳者の力量をためすのに良い場所である。一五三〇年代の半ばには、ティンダルはいつもと同様、七十人訳とヴルガータとルターの訳文とを手元に持っていただろう。しかしこのように有名な難しい個所に関しては、これ以外の参考書も必要としたことだろう。サンクテス・パグニヌスのヘブライ語からの新しい翻訳が一五二八年に発行された。ひどいラテン語であるけれども、慎重に逐語訳しているせいでヘブライ語の本文の意味を明らかにしてくれているから、広く用いられるようになっていた。ティンダルはまた、一五三五年の二月にヌシャテルで発行されたカルヴァンの従弟のピエール・ロベール・オリヴェタンのフランス語訳も見ていたかもしれない。これは、ほかの誰もがそうしていたようにパグニヌスを利用しているけれども、しかしヘブライ語の原典によくさかのぼってなされた訳である。（この影響関係が反対の方向であったという可能性も、完全にないというわけではない。ティンダルのヘブライ語に関する考察がオリヴェタン聖書のような宗教改革の文書に伝えられて現れている、という可能性である（訳註3k）。一五三〇年代のヨーロッパの宗教改革者たちの間でのヘブライ語の研究に関する相互影響については、もっと研究される必要がある。）この詩を考察するために、やや後の時代の話だが、これよりも四分の一世紀後のジュネーヴの学者たちと、それより更に半世紀後のジェイムズ王のロンドンのチームのことを眺めておく意味もあるかもしれない。ロンドンのこの学者たちは、国王の命令により、下手くそで、後向きで、ラテン語風に重苦しい一五六八年の『司教たちの聖書』に基づいて仕事をするように、という義務を負っていた。その理由の一つは、『司教たちの聖書』には欄外に註がない、ということであった。しかし、聖書の多くの個所において彼らはその義務を守らなかった。ヘブライ語の進んだ知識がいろいろこの訳にはいりこんでいる（註4）。彼らのヘブライ語テクストの読み方がティンダルを支持するものとなっているかどうか見てみるのも、多分意味のあることであろう。

ティンダルは常に自分の仕事のアウトプットの側を特に心がけていた。だからここでも、詩のはじめをいかに響かせるかに注意している。右に上げた翻訳はすべて（オリヴェタンのみ例外）最初の句を、ヘブライ語の原文にならって動詞を最初に置き、たとえば次のようにはじめている、Then sang Debora and Barak ... on that day, saying ...（そして歌った、デボラとバラクは……かの日に。言う……）。それに対しティンダルは英語の普通の語順が「主語＋動詞」であると知っていただけでなく、四つの重い和音を響かせる単語をこの句の最後に置いている、Then Debora and Barak the son of Abinoam sang the same day: saying ...（オリヴェタンはそれとは逆に叙情的である、Et en ce jour-là Deborah et Barak ... chantèrent, en disant ...）。Sang the same day saying はトランペットの響きのようである。「主を誉めよ（Praise the Lord）」、とティンダルは続ける。意欲のある人々への呼びかけである。「イスラエルのほかの者たちはおとなしく座っているけれども（while other sat still in Israel）」。これはティンダル独自の、個性的な訳である。彼はほかの訳がここで書いていることを無視する。つまり「復讐」の要素である（もっとも、欄外にそれを記しているけれども）。ヘブライ語の字義通りの意味は、髪の毛の結び目を解くということで、そこからティンダルはくつろいだ格好でごろごろしている人々の様を読みとる。ルターは、何もしないでいるという点は表現しているが、だらけた様子は示していない、「イスラエルの大きな人々はおとなしく座っているけれども（da die grossen inn Israel still sassen）」（訳註4a）。

ティンダルは続ける、「王たちよ、聞け。君主たちよ、耳を傾けよ。私は歌う、……（Hear kings and hearken lords, I will sing ...）」。原文が「私」を重々しく繰り返し強調するのを七十人訳は避けているが、それに従ったのはティンダルだけである。ヴルガータは ego を反復し、オリヴェタンは moymesme moymesme je chanterai とし、ルターも Ich will dem HERRN will ich singen と ich を反復する。ティンダルはむしろ「私」の反復を避け、続く文の焦点へとすんなりと移って行く、「イスラエルの神なる主を誉める（praise unto the Lord God of Israel）」。こうしてティンダルは「聞く」を意味する単語の反復で強調を表現するだけで、あとは単語をうまく節約しているから、この三節全体を十七語ですますことができた。ルターとジュネーヴ聖書は二四語も使い、欽定訳にいたっては二七語も使っている。ティンダルはおそらく、ヘブライ語にある反復強調をそのまま英語で再現すると、文章を理解しやすくすることの妨げになると考えたのであろうか。理解しやすくする、というのが彼にとっては最高のことであった。

そのすぐ先、主［なる神］が現れるところ、ティンダルの訳は「地は震い、天は雨降らせ、雲は水を落とした（the earth trembled, and the heaven rained and the cloud dropped water）」。「雨降らせる（rain）」と「水を落とす（drop water）」はヘブライ語では二度とも同じ単語である。七十人訳、ヴルガータ、パグニヌス、オリヴェタン、ルターもそうしている。欽定訳も。しかしティンダルは変化をつけることを好む。ジュネーヴ聖書はティンダルをそのまま採用している。次いで、山々が「流れた」というところ。ほかの訳はそのまま「流れた」としているが（ルター、Die berge flossen）、ティンダルは独自に「山が溶けた（the mountains melted）」とする。これは格調の高い詩らしくうまく頭韻をふんでいるのだが、同時に、物質的な動きがある。「山が流れる」というのはまあ一つの表現だが、「山が溶ける」と言えば、そもそも流れる前に溶けないといけないのだが、その方が印象が強烈である（一九六六年のエルサレム聖書はこの訳を採用している）（訳註４b）。

すでに三つの文を紹介したが、ティンダルがヘブライ語を訳すのにいかに独自のものを打ち出しているかというだけでなく、独得な仕方で英語を歌わせていることがわかるだろう。この調子で士師記五章を全部通してすべての語句を説明していったら、確かに意味のある作業だし、特にティンダルがいかに鮮明な訳を提供しようとしているかがよくわかるだろうけれども、長々と退屈な事になってしまうかもしれない。ただ、この歌の特に厄介な個所を、あるいはティンダルの特に巧みなところを、いくつか見ておく価値はあるだろう。すぐ次で「シャムガルの時代には、街道はなくなった」という文［六節］。ほかの訳はそう訳している（the highways ceased）。ルターは「道は過ぎ去られた（waren vergangen die wege, 字義通りには were passed away the ways）」としている。これではあまりすっきりしない（訳註４c）。ティンダルはこの場面もまた物理的に見て、「街道には誰もいない（the high ways were unoccupied）」と訳した（ジュネーヴ聖書と欽定訳はそれに従っている）。そして欄外に長い註をつけて、その意味を説明している。この註は、さまざまな庶民の姿を描くものである。「農民も市民も……旅人も……農夫も」あえて「町や集落や村から外に出ることはしない」。「すぐに強盗にやられることを」恐れるからである（ジュネーヴ聖書はこの註を要約して採用している）。

続いてティンダルは「彼らが市門のところで戦った時、神は新しい戦争の仕方を選んだ（God chose new fashinos of war, for when they had war at their gates）」［八節］とする。エルサレム聖書は「神のために立たねばならなかったはずの者たちは沈黙した（Those that should stand for God were dumb）」とし、改訂英語聖書は「彼らは新しい神々を選び、悪霊と交わった」とする。難解だが同じヘブライ語の文を訳しているのである。問題の広がりがどの程度大きいかということを教えてくれる――かつ、聖書が一語一語神の霊感を受けて書かれたなどという説がいかに無理かということも。この点では、古代の訳も相互にまったく異なっているし、現代の非常に学のある解釈者たちも正反対の訳を提供している。問題の一部は相変わらず単語の問題である。用いられているヘブライ語の単語がどういう語幹から来ているかということである。もう一つの問題は、ヘブライ語には格変化がないということである。その結果、この場合、「選ぶ」という動詞の主語がどれで目的語がどれであるかを決め難い。七十人訳は「彼らは新しい神々を選んだ」とし、ヴルガータは「主は新しい戦争を選んだ」とし、パグニヌスは「その者が新しい神々を選んだ」、ルターは「新しいものを神は選んだ」、オリヴェタンは「彼は新しい神々を選んだ」とする。ティンダルは、ヴルガータは文法的には正しく訳しているが意味の取り方を間違っている。と思った。勝利は新しい戦争をするところにあるのではなく、戦争の新しい戦い方にあるからだ。そこで彼は自分の頭で、妥当で明晰な意味を考え出す、「神は新しい戦争の仕方を選んだ」。現代のほとんどの註解者はほぼこれと同じ解釈が正しいと考えている（訳註4d）。「選ぶ」という動詞の主語は「神」が正しく、「新しい」という形容詞も正しい。もっとも、何が「新しい」のかについては議論があるが。「新しい神々を選ぶ」という場合には、学者は、バビロニアの伝承の類例を参照して、「門」というヘブライ語の単語（she'arim）は本当は「悪霊」（se'irim）であったのだろう、と考える。そこから改訂英語聖書の読みが出て来る（註5）。

次の句［九節末―十節］をジュネーヴ聖書は「主を誉めよ。語れ、汝ら白い驢馬に乗る者たちよ。……また道を歩む者たちよ（Praise ye the Lord: Speak, ye that ride on the white asses ... and walk by the way）」と訳している。欽定訳もこれをそのまま（最初の praise を bless と変えた以外は）継承している。しかし間にはさまった句については両者まったく異なっている。古代の訳と中世のヘブライ語の註解者は「白い驢馬」という点は同じである（もっとも「白い」という代りに「輝いている」ほか傑作な形容詞を用いているが）。ルターは単に「美しい驢馬」（schonen eselyn）とする。ティンダルは二つの動詞（「誉めよ」「語れ」）を一つに節約しているが（Bless the Lord ye that ride ...）、ティンダルだけが驢馬につける形容詞を単に白いとか美しいとかするのではなく、もう少し強く、独得な驢馬であるという意味で、「立派な（goodly）」としている（註6）。現代の学者はこれを「黄褐色の驢馬」という意味に解している。アラブ世界では（訳註6a）大いに珍重された色の驢馬である（註7）。とするとティンダルの訳が当っているということになろう。これに続くヘブライ語の middin という単語が何を意味するかはよくわからない。ジュネーヴ聖書は問題を避けて通って、「汝ら、ミッディンのところに座る者（ye that dwell by Middin）」としているが〔ミッディンという語が何を意味するかわからなかったから、そのまま音写した〕、ティンダルはまずこういうごまかし方をしない。古代訳とルターは「裁きの座に座る」と訳す。この単語の語幹をそのように解したからだが、別の語幹を考える可能性もある。美しい壁掛け布ないし絨緞の意味である。これも「座る」という動詞にうまく合うし、「（驢馬に）乗る者たち、歩く者たち、座る者たち」と話もうまくつながる。ティンダルは一方で単語を節約するが、他方では意味に敏感である。金持や役人と普通の旅人の間を区別する、「汝ら、立派な驢馬に乗る者、裁きの座に座る者よ、主を誉めよ。汝ら、道を歩む者よ、歌を歌え（Bless the Lord ye that ride on goodly asses and sit in judgement. And ye that walk by the ways make ditties）」。文末の「歌を歌え（make ditties）」と文頭の「誉めよ（bless）」が対応する。そしてこの make ditties はルターの tichtet（訳註7a）をもっと際立たせ、七十人訳の「熟考せよ（meditate）」やヴルガータの「語れ（speak）」を超えている。Ditty という単語は、十七世紀以降すぐれた創作という強い意味を失ってしまったが、その前の四百年間はこれは名誉ある意味の単語だったのだ。シェイクスピアのロザリンドは「その ditty にはたいしたものはない」と言っている。サー・トマス・ブラウンはある友人について「キリストと共にあるということが彼の死ぬ時の ditty であった」と記している（註8）。この単語でもってティンダルはリズムを得る。文のそれぞれの単位が一音節語の連続の後二音節語でしめくくられる（asses, judgement, ditties）。

この難解な、しかし興味をそそられる詩からあと二個所紹介することにしよう。ティンダルはこの ditties という語に続く文を「人々が水を汲む場所で、弓兵が叫んだ（Now the archers did cry, where men draw water）」［二一節］としている。あまり普通の表現とは言えないが、絵画的な情景描写である。ヘブライ語の直訳は「弓兵の音から」である。主たる問題は「から」という前置詞にある。古代の諸訳はこれをそれぞれ違う仕方で処理しているから、違う結果をもたらしている。七十人訳は「から」を省略し、ティンダルもそれを継承し、「音」という名詞を「叫んだ」という動詞に置き換えている。これはうまい訳である。また、その当時においては、彼だけにしか見られない。確かに彼はヘブライ語の「から」という語を省いて訳した。しかしこれを省略しなかった欽定訳は、そのせいで更にほかの語を補わねばならなくなっている（*they that are delivered* from the noise of archers in the places of drawing water, …）。その後今世紀にいたるまでの諸訳の混乱ぶりをすべて紹介していたら、とても時間が足りない。ここではただ欽定訳だけにしておこう。欽定訳の学者たちはヘブライ語原文にない語をイタリックにすることにしているが、それでも、ぶざまに肥大した訳になっている。（この話の続きを一言記しておくと、二十世紀末までに「弓兵」という単語はまったく消し去られ、学者たちはその代りにたとえば「水を配る者たちの声よりも大声で（louder than the shouts of those distributing water）」といった訳にしている。改訂英語聖書は「お祝い人たちが水を汲むところで上げている声を聞け（Hark the sound of the merrymakers at the places where they draw water）」とする。我々は今もなお、ティンダルの存在を神に感謝すべき理由がある。）

最後にあと一例。やや先の個所で［一九節末］、ティンダルは「彼らは銀が欲しかったのだが、持ち去ることをしなかった（But the silver that they coveted, they carried not away）」としている。古代と十六世紀の諸訳は、敵（カナン人）はイスラエル人から略奪しようという目的を達成できず、ジュネーヴ聖書の欄外の註が記しているように、「何も手に入れられず、一切を失った」、という趣旨で一致している。ティンダルだけが covet という動詞を用いて陰影をつけている。これは彼がヘブライ語原文の言葉遊びに気がついている証拠である。戦利品を意味する単語 kessef（「銀」と訳される）は、同時に、欲望で顔色が変るという趣旨の意味も含む。敵の王たちの軍事攻撃にこういう概念をつけ加えることは――彼らはいわば戦利品に対する欲望で気もそぞろであった――彼らの行動の空しさをより一層強調することになり、彼らの敗北を一層浮き立たせることになる。彼らは捕虜をつかまえることも戦利品を獲ることもできなかったというだけでなく、そのせいで特に大きな失望を味わったのである。この点でティンダルは、必要な効果を上げるためには、ヘブライ語についての自分独自の豊富な知識をもとに文を描くことができる、ということを示している。

## 物語を語る

歴史書には物語を語る長い部分が多くある。それは洗練された物語であって、男女の英雄や、また悪人のことも物語る。彼らの行動は、今日にいたるまで、中東でもヨーロッパでもアメリカでも、人々の想像をかきたててきた。ここにはギデオン、エフタ、サムソンなどの指導者、サウル、ダヴィデ、ソロモンなどのように豊富に描かれている王たち、エリヤやエリシャのようなアウトサイダー的な預言者、ラハブ、ヨナタン、アビガイル、アブサロム、ナーマン、イゼベル、イェフなどの脇役が登場する。これらの物語は、「小さいダヴィデが巨人ゴリアテを倒す」話のように英雄的であり、あるいは叫び声とともにエリコの壁が倒れる話のように神秘的であり、あるいはルツの愛のように心を打つものもあり、「レヴィ人の妻」というだけで名前はあげられていない女性が賊の集団によるレイプの犠牲者となる話のように衝撃的な話もある。ダヴィデのバトシェバに対する姦淫のように王の一族の意識から離れることのない行為、あるいはソロモンがシバの女王を迎えた話のように豊かな思いにしてくれる話もある。

ティンダルの第一の課題は、物語がうまく流れるようにすることである。物語の足取りがたゆたわないよう小説家のように気をつけないといけない。時には僅か一文で終る短い話もある。「彼は雪の時に下って行って、獅子を穴で撃ち殺した」（サムエル記下二三章〔二〇節〕）。他方の極端はダヴィデ王の話で、三巻の書物〔サムエル記上下、列王記上〕にわたる話をティンダルはうまく続けて語らないといけない。しかも同じダヴィデの話がまた別の二巻の書物で語られる〔歴代志上下〕。彼の第二の課題は、ヘブライ語原文の語り方に下手に介入しないことである。ヘブライ語の文は物語をいかに語るべきかをよく知っている。それが表現している宗教は唯一の神とその選民の間の関係であるが、その関係は物語として表現されているのである。第三に彼は、他の場合も常にそうであったが、鮮明な英語を書かねばならない。

そして彼〔ギデオン。ティンダルは Gideon のことを Gedeon と記している〕が民を水のところに連れて下りると、主はゲデオンに言い給うた、「犬がするように水を舌でなめる者はすべて、別に分けておきなさい。また膝をついて飲む者も別に分けなさい。」そして手を口にあてて水をなめた者は三百人いた。そして民の他のすべての者は膝をついて水を飲んだ。そして主はゲデオンに言い給うた、「水をなめた三百人の者によって私はあなたを救い、ミデアン人をあなたの手にわたす。そして民のほかの者はすべて自分の家に帰らせなさい。」（士師記七章〔五—七節〕）

And when he had brought down the people unto the water, the Lord said unto Gedeon: As many as lap the water with their tongues, as dogs do, them put by themselves, and so do them that kneel down upon their knees to drink. And the number of them that put their hands to their mouths and lapped, were three hundred men. And all the remnant of the people knelt down upon their knees to drink water. And the Lord said unto Gedeon, with the three hundred men that lapped I will save you, and deliver the Madianites into thine hand. And all the other people shall go every man unto his own home.

これは可能な限り鮮明である。ヘブライ語原文と同様に、五つの文がすべて「そして（and）」ではじまっている。ジュネーヴ聖書や欽定訳は so にしたり but にしたり、イタリックで原文にない単語をいろいろ挿入したりして、かえって意味を混乱させている。ティンダルは直截で、かつ無駄な単語がない。彼の「犬がするように（as dogs do）」は欽定訳の「犬がなめるように（as a dog lappeth）」よりも良い。ほかの訳者と違って彼は「（分けて）おく（put）」という定動詞が必要だということがわかっているし、また口で水を飲む前に順番としてまず手を動かす必要があるということもわかっている。そこで「手を口にあてて（水を）なめた（put their hands to their mouths and lapped）」という文になる。これはジュネーヴ聖書や欽定訳の「（その者たちは）なめた、手を口にあてて（that lapped, *putting* their hand to their mouth）」よりも頭一つ抜き出ている。

あるいはサムエル記下一八章〔伝統的な訳では三二―三三節、ないしヘブライ語原文につけられた章節の数字では一八・三二と一九・一〕、

王〔ダヴィデ〕はクシ人に言った、「若者アブサロムは無事か」。クシ人は答えた、「王なる我が主の敵たち、あなたに対して立ち、あなたを捕らえようとする者はみな、あの若者と同じことになりますように。」そして王は心動かされ、城門の上の部屋に上って行って、泣いた。そして、行きながらこのように言った、「我が子アブサロム、我が子よ、我が子よ、我が子アブサロムよ。私が代って死ねばよかったのに、アブサロム、

我が子よ、我が子よ。」
And the king said to Chusi: is the lad Absalom safe? And Chusi answered: the enemies of my lord the king and all that rise against thee, to have thee, be as thy lad is. And the king was moved and went up to a chamber over the gate and wept. And as he went thus he said: my son Absalom, my son, my son, my son Absalom, would to God I had died for thee, Absalom, my son, my son.

「あなたに対して立ち」に続く句をルターは「悪をなすためにあなたに対して逆らう者たち（die sich wider dich auflehnen ubel zu thun)」としている。欽定訳はジュネーヴ聖書に従って、単に、「あなたを害するために（to do thee hurt)」とする。これで正しく思えるかもしれない。ただティンダルは、ルターが八単語も費やしているところを三単語で単に to have thee としている（ヘブライ語原文のこれに対応する句は単に for evil である）（訳註8 a）。七十人訳では、「子（son)」という単語は、最初の三回は child になっている。ティンダルはヘブライ語原文（及びヴルガータ、ルター）にならって全部 son で通している。同じ一つの単語をくり返し重ねることの効果を知っていたのだ。更に彼はこの単語がヘブライ語原文では五回しか用いられていないのに、六回に増やしている。これは英語の効果としては正しかったと言える。リズムの問題なのである。「行きながらこのように言った（As he went/thus he said)」というところ、he という語にくり返し強調点を置いてバランスを取っているが、「アブサロム、我が子よ、我が子よ（Absalom, my son, my son)」を二度繰り返すのもバランスが取れている。二重の反復（Absalom を二度くり返す。そしてその後に二度とも my son, my son と二度くり返す）が、突然、絶望的に鋭い悲しみに陥った父親の痛みを十分に表現している。しかしこの反復の間に彼は「私が代って死ねばよかったのに（would to God I had died for thee)」という句を挿入している。ここで考慮したほかのどの言語とも違って、この英語は、父親のこの叫びに単音節語を与えているのである。そしてこの全体にもう一つ my son Absalom をつけている。そして、こういう単音節の句において彼は、英語訳の後継者たちよりも、リズムに敏感である。単音節の語を三単語ずつ二度くり返し、その後に二単語を置くというリズム（would to God / I had died / for thee）は、非常に力強い。ジュネーヴ聖書と欽定訳は句読点の切り方を変え、従って句の作り方も変え、最初と最後の「アブサロム」の前に「おお」という間投詞をつけ加え（O Absalom）、この二つの言葉にならない叫びが全体のリズムを支配する結果、リズムがすっかり異なってしまっている。しかも would to God / I had died という三単語の連続によって作られていた二重の強調を、最初の三単語を二単語に変えることによってすっかり崩している（would God / I had died / for thee）。こうなると効果が異なる。ジュネーヴ聖書と欽定訳はどちらかというとバロックに近い。ティンダルの方がもっと単純で、言葉が節約され、その結果、もっと感動的に人間的であることが感じられよう。

イスラエルの最初の王サウルの即位の塗油式からはじまって、その後継者ダヴィデまで、つまりサムエル記上下と列王記上の記述、特にダヴィデ王の偉大な時代の記述であるが、王支配の勢力が大きくなるにつれて、宮廷での陰謀も増大する。物語も屈折した内容を展開するようになる。たとえば列王記上一章のはじめのところ、本文の前に「非常に老齢になったダヴィデを若い処女アビシャグが世話をしていた時、アドニヤが父の意に反してこの土地を支配した」という要旨がつけられている個所だが、バトシェバ（ダヴィデの妻）と預言者ナタンが相談して、ダヴィデがバトシェバの子ソロモンを後継者にすると誓ったということにしよう、と決めた。そしてうまく年老いたダヴィデ王に介入させて、ソロモンを王の後継者にした。しかしその結果アドニヤが不満をかかえることとなった。アドニヤはダヴィデがヘブロンに居た当時、異なった妻から生れた四人目の息子であって、アブサロムが死んだ後、自分がダヴィデの後継者なのだと思い、人々もそう思った。彼の側には年取った将軍のヨアブが居たが、バトシェバとナタンの側には王の親衛隊の隊長ベナヤがいた。ソロモン側の廷臣で兵隊を動かせるのは、この時点ではベナヤだけだったのだ。ヘブライ語聖書に記されている物語は、この後、いささか奇妙に展開する。つまり、アドニヤが反逆の意思(亡くなったダヴィデの妾のアビシャグを自分のものにしたいという のは、ソロモンに対する反逆であり、王位をうかがう行為とみなされた)を告げる唯一の相手がバトシェバであった、というのは奇妙である。しかしそれはティンダル自身の問題ではない。ティンダルが気にしているのは、一つ一つの動きや言葉にひそむ思惑が熟して今にも爆発しそうになっている様子をいかにうまくとらえるか、ということである。文が一つ一つ進むにつれ、宮廷内の繊細なやりとりの中で、ある人物の死が徐々に近づいてくる。

その後、ハギトの子アドニヤがソロモンの母ベトセバのところに来た。ベトセバは言った、「あなたが来たのは平和を告げることなのですか」。そこで彼は言った、「平和を告げることです」。また彼は言った、「あなたに申し上げることがあります」。彼女は言った、「申してみなさい」。彼は言った、「御存じのとおりこの王国は私のものでした。そしてすべてのイスラエル人が私が王として支配するだろうと私に眼を定めておりました。しかし王国はひるがえって私の弟に与えられ、弟は主によって王に定められました。そこで今私はあなたにお願いがあります。どうか断らないで下さい。」そこで彼女は彼に言った、「何なのか、申してみなさい。」そこで彼は言った、「王ソロモンに対して、シュナム人アビシャグを私の妻として与えてくれるよう、あなたからおっしゃって下さい。あなたのおっしゃることなら、彼も断らないでしょう」。そこでベトセバは言った、「では、王に話してみましょう」(訳註8b)。

こうしてベトセバはアドニヤの頼みを告げるために、ソロモン王のもとにやって来た。王は立ち上がって、彼女に対し拝礼した。そして自分の座に座り、王の母のためにも座が一つ用意されたので、彼女も王の右に座った。そこで彼女は言った、「小さい願いを一つかなえてほしいことになったのですが。どうか断らないで下さい。」王は彼女に言った、「母上、どうぞおっしゃって下さい。私が断ることはありません。」そこで彼女は言った、「シュナム人アビシャグをあなたの兄のアドニヤに妻として与えてやって下さい。」そこでソロモン王は答えて母親に言った、「どうしてあなたはシュナム人アビシャグをアドニヤに与えろとおっしゃるのですか。むしろ彼のために王国をお求めなさい。彼は私の兄なのですから。彼のために、また祭司アビアタルとズルヤの子ヨアブのためにお求めなさい。」そしてソロモン王は主に誓って言った、「もしもアドニヤがこの言葉を言ったことによって自らに不易を招くのでないとしたら、神が私にどんな罰をも加えて下さるように。しかし、私を立てて父なるダヴィデの玉座に据え、私に約束された王家を与えて下さった主は生きてい給うのであるから、アドニヤは今日死なねばならない。」そしてソロモン王はイェホヤダの子バナヤを送り、アドニヤを撃たせたので、アドニヤは死んだ。（列王記上二章〔一三―二五節〕）

ティンダルの技法は、具体的な名詞や動詞を好む、という点にある。ジュネーヴ聖書と欽定訳は「あなたは平和にお出でになったのですか（Comest thou peacably?）」としているが、ティンダルは「告げる（betokeneth）」という動詞（宮廷的に屈折した言葉のやりとりの最初の一語をティンダルはこういう単語でもって切りつける）と「あなたが来たこと（thy coming）」および「平和（peace）」という名詞を使っている（「あなたが来たのは平和を告げることなのですか」）。「申し上げることがあります」の「こと」を欽定訳は somewhat にしているが、ティンダルは matter である。これはジュネーヴ聖書の「願い事（suit）」よりも良い。「願い事」と訳すのは、カードを早く切りすぎている。またジュネーヴ聖書と欽定訳は「私に顔を向けていました（set their faces on me)」としているが、ティンダルはもう少し具体的に「私に眼を定めていました(put their eyes on me)」とする。ジュネーヴ聖書と欽定訳では王国は「私の弟のものとなった(is (become) my brother's)」としているが、ティンダルは「私の弟に与えられました(was ... given to my brother)」である。続く六つの文はジュネーヴ聖書も欽定訳も、ほんの小さな変更以外は、ティンダルの文をそのまま写している。この六つのうちの最後の文、バトシェバの「では、王に話してみましょう(Well, I will speak for thee unto the king)」という言葉のうち、英語の well にあたる語を古代の訳は「よろしい(bene)」と訳し、ルターは wohl と訳しているけれども、英語の well の方がはるかに意味の幅が広く、陰険な雰囲気さえはらんでいる(訳註8c)。「(王の母のためにも)座が一つ用意された(there was a seat set ...)」というティンダルのたんたんと事実を述べる文が緊張を高めていく(ジュネーヴ聖書と欽定訳では、ソロモンが「座を用意させた(caused a seat to be set)」となっている)。王の右に座ってから、彼女は言う。アドニヤは「お願い(a petition)がある」と言ったのだが、彼女はそれを「小さい願い(a little petition)」と言い換えた。これはヘブライ語の直訳である。同じ語をジュネーヴ聖書は a small request とし、欽定訳は one small petition としている。ティンダルのようにi音をくり返し、軽いリズムで書くと、強大な権力の息子に対した皇太后の緊張した雰囲気をうまくとらえている。それに対し欽定訳の方はごつく強調されている。しかしながら、ここで場面をうまく想像させるのはティンダルの動詞の使い方である。ヘブライ語の原文も、初期のすべての英訳でも、バトシェバは王に乞う(beg)、ないし頼む(request)。ティンダルは彼女に「小さい願い」を「欲する(desire)」と言わせている。しかも、これはヘブライ語では不可能なことだが、助動詞を使って「must desire(ほしいことになった)」と言うことによって、更にうまい表現にしている。こう言うことによってバトシェバは、これは自分の頼みではない、と言っているのである。

物語の最後の部分は、つまり結末が爆発するところだが、ジュネーヴ聖書も欽定訳もほぼまったくティンダルの言葉づかいをそのまま採用している。一つだけ違うのは、結末を最後に一言で言うところである。欽定訳はヘブライ語の言い方をそのまま写し、ベナヤが「彼に襲いかかり、彼は死んだ（fell upon him that he died）」としているが、ティンダル（ジュネーヴ訳はティンダルのまま）はそれをもっと英語らしくしただけでなく、「撃った」という暗い動詞（smote）一つで彼が殺されたことを示している。

ティンダルが語る列王記上下のエリヤとエリシャの話は、英語に訳されたヘブライ語の物語の白眉である。これを声に出して読むのは、きっとすばらしい体験になるだろう。事実、ティンダルの後まだ百年以上にもわたって、読むということはすなわち声に出して読むことを意味した。列王記下の第四章はほぼすべてエリシャと一人のシュナム人の女性との物語であるが、全部そのまま、僅かの変更を加えただけでジュネーヴ聖書と欽定訳に採用されている。彼らがそうしたのは正しかった。同じことは列王記上一八―一九章のカルメル山とホレブ山でのエリヤの物語についても言える。この物語はティンダルの訳の頂点である。

## 列王記上一七、一八、一九章

前八九七年にアハブ王がテュロスとシドンの王の娘であるイゼベルと結婚したことで、イスラエルに宗教的な危機が訪れた。その王はバアル神の祭司であり、かつ殺人者であった。イゼベルは夫に、サマリアにバアルの神殿を建てるよう説得した。そして凶暴にもイスラエルにおいてエホヴァの礼拝を根絶し、その預言者を殺し、その礼拝者を弾圧して、イスラエルの民族宗教を消し去ろうとした。イゼベルはその代りにバアルとアシュタルテの礼拝を強制し、それもほぼ成功しそうになった。しかしそこに突如としてエリヤが登場する。彼の過去は、ギレアドのティシュベ出身であるという以外は何も知られていない。彼の物語は、突如として、「……［彼は］アハブに言った」［一七・一］というところからはじまる。神が旱魃を下すであろう、というのだ（民をこらしめるためである）。彼は東方に行き、そこでしばらく自然の原野の中で生命を保った。

最初から、英語のリズムに関するティンダルの耳は鋭い。神がエリヤに言った言葉をティンダルは「私が命じない限り、数年間、露も雨もないだろう（There shall be neither dew nor rain these years, save as I appoint it）」［一七・一］と訳している。これを欽定訳の「私の言葉によるのでなければ、数年間、露も雨もないだろう（There shall not be dew nor rain these years, but according to my word）」と比べてみるといい。ティンダルのダクテュロスの韻律（save as / I app / oint it）は、権威のある英語と言える（訳註8d）。それに対し欽定訳の文は古代の諸訳と一致してはいるが、こういう権威を持たない。七十人訳は「私の口の言葉によるのでなければ」とし、ルターは短く「その時に私は言う（I say it then）」とする（訳註8e）。続くザレフタの町のやもめに養われた話の最後のところ［一六節］、「主がエリヤを通して語り給うた言葉に従って」という文だが、古代訳では「エリヤの手を通して」と単語を補っているのに対し、ティンダルはルターにならって「手」という語を省いている。

続く個所でもジュネーヴ聖書と欽定訳は「神の人よ、私はあなたと何のかかわりがありましょう（What have I to do with thee, O thou man of God?）」というティンダルの文をそのまま写しているが、その後ではティンダルのせっかくのリズムを崩している。つまり「あなたは私の罪が思い起こされ、私の息子が殺されるために来たのですか（art thou come unto me, that my sin should be thought on and my son slain?）」というところ［一八節］、ティンダルは古代訳と異なって thought on と slain という動詞をそれぞれの句の最後に置き、彼女の叫びの言葉が頂点の「殺される（slain）」という語で終るようにしているが、それと比べると、ジュネーヴ聖書と欽定訳の to call my sin to remembrance and to slay my son は、ばたばたしている。（ルター訳のドイツ語でも確かに動詞が最後に置かれている。しかし my son slain と違って、ルターの mein Sohn getötet würde はティンダルの単純な力には及ばない。)

一八章はじめでアブディア(Abdiah、欽定訳がオバディア Obadiah としているのはルターの真似をしたのである)〔訳註8f〕が絶望的な気分に置かれているのは、物語がこれから頂点に向かうためのいわば人間的な出発点である。けれどもまたそれを通じてエリヤの重要な姿が垣間見られる。アハブ王とその宮廷長アブディアは家畜にやる草を求めて旱魃で枯れた土地を探し回る。またエリヤのことも探していた(エリヤから旱魃がいつ終るのか聞き出すために)。エリヤはすぐに姿を消す人物として知られていた。「主の霊があなたを私の知らないところに連れて行くでしょう」〔一二節〕。エリヤは以前の沙漠の時代の遊牧民である。かつてのもっと純粋な宗教の時代の道徳と信仰とを厳格に保っていた。イスラエルが今必要とし、かつ畏怖していたのは、そういうものである。しかしアブディアは十分にエリヤの信頼に価したので〔アハブ王の弾圧にもかかわらず、秘かにイスラエルの伝統的宗教を信じる者たちを助けていた〕、エリヤはつむじ風にまかれて消えたりして彼の期待を裏切ることをしなかった。〔アブディアはエリヤを見つけたことをアハブ王のところに報告に行く。〕ティンダルはいわば将棋の駒を一度に一つずつ動かしていく。「アブディアはアハブのところに行った(Abdiah went to Ahab)」、「アハブはエリヤに対してやって来た(Ahab went against Eliah)」、「アハブはエリヤを見た(Ahab saw Eliah)」。一つ一つの動きに異なる動詞を用いている〔一六―一七節〕。それに対しジュネーヴ聖書と欽定訳は〔最初の二つについては〕、「会いに行った(went to meet)」という表現をくり返している(ティンダルは「会う」という意味で go against という表現を好んで用いるが、これは今日では用いられない)。これが続くやりとりの頂点を準備する。これは非常によく作られていて、ほとんど格言のような響きがある。「イスラエルを煩わしているのはお前か。彼は言った、イスラエルを煩わしているのは私ではなく、あなたとあなたの父の家である……」〔一八節〕。ティンダルは続く文でもリズムを崩さない、「あなた達が主の戒めをないがしろにし、あなたがバアルに従ったからだ(in that ye have forsaken the commandments of the Lord and hast followed Baal)」。「あなた達」(Ye have) という複数は宮廷 (あなたの父の家) を指すが、単数動詞 (hast) はアハブだけを指す。欽定訳はこの文の hast の前にコンマを入れ、hast の主語の thou を補った。〔文法的にはその方が正しいのだが〕、その結果 forsaken と follow をつなぐ一つの文を分割してしまった。

同じことはカルメル山でのエリヤの挑戦にもあてはまる。〔続く場面でアハブ王は、エリヤの要請に従って、イスラエルの民と預言者をカルメル山に集める。有名な場面である。〕ティンダルの文はここでも半ば格言的な響きがある、「あなた方はなぜ二つの意見の間で動かずにいるのか (Why halt ye between two opinions?)」〔二一節〕。古代の訳は文のはじめ (動かずにいる) については同じだが、続く部分で割れている。すなわち七十人訳は「あなた方の膝の凹みの間で」ぐずぐずしている、とする。ヴルガータとルターは率直に言ってうんざりさせられる。すなわち「二つの部分の間で (in two parts)」〔ヴルガータ〕ないし「両側で (on both sides)」〔ルター〕としている(訳註8g)。ティンダルの「二つの意見の間 (between two opinions)」は、類似の母音の反復 (be-tween, op-in) の点でも、軽蔑した響きでも、独得なものである。イスラエルの民は宗教的な熱心さからはほど遠く、バアルとエホバの間の選択を単なる意見の相違にしてしまったのだ。ジュネーヴ聖書と欽定訳がティンダルのこの文を盗んだのは正しかった。しかしきっぱりとした「なぜ (why)」という語を説明的な「どのぐらい長く (how long)」に置き換えることによって、せっかくの文をほとんど駄目にしてしまった。

「もしも主が真の神であるならば、主に従うがよい。もしもバアルがそうであるならば、バアルに従うがよい。」これは、エリヤが続いて述べるように、意見の問題などではありえない。それに対する民の対応を欽定訳は「民は彼に一言も答えなかった (the people answered him not a word)」と記す。これはきれいな訳である。七十人訳とヴルガータもそうしている (ルターも「なにも彼に答えなかった」とする)。しかしティンダルは続いて数字が出て来ることに気がついている、「バアルの預言者は四百五十人である」［二二節］。そこで not a word ではなく not one word（一言も）と書く。このちょっとした違いで、この短い句は、数詞を真ん中に置くことで三つの強調を持つことになり、効果的である。続く三つの段落における英語の散文の持つ力はすばらしい。もちろんそれはヘブライ語原文を反映したものだが、ここではとりあえず単に一五三〇年代半ばの英語の文章として考察してみよう。文型の多様さ、多彩さ（括弧の用法も含めて）、対決の場面での両者の激突、四百五十人の預言者の「バアルよ、我らに聞き給え」という絶望的な悲鳴とそれに対するエリヤの露骨なあざけり、などはまだ序の口にすぎない。一五三〇年代ではほかの誰も英語をこれほどの色彩に満ち、これほど自由に書くことはなかった。最初の段落は二つの部分に分れる。前半はどちらかというと散文的で、「しかしいかなる声も答もなかった」という句で終る［二六節］。後半は異様な光景となる。彼らは「跳びまわった」。エリヤが「大声で叫べ」とけしかける。彼らは「大声で叫び、刀や槍で自分を傷つけ、血を流すにいたった」［二七―二八節］。そして前半の最後の句をもう一度、もう少し引き伸ばして終る、「しかし声も答もなく、彼らをおもんばかるものは何もなかった」。五つの軽い力点が続いた後（But there was neither）、ティンダルは重い力点を四つ叩きつける（neither voice / nor answer / nor any / that regarded）。こうして、いかなる出口もない閉塞状況を描きあげる。小さな特色も見落としてはならない。バアルの祭司が自らを傷つけるというところ、七十人訳は「彼らの慣習（use）に従って」とし、ヴルガータは「儀式（rite）」とし、ルターは「彼らの仕方（way）」と書く。ティンダルは、こういう血なまぐさい仕方に嫌悪を感じる目を持っていて、彼らの行為をこういった良い意味の単語で呼ぶことをせず、「彼らのやり方に従って（as their manner was）」と書く［二八節］（訳註８ｈ）。

物語の頂点はティンダルのものである。ジュネーヴ聖書と欽定訳はほぼそのままティンダルを写している。異なるのは最初の文で［三八節］、ティンダルが「そして火が主から下った（and there fell fire from the Lord）」としているのを、ジュネーヴ聖書と欽定訳は「そこで主の火が下った（then the fire of the Lord fell）」とする。これだと「主の火」がどういうものであるか、はじめからわかったものとして前提されていることになるが、ティンダルの方はもっと神秘的である。また「溝」という語（ティンダルの gutter）をジュネーヴ聖書は ditch とし、欽定訳は trench としている。ほかにも更にいろいろ注目すべき点はあろうが、話を先に進めて、ホレブ山の場面に進もう。「エリヤよ、あなたはここで何をしているのか（what doest thou here, Eliah?）」という句がくり返される〔一九・九、一三〕。ほとんど格言的な句となっている。これはティンダルの訳である。ヴルガータの Quid hic agis, Elia? に従っている。同じく反復される「しかし主は風の中に、地震の中に、火の中に、いなかった」という句はヘブライ語原文をそのまま訳していて、他の諸訳も同じである。ティンダルの新しさはその後に出て来る。「火の後に、小さな、静かな声がした（a small still voice）。」ヘブライ語原文は、ここでもまた、わかり難い。どうして主が風や地震や火の中にいますのか。加えて、続く「おだやかな静けさの音（a sound of gentle stillness）」（ヘブライ語の直訳）というのは最もつかみ難い。同時に最も印象的ではあるが。七十人訳は「細い、おだやかな音（thin gentle sound）」とし、ヴルガータ は sibilus aurae tenuis（細い、おだやかな囁き）とする。ルターは ein stilles sanftes Sausen（静かでおだやかなさざめき）である。「静か」という語を最初に置く点でジュネーヴ聖書と欽定訳はルターの真似をしたのかもしれない。しかしジュネーヴ聖書は still and soft voice と二つの形容詞の間に and を入れている。欽定訳は small voice と続ける。だが、「小さい、静か、声」という三概念を並べたのはティンダルが最初である。「声」という名詞にしたのは重要である。これは語りかけられるものであり、声ならば非常にはっきりした命令を伝えることができる。この句は欽定訳の語順〔a still small voice〕で人々の耳になずんでいるが、もとを正せばティンダルのものなのだ。

## ティンダルの特徴

ティンダルに個性的な特徴がヘブライ語の翻訳に出て来る、ということを前に指摘した。『五書』と『マシューの聖書』の両方に同じ特徴が出て来るという事実が、『マシューの聖書』もまたティンダルの作品であるということがほぼ確信できる理由の一つである。一つの明瞭な例を上げると、ヘブライ語で「トフ」と呼ばれている楽器をティンダルは常にティンブレルと訳している。そしてこの語は創世記と出エジプト記に出て来るが、『マシューの聖書』にも五回出て来る。けれどもエズラ記以降では、つまりカヴァーデイルの訳であるが、タブレットとなっている。

ヘブライ語からの翻訳で常に変らず鮮明で直接的であるのはティンダルのものである。それに対し、欽定訳はもっと装飾的に考えられており、かつラテン語的である。ティンダルの訳は改訂英語聖書などのようなごく最近の翻訳と比べても鮮明で直接的である。だから、ティンダルの個性的な用語の一部が、地方的に限定された英語の単語から来ていたり、あるいは今日ではもはや用いられていないものであったりすると、意外に思えるかもしれない。オクスフォード英語辞典（ＯＥＤ）の編集者はティンダルの用語の例も採用してはいるけれども、しかし、この時代の英語に関して彼らが用いる主たる資料はカヴァーデイル聖書であったり、あるいはもっと驚くべきことには、一五六八年の『司教たちの聖書（Bishops' Bible）』であったりする。もしもティンダルと、ジュネーヴ聖書の一五六〇年から一五九九年にいたるさまざまな版とをていねいに検討していたら、より多くの単語を発見することができたであろうに。その結果、ティンダルがヘブライ語からの訳語として用いたいくつかの英語の単語はこの辞書にはまったく載っていない。五書の例を引くと、back という名詞を大きな水鳥の一種を呼ぶのに用いるとか（レヴィ記一一章［一八節。欽定訳が the swan、口語訳が「むらさきばん」と呼んでいる鳥をティンダルは the back とする］）、申命記一四章［一三節］で鳶の一種を呼ぶのに音の響きは古典的だが意味のわからない ixion という単語を用いる［口語訳「黒とび」、欽定訳 the glede］、など。同じ章［五節］の hart-goat も何を指すのかわからない［口語訳「野やぎ」、欽定訳は wild goat］。レヴィ記二一章［二〇節］で小さい目のことを「真珠目」(perleyed) と呼ぶ面白い表現もOEDにはのっていない［欽定訳で dwarf——口語訳はそれを訳して「こびと」——としている単語をティンダルはおそらく、次に続く単語が目に関するものであるので、これも目に関することかと思って perleyed と訳したものか］。Perleyed という見出し語で出て来ないだけでなく、pearl ないし purl でも出て来ない。これらの多くは五書で食べることを禁じるものの表の中に出て来るものだが、ほかの単語もいろいろある。膿のようにじめじめと湿って不愉快なものを呼ぶ ratten という形容詞などもそうである。士師記一五章［一五節］で、サムソンが a jaw bone of a ratten ass を武器として利用した、というところに出て来る［欽定訳は a new jaw-bone of an ass、口語訳「ろばの新しいあご骨」］。士師記一八章［一〇節］で cast no perils という表現を「いかなる危険にも気がつかない」という意味に用いているのも［a people that casteth no perils、欽定訳は a people secure、口語訳は「安らかにおる民」］、この辞書では載っていないようである。サムエル記下一四章［三二節］で bidden という語を「とどまった (remained)」の意味で用いるのも［for me to have bidden there still、欽定訳は for me to have been there still］、この形では載っていない。これらの単語のうちで最も面白く、かつ変っているのは fellowship という語である。ティンダルはこの単語を現代人も普通に用いる意味で用いることもあるが（士師記一四章［一一節］、「彼らは三十人の仲間をつきあいのために連れてきた (they brought thirty companions to bear fellowship)」）、しかし五書と歴史書の両方にわたって合計八回ほど、OEDには載っていない意味で用いられている。つまりヘブライ語の小辞 na の訳語として用いられているのだが、ヘブライ語ではこの小辞は命令形に加えられると、熱心に勧める意味になる。ふつうは I pray thee（お願いです）、と訳される。あるいは「今」という語をつけ足すと、急いでいることを意味する。サムエル記上二六章〔七節〕で、アビシャイとダヴィデがサウルのところに来てみると、サウルは「円形の土盛りの中で眠っていた。槍は枕もとの地面に立てられていた」。アビシャイは言う、「神が今日あなたの敵をあなたの手のうちにとらえさせて下さいました。ですから、どうか私に槍でもって彼を地に倒させて下さい（Now therefore let me smite him a fellowship with my spear to the earth ...)」。ダヴィデはそれを禁じてアビシャイに言う、「……彼の枕もとにある槍をお取りなさい（Now then take a fellowship the spear that is at his head ...)」。民数記二〇章〔一七節〕、二二章〔六節〕、士師記九章〔三八節〕、列王記上一四章〔二節〕、列王記下二章〔四節〕、列王記下九章〔一二節〕にも同様な用法が見られる。オクスフォードの辞書はこの意味での fellowship をどこにも記載していない。もしもこれが方言の言い方、おそらくは彼の故郷のグロスターシアの言い方であったとしても、ティンダルはこの言い方で広く理解されると自信を持っていたに違いない。かなりな数にわたってティンダルがある単語ないし言い方を、史上記録されているものの中では最初に用いているという場合がある。A lusty blood という表現をやたらと大騒ぎする人の意味で用いる例として、オクスフォードの辞書は一五六二年にはじめて用いられたとしているが、すでにティンダルがサムエル記下一三章〔二八節〕で用いている〔play the lusty bloods、欽定訳は be valiant〕。また adjured という動詞〔断言する、誓って言う。欽定訳は charged with the oath〕をサムエル記上一四章〔二七節〕で用いる最初の例として、この辞書は一五三九年のカヴァーデイルをあげているが、すでにティンダルが一五三七年に用いている（もっとも、これはラテン語の adjurare から来ているというこの辞書の指摘は正しいが）。歴代志下一一章〔一五節〕で sairim というヘブライ語の単語を訳すのに field-devil（野悪魔）という単語を用いるのは（欽定訳は satyrs）、単にルターの Feldteufel をそのまま用いただけだが、この辞書は最初の用例として一五三五年のカヴァーデイルを上げている。それは一応正しいが、ティンダルの歴代志下の草稿が一五三五年五月以前であるのは確かである。列王記上六章［一五節、一六節］で「内張りをした（ceiled）」というところを siled と書くのも同様である。我々はティンダルとカヴァーデイルの間にどの程度の交流があったのか知らない。サムエル記下一四章［二六節］のアブサロムの髪の毛についての記述につけた頭註でティンダルは bush という単語を a bushy head of hair（藪のように毛が多い頭）の意味で用いているが、オクスフォードの辞書ではこれを聖書ではじめて用いたのは一六〇九年のドゥエ聖書［カトリック訳］であるとしている。その単語を誰がはじめて用いた、ないしはじめてそういう造語をしたのか、という件についてティンダルがしめている独自の重要性については、まだまだこれから多くの研究がなされねばならない。

時に、ティンダルの言葉はあまりに現実的であるので、人によっては聖書らしくないと思えるくらいに輝いている。サムエル記上一六章ではじめて若者のダヴィデが登場する場面［一二節］、「［肌が］褐色で、立派な目をしていた（brown with goodly eyes）」と紹介されている。サムエル記下一四章［二五節］でアブサロムの「立派さ」を描写したティンダルの文は欽定訳もそのまま書き写している、「彼の足の裏から頭の先まで欠点がなかった（from the sole of his foot to the top of his head there was no blemish in him）」。ダヴィデ家の者たちは単にカリスマ的指導者であっただけでなく、見た目に美しかったのである。またダヴィデ王のもとに連れて来られたテコアの女が、自分に対して陰謀がなされたという虚偽の話を語り、残っている唯一の息子が殺されようとしていて、跡継ぎもいなくなってしまう、と言う時に、「私の火花が消されてしまう（quench my sparkle）」（サムエル記下一四章［七節］）と述べる。炭かおきの残り火などのように唯一生き残っているものがその人物に属するということを表現するティンダルらしい特徴のある表現である（訳註8-i）。男が女と「ともに寝る」という言い方がしばしば出て来るが、これは現代でも同じ意味である。ソロモンは多くの女と「愛に落ちた」（fell in love with）。

これまた現代でも同じ意味である。Flaggy という語を頼りない人間の意味に用いるとか（サムエル記上一五章［九節］）、fainty という語（創世記二五章以下数個所［たとえば二五・二九、Esau came from the field and was fainty、エサウは野から帰って来たが、疲れていた］）の意味など説明なしに通じるであろうけれども、こういった単語はすべて失ってはならないものであった。

ティンダルの才能を知る鍵の一つは、人々が話すことを聞く耳が非常によかった、という点である。彼が用いていた英語は書記や法律家、学校教師などの英語ではない。その基本には民衆が話していた英語があったのだ。この点で彼は他のすべての聖書翻訳者と異なる。少なくとも他の英語の聖書翻訳者たちとは異なる。一例をあげる。すでに見たように、ダヴィデは「［肌が］褐色で、立派な目をしていた」。この言い方は数世紀後になってもそのままものを言う。この若者は美男子だった。誰かが実際にそのように言っているのが聞こえるようだ。全文を引用すると、「そして彼は褐色で、立派な目をしていた。そして見ばえが良かった（And he was brown with goodly eyes, and well favoured in sight）」。それに対し欽定訳はこうである、「今や彼は血色がよく、加えて美しい顔つきをしていた。また見るに立派だった（Now he was ruddy, and withal of a beautiful countenance, and goodly to look to）」。これは聖書の評判を悪くするような種類の文である。誰も決して、真面目な顔をしてこういうことは言わない、ないし言うことができない。こういう文にできることは、教会の金ぴかの聖書台の上にのせられた大きな本の中に生息して、三位一体節の後のある日曜日に読み上げられる、というだけのことである。あるいは列王記上一一章［一節］でティンダルは、ソロモンは「多くの外国の女たちを愛した（loved many outlandish women）」となっている。つまり outland（外国）の女たちということである。これは神の選びの民の王たる者がやってはいけないことであった。宗教を汚すからである。これが欽定訳になると、彼は「多くのよその女を（many strange women）を愛した」、となる。現代語でこれらの単語に組み込まれている冗談めいた意味［風変わりな女］を考えないとすれば、これでも結構であるけれども。列王記の歴史作家は続いてそれらの女たちを列挙する。ティンダルによれば、「ファラオの娘」だけでなく「モアブ人、アンモン人、エドム人、シドン人、ヘテ人」の娘たちである。ティンダルは続ける、「しかしながらこういう女たちにソロモンは執着し、愛に落ちた（Nevertheless to such Salomon clave and fell in love with them）」。欽定訳は同じ個所を「ソロモンはこれらの者を愛して執着した（Solomon clave unto these in love）」とする。ここでも個性あるものの言い方と、話し言葉的特色が失われている。ティンダルのリズムは「執着した」という衝動的な行為から流動的な感情へといたる。王の行動としては、この方がずっと問題である。

最後に例をもう一つ。サムエル記下一三章で、母違いの妹のタマルに対し破壊的な欲望をいだいたアムノンが仮病をつかっていたのだが、父親のダヴィデ王が来た時に、次のように頼む。ティンダルの訳では、「妹のタマルが来て私の前でフリッターを二枚作って、彼女の手から私に食べさせるようにして下さい（let Thamar（Tamar） my sister come and make me a couple of fritters in my sight, that I may eat of her hand）」。「フリッターを二枚」などと言うのは、いかにも無邪気な兄弟のせりふであろう。ここで用いられているヘブライ語の単語はここにしか出て来ないから、本当のところ彼女が実際にどういう食べ物を作ったのかはわからない。欽定訳はもう少しきちんとした食べ物を作らせている。つまり a couple of cakes（ケーキを二つ）とする。これではアムノンが、自分の欲望を小出しにして気軽さを装っている様子がうまく出ない。「フリッター二枚」というのは話し言葉だが、「ケーキを二つ」はそれほどでもない。しかし欽定訳は改訂英語聖書よりもはるかに良い。こちらはそもそもこの地上では話されることのないような言葉を書いている、「どうか私の妹のタマルを来させ、私の面前でブレッドケーキを作って、彼女自身の手で私に与えるようにさせて下さい（Sir, let my sister Tamar come and make breadcakes in front of me, and serve them to me with her own hands）」。ブレッドケーキというのはそもそもいかなるものでありうるか。あるいは、気軽さを装うべき時に in front of me … などという言い方を実際にする人間がいるだろうか。台本を学ぼうとしている人の声みたいな感じだ。

# V　殉教者

# 第十四章　ヘンリー・フィリップスの登場



一五三五年の春、ティンダルはトマス・ポインツ夫婦とともにアントウェルペンのイングランド人会館に住んでいた。かなり満足のいく状態だっただろう。一五三四年の新約聖書に更に小さな改訂を加える作業をしていた。またおそらく、ヨシュア記から歴代志下にいたる旧約聖書の歴史書の翻訳をほとんど終えていただろう。歴代志下の続きとして、今や、今日エズラ記、ネヘミヤ記、エステル書と呼ばれている比較的短い文書の訳を考えていただろう。また更に先の展望として、ヨブ記と詩篇という旧約聖書の大部な詩的頂点の訳も視野に入れた頃だっただろう。

彼のヘブライ語は今やギリシャ語と同じくらいの実力に達していた。それ以上とは言わないが。必要とする助力は何でも、助手として働いてくれる人も、必要な参考文献も、持っていたと考えられる。今や旧約聖書の訳をいずれ仕上げることができるだろう、つまり聖書全体の訳が完成できるだろう、かつその仕事を安心して行なうことができるだろう、とますます感じはじめていたことと思われる。トマス・ポインツは彼にとって良い、俊敏な友人であり、忠実な支持者でもあった。確かに、ここから二四マイル離れたブリュッセルの宮廷には神聖ローマ皇帝カールの権力があった。彼は彼の伯母であるキャサリンに対するヘンリー八世の行動の故に、このイングランド王に対して敵意を増しつつあった。こういう時期にイングランド人であって、イングランド国外に居るということは、あまり気分のいいものではなかっただろう。しかしながら、アントウェルペンの町の長老たちは、極めて重要な件でもない限り、イングランド人会館に押し入ってイングランド人商人との有益な関係をぶちこわすような危険を犯そうなどと思ってはいなかった。アントウェルペンは多くの点で、自由と寛容の場所になりつつあったのである。聖書の残りの部分がティンダルの前方にあった。ティンダルは当然かなりな希望を持っていたにちがいない。

悪意、自己憐憫、悪辣、欺瞞が一切を破壊しようとしていた。これらの悪が、放逸なイングランド人ヘンリー・フィリップスという人物に姿をとって、招かれざる客となってイングランド人会館に現れた。この若者は良い家柄の出であって、最近オクスフォードで民法の学士になったばかりであった。父親は西部地方に資産を持った土地所有者であった。三度も議会の議員になり、二度州知事になっている。そしてプールの港湾の「税関吏」という利益も権威も保証される地位についた。ロンドンで一五三三年にアン王妃の結婚式が行なわれたが、彼もそれに招待される地位にいた。ヘンリーは三男で、聖職者になるよう予定されていたようである。事実、西部地方には教会関係で彼の保護者になってくれるような先輩が何人も居た。

一五三三年の二月にオクスフォードを離れてから一五三五年の春までの間のどこかで、このヘンリーという息子は、非常な不面目と貧困とに陥った。父親から、ロンドンにいる人物にとどけるためのちょっとした金額を託されたのだが、それを盗んだのだ。しかもそれをギャンブルに使って、全部すってしまった。家に帰ることもできず、彼は以後数年間保護者たちに助けを求めて近づいたが、結局助けを得ることができなかった。それで父親に手紙を書いた。また母親にも、二人の兄にも、二人の義兄にも、また保護者たちにも手紙を書いた。その手紙は残っている。いかにも不健康な調子の手紙である（註1）。卑屈にへつらっていながら、同時に自己憐憫に満ちて不平たらたらである。（J・F・モズレーは当時の記録を調べて、彼がエクセターでちょっとした収入になる聖職禄を手にしていた、と述べている。そしてつけ加える、「彼はこれを海外に出るまでにすっかりかんにしてしまったのであろう」）（註2）。これらの手紙のほとんどは海外で書かれたものである。

次に彼はアントウェルペンの近く、ルヴァンに姿を現わす。ここはローマ・カトリックの思想の強力な中心地で、宗教改革に反対の町であった。そして彼はここで突如として金を手にしている。以後生涯を通じて十分なほどではなかったにせよ――彼はそういう収入源を絶望的に夢中になって探していた――しかしとりあえずは優雅に暮し、かつ、ある計画を実行に移すのに十分であった。ロンドンに居るある人物が、彼にある秘密の計画を遂行させるために多額の金を払ったのである。それがイングランド政府でなかったのは、まず確実である。ヘンリー・フィリップスはヘンリー王とその仕事のすべてを嫌っており、かつそのことをしばしば広言していたことで知られていた。イングランドからヨーロッパ大陸に派遣されていた要員たちは、フィリップスについて言及する時には、裏切り者で反逆者と呼んでいる。ロンドンで彼を雇ったのが誰であれその人物は、ともかく彼の非常な窮乏と、絶望してひいひい言っている状態と、そしてルター主義を嫌悪していることを（そしてまた、もしかして彼が国王に対して持っていた反逆心とを）、よく知っていた。だから彼を都合のよい、疑いもなくうまく利用できる道具であると認識した。彼がひそかに受けた使命は、アントウェルペンのイングランド人会館の安全を破る方策を見つけて、ウィリアム・ティンダルを逮捕することであった。

何が起こったか。フォクスがよく語っている。

ウィリアム・ティンダルはアントウェルペンの町に居たのだが、イングランド人のトマス・ポインツがイングランドの商人たちのために経営していた会館にすでに丸一年ほど滞在していた。その頃ここにイングランドからヘンリー・フィリップスという名の人物がやって来た。父親はプールの税官吏である。ジェントルマンであって、なかなか洒落た男であった。召使を一人連れていた。しかし彼が何のために来たのか、いかなる目的でここに遣わされたのか、誰も知らなかった。

マスター・ティンダルはしばしば商人たちから食事に招かれた。そういう機会にこのヘンリー・フィリップスが彼の知己を得たのである。その結果、短期間のうちにマスター・ティンダルはこの男を信用するようになった。そしてこの男を自分の宿舎に、つまりトマス・ポインツの会館に連れて来た。また一度か二度は一緒に食事をすることさえした。そして更にこの男と友達になり、彼の世話でこの男はそのポインツの会館に宿泊したりしたくらいである。おまけに彼はこの男に自分の本や、その他自分の仕事の秘密の作業も見せたりした。そのくらいにティンダルはこの裏切者を疑わなかったのである。

しかしポインツはこの男をあまり信用せず、マスター・ティンダルに、あなたはあのフィリップスとどのようにして知り合いになったのか、とたずねた。マスター・ティンダルが答えて言うには、彼は正直で、立派に勉強しており、気持ちのいい人です、と。ポインツは、彼がこの男にそれほどの好意を感じているのなら、と思い、もはや何も言わなかった。誰か親しい友人の紹介でこの男とつきあうようになったのだろう、と思ったのである。そのフィリップスは、この町に三日か四日居たところで、ある時、ポインツに一緒に町を歩いて、必要な店屋を教えてほしい、と頼んだ。また一緒に町の外まで散歩して、いろいろなことを、また王に関することなどを、話しあった。それでもポインツはまだ何も疑わなかった。けれども後になって、事の次第がはっきりした後、ポインツは、この男が何を意図していたかを知ったのである。

フィリップスは、自分が金を十分に持っているということをポインツにわからせたが、ポインツはその意図が理解できなかった。それからフィリップスはブリュッセルの宮廷に行った。当時はそこはイングランドに対して非常に敵対的であった。彼は後にブリュッセルでヘンリー王に対する裏切りをなすことになる。そこから彼は、例の検事総長と何人かの役人を連れてもどって来た。その総長は皇帝の代理人であった。こういうことは、誰がそれをやらせたにせよ、僅かな費用でできることではない。

そのしばらく後、ポインツが扉のところに座っていると、フィリップスの召使がやって来て、ティンダルが居るかどうかたずねた。主人がティンダルに会いに来たいというのである。そう言って立ち去った。しかし、主人のフィリップスが町にいるのかどうかはわからなかった。その時はポインツはそれ以上は聞かなかった。召使のことも、その主人のことも。その数日後、ポインツはバロワ［ベルゲン・オプ・ゾームのこと］の町に出かけて行った。イングランドの数え方で一八マイルほどアントウェルペンから離れたところである。仕事の都合で彼はそこに一ヶ月か六週間ほどとどまっていた。そして彼が居ない間にヘンリー・フィリップスが再びアントウェルペンに、ポインツの会館に、やって来たのである。そして中にはいって、ポインツの妻に、マスター・ティンダルが居るかどうか、また、会館で一緒に食事ができないかどうかたずねて、言った、「何かおいしい食事がありますか。」彼女は、「市場にあるものを出します」と答えた。彼は出て行き、（想像されることだが）準備をし、ブリュッセルから連れて来た役人たちを道と扉のところに配置した。それから正午ごろにまた来て、マスター・ティンダルのところに行き、四十シリング貸してくれないかと頼んだ、「今朝、こことメヒリンの間を通る時に、財布をなくしてしまったものだから。」マスター・ティンダルは彼に四十シリングを与えた。ティンダルにとっては、お金さえあれば、貸すのは容易なことであった。この世の抜け目のない巧妙さの中で生きていながら、彼自身は素朴で、無器用であったからだ。

そこでフィリップスは言った、「マスター・ティンダル。今日は私がここで食事に御招待いたしましょう。」ティンダルは答えた、「いいえ、私は今日は外に食事に行きます。私の方が喜んであなたを招待いたしましょう。」そこで食事の時間になると、マスター・ティンダルはフィリップスとともに外に出た。ポインツの会館からの出口は狭くて長い通路になっていて、二人並んで通れないくらいであった。マスター・ティンダルはフィリップスを先に行かせようとした。しかしフィリップスはどうしても先に歩こうとせず、マスター・ティンダルを先に行かせた。大いに謙虚なところを見せようとしたのである。そこでマスター・ティンダルが先に歩いた。彼は背が高くなかった。フィリップスは背の高い、格好の良い男だったが、後からついて行った。フィリップスは通路の先の門の扉のところに二人の役人を配置して座らせていた。彼らはそこで通路を通って来る人を見ることができた。その通路を通る時に、フィリップスはマスター・ティンダルの頭を指さした。扉のところに座って居た役人に、逮捕すべきはどの人物かをわからせるようにしたのである。これは、マスター・ティンダルを逮捕した役人たちが後にポインツに語ったことである。彼らがポインツに言うには、逮捕投獄した後、彼の素朴さを彼らはかわいそうに思った、ということである。そうして彼らは彼をつかまえて、皇帝の代理人である検事総長のところに連れて行った。彼はそこで食事を与えられた。その後、検事総長はポインツの会館のところにやって来て、マスター・ティンダルの所持品を、本もその他のものもすべて、持って行った。そこからティンダルはフィルフォード［フィルフォルデのこと］の城に送られた。イングランドの数え方でアントウェルペンから一八マイルのところである。そこに彼は死刑に処せられるまでとどまった。（註3）

ティンダルが逮捕されたのは一五三五年五月二一日ないしその前後である。フィルフォルデの城はブリュッセルの北六マイルのところにある。ルヴァンからもほぼ等距離である。一三七四年に建てられた、稀に見る堅固な砦である（十八世紀までには倒壊し、なくなった）。モズレーによれば、「この陰鬱な要塞は、アントウェルペンという騒然とした、自由な考え方の町、その統治者たちがルター派の進捗を大目に見ていた町から遠く離れていたから、ここではティンダルを確実に隔離することができた」（註4）。ブリュッセル市の公文書の中に、「ルター派その他の異端のセクトの凍結された財産の目録」という項目に「ウィリアム・ティンタルス（Tintalus）という名前のルター派の囚人を……一年と百三十五日の間拘禁する」にあたってかかった費用を城の副官に支払った支払いの記録がのっている。フォクスは、検事総長が「ポインツの会館に来て、マスター・ティンダルの本やその他すべてのものを持ち出した」と記している。ティンダルのフィルフォルデでの十六ヶ月の獄中生活の費用は、少なくとも、没収された彼の本の一部やその他のものを売却することによって賄われたのだ。どういう翻訳の原稿が持ち去られ、廃棄されたのかは、知ることができない。旧約の歴史書の翻訳は完成していて、どこかに隠されていたか、あるいはすでにどこかに送られていたかして、生き残ることができた。

ティンダルの罪状は何であったか。どういう理由で逮捕され、これだけ長期間拘留され、ついに死刑に処せられたのか。フォクスが言うには、フィリップスはヘンリー王に対する憎しみを公言してブリュッセルの宮廷に取り入り、ほかならぬ「皇帝の代理人である検事総長」と数名の役人とにティンダルを逮捕するためアントウェルペンまで一緒に行ってもらうよう手配してもらった。言い換えれば、告発の理由は異端ということ、神聖ローマ皇帝の意に反したということであった。――簡単に言えば、ルター派であったということだ。クロムウェルが洗礼の名づけ親となったトマス・ティーボルドという人物（書記官長クロムウェルはこの人物を外国への使節としてよく用いた）の書いた書簡が事実をより正確に、かつ広範に示してくれている。一五三五年七月にティーボルドは当時カンタベリーの大司教であったクランマーにアントウェルペンから長い手紙を書いている。その中に、ルヴァンの近郊で二人のイングランド人のドミニコ会修道士に会った話が出て来る（うち一人はラティマーの昔の敵である）。

私が知る限り、彼らに生活費を与えていたのは、ティンダルをつかまえたヘンリー・フィリップスという人物だけでした。この人物と私は長く、かつ友好的に話しあいました。私がルヴァンに滞在して勉強する意図を持っていると信じさせたのです。彼の会話からは、ティンダルが死刑になるだろうということしか、うかがえませんでした。彼はそれを非常に熱心に追及し、手に入れようとしていました。そしてそれを大いに喜んでいたのです。……

フィリップスの性質を考えるに、この喜びの一部はほとんど精神病質のものだったにちがいない。しかしまた彼が成功報酬を得ていたのも間違いない。「……彼が言うには、バーンズ博士やジョージ・ジョイほかの人物を捕らえたことからも報酬を得ていたのです」（註5）。

フィリップスは検事総長に、自分はアントウェルペンにいるイングランド人のルター派の指導者であるティンダル、バーンズ、ジョイの三人をとらえることができる、と説得したようである。しかしバーンズは実際にはすでに三年前からアントウェルペンに居なかった。一五三五年の春のはじめにはハンブルクに行き、それからメランヒトンに会いにヴィテンベルクまで行き、五月にはロンドンにもどっている。その帰途にアントウェルペンに立ち寄った可能性はある。もしも立ち寄ったのだとすれば、フィリップスは極度に情報通であったということになろうか。ジョージ・ジョイはカレーに逃げ、そこでは比較的安全であった。しかしそれは、ティンダルが逮捕された後のことだったようである。ティーボルドのクランマーあての手紙は、アントウェルペンやイングランドで広まっていた不愉快な噂をフィリップスに対して確かめることができた、と記してある。ティンダルをつかまえるのにジョイがフィリップスを助けたのではないか、という噂である。それに対しフィリップスは、自分はジョイを知らないし、会ったこともない、と答えた。「私がこのことを書くのは、ジョージ・ジョイがかつて彼の友人であった商人たちやその他多くの者たちによって強く非難されているからです。それは誤っています」（註6）。

ジョイがカレーに逃亡したことは、ほかの情報からも確かめられる。ジョージ・コリンズという名前のロンドンの商人が一五三五年五月一日にアントウェルペンからもう一人のロンドンの商人に書いている手紙の中で短く述べていることによれば、「バーロウ〔ベルゲン・オプ・ゾームのこと〕の市長が教会でフレッグ氏と話していました。」フレッグ氏というのも同様にイングランド人の投機的商人の一人であった。市長が言うには、「フレッグさん、ブリュッセルの検事総長から三人のイングランド人をつかまえるようにという委任が来ています。うち一人はバーンズ博士です。」……「市長は、フレッグ氏が博士に注意をうながすことを望んでおいでだったのです。」……フレッグ氏はこれを非常に有難く思い、ほかの二人のことをたずねるのを忘れてしまった。しかしジョージ・コリンズの手紙は、「博士にこの手紙を見せてあげて下さい」と結んでいる。ということは、バーンズはロンドンに居た、ということである。またコリンズは次の手紙でほかの二人の名前も知らせる、と約束している。その手紙の方は残っていない（註7）。

つまり、フィリップスの行動については、すでにこの出来事の数週間前から話が出まわっていたのである。検事総長がベルゲンに委任状を送ったのは、もしかして三人の異端者がそこに立ち現れるのではないか、と考えたからだろう。しかしジョージ・ジョイはまだアントウェルペンに滞在していたので、ティンダル逮捕の手助けをしたなどという不愉快な噂にも根拠があるように思われたのであろう。またティンダルは逃亡しようと試みることはしなかった。モズレーの解説があたっていよう、「もっと可能性があるのは、宗教改革者たちはこういった危険や警告に慣れてしまっていて、市議会のメンバーにも友人が居たから、もしも検事総長がアントウェルペンに彼らの逮捕の命令を出すようなことがあれば、その友人たちがよいタイミングで注意してくれるだろうと安心していた、ということだろう」(註8)。もちろん彼らはフィリップスのことは考慮に入れていなかった。彼はまるでユダのように、晩餐で葡萄酒にひたしたパンをティンダルと分けあったのである(註9)。それにティンダルは逃げたりしたら失うものがジョイよりもよほど多かった。ギリシャ語やヘブライ語を訳すための参考文献が多くあったし、おそらくはアントウェルペンで印刷屋と約束が成り立ってもいたはずである。

イングランド人の商人たちは、ティンダルの逮捕を知るとただちに、迅速に行動した。彼らはすぐに(フォクスは「あわてて」と記している)ブリュッセルの宮廷に手紙を書いた。またイングランド政府に手紙を書いたのも確かであるようだ。彼らの怒りは大きかったにちがいない。ティンダルが彼らにとって貴重なクリスチャン仲間で、ルター派仲間(少なくとも彼らの一部にとっては)であり、またおそらく仕事仲間でもあったというだけでない。彼らの自治集団としての外交特権が悪辣に踏みにじられたのだ。彼らの怒りは非常にはっきりしていて、ヘンリー・フィリップスが、悪漢にはよくあることだが、怯えるほどであった。上で引用したティーボルドのアントウェルペンからクランマーにあてた書簡には、以下のような記述も見られる。

このフィリップスは(私が知る限り)、アントウェルペンにいるイングランド人の商人たちが何かひそかに危害を加えるために彼を見張るのではないか、と非常に恐れています。事実彼はルヴァンで英貨にして二十ポンドほどもする自分の本を売り払い、そこからパリに参りました。そしてそこで何もせずにただ自分の召使がもどって来るのを待っています。すでにだいぶ前にこの召使に手紙を持たしてロンドンに遣わしてあったのです。そして長い間ここで待っていなければならなかったので、彼はその間に自分がつかまって、自分の書いた手紙の件が書記官長閣下［クロムウェル］に扱われることになるのではないかと、あきれるほどに恐れているのです。（註10）

ヘンリー・フィリップスが恐れたのは、二つの側からの攻撃であった。一方では、アントウェルペンの憤ったイングランド人の商人たちを恐れたのだが、しかしもっと恐れたのがイングランドの政府であった。彼の召使が持って行った手紙は、それが誰にあてたものであったにせよ、もしもクロムウェルの目にふれたら、フィリップスにとって致命的な結果をもたらしただろう。それは自分の使命が成功裡に終ったことを告げ、おそらくは更なる報奨金を要求する内容のものであったであろうから。フォクスは、この裏切り行為のあとフィリップスは「同様の行為を続けていくために（to follow the suit）更に〔金を〕手に入れた」、と言っている（註11）。フィリップスがよく知られた裏切り者であり、その大口は悪名が高かったというだけでない。ロンドンにいる誰かと契約したことを彼は実現したのだが、それは国王の敵、ないし少なくとも味方ではない神聖ローマ皇帝のためにティンダルという一人のイングランド市民を逮捕し、投獄することであったのだ――その敵の役人に、イングランド人の異端者三人を全部つかまえてやろうと約束した、などというのはもってのほかである。

ティーボルドのクランマーへの手紙には、次のようなこともものっている。

彼はルヴァンで、またハンガリー女王の宮廷で、我らの国王陛下や他の方々のことを極めて恥ずべき仕方でののしりました。私もそこに臨席していたのですが、彼は我らの国王陛下のことを tyrannum, expilatorem respublicae（暴君、国家の簒奪者）とかその他さまざまな言葉でののしり、皇帝が議員や友人たちといっし

ょになって国王陛下のことをやっつけるのを見たいと思っていたのです。（註12）

フィリップスの無分別は愚かな性質から来ているのか、あるいは自分は皇帝の権力によって支えられるに価する者だと印象づけて、ロンドンにいる自分の雇い手との契約を実現し、金をもらうためだったのか、そのあたりは確かでない。多分、この両者がまざりあっている、というのが事実であろうか。

この秘密の雇い手とは誰であったのか。直接の証拠はない。しかしいくつか手がかりはある。フォクスは、フィリップスの背後には教会当局の有力者が何人かいる、と言っている。トマス・ポインツも自分の兄弟への手紙の中で同じことを言っている。ティーボルドのクランマーへの手紙の中には次のような句もある。「このフィリップスはイングランドに有力者の知人がいて、その人たちによって支えられているのか、あるいは、彼自身が私に言ったことによればエクセターの司教区に収入のよい聖職禄を持っているというのですが、そのどちらかでしょう。」もしも彼が「よい聖職禄」を持っていたのだとすれば、父親に対する借金をとっくの昔に払っていたことだろう。エドワード・ホールはその年代記の中で、ヘンリー八世王の第二七年の項目で、ティンダルとその死についての長い段落の最後の方に記している、「彼［ティンダル］はその年アントウェルペンで、フィリップスというイングランド人で当時ルヴァンに留学していた者によって裏切られ、つかまった。多くの人が言っているように、これにはこの国の何人かの司教の助力と斡旋が欠かせなかっただろう。」モズレーは、今となっては誰であるかはっきり定めることはできない、と認めつつ、次のように言い切る。

疑わしいのはストークスレーである。彼は首都ロンドンの司教であった。一五三一年のルター派の審問でトマス・モアとともに最も活躍したのは彼であった。その時に、ティンダルがどこに住んでいて、どこに姿を現しているかについて特別な調査もなされた。彼の部下であるジョン・ティセンはかつてティンダルの生徒であって、従ってティンダルの顔を知っていたのだが、この男が一五三三年一月ごろにはアントウェルペンで姿を見られている。しかしこの男はアントウェルペンのイングランド人社会に受け入れられなかった。同じ年の七月、彼のもう一人の部下が、今度は公証人をやっている者であるが、アントウェルペンを二週間にわたってたずねている……。これら一切と、加えてストークスレーの残忍な性質と、弾圧に対する熱心さと、死の床において自分が生命を奪った異端者の人数を自慢したりしたことを考えあわせれば、彼がティンダルを滅ぼす計画の実行責任者ではないとしても、背後の中心人物であったと見なすのは十分に理のあることである。（註13）

もしもこれが正しければ、フィリップスは秘密を守るように細心に注意するようにと言われていたはずである。一五三〇年代には、妨げなしに人を勝手につかまえることができた。サー・トマス・モアはジョン・フリスを告発するのにホールトという裏切者を利用している。しかしそうであっても、フィリップスは単に王室の不機嫌を買うといった程度以上の問題を何人かの司教たちに、そして特にロンドンの司教にもたらす可能性があった。クロムウェルはフィリップスを国家のしつこい敵として知っていた。そしてクロムウェルの要員たちにとっては、「彼がティンダルを裏切ったことは、言及される場合には必ず、彼の罪状に加重されるものとみなされた」（註14）。

イングランド政府が非常に憤って、ティンダルを救出するためにできることはすべてなした、というわけではない。後述するように、強い訴えがなされたにもかかわらず、政府は動かなかった。状況はヘンリー王にとって、ないしクロムウェルにとって、よくなかったので、いかなることであろうと皇帝カールに譲歩をせまることはできなかったのである。ヘンリー王は教会から破門されていた。そして、キャサリンとの離婚とアンとの結婚によって皇帝に個人的な侮辱を与えただけでなく［キャサリンはカールの伯母にあたる］、イングランドの教会を完全にローマから引き離そうと動いていたし、古い権力の基盤である修道院に手をつける方向で動きつつあった。イングランド内部では、国王のこういう動きに対する反動は、司教のジョン・フィシャーとサー・トマス・モアの処刑によって息の根を止められた。これは、彼がロンドンでルター派の、ないしルター派と見なされた異端者たちを持続的に焚刑に処したことに対する相殺という以上の行為であった。ヘンリーは改革には興味を持っていなかった。もしもみながもう少し強力に運動したならば、ティンダルは救出されたかもしれない。トマス・ポインツはイングランドにいる兄にあてた手紙で書いている、「私が思うに、現在イングランド人会館の館長になっているウォルター・マーシュがこの時当地で自分の義務をもう少し効果的に果していたならば、この男［ティンダル］は何とか救われたかもしれません。自分自身の行動を公明正大にするために何らかのことをなして問題にまきこまれるようなことはしたくない、と思う人は大勢います。彼らは自分が目をつけられるのを恐れているのです」(註15)。クロムウェルには訴えが届き、彼自身も同情的であったけれども、なしうることを考えているうちに時間がたってしまって、機会を失ってしまったということだろうか。自分の契約を完成して報酬を手にするためには何の良心の呵責も感じないヘンリー・フィリップスは、後述するように、終局を早めるためのいかなる機会も逃さなかった。

手を抜いたなどという批判があてはまらない一人の人物は、いやむしろ自分自身の自由も財産も犠牲にしてティンダルを救出しようとした人物は、トマス・ポインツであった。フィリップスがティンダルをつかまえた時、ポインツはちょうど仕事でベルゲン・オプ・ゾームに行って留守にしていた。フィリップスはそういう機会を選んでティンダルを罠にかけたのである。ポインツはこのことで自らを責めた。フォクスが記しているように、ポインツはフィリップスに面識があり、その故にフィリップスを最初に疑ったのもポインツであったからだ。イングランドの商人たちをティンダルのために「あわてて」行動し、ブリュッセルの宮廷に訴えるよううながしたのは、彼であったに違いない。彼が後に、イングランド人会館の館長がもう少し腰が重くなかったなら、と嘆いたのである。数週間何も生じなかった後、トマス・ティーボルドがアントウェルペンに来るという話を彼は耳にした。ティーボルドはイングランドで非常な有力者（秘書長官や大司教）とつながりがあった。この人物はまたイングランド人会館とも親しかった（彼の銀行家であったトマス・リーは会館の会員であった）。彼のクランマーあての書簡はすでに我々の引用したところである。しかし結局何もそこからは生じなかった。そこでポインツはみずから率先して行動しようと決心した。一五三五年八月二五日に彼は兄のジョンに手紙を書いている。ジョンはエセックスのノース・オッケンデンの荘園の持ち主であり、すでに長いこと宮廷で勤めていた。問題は直接国王にもかかわることだと彼は考えたので、兄を頼りに何らかの糸がたどれるかもしれない、と期待したのである。彼は、王はすでに手を打ったはずだ、と信じていた。しかし彼の行動がブリュッセルでの陰謀のために妨害されていたということは、その時点では、知らなかった。

ウィリアム・ティンダルという獄中に囚われていて、国王陛下の恵み深きお助けがなければ死刑になる可能性がある人物のために、国王陛下はすでに恵み深き書簡を当地あてに送るように指示し給うておられる、と当地では言われておりますけれども、それらの書簡はどこかで止められているのではないかと思われます。このティンダルという人物は私のところに九ヶ月ほど滞在しておりましたが、一人の衛兵、つまり入口の番人ですが、及びブラバントの検事総長によって私のところから連れ去られました。この件はイングランドからの周旋によって行なわれたのですが、私の想像では、国王陛下は事件が起こるまで御存じなかったようです。もしも国王陛下が彼にイングランドに来るようにという命令を送ろうとお考えになったとすれば、彼は、たとえそれが自分の生命を危険にさらすことになったとしても、その命令に従わないことはなかったでありましょう。

そしてこのかわいそうなウィリアム・ティンダルは私のところに九ヶ月も滞在したのでありますから、私は、彼よりも国王陛下に忠実な臣民は今日生きている者の中には見られないということを知っております。

しかし、もしも国王陛下がこの男のために書簡を送って下されば、彼は彼らが彼に対して告発した項目について十分に対応できるでありましょう。それによって、この国の宮廷と議会がローマの司教［教皇のこと］との関係を遠からずして異なったものにするきっかけとなるかもしれません。彼は、近いうちに断罪されることになろうかと思われます。というのも、ルヴァンに二人のイングランド人がいて、そのことをきつく請願しているからです。彼らは彼に対して不利になるようなことをいろいろ苦労して英語からラテン語に訳して聖職者たちにわかるようにし、ほかのすべての人々に対してもなしたように彼のことも断罪するよう働きかけたのです。彼らは、それらの人々が彼らの業務に反対する意見を持ったということで断罪したのですが、それを彼らは聖なる教会の秩序と呼んでおります。

兄よ。私はこの人物のことを知っておりますが、その知識の故に、私の良心が私に命ずるままに、私はこの手紙を書きました。国王陛下は今日彼ほどの高価な宝をほかのどの人にも見出すことはお出来にならないでしょう。ほかの人で彼ほどの名声のある人はおりません。この故に、この人物のために国王陛下にこの件が請願されるよう、はからって下さい。あなたにおできになる限りの影響力を発揮し、できる限りの手段をもってして。私の知る限り、この人ほどに完全な人はほかに多く存在しません。そのことは神が御存じです。

（註16）

ジョン・ポインツはこの手紙を九月二一日にクロムウェルにわたした。しかしそれよりも三週間も前にクロムウェルはブラバントの二人の重要な枢密院議員あてに「ティンダルのために」手紙を書く許可を王に申し出ている。王はそれを許可した。その手紙は、ティンダルの逮捕は彼がネーデルラントの法律を破ったことに起因するとはっきりと認めつつ、しかしティンダルが恩赦をもって釈放され、イングランドに送還されることを依頼したものである。その手紙はロンドンのスティーヴン・ヴォーンに送られた。彼がそれを手にしたのは九月四日である。ヴォーンは次にそれを、商人のジョージ・コリンズに送った。コリンズの手紙は上で引用している。その中で言及されているロバート・フレッグにコリンズはアントウェルペンでクロムウェルの手紙をわたした。フレッグがこれを受け取ったのは九月十日である。そして九月二二日にフレッグ自身クロムウェルあてに返事を書いた。単なる依頼がこのようにこんがらがったのである。

フォクスは、出来事のこんがらがった細部にわたってはいり込んで記しているが、我々は要点のみ記しておこう。クロムウェルが手紙を書いた相手の二人の枢密院議員とは、ベルゲン・オプ・ゾームの侯爵とパレルモの大司教である。侯爵はちょうどその二日前に外交的使命をおびてドイツにむかって出発している（デンマーク王の長女が結婚するのに随伴した）。そこでフレッグはトマス・ポインツに手紙を持たして彼を追いかけさせた。加えて彼自身の手紙を添え、その中で、侯爵がブリュッセルの宮廷に対し代理人を指名してくれるよう要請している。ポインツはあまり歓迎されなかった。侯爵は、自分の国の人間が最近イングランドのスミスフィールドで焚刑にされた事実を指摘して文句を言ったのである。それでも彼はポインツがマーストリヒトまで彼に同伴することを赦した。マーストリヒトで彼はポインツにもう少していねいに面会した。そして手紙を託した。一通はパレルモの大司教をブリュッセルにおける彼の代理人として指名し、それに自分の意見をつけ加え、もう一通はアントウェルペンの企業家商人たちに対して、更に一通クロムウェルあての手紙もあった。ポインツはブリュッセルまで馬を走らせ、イングランドからの手紙と侯爵の手紙をその地の議会に提出した。そしてすぐに返事をもらってアントウェルペンに引き返した。アントウェルペンから商人たちは彼をブリュッセルの手紙を持たせてイングランドに送り出した。フォクスは書いている、「……彼はマスター・ティンダルを獄舎から救い出したいと熱望して、労苦を惜しまず、自分の仕事の時間を失うことも省みなかった。その手紙を急いで持って行き、議会に提出した。そして、また手紙が書かれるまで待つようにという指示を受けた……。」これが十月末以前のことである。それから彼はブリュッセルにもどり、その手紙を皇帝の議会に提出し、返事をもらうために三、四日待った。そして、ティンダルは釈放されて彼に引き渡されることになっている、という返事を得た。

けれども、フィリップスは自分の計画がうまく運ばず、報酬も得られないことになりそうだ、と気がついた。もしもティンダルが生きてイングランドに行き、クロムウェルに、ないし直接王に話をしたりしたら、それはフィリップスにとってひどい破滅を意味したからだ。そこで彼は介入し、トマス・ポインツはそれまで宮廷に対してはイングランドから来た使者にすぎないということにしていたのを、この人物は「アントウェルペンの町に住み、そこでティンダルの援助者であったので、同じ意見の持ち主である」と言い立てた。更に、法廷に対して彼が使節としてなしたことは実は彼個人から出ていることであって、ほかの誰からでもない、と述べた（イングランドから送られてきた政府の手紙は価値がない、という意味である）。そこで検事総長はポインツを逮捕し、投獄した。フォクスはポインツがここで蒙った破壊的な経験について細々と述べているが、あまりに長く、かつとりとめがないので、とてもここで引用はできない（ポインツは自分を表現するのが決してうまくなかった。そしてフォクスは明らかに元資料をそのまま記している）。従ってここでも要約のみ記すと、ポインツは起訴状が作成されるまでの間ブリュッセルで在宅拘禁された。検事総長は彼の審理に五日ないし六日を費やし、百項目以上のことについて彼を尋問し、結局二三ないし二四個条にわたる告発を作り上げ、裁判官に提出した。裁判官たちは、起訴された事項を審理し、ポインツの弁明を聞くために、週に一回現れるだけであった――ポインツの弁明は外部との通信が制限されたので、はかどらなかった。それに彼自身も裁判を遅らせる作戦を取った。これが十一月はじめから少なくとも一月末まで続いた。そして、裁判官たちがポインツのところに来る時はいつも、「例の裏切者のフィリップスが扉のところまでついて来て、ポインツに対する裁判を見ていた。同じことをこの男はマスター・ティンダルに対してもなしたのである。ポインツの拘禁にあたった番人が彼にそのことを告げたのであった」（註17）。

アントウェルペンのイングランド人商人たちに連絡を取って保釈金を払ってもらい、釈放される、という試みは失敗した。彼は、自分の拘禁に関わる費用を保証してくれる保証人を見つけることを求められていたのだ。事ここにいたってポインツは、自分の生命が危険にさらされていると考えざるをえなかった。すでに十二週ないし十三週もブリュッセルで囚人となっていた。もしもこのままとどまれば、多分死刑にされるだろう。しかしもしも逃亡を試みてつかまったら、やはり死刑にされるだろう。今やより堅固な牢獄に移されようとしているのが明らかだった。その夜、彼は逃亡し、明け方ブリュッセルから脱け出した。追跡の叫び声が上げられ、騎兵が彼を探した。しかし彼には土地勘があった。それで、うまく逃げ出し、イングランドに到達した。（彼の獄吏は重い罰金を課せられた。）こうして彼はネーデルラントから追放処分となった。彼の妻は彼とイングランドで一緒になることを拒否した。彼の仕事と家財はすべて駄目になり、ついに回復されることはなかった。その十二年後、一五四七年に兄が死んだ時、彼はノース・オケンデンの先祖の荘園を継承したが、そこに住むには貧しすぎたと言われている。彼は一五六二年に死んだ。

イングランドで彼がティンダルを救うための試みをどのように続けたかについては、記録が残っていない。スティーヴン・ヴォーンが一五三六年四月一三日に低地地方からクロムウェルに手紙を書いているが、そこに追伸を記し、「枢密院あての手紙を書き送って下されば、私はティンダルを焚刑から救うことができましょう。その手紙がうまく間に合って到着しますように。さもないと遅すぎることになりましょう。」だが、クロムウェルは何もしなかった。モズレーは、ティンダルがフィルフォルデから救出されてイングランドに到着することができたとしても、彼の歯に衣着せぬ物言いと妥協を拒絶する精神とは、どのみち焚刑に処せられる結果をもたらしただろう、と考えている。「彼は、見逃されるにはあまりに傑出しすぎた人物であった。それに嫌な、かつ権力のある敵が何人もいた。彼の徹底した意見、遠慮のない性質、とびぬけた才能は、すぐに彼を面倒な事態に陥れたことだろう。彼は両賭けしたり日和見したり、二重の声で話したり、などということはできなかったのだ」(註18)。今となっては、それは知ることができない。これに続く四年間で多くの人が焚刑に処せられた。その中にはバーンズ博士もいた。

ヘンリー・フィリップスはティンダルよりも長く生きた。彼の痕跡が最後に知られるのは、一五四二年にヴェネチア(訳註18a)においてである。ポインツが逃げた後も彼はルヴァンで保安警察を用いてイングランド国王に対するもっとひどい挑発をなしているようである。記録されているところによれば、ルヴァンにいるイングランドの学生たちを投獄したりしている。ヘンリー王はヨーロッパ［大陸］に手を伸ばして、彼の逮捕を要請した。しかし彼は一五三六年五月のはじめにはローマに到着している。そして自分はサー・トマス・モアの親戚だと偽って、ある枢機卿に拾い上げてもらった。しかし教皇庁駐在のイングランドの使節がその枢機卿に、フィリップスはやくざな裏切り者だと告げたので、結局退けられてしまった。パリでも同じことが起こった。オクスフォード時代の古い友人が「あまりにぼろを着ていた」彼を助けて、衣服と泊まり場所を与えてやったのだが、その甲斐もなく、フィリップスは彼からも盗みを働いたと言われている。そしてロンドンにもどり、母親に二度手紙を書いている。その後またルヴァンに逃げ、そこから上で言及したかんばしくない手紙をいくつか書いている。次に彼が現れるのは一五三七年夏だが、まだルヴァンにいる。モズレーの表現によれば、「枢機卿ポウルの取り巻きの中に入れてもらえるよう試みていた」(註19)。彼は自分がイングランドの使節によってつけねらわれ、危険にさらされている、とこぼしていた。まさに同じことを自分でティンダルに対してなしたくせに、そのことはまったく気にしていないようだ。一五三八年一月にルヴァンから以前の後見人、つまりエクセターの法務官に「卑屈な手紙」(モズレーの表現)を書いている。自分は非常に貧しくて、帝国の軍隊の軍役につかねばならなかったほどだ、とこぼしている——彼の両親と彼が和解できるよう法務官がはからってくれないだろうか、というのだ。そうすれば彼は自分がもともと属するところにもどれるのに。一五三八年の秋には彼はスイス傭兵隊の兵士として、フランドルから歩いてイタリアまで言った。そして枢機卿ポウルのところに助けを求めに行ったのだが、かえって、枢機卿の暗殺に来たのではないかと疑われ、ヴェネチアの領土にはいることを禁止された。その時彼は貧窮の極致にあって、自分の衣類も売り払って再びフランドルに帰って来た。そこで一五三九年はじめにイングランド大使のもとに自首して出た。おそらくは国王自身によって恩赦されるという約束を得て、イングランドに送還されることになった。しかしそこでまた気が変って、逃げ出した。彼を逮捕した人からこの時に盗みを働いたという件で後に告発されている。彼を本国に引き渡すよう要請がなされた。四月はじめには彼はイングランド国会が定めた裏切者に対する権利剥奪のリストに加えられた。その翌年彼は低地地方にまいもどってきている。「またまた困窮のなかにあった」とモズレーは言っている。彼についての最後の言葉は一五四二年の夏のものである。その時彼はウィーンでウィーンとハンガリー国王に対する反逆者として逮捕されている。そして、目をくりぬかれるか、生命を失うか、という選択をせまられた。フォクスは、「彼はついに虱に食いつくされた」という噂を伝えている。モズレーの以下の言葉は、彼の墓銘碑として定着することだろう。

我々はこれで彼のことは終りにしよう。両親から勘当され、友人からは疎外され、自分の国から告発され、自分の生涯を駄目にしてまでつくした相手からは遠ざけられ、誰からも信用されず、ただの道具としてしか評価されず、友人も家も希望もなく貧窮し、不実の行為をなした者として以後の歴史に伝えられることになるこの男のことを。（註20）

# 第十五章　裁判と処刑

一五三六年八月はじめ、ティンダルはすでにフィルフォルデの独房に四百五十日も居たのだが、公式に異端として断罪され、司祭籍を剥奪され、刑罰を受けるため世俗の当局に引きわたされた。刑罰は、焚刑であった。その一切が公開の出来事であった。異端としての断罪と、その中に含まれる罪状の朗読とは、非公開でなされた可能性もあるけれども、おそらくは公開であっただろう。司祭の場合には、司祭籍の剥奪がそれに続いてなされる。囚人は司教たちが居並ぶ高い台の上に司祭服姿で引き出される。叙任式の時に注がれた油が象徴的な仕方で囚人の手からこそぎ取られる。ミサのパンと葡萄酒がそこに置かれ、取り去られる。司祭服が儀式的な仕方ではぎとられる。ウィリアム・ティンダルはこの剥奪の儀式を受けて、もはや司祭ではないということになり、かたわらで彼を待っていた世俗の役人に引きわたされることになる。

世俗の役人とは、ここでもまた、一貫してティンダルの――またポインツの――告発人であった検事総長である。役人が異端狩りに際して容赦なく振舞うのは、その犠牲者の押収された財産の一部が役人のものとなったからである。彼はまたその異端狩りの仕事そのものについて報酬を受ける。ティンダルの場合は一二八ポンドであった。大きな金額である。ティンダルの件に関わった者たちが受けた報酬のうちでも、彼が受け取ったものが群を抜いて高額である。この時期に検事総長であったのはピエール・デュフィエフであった。悪名高き役人で、残忍さの故に低地地方ではよく知られていた。彼はしつこかった。囚人の個々の尋問に同席し、弁護人の書簡を読み（ポインツの場合）、新しい証拠を得るために犠牲者を拷問にかける準備をし、判決の座に座って判事として振舞うことまであり、囚人を火で焼くために送り出すのであった。そして彼の肱にはいつも、もちろん、ヘンリー・フィリップスがぶらさがっていた。公式の告発が用意されている間、つまりティンダルの収監の最初の数週間であるが、この時期は検事総長と公証人がくり返しやって来て、長々と尋問されたことだろう。最初に誓約させられ、次いで履歴と信仰について聞かれ、特に家で見つかったルター派の思想の証拠品――ルター自身のドイツ語の本や、ティンダル自身の英語の本その他――について聞かれることになる。これらの本をラテン語に訳すのに、ないし少なくともラテン語で要点を記述するのに時間がかかったからティンダルの告発の準備には長期間を要した、ということだろう。こういった準備作業のすべてが検事総長によって行なわれる。一定期間の後、裁判官が総督によって任命され、その後は審問に際して必ず一人もしくは複数の裁判官が同席することになる。これはふつうの法律に基づく裁判ではない。異端の場合の裁判は、より高い権力によって左右された。

ティンダルを裁いた裁判官は全部で十七人居たようである。三人の神学者と、それからウィレム・デ・カーフェルスフーン。彼はネーデルラントの使徒的異端審問官ド・ラトルの秘書官であった。それに枢密院議員の法律家が四人、ほかに更に九人。おそらくティンダルが外国人であり、英語を話せる者は一人もおらず、ラテン語のわかる者も僅かしかいなかったから、実際にはもう少し小人数の裁判官だけが仕事をしたのだろう。検事総長デュフィエフがそうだし、四人の法律家枢密院議員もそうだし、その中でもゴトフレイ・ド・メイイェルスが最も目立っていたようである。それに三人の神学者もそうである。そのうち二人はルヴァンの学者で、ヨーロッパのカトリック神学の指導的位置にあった。ラトムスと呼ばれたジャック・マソンは極めて著名なスコラ学者であった。当時およそ六十歳で、モズレーは「背の小さい人」と呼んでいる（註1）。人文主義やルター主義に対する献身的な反対者であり、ルターだけでなく、エラスムスにさえ反対していた（エラスムスの方は彼を尊敬していたが）。エンクサヌスと呼ばれたリュアール・タペールもラトムスと同様ルヴァンの教授で、かつ大学の総長であり、このすぐ後にルヴァンの最も重要な教会である聖ペテロ司教座教会の首席司祭となった。彼は政治的にはラトムスよりも権力があり、この種の異端裁判で神学者として陪審する経験をすでに十二年も積んでいた。後に彼はカトリック教会の指導者として崇拝され、同時に非常に残忍な指導者とみなされた。

異端狩りをやっていた者たちはティンダルという最大級の獲物をとらえた。ティンダルは抜きん出て学識のある学者で、ヨーロッパのルター派の一人の指導者であった。彼はまたイングランドにおいても極めて重要であった——だからこそ、ほかならぬサー・トマス・モアが彼を攻撃するために何ガロンものインクを消費したのではなかったか。ティンダルはほとんど一人で、自分の著作と、特に翻訳とでもって、ロンドンに、またイングランド全体にルター派の異端をひろめていた。彼の異端としての告発はこの上もなく完全なものになるはずであった。そしてその告発は広く知られたから、彼を滅ぼせばヨーロッパの異端の要石が除かれることになるはずだった。この者は単に素朴な、間違って再洗礼派になったような者ではない。学識のある敵対者であり、政治家であって、教皇をはじめとするカトリック教会の指導者たちに対する「強力な反対者」であった。神学者たちによる彼の審問は頻繁に、執拗に、かつ妥協の余地のないものだっただろう。ラトムスは確実に、エンクサヌスももしかすると、ティンダルの独房で直接面と向かって相対し、言葉をかわしたことだろう。その間を通じてティンダルの英語の著作のさまざまな個所がラテン語に訳し続けられた——モズレーは、ヘンリー・フィリップスが訳したのだろうと想像している（註2）。裁判官がティンダルをたずねた時、必要にそなえてフィリップスはいつも独房の扉のところに待機していた。彼はルヴァンとブリュッセルとフィルフォルデの間を絶えず行き来した。彼の生涯はすべてティンダルを滅ぼすために捧げられていたのである（註3）。

告発を準備する仕事はティンダルが五月に逮捕されてすぐにはじめられたが、ゆっくりと進んで行った。夏中、翻訳の作業が続けられた。九月にはクロムウェルが介入したことで、数週間ほどいったん作業が中断した。有力な君主の秘書官長がその国の一人の人物の釈放を依頼した書簡には慎重に対応する必要があったのだ。裁判官と特に枢密院は、苦労して考えたにちがいない。彼らはまず準備の仕事をやめてティンダルを釈放し、待っていたポインツに引きわたそうと決めただろうと思われる。ポインツ——ヘンリー王のもう一人の臣民——を逮捕、投獄するというヘンリー・フィリップスの方針は、絶望的な悪あがきだったように見える。ところがそこで検事総長はそのもう一人のイングランド人ルター派のポインツの信仰を調べるうちに、これは予想外の第二の獲物であったので、その注意が思わぬ方に向くこととなった。そしてくり返しポインツを尋問する（ヘンリー・フィリップスをかたわらに伴って）許可を求めるようになる。これはポインツが一五三六年二月はじめに逃亡するまで続く。だから、ティンダルの告発の準備は一五三六年までは本格的にははじまらなかったと見てよいだろう。

ティンダルは公証人と弁護士を一人提供された。しかしそれを断っている。自分の返答は自分でなすことを選んだのである。フォクスが鋭く見抜いていることだが、この返答が公にされることは決してないだろう（註4）。モズレーは記す、「重大な時が来た。時間かせぎをしたり、法の機微をついて抜け穴を探すといったようなことをすべき時ではない」（註5）。すでに十二年も危険な亡命生活の貧困の中で、彼は聖書の真理によって生きてきた。聖書の真理が彼の翻訳と著作の仕事を絶対的な献身と全き誠実さをもってなすようにしむけて来たのである（ヘンリー・フィリップスがあれほどの悪意をもってティンダルを憎んだのも、驚くに価いしない）。その聖書の真理は低地地方の一地方の不規則な法廷で法律の抜け穴を探して言い訳するようなことではない。それは聖書そのものであり、神御自身の言葉である。「多くのことが書かれ、彼とルヴァン大学の人たちの間で大量の議論が行き来した。……彼らにはもう十分だと思えるところまで、これ以上ゆずれるところはないというところまで、聖書の権威と証言に対して彼らは答えねばならなかった。ティンダルは自分の考えを聖書に基づいて力強く論証したのである。」（註6）

以上はすべてフォクスの伝えるところである。しかしラトムスも記録を残している。これは顕著な意味のある裁判であって、彼の能力を最大限発揮する価値があったからだ。その結果は何と三巻の本にまとめられた。それが彼の死後に一冊本として印刷され、エンクサヌスに献呈された。今日一冊だけ残っている。その中でラトムスは、ティンダルがルター主義の故に獄中に居た間に、Sola fides justificat apud Deum（神のもとでは信仰のみが義とする）ということについて本を一冊書いた、という事実を後世に伝えている。ティンダルのこの本は残っていない。しかしティンダルがこの主題について以前に書いたことと、ラトムスがそれに反論していることから、その内容を想像するのは難しいことではない。ティンダルの一冊の本が失われてしまったことを嘆きたくなる気持はわかるが、ここではラトムスのすぐれたラテン語の記録が残っていることを喜ぶことにしよう。サー・トマス・モアは研究と図書館のための全ヨーロッパ言語であるラテン語を抑制のきいた仕方で書いたが、ルターとティンダルを攻撃する時は別だった。そこでは彼は一種の通俗の英語を書いた。あたかもルターやティンダルは共通の共同体からそういった通俗の流れに流し去るべき相手であるかの如くに。ラトムスはモアよりもはるかにすぐれた神学者であった。そしてティンダルをすぐれた学者とみなして対応し、モアよりもずっと強力な議論をしている。根本の問題はおなじみの教義的問題であった――信仰のみによる救いか、それとも行為による救いか、という。ティンダルはルターに従って、いやパウロに従って、信仰のみによる救いの教義を支持していた。それに対し教会は行為による救いに固執していた。理解できることではあるが。ラトムスの議論の仕方は尊敬に価するもので、モアのような悪口雑言ではなく、弁論を楽しむ種類のものであった。三巻全体に対する序文で彼は、彼の反論（つまりラトムスの第一巻にあたる。ここではラトムスはティンダルの聖書理解の基本に対して別の意見を入れ替えているだけである）に対するティンダルの返答は、こういう審理に際して期待されるように自分の過ちを認めるものではなく、むしろ「返答することを誇る」ようなものであった、と述べている（註7）。もちろんラトムスにしてみれば、自分の側に真理のすべてがあるのであって、ティンダルはそのことを理解していないから、単に騒ぎたてているだけだ、ということになる。ラトムスにとってはこの学術論争は、はじめから結論が定められていたのだから、楽しいものだっただろう。この世界では、ティンダルが勝てる方法はなかった。ラトムスはその序文を、自分がこの返答を書くのに要した労力は結局ティンダルを何ら益することなく終ってしまうのではないかと恐れる、と記して終っている。しかし彼はこれを、他の者たちの益になるように書くのだ、という。ラトムスの第一巻は二折り判で七頁にびっしりと印刷されているが、ティンダルと自分が共通に持っているキリスト教信仰の基盤にふれた後、信仰・行為義認の問題にはいり、いくつか厳しい論点を指摘する。ティンダルはそれに対して文章を書いて答えた。それも長い文章であった。その文章は失われてしまったが、ラトムスの第二巻での調子から想像するに、力強く、かつ長い回答であったと考えられる。第二巻もびっしり印刷された二折り判で、一八頁にもなるが、ティンダルの回答に対する反論を書いたものである。ティンダルの回答は、その長さにもかかわらずよく構成され、新約聖書にしばしば言及するものであった、と想定できる。ラトムスはティンダルがいかに愚かであるかを示すためにティンダル自身の文を引用しているが、それによってティンダルの文章にこういう長所があったことがわかる――ラトムスが記していることの中にももちろんティンダルのこういう特質は現れている。第三巻はティンダルがラトムスに対して教会の実践に関してどういう立場を取るのか答えることを要求したのに対するラトムスの回答である。つまり『服従』の読者にはおなじみの諸項目、聖礼典について、司祭の序列について、鍵や誓約や断食や聖者像や聖者礼拝や教皇の権威などの持っている力について、などである。ラトムスは多くの頁をかけて論理的な展開をもって答え、また教父を引き合いに出している（ラトムスは、ルターやメランヒトンと同様にティンダルにとっても、教父はただの権威の僭称者として退けられる、ということがどうしても理解できない）。しかしティンダルが上げている非難の叫び、それはまた急速にヨーロッパ全体が上げつつあった叫びでもあるが、その叫びにまったく答えることができていない。

フォクスは、デイの一五七三年の二折り判の序文として採用されているティンダルの伝記の中で、次のように記している。

彼はそこ〔フィルフォルデ〕に一年半以上とどまった。その間彼のところに様々な法律家や神学博士が、また修道士などがやってきた。ティンダルは彼らと多く論争した。しかし最後にティンダルは、イングランドの神学者を呼んでほしいと頼んだ。……そこで彼のところにルヴァンから様々な学者が送られたが、その中に数人のイングランド人が含まれた。そして多くの審問の後、ついに彼らは彼を断罪した。（註8）

もちろん彼と議論したのはラトムスだけではない。実際フォクスが描いているティンダルの独房の様子は人でむらがっている。そしてその中に、もしかすると激昂したティンダルがいた。エンクサヌスも「ティンダルス」に対して、少なくともラトムスと同じ程度の長さで、ものを言う立場にあったに違いない。——彼の方が若かったが精力的で、ラトムスよりも地位が高く、この種のことにはずっと多くの経験を積んでいたではないか。フォクスは「様々な法律家」ということも言っている——この「様々な」は胸に一物ある表現である。またこの表現は彼らがもたらしたことについてももの思わせる。修道士というのもまたあまり歓迎すべき種類の人たちではなかっただろう。イングランド人の修道士のロイやジョイやバーロウとて、それほどしっかりした人間ではなかった。おそらくティンダルは英語の声を聞きたくなったのだろう。英語は彼の母語であり、英語が普通に用いられるところならば、ティンダルはたいていの人よりすぐれていた。権力において圧倒的なこの訪問者たちはラテン語の話し言葉で一日を埋めつくしたことだろう。そして彼の看守はフランドル人であった。だからルヴァンから送られて来る敵対的なイングランド人であっても――その時期にはヘンリーの反教皇的な立場から逃れてイングランドから来ていた亡命者は大勢いたから、その中から容易に選ぶことができた――一息つく雰囲気をもたらしたかもしれない。フィルフォルデの警戒は明らかに厳重なものであった。トマス・ポインツは、自由であった時も、ティンダルに会うことはできなかった。ヘンリー・フィリップスも、ことの最初の張本人でありながら、ティンダルの独房にはいることはなかったようである。いつも扉のところで待っていた。彼が影のようにそこに居てこちらを横目で見ている様は、憎悪にみちていて、ぞっとするような様子であっただろう。フィリップスを知った後では、ほかのどんなイングランド人でも歓迎する気になろうというものだ。しかしながらフォクスの文は、意識的であるかどうかは別として、単に起こった事を順番に並べているだけでなく、事の本質をずばりと述べている。イングランド人の訪問の後は、すぐに続けて、「多くの審問」と「ついに彼らは彼を断罪した」という最後の句が置かれている。

この種の審問の常であるように、嵐のように神学者や法律家が押し寄せて来たかと思うと、その間に小康状態もあったようだ。そういう時の一つが一五三五年の九月にあったようである。ティンダルはその時頼みがあったのだが、その伝言を伝えてくれる人がいなかったので、自分で手紙を書かねばならなくなった。これがティンダルがフィルフォルデの一年半の間に書いたもののうちで今日残っている唯一のものである〔写真14参照〕。フォクスはこの手紙を知らなかった。ブラバントの議会の古文書の中に、誰も読むことなく三世紀間眠っていたものである。ラテン語で書かれ、「W・ティンダルス（Tindalus）」と署名され、当局の誰かに対してあてたもので、日付けは書かれていない。モズレーがその日付けについて推量していることは説得力がある。また彼が手紙の受け取り人をベルゲン・オプ・ゾームの侯爵だろうと推定しているのも、まずはそうだろう。この人物はクロムウェルが手紙を書いた相手の枢密院議員で、フィルフォルデの城の責任者でもあった。モズレーはラテン語の本文を写した後、英語の訳をつけているが、この訳はよく知られたものである。

閣下は私に関して決定されたかもしれないことについて御存じないことはないと思います。そこで閣下（your lordship）に、主イエス（the Lord Jesus）にかけて、お願いしますが、もしも私がここで冬を過ごすことになるのだとすれば、私の財産を担当官が持っておりますので、担当官にそこから暖かい帽子を一つ送ってくれるよう頼んでいただけないでしょうか。頭が非常に寒いので困っております。また常に風邪に悩まされていて、この独房にいると風邪がどんどんひどくなります。ですからまた暖かい外套を一つ送らせて下さい。私は非常に薄い外套しか持っておりません。それからまた私のズボン下につぎをあてるために布を少し。私の外套はすり切れています。シャツもまたすり切れています。彼は毛のシャツを持っていますから、送る気になれば送れるのです。彼のところに私のもっと部厚い布のズボン下もあります。またもっと暖かいナイトキャップもあります。また、夜にランプを使う許可を出して下さるようお願いします。実際、暗闇の中で一人で座っているのは、いやなことです。しかし何よりもまず、閣下の善意にお願い申し上げますが、急いで担当官に、私にヘブライ語の聖書とヘブライ語の文法とヘブライ語の辞書を許可してくれるようおっしゃって下さいますように。そうすれば私は勉学することで時を過ごせますから。そのお礼に、あなたの望まれるものは何でもおわたしします。それはあなたの霊魂の救いのためになりますでしょう。しかし私に関して何かほかの決定がこの冬以前に実行されるように決められたのでありましたならば、神の御意志を待ちつつ、我慢いたしましょう。我が主イエス・キリストの御恵みに栄光あれ。キリストの霊があなたの心を導いて下さるよう（祈ります）。アーメン、W・ティンダルス。（註9）

もしも侯爵がこの手紙の受取人であるなら、担当官は検事総長であったはずである。ティンダルを逮捕した時に、その財産を没収したのは彼であるから、まずその可能性が高い。とすると彼が「暖かい帽子……暖かい外套……つぎあての布……暖かいナイトキャップ……毛のシャツ……もっと部厚い布のズボン下……」、そしてまた「ランプ……ヘブライ語の聖書、ヘブライ語の文法、ヘブライ語の辞書……」を持っていたことになる。この手紙についてのモズレーの註釈は引用するに価する。

この手紙には高貴な尊厳と自立が息づいている。へつらう様子はなく、まして卑屈なところなどない。しかも十分にていねいで、敬意を表している。ティンダルは現在の自分の苦境を平常心で受け入れている。その重荷を出来るかぎり軽くしようとしてはいるけれども。しかしそのすべてを通じて、彼の思いの中心は、彼に託された福音へと向っている。（註10）

「平常心で」というのはふさわしい表現である。モズレーが比べているわけではないが、チェルシーの獄中のサー・トマス・モアがここで思い出される。彼もまた一人で最後の暗い時間を過ごした。しかしその時間を混乱した心（と身体）から悪意の毒を吹き出すために用い、地下室に留置された（おそらくは拷問された）囚人たちのことについて書いている。

ティンダルのこの願いがかなえられたかどうかは、わからない。伝説によればその願いはかなえられ、湿って冷たい独房の中で冬の長い夜を通してヨシュア記から歴代志下までを翻訳するという英雄的な時を過ごしたということになっているが、それはまったくのセンチメンタルな感情というものである。それはまた絶対にありえないことである。第一にポインツがフォクスのために書き残したことによれば、ティンダルの死後に残されたほかの原稿についてはすべて述べているけれども、そういう話は何も書いていない。第二に、旧約のこれらの文書の翻訳の仕事について僅かでも研究してみれば、ティンダルは、上記の手紙で彼が要求した三つの参考書以外にもっとはるかに沢山の文献を用いて仕事をしていることがわかる。もう一つのお伽話はもっと支持し難い。それによれば、ティンダルの訳業はすでにエズラ・ネヘミヤやエステル書よりも先に進み、その過酷な苦難の孤独な夜に、おそらく彼自身自分の神に見捨てられたと感じつつ、今や次の文書の翻訳にかかろうとしていた。つまり旧約聖書の中で彼が出会った最初の、詩的思いが長く噴出している文書、ヨブ記である。これはこの状況に非常にふさわしい本であった……。もしもティンダルのヨブ記などが存在しているのなら、我々はそのためにあらゆるものを与えても惜しくはない。加えて、ヨブ記は中身のつまった本ではあるが、たとえば「五書」と比べてもそれほど長い本ではない。だから、もしも言われているようなことであるとすれば、彼はもっと訳を進めて、詩篇の訳にいたり、それをこっそり送り出してカヴァーデイルに届けた、とでもいったことになってしまう……。ティンダルの生涯は、シェイクスピアの生涯と同様、センチメンタルな想像を招きやすい。ティンダルがフィルフォルデの城で翻訳者として通常必要な参考文献のすべてを、つまり七十人訳とヴルガータとルターとユダヤ教の註解書と当時の諸言語で出版された他の諸訳と、さまざまな辞書とを用いることなどできなかったのは、まず確実なことである。ましてや読者、校閲者、ないし書記として働いてくれる友人や雇い人を得ることなどとても無理である。そういうことはありえない。五月末から九月までの間、彼はヘブライ語にふれることができなかったはずである。一年の四分の一以上に及ぶ。大人になってから苦労してヘブライ語を学ばねばならなかった経験のある者にとっては、この空白はかなり重いものであろう。よく言われることによれば、ラテン語を学べばそれは一生ついて来るが、ギリシャ語は毎週努力して維持しないといけない。だが、大人になってからヘブライ語を学ぶというのは、毎日何ほどかそれにたずさわっていないと、すぐに忘れはじめるものである（訳註10 a）。ティンダルがヘブライ語を学びはじめたのは三四歳以前ではない。この時より七年前のことである。もしもこの時その三冊の本を受け取ることができたとすれば、詩的文書やイザヤ、エレミヤの大預言者を前もってよみ、未来に期待される仕事のためのノートぐらいは作れたかもしれないが、とりあえずの主たる目的は語学力を落とさないことであっただろう。

事態が改善されるきざしはまったくなかった。その秋にはクロムウェルの善意の試みも失敗に終った。そして、まったくヘンリー・フィリップスのせいで、ティンダルの状況はもっと悪くなっていった。彼のために何かをなしえた唯一の自由な立場の人物のトマス・ポインツ自身が投獄されてしまったからである。それも、ティンダル自身の敵である同じ検事総長の手によって拘禁されて。もしもティンダルがここで絶望したとしても、責めることはできまい。しかしながらフォクスはもう少し違うことを書いている。使徒行伝に出て来る使徒たちのような仕方で、あるいはパウロ書簡のいくつかの結びに垣間見られるような仕方で、ティンダルは看守や敵たちに影響を及ぼしていたのである。

彼の教えの力と、彼の生き方の誠実さは非常に大きかったから、獄中に居た間に（それは一年半続いたのだが）、彼は管理人と、管理人の娘と、その家族のほかの者たちを改宗させた、と言われている。また城でティンダルと知り合ったほかの者たちも皆、もしも彼が良いキリスト者でないのだとすれば、ほかの誰を信じ

られようか、と言っていたという。（註11）

フォクスだけでなく、エドワード・ホールも更に驚くべき話を語っている。「しかしまた、その地の検事総長（the Procurator general。当地の Lieutenant にあたる）が書いている報告書では、彼のことを、homo doctus, pius et bonus（学識があり、信心深く、かつ善良な人）であった、となっている」（註12）。これは恐れられていたピエール・デュフィエフのことである。人間の性質として、敵の近くに来れば来るほど、憎悪の泡を吹く量が減るものであるが、ウィリアム・ティンダルに関しては特にそうであったようである。サー・トマス・モアはティンダルに対して書いている間中、広い海陸によって彼との間を隔てられていた。ラトムスのように彼と直接に会った優れた神学博士は、敬意をもって、怒りよりは悲しみの色調でもって書いている。検事総長でさえも尊敬を表現しているのである。

しかしこういったことがあっても、法の冷たい機械が動いていくのを止めることはなかった。ティンダルは一五三六年の八月に異端として断罪を受けた。そしておそらくすぐその日に司祭籍を剥奪された。焚刑による死刑執行は今や確実であった。ジョン・ハットンというクロムウェルの部下が一五三六年八月一二日にクロムウェルに対して書いている。

今月の十日に検事総長が、つまりこの地域での皇帝の代理人ですが、やって来て、このイングランド人会館で一緒に食事をしました。彼が確言するには、ウィリアム・ティンダルは司祭籍を剥奪され、世俗の司職の手にわたされました。ですから、来週にも彼は死刑に処せられるでしょう。彼が告発された条文を私はまだ手に入れることができません。わたしてもらう約束は得ているのですが。手に入れたら最初に閣下にお送り申し上げます。ティンダルのほかにもう一人のイングランド人が同時に、収監中の諸費用を支払った上で自分の属するフランシスコ会修道会にもどるよう判決を受けております。（註13）

ティンダルが八月十日以前に司祭籍を剥奪されたことは、それにかかる費用をピエール・デュフィエフに支払ったという記録があるので、確認できる。その中には車の借り上げ費や、「市の守衛や雇員」への支払いも含まれる。「非聖化」は「司教補佐とそれを補佐する二人の高位聖職者によって」行なわれた。「フィルフォルデの町には……ほかにも聖職者や一般信徒が集っていた」（註14）。ほかの記録によれば、リュアール・タペールがネーデルラントの使徒的審問官ジャック・ド・ラトルの代りに出席するよう命じられている。モズレーはこの記録から、司祭籍剥奪の日は八月五日から九日の間に限定できる、としている（註15）。モズレーは更に、この時期、ウィリアム・ティンダルの司祭籍剥奪の故に、「輝く星の群がフィルフォルデの小さい町に集って来た」と言っている。

しかし死刑はすぐには執行されなかった。遅延の理由はおそらく枢密院が、クロムウェルが依頼の手紙を寄こしたほどの著名なイングランド人の生命を奪うことによって生じかねない政治的な危機に気をつかったせいであろう。クロムウェルが最後の時にあたってもう一度何らかの姿勢を示した可能性はまずない。ハットンの手紙を読めば、クロムウェルは、ティンダルはすでに死んでいると思ったであろう。枢密院が気にしていたのは、皇帝のはっきりした認可なしに行動してはならない、ということであったかもしれない。この時期皇帝はフランス南東部で戦争をしていたから、その許可を得るには一、二週間はかかっただろう。更に、モズレーが述べているように、「死刑判決を受けた者の弱さと困憊に対して」配慮するために「次々と司祭や修道僧が」送り込まれる、という慣習のせいでもあっただろう（註16）。「この歓迎されざる訪問者たちは相手に対してまるで配慮もなく、霊魂を一つ永遠の劫火から鈎にひっかけて拾い出そうと夢中だった。」

司祭籍剥奪より二ヶ月後、一五三六年十月はじめのある日の朝、ティンダルは処刑された。伝説によれば、それは十月六日のことだった。英国国教会はこの日を彼の死の記念日としてまもっている。実際に知られていることは、フォクスの僅かな記録だけである。彼は生きたまま焼かれることはなかった。そういう獰猛な刑罰は、より劣った生物にふさわしいとみなされたからだ。彼は死刑の棒にくくられたところで絞殺され、それから死骸が燃されたのである。

ついに、さまざまな理屈がつけられた後、本当は彼が死に価するいかなる理屈もありえなかったのだが、皇帝の勅令ということで、彼は断罪された。……そして、同じ理由で、死刑場へと引かれて行った。棒にくくりつけられ、執行吏によってまず首をしめられ、その後火で焼かれた。キリスト紀元一五三六年、フィルフォルデの町で、朝のことだった。彼は死刑棒のところで、熱意をこめて大きな声で、「主よ、イングランド王の眼を開き給え」と叫んだ。(註17)

しかしながら、これと同種の死刑についての目撃証言が二つある。一つはブリュッセルで、他はルヴァンでなされたもので、エンジナスというスペイン人の学者が記録している。彼自身その七年後に、新約聖書をスペイン語に訳したという理由で逮捕されている。この記録から、ティンダルの最期について再構成することができよう。大勢の群衆が集ってきて、バリケードにさえぎられていた。円形の空間の中央に二つの大きな木の梁が十字架状に組み合わされて立てられ、その上に鉄の鎖がつけられ、麻縄が梁に開けられた穴を通してつけられた。柴、藁、丸太などがすでにまわりに準備されていた。定められた時に、責任を委託された検事総長とその同僚たちが到着し、円形の空間の中に用意された椅子に着席する。看守が囚人を連れて通るのに、群衆が道を開ける。空間の中にはいり、十字架に近づくと、囚人はしばし祈る時間を与えられ、また、背教するよう最後の呼びかけがなされる。そして囚人だけが十字架のところに行き、看守は忙しく膝まづいて彼の足を十字架の下のところに結びつける。首に鎖がかけられ、麻縄がゆるくかけられる。柴や藁や丸太が囚人のまわりにびっしりと積み上げられ、囚人を中にして藁小屋のように作られる。火薬がまかれる。執行人が十字架の後にまわって立ち、検事総長の方を見る。ティンダルが「主よ、イングランド王の眼を開き給え」と叫んだのは、多分この瞬間であっただろう。検事総長は準備よしと見ると合図を送る。すると執行人がすばやく麻縄をしめ、ティンダルを絞殺する。検事総長はティンダルが死んだのを見ると、死を確認するや否や、そばに置かれていた火のついた松明に手をのばし、執行人にわたす。執行人は藁、柴、火薬に火をつける。

フォクスが報告しているところによると、ティンダルは死刑執行の朝城の管理人あてに手紙を書いている。そして管理人はティンダルの死の後ほどなく、それを持ってアントウェルペンに行き、「上述のポインツの」家に持って行った（もちろんその時にはポインツはイングランドに居た）。文書資料を集めるのに極めて勤勉であったフォクスは、この手紙を、また「彼の審理や彼のほかの議論」（裁判官の前での審理とルヴァンの教授たちとの議論のことであろう」を、見ることができなかったと嘆いている。彼の聞いたところでは、それらの記録はまだ管理人（keeper）の家族のところに、「管理人の娘の手に」あるという（註18）。しかしその折に、管理人はポインツの妻の家でティンダルのことを、獄中における態度は使徒のようだったと暖かく語った、ということをフォクスは知っている（現に一五六三年の版ではそれを記録している）。ポインツの妻からそのことを聞いたにちがいない。彼女にとっては、自分の部屋でその話を聞くのは、あの嫌らしいヘンリー・フィリップスを同じ場所でもてなした苦い思い出を多少はやわらげる効果があっただろう。クロムウェルの部下であるジョン・ハットンはブラバントから十二月十三日に、つまり二ヶ月以上も後のことであるが、一般的な様子を手紙で書いて知らせている、「人々はマスター・ティンダルの処刑に際しての忍耐強い受難のさまを多く語っています。」一五五〇年にエリザベス王女——その八年後に女王になるのだが——の教師であったロジャー・アスカムが騎馬でフィルフォルデを通りかかった。「町のはずれには有名な、厳粛な処刑場がある。尊厳に価するウィリアム・ティンダルが尊厳を踏みにじる仕方で死刑に処せられた場所である」（註19）。

# 付録Ａ　『悪しきマモンの譬え』（一五二八年）の図式

括弧内の数字はパーカー協会版（ＰＳ）の頁数

一　信仰がまず来るのであり、信仰のみが義とする
Ａ　信仰のみが生命をもたらす。律法は死をもたらす（四六）
１　神は必ずやその約束を実現する
２　パウロとキリストは、良き行為が効果をあげる前にまず善が必要なのだと宣言している
３　律法は義とすることができず、約束のみが義とする
Ｂ　聖書は良き行為を命じている（五二）
１　マタイ二五章、「私が飢えていた時……」
２　これらの良き行為は信仰からのみ生れる
３　聖書は信仰と行為の両方を神のみに帰している
Ｃ　外面的な行為が内面的な善を示す（五六）
１　義は信仰による。行為によって示される。何か利益を得ようというものではない
２　永遠の生命は、信仰と良き生き方に続いて生じるものである。自分で獲得できるものではない
３　神（聖者ではない）が我らを天に迎え入れる。行為は貧しき人々に対してなされるべきであって、聖者のためになす

べきものではない。

二　マモンと不義な管理人

A　マモンという語は何を意味するか（六七）

1　富。一時的な良きもの

2　過度。必要以上のもの

3　豊饒。満ちあふれること

B　「不義なマモン」とは何か（六九）

1　不正に得られたわけではない

2　不正に用いる

3　隣人に必要なことのために用いない

C　何故我々は不義な管理人の例に従うべきか（七〇）

1　知恵と勤勉の実例

2　罪あるアダムがキリストの型であるのと同じ

3　神は我々本性において断罪されている者たちにさえも神の霊を送り給うた。聖書を疑わずに信じる者たちに対して。福音書とパウロから、行為のしめるべき真の位置について大量の実例

三　良き行為とは何か。

A　良き行為は何の役に立つか（九〇）

1　（我々にとって）断食と［宗教的決まりを］守ること

2　（我々にとって、また他の人々にとって）祈り

3　（他の人々にとって）慈善

B　行為は自然的なものである（一〇〇）

1　しかし言葉なしでは、何ものでもない

2　しかしむきにならないよう気をつける
3　我々は、キリストが我々になして下さったように、貧しい人々に対してなすべきである
C　此の世は神を理解しない（一〇七）
1　ソクラテス、プラトン、アリストテレスは混乱させる
2　一切は神から来る
3　聖書を理解することが［律法の］戒命を守ることにつながる。新約聖書から大量の実例

# 付録B 『キリスト者の服従』の構造

ティンダルの思考過程を示すために、以下に『服従』の本論の最初の部分（序文と序論に続く個所）の図式を示す。括弧内の数字はパーカー協会版（PS）の頁数である。

神の服従の法

一　子ども（一六八）

a　本来の義務

1　両親の与えたもの

2　両親の権威に基づくもの

3　両親への服従は神への服従である

b　日々の効果

1　不服従は両親によって罰される

2　両親が罰しなければ、神が罰する

3　結婚は年長者を尊重するものである

（a）しかし高位聖職者がこれを破棄しうる

（b）また教皇は金を払ってこれを免除できる

二　妻（一七一）
a　結婚するまでは対等。結婚後は弱き器
b　聖なる妻たち［聖書に出て来る妻たち］の服従の実例に従う
c　夫は神の代りの位置に立つ
三　召使（一七二）
a　パウロとペテロは服従を要求している
b　主人の命令は神の命令である
c　修道僧、修道士、司祭はいかなる服従も免除される
四　王、君主、支配者の臣下の者たち（一七三）
導入　ローマ書一三章（一―一〇節）
A　神の法はいかなる復讐も禁じている。復讐は神御自身がなす（一七四）
1　王、行政者、支配者は神の義を制定しているのである
a　服従の要請は普遍的である
i　法を守ることは繁栄をもたらす
ii　法を破ることは呪いをもたらす
b　目上の者に対して復讐することは、神のなすべき業を私するものである。王を殺すのは不法である
i　サムエル記上二四章、ダヴィデとサウル
ii　サムエル記上二六章、ダヴィデとサウル
「王を裁く者は神を裁くことになる
王に対して手をつける者は、神に対して手をつけることになる
王に逆らう者は神に逆らうのである。そして神の法と命令をあなどる
臣下の者が罪を犯すなら、王の裁きにかけられねばならぬ

王が罪を犯すなら、
　神の裁きと
　怒りと
　復讐に
ゆだねられねばならない
王自身に逆らってはならないのと同じことで
　王の役人にも逆らってはならない。役人は王の命令を実行するために定められた、ないし派遣された者だからである

iii　列王記下一章
iv　列王記下四章　ダヴィデを喜ばすためになす殺人。神を喜ばすためではない
v　ルカ一三章、マタイ二二章。異教徒の君主にも逆らわないこと

2
王は法の外にあり、神に対してのみ責任を持つ
　a　誰も免責されない。修道僧も修道士も教皇も司教も
　　i　反抗する者ないし免責を求める者は、悪をもたらす
　　ii　よくなす者は、賞賛される
「聖職者は良き生活をすれば、世俗の剣を恐れることから解放されるはずである
力をもってしたり、王たちを盲目にさせたり、王たちに対して神の復讐をもたらそうとしたり、
罪が罰せられなくなるような免罪符を買わせたりすることによってではない
　b　王は、我々の福祉のための神の奉仕者である
　　i　暴君であっても
（a）暴君であっても、ただの影よりはまし
（b）軟弱な王の方が駄目である。イングランドの年代記を見よ

ii　君主は悪人を罰するために叙任されたのであるから、君主を恐れるべきである。聖職者は自分たちが自分たち自身の聖域、また犯罪人の聖域であると主張しているが、彼らといえども君主を恐れるべきである。

B　神の法は霊的な人間だけが正しく守り得る（一八一）

1　人間は三つの自然的な質を持っている

a　獣的質。君主や統治者に反抗して立ち上がる者たち。彼らは、金の子牛を礼拝した結果モーセがその者たちの前で法が記された石板を破棄した、その者たちに似ている

b　法を受け入れるが、此の世的であって、霊的でない質。報酬を求めるなどというのがそうである

c　霊的質。心に法を持っている

2　人間の変りやすさは生得的な盲目から生じる。間違った心性が間違った意志へとつらなる。すなわち

a　思い込みが信仰をくつがえすことがある

b　過ちは囚われへと導く。自由へは導かない。キリストだけが人を自由にする

c　神から生じないことはすべて罪である

i　自尊心。ルクレティアが自分の栄光たる貞節を失った時には、もはや何も持たないのである

ii「アリストテレスやプラトンやソクラテスの道徳はすべてこういった自尊心に基づくものである……」

iii　聖者に長所があると思われていることについて

3　王は悪を行なう者たちを罰し、他の者たちを恐れさせるために叙任されている

a　王どうしが教皇に踊らされて互いに戦うために叙任されているわけではない

b　司教が世俗の剣をふりまわす、などは赦されない。彼らは神の言葉を説かず、また説く者を認めることもしない

結論　教皇は皇帝や王の権力を専横した。そのことは最近のヨーロッパの歴史から知られる

C　服従の基盤は霊的なものである。新約聖書は世俗の支配者に抵抗することを禁じている（一八八）（教皇の誤った理解に対して）

1　外面的に

a　ペテロと同様キリストもまた世俗の権力のもとにあった
マタイ二六章、ガラティア四章、マタイ三章
司教も王も免責されない
b　キリストもペテロも税金を支払った。マタイ一七章
i　しかし高位聖職者は何も支払っていない。教皇の争いのために戦う時だけ支払う
ii　ペテロが税金を払ったからとて、そのせいで最も偉大な使徒になったわけではない
c　パウロは良心に基づく服従を説いた
i　汝自身の良心
ii　自分より弱い隣人の良心。我々は重荷を共に負うべきである
（a）キリスト教的愛に発して
しかし、（b）聖職者たちは奪う
iii　役人は神に仕える者だからである
2　内面的に。法は霊的なものである
a　それは行為によって完成されることはない
b　信仰が法を守る愛を作り出す
c　義認とは罪の赦しのことである。そして、我々の代りに復讐し給う神の恩寵である
3　法は恐れさせる。王を恐れるべきであるのと同様に
a　支配者というのは神の賜物である
b　悪しき支配者が存在するのは、我らの邪悪さの故である
i　あらゆる仕方で悪い
ii　特に高位聖職者の邪悪さによって。これは我々を罰するためである
iii　誤った奇蹟によって

4　我々は神より生じる一切を、善も悪も、受け入れるべきである
a　復讐しない
b　悪しき支配者に抵抗しない
i　それは更に束縛を生む
ii　神は誠実であって、悪しき支配者を取り除き給う
iii　キリストは受動的であった。キリスト者が苦い薬を良きものと見なすことができるためである
c　弾圧は神の霊の働きを我々に感じさせる。（一九八）
（欄外の註。キリストとその約束においては、最も悪い罪人も義とされる。また最も完全で清い者も法と肉においては罪人である。）

# 付録C　イソクラテスの『祭典演説』の一文

イソクラテスの『祭典演説』から一文を引用する。G.A. Kennedy, *Classical Rhetoric in its Christian and Secular Tradition from Ancient to Modern Times* (Chapel Hill, 1980), p. 36 から引用

知の愛
それは我々にアテーナイを偉大ならしめているすべてのことを発見し、
　確立することを得さしめてきた。
それは我々を実践的な事柄について教育し、
我々が互いにおだやかな関係を保つようにさせた。
それは無知から生じる災難を必然的な災難から区別し、
前者を避け、後者を耐え忍ぶように我々に教えた。
我々の都市国家は〔知の愛を〕明らかにし、
　「言葉」を尊敬した。
　その「言葉」は万人が欲するものであり、
　またそれを持っている者を万人がうらやむ。
一方では、

これが我々人間をすべての動物から区別する自然の質であるということ、
またその長所によりそれは我々が他のすべての物を超えるようにさせた、ということを認識し
他方では、
　他の地域では幸運が乱されていて、
　　その結果賢者がおちぶれ、
　　　無知なる者が栄えている、ということを知り、
高貴な言葉は邪悪とは関係がないのであり、
　それはものをよく知る精神の産物であって、
その点で賢者と見るからに無知な者とは異なっているので、
自由に教育を受けた者ははじめからずっと、
　勇猛や財産などといったことではなく
　その語ることによってよく認識されるので
言葉を良く用いる者は自分の都市国家において影響力を持つだけでなく、
　他の人々の間でも尊敬される。
　そして
我々の都市国家は知恵と言葉において人類の他の者たちをはるかにしのいでいるので、
　我々のところで生徒である者は他の教師となり、
我々の都市国家はギリシャ人という名前をもはや一民族の名前ではなく知性の別名と思わせるようにした。
むしろギリシャ人と呼ばれるのは、
　我々の血を引いた者よりはむしろ
　我々の教育を受けた者である。

［訳註。「そして」と訳したのは関係代名詞でつながっているところ、等々であって、つまり、以上すべてで文法的には一文で

ある、ということを著者は示したいだけの話である。〕

# 原註と訳註

省略記号

CWM　*The Complete Works of St Thomas More*, New Haven and London, 1969–

EETS　Early English Texts Society

Foxe　*The Acts and Monuments of John Foxe* ed. by Josia Pratt and John Stoughton, 8 vols, 1877

*L&P*　*Letters and Papers, Foreign and Domestic, of the Reign of Henry VIII*, ed. by J. S. Brewer, J. Gairdner, R. H. Brodie, et al.（21 vols, 1862-1932）

PS　[Tyndale] *Doctrinal Treatises . . .*（1848）; *Expositions . . .* and *The Practice of Prelates*（1849）; *Answer to More . . .*（1850）, edited for the Parker Society by Henry Walter

## 序　説

（a）［訳註］著者はここではわざと、ラテン語に似せた構文で英語を書くと、いかにナンセンスで不可解な文になるかを実例として書いてみせている（「ラテン語は、必要な場合には、……どんどんと積み重ねていくものである」という部分）。従って英語の文章としてほとんど理解不可能な文であるから、右の訳が正しいかどうかもわからない。というよりも、ナンセンスで不可解な文の実例なのだから、これはそもそも「正しく」訳すことが期待されている文ではない。

（b）［訳註］この翻訳の清書をしている段階では（二〇〇〇年夏）、私の知る限り、この叢書は第三巻だけがようやく発行されたばかりで、他の巻はまだ発行されていない（Anne M. O'Donnell and Jared Wicks（ed. by）, *An Answer vnto Sir Thomas Mores Dialoge*, The Independent Works of William Tyndale, Vol., 3, The Catholic University of America Press, Washington, D. C., 2000）。二十世紀最後の年になってティンダルの著作集をカトリック大学の出版部が出版するというのは、かつその最初に『モアの対話に対する返答』が選ばれたというのは、一九六〇年代以降になってようやくなされたカトリックとプロテスタントの「和解」の一つの象徴であろう。また、この第三巻の二人の編集・解説者もカトリック教会に聖職籍のある人である。なお、この叢書全体（全四巻）の七人の編者の一人が本書の著者ダニエル氏である。

（c）［訳註］この書名の訳語については、本書第八章（三三九頁）参照。

（1）たとえば Mozley（1940）あるいは N. Davis。

（1a）［訳註］本書の翻訳の原稿が印刷屋さんにわたされる直前に、大英図書館はこのヴォルムス版の復刻を、もとの版の真似をしてまったく同じポケット版で、もとの版と同じ三千部、廉価版で発行した。ただし活字は現代風のものである。*The New Testament Translated by William Tyndale* (in original spelling), ed. by W. R. Cooper with a preface by David Daniell, The British Library, 2000

## 第一章

（1）彼の家系についてもっと詳しくは Greenfield 参照。また Mozley, pp.1-6 参照。後者については、Overy and Tyndale が修正している。

（1a）［訳註］ラニミード（Runnymede）は、豪族たちがジョン王と会見して、大憲章（マグナ・カルタ）を作らせた場所（一二一五年六月）。ロンドンのやや西方、テムズ川ぞいの湿地。しかし豪族たちはここで王と会う前に、秘かにセント・エドマンズというところに集って、自分たちだけで相談した。「ラニミードの前に集った」というのはそのことを指す。

（2）Demaus, p. 23

（3）Sturge, pp. 3-4; Merriman, vol. 1, p.3; Marius, p. 5

（4）Hoyle の統計（特に一三八頁と一四六頁）を見よ。ここに出て来る数字を理解するのに、ブリストル大学の J. H. Bettey 博士の助力をいただいた。

（5）Demaus, pp. 24-25

（6）Hoyle, p. 138

（7）Finucane を見よ。

（8）たとえば私は北アメリカの小さな町に何度も居たことがあるが、その時はより広い世界を見る機会から切り離されて生活するという不慣れな体験をしたものである。その土地の情報機関の流すニュースはおよそ地方的に限られていて、かつ狭いものであったからである。若きティンダルが北ヨーロッパの大きな流れの中で育ったということは、多くの点でうらやむに価する。グロスターシアでは、最もつつましい階級の人の場合でもかなり旅行していた証拠がフーパー司教の調査した記録によって知ることができる。Price, pp. 92-94 を見よ。

（9）PS, p. 149

（10）Keynes, p. 144 および n. 15 を見よ。また *Willelmi Malmesbiriensis Monachi De Gestis Regum Anglorum Libri Quinqui*, ed. W. Stubbs; I, Rolls Ser.（London 1887-89）, passim. ティンダルはアルフレッドに関し思い違いしている、と言われてきた。アルフレッド自身は詩篇第一篇—第五〇篇以外は聖書のいかなる個所も自分では訳していない。ウィクリフ聖書につけられた長い序論のほとんど終りに近いところでビードとアルフレッドのその翻訳とを一緒に言及している個所がある。ティンダルはそこのところをこんがらがったのであろうか。Forshall and Madden, vol. 1, p. 59 を見よ。

（10 a）〔訳註〕フルーエリン（Fluellen）は『ヘンリー五世』、エヴァンズは『ウィンザーの陽気な女房たち』、グレンダワーは『ヘンリー四世（第一部）』に登場する。いずれも鮮明にウェールズ人として描かれている。ただし、『ウィンザーの陽気な女房たち』に登場するのは、神父ヒュー・エヴァンズであって、サー・ジョン・エヴァンズとは呼ばれていない。私の極度に限られたシェイクスピアについての知識からすれば、この二人が同一人物なのか、サー・ジョン・エヴァンズは別の作品に出て来るのか、よくわからない。なお、本書の著者はロンドン大学でシェイクスピアを専門とする英文学の教授であった。

（11）Johnson, p. 19 を見よ。

（12）Rollison, p. 3 にあげられている数字に基づく計算。以下のいくつかの段落に記した多くの点について、私はこのすぐれた研究に依拠している。

（13）Rollison, p. 9

（14）Rollison, p. 86

（15）Rollison, p. 27

（16）この名前はセヴァーン川をわたって多少北に行ったあたりにあるディーンの森の地域に、十六世紀には多く見られる名前である。おそらく最初は de Monmouth という名前であったらしい。この知識は Joan Johnson に教えてもらった。フォクスは彼を Mummuth と呼んでいる。この綴りはおそらくその土地の発音に基づいたものであろう。フォクスは、自分に情報を伝えてくれた人の話すままに記していたようである。

（17）Dickens（1989）, pp. 59-60 および Smeeton, p. 41。もっともバークレーの城はグロスターシアの州境のすぐ外にあるわけではない。

（18）J. F. Davis, p. 2 ほか多くの個所。

（19）「布地の人（man of the cloth）」という表現が、十七世紀半ば以降、牧師を意味するようになったのは、面白いことである。もちろんこれは、その人物が着ている服の布地が上等であったことによるが、しかしそこには織物産業と信仰との間のつながりの意味も多少は含まれているかもしれない。

（20）Rollison, pp. 67-69

（21）ＯＥＤは toot-hill を「看視のために用いる自然のあるいは人工的な丘ないし高み」と説明している。toot は「看視するのに適した、一つだけとび離れて目立つ丘」と説明され、主として南西部で用いられた単語である、とされている。また、ティンダルは特にその新約聖書の最後の版をグロスターシアの農夫の少年が話す方言で書いた言語的な改革者である、という学説があるけれども、それは的を遠くはずれている、と指摘しておく必要があろう。この着想は Roach の論文から来ている。その根拠は、アントウェルペンで一五三五年に発行されたティンダルの新約聖書には例外的に変った綴りが出て来る（たとえば faether, broether など）、という点にある。しかしこれは、一五三〇年から一五三五年の間になされたクリストフェル・ファン・エントホーフェンの五つの版（後述五四四頁）と同様に、疑いもなく海賊版である。エントホーフェン版の場合と同様、フランドル人の植字工が植字したものを正しく校正してくれる人もいないままに発行したものである。しかし他方、ティンダル自身が印刷・発行させた著作の中に出て来るグロスターシア地方の単語の形の分析は、まだなされねばならない課題である、ということも付け加えておかねばなるまい。

（22）*Tyndale's Old Testament*, ed. Daniell, 1992, pp. xxii, xxx-xxxvii. ［訳註］本書第一三章（六〇三頁）参照。

（22ａ）［訳註］「司祭」（キリスト教、特にカトリックの聖職者）と「祭司」（キリスト教以外の諸宗教の聖職者）を単語上区別するのは、日本的キリスト教用語の特色であって、ヨーロッパ諸語ではどちらも同じ単語（英語は priest）を用いる。

（23）Rollison, p. 92. 私のここでの議論は、ロリソンからのこの引用文を中心にふくらませたものである。

（24）Smeeton の本は面白いが、ティンダルをあまりにむきになってルターから切り離しすぎている。彼の本がもとはルヴァン大学の学位論文であったというのは、故なきことではあるまい。ルヴァン大学はルターの当時から、ルターに反対していた大学である。

（25）PS, pp. 304-305

（26）マタイ七章［七節］。

（27）たとえば Pantin, pp. 81-114 を見よ。

（28）Owst, pp. 41-46

（29）Rollison, p. 71

（30）この知識はウォトン・アンダー・エッジの Enid Brain に教えていただいた。

（31）Rollison, p. 94 の指摘による。

（32）Sidney, p. 133

（33）Brook を見よ。

（34）Sidney, p. 113

（35）King の本にさえのっていない。この本は新しい興味を多く刺激してくれる本ではあるけれども。

（36）たとえば『キリスト者の服従』、PS, pp. 220, 328

（37）『服従』、PS, p. 307を見よ。

（38）Brownell, pp.554-570、また Daniell, pp. 134-151を見よ。

（39）もっともなことではあるが。後述二四六―二四七頁参照。

## 第二章

（1）Emden, pp. 567-569 を見よ。また Foster を見よ。後者では「ティンダル、ウィリアム（ないしヒチンズ）」となっている。フォスターはまたティンダルのことを「カーディナル・カレッジ（つまりクライスト・チャーチ）の律修司祭（canon）、一五二五年」、また新約聖書の翻訳者、としている。しかし少なくとも「カーディナル・カレッジ」に関する限りフォスターの記す年代は間違っていると言わねばならぬ。彼が用いた資料そのものですでに間違っていたのかもしれないが。一五二五年にはティンダルはすでに海外に出ていた。その時点ではすでにあまり正統派ではないという噂をたてられていたから、ウルジーのカレッジにはふさわしくなかっただろう。モードリン・ホールの初期の細かい記録については、Stanier の多くの個所を見よ。

（2）Stanier, p. 9

（3）White, p. xvi

（4）Stanier, p. 22

（5）Stanier, p. 23

（6）Stanier, p. 25 を見よ。また Hamilton, pp. 100-143

（7）Stanier, pp. 31-36

（8）Stanier, pp. 38-43

（9）Stanier, p. 41

（10）Baldwin の古典的な著作 *William Shakespere's Small Latine and Lesse Greeke*, I, pp. 75-164 は一五〇九―一五五〇年のグラマー・スクールのカリキュラムについて十分な記述を提供している。

（11）Stanier, pp. 46-47

（12）*Tyndale's Old Testament*, ed. Daniell, p. 17

（13）Wood（1786-1790）, II, p. 721

（14）Stanier, pp. 49-53、また Jacobsen, pp. 119-120を見よ。

（15）Wood（1813-1820）, I, p. 29

（16）Jacobsen, p. 129

（17）*Dictionary of National Biography*, VI, p. 348 を見よ。

（18）Stanier, p. 59

（19）'Duns Scotus' Oxford'

（20）Fletcher の多くの個所を見よ。

（21）Fletcher, pp. 343

（22）Fletcher, pp. 344-345

（23）より詳しくは、Evans, pp. 485-538 を見よ。

（24）M. B. Parkes, 'The Provision of Books' in Catto and Evans, p. 407

（25）Parkes, p. 473

（26）Fletcher, pp. 322-323

（27）Fletcher, p. 323 は、カリキュラムは以下のようであった、としている。「文法については、プリスキアヌスの『文法教科書』（Institutiones grammaticae）の第一部ないし第二部を一学期間、修辞学については、アリストテレスの『修辞学』（Rhetorica）、ないしボエティウスの『弁証論』（Topica）の第四巻、ないし『新修辞学』（Nova rhetorica）＝偽キケロの『ヘレンニウスのための修辞学』（Rhetorica ad Herennium）、ないしオヴィディウスの『変身』（Metamorphoses）、ないしヴェルギリウスの詩を三学期間、論理学については、アリストテレスの『解釈について』（De Interpretatione）、ないしボエティウスの『弁証論』（Topica）の最初の三巻、ないしアリストテレスの『分析論前書』（Analytica Priora）、ないしアリストテレスの『弁証論』（Topica）を三学期間、代数については、ボエティウスの『代数学』（Arithmetica＝Ars metrica 計測の技術）を一学期間、音楽については、ボエティウスの『音楽』（Musica）を一学期間、幾何学については、エウクレイデスとアルハゼン（イブン・アル＝ハイタム）ないしウィテロの遠近法について二学期間、天文学については、『惑星論』（Theorica planetarum）ないしプトレマイオスの『天文学』（Almagedos）を二学期間。」

（28）Fletcher, pp. 323-324 は、「自然哲学については、アリストテレスの『自然学』（Physica）ないし他の適切なアリストテレスないし偽アリストテレスの著作を三学期間、道徳哲学については、アリストテレスの『倫理学』（Ethica）ないし『家政論』（Economica）ないし『政治学』（Politica）を三学期間、形而上学については、アリストテレスの『形而上学』（Metaphysica）を二学期間」、としている。

（29）Fletcher, p. 324

（30）Fletcher, p. 325 及び特に pp. 338-345

（31）Catto, p. 265

（32）Catto, p. 266

（33）Smeeton, pp. 162-167

（34）Catto, p. 267

（35）Pecock, pp. 460-466

（36）Catto, pp. 275-278

（37）Catto, p. 278

（38）Catto, p. 780

（39）Weiss（1964）、および Weiss（1957）の第七、第九、第十章。

（40）Catto, p. 265 ［訳註］しかし第三章（八九頁以下）

ではこの著者は、この「争闘」がかなり重大なものであったかのように記述している。

（41）三世紀のオリゲネス以降、教会では、ラテン語聖書のあらゆる文を、そしてしばしばあらゆる単語を、アレゴリー的に扱うのが自明のこととなった。特にアウグスティヌスによる影響が大きかった。最初の意味すなわち字義通りの意味の上に、アレゴリー（隠喩）的な意味（たとえば動物のそれぞれが徳の一つ一つを代表するという風に）、トロポス（型、tropological）的ないし道徳的な意味、つまり道徳性のさまざまな型（tropos）ないし姿（figura）を示唆するもの、それからアナゴーゲー（上昇、anagogical）的な意味、つまりギリシャ語の「上る」という意味の動詞（anago）から作られた単語で、主として未来の栄光への上昇を意味するもの［文字を入れ換えたりして、もとの単語とまったく違う意味を「発見」しようとするもの」が重ねられる。有名な例は「エルサレム」の意味で、字義的にはこれはユダヤ人の町を意味する。次いでアレゴリー的にはキリストの教会を、トロポス的には人間の霊魂を、アナゴーゲー的には天の都市［天国］を意味する。

（42）Gleason の多くの個所参照。

（43）Seebohm, p. 20

（44）Gleason, p. 59

（45）Gleason, p. 59

（46）Gleason, pp. 67-92

（47）Gleason, pp. 118-121

（47 a）［訳註］偽ディオニシオスは、六世紀になってから収集されたある匿名の著者の文章であるが、使徒行伝一七・三四に出て来る「アレオパゴスのディオニシオス」が書いたものだということにされたので、この名がある。ラウレンティウス・ヴァラやエラスムスにいたるまで、これが本当にディオニシオスの作品であると思い込み、権威のあるほとんど使徒的な著作であるとみなしている。

（48）Colet (1869), p. 107; Gleason, p. 92

（49）Gleason, p. 11

（50）Duhamel, p. 494

（51）Gleason, p. 67

（52）Schwarz, pp. 120-121「彼（エラスムス）がイングランドに居た当時にすでに神学の勉学についてのギリシャ語の意義を十分に理解していたという証拠はまったくない。……ギリシャ語そのものを知る前に、また、みずからヴルガータのラテン語のテクストとギリシャ語聖書の間の相違を見出す前に、ギリシャ語の価値について彼がどうして判断しえただろうか。ギリシャ語のそういう価値を考えるのは当時のすべての伝統に反することであったから、彼にほかの誰かがそういう考え方を持つように教えた可能性もない。」

（53）Schwarz, pp. 120-138, 141, 161

（54） Gleason, p. 121 以下

（55） Catto, p. 279

（56） Gleason, p. 159

（56 a）［訳註］この言い方は著者自身が数頁前（五六頁、五七頁）に述べていることと一見矛盾するようである。すなわち五六頁では著者は「コレットの講義は、幸いなことに、保存されている」と記し、続く五七頁でも、その講義の草稿の古いものは一五〇五年から一五〇六年に書かれたと述べている。他でもこの著者はさまざまな自己矛盾を犯しているから、この場合ももしかするとそうかもしれないが、善意に理解すれば、一四九六年から九九年の講義については草稿は残っていないから、「もともとなされたままの形では知ることができない」という意味なのか、あるいはそもそも草稿はほんのメモであるから、実際の講義そのものは復元できない、と言いたいのか、どちらかなのであろう。ただしコレットのローマ書の講義の草稿については、註59につけた訳註で指摘したティンダル叢書第三巻の三八九頁によれば、一四九九年—一五〇五年の間に書かれたものが残っている。この種の事柄については、ダニエル氏よりも、ティンダル叢書の編集者の方が明瞭に正確なデータを提供しているようである。

（57） E. W. Hunt, pp. 64-65 を見よ。

（58） Foxe, IV, p. 246

（59） Gleason, p. 236 以下。［訳註］ここのところ、著者の記述はいかにもわかりにくい。多少説明を加えておくと、何の話がエラスムスに由来するのかというと、コレットがローマ書をはじめとしてすべてのパウロ書簡について公開講座で講義をした、という話である。この点については、エラスムスが唯一の典拠であるらしい。著者ダニエル氏は前頁でフォクスも同じことを言っているとしているが、おそらくフォクスもエラスムスを典拠としてそう言っている、という意味なのだろうか。ただし、訳註56 aで記したように、この講義のノートそのものがいくつか残っている。次に、コレットが主の祈りを英語に訳したせいで異端として告発されそうになった、という件は、著者ダニエル氏が言うように、ティンダル自身が『返答』の中で記していることである。ただし第四章（一七七頁）の著者の指摘によれば、ティンダルもこの点はエラスムスに依存して言っているということである。とすると、これらの話の出所はすべてエラスムスだ、ということになる。なお、現代の学者によれば、コレットが異端として告発されかかったのは事実であるが、その理由は主の祈りを英語に訳したということではない（以上について、Anne M. O'Donnell and Jared Wicks (ed. by), *An Anseer vnto Sir Thomas Mores Dialoge*, The Independent Works of William Tyndale, vol. 3. The Catholica Univ. of America Press, 2000 参照。ティンダ

ルの言葉そのものは同書一六八頁、それ以外については同書につけられた註釈三八七頁。）
（60）PS, p. 291
（61）PS, p. 206
（62）PS, p. 179
（63）PS, p. 315
（64）同
（64 a）［訳註］martyr という単語は「証人」という意味とともに「殉教者」という意味がある。
（65）Foxe, V, pp. 114-115
（66）CWM, VI, i, 28
（67）*Hall's Chronicle*, p. 818
（68）後述六二三頁参照
（69）『ハムレット』の最初の場面でのこういう「敷衍」（amplificatio）の用い方については、Trousdale, pp. 52-55を見よ。
（70）Jones, p. 13
（71）Shakespeare, *Comedy of Errors*, 5, i, 62-67
（72）Jacobsen, pp. 111-115
（73）後述四一四―四一八頁参照
（74）『服従』PS, p. 316 を見よ。また『モアへの返答』（PS, pp. 16, 135, 213）および『創世記』の序文（*Tyndale's Old Testament*, ed. Daniell, pp.4-5）を見よ。
（75）PS, pp. 304-305. 上記二七―三一頁を見よ。
（76）Erasmus（1963）, p. 30
（77）Bone, pp. 50-68
（78）Davis, p. 23
（79）Baldwin, II, pp.1-238 は十六世紀のグラマー・スクールにおける修辞の勉強について、特に『ヘレンニウスのための修辞学』とエラスムスとクゥインティリアヌスを用いて詳しく説明している。
（80）*The First Printed Catalogue of the Bodleian Library 1605, a Facsimile*, Oxford, 1986 を調べて得られた数字。
（81）Puttenham, p. 5
（82）後述一四六―一五一頁参照。
（83）'To the Lady Margaret Ley'

## 第三章

（1）Foxe, V, p. 115
（2）同、四一五頁
（3）Dickens（1989）, p. 91
（4）ディケンズは、これについては「確かなことは言えない」とうまく切り抜けている、九三頁。
（5）Foxe, V, p. 415
（6）註31を見よ。
（7）Dickens（1989）, p. 91

（7ａ）［訳註］新約聖書のギリシャ語テクストを史上はじめて印刷公刊したのはエラスムスである。しかし彼はこれに『新しい契約（新約、Novum Testamentum）』という表題をつけず、『新しい書物（Novum Instrumentum）』という表題にした。Testamentum という単語をこのように「契約」という意味で用いるのはラテン語としては無理がある、ということをエラスムスはまだ知っていたからであろうか。古代でも、ラテン語キリスト教の初期には Novum Instrumentum という名称がよく用いられた。ただし本書一〇三頁参照。

（8）Dickens（1989）. p. 102

（8ａ）［訳註］エラスムスのやった仕事は「諸写本校合（comparing texts for his Greek New Testament）」などという立派な仕事ではない。彼がどういう写本を用いて新約聖書のギリシャ語テクストを発行したか、今日では、はっきりわかっている。すなわち、彼はこの仕事をスイスのバーゼルでやって、そこのフローリン（Florin）という印刷屋から発行したのだが、その時に利用した写本はバーゼルに居て容易に用いることができたものを一つずつ利用しただけである。一つずつというのは、新約聖書のそれぞれの文書群（福音書、使徒行伝と公同書簡、パウロ書簡、黙示録）につき一つずつの写本を用いたということである。周知のように、中世の新約聖書の写本というのは、新約聖書全体の写本などというものはほとんど存在せず、それぞれの文書群ごとの写本が存在していただけだったからである。たとえば福音書については今日「小文字写本2番」と記号をつけられている写本を用いている。おまけに黙示録についてはバーゼルに写本がなかったため、ロイヒリンに貸してもらった。加えて、彼の作業たるや、いきなり写本そのものに適当に校訂を書き加え、それを印刷屋にわたしたから、バーゼル図書館にあるこれらの小文字写本には、印刷屋さんが作業上書き入れる記号までいろいろ書き込まれている。おまけに更に、エラスムスが書き入れた校訂たるや、ラテン語訳にあわせてギリシャ語本文を適当に修正したりしているのだから、とても綿密な正文批判などとは言えない。ロイヒリンから借りた黙示録の写本には二二章一六—二一節が欠けていた。それを彼はラテン語訳から自分で勝手にギリシャ語訳して補ったのである。この程度の杜撰な作業だったから、一五一五年八月から印刷をはじめたのに、すでに一五一六年三月一日には発行している。当時の印刷技術からすれば、驚くほどの超スピードである（今日でさえ、ギリシャ語とラテン語の対訳で新約聖書の全体を印刷するとなれば、その程度の印刷期間ではかなり誤りの多い印刷しかできないだろう）。エラスムスが『コンプルートゥム聖書』の先を越すために「大慌てで」印刷発行したというのは「伝説」であって、実際には「すべてにわたって慎重な正確さを示している」などと本書の著者が言うのは、何の根拠もない。伝説どころか、現存する現物資料によってあまりに露骨に証明されている事実である（以上については特に、K. Aland und B. Aland, *Der Text des Neuen Testaments*, Stuttgart, 2. Aufl. 1989, S. 13f. 参照）。ただしそのエラスムスも第二版以降は多少は他の写本の読みも取り入れたようである。なお、気がついたので記しておくと、たとえば平凡社の百科事典の「エラスムス」の項目（執筆者・二宮敬）では、「各種写本を校合して史上初めてギリシア語（新約聖書）原典を活字化し……」と言い切っている。見て来たような嘘とはこのことである。知らないことはこのように断定せずに、「……と言われている」ぐらいにしておけばいいのに。

（9）Bainton, p.101; Faludy, pp. 135-142.

（10）Marius, p. 252

（10 a）〔訳註〕この章のはじめでは、著者は同じフォクスの言葉を「神の言葉についての知識」（the knowledge of God's word）としていて、ここでは the study of God's word としている。どちらが正しい引用であるのか私は知らない。

（11）Foxe, IV, p. 617

（12）本書第二章の註1を見よ。

（13）Catto and Evans, p. 265 を見よ。また CWM, XV, pp. 133, 137, 143 を見よ。

（14）*Answer to More*, PS, pp. 75-76

（15）Foxe, V, p. 415

（16）同、一一五頁

（17）Hoyle, pp. 2, 3, 4, 6, 7, 12, 21, 22, 23, 34

（18）上記一八頁参照

（19）*L&P*, VIII, p. 989 また Starkey, pp.118-121

（20）Fraser, p. 186

（20 a）〔訳註〕一五二〇年六月七日から二四日までヘンリー八世がフランス王フランソワ一世と会見した場所、及びその会見のこと。カレーの近く、ギーヌとアルドルの間の野。フランソワ一世はイングランド王を迎えるためにここに豪華な宿泊施設を作ったりしたので、「金襴の野」（the Field of Cloth of Gold）などと呼ばれる。

（21）Mozley（1937）, p. 25

（22）同、二一頁

（23）Demaus, p. 61

（24）Foxe, V, p. 117

（25）E. W. Hunt, pp. 82-83

（26）「マルティン・ルターの悪性な教義に反対してなされた説教」がどのように組織されたかは、Fisher, I, pp. 311-348 を見よ。

（26 a）〔訳註〕著者は同じ頁のはじめに、ティンダルの説教のもとに置かれた聖書のテクストはおそらくラテン語聖書であっただろう、と言っている。どちらもただの想像でしかないとしても、同じ頁でこういう矛盾を平気で犯すのはよろしくない。

(26 b) ［訳註］ Constitutions of Oxford――ふつう「オクスフォード憲章」などと訳される。内容はこういうものだから、ここではわかりやすく「禁止令」にしておいた。
(27) *Deanesly, The Lollard Bible*, p. 296
(27 a) ［訳註］ 新共同訳聖書がこれを「アブラハムのすぐそば」と訳したのは、いくらなんでもひどすぎる。

(27 b) ［訳註］ 口語訳「神は彼らを義とされるのである。だれが、わたしたちを罪に定めるのか」は、本文にない余計な代名詞「彼らを」と「わたしたちを」を補って、意味を狭めている。原文はもっと一般的な言い方である。新共同訳聖書も口語訳と同罪。
(28) 本書二一八頁参照。これらの句は気まぐれに選び出したものである。すべてウィクリフ聖書の改訂版からのものであるが、すべて当時の文学と似た音を響かせている。組織的な研究がなされねばなるまい。
(28 a) ［訳註］ しかし、これらの引用はすべて、ギリシャ語から訳してもラテン語から訳しても、まったく同じことにしかならない。ティンダルが英語で説教していたのなら、聞く者は、これらの聖書引用を別に今まで自分たちが聞いていたラテン語聖書の引用と違うとは思わなかっただろう。

(28 b) ［訳註］ ここも、英語としてはティンダルの訳の方がはるかに鮮明だが――というよりも、ウィクリフ訳はほとんど意味が通じないが、それは別にウィクリフ訳がラテン語からの訳だからという理由ではなく、単に英語の表現力の問題にすぎない。この個所ではラテン語訳はギリシャ語原文を正確に伝えているから、本当はどちらから訳しても結果は同じはずである。
(29) 本書第四章、一五九―一六九頁参照。
(29 a) ［訳註］ マタイ（まして創世記）から黙示録まで「民衆の言語」で書かれたというのは、二十世紀聖書学が生み出した神話である。「民衆の言語」という概念自体がかなり不明瞭な概念だが、聖書の多くの文書の言語は民衆の日常語というよりもかなりな文章語で書かれている。おまけに言語的・文体的にも相互にかなり異なる。私の著作『書物としての新約聖書』（勁草書房、一九九七年）、第二章特に二二四頁以下参照。他方、聖書全体が首尾一貫していて、その内部で相互に参照されるべき、というのは、プロテスタント正統主義のドグマにしかすぎず、実際には聖書の各文書は相互にかなり異なることを、しばしば相矛盾することを、言っているのであるから、全体が同趣旨というわけにはいかない。確かにこの主張は十六世紀においては大きな意味があった。聖書に書いてあることを読まず、書いてないことをこれがキリスト教だとして外から持ち込もうとする中世カトリシズムの傾向に対して、宗教改革の人々は、聖書に書いてあることをまず正直に正確に読もうという姿勢をこの主張によって確立できたからである。聖書は聖書によって説明さるべきで、聖書の外から余計なものを持ち込んではならない、というのである。けれども、時代が進むにつれて、この姿勢は、聖書に書いてあることは皆同じ、というドグマになった。そのドグマによってプロテスタントの神学者や教会人は、聖書の個々の文書の個性や矛盾対立する思想を認めまいとする頑迷固陋に陥ったのである。つまり聖書の個々の文書の歴史的実態から目をそむけた。十八世紀末以降の学問的聖書学の歴史はこのドグマに対する闘いであったし、また他方、現在においても相変わらず、聖書学者の中にもこのドグマにしがみついて学問の正確さを阻害する者が大勢いる。

（30） Mozley（1937）, p. 22

（31） オクスフォードの書籍商ジョン・ドーンズが一五二〇年になした売り上げの記録によれば、全売り上げの九分の一がエラスムスの本であったという。七人の客のうち一人は彼の本を買いに来た。Lindsay, p. 22 を見よ。ブリストルでは一六二〇年のエリアザー・エドガー以前にはいかなる書籍商も記録されていないが、フォクスは、ヒュー・ラティマーの下僕であるチッピング・ソドベリーのリチャード・ウェブなる人物に言及している（IV, p. 127）。彼はロンドンの書籍商のロバート・ネクトンと接触があり、ブリストルで異端の本を頒布したと言われている。ネクトンは後に獄中で死んだ。トマス・モアは、当時ブリストルで異端の本が広くばらまかれていたと指摘している（CWM, VIII, ii, pp. 813-814）。

（31ａ）［訳註］ネストレ版は現在第二七版が出ている（Nestle-Aland, *Novum Testamentum Graece*, 27. Aufl., Stuttgart, 1993）。詳しくは私の著作『書物としての新約聖書』四〇〇頁以下参照。なお現在使われているこの二七版はやや大きな版になったが（日本で言うところの四六判、一三・五センチ×一九センチ）、第二六版までは小型で（ほぼA六判、一一センチ×一六センチ）、この著者の言うようにポケットに入れてバス停で読むことができた。

（32） エラスムスの英語訳（一九六三年）、二三頁。

（32ａ）［訳註］ルカ一〇・二一、「父よ、天地の主よ、あなたを誉めたたえます。あなたはこれらのことを知者、賢者には隠し、幼な子に顕わされました」。しかしこの原文は、どう考えても、字義どおり「幼な子」（ヴルガータの parvuli）と訳すべきであって、「愚者」と訳すのは無理である。

（32ｂ）［訳註］sermo も「言葉」という意味だが、どちらかというと「話」に近い。verbum はどちらかというと「語」である。

（33） Demaus, p. 66

（34） Foxe, *Acts and Monuments*（1563）, pp. 513-514

（35）CWM, XV, p. xxviii

（36）Erasmus（19081）, p. 27. 綴りは現代化して引用。

（37）*Tyndale's New Testament*, ed. Daniell, p. 287. これと同じ考えは第二コリント十章（同二六九頁）および第一テサロニケ五章（同三〇三頁）に出て来る。［訳註］エフェソス書六章のティンダルのこの訳は一二節において原文とやや異なっている。ティンダルは「此の世の暗黒の此の世的支配者たちに対して……」と訳しているが、これは、たとえば日本語の口語訳のように「やみの世の主権者、また天上にいる悪の霊に対する闘いである」と訳すのが正しい。ここはまったく宇宙的神話論の叙述であって、我々の現実世界を外から支配する超越的な二つの勢力、一方で神や神の霊、他方で「暗黒」「（神話的・超越的な）支配力」が前提されている。後者は地上でも力をふるうが、基本的には、神の霊と同様、天上に存在している超越的な力である。我々の「信仰の闘い」は「血肉」つまりこの世の現実の中でのこの世の事柄に対する闘いではないので、神話的・超越的な「暗黒」の力に対する闘いなのだ、とエフェソス書の著者は言っている。それをティンダルは、この世の悪しき支配者（人間）に対する闘いの意味に訳してしまった（against worldly rulers of the darkness of this world）。なお、こういう神話論的思想はパウロ自身のものではない。たとえばこの点においても、エフェソス書簡は典型的に偽パウロ書簡であることがはっきりする。もっとも、ティンダルはむろんのこと、本書の著者も、エフェソス書簡はパウロの真筆であると信じている。

（38）Erasmus（1981）, p. 191

（39）DeMolen, p. 13 を見よ。

（39 a）［訳註］このトゥルヌヘム（Tournehem）はフランス北部のパ・ド・カレー県にあるのではなく、ベルギー南西部にある城の名前である。

（39 b）［訳註］セレスタ（Sélestat, Schlettstadt）はアルザス中部の町。そのやや西方にオンクール（Honcourt, Hügshofen）の修道院があった。今日では廃墟で、オンクールの城と呼ばれている。

（40）Erasmus（1981）, pp. xxii-xxiii.

（40 a）［訳註］エラスムスの原文では二二の規則があげられている。著者が二一としているのは、単純な誤記か。

（41）Erasmus（1981）, p. 87

（42）同一〇一頁

（43）同一一五—一一六頁

（44）Mozley（1937）, p. 34 に引用されている。

（45）*The Poems of Alexander Pope, a one-volume edition of the Twickenham text with selected annotations*, ed. by John Butt（1963）, pp. 165-166

（46）Faludy, p. 95

（46 a）［訳註］デューラー自身がはっきりそうだと言って

いるわけではない。デューラーのだいぶ後の日記でエラスムスに言及しているところから、後の史家がそのように推量しているだけのことである。多分正しい推量であろうけれども。

（47）Erasmus（1981）, p. 91. デューラーに関しては、Panofsky, pp. 151-154 および pl. 207 を見よ。

（48）Rhodes, p. 24

（49）エラスムスが面倒なくらいに不鮮明であることの実例は、更に、Rhodes, p. 24 を見よ。

（50）Faludy の巻頭の挿し絵を見よ。また pls. 9, 12.

（51）Erasmus（1981）, p. 5

（51 a）［訳註］この人物が実在の人物で、エラスムスと交流があったのは事実である。たとえば画家のデューラーなども旅行の途中で彼の家に寄宿している。Erasmus von Rotterdam, *Epistola ad Paulum Volzium, et Enchiridion militis christiani*, hrsg. von Werner Welzig, Darmstadt 1990, Einleitung S. IX 参照。

（52）*Gulliver's Travels* の序文として置かれている「キャプテン・ガリヴァーから従兄弟のシンプソンへの手紙」。

（53）Erasmus（1981）, p. liii.

（54）同

（55）*A Hundred Points of Good Husbandry*（1557）という詩文の著者である Thomas Tusser は、イートン校の新入生であった時に、「僅かな理由で、ないし理由もなく」ユーダルに五三回も鞭で叩かれた、とこぼしている。

（56）Edgerton, p. 79 を見よ。

（57）同

（58）Erasmus（1981）, p. li. これは Gee, pp. 43-59 を参照している。また Mozley（1944）, pp. 97-107 に示唆に富んだ指摘がある。また Devereux, pp. 255-259 参照。

（59）Medan, pp. 71-178 参照

（60）Rhodes の多くの個所参照。

（61）「……エラスムス（彼の舌は小さな蚊を大きな象に仕立て上げ、誰であれ彼に対して何かを提出する者のことを星よりも高く持ち上げるのであるが）……」、*Tyndale's Old Testament*, ed. Daniell, p. 4

（62）*L&P*, IV, no. 4282

（63）*Tyndale's Old Testament*, ed. Daniell, p. 4

（64）Foxe, 1563, p. 514

（65）*Tyndale's Old Testament*, ed. Daniell, p. 4

（66）*CWM*, VI, i, p. 424

（67）PS, p. 213

（68）Foxe, V, pp. 116-117

（69）Mozley（1937）, p. 32

（70）たとえばギリシャ語のmetanoeo（心を変える）という動詞を poenitentiam ago（告解をなす）と訳すなど。使徒行伝二・三八の do penance 。これは根本的な変更である。

（71）Mozley（1937）, p. 33

（72）Price, pp. 77, 99, 122. また *English Historical Review*, 19（1904）にのせられた匿名の著者の論文の統計表（pp. 98-121）参照。

（73）Price, p. 101

（74）同、一四二頁、一四五頁。これと異なった見解は、Bowker, 特に一二七―一三一頁を見よ。

（75）Heath, pp. 73-75 を見よ。

（76）Foxe, *Acts and Monuments*（1563）, p. 514; および IV, p. 117

## 第四章

（1）*Tyndale's Old Testament*, ed. Daniell, p. 4

（2）有名な難点である。しかしエラスムスがタンストールを誉めているのは事実である。一五二〇年三月に書かれた *Apology against Lee* の最初の版で、「カスバート・タンストールは真に無謬の一つの実例である（Cuthbertus Tunstallus unum exemplar sat emendatum）」としている。Rummel を見よ。エラスムスの手紙はいろいろお世辞の表現を含んでいて、タンストールを「イングランド全体で最もすぐれた二人の学者」の一人に数えているのなどその例である、Epistle 332, to Pieter Gillis.

（3）Sturge, pp. 8-14 を見よ。

（4）同五五頁

（5）Mozley（1937）, p. 43

（6）Sturge, p. 25

（7）Thomas More, *Utopia*, tr. Paul Turner（Harmondsworth, 1965）, p. 37

（8）同三三頁

（9）*Tyndale's Old Testament*, ed. Daniell, p. 5

（10）*Practice of Prelates*, PS, p. 337. モズレーは、ジョージ・コンスタンタインがタンストールについて「静かで、真面目で、繊細である」と言っている、と記している、Mozley（1937）, p. 41

（11）Sturge, p. 79

（12）同八四頁

（13）Mozley（1937）, p. 37-38

（14）Hall, p. 580 を見よ。多分。また Fraser, pp. 58-59.

（15）Dixon, pp. 8-9.

（16）アテーナイの郊外に彼が学校を開いたのは、最も早くてこの年であるが、この年が一般に受け入れられている。この学校は後五二九年にユスティニアヌスが解散させるまで続いた。

（17）よく、ティンダルは形が定まらないと非難され、その書き下ろしの文章は「とりとめがない」などと批評されるのは、私には驚き以外の何ものでもない。第七章の註6参照。

（18）ボドレー図書館の司書助手であるマーティン・カウフマン博士が個人的に私に教えて下さった。

（19）ボドレー図書館のB・C・バーカー・ベンフィールド博士が個人的に私に教えて下さった。また R.W. Hunt, pp. 317-345 および Hutter, pp. 108-113 参照。

（20）Jacobsen, pp. 47-56

（21）イザヤ書三二章四―五節。ウィクリフ訳は、逐語訳と意味をとった訳の二種類存在している。［訳註］ここのところは、別に、一語一語訳したことから生じた問題というわけではなく、単に、欽定訳の訳者がヘブライ語の単語の意味を正確に知らなかった、というだけの話である。原文の三二章一―五節は、「正義によって支配する一人の王」が支配するようになると（伝統的にはこれはメシアの到来の予言と解された）、世の中の政治は公平が支配するようになって、悪いことが起こらない、という趣旨のことを言っている。新共同訳「（正義の王が支配する時には）軽率な心も知ることを学び、……もはや、愚か者が高貴な人とは呼ばれず……。」新共同訳にしてはめずらしく、ここは、日本語の「てにをは」の使い方を心得た、良い訳である（「心も」の「も」、「高貴な人とは」の「は」）。前半は欽定訳でも何とか意味が通じるが（それでも、the rash はややわかりにくい。原文の動詞の形は、ここは、ピエルではなくニファルだから、具象的に「せっかちに、急ぐ（者）」の意味ではなく、比喩的に、「無思慮な者」の意味である。後半は、いかに十七世紀の英語とて、liberal と訳したのでは意味が通じない。新共同訳のように「高貴な人」と訳すかどうかは別として、「政治的な指導者」の意味の単語である。「メシアが正義をもって支配するすばらしい世の中になれば、無思慮な者でさえも（政治的、社会的に）正確な知識を持つようになるだろうし……、愚か者が政治的に重要な地位についたりすることは起こらなくなる」というのだ（今時の日本でも言いたくなるようなせりふだが、紀元前数百年の言葉である）。だから、新共同訳のように、ヘブライ語の単語を一語一語正確に翻訳してくれさえすれば、ここは十分にきれいに意味が通じるところなので、本書の著者ダニエル氏がおっしゃるような逐語訳自体の問題ではない。良い逐語訳とは、原文の一語一語の意味を正確にとらえ、それを翻訳側の言語のそれに最も近い単語で表現する、ということであって、ここの欽定訳はその点でそもそもできが悪い、誤訳とまでは言わぬが、それに近い下手な訳なのである。まあ十七世紀のことだから、やむをえないが。こういう例を引き合いにだして、だから逐語訳では駄目だ、などと議論するのは、議論のすりかえというものである。word for word とは、文字通り「対応する単語」の訳でなければならないので、対応しない単語を持ち出しても word for word にはならない。

（22）Workman, p. 8

（23）Chapman, vol. 1, p. 507. Jacobsen, p. 147 の引用による。

（24）Barnstone の多くの個所、および Binns の特に二一一一頁参照。［訳註］この頁数は当然誤植だと思われるが、調べられないので、そのまま記しておく。

（24 a）［訳註］もしも原文が本当に「ほとんどまったく理解不可能なくらいの文章（almost completely baffling descriptions）」であるのだとすれば、それをきれいに意味が通じるように訳したら、むしろその方が誤訳ではないのか？。

（24 b）［訳註］そもそも詩の多くは、何語であろうと、古代の詩であろうと現代の詩であろうと、聖書の詩であろうと非宗教的詩であろうと、そのうちのかなりな数の詩は、字義通りではまるで意味をなさないものである。その意味を理解するのは、読む側の力量なのだから、原文がそうであれば、訳文も字義通りの訳を並べておいて、理解は読者にゆだねるのが本当は正しいというものだろう。「読んでわからないような詩の訳」はよくない、とおっしゃるのなら、そもそも、「読んでわからないような詩の原文」を作った作者が悪い、ということになろう。それを読んでわかるように訳したら、すでに、訳者のしゃしゃり出過ぎというものだ。――もっとも、旧約のヘブライ語の詩は、古代の言語だから単語の意味がわからなくなっているような個所は別として、本当は、字義通りに読んでわからない、などという難解な詩は、たいして多くはないのである。たいていは、字義通りに読んで、著者の言わんとするところは通じるものだ。つまりティンダルのすぐれた点は、字義通りに読めばわかるヘブライ語の文を字義通りに読めばわかる英語に正確に訳してくれた、という点にある。――もっとも、これはそう易しいことではない。だからティンダルはすぐれているのである。

（25）創世記二二章、ルカ七章。［訳註］この二つは別にティンダルが特に英語の「音楽的リズム」にすぐれていた、などということではなく、原文を右から左に一単語ずつ直訳すれば、嫌でもこう訳す以外にはないところだろう。ティンダル以前に聖書を訳したM・ルターの訳でも――後の章で論じられるように、当然ティンダルはこれに負っている――ドイツ語では未来文においては動詞の不定型を後置するというドイツ語文法固有の点を除くと、このティンダルの訳文とまったく同じである。ルターはすぐれた音楽家だが、しかしこの訳文に関する限り、これまた別にルターの長所というわけでもない。ほかに書きようがない、というだけのことである。こういう短い、リズムのいい文で、ずばりと印象的に記すのは、創世記や福音書の原文の特色であって、原文そのものが音楽的にすぐれているのである。よほど無理をして下手にひねくるのでない限り、この文を訳せば、訳文もリズムにのったいい文になるものだ。

(26) *Tyndale's Old Testament*, ed. Daniell, p. 5

(26 a) ［訳註］低地ドイツ語は北部ドイツの方言である。著者が何故これを「西方の方言」と呼んだのか、私は知らない。

(27) Black, p. 424.

(28) *The New Testament of Jesus Christ, translated faithfully into English, out of the authentical Latin* (Rheims, 1582), sig. a, iii.

(29) J. J. Scarisbrick, *The Reformation and the English People*（1984）と Christopher Haigh, *The English Reformation Revised*（1987）がすぐれている。Eamon Duffy, *The Stripping of the Altars*（1992）については以下で扱う。また Patrick Collinson が *Times Literary Supplement*, 27 October 1993, pp. 14-15 に書いた C. Haigh, *English Reformation: Religion, Politics and Society under the Tudors*（1993）の書評参照。

(30) Duffy, p. 80

(31) Herbert, p. xxix と Butterworth の多くの個所参照。

(32) Deanesly, *The Lollard Bible*, pp. 323-325. ウィクリフ派の信者たちはだまされて、これは英語で書かれたキリスト伝であるのかと思い、この本を入手した。この本の写本の一つでは、祭壇での聖礼典に関する個所が削り取られ、その欄外に、「こういう愚論を信じるな」と書き込まれている。

(33) Deanesly, 'Vernacular Books', pp. 354-355 参照。

(34) Duffy, p. 80

(35) 同八〇頁

(36) 同七九頁。この本の伝統主義的な教条主義には多く批判さるべき点がある。たとえばミサの意義に関するダフィのすばらしい、感動的とさえ言える短い記述（九一頁）は、よく書けている。しかしここでも、この長い本の他のすべての個所と同様、キリスト教とは中世の農民の儀式であるということがおのずと前提にされてしまっている。ダフィは一六九頁で一人の聖者について書いている、「一五三〇年代半ばごろまでには、彼女が立った祭壇はもはやイエスの祭壇とは呼ばれず、聖シドウェルの祭壇と呼ばれるようになっていた……。」しかし、このことが示している倒錯したキリスト教の姿について当然何か言われることが期待されるのだが、ダフィは何も言っていない。彼は「ヘンリーが民衆宗教に襲いかかった襲撃の深刻さと広範さ」（たとえば四一五頁）というような呼び方をしているが、これでは、彼の本の中に、その民衆宗教に何が取って代りつつあったかということの叙述がはいる隙間はない。同じく、エリザベスのもとで、またその後の四百五十年間に、今日にいたるまで、イングランドがついにはプロテスタントの土地になるように導いた民衆の力についても、同様に無視してしまっている。そしてそれは御言葉、聖書に書かれた福音の摂理に大きく依存しているのである。彼は、王国全体を通じて地方の水準では「テューダー朝の宗教改革に対してすばやく応答したようなはっきりした実例」を見つけるのは難しい、としている（四七九頁）。そのことの理由は簡単に見つけることができるだろうに。

彼はキリスト教信仰の源泉としてほかのいかなる可能性も排除する。たとえば新約聖書を一人で読めば、そこからキリストにおいて神が義とするという個人的な信仰を得られる、というような可能性を。エラスムスはほんの二回言及されるだけである。彼が教会のために作った祈りに関してである。しかしこの祈りはもはや残っていない。聖書を読むということについてはほとんど何の言及もされていないが、たまに言及する時は（たとえば四二〇頁）、何かまるで愚かに異常な行為とでも言いたげである。四八〇頁に出て来る異様に片意地を張った言及は、ダフィがいかにファナティックな精神でもって聖書を排除しようとしているかを示している。「エドワードの改革の中心は、教皇のカトリシズムが作り出した遺産を破壊し、切り捨て、叩き壊し、削り取り、あるいは当然の忘却の淵へと消滅させることを必要としていたのだ。そうすることによって、その遺産が保っていた教えが忘れ去られるようにと。」そうではない。エドワードの改革の中心には、英語で人々に与えられた聖書があったのだ。エドワード六世の短い統治の期間に、ロンドンでは、新約聖書ないし聖書全体が四十版も印刷されている。ダフィはこの事実にも言及していない。彼は「エドワード時代のいなごのように破壊的な年月」などと言う（五〇三頁）。五三〇頁では、メアリーの統治期間に「聖書を読むこと、聖書を所有することが政府によって断罪されたことは一度もなかった」などと書いている。これ以上ダフィの批判を続けなくてもすむように、実例を上げてすましておくと、メアリー統治下ではイングランドではいかなる聖書も印刷されなかったし、いくつか存在している聖書の印刷物は廃棄された。ダフィは最後にプロテスタンティズムについて挽歌みたいな文をつけ加えている、「容赦のない奔流が一千年にも及ぶ多くの記念碑を流し去ってしまった」（五九三頁）。しかしそういうことを言うのなら、彼は、教会が人々と聖書の間を妨げるために建てた一千年もの古い壁が取り除かれたことにほっとしている人々のため息をも記しておくべきだっただろう。彼の本ではティンダルは、当然予想されることだが、通りすがりに僅か二個所で言及されているにすぎない。そのうちの重要な方はティンダルの引用だが、注意深く引用にていねいな註をしっかりとつけているこの部厚い本の中で、この引用には出典を記すという礼儀すら与えられていない。

（37）ダフィ、四頁
（38）同
（39）同七頁
（40）Dickens（1966）, p. 51
（41）Bennett, p. 188
（42）同一八一頁。また Steinberg, p. 45 参照。
（43）*Tyndale's Old Testament*, ed. Daniell, p. 5
（44）Foxe, V, p. 118
（45）Foxe, IV, p. 679
（46）ストライプによるフォックスの原稿の発行、Strype（1821）, I. ii, pp. 363 et. seq. 参照。以下の文書はモンマスの遺書である。
（47）Sodden meat というのは、肉を焼いたり、うまいソースをつけたりした食事とは違って、煮るか単に料理しただけの単純な食事のことである。Single beer というのは、いったん沸騰させたもので、従って淡いもので、定価も安かった。この点の説明については、Joan Johnson さんに教示を得た。
（48）Foxe, IV, pp. 617-618, 753. Strype（1821）, I. ii., p. 364
（49）Mozley（1937）, p. 45
（50）Brigden, p. 105
（51）Latimer, vol. 1, p. 440
（52）ローマ書一二・二〇。面白いことにフォックスは「熱い炭を積む（heap hot coals）」という句をどこから引用したか記していない。ティンダルは後に、ギリシャ語原文に忠実に「火の炭を積む（heap coals of fire）」としている。ウィクリフ訳の二つの版はこれとはずい分違って、ヴルガータに従って「炭を集める（gather together coals）」としている。
（53）Foxe, IV, pp. 618-619
（54）PS, pp. 111, 168
（55）Gleason, pp. 5, 235-237, 341, 379
（56）Brigden, p. 109 より引用。
（57）同一〇九頁
（58）C. S. Meyer, p. 189
（59）Brigden, p. 109 および多くの頁

## 第五章

（1）Mozley（1937）, p. 48
（2）PS, pp. 37-38
（3）Arber, pp. 20-24 に印刷されている。また Pollard, pp. 99-110
（4）たとえば Gruber を参照せよ。
（5）Mozley（1937）, pp. 71-72 を見よ。
（5 a）［訳註］著者ダニエル氏のここの議論はかなりな無理を犯している。本書全体を通じて、この著者は、ティ

ンダルが独自の翻訳をしているということを言いたいがあまりに、ルター訳との比較において無理な詭弁を持ち込みすぎている。確かに、ティンダルの訳文は単なるルターの真似ではない。たとえば the son also of Abraham と also を入れたあたり、英語の特色を考えたさすがにティンダルらしい工夫と言える。英語はドイツ語などと違って格変化がほとんど消滅してしまっているから、ドイツ語なら同じ二格を並べれば「アブラハムの子」が「ダヴィデ」と同格であることが一目でわかるが、英語だと「アブラハムの子」がどこにどうかかるのかわからなくなってしまうので、also を入れて、「そのダヴィデはまたアブラハムの子である」とかかり方をわかり易くしたのである。しかし、それ以外の点では、必ずしもティンダルに独自性があるとは言い難い（だいたいこんな人名の表を訳すのに、独自性を出せなどと言われても、ほとんど不可能であるが）。ルターが「イエス・キリストの生まれ（gepurt = Geburt）」としたところをティンダルは birth としないで generation としたのは、単に、ヴルガータで generatio となっているのをそのまま真似しただけのことである。また、固有名詞に定冠詞をつけるのは、ギリシャ語ではその方が普通で、ドイツ語でも比較的ありうることだが、英文法では基本的にありえないことであるから、その点をとりあげて、ティンダルはルターに依拠していない、などと言うわけにはいかない。これは単に英語とドイツ語の違いというにすぎない。

次の議論はもっとひどい。「生んだ」というアオリスト形（egennesen）について。ギリシャ語のアオリスト形は一般に、特にヘレニズム期以降はほぼすべて、いわゆる単純過去（過去の事実ないし動作を単に指示する。その事実ないし動作が継続中か完了しているか等を問わずに、単にそういう事実が過去にあったとのみ指摘する）の意味である。しかし後のヨーロッパ諸語（古代ラテン語から現代諸語まで）は動詞にアオリスト形を持たない故に、現在完了形をその意味に用いるようになった。これは英語以外の大部分のヨーロッパ語に共通して見られる現象である。ところが英語だけは例外的に、それを現在完了形ではなく、いわゆる過去形で表現することになった。その結果、他のヨーロッパ諸語では過去形は過去の事実ないし動作の継続の意味が強いのに（はっきりと未完了過去とされている場合も多い）、英語では過去形がアオリストの意味と未完了過去の意味の両方を持たせられることになった。それでは不便だから、英語のみ、他のヨーロッパ語にはない進行形なるものを発明し、未完了過去の意味をそちらに押しつけるようになったのである。他方、英語では現在完了形にアオリストの意味を持たせることがないから、現在完了形は極めて狭義に「完了」の意味に限定されるようになった。ヨーロッパ語であるにもかかわらず（従ってヨーロッパ語の文法の基本に従わざるをえない）、このようにアオリストと未完了過去の両方をそれぞれはっきり表現する形を持たないということは、言語として非常に不便かつわかりにくい（こんな言語を日本の中学校で強制的に全員に学ばさせるから、中学生が英語の進行形だの完了形だのの意味をつかみかねるのも無理はないのである。だいたい、僅かな時期の違い、場所の違いによって、英語の進行形や完了形の使い方などどんどん変化するではないか。使いにくい証拠である）。

さて、そうすると、ギリシャ語のアオリストを訳す時に、ドイツ語なら現在完了＝複合過去形（hat geboren）に、英語ならただの過去形（begat）に訳すのが一番素直である。つまりティンダルは、もしもギリシャ語を知らなかったと仮定して、ルターのドイツ語から直訳したとしても、この場合やはり has begot とは訳さずに単に begat としただろう。それが英語というものであり、それがドイツ語というものである。従ってこのことを証拠にティンダルはルターとは違う訳し方をしているなどと言い立てるのは、ドイツ語文法と英語文法の相違を知らない、ということになろう。

なお、この件には続きがある。すなわち、欽定訳の訳者たちはかなり機械的な直訳（本当は直「訳」ではなく、ただの直対応）に走ったから、ギリシャ語のアオリストを原則として現在完了形で訳すことに決めてしまった。もしもティンダルが居なかったら、マタイ福音書のこのはじめの句も has begot と訳されることになったのかもしれない。しかしティンダルの影響が残っている個所では（それは数多い）、欽定訳もこのように過去形を保存しているのである。それにしても欽定訳はあまりに多くアオリストを現在完了に対応させすぎた。十九世紀以降の英語の聖書翻訳はその呪縛から逃れようと大きな努力をしつつも、何となくいまだにその影響が強く残っているのである。だから英訳聖書はわかりにくい。

話をもとにもどして、この著者の論理では、ティンダルがもしもルターに依拠したとすれば、英語を英文法に従わず、ドイツ語文法に従って、語順までドイツ語のままに書くはずだ、ということになってしまう。しかし、どんな下手な訳者でもそういうことはやらないだろう。ティンダルは英語を書いているのである。こんな無理な論理を言い立てなくてもティンダルが原典のギリシャ語から訳していることはあまりにも明白であるのに、敢えて無理な論理を言い張ると、かえってうさんくさくなってしまう。そもそも翻訳というものは、ある程度以上の水準であれば、大部分の点は、誰が訳してもほとんど同じことになるものである。かつ、聖書の訳ともなれば、先達の諸訳を参照しながら訳すのは当然のこと、ティンダルがルター訳に影響されても当然なのである。良き影響を受け入れるということと、ギリシャ語を無視してルターの文を直訳するということとは、まるで別のことである。この著者はその点の区別がついていない。ルター訳の影響を受けるということは、ティンダルの訳が独自の訳であるということを排除しないばかりか、しばしばティンダル訳の質の高さを保証することでさえあるのに。

（5b）［訳註］これは逐語訳ですらない。そもそも訳ではない。この著者の本書全体にわたる手法なのだが、ドイツ語の文を語順もそのまま単に一語一語英語の単語に置き換えたとて、それでもってルターの原文の特色について議論しようなどというわけにはいかないし（こういうのを並べて、ティンダルの文の方がルターより上手だ、などと言っても、仕方がないのである）、ましてやこういう珍妙な単語並べと一致しない限りは、ティンダルがルターの訳文に影響を受けていることを認めない、などというのは、あまりに非論理的である。おまけに、この著者の「逐語訳」はいくつもの単語において、だいぶドイツ語の単語からずれた単語に置き換えている。最初の but は英語なら however にする方がいいだろうし、ascended up a mountain ではなく went up on a mountain とすべきだろうし、sat himself ではなく単に sat down だし（ドイツ語と英語の再帰動詞の相違の無視）、stepped to ではなく単に came to だろうし、because ではなく for であろう。ドイツ語をふつうに理解したら、そうとしかならない。つまりこの著者は、ルターの文をわざとおちょくった英語にして、こんな珍妙なものにティンダルが影響を受けるはずがない、と言おうとしているのである。これでは、趣味が悪いのを通りこして、暴論と言われても仕方があるまい。

（5c）［訳註］著者ダニエル氏は、こういう議論をするのであれば、ギリシャ語の名詞と分詞をわざと混同するのはよくない。ギリシャ語はここでは現在分詞であるから、the mourners ではなく、十六、七世紀風の英語に直訳すれば、they that mourn にしかならない。またこういう場合のギリシャ語と英語の定冠詞の用法の違い——ギリシャ語では、「〜のような人々」という時は定冠詞がつく。英語ではそういう時はつかない——を無視して、ギリシャ語を英語に直訳すれば the mourners である、というのもよくない。こういう場合に定冠詞をそのまま右から左に写すのは、「直訳」とは言わない。冠詞の用法が言語それぞれによって大幅に違う以上、それではそもそも「訳」にならないからだ。

（5d）［訳註］そりゃ、当り前だよ。ルターのドイツ語を語順もそのままに英語の単語に並べ替えたとて、意味がはっきりするわけがない。ドイツ語と英語は語順が異なる言語なんだから。ルターの原文は、Selig sind, die reinen Herzens sind; denn sie werden Gott schauen である。またドイツ語の schauen を無理に look at と「訳」

して（それも違う。今日でもドイツの南半分では schauen は sehen と同じ意味に用いる。wiedersehen の代りに wiederschauen と言う、等々）、これはわかりにくい、などと言う方が悪い。この schauen はこういう時は see と訳すものだ。また、des reinen Herzens という属格をわざわざ from heart pure なんぞとわかりにくく「訳す」こともない。また、この属格を英語で from に置き換えてはいけない。要するに、ルターはドイツ語として非常に明晰にわかりやすく、ティンダルは英語として非常に明晰にわかりやすい、というだけのことなのだ。それをこの著者のように、無理に、ルターはわかりにくく、ティンダルが立派、などという奇妙な比較をやらかすのはよくない。

（5 e）［訳註］being solemnly warned など、とても直訳とは言えない（原文は一単語で chrematizo という動詞の受身。神託その他によって神が告げるという時に用いる。この場合 by dream という表現がついているから、それ以上単語を補う必要はなく、warned by dream が最も逐語的な直訳）。また、直訳は in sleep ではなく、by dream である。place ならまあまあだが、spot ではまるで違う。

（5 f）［訳註］ここも同じである。ルターのドイツ語を語順もそのままに英語に置き換えて、それと比べてティンダルのシンタクスの方が英語としてすっきりしている、などと言っても、何の意味もない！　ドイツ語の文としては、ルターのシンタクスは実にすっきりしている。ルターもティンダルも同等にすぐれてシンタクスがすっきりしていて、どちらも同等にギリシャ語に近いのである。

（5 g）［訳註］いくらなんでも、そりゃないよ。英語の人たちにとっては、英語が親しみがあるので、ドイツ人にとってはルター訳が親しみがあるというだけのことだ。親しみのある調子を提供するのは英語だけ、などという言い方は、あまりに偏狭なイギリス的お国自慢である。

（5 h）［訳註］ここはルターはヘブライ語の発音に従って「ホシアンナ」と書き変えたのである。原文は詩篇一一八・二五の引用。

（5 i）［訳註］この動詞の語源をこの王様の名前から説明するのは、英語の世界ではまだはやっているらしいが、どちらかというと素人語源学の部類である。単なる擬声語であるとか、アラム語の単語の音写であるとか、いろいろ説がある。

（5 j）［訳註］ルターは英語で書いているわけではないのだから、heathen とするわけがないだろう。Heiden と書いている。英語の heathen はドイツ語の Heiden と同じで、ゲルマン語であり、英語の gentiles はラテン語に由来する単語である。英語は、他の単語でも多く見られるように、このように一つのことを意味するのに、ゲルマン語系の単語とラテン語系の単語を両方持っていることが多い。その場合、どちらがより正しいか、というようなことを問うても、あまり意味はないのだが（文章のリズムからしてどちらが良いとか、歴史的に二つの単語に意味合いの違いが生じてきているから、英語としてはこの場合どちらがいいかとかいう議論はなりたつが）、ドイツ語と比べて（ドイツ語では「異邦人」を意味する単語は Heiden しかない）、ドイツ語の Heiden と英語の gentiles とどちらが正しいか、などと問うのは、それ自体ナンセンスである。

（5k）［訳註］ルターも Das Himmelreich ist ihr だから、まったく同じである。まったく同じであるものを、ルターの方が重い、などと決めつけるわけにはいかない。ヴルガータの方は確かに ipsorum est regnum caelorum（天国は彼ら自身のものである）としていて、単に「彼らのもの」というよりはほんの少し重いと言えば言えるけれども。

（6）ここに記したことは、Vanessa Champion-Smith さんの観察によったものである。

（6a）［訳註］ここは著者ダニエル氏がルターのドイツ語を読み間違えただけの話である。すなわち macht を名詞（Macht＝力）だと思い、定冠詞をつけて the might と訳してしまった。しかしルター当時のドイツ語では過去分詞の接頭辞（ge-）をつけないことがよくあるから、ここの macht は過去分詞であって、現代語の gemacht と同じである。つまりダニエル氏よりもティンダルの方がルターのドイツ語を正確に理解し、それをそのまま逐語訳にしたのである。

（6b）［訳註］ここでは著者は単純にドイツ語の綴りを読み間違えた。vmb（＝現代綴りの um、英語の for ...'s sake にあたる）を und（英語の and）と読んでしまった！ これはいくらなんでもひどい。原文は、das er sich auch seynes rechten umb liebe willen verzihen hatt（das er sich auch seines Rechten um Liebes willen verziehen hat）であるから、ここもティンダルはルターを正確に直訳しているだけである。

（6c）［訳註］著者のこの憶測は最近の発見によってくつがえされた。すなわち一五二六年のヴォルムス版の新約聖書の表題の頁（扉）まで完全にそろったものが三年ほど前にシュツットガルトで見つかったのである（序説の訳註1aにあげた復刻版に写真が載っている）。そこには扉の裏頁にクヴェンテル版の正典表と同じものが印刷され、まったく同様にヘブライ書、ヤコブ書、ユダ書、黙示録だけは番号がふられていない、ということがわかってしまった。

（7）Sig. A.ii.v.

（8）Sig. B.i.

（9）Sig. A.iv.

（10）Sig. A.iv.v.

（11）すべて Sig. B.

（12）Sig. A. iii.v.

（13）Sig. A.iv.v. - B

（14）Sig. B - B.v.

（14 a）［訳註］ティンダルは「この死の体」this body of deathとしているのに、欽定訳は this の代りに単に定冠詞を置き the body of death と変えている。ここはティンダルの方が原文の直訳であり、原文の意味を正確に伝えている。

（15）Sig. A. iii.v.

（16）Sig. B.2

（16 a）［訳註］これらの単語は法律用語であるが、すでに新約聖書において神学的な意味に用いられている。日本語の翻訳では、神学的な意味の場合にはまったく違う訳語をあてることになっているので（例、「贖罪者（redeemer）」「救済者ないし解放者（deliverer）」「仲保者（mediator）」など）、このように法律用語として別の訳語に訳すと、それが実は同じ単語であるということが見えなくなる。また、これらの要素をルターからの影響とみなすのは、いささか説得力がない。これらはすでに新約聖書の語彙において神学用語であった。ルターが特に好んで法律用語を用いたというのではなく、この点でもルターは新約聖書の神学用語を好んで用いている、というだけのことである。つまり、ある程度新約聖書を知っていれば、ルターの影響なしに、これらの単語を羅列することぐらいできたはずである。ほかの点については、何となく言葉の雰囲気が似ているというだけで、しかし、思想的にはルターからかなりかけ離れているのだから、ルターの影響に帰するわけにはいかないだろう。ルターの思想の中身は知らずに、多少の言葉づかいだけ真似した、ということか。もっとも、ルターに直接依存していようといまいと、この部分があまりティンダル的ではない、という著者の本旨がゆらぐわけではない。

（17）ルターにこれらに対応する個所を見出そうとする試みは、今までのところ成功していない。ということはしかし、決して見出されないだろう、ということは意味しない。この問題の最大の障害の一つは、ルターの著作の分量が、一五二五年以前だけでも、あまりに大量である、というところにある。もう一つの不幸な障害は、大英図書館ないしボドレー図書館でワイマール版のルター全集の大きな本の諸巻のすべてを並べて見ることができない、というところにある［日本の国会図書館と同じで、一度に閲覧できる冊数が極度に限られているということか。それじゃ学術研究はなかなかできませんよね］。この探索については、オクスフォードのマンスフィールド・カレッジのスティーヴン・イカート博士にずい分お世話になった。感謝したい。

（18）ロイの『短い対話』についての最も良い分析は、

Hume（1967）が提供している。

（18a）［訳註］著者ダニエル氏が二番目の註が「不適切」だと思ったのは、訳註6aに記したように、自分でルターのドイツ語を初級文法的に誤訳したせいであって、ティンダル自身の註は決して不適切ではなく、ルターの文の正確な訳である。

## 第六章

（1）Johnson（1929）, pp. 357-380

（1a）［訳註］本書が発行された時点では二部しか知られていなかったが、最近、三年ほど前に、シュツットガルトでもう一部発見された（第五章訳註6c参照）。

（1b）［訳註］前註に指摘したシュツットガルト本の表題の頁には、発行年月も印刷屋名も記されていない。次のように記されているだけである。The Newe Testament as it was written, and caused to be written, by them which herde yt. To whom also oure saveoure Christ Jesus commaunded that they shulde preache it unto al creatures（新約。それを聞いた人たちによって書かれ、ないし書くようにうながされたままのもの。またその人たちに我らの救い主キリスト・イエスはすべての人々にそれを説くようにと命じ給うた）。「新約」という単語以外は、鮮明に、ティンダルの（また宗教改革者たち全体の）主張、ないしその主張の根拠が示されている。すなわち、これは最初に書かれたままのものである（後世の教会の手は加わっていないよ、という主張）、「すべての人々にそれを説くようにとキリストが命じた」、つまり誰でもが読めるように土着の言語に訳すのが正しいのだ、という主張である。

（1c）［訳註］まさか！ etw. bewegen というのは、そのことを心の中で思いめぐらす、という意味であって、英語の ponder と大差ない。かつ、今日でも十分に通じる表現であることは、一九八四年のルター訳の改訂版でもまだこの語を保っていることからもわかる。確かに、etw. bewegen は今日の日常語ではなくなっているけれども。この著者は、理屈を無視して、ともかくティンダルの方がルターよりも聖書の翻訳者としてすぐれていると主張したがる。

（1d）［訳註］この場合、生れた子供が「救い主、キリスト」であるという神の啓示を聞いて、びっくりし、これはいったいどういうことだと心の中で思いめぐらしたのだから、別に「女性」に固有のことではなく、神の啓示に出会った人間の通常の反応、ということを言っているにすぎぬ。その点について、ティンダルだけでなく、ギリシャ語原文もヴルガータもルターも他の諸訳もすべて、「思いめぐらす」と一言言えば十分で、説明を要さない、ということを「知っていた」。別にティンダルだけの特色ではない。

（1e）［訳註］著者は、もちろん、そういう「色彩」を無理に持ち込む聖書の翻訳が近ごろ流行していることを批判しているのである。例、NEB、REB、TEVなど。NRSVでさえも。

（2）*The Good News Bible*（*TEV*）

（2a）［訳註］ギリシャ語原文では一三節で「貧しい者、手なえ、足なえ、盲人」、二一節では「貧しい者、手なえ、盲人、足なえ」と順序を変えている。その理由はわからない。おそらくどうという理由もないのであろうか。ティンダルは、おそらく不注意で、二一節も一三節と同じ順にしてしまった。また「足なえ」にあたる語（原文では同一の単語）を一三節では the lame、二一節では the halt と単語を変えているが、これはどちらもほぼ同じ意味の単語だから、日本語では訳し分けることをしなかった。二一節の quarters（町の一角の複数形）はいい訳だと思うが、日本語ではこれにうまく当たる単語はなく、かつギリシャ語原文は rumai だから、quarters ではなく、大通りの裏などにある小さな通りの意味であるので、「横丁」と訳しておいた。二三節の「垣根」は、新約聖書の訳の多くは、大きな邸宅の垣根ないし塀のところに貧しい者がたむろしている、という意味にとっている。

（2b）［訳註］確かにルターもヴルガータも、filled full などという類語重複はやっていない（füllte einen Schwamm mit Essig; implens spongiam aceto）。しかし、ギリシャ語の分詞構文を従属文、ないし主文に作り変えて、わかりやすく訳すのは、すでにルターがやっていることである（Und einige, die dabei stande; als sie das hörten; da lief einer.）。この三つについては、ティンダルはまったくルターに追随している。もっとも、だからとて、ティンダルの評価が落ちるわけではない。ルターの上手なところをうまく英語に採用する能力がティンダルにあった、ということだからだ。ほかの場合と同様、ダニエルさんは、ティンダルはルターと違うということをむきになって強調しようとして、ティンダルがルターをうまく採用しているところまで、事実に反してまで、ティンダルはルターと違ってすぐれている、などと言い張ろうとしている。しかしティンダルは、ルターと違ってではなく、ルターをうまくもらい受ける点ですぐれていたのだ。

（2c）［訳註］エフェソス書簡はパウロの真作ではなく、おそらくパウロの死後、その弟子ないしその流れに属する人物が書いた、それもエフェソス教会あての文書ではなく、もともとは特定の教会を宛先として決めていない公開の文書であったのが、後の写本の段階で「エフェソス人へ」という句が挿入された、という学説は非常に強力な根拠に裏打ちされているから、もはや不動のものであろう。ダニエルさんはこの種の知識に欠けるところが大きいから、これをパウロの真正な書簡で、本当にエフェソス教会にあてたものだと思い込んでしまった。また、この個所に出て来る天界の諸霊力の信仰は、別にエフェソス固有のものではなく、ヘレニズム世界に広く流布していたものである。しかし、以下で彼が英語について記していることは、この文書がエフェソス教会あてであるかないかに関係なく、説得力のある観察である。

（3）*Revised English Bible*〔訳註〕ここは、ダニエル氏の指摘が正しいだけでなく、そもそも、find your strength と be strong とではだいぶ意味が違うので、後者が正しく、REBは原意をかなり曲げていると言うべきだろう。

（3a）〔訳註〕第三章註37につけた訳註参照。従って、「此の世の支配者」という表現を間違って「此の世の悪しき支配者（＝人間）」の意味に受け取っている点で、ティンダルも欽定訳も同等に誤訳である。著者はここでは、現在の聖書学の知識に照らすとティンダルの方が欽定訳よりも正しい、と主張しているのであるが、そういうことはない。

（3b）〔訳註〕ルターは「神が与えるであろう未来の栄光の希望」としている。ヴルガータは「我らは神の子たる栄光の希望において栄光化されている」としている。なお、ティンダルと彼を受けて欽定訳ほかもここの動詞を「（賞賛の希望を）喜ぶ」としているが、ここはルター訳等のように「（栄光の希望を）誇る」とする方が正しい。

（3c）〔訳註〕欽定訳の方針として、ギリシャ語原文にない単語を翻訳上補わなければならない時は、几帳面にそれを一つ一つイタリックにしている。これは、英語として成り立つ文にする以上、ギリシャ語とまったく同数の単語で書くわけにはいかないので、いちいちイタリックにしなくてもよさそうな個所でも、かなり多く見られるので、読む側としては、煩瑣である。

（4）Wolf, p. 34

（5）*An Exposition of the seventh chapter of the first epistle to the Corinthians*（Antwerp, 1529）, sig. Cii. r. この翻訳者としてのロイと、これと一緒に製本されている Erasmus, *Paraclesis* については、Hume（1961）, pp. 138-156 参照。

（6）後述二六七―二六九頁参照

（7）聖書の「尊厳」に関する議論については、Norton, pp. 102 et. seq. 参照。

（8）ロイの『短い対話』のこの件については、Hume（1961）, pp. 80-90 によっている。

（9）同一一〇頁。

（10）同一五五頁。

（11）Westcott, p. 158

（12）この希望は一五三四年の改訂版で大幅に実現した。

（12 a）［訳註］Wehdder と with in の二つは明瞭に英語を知らないドイツ人の植字工が綴りを間違えたものであろう。なお、先日発行された復刻版（序説訳註1 a）では with in は within に修正されて印刷されている（cf. introduction, p. xvii）。最後の個所（マルコ六・三一）は、この著者が半ば現代綴りに変えているのでかえってわかり難いが、原文は And they hade no leasur wos for to eate である（従ってこの著者が no leisure wong と書き変えているのは例によって何かの勘違いだろう）。原文はおそらく And they had no leisure what to eat の意味であろう。少なくともティンダル自身の一五三四年の改訂版や欽定訳などからすれば、この一五二六年の文もその意味に読むべきである。また、ライン上流地帯のドイツ人ならば、英語の what にあたる単語を wos と発音するので、そのせいでこういう誤植をやったのかもしれない。

（12 b）［訳註］つまりダニエルさんはここでは交叉対句になることを期待しているのである。「御国の子ら↓良き種」と並べたら、今度はひっくり返して「毒麦↓悪しき者の子ら」とすれば、最後の「悪しき者の子ら」がしっくり落ち着くというわけだ。西洋の知識人は一般に、古代以来現代まで、この種の交叉対句法（chiasmus）を好むし、また、そのように書けるところをそうしないのは悪文だ、と判断してしまう。ティンダル自身、一五三四年版ではそういう文章書きの常識に従って、交叉対句に書き直したのである。もっとも、その一五三四年の訳文は文字通り原文を一語一語、語順もそのままの逐語訳にしただけである。マタイ福音書の著者自身交叉対句を好んで用いる、というだけのことである。確かに、逐語訳という意味では一五三四年の訳が最も原文に忠実な訳であるが、文章の流れの美しさ、理解しやすさからすれば、この文は前に出て来るいわゆる毒麦の譬えの解説の個所であって、その譬え話の方に出て来る「良き種」「毒麦」が何を比喩しているのかを解説しているのであるから、下手な交叉対句にしないで素直に「良き種とは……、毒麦とは……」と単純に記す方が文章的にずっとわかりやすく流れるものである。現に欽定訳は the good seed are the children of the kingdom; but the tares are the children of the wicked one としている。ダニエルさんは、一事が万事、ティンダルがすぐれていて欽定訳は駄目、と言いたがるが、そして多くの場合はそうには違いないのだが、このように欽定訳の方が素直に良い訳になっていることも結構多いのである。

（12 c）［訳註］「司祭」という日本語については、第一章訳註22 a参照。

（13）タンストールづきのチャプレンであったロバート・リドレーから、大司教ウォーラムづきのチャプレンであったヘンリー・ゴールドにあてた一五二七年二月二四日づけの手紙がこれに言及している。それによってこの本の発行の時が推定できる。Pollard, p. 122 参照。

（14） パーカー協会版は『マシューの聖書』にのっているこの「序論」の増補版を印刷しているので、ティンダルの原文を再現しているとは限らない。原文のファクシミリ版が一九七五年にアムステルダムの Theatrum Orbis Terrarum から発行されている。

（15） Hume（1961）, pp. 39-40

（16） 同三九—五八頁がこれらの版の非常に良い比較を提供している。

（17） 同四八頁

（18） Sig. B.2-B.2v.

（19） Sig. B.6

（20） Hume（1961）, p. 53

（21） Ausslegung deutsch des Vatter unnser fur die Eynfeltigen Leyen （Wittenberg, 1519）。［訳註］ルターの「主の祈り」の解説は、まず、ルターのなした講義を弟子のヨハン・アグリコラが筆記して発行した（一五一八年）。それをルター自身が書き直して、翌年、自分の著作として発行しなおしたのである。それが、著者がここであげている文献である。その最後に、「要約（Kurzer Inbegriff）」として全体の趣旨をもう一度わかり易く、信者の霊と神との対話という形でまとめている。ティンダルの「論稿」はそれを利用したものである。

（22） Sig. C.ii.v-C.iii

（23） Pollard, p. 122 参照。

（24） Mozley（1937）, pp. 69-74 ［訳註］この頁では著者はケルン版ではすでにマルコの一部分まで印刷され、それがマタイの訳とともにイングランドにわたっていた、ということに対して否定的な様子である。そして第五章（一八三頁）でははっきりと、ケルン版はマタイ二二章までで中断された、と言い切っている。しかしそのすぐ後（一八五頁）では、すでにマルコまで印刷が進んでいたという事実に対し肯定的である。この著者は時々この種の自己矛盾に平気であるので（イギリス的慎重さで両方の意見のどちらにも適当に加担した？）、著者自身の意見がどうであるかはたいした問題ではないが、事実としてはケルンですでにマルコのはじめの部分まで印刷が進んでいたというのが穏当な推論だろう。ケルン版で今日残存しているのは大英図書館にあるものだけである（一八五頁参照）。しかしそれが実際に印刷されたもののすべての頁を保っているという保証はまったくない（ヴォルムス版でさえ、最近まで知られていた二部はどちらもはじめの部分が欠けていた）。マタイ二二章は頁記号Hのところまでであるが、コクラエウスの言うことが正しければ頁記号Kまで印刷されていたのだから、頁記号JとKが失われてしまったことになる（IとJは文字として紛らわしいから、普通は頁記号Iというのは使用しない）。私が便宜上「頁記号」と訳した語（signature）は、本当は頁の記号ではなく、帖ごとにつけられた記号である。四折り版なら一帖で八頁あるから（たとえば sig. B. 6 とあれば、B帖の六頁目という意味である。あるいは6も頁ではなく、B帖の六枚目の紙。その場合、sig. B. 6v は六枚目の紙の裏側の頁）、JとKで一六頁失われた勘定になる。はじめからHまでで六四頁あるが、最初の一四頁は序論で、加えて扉ほかの頁があるから、計算上ではKではすでにマルコ第二章か第三章にはいっていたことになる。

(25) 後述三二一—三二六頁参照。

## 第七章

(1) Kronenberg（1929）, pp. 139-163

(2) ほかの九冊は、ティンダルの『キリスト者の服従』が一五二八年十月二日、エラスムスの『奨励（Exhortation）』とルターの第一コリントス七章（多分ロイが訳したもの）が一五二九年六月二〇日、ジョン・フリスの『アンティキリストの顕現』が一五二九年七月一二日、ティンダルの『モーセ五書』が一五三〇年一月一七日、バーロウの『適切な会話』と『古い論文の要約』が一五三〇年。この二つは同じ年に再版されている。ソープとオールドキャッスルの審問が一五三〇年、ティンダルの『高位聖職者の策謀』も一五三〇年。CWM、VIII, pp. 1065-1091 参照。

(3) Kronenberg（1929）, pp. 156-159

(4) Kronenberg（1967）, pp. 81-94

(5) Clebsch, pp. 230-231

(6) 同三〇七頁は、驚くべきことに、ティンダルの聖書の翻訳を「有難い饒舌」なんぞと呼んでいる。彼がティンダルの他の著作をどのように読むことができたのか、想像もできない。またモズレー（一九三七年）一二八頁は、「この本はあまり秩序だっておらず、整理されていない」と記している。

(7) WA. X, pp. 283-292. この章のこの部分については、私は Hume（1961）, pp. 59-78 に負うところが大きい。

(8) Hume（1961）, p. 60

(9) Sig. B.2. PS, p. 50

(10) Sig. B.4v. PS, pp. 53-54

(11) Sig. B.2v-B.3. PS, pp. 51-52

(12) Sig. B.3v. PS, p. 53

(13) Sig. C.6. PS, p. 65

(14) 上記一六五頁を見よ。

(15) Hume（1961）, pp. 68-69

(16) Sig. B.7v-B.8. PS, pp. 56-58

(16 a)［訳註］parison はギリシャ語で「ほとんど同等」の意。修辞学用語としては、文（センテンス）の中の各句がほぼ同じ長さでバランスがとれていることを言う。

(16b)［訳註］この「第一は、第二は」というのは、第二部の最後の部分と第三部の最後の部分の意味だろう。しかし、著者自身が巻末の付録につけた『悪しきマモン』の図式の頁数によれば、単純な引き算をしても、第二部の最後の部分は一六頁ではなく二〇頁（第一部の最後の部分は一一頁）である。第三部の最後の部分は著者が数字を記していないので計算できない。いずれにせよ不正確な話である。相変わらず、著者の単なる不注意？

(17) Hume (1961), p. 71

(18) Sig. F.1. PS, p. 90

(19) Sig. F.1v. PS, pp. 90-91

(20) Sig. F.7v. PS, p. 100

(21) Sig. F.7v-G.1. PS, pp. 100-102

(22) Hume, p. 73

(23) PS, p. 102

(24) フォクスは、「ルターが最初にはじめて以来、ヘンリー王の治世下で棄教させられたすべての者の簡単な表」をのせている。この表は百人を超える名前をのせていて、時に職業も書き添えている。船大工が一人、裁断師が八人、肉屋が一人、かがり紐職人が一人、煉瓦職人が一人、呉服屋が一人、ガラス職人が一人、公証人の召使が一人、召使が一人、靴屋が一人である (IV, pp. 585-586)。ストライプは、蝋燭職人、かがり紐職人、機織り職人を一人ずつ、農民を三人上げている (Strype, I, ii, pp. 116-117)。フォクスがあげている煉瓦職人は、「人間が業なしで贖罪されるためにはキリストの血だけでは十分でない、とポールズ・クロスで説教した司祭に対して、あなたは嘘をついていると言った」という咎で投獄されている。［訳註］かがり紐職人と訳したのは pointer という語である。布をかがりあわせる細紐（先端に針がついている）のことを point と呼ぶので、それを作る人をいう。ストライプは同じ単語を point-maker と呼んでいる。

(25) PS, p. 48

(26) Sig. A.5. PS, pp. 43-44

(27) Kronenberg (1929), p. 140

(28) Avis (1973), p. 234

(29) Avis (1972), pp. 180-187

(30) Kronenberg (1929), p. 149

(31) 同一五三―一五八頁

(32) CWM, VI, i, pp. 291, 424

(33) Foxe, V, pp. 32-41. また Patwell and Medwell, pp. 570-577 が特にこの点を注目している。

(34) Foxe, IV, p. 688

(35) Strype, I, i, p. 116

(36)「人夫小屋で、手と足と頭を台木にはさまれ、六日間も助けなしにほっておかれた。それから彼の私用の庭にあるイエスの木のところに連れて行かれ、鞭打たれ、眉毛のところを細い紐でねじりあげられたので、眼から血が出て来た。しかも彼は誰をも告発しなかった。その後彼は家の中で一日だけ自由にされた。友人たちは次の日には釈放されるだろうと考えた。ところがロンドン塔で拷問されるために送られてしまった……」、Foxe, IV, p. 689

(37) PS, p. 100

(38) Foxe, IV, p. 692

(39) Foxe, V, pp. 570-577

(40) PS, p. 62

(41) Foxe, V, p. 570

(42) Marius, p. 339

## 第八章

(1) ほぼ完全なものはブリストルのバプテスト・カレッジが持っていたが、現在は大英図書館にあずけられている。欠損のあるものは、聖ポール司教座教会の蔵書である。〔訳註〕序説（十頁）およびその訳註1a参照。

(2) William Roye and Jerome Barlow, *Rede me and be not wroth* の多くの個所に出て来る。また一五二七年二月に印刷されたヘンリー八世のルターに対する返答の英語版参照。Mozley (1937), p. 114 を見よ。

(3) Monicio ad tradendum libros noui testamenti in idiomate vulgare, translatos per fratrem Martinum Lutherum at eius ministrum Willmum Tyndall alias Hochyn et fratrem Willmum Roy（兄弟マルティン・ルターとその協力者ウィリアム・ティンダル別名ホチン及びウィリアム・ロイによって土着の言語に訳された新約の諸文書に関する警告）。Sturge, p. 132 の引用。

(4) リチャード・レクスは二千部も燃されたとしているが、そうではない。レクスは、コクラエウスを誤読してペーター・クヴェンテルをケルンの印刷屋としている研究者をからかっているが、この点では彼自身コクラエウスを誤読しているのである。

(5) 六千という数字は、コクラエウスがケルンの印刷屋とかわした会話を報告した文から来ている。ティンダルがケルンでなしたもともとの要求は六千部であった。すると、ヴォルムスについても同じ部数が想定されよう。

(6) Pollard, p. 125. ハケットについては、Pollard, pp. 135-149 を見よ。

(7) これが何を意味するか、必ずしもはっきりしない。「欄外の註をつけたもの」というのはケルン版の印刷された紙以外ではありえない。もう一つの可能性は、まずありえない可能性であるが、エントホーフェンの海賊版がどこかから手に入れた註をつけていたという可能性である。しかしまた、こういう記述が不正確であったとしても、別に驚くに価しない。印刷された英語の新約聖書というものは、いわばそれまでの動物寓話集などには出て来ない新しい動物であったのだ。Pollard, pp. 153-154 参照。

（8）Mozley（1937）, p. 119

（8 a）［訳註］正直に言って、ここの even unto the profession of both laws というフォクスの表現をどう訳していいのかわからない。ビルネーは現に法学士であり司祭であったのだから、「神の法」と「世俗の法」の二つの職についたということか。

（9）Foxe, IV, p. 621

（10）Dickens（1989）, p. 102 に引用されている。

（11）Sturge, pp. 137-139

（12）Mozley（1937）, p. 121

（13）話の要約を Sue Thurgood が作ってくれた。

（14）Foxe, V, p. 42

（15）Foxe, IV, p. 671

（16）同、七六八頁註六八一の三二行目

（17）同、六八一頁

（18）同、六八五頁

（19）Foxe, V, p. 42

（20）Sturge, p. 139 及び Hume, CWM, VIII, iii, pp. 1079-80［訳註］この件については本書五四一—五四二頁参照。

（21）Strype（1821）, I, ii, pp. 60-65

（22）Foxe, V, 二六頁以下

（23）同、二九頁

（24）Mozley（1937）, pp. 121-122

（25）Sturge, p. 141

（26）上記八八頁を見よ。

（27）Foxe, IV, p. 617; V, p. 5

（28）同、六八八頁

（29）上記二八九—二九二頁参照。モアに対するこうした批判に対するモア自身の返答は、彼の『弁明』に出て来る（EETS, 1930, pp. 131-134）。また Chambers, pp. 274-282 参照。モアについて言われているこれらの暴力をチェンバーズが弁護するやり方は、いたちのようにずる賢い。彼はジョン・テュークスベリーについてまったく言及しないのである。マリウスはモアがテュークスベリーを嫌っていたことに少しだけ言及した後（四〇五—四〇六頁）、あわててベイナム（後述三一二頁参照）についての話に移り、ベイナムの拷問についてのフォクスの物語は今日世界中で疑われている、とつけ加えている。まあ、「世界」というのが極端に狭いところを意味するのであれば、そうには違いないが。しかしそのマリウスでさえも、自分の意に反する仕方でモアを引用し、モアがなしていたことの恐ろしさが十分にわかるようにしている。

（30）Foxe, IV, pp. 694-695

（31）同、五八二—五八三頁

（32）『返答』PS, p. 113。またたとえば『策謀』PS, p. 340

（33）CWM, VIII, i, p. 15

（34）The Works of Charles and Mary Lamb, ed. E. V. Lucas（1912）, vol. 1, p. 203

（35）Mozley（1937）, p. 229

（36）「ロンドンの司教の収入よりもゆうに二倍半はあったと考えられる」、Sturge, p. 110

（37）Foxe, IV, pp. 583-585

（38）Foxe, V, pp. 29-31

（39）同、三三一—三三八頁

（40）「二年三ヶ月で殉教の死をとげた人は十人いた」とモズレーは書いている（一九三七年、二四五頁）。

（41）一七六—一九六行。Skelton, pp. 379, 516 を見よ。

（42）同、五一六—五一七頁

（43）*CWM*, VIII, i, p. 25

（44）同、一七頁

（45）Foxe, IV, pp. 702

（46）同、六九八頁

（47）同、七〇四頁

（48）マリウス四〇六頁、に引用されている。マリウスはこの引用について自分の意見をつけ加え、「モアの彼らに対するこの判決には、懲罰的な勝利の鉄槌を感じることができる」としている。

（49）Avis（1973）, pp. 234-240

（50）Avis（1972）, p. 184

（51）Schuster, in CWM, 8, iii, pp. 1156-1157

（52）Steinberg, p. 74

（53）Febvre and Martin, p. 218、エラスムスの本が二万四千部印刷されたというのは、単に自慢して言っているだけである。

（54）Darlow and Moule, p. 1

（55）C・ヘイグ（Haigh）の *Past and Present*（1993）、および *Historical Journal 25*（1982）所載の論文を見よ。また Scarisbrickを見よ。Dickens（1987）, pp. 187-222 がそれに対する気のきいた反論を述べている。ディケンズのこの本は重要な研究である。

（56）Gwyn, p. 499

（57）Fines, *Biographical Register of Early English Protestants ... 1525-1558*, I.（Sutton Courtenay, 1980）: 11.（West London Institute of Higher Education, 1987）

（58）Scarisbrick, p. 136

（59）Foxe, V, p. 416

（60）同、四一七頁

（61）*L&P, iii, p.1275.* またこれ以前の一五二一年になされた焚書の様子は、Meyer, pp. 185-187 に生き生きと描かれている。

（62）Gwyn, p.488

（63）Mozley（1937）, p.112

（63ａ）［訳註］キリスト教ヨーロッパ語では伝統的には「教会」（ecclesia, church）と言うと正統派の教会を指した。それに対し、同じキリスト教でも正統派によって認められない流れ（「異端」）は、正統派の人々からは「教会」とは呼ばれなかった。ラテン語でsecta（派生して出て来た集団）と呼ばれたのである。中世では「教会」と言えばカトリック教会を指した。だから、カトリック教会の人々は彼らを「教会」とは呼ばず「ルターのセクト」などと呼んだのである。ところが、プロテスタント教会が大きくなり、みずからの正統主義を形成し、かつさまざまな流派に分裂していくと、自分たちのことはそれぞれ「教会」と呼ぶようになったくせに、更に新しくプロテスタント諸教会から派生してきた諸派を「セクト」と呼んで蔑視したのである。所詮いずれももとをただせば新興宗教ないし新興教派であったくせに、たとえばアメリカでは、比較的新しく出て来たキリスト教宗派は「教会」とは呼ばれず、「セクト」と呼ばれてきた。プロテスタントの人たちは、かつて自分たちがカトリックの人たちによって「セクト」呼ばわりされて不愉快な思いをしてきたのだから、今になって、自分たち以外の新しいキリスト教の流派を（それが尊敬に値するかどうかは別問題である）「セクト」なんぞと呼ばずにちゃんと「教会」と呼べばいいのに、歴史はくり返すというか……。おまけに、このキリスト教的蔑称が近・現代の政治・社会用語にはいりこみ、伝統的にある程度の権力をかちえた政治集団だけを「政党」と呼び、新しく出て来た政治運動を「セクト」と呼んで排除しているのである。

（64）Sturge, p. 132

（65）同

（66）Gwyn, p. 490

（67）Mozley（1937）, p. 115

（68）Gwyn, pp. 488-489

（69）モズレーが巧みに計算したもの。同一一六―一一七頁参照。

（70）Mozley（1937）, p. 114

（71）PS, p. 337

（71ａ）［訳註］Exsurge Domine――一五二〇年六月一五日に出された教皇勅書。ローマ教会側がはじめて公式にルターを否定した文書で、ルターがカトリック教会から離脱し、新しく（プロテスタント）教会を作ることを決意した決定的なきっかけをなしたもの。

（72）Meyer, p. 179

（73）同、一八〇頁

（74）同、一八一頁

（75）同、一八二頁

（76）同、一八四頁

（77）たとえばSturge, p. 133参照、「訳者［ティンダル］

がいくつかの本でつけた註」。

（77 a）〔訳註〕二一章ではなく、二二章である（一八五頁ほか参照）。

（78）*Tyndale's Old Testament*, ed. Daniell, p. 3

（79）タンストール自身が記した司教記録には、本屋に対する警告に続けて、奇妙な註がのっている。タンストールはそこに「ロンドンのドミニコ会修道院の図書館にある古い本からの引用文」をつけ加えている、というのだ。「それによると、四六〇年ごろにコンスタンティノポリスからイングランドに来た何人かのギリシャ人が、ギリシャ人の大衆はギリシャ語の聖書が読み上げられるのを聞いて理解できるのだろうか、という質問に答えて、理解できない、と言っている。彼らの言語はすでに聖なる記録が書かれたギリシャ語とは異なってきているからである、というのだ」（Sturge, p. 133）。タンストールは明瞭に混乱している。エラスムスはその『ノーヴム・インストゥルメントゥム』につけ加えた解説で、すべての人が聖書を知ることができるように、と言っている。あたかもそれが彼がこの本を作った意図の一つであるかのように。タンストールがこのことを忘れたわけがない。

（80）Strype（1821）, I. i. p. 492

（81）Foxe, V, pp. 213-214

（82）Mozley（1937）, p. 116-117; Arber, *English Reprints*, p. 46

（82 a）〔訳註〕ここで紹介されている限りでは、「売春婦の方が先に神の国にはいる」という言葉を、聖書の文書ではなくて、それにつけ足された宗教改革者の「序論」にあるものと勘違いしたのは、この詩の登場人物である「ジェフリー」であって、タンストールではない。ダニエル氏は、あわててそれをタンストールの勘違いとみなして批判する気になったのか。それとも、ダニエル氏の引用では省略されている部分で、「ジェフリー」が、タンストールはティンダルの意見をこう言って紹介しているよ、と述べているのだろうか。

（83）Hall, pp. 762-763

（84）Mozley（1937）, p. 149

（85）上記二八八―二八九頁参照。

（85 a）〔訳註〕著者の引用によればフォクスはこの人物の名前を Margaret van Emmerson と記しているが、十一章（五〇一頁）では Emmersen となっている。明らかに同一人物であるから、本訳書では Emmersen に統一しておく。またドイツ人であるから、マルガレーテ・フォン・エマーセンと表記することにする。

（86）モズレー（一九三七年）、一四六頁に引用されている。

（87）Mozley（1953）, p. 2

（88）同、三頁

（89）上記一八二頁を見よ。

（90）ティンダルが書いているのだが、この劇を予測した奇妙な記述が残っている。「……デンマーク老王とその息子は、もしも領土を持っていたら良き君主なのだが、もはやデンマークにもどってくることはないだろう……。」この老王は領土をすべて失って、その地位を継承したのは息子ではなく、叔父であった。PS, p. 334 とその註参照。

(91) PS, p. 256

(92) PS, p. 265

(93) PS, p. 291

(94) PS, p. 293

(95) PS, p. 309

(96) PS, p. 245

(97) PS, p. 245［訳註］次頁に引用されるエリヤ物語は著者の言うように『マシューの聖書』にのっているティンダル自身の列王記の訳と一致しているが、この頁の引用は『マシューの聖書』のものと多少異なる（「バアル」でなく「偶像」とする、ほか。五九八頁参照）。ティンダルの訳文がまだ固まっていなかった証拠か？（著者の引用文が正確であるとすれば、の話だが。）

(98) *Tyndale's Old Testament*, ed. Daniell, p. 492

(98 a)［訳註］七十人訳などでは、サムエル記上下と列王記上下の四巻がまとめて「第一―第四列王記（王たちの書）」と呼ばれている。だから、今日我々が「列王記上・下」と呼んでいるものは、この呼び方に従えば、「第三列王記（王たちの第三の書）」「第四列王記（王たちの第四の書）」ということになる。なお、今日の我々の呼び方はヘブライ語写本でつけられている表題に従ったものである。

(99) *Tyndale's Old Testament*, ed. Daniell, p. 494

(100) 同、六四三頁

(101) *CWM*, VIII, i, p. 9（綴りを現代化して引用）

(102) モズレー（一九三七年）、二〇〇頁の引用

(103) *Tyndale's Old Testament*, ed. Daniell, p. 629

(104) 同、六三一頁

(105) 同、六三一頁

(106) 同、六三三頁

(107) Clebsch, p. 164. この個所でも、またほかでも、クレブシュは自説を維持しようと努力していることが見てとれる。彼によれば、イングランドの改革者はみな、そして特にティンダルは、この十五年間でずっと法的な神学の方向へ、つまりそれよりもよほど後のアメリカのピューリタンの方向へと移りつつあったのだ、という。この意見には誰でもが賛成というわけにはいくまい。

(108) 同、一六五頁

(108 a)［訳註］Chapuy はフランス語の名前。シェイクスピアの『ヘンリー八世』などではラテン語綴りで登場し、それを英語読みにして日本語訳では「キャピューシアス」などと仮名にしている。

(109) CWM, VIII, iii, pp. 1220-1221 及び Mozley (1937), p. 170 を見よ。
(110) Strype (1812), p. 116
(111) CWM, VIII, i, p. 9
(112) たとえばこの本がジョン・ベイルに与えた影響参照。Pineas, William Tyndale's Influence on John Bale's Polemic Use of History', pp. 79-96 を見よ。また Fairfield, pp. 55-56, 192 n. 13
(113) モズレー（一九三七年）、一七一頁に引用
(114) Richardson の多くの個所。
(115) Merriman, I, p. 85
(116) Mozley (1937), p. 188
(117) 同、一八九頁
(118) CWM, VIII, i, pp. 10-11
(119) Mozley (1937), p. 191
(120) 同、一九二―一九五頁
(121) Shakespeare, Hamlet, II, ii, pp. 428-458
(122) Merriman, I, pp. 336-337
(123) Mozley (1937), p. 198
(124) 同、一九八頁
(125) 同、二〇〇頁
(126) Merriman, I, p. 101
(127) Foxe, V, p. 3
(128) モズレー（一九三七年）三二六頁に引用。一五三五年にティンダルの裁判のために派遣された三人の使節に関する個所。
(129) Clebsch, p. 82
(130) Hume (1961), pp. 260-271. ルカス・クラナッハはこの主題について一三対の木版画を作った。
(131) この件はモズレー（一九三七年）二四五―二四六頁がよく記述している。
(132) Hume (1961) の多くの個所を見よ。しかし特に三二一―三六〇頁。同様にモズレー（一九三七年）、特に二四八―二五一頁、二五七―二六〇頁。
(133) Foxe, V, pp. 130-134 に印刷されている。また Mozley (1937), pp. 248-251, 257-260 にも印刷されている。
(134) Foxe, V, p. 134
(135) 同、一三二頁
(136) 同、一三〇頁
(136a)〔訳註〕フリスの処刑は一五三三年である。どの参考文献にもそう記してある。これも著者の単なる不注意？

(136b)〔訳註〕前註のようにフリスの死は一五三三年であるから、もしもこの「もまた」が正しいのならフィシュも一五三三年に亡くなったことになる。あるいはフィシュは一五三一年なら、この「もまた」が不正確だということになる。私はフィシュの没年を調べていない。
(137) PS, p. 216

（138）PS, p. 3
（139）PS, p. 5
（140）PS, p. 32
（141）PS, p. 51
（142）PS, p. 59
（143）PS, p. 97
（144）PS, pp. 104-106
（145）PS, p. 124
（146）PS, p. 125

## 第九章

（1）上記三一二頁参照。
（2）*CWM*, VI, i, pp. 368-372
（3）Allen, p. 16
（3 a）［訳註］ルターは二度にわたって長期間詩篇の講解を行なっている。まずヴィッテンベルク大学で聖書学の教授になって最初に詩篇を取り上げた（一五一三―一五一五年）。次に、一五一八年から、宗教改革者として教会の講壇で詩篇講解をつづけた。後者は印刷・発行されているが、詩篇一篇からはじめて二一篇で終っている。しかし膨大な分量の講解である。前者は、ルターの下書きの講義原稿（行間をあけて印刷したヴルガータの詩篇のテクストの間にラテン語でメモを書き込んだもの、ほか）が残っている。こちらはまだワイマール版でも不完全だと言われている。詩篇八二篇の講解はこちらに含まれるが、短いものである（私はドイツ語に訳したものしか見ていない、*Luther Deutsch*, Bd. 1, UTB, 1991, S.102ff）。しかしここには国家権力への服従などといったテーマは一切ふれられていない。ルターの文献を扱うこの著者の水準からして、自分でルターの詩篇講解をていねいにチェックしたとは考えられないが（多分ほかの著者が書いている詩篇の数字をそのまま書き写した？　ないし写し間違った？）、もしもこの著者が信用できるとしたら、数字の書き違いか、あるいは詩篇八二篇についてルターが他のところで書いているものを見たのか。
（4）Lehmberg を見よ。
（5）Sig. A. 2 - A. 2v. また Shakespeare, *Troilus and Cressida*, I. iii. pp. 109-110 参照。
（6）Hume（1961）, p. 167
（6 a）［訳註］ルカ福音書はローマ帝政期のキリスト教ギリシャ語であるから、むろん狭義の「古典ギリシャ語」ではない。ルカ福音書はたまに古典ギリシャ語的な擬古文の真似をし、この部分もそうであるから、著者はそのことを指しているつもりなのだろう。
（7）PS, p. 238. ヘンリー・ウォルター師によるパーカー協会からの一八四八年のティンダル著作集の出版について我々は感謝すべきであるが――これがなければ多くの学者が、また一般の読者も、『服従』について何も知ることができなかったであろう——しかし、いろいろ欠点もあるということは、ここで言っておかねばなるまい。うち一つは、好きなようにコンマやセミコロンをちりばめたことによって、ティンダルの文の大部分のリズムを微妙に変化させてしまったことである。また、デイの版から採用した欄外の註を多く加えたことも、ティンダルの欄外の註のつけ方とは異なる印象を読者に与えることとなった。ウォルターが「W・T」としるしをつけている註の多くは実はティンダル自身が校閲していた初期の版にはのっていなかったものだ、ということが読者に伝えられないといけない。欄外につけられた聖書個所の引照はすべてウォルター自身のものである。ウォルターのなした最も悪いことは、見出しに手を加え、本文の中につつましく入れられている小さな小見出しを頁の上に持って行ったことである。

（8）PS, p. 310

（8 a）［訳註］ピレモン書八節に「キリストにあって率直さを持つ（parresian echo）」という表現が出て来る。これをティンダルは be bold in Christ と訳している（欽定訳もそれを写している）。それで著者はここの be bold in the Lord をピレモン書の言葉の反映とみなしたのであろう（口語訳の「率直に」や新共同訳の「遠慮なく」からではこの類似は理解できない）。けれども、第一テサロニケ二・二はティンダル訳では then were we bold in our Lord となっている。

（8 b）［訳註］どちらの個所でもティンダル訳は単に token である。従ってティンダル自身が evident token という表現を使うのにこの個所を意識していたとは言えない（ただし欽定訳は前者は evident token、後者が manifest token）。

（9）PS, p. 134

（10）PS, p. 134

（11）PS, pp. 136-137

（12）PS, p. 134 ［訳註］第一章でまったく同じであるはずの文が引用されているが（二一頁）、そこにつけられた註9では、PS, p. 149 となっている。どちらかの数字が不注意の間違いであろう。加えて、この個所の引用では第一章よりもコンマが二つ多く、第一章の方は「聖書」（scripture）という語の前にthe holy がついている。いずれもどちらかが不注意の間違い。

（12 a）［訳註］言わずもがなだが、この「主人」は字義通りの意味の主人、つまり召使に対する主人であって、近頃流行の主婦的日本語のように「夫」を指すわけではない。自分の夫を無限定に「主人」などと呼ぶ奇妙な日本語は決して昔から一般的なものの言い方であったわけではなく、一九七〇年代以降急速に一般化した成金社会的な日本語であって、それ以前はごく一部に限られていた。

（13）PS, pp. 156-159
（14）PS, pp. 207
（15）ヨハネ福音書二一章［一五、一六、一七節］でキリストがペテロに与える最後の命令、「我が子羊を飼え……我が羊を飼え」。同様に、PS, p. 257 を見よ。「秩序について」という項目で、キリストはヨハネの最後の章で、ペテロに「我が羊を飼え」と命令しているのであって、「我が羊を刈れ」と言っているわけではない、としている。
（16）PS, p. 221
（17）PS, pp. 221-222
（18）PS, pp. 225-256
（19）PS, p. 241
（20）PS, pp. 247-248
（21）PS, p. 250
（22）PS, pp. 251-252
（23）PS, p. 270
（24）PS, p. 272
（25）PS, pp. 276-277
（26）上記五五—六八頁を見よ。
（27）PS, p. 304
（27a）［訳註］「上昇的（anagogical）」な解釈については、第二章註41を見よ。
（28）PS, pp. 307-308
（29）PS, p. 320
（30）ヨハネ（ヨハンネス）二三世、グレゴリウス一二世、ベネディクトゥス一三世の三人が一三七八年から一四二九年の間同時に教皇であった。［訳註］現代人にとっては、ヨハネ二三世というのは一九六〇年代に第二ヴァティカン会議をはじめたカトリック史上有数のすぐれた教皇のことであるが、実は十四、五世紀の「分裂」当時の三人の「教皇」の一人もヨハネ二三世を名のっていた。そのややこしさを避けるため、その後の教皇は誰も「ヨハネ」を名のることをしなかったのだが（もしも自分が二四世を名のれば、かつての分裂当時の二三世を公式に教皇として認めることになる。かといって、彼は公式の教皇ではなかったとみなして、自分が二三世を名のれば、それなりに角が立つ）、一九五八年に教皇に選ばれたこの人（旧名アンジェロ・ジュゼッペ・ロンカリ）がヨハネ二三世を名のることにより、いわばこの問題にけりをつけたのである。もっとも、今でもカトリック教会のものの言い方は微妙で、十五世紀の「ヨハネ二三世」は偽物の教皇だったなどという言い方はしないようである。たとえばドイツ語のカトリック用語では、十五世紀の「ヨハネ二三世」の方は「ローマ教皇（単に Papst）」と呼ばずに、「公会議教皇（Konzilpapst）」などと呼んでいる。
（31）PS, p. 335

（32）PS, p. 338
（33）Hume（1961）, p. 172
（34）同、一七三頁
（35）Duffield, p. xxxi
（36）*The Institution of a Christian Man*, p. 148
（37）Rainer Pineas, 'William Tyndale's Influence on John Bale's Polemical Use of History', pp. 79-96 を見よ。また同じ著者の 'William Tyndale's Use of History as a Weapon of Religious Controversy', pp. 121-141 も見よ。また Fairfield および特に McCusker and Walker（1991）を見よ。
（38）Ives（1972）および（1986）を見よ。また Steve' W. Haas, Henry VIII's *Glasse of Truthe*', *History*, n.s., 64（1979）, pp. 353-362 および Warnicke（1985）を見よ。この議論についての最近の文献は、Warnicke（1989）, Dowling（1991）, Bernard（1991）, Ives and Bernard（1992）がある。Dowling（1984）は推薦に価する。
（39）Mozley（1937）, p. 143 が引用している。
（40）Dowling（1984）, p. 33
（41）Rainer Pineas, 'William Tyndale: Controversialist', pp. 117-132, and 'More versus Tyndale: A Study of Controversial Technique', pp. 144-150 を見よ。
（42）PS, p. 134
（43）Erasmus（1963）

## 第十章

（1）CWM の序文として書かれている John M. Headley の論文参照（CWM, V, ii, pp. 715-859）
（2）Mayor, pp. 311-348, 429-476 を見よ。
（3）Doyle-Davidson を見よ。この論文がのっているのと同じ本に、Joseph Delcourt, 'Some Aspects of Sir Thomas More's English' ものっている（pp. 326-342）
（4）三三三頁を見よ。
（5）Rex, p. 86, n. 3 を見よ。
（6）Marius, pp. 278-280
（7）Rex, pp. 86-89 を見よ。
（8）Marius, p. 278
（9）Rex, p. 99
（10）*CWM*, V, ii, pp. 718-719
（11）Rex, pp. 88
（12）Marius, pp. 276-280
（13）同二六九—二七〇頁
（14）同二七〇頁
（15）トマス主義はトマス・アクィナスの教説の組織的な表現であるが、ルターはこれをキリスト教的な内容を含まない乾燥した知性主義であると感じていた。
（16）この部分の翻訳については、Vanessa Champion-

Smith のお世話になった。

（17）一六八七年の無名の英語訳の一二九頁より引用。

（18）Marius, p. 280

（19）CWM, V, ii, pp. 732, 734 ［訳註］『バビロン捕囚について』は一五二〇年である。この三頁後に著者はもう一度『バビロン捕囚について』を一五二〇年より後の著作と呼んでいるから、これは単なる誤植でなく、著者の間違った思い込みであろう。一五二〇年はルターのいわゆる宗教改革三部作（『ドイツ国民のキリスト者貴族へ……』、この『バビロン……』及び『キリスト者の自由について』）が相次いで出版されたので、この年は宗教改革史上非常に重要な年として記憶されるものである。だいたいが、ルターの主な著作を解説する註にルター自身の著作をあげずに、トマス・モアの全集（CWM）をあげるなど、いくらなんでも考えられない（註20についても同じ）。またルターの一五二〇年の著作の中で『主張（Assertio）』と略称される著作を、私は知らない。

（20）同七三四頁

（21）同七三一頁

（22）同七七五頁

（23）同七七六頁

（24）同七七七—七八一頁

（25）同八一〇頁

（26）同八一一頁

（27）Marius, p. 281

（28）同二八二頁

（29）この点については Marius, pp. 280-287 がよく分析している。

（30）CWM, V, i, p. 683. 英語訳は Sister Scholastica Mandeville のもの。Doyle-Davidson は書く、「亡くなった時以来ずっと、彼（モア）は広い人気があり、やさしく、かつ高貴な性格がすべての人に愛された……」(Sylvester and Marc'hadour, p. 356)。モアのこのような性質は（それには反対する人もいよう）、ラテン語の著作には出て来ない。

（31）Rex, pp. 89-95

（32）同九五—九六頁

（33）同九六頁

（34）同九六—九七頁。ヘンリーのルターに対する返答の英語版（一五二七年三月）が、ティンダルはルターに扇動されていると言って攻撃している。Pollard, pp. 117-118 を見よ。

（35）同九八頁

（36）同一〇〇頁

（37）Marius, p. 325

（38）Rex, p. 101

（39）上記九一頁

（40）詳しくは Marius, p. 326 を見よ。

（41）Marius, p. 327. この「手紙」については、Marius, pp. 326-331 が役に立つ。
（42）同三三〇—三三八頁
（43）同三三八頁
（44）同三三八頁
（45）*English Historical Documents* V. pp. 828-829
（46）この点については、Patrick Collinson に負っている。
（46ａ）〔訳註〕これは英語の世界しか頭に置こうとしない英語人の欠点で、極端に縮め過ぎた言い方である。エルサレム聖書というのは、むろんそもそも英語の翻訳ではなく、現代のフランス語のカトリックの学者たちがそのすべての知識をあげて作り上げた聖書翻訳の金字塔の一つである。それは特に現代の、フランスだけでなくヨーロッパ全土の、すぐれた聖書学の研究成果を十分に取り入れた翻訳である。そこには確かにオリヴェタン、テオドール・ド・ベーズなど、カルヴァン自身も含めて、十六世紀フランス・プロテスタントの聖書研究のすぐれたフランス語訳の伝統も遺産として継承されている（十六世紀においては——二十世紀でもまだ——英語の聖書学の水準はヨーロッパ大陸のものと比べてはるかに低かった）。しかし、ティンダルやまして欽定訳の英語聖書の遺産がエルサレム聖書に貢献している、などということは、可能性の外である。著者ダニエル氏がここで言っている英語の「エルサレム聖書」というのは聖書の原典からの翻訳ではなく、フランス語のエルサレム聖書を英語に翻訳したものにすぎない。しかも、よせばいいのに、そのまま翻訳せずに、多くの個所でフランス語の原文を正確に訳そうとせず、伝統的な英語の訳の理解の仕方（欽定訳など）を導入している。版を重ねるごとにその傾向が強まっている。その結果、確かに英語の「エルサレム聖書」にも従来の英語訳の要素が多少見られるのであり、その部分に話を限れば、さかのぼればティンダルにいたる点も僅かながらある、ということには違いない。だから英語の世界に話を限ればダニエル氏の言うことは限定づきで正しいが、しかし、英語のエルサレム聖書はその本質においてフランスのカトリックのすぐれた仕事の翻訳なのであって、エルサレム聖書を単に英語訳聖書の一つであるかのように書くのは間違っている。
（47）Lewis, p. 178
（48）*CWM*, VI, i, pp. 33-34
（49）同ii五四八頁
（50）Lewis, p. 172
（51）*CWM*, VI, i, pp. 247-248
（52）Lewis, pp. 165, 662-663. 古典的な例は Chambers である。また Delcourt 参照。
（53）*CWM*, VI, i, pp. 285-290
（54）同二八頁
（55）同二九二—二九三頁

（56）同三〇三頁
（57）*CWM* さえもこのことを認めている、VI, ii, p. 687
（58）*CWM*, VI, i, p.304
（59）*CWM*, VI, ii, p. 343
（60）*CWM*, VI, i, p. 341
（61）Mozley（1937）, p. 217、また Hall, p. 817 を見よ。ホールはこの個所でモアを「弾圧者の巨魁」と呼んでいる。
（62）*CWM*, VI, i, p. 425 および VI, ii, p. 425, nn. 15-17. ほかにも例を見つけることはできるだろう。
（63）PS, p. 9 ［訳註］ティンダルのこの『返答』は今年になって復刻版が発行された（序説訳註b参照。以下 *IWWT* 3 と略称）本文よりも長いくらいの註釈がついている。PS, p. 9 のこの個所は、*IWWT* 3, p. 8。
（64）PS, pp. 30-31 ［訳註］*IWWT* 3, p. 28
（65）PS, p. 78 ［訳註］*IWWT* 3, p. 79
（66）PS, pp. 188-189 ［訳註］*IWWT* 3, p. 188f. なお、*IWWT* 3 によれば、ティンダルのこの書物は独自の巻や章の数字をつけておらず、単にモアの巻と章の数字に応じて記しているだけである。従って本書の著者がこの部分を第四巻第一八章と呼ぶのは、おそらく、パーカー協会版がつけ加えた巻・章のことであろうか。
（67）Mozley（1937）, p. 219
（68）同二二一頁
（69）PS, 3, p. 9. この個所は上（四五二頁）で引用した序文の最後の部分にすぐ続く個所である。
（70）PS, p. 10. 序文の最後から四文目。［訳註］*IWWT* 3, p. 9
（70 a）［訳註］ダクテュロスというのは古代ギリシャ語の韻律の基本になるもので、長短短の三つの音節からなる一連の音のつながりを言う。その最初の長音に力点が置かれているから、ダクテュロスを連続していくと非常にリズムがいい。しかしこれは本来、音の高低のアクセントを持つ言語の長音、短音のリズムであって、英語のように高低のアクセントを失い、強弱のアクセントのみになってしまった言語のリズムをダクテュロスと呼ぶのは違和感がある。それを敢えて英語に適用すると、長短短というよりは強弱弱の三音節をダクテュロスと呼ぶことになるが、加えて、散文の発音では音節に数えないものまで弱い一音節として数える必要が生じる（-ness はふつうまとめて一音節だが、これを -ne と -ss の二つの弱い音節に数える）。しかしこの引用文は詩ではない。このように強引にギリシャ語の概念を英語に押しつけているので、そんなに無理しなさんなと言いたくなるが、ダクテュロスであろうとなかろうと、ティンダルの文が非常にリズムがいいのは確かである。
（71）Mozley（1937）, p. 221 に引用されている。部分的にヨブ記三九章を反映している。
（72）PS, p. 110 ［訳註］*IWWT* 3, pp. 108-109. これは第一

巻の最後のところで、特に「教皇がアンティキリストであることの確かな証拠」と題をつけて論じている部分である。著者はおそらくパーカー協会版に従って十四段落と言っているようだが、*IWWT* では十二段落である。なお、この引用の直前で著者は、この引用文を解説して、宗教改革の信仰者たる「小さき群」(little flock) に「大群」(the great multitude) が襲いかかる、としているが、この引用文の中では「大群」という語は、「小さき群」の者たちが増えていって「大群」になることを支配者たちは恐れ……、としか言われていない。しかしこの引用文の前のところでティンダルは繰り返し「招かれてはいるが選ばれることのない大群」とキリストの招きに耳を傾ける「小さき群」とを対比して論じている。

(73) *The Supper of the Lord* (主の晩餐) にモアを批判する言葉が出て来るが、今日ではこの本はティンダルの著作とはみなされていない。CWM, VIII, ii, p. 1083 にのっている Anthea Hume の論述参照。

(74) Harpsfield, pp. 117-118. ハープスフィールドのイェール大学版の編集者は、註で、「ハープスフィールドは、聖書はその妥当性を確立するために教会を必要とするという結論を避けるためにティンダルがなしている血迷った努力をモア自身が批評した言葉を再録しているのである」と記している (CWM, VIII, iii, p. 1261, n. 1)。

(75) CWM, VIII, iii, p. 1260

(76) 同一二六〇頁

(77) CWM, VIII, iii, p. 1552, n. 234/10. この言い訳は何ほどか両刃の剣になっている。この論争が過度に長く続いたのは、モア自身に責任があるからだ。そしてモアは単なる噂を資料として用いる以上のことをしていない (CWM, VIII, iii, p. 1625)。同一四七六頁、と一五〇七頁、一五五〇頁、一六二〇―一六二一頁、一六四七―一六四八頁、一六六四頁、一六八一頁にも、誤解を生じさせるような記述が見出されよう。多分もっと沢山あるだろう。たとえば、イェール大学版の編集者がプロテスタントの殉教者テュークスベリーについて註を一つつけながら、彼の尋問にモアがかかわったこと、チェルシーのモアの邸宅で彼が投獄されていたこと、そこで拷問されたことといったフォクスが上げている細部の事実にふれずにすますことが平気でできるというのは、意味深長というものであろう。また Mozley (1937), pp. 230-232 参照。

(78) Rainer Pineas の 'More versus Tyndale', p. 149 に引用されている。CWM, XI, p. 127; VI, ii, passim, and 148, 508

(78 a) 〔訳註〕ついでにもう一つ小さいことをつけ加えると、モアはこのように余計な単語をつけ加えて原文の意味を変えるために、「伝承」という単語の位置もずらしている。原文では、パウロ自身のつもりでは、パウロはこの言葉を直接に（伝承によってではなく）主キリストから受けたのである。それをほかのキリスト教徒たちに伝承として伝えた、というのだ。モアはそれを、「主キリストから、（書いたものではなく）伝承によって受けた」と書き変えた。一つ改竄すると、改竄はほかにも及ばざるをえないということの良い実例である。

（79）CWM, VIII, iii, p. 1256

（80）*Hall's Chronicle*, p. 817

（81）CWM, VIII, i, pp. 140-141

（82）CWM, VIII, i, pp. 338

（83）たとえば Schuster, CWM, VIII, iii, p. 1254 を見よ。

（84）上述註73参照。

（85）Oberman, pp. 155-156 を見よ。

（86）第一は PS, p. 282 に出て来るもので、ティンダルの原文では、教皇は「私の足だけでなく、私の「N」にもキスをせよ」と言っている、というものである。第二は、PS, p. 300 で、ウォルターが省略したのは、ヴェネティア人について、「（エラスムスが言っているように）彼らは以前と同様に容易に糞をたれている（聖なる経路に敬意を表して、という意味だが）……」という部分である。第三は、PS, p. 337 で、聖職者に関して、「彼らの尻は、借金が帳消しにされない限り、荊の上にのっているようなものだ。あとの一撃［淋病のこと］がこわいからである」という句が省略されている。『服従』に関しては、PS, p. 285 で、ティンダルが司教たちについて、「彼らの義務は説教することだけであって、彼らの足にキスをさせることではない……」としているところである。ウォルターはこの部分に註をつけ、「かつて教皇ヨハンナ［十三世紀から十六世紀にかけて広く信じられた伝説の女性。女性であることを隠してローマに行き、すぐれた学識を得て、教皇になったという］について民間で信仰されていた話から派生した下品な表現をここでは省略する」としている。省略されている表現とは、右の文に続いて、「あるいは睾丸をいじくらせることではない」とある部分である。

（87）Mozley (1937), p. 227 から引用。

（88）一九九四年までは、と言っておこうか。この言葉を書く直前に私は、ハンプシアにあるベイジングストーク・センターの私有化がもたらした一つの結果は、その新しい所有者であるプルーデンシャル保険会社が、救世軍のある少佐が野外礼拝の一部としてそこで聖書を読み上げるのを許可しようとしなかった、という話を聞いた。

（89）*Tyndale's New Testament*, ed. Daniell, p. 347

## 第十一章

（a）［訳註］ヴルガータの文を英語に直訳すると、In the beginning God created heaven and earth. The earth was void and empty, and darknesses were upon the surface of the deep, and the spirit of God moved upon the water. And God said: light be made, and made is light. とでもなろうか。つまりティンダルとの相違は、「闇」(darkness) という単語が複数形であるのと(もっとも英語ではこの単語は複数形にならないから、英語らしく書くならティンダルでなくても単数形で書いただろうが——それにもかかわらずウィクリフ訳はどちらも複数形にしている。ウィクリフ訳が英語であるよりも、ラテン語を一単語ずつそのまま英単語に置き換えていったにすぎないということの事例の一つである)、最後の文の動詞が be made .... made is ... となっているのと(ティンダルはもっと英語らしくして、let there be light and there was light とする)、その二点だけが敢えて相違と言えば相違である。しかし、ティンダルのように英語らしい英語にしようと思ったら、この文に話を限れば、ヘブライ語から訳そうとラテン語から訳そうと、同じ結果になっただろう。つまり著者が「ティンダルの創世記は……衝撃的に新しい」とおっしゃるのは、ウィクリフ訳と比べてはるかに英語らしい英語になっていて、誰にでも素直に読める、という点ではあてはまるにしても、ヴルガータをすらすら読みこなしていた知識人にとっては、一見したぐらいでは、大きな違いは感じとれなかっただろう。細かいところを一つ一つチェックすれば話は別であるが(そしてそれが非常に重要であったには違いないが)。やはり、何よりも衝撃的であったのは、そもそも英語で、それもわかり易い、当時としては普通の英語で、創世記の訳を提供した、という点であっただろう。

(1) ティンダルの 'Ah syr' はもしかすると 'Ah, sure ...' ないし 'Ah, surely ...' であったかもしれない(「確かにそうには違いないが」の意味)。あるいはもっとはっきり 'Ah, it is sure that God hath said ...' (神が……とおっしゃったのは確かですが)であったかもしれない。その方がヘブライ語の原文に忠実である。しかしティンダルはこのいずれかをはっきり書いているわけではないし、一五四三年の版でもそうなっていない。加えて私は、sure ないしその派生形が単に syr と綴られている例を見たことはない。『マシューの聖書』の編集者はこれを yea: hath God said indeed, ye shall ...' (いや確かに神は、あなたは……してはいけないとおっしゃった)と変えている。

(2) この表現を私は Gerald Hammond から借りている。

(3) ティンダルの tush という語の用い方は面白い[ふつうは軽蔑の意味の間投詞。「へええ」とでも訳すか]。この語の意味の範囲は今日ではいささかとらえ難くなっているからである。ティンダルの蛇は、今日ならば Crap, it won't happen (くそ、そんなこと起こるものか)とでも言うような、下品な通俗語を用いているのだろうか。それともこれは上から見下した意味なのであろうか。ハムレットのはじめの数行（I.i.30）のところで、兵士たちがおそろしい亡霊を見たと言っているのを学者のホレイショが否定して、そんなものは妄想だ、と言うところ、Tush, tush, 'twill not appear（まさか、まさか。そんなものは現れはしない）となっている。これは一六〇〇年の英語である。その約十年前、シェイクスピアは、ペトルチオという若い、意気さかんな冒険家が危険を脱する空想の物語を語る結びに Tush, tush, fear boys with bugs（まあ、まあ、お化けでおどすのは子ども相手にするがいい。『じゃじゃ馬ならし』I.ii.207）と言わせている。また『から騒ぎ』（III.iii.130）においては、飲んだくれでずる賢い悪漢のボラチオが、仲間の博学な冗談の試みを苦労して退けようとして、Tush, I may as well say the fool's the fool（おやおや、私も、馬鹿は馬鹿だと申し上げる方がいいかしらん）、と言っている。OEDは「いらいらした侮蔑ないし非難の叫び」と定義し、見出される最初の実例として一四四〇年ごろの例を上げている。役には立つが、意味の幅を教えてはくれない。

（3 a）［訳註］英語の読者はティンダルの文のおかげではじめて創世記を理解できる英語で読めるようになった、というのは指摘として正しい。ただし、やや衒学的な註をつけ加えると、ヘブライ語原文は一人称複数だから、ヴルガータやウィクリフ訳の方がその点では正確である。旧約聖書の原文では神がしばしば一人称複数形でものを言う（そもそも「神」を意味する「エローヒーム」という単語そのものも、単語の形からすれば複数形である）。この「神の複数形」についてはさまざまな「学説」が唱えられてきたが、常識的には多神教のなごりとしか考えられまい。従って、こういうところは原文に忠実に訳す方が正しかろう。もっとも、生れてはじめて自分にわかる言語で聖書を読む読者にとっては、この複数形は何だかわからないだろうから、最初の本格的な英語訳としてはティンダルのように単数で訳しておくのがよかったのだろうけれども。

（3 b）［訳註］日本語ではこれは「申命記」と呼ばれている。この方がむしろ文書の内容に即している。それに対し、旧約聖書のギリシャ語訳（いわゆる七十人訳）は、この文書はその一七・一八に言及されている「律法の写し」であると間違って解したので、「第二の律法」Deuteronomion という名前をつけてしまった。それがラテン語の Deuteronomium を経由して西欧諸語にはいりこんだのである。

（4）Williams を見よ。

（4 a）［訳註］これはいくらなんでも言い過ぎである。近現代人のクリスチャンの一部が古代ヘブライ語は自分の言語に最も近いと思い込むのは、ある意味では傑作な現象であるが、実はこれは英語の人たちに限らない。それまで旧約聖書が直接ヘブライ語から訳されたことのなかった近代の多くの言語において、聖書翻訳の最初の時期には、ヘブライ語は自分の言語に非常に近い、という「発見」をなす人がよく居るのである。たとえば一部のアフリカ人は、ヘブライ語はヨーロッパ諸語よりも自分たちの言語に近い、と思った。また、聖書翻訳初期の日本人の一部は、ヘブライ語はヨーロッパ諸語よりも日本語に近いと思った。複雑に発達したキリスト教神学の諸概念、諸表現は伝統的なキリスト教言語の中でつちかわれてきたが（ティンダルにとってのラテン語、近現代のアジア人アフリカ人にとっての英語フランス語等の西欧言語）、しかしヘブライ語の旧約聖書はキリスト教以前である。これを翻訳するには、何も、伝統的なキリスト教言語の方が適しているとは限らない。伝統的なキリスト教言語に対してある種のコンプレクスなり距離感なりをいだいていた人々が、ここで、自分の言語（アジア、アフリカの諸言語、ティンダルの英語）はヘブライ語に近いのだ、という「事実」を「発見」して喜ぶのである。その感覚が大袈裟に行き過ぎて表現されると、自分の言語の方がヘブライ語に近いという言い方になる。もちろんそれは、客観的には、単なる思い込みにすぎない。言語そのものの事実としては、別にヘブライ語が他のどの言語よりも英語（ないし日本語ないしコンゴ語リンガラ語等々）に近い、などということはありえない。

客観的に公平に見れば、同じくヨーロッパ語であり、文法構造も語彙も本質的には共通しているのだから、ラテン語やギリシャ語から英語に訳す方が、セム語の一つであるヘブライ語から訳すよりもはるかに容易であるはずだ。文法構造が大幅に違う以上、これは当然のことである。では何故この錯覚が生じるか。理由は二つある。主たる理由は、旧約聖書と新約聖書の違いをヘブライ語とギリシャ語・ラテン語の言語的違いととり違えたことである。大ざっぱに言えば、旧約聖書の内容は古代でもかなり初期のものである。それに対し新約聖書は古代末期、すでに人類の文明が大幅に、知的・精神的に複雑に発達した時代に属する。その間、少なく見つもっても数百年の開きがある。従って、新約と比べれば旧約の方がずっと素朴であるのは当然のことである。だから、旧約の方がずっとわかり易いという印象を生む。その内容的な素朴さ、「わかり易さ」が、言語そのものの特質と勘違いされる。旧約聖書は中世ラテン語の複雑な神学論文よりもはるかに英語に訳しやすい。だからヘブライ語の方がラテン語よりも英語に近い、と思い込んでしまったのだ。もう一つの理由は、十六世紀の知識人にとっては（ローマ時代と違って）、ラテン語はもはや生きた言語ではなく、神学・哲学を中心とする「学問」の言語であった、ということである。イングランドにおいても学問や思想の言語は、政治の言語でさえも、ラテン語であり、そうすると英語はそういう水準以下のこと、つまり日常生活の卑近なことの表現に用いられる言語であった。だから、旧約聖書の一見「素朴」な表現は、ラテン語よりも英語に近い、と勘違いしたのである。もちろん、イングランド人にとっては、ヘブライ語をラテン語に訳すよりは英語に訳す方がはるかに訳しやすかっただろう。同様に、古代のラテン語を母語とする人たちにとっては、ヘブライ語をラテン語に訳すのは、ティンダルがヘブライ語を英語に訳したのと同じ程度に、いやそれよりはるかに容易、かつ親近感のある仕事だったのである。ティンダルよりもヒエロニムスにとって、ヘブライ語ははるかに親近感のある言語だっただろう。

（4 b）［訳註］著者ご自身の記しているところによれば（五四〇―五四七頁）、ジョージ・ジョイがティンダルの助手であった可能性などまずありえない。

（5）PS, pp. 148-149

（6）Lloyd Jones、多くの個所

（7）同、九〇頁

（8）同、二二頁

（9）同、二二頁

（10）同、九六頁

（11）同、一八一―一八九頁を見よ。ロイド・ジョーンズはウェイクフィールドの演説を復刻している。*On the Three Languages*, 1524 (Binghampton, NY: Medieval and Renaissance Texts & Studies, and The Renaissance Sociey of America, 1989)

（12）同、二五頁

（13）Hall, p. 43

（14）Lloyd Jones, p. 26

（15）同、三二頁

（16）たとえば Lloyd Jones, pp. 41-42 を見よ。

（17）Pearl の多くの個所を見よ。

（18）*Tyndale's Old Testament*, ed. Daniell, p. 486

（19）ティンダルが Rab. Sal. の読みを利用しているのは、今日「列王記上」と呼ばれている文書の一四・二四で、stews of male children（男の子の売春宿）としているところ。パグニヌスは scortator（買春男、ないし姦通者）としている。

（20）Steinberg, p. 144 を見よ。

（20 a）［訳註］ルターのドイツ語がどういうドイツ語であるかは、ドイツ語史の学者たちの間でいろいろ議論がある。今時これを単純に「中期高地ドイツ語」(Mittelhochdeutsch) などと呼ぶ学者はまずいない。いつの時代までを「中期ドイツ語」と呼ぶかも問題だが（ふつうは十六世紀はすでに「中期」には入れない）、そもそも、ルターには低地ドイツ語の要素も多く見られると言われている。それにルターが活躍したのは本来中期東方ドイツ語（MIttelostdeutsch）の地域で、彼の言語も基本的にはこれに属する。しかしルター自身が全ドイツ語地域に通じるドイツ語を書こうとしてい

た、という特色もみのがせない、等々。Joachim Schildt, *Zum Verständnis der Luthersprache, Martin Luther Studienausgabe*, Bd. 1, S. 13-28 、ほかいろいろ。

（20 b）［訳註］英語ならドイツ語より影響が大きかったに決まっている、などと思い込むのは、イギリス人の狭隘なお国自慢にすぎない。当時においては、またその後のヨーロッパ・キリスト教全体の歴史においても、ルターの五書の影響はティンダルの五書の影響よりも桁違いに大きかった。そのことはしかし、ティンダルの五書の大きな歴史的意義をいささかも減ずるものではないが。

（21）Mozley (1937), pp. 55-56 を見よ。

（22）同、五一—五二頁に引用されている。

（23）同

（24）同、五二頁

（25）同、五二—五三頁［訳註］Guillelmus ないし Guilhelmus というのは、ドイツ語のWilhelm、英語のWilliamに対応するラテン語の綴りである。

（25 a）［訳註］いくらなんでもこれはあまりに非常識。「ユダヤ人が捕囚にあった」のは前六世紀の話で、前二—後二世紀の「空白期間」と捕囚を結びつけるなど、論外である。加えて、捕囚でバビロンに約半世紀間移り住んだユダヤ人がヘブライ語を忘れたわけではないことは、捕囚期に書かれたすぐれた文書がよく示している。たとえば第二イザヤ（イザヤ書四〇章以下）は古代ヘブライ語の文学の最高峰の一つである。また、捕囚から帰った直後から（前五世紀はじめから）、今日我々が旧約聖書と呼んでいる諸文書の編纂が急速に進められて行ったという事実も、彼らがヘブライ語の単語を多く忘れたわけではないことをよく示している。おまけにそもそも捕囚でバビロンに移り住んだのは人口全体からすれば比較的少数の知識人上層階級で、庶民の多くはパレスチナにとどまっていた。次に、前二—後二世紀の四百年間（ヘレニズム・ローマ時代）は、ユダヤ人はふつうにユダヤに住んでいた。ユダヤの外に出て行ったユダヤ人（いわゆるディアスポラ）は経済的な進出で出て行っただけである。捕囚とはまったく関係がない。そしてそのディアスポラのユダヤ人の方がパレスチナにとどまったユダヤ人よりも熱心なくらいに、ヘブライ語で宗教活動をしていた。

　加えて、この前後のヘブライ語についての著者ダニエル氏の説明もまた、多くの点で間違っている。旧約聖書以後ラビ文献が書かれるまで、四百年間もヘブライ語の文献が書かれなかった、などというのは、嘘みたいな非常識である。旧約の外典ないし偽典と呼ばれる主として前二ないし後一世紀に書かれた数多くの文献はギリシャ語ないし他の言語（エチオピア語など）の訳文しか現存していないとしても、大部分はもとはヘブライ語で書かれたものであるし、近代になってそのヘブライ語原典の一部が発見されたものもある（たとえば『ベンシラの知恵』——『集会の書』とも呼ばれる——のうち三分の二ほどの原文の写本が一八九七年に発見されている）。加えて、二十世紀になると有名な「死海写本」が発見された。これは、今まで知られていなかった多くのヘブライ語文献を提供しただけでなく、旧約聖書後の時代のユダヤ人たちがヘブライ語の文献を多く書いていたという事実を立証するものであった。従って、「四百年間の空白の期間」などというのはまったくの嘘である。まして、その「空白の期間」に多くの単語が忘れられた、などということは考えられない。シナゴグが作られるようになると、そこで旧約聖書のヘブライ語のテクストはよく学ばれていたのだ。確かに、十六世紀のティンダルの時代には、ヘブライ語で書かれた古代の文献と言えば旧約聖書とラビ文献しか知られていなかったから、学習に際して不便だったということはあっただろうけれども。また、次に続くシェイクスピアとの比較もかなり見当はずれであるし——シェイクスピアの方が語彙が非常に豊富などというのは言い過ぎ——古代ヘブライ語の研究には確かに中世・近代のアラビア語の知識も役には立つが、それ以上にはるかに、古代オリエントのヘブライ語以外のセム語諸語の研究がヘブライ語の単語の理解に多くの貢献をなしている。等々。聖書のヘブライ語の理解は、この著者が想像するよりもはるかに広範な土台に立脚してなされているのである。十六世紀にはそれがまだ十分には知られていなかった、というにすぎない。

（25ｂ）［訳註］七十人訳はこれを「明澄と真理（delosis kai aletheia）」、ルターは「光と正義（Licht und Recht）」、ヴルガータは「教えと真理（doctrina et veritas）」と訳している。ティンダルの「完全（perfectness）」がどこから来たのか私は調べていないが、「ウリム、トンミム」を固有名詞扱いして訳さずにおくのは、むしろ現代の聖書翻訳の傾向である（最近の世界の聖書翻訳ではほぼすべてそうなっている）。おそらくこれはまったく意味を持たない固有名詞というわけではなく、何らかの意味を象徴的に表現しているのであろうが、それがはっきりつかめないから、今では単に「ウリムとトンミム」と書くことにしているのである。それに対し、これに想像で適当な訳語をあてるのは、むしろ、古代中世の翻訳の全体の傾向であって、ティンダルだけの特色ではない。

（25ｃ）［訳註］日本語の口語訳は前者を「ひざまずけ」と訳している。日本語訳が二十世紀後半にいたるまでいかに欽定訳の影響下にあったかを示す証拠である。新共同訳はさすがに「アブレク（敬礼）」としている。もっとも、「敬礼」というのが正しい訳かどうかも、むろん、わからない。普通は「気をつけ！（attention, Achtung）」と訳している。後者については口語訳、新共同訳ともにヘブライ語の音を仮名書きして、固有名詞扱いしている。

しかし何も註をつけていない。けれどもこれはおそらく固有名詞ではなく、意味がわからないので訳せないだけなのだから、たとえばＴＯＢのように註をつけて、エジプト語の「生命」という意味を含む単語だが、それ以上の意味はわからない、とでもしておくのが正しかろう。

（25ｄ）［訳註］ティンダル訳の創世記七章にはこれにあたる単語はない。多分数字の誤植？

（25ｅ）［訳註］ここはむしろティンダルの訳が誤訳である。原文には and にあたる語はなく、従って a cunning hunter と a man of the field は同格である。この場合の「野」は畑ではなく、原野を意味する。従って「野の人」とは畑を耕す人ではなく、野を駆けまわる人、つまり狩人である。

（26）ティンダルの covenant（契約）という概念については、すでに多少の研究がなされている。Moller を見よ。また McGiffert も多少。

（26ａ）［訳註］ＲＥＢのこの文については著者ダニエル氏の指摘のとおりだが、念のためつけ加えると、彼が「言語的な厳密さだけが優先される」と言っているのは、ただの皮肉であって、必ずしもＲＥＢの方が伝統的な訳よりも言語的に厳密というわけではない。たとえば、「ある場所」を place でなく shrine（聖地？ 聖所？）としている点、はしごが「地の上に立っていた」（stood upon the earth）を rested on the ground とした点など、明瞭にティンダルの方がヘブライ語原文の意味を尊重している。

（26ｂ）［訳註］もしもヘブライ語原典を知らずに、単にドイツ語からだけ訳したと仮定しても、どんな下手な訳者でも、英語でこうは書かないだろう。これは英語ではない。英語の単語をドイツ語の語順に並べただけのものである（第五章のいくつかの訳註参照。特に５ｂほか）。語順だけでなく、単語の意味も、erwurgen は現代ドイツ語なら英語の throttle に置き換えても間違いではないが、strangle と訳す方が普通だろうし、現代英語なら単に kill と訳すのもよいだろう。著者ダニエル氏はここでは明瞭にわざと滑稽に単語を並べているだけのことである。こういうことではかえって、ティンダルはルターからの盗作ではない、ということの証明にはならない。このルターの文は、ヘブライ語の知識なしに英語に直訳すれば、まずは誰が訳しても、You have bereaved (robbed) me of my children. Joseph is no more present, Simeon is no more present, and you will take Benjamin away: all these things are against me. Ruben answered his father and said, If I don't bring him to you again, then kill my two sons. といったような文にしかならないだろう。ドイツ語を英語に訳すということは、英語の単語をドイツ語の語順で並べるということではない。ドイツ語の文の意味を、英語の単語と英語の語順で言い直すことである。ダニエル氏は私のこの直訳の文をティンダルと欽定訳の両者に比べてみるといいだろう。そうすれば、こんなとんちんかんなドイツ語的英単語並べなんぞをやらかすよりも、はるかに鮮明に、欽定訳の方がティンダルよりもずっとルターに近いということを容易に証明できただろうに。実はこの私の訳、欽定訳をほんの少し現代化しただけで、ほとんどそのまま書き写したものである。

(26c)［訳註］欽定訳の All these things are against me の方がずっとルターに近い。ルターはヘブライ語の直訳。ティンダルは「上に」という意味の前置詞を upon と直訳したから、もしも動詞まで直訳して are upon me としては英語にならないので、upon とつりあう動詞を探して fall にしたのである。欽定訳は逆に、動詞の方を直訳して are としたから、英語らしくするには前置詞を変える必要が生じ、are against me にしたのである。つまり、それぞれがそれぞれなりにヘブライ語原典をなるべく正確かつ直訳的に、しかもルターはドイツ語に、ティンダルは英語になるように、それぞれ努力している、というだけのことである。

(27) この点については Dr Michael Weitzman によっている。

(27a)［訳註］まさか！　そもそも著者はここでルターの文を間違えて引用している。原文は、GAD, Gerüst, wird das Heer füren, und wider herumfüren である。私は一五四五年の、ルターが亡くなる直前の版から引用している。著者の用いる一五二三年の版とは多少違うだろう。しかし、版によって、wider を widder と綴り、herum を erumb と綴るなどの相違はあろうが、それだけでなく著者ダニエル氏はドイツ文字を正確に読むことができずに、間違って引用してしまう。すなわち、この著者はドイツ文字の f を s と読み間違えた（髭文字に慣れない初級者がよくやる間違いである。gerüst と書いてあるのに geruft にしてしまった！）。従って、英語の訳で cries out などというのはまったくの間違いだが（おまけにもしも geruft だったとしたら、cries out ではなく、(being) cried である)、もっとひどいのは das Heer（軍隊、troop）を das Herr（主＝神、the Lord）と読み間違えて誤訳したことである（だいたいそう読み間違えるには、定冠詞が das ではなく、der になっていないといけないが）。加えて、続く文（und wider herumfüren）の主語は「ガド」でなければならないのに、その誤訳した「主」を続く文にまでつなげている。以上ですでに十分にあきれるに価する間違いの分量だが、更に駄目押しが一つ。wider は英語の against にあたるが、この著者はそれを wieder だと思い込み、again と訳してしまった。つまり、これだけ短い文で、原文の写し間違いが一個所、誤訳が四個所もある。これではこの著者はドイツ語の初級の知識もないと言われても仕方がないだろう。この水準では、ちょっと、ルターのドイツ語について議論するというわけにはいくまい。ヘブライ語の原文が語呂遊びをしているのに応じて、ルターも多少それにならっているから（Gad と頭韻をふんで Gerüst とした）、このGerüstをどう訳していいかわからないが（従って現代版ルター訳は、Gad wird gedrängt werden von Kriegshaufenとすっかり変えて訳している）、もしもそれが現代語のgerüstetの意であるのなら、Gad, the equiped troop will pursue him, and he, on his side, will pursue them against とでもなるところ。著者は、ルターの文は異なったヘブライ語のテクストを訳していると思えるほど異なっている、と言っているが、もちろんそうではなく、著者が滅茶苦茶に誤訳したから、まるで違う文になってしまっただけの話である。

（28）Hammond（1982）

（29）Hammond（1980）、これは部分的には Karpman に答えたものである。

（30）一五三四年の改訂版でこの序論につけ加えられた個所については、*Tyndale's Old Testament*, ed. Daniell, pp. 10-11 を見よ。

（30 a）［訳註］この言葉は、申命記の原典においてもティンダルの訳文においても「主の言葉」ではなく、モーセが主の命令をイスラエルの民（あなた方）に伝えたのに、あなた方は聞こうとしなかった、とモーセが言っている言葉である。著者はあわてて読み間違えたか。

（30 b）［訳註］ここも著者は勘違いしている。ヘブライ語原文でもティンダルの訳でも、バラムがモアブ王バラクの言葉を引用しているわけではなく、モアブ王バラクに呪うことを頼まれたのに対して、バラムは、自分は呪うことはできない、と言って断ったのである。

（30 c）［訳註］ここは原文の意味がはっきりしないところだから、十六、七世紀においてこれを意味が通じるように訳せと言っても無理なことだっただろう。ティンダルの方が欽定訳よりも意味がはっきりしているなどとは、とても言えない。どちらもまるで意味が通じないのだ。これは、ヘブライ語の原典がおそらくはかなり言葉を省略している結果、そのまま訳したのではどのみち意味が通じないのである。五章一節のティンダルの文を全文引用しておこう。When a soul hath sinned and heard the voice of cursing and is a witness: whether he hath seen or known of it if he have not uttered it, he shall bear his sin. これではまるでちんぷんかんぷんというものだ。現代の訳は大量に言葉を補ってなんとか意味の通じる訳文に仕立てることにしている。しかし、そのためにはどれほど多く言葉を補わねばならないか、一例として、最近の岩波書店訳を引用しておこう。「ある者が罪を犯した場合、［次のようにしなければならない。］すなわち、その者が［正しい証言を行わねば呪われるという公的な］呪詛を聞きながら、彼が見たり知ったりした［事柄について の］証人であるにもかかわらず、何も発言せずにいて、罪責を負った場合。」（ただし多少日本語を修正し、かつ［ ］の位置を原典にあわせて少し修正して引用）。この岩波訳は現在ヨーロッパでほぼ一般的に受け入れられている解釈であるが、アメリカの解釈（NRSV）は三人称を二人称にしたりとか、多少異なっている。しかし大筋は同じである。まあ、ほかの可能性はあまり考えられないから、この解釈が正しいのだろうけれども、いずれにせよ、十六、七世紀においてはまだとてもこういう解釈を考えることはできなかったから、意味の通じない訳になったとしても仕方がない。しかし、どちらも意味が通じないのに、欽定訳よりもティンダルの方が意味が通じるから良い訳だ、などと言いたてるのは、贔屓の引き倒しというものである。

（30 d）［訳註］レヴィ記一八章は、近親相姦ほかの性的な禁忌を列挙したものであるが、うち六―一九節はそれぞれ「（誰それの）裸を露わにしてはならない」という言い方で一貫している。欽定訳は、ヘブライ語原文がそうである以上、それに忠実に直訳して、すべて uncover (one's) nakedness としているだけである。ティンダルがそれをいちいちほぼ同義語の名詞と動詞の組み合せで変化をつけたのは、一応ティンダルの独創のように見えるが、実はすでにヴルガータがやっていることである（基本的には turpitudinem revelabis か turpitudinem discoperies のどちらか。一個所だけ一九節で revelabis foeditatem）。その変化のつけ方の一々はティンダルとは一致せず、また大多数は turpitudinem revelabis となっているけれども、同じヘブライ語の表現があまりに数多く繰り返されるので、ところどころ別の同義語で置き換えようという発想は、ティンダルはヴルガータに学んだものであろう。しかしここは法律の条文であるのだから、同じことは同じ単語で言うべきものであって、だからヘブライ語の原文もそれを訳した欽定訳も一貫して同じ表現にしているのである。しかしいずれにせよ、ティンダルのように別の同義語でいろいろ置き換えてみたところで、表現に変化をつけたということにはなっても、「肉体が禁じられたことをなしているという感じを一層よく与える」ことにはなるまい。このように何でもティンダルの文なら欽定訳よりすぐれていると主張するのは、いささか牽強付会である。

（30 e）［訳註］ルターは in die Häuser であるから、一応ダニエル氏のおっしゃるとおりだが、ドイツ語ではこういうところで「家へと」と言う時は in＋四格を用いるのが普通で、それを素直に英語に訳せば to the houses になろう。ドイツ語の in が必ず英語の in に対応するわけではない、などというのは、外国語を学ぶ上での最も初歩の知識ではないか。だから、ティンダルとルターはここでは異なる、などというダニエル氏の論はまるで通じない。しかし、どのみちここはヘブライ語の表現を直訳すればそうならざるをえないのだから、ティンダルもルターもそれぞれヘブライ語を単に直訳しただけ、と言えばすむことだろう。

（30 f）〔訳註〕この二個所のヘブライ語原文が一言一句まったく同じ文であるということはよく知られた事実である。それを新共同訳が変えて訳しているのは、誠実さを欠くと言われても仕方があるまい。出エジプト記一五・二「主はわたしの力、わたしの歌。主はわたしの救いとなってくださった」、詩一一八・一四「主はわたしの砦、わたしの歌。主はわたしの救いとなってくださった」。せめて註でもつけといたらどうなんだ？　この文の訳についてはいろいろ意見のあるところだが、少なくとも同じ翻訳書の中でまったく同じ文を（しかも同じであることが有名な文を）このように違えて訳す権利はいかなる訳者にもないだろう。

（30 g）〔訳註〕むしろ、こういう神学的意味のドイツ語の Gnaden を英語で mercy と訳すのは普通であるし、Stuhl は日常生活の用語としては chair だろうが、宗教用語としては seat と訳す方がふつうだろう。つまりルターをふつうに訳せば mercy seat になる。すでにティンダルの大きな功績はいろいろ知られているのだから、そうでない部分についてまで何が何でもティンダルの独創などと言い張るのはよろしくない。しかし、英語の世界に話を限れば、mercy seat という句を英語ではじめて使った功績はもちろんティンダルに帰せられるものであろう。

## 第十二章

（1）パーカー協会版はこの点では間違われやすい。編者のウォルターがデイの一五七三年の二折りの版から印刷しているからである。これは必ずしもティンダル自身に基づいているわけではない。たとえばこの序論を「マタイ福音書に関する序論（Prologue upon the Gospel of Matthew）」などと呼んでいる。ウェストコット（一四九頁）はこれにだまされて、「ティンダルはその聖マタイに対する序論の中で——これは長く展開された論文であるが」などと記している（二四九頁）。

（1 a）〔訳註〕ティンダルはこれらの文法的特色をヘブライ語からの影響だと思っているようだが、未来形が命令の意味になるのはギリシャ語文法本来の特色で、希求法の意味になるのはヘレニズム期以降はっきり出て来た特色である。現在完了が現在と同じ意味になるというのは、英語に訳すとすればギリシャ語の現在完了は英語の現在形に対応することが多い、というにすぎない。つまりいずれもギリシャ語本来の、ないしヘレニズム期以降のギリシャ語の文法的特色というだけのことであって、ヘブライ語とは関係がない。ティンダルがこういうことを言ったのは、おそらく、ギリシャ語の完了形は英語でも必ず完了形に、未来形は必ず未来形に訳さねばならぬという逐語主義を批判しておく必要があったからであろう。

（1b）［訳註］いかにこの著者が聖書学の専門家でないからとて、ここまで常識はずれのことを書いていいわけではない。第一に、アラム語はヘブライ語の方言ではなく、ヘブライ語と親戚どうしの関係にある別の言語である。今日の英語がドイツ語の、あるいはイタリア語がフランス語の方言ではないのと同等のことである。第二に、新約の著者はみな旧約を自分でヘブライ語から訳して引用した、などというのも、まったくありえない話である。その引用の多くはギリシャ語訳の旧約聖書（七十人訳）からなされ、著者によっては、旧約聖書としては七十人訳しか知らない者がいる、というのはよく知られた事実である。おまけに、すべての著者が旧約を引用しているわけでもない。たとえばコロサイ書には旧約の引用はない。第三に、ルカ福音書の著者が旧約聖書の文体に影響されているのは有名な事実だが、それはヘブライ語聖書から直接影響されたのではなく、七十人訳のギリシャ語の文体に影響されたにすぎない、ということも同等に有名な事実である。等々。

（1c）［訳註］著者は「モーセを退けるもの」と記しているが、ティンダルの原文は、「旧約の律法はモーセによって十分に記されているので、新約ではあまり言及されていない」という趣旨であるから、「退けるもの」（dismissal）というのは何かの間違いであろう。Cf. *Tyndale's New Testament, A Modern-spelling Edition of the 1534 Translation*, ed. by D. Daniell, p. 8.

（1d）［訳註］これでは数字があわない。実際はヨハネが一回である。続く「悔改め」に関する項目でヨハネがもう一回言及されているので、著者はそれを間違って加えたものか。

（2）Hume（1961）, p. 431

（3）Butterworth and Chester, pp. 19-20 参照。

（4）同三八—四五頁。また Hume,（1961）, p. 286 参照。

（5）Butterworth and Chester の多くの個所参照。

（6）これは『弁明』二〇—二一頁から得られる推測である。

（7）Mozley（1937）, p. 198.

（8）Butterworth and Chester, pp. 154-163, 269-272 参照。

（9）同一五四頁以下。

（9a）［訳註］ティンダル自身のヴォルムス版は、… thou arte Peter. And apon this roocke … となっている。同一五三四年の改訂版も同じ。

（10）*Tyndale's New Testament*, ed. Daniell, p. 14［訳註］

事情に通じないと、この単語だけでは何だかわからないが、「此の生の後の生」と言うと、「此の生」が終って死んだ後、人はまだ「後の生」を煉獄で続けることになる、という意味になって、煉獄の思想を肯定することになってしまう。それに対して「復活」と言えば、「此の生」の後、人はずっと死んだままでいるので、終末の時に復活する、ということになる。宗教改革の人々がカトリック教会に対して批判していたドグマの焦点が「煉獄」であった以上、ジョイのこの変更は考えようもなく愚かなことであった。

（11）Frith（1531）

（12）Butterworth and Chester, pp. 170-174.

（13）Tyndale's New Testament, ed. Daniell, p. 14.

（13 a）［訳註］ルターの「ローマ書序論」は一五二二年の『九月の契約書』にすでにのっている。周知のように、ルター（及び彼が組織したヴィテンベルクの聖書翻訳委員会）は聖書の翻訳の版を重ねるごとに緻密な改訂作業を行なっているが、この種の「序論」は単語の綴りを修正するといった程度の変更以外はさしたる変更も加えられていない。すなわち、ティンダルがルターの「ローマ書序論」を訳すに際して、一五二二年版を用いようと一五三四年版を用いようと、その間のどの版を用いようと、同じことなのである。言い換えれば、ティンダルがこの際ルターのどの版を用いたのかは証明できないし、証明する意味もない。確かに後に「ローマ書序論」には一つ大きな変更が加えられた。最後の二つの段落の順を入れ替えて逆にしたのである。しかしそれは一五三九年の版以降であるから、ティンダルには関係がない。なお、ルターの新約聖書は一五二二年から一五三三年までの間に全部で八五版も発行されている。他方、旧約聖書の翻訳は、一五二三年夏にまずモーセ五書が発行され、以後少しずつ他の文書も発行されていったが、全体が完成したのは一五三四年である。この年の秋に、新約聖書とあわせて、旧新約全書（Biblia）として発行された。ティンダルの新約聖書の改訂版は同年十一月の発行だから、その前にルターの全書を見ていた可能性は、算術的にはあるけれども、『ローマ書序文』をそれに従って訳したというのは時間的に考えてもまず無理だし（訳すだけなら幾日かあれば十分だが、当時の印刷技術からして、大きな本一冊分の活字がすでにほとんど組み上がっていたところに、中間の頁を数頁にわたってまるまる組み替えるのは、それによって以後の頁は全部ずれてくるから、ほんの数日でできることではない）、どのみち以前の版から訳しても結果は同じだから、すでに前から訳してあったとみなすのが妥当だろう。ここでもこの著者は不注意に推測しすぎている。

（13 b）［訳註］ヒエロニムスは四世紀末から五世紀はじめ（四二〇年）まで活躍した。彼の聖書註解の仕事の多くも五世紀にはいってからのものである。

（13c）［訳註］ヘブライ書一三・二三参照。ヘブライ書でパウロの弟子テモテに言及されているのは、この個所だけである。従って、この書簡のほかにテモテを読者たちのところに送ったとこの著者が言うのは、誤読である。

（13d）［訳註］sufficient というラテン語系の単語を避けた、という点では、英語本来のアングロ・サクソン系の表現にしようとしたと言えるだろうが、どのみち present も trouble もラテン語系の単語である。従って「サクソン語の単語でもって（大陸の言語に対して打ち勝って、本来の英語の姿で）、勝利に満ちて問題を解決した」などと言うのは事実に反するし、無意味な競争意識にすぎない。ただし、一五三四年版の方が文としてずっとよくなっているというのは、著者のおっしゃるとおりである。

（13e）［訳註］もしもそうだとすれば、それは誤訳になる可能性がある。パウロはヘブライ語の聖書に忠実に引用しているとは限らないからである。ギリシャ語訳によって引用する場合もあるし、記憶に基づいて独得の形に変えている場合もある。従って、パウロを訳すのであれば、旧約の引用文をヘブライ語原典から訳したりしないで、パウロのギリシャ語を訳すのでないといけない。ただし私はティンダルが本当にそうしているのか、それとも著者ダニエル氏が買いかぶりでティンダルはヘブライ語から訳していると勝手に想像しているだけなのか、どちらであるのかまだ確かめていない。前者であれば誤訳はティンダルの責任であるが、おそらく後者だとすると、ティンダルに不正確な評価を押しつけることになる。

（13f）［訳註］実は日本語の「燔祭」「罪祭」と「焼く犠牲」「罪の捧げ物」は同じことで、英語でも holocaust, sacrifice for sin は burnt sacrifice, sin-offerings と同じことである（後述の微妙な一点を除いて）。英語で同じことを別の単語で言っているので、日本語も洒落て真似しただけである。「燔祭」「罪祭」は明治訳の訳語である。なおこの場合の「祭」はいわゆる「お祭り」の意味ではなく、神に捧げる捧げ物の意味。この個所は旧約の詩篇四〇篇七節（日本語訳では六節にしているものが多い）の引用であるが、ヘブライ語の単語の意味は、最初の語は「上げる」という意味の動詞（alah）から派生した名詞。この動詞は形によっては「（神に捧げる犠牲の獣を）台の上に上げる」という意味になる。しかし実際の用語としてはもっと意味が限定され、獣を丸焼きにして神に捧げる場合に用いられた。従ってその名詞形（olah）は「燔祭（焼く犠牲）」の意味である。これをギリシャ語に訳す時に、丸焼きにして捧げるというので「全」という接頭語（holo-）がつけられ、holokautoma（全焼き）という訳語が生れた。ラテン語はそれをそのまま音写したが、発音しやすいように -s- を加えた（holocaustoma）。

近代の西欧諸語はそれをそのままもらい受けたのである。従って、英語で holocaust と言おうと、burnt sacrifice と言おうと、意味は同じである。しかし後者の方がラテン語を知らない人にもすぐに通じただろう（おまけに今では「ホロコースト」というと、ナチスによるユダヤ人虐殺とつなげて考えてしまう人が増えたから、現代の聖書の翻訳としては後者の方がいいだろう）。二番目の単語は、「罪を犯す」という意味の動詞（hata）から作られた名詞（hattaah）であるが、これは「罪の赦しのために神に捧げる捧げ物」の意味である。従ってこれを英語で sacrifice for sin と言おうと、sin-offering と言おうと、どちらでもいいようなものだが、sacrifice はラテン語（sacrificium）の語源的な意味からすれば「神に対する供え物」であるけれども、実際の語義としてはかなり早い段階から限定されて「（獣の）犠牲」を意味するようになっていたし、従って西欧諸語でも、ふつうは、「（生きたまま祭壇で殺して、その血を神に捧げる獣の）犠牲」を意味する。しかし旧約聖書の「罪祭」は、確かに多くの場合には獣を犠牲（罪の状態に応じて、雄の子牛ないし雌の子羊、雌山羊、山鳩など）としてほふるのであるが、場合によっては麦粉で代用することも許される（レヴィ記五章）。従ってティンダルは、sacrifice というと獣の犠牲だけを考えるといけないから、もう少し広い意味で offering にした、ということか。

（14）Tyndale's New Testament, ed. Daniell, pp. vii-xxxi（解説の部分）に多少の説明を記しておいた。

## 第十三章

（1）Darlow and Moule, p. 18

（2）Mozley（1937）, p. 355 を見よ。

（3）Chester, pp. 113, 418-424 を見よ。

（3 a）［訳註］その後欽定訳はティンダルの訳にもどって springing water としている。日本語訳（口語訳、新共同訳）が「湧き出る水の井戸」などと訳しているのは、原文を訳したのではなく、相変わらず英語から訳しているだけの話である。ドイツ語訳やフランス語訳などでは直訳して「生ける水」としている。また、著者ダニエル氏の意見とは逆に、「生ける水」の方が「井戸を掘った時に見つけたものの力」をよりよく示している、と言えよう。

（3 b）［訳註］それは当然である。「五書」すなわち旧約のはじめの五つの文書だけ、あるいは新約聖書だけであれば、小さな本に仕上げることができる。しかし「聖書」つまり旧新約聖書の全体を一冊の本にするとなると、まさか八折り版なんぞにすれば極度に部厚くなって、製本も不可能だっただろう。当時の印刷と製紙の技術では、旧新約全書を一冊に印刷するとすれば、物理的に、部厚い二折り版にするのが最も使い易かったはずである。ティンダルとて、もしも生きている間に旧新約全書の訳を仕上げてそれを「聖書」として発行したとしたら、やはり二折り版かせいぜい大きめの四折り版にしただろう。

（3 c）［訳註］ヨシュア記から歴代志までで九巻である。このうちルツ記のみ現代の聖書学では歴史書に数えないので、それで著者は「歴史書八巻」という言い方をしたのだろうか。しかしティンダルはむろんルツ記も訳している。

（3 d）［訳註］単語そのものの意味は「分けられたもの」という意味であるが、実際には大きな集団の中の区分を意味する（民族の中の「支族」、軍隊の中の「小隊」、祭司がいくつかの班に分かれて仕事をする時の「班」など）。

（3 e）［訳註］どうせエルサレム聖書を引用するのなら、フランス語の原文を引用する方がいい。この英語はフランス語の原文を下手に英語化し、加えて、それを伝統的な英訳に従って中途半端に書き変えているからである。le peuple que j'ignorais m'est asservi, les fils d'étrangers me font leur cour, ils sont tout oreille et m'obéissent; les fils d'étrangers faiblissent, ils quittent en tremblant leurs réduits（私が知らなかった民が私に服従した。異邦人の子らは私にへつらい、全身で耳を傾けて私に聞き従う。異邦人の子らは弱くなり、砦の奥からふるえながら出て来る）。フランス語原文の方が少なくとも意味鮮明で、かつ、ヘブライ語原文の言葉づかい（「異邦人」と言えばいいところを「異邦人の子ら」と言う、セム語独得のものの言い方）を尊重して訳している。

（3 f）［訳註］著者自身が直前で引用したエルサレム聖書の英語訳には、come cringing という表現は出て来ない！　その引用文が間違っているのか、あるいは他の翻訳で come cringing と訳されているのと混同したか（たとえばＲＳＶ、ＮＲＳＶはそう訳している）。いずれにせよ不正確な話である。

（3 g）［訳註］訳註は批評を書くべき場所ではないけれども、いかに古代も非常に古い時代の詩であるからとて、イスラエル民族が先住民族のところに軍事侵略して、彼らをふるえあがらせる、という内容の詩を引用しておきながら、そういう詩であるということについては何も言わず、ただ文学的表現の技巧についてのみ論じる、という姿勢には、さすがにひっかかると言わざるをえない。

（3 h）［訳註］欽定訳はここではむしろティンダルをほとんどそのまま採用している、For thou art my lamp. O LORD: and the LORD will lighten my darkness. 著者が何故ここでは欽定訳はティンダルよりもカヴァーデイルに従っていると言っているのか、私には理解できない。例によって不注意？

（3 i）［訳註］ヴルガータの詩篇のテクストは複雑である。すなわち、ある時期まではヘブライ語から訳したものがラテン語聖書に組み込まれていたのだが、その後（アルクインという八世紀後半の学者以後）、七十人訳から訳したものがよく用いられるようになった。後者を通常ガリカン詩篇（le Psautier gallican）と呼ぶ。通常ヴルガータの詩篇と言われるのはこちらである。しかしこの個所（ヴルガータの数え方では一七・六〇）については、前者は praevenerunt me laquei mortis とし、後者は praeoccupaverunt me laquei mortis としていて、いずれにせよ、「死のわなが私をとらえた」の意味である。この動詞を英語で prevent と訳すことは普通はありえないので、著者が「欽定訳はヴルガータに従っている」というのは、例によって、何かの勘違いであろうか。

（3 j）［訳註］エルサレム聖書は、ここもまた、フランス語の原文の方がはるかにすっきりしている。

Les flots de la Mort m'enveloppaient,
les torrents de Bélial m'épouvantaient;
les filets du shéol me cernaient,
les pièges de la mort m'attendaient.

死の波が私をつつんだ。
ベリアルの洪水が私を恐れさせた。
シェオルの網が私を囲んだ。
死のわなが私をとらえた。

すべて未完了過去できれいに韻を踏んでいて、一目で意味がすっと通じる。エルサレム聖書の英語訳はこのフランス語をまことに下手に英語に訳したものである（特に最後の m'attendaient を were before me としたのなど、まるでいただけない。そこからダニエル氏の批判が生じる）。なお、まったく偶然の一致だが、このエルサレム聖書の仏訳はティンダルの訳と、動詞の時制以外は、ほぼまったく一致する。要するに原文の意味を正確につかんで、わかり易く訳すとおのずと似た訳になる、ということだが、ここはそれだけでなく、両者が原文の単なる逐語訳でなく英語ないしフランス語のリズムをも心得ていた、という点でも一致したのである。すなわち、動詞をすべて他動詞にして「私」という目的語を四回くり返したので、四つの文が非常にリズムにのっている。

（3 k）［訳註］これはいくらなんでもありえない。通常、まずまったくありえない、と言われているティンダルのルターに対する影響の方が（もちろんまったく可能性はないが）、まだ考慮に価するというくらいのものであろう。ティンダルはある程度ドイツ語の宗教改革者たちと交流があっただろう。しかし、フランス語も解したかもしれないが、フランス語の改革者との交流の痕跡は皆無である。そもそも『マシューの聖書』の発行が一五三七年だから、これが一五三五年二月発行のオリヴェタン訳に影響を与えた可能性を考えるなど、算術的に無意味である。

（4）Hammond の多くの個所。

（４ａ）［訳註］ルターの文とティンダルの文は、そもそも主語が違う（ティンダル「ほかの人たち」、ルター「大きな人たち＝政治的指導者」）。けれどもそれ以外はまったく同じなので、ティンダルは人々のだらけた様子を示しているが、ルターは示していない、などというのは不当な難くせをつけていると言われよう。ここは、ティンダルはルターを訳していると言われても仕方がないところだからである。英語の sit still は文字通り逐語的にドイツ語の still sitzen に対応する（しかしくり返し言うように、原文の意味が不鮮明な時に先輩のすぐれた訳に従うというのは、間違ったことではなく、むしろティンダルがよく勉強していた証拠である）。ここまではっきりルターを真似しているところを、「ティンダル独自の個性的な訳（an idiosyncratic rendering … unique to Tyndale）」などと呼ぶのは、牽強付会も通り越して、ただの嘘と言われても仕方があるまい。

　次に、口語訳聖書をごらんの方は、「イスラエルの指導者たちは先に立ち」と訳されている句（相変わらずＲＳＶの直訳、the leaders took the lead in Israel）がどうして「イスラエルのほかの人々はおとなしく座っているけれども」となってしまうのか、見当もつかないだろうから、一言解説しておくと、原文は単に「イスラエルにおいて伸ばし伸ばす時」である。「伸ばし伸ばす」などと訳したが、これはヘブライ語でよく用いられる同じ語幹の動詞を反復して用い、強調する言い方である。しかしこれが何を意味するのかわからなかったから、伝統的な諸訳では、七十人訳に従って、「指導者が先に立ち」と訳したのである（七十人訳のこの文がどういう理解に基づいて成立したのかはわからない。ともかくヘブライ語原典からはすっかり離れている）。それがＲＳＶなどの訳にそのまま残ってしまった。しかし、二十世紀になると研究が進んで、この「伸ばす」は髪を伸ばすことで、それも聖戦に際して戦士は神に捧げられた存在だから、髪の毛には手を入れない、という慣習の表現であると説明されるようになった。まずは説得力のある説明である（同じ語幹のアラム語の単語も「髪を伸ばす」という意味であるから、これは説得力がある）。そこから新共同訳の「イスラエルにおいて民が髪を伸ばし」という訳が出て来る（ただし、上記のように原文には「民」の語はないし、ここで「民」という語を補うのは誤訳である。聖戦の準備に髪を伸ばすのは、選ばれた戦士であって、「民」ではない）。しかしそれでは通じないから、たとえば現代版ルター訳やＮＲＳＶなどでは、「イスラエルで戦いの準備がなされ（dass man sich in Israel zum Kampf rüstete）」などと「意訳」されることになる。

――さて、もとにもどって、ではどうしてティンダルの（というよりもルターの）「（何もしないで）座っている」という訳が出て来たかというと、同じヘブライ語の動詞に「自由にしておく、ほっておく」という意味があるからである。髪の毛を手をいれずにそのままほっておけば、自由に伸びてくるから、右の「伸ばす」という訳ももとをただせば同じことだが、単語の意味のこちらの面を強調すれば、原文は何せ主語も省略されている文だから、「イスラエルで人々が自分自身を自由にしておく、つまり、だらけて座っている」と解釈することができる。ルターはそう解釈し、ティンダルはそれを真似した。しかし、この解釈を今日受け入れる学者はいないだろう（それを、本書の著者のように、ティンダルはヘブライ語本来の意味に忠実に訳している、という風に説明するのは、よろしくない）。なお、「（髪の毛を）自由にする」というのは、伸びるがままにほっておくのではなく、ふだんはきっちりと結んでいるのを、結び目を解いてばらばらにする、という意味に解することもできる。そこからダニエル氏の「髪の毛の結び目を解く」という解説が出て来る。エルサレム聖書（英語の訳ではなくフランス語の原文）もそう解している（en Israël des guerriers ont dénoué leur chevelure）。しかしそれは、「だらけて座っている」ということの比喩ではなく、エルサレム聖書が註で説明しているように、戦士が聖戦のスタイルをとる、ということである。実際の話、そら、戦争だ、となってから、髪の毛の自然な成長を待つ時間はないだろうから、この「伸ばす」という動詞は、この場合は、自然に成長させるではなく、くくっていた髪をほどいて伸ばす、の意味に取る方が自然だろうか。

（４ｂ）［訳註］英訳エルサレム聖書はフランス語原文の les montagnes ruisselèrent を直訳しただけであって、別に、ティンダルにさかのぼったわけではない。

（４ｃ）［訳註］そりゃそうだ。ここも著者がルターのドイツ語を誤訳したからすっきりしないだけの話である。誤訳しなければ、まことにすっきりしている。つまり vergehen（vergangen）という動詞は、確かに、現代ドイツ語ではふつう英語の pass away に対応するから、著者もそうとったのだろうが、ここはそれとは違う意味で、verlassen と同義である。だから現代版ルターはこれを verlassen に置き換えている。つまり「街道は（通る人がいなくなって）見捨てられた」の意味である。ティンダルの unoccupied よりももっと意味がすっきりわかる。

（４ｄ）［訳註］マサカ！ 現代の諸訳者、註解者は、迷わず「彼（＝イスラエル、ないしイスラエルの人々）は新しい神々を選んだ」と訳している（口語訳。ルイ・スゴン改訂、エルサレム聖書、ＴＯＢなどのフランス語訳。現代版ルター、ドイツ語共同訳などのドイツ語訳。ＲＳＶ、ＮＲＳＶ、ＲＥＢなどの英語訳。ＴＥＶですらそう訳している。以上のうち、ＲＳＶとＮＲＳＶだけがもったいをつけて受身（when new gods were chosen）にしているが（しかし意味は同じこと）、他はすべて「彼（彼ら）は新しい神々を選んだ」としている。私の知っている限り、最近の訳でわけのわからない訳をつけているのは、新共同訳のみである。いずれにせよ、「神は新しい戦争の仕方を選んだ」などと訳す現代の訳はない。これらの訳はむろん現代の諸註解書を検討した上で訳文を決めているのである。

（5）Soggin. p. 87 を見よ。

（6）『マシューの聖書』はここでは godly（神的な）としていて、私は自分が編集した *Tyndale's Old Testament* でもそれをそのまま印刷している。しかし本当はここに註をつけて、これは goodly のことだ、としておかねばならなかったと思う。「神的な驢馬」というのは自己矛盾で、ティンダルがこういう表現をするとは考えられない。

（6 a）［訳註］旧約聖書の時代にはまだアラブ「世界」など存在しなかった！

（7）Soggin. p. 87

（7 a）［訳註］ルターは一五四五年の版では singet と書いている。それ以前の版で tichtet となっているのかどうか、私は知らない。

（8）*As You Like It*. V. iii. 36; Browne, para. 25

（8 a）［訳註］ここでもこの著者は単純なドイツ語を読み間違っている。ルターの八単語はティンダルの to have thee という三単語に対応するのではなく、all that rise against thee, to have thee に対応する。つまりどちらも八単語である。著者はルターが原文に反してくどく単語を補って説明して、その分だけ冗長になっている、と言いたいようだが、それはドイツ語の単なる読み違いにすぎない。ヘブライ語の原文を直訳すれば、「あなたに対して、悪のために、立ち上がった者はすべて」である。この「悪のために」をティンダルはまったく意訳して「あなたを捕らえるために（to have thee）」としたのに対し、ルターはほぼ直訳して「悪をなすために（Übel zu tun）」としただけの話である。こんなところは直訳する方が素直に意味が通じるのだから、無理にひねくって to have thee などと訳す必要はまったくない。

（8 b）［訳註］日本語では伝統的に「ベテシバ」と呼ばれているこの人物は、ラテン語訳では Bethsabee という綴りになっている。ティンダルもそれに応じて Bethseba としている。日本語の呼称はこれに従ったものである。しかし現代の諸訳はヘブライ語の音を尊重して、Bathsheba と綴るようになっており、最近の日本語訳もそれに準じるようになった（バトシェバ）。本書の著者も、自分の地の文では Bathsheba としている。

（8 c）［訳註］ドイツ語の wohl は普通、よほどの場合でもない限り、英語では well と訳される。意味の幅もほぼまったく同じである。英語の well の方がドイツ語の wohl よりも意味の幅が広いなどというのは、ドイツ語をほとんどまったく知らないと言われても仕方があるまい。また、どのみち、ここに「陰険な雰囲気」を読むのは、言葉の裏まで読み込むことであるから、別にドイツ語の wohl であろうと英語の well であろうと、同じことである。

（8d）［訳註］散文に対してここまでダクテュロスの概念を拡張するのは無理というものだろう。第十章訳註70a参照。

（8e）［訳註］ここも著者はドイツ語を誤訳している。すなわち I say it then と訳しているが、ルターの原文は ich sage es denn である。この denn は、前後関係によっては英語の then に対応することもあるが、ここはだいぶ違うので、「私が言うのでなければ」の意味である。つまりティンダルの save as はルターと同じことである。

（8f）［訳註］欽定訳はここではルターの真似をしたのではなく、ヘブライ語の音を忠実に音写しただけである。それに対しティンダルはヴルガータの綴りの真似をしたにすぎない。

（8g）［訳註］そりゃまあ英語でそう書かれたら「うんざりさせられる」かもしれないが、ヴルガータもルターも英語で書いているわけではない。同じヨーロッパ語であっても、前置詞は特に、言語ごとに意味の幅も用法もかなり異なるものである。この場合のヴルガータの in duas partes もルターの auf beiden Seiten もそれぞれラテン語、ドイツ語として立派な表現である。「正直に言ってうんざりさせられる（boring）」のは、ラテン語の in はいつでも英語の in に、ドイツ語の auf はいつでも英語の on に置き換えるべしと主張して、どうだ、英語の方がすぐれているだろうと主張するこの著者の単純置換主義的言語比較である。

（8h）［訳註］確かに七十人訳の「慣習」（ethismon）やヴルガータの juxta ritum suum は著者のおっしゃるとおりだが、ルターは nach Ihrer Weise としている。これは直訳すれば according to their manner だから、ティンダルはほぼルターの直訳である。ティンダルだけがこの慣習に対する距離感を表現しているわけではない。

（8i）［訳註］これは別にティンダルらしい特徴でも何でもなく、ヘブライ語を直訳したら、こうならざるをえないところである。ルター、den Funken auslöschen。

## 第十四章

（1）*L&P* IX, 1138 以下参照

（2）Mozley（1937）, p. 299

（3）Foxe, V, pp. 121-123

（4）Mozley（1937）, p. 302

（5）同、三〇四頁

（6）同、三〇四—三〇五頁
（7）同、三〇七—三〇八頁
（8）同、三〇七頁
（9）ヨハネ一三章
（10）Mozley（1937）, p. 305
（11）Foxe, V, pp. 124-129
（12）Mozley（1937）, p. 305
（13）同、三〇〇—三〇一頁
（14）同、三〇一頁
（15）同、三一一頁
（16）同、三一一頁
（17）同、三一七頁
（18）同、三二〇頁
（18 a）［訳註］この僅か一頁後でこの著者は自分で、フィリップスの最後の消息はウィーンにおいてであった、と記している。相変わらずの不注意か。ウィーンとヴェネチアは英語では発音が似ているから間違えたものか。
（19）同、三二二頁
（20）同、三二三頁

## 第十五章

（1）Mozley（1937）, p. 325
（2）同、三二七頁
（3）Foxe, V, p. 128 を見よ。
（4）同、一二七頁
（5）Mozley（1937）, p. 328
（6）Foxe, V, p. 128
（7）Mozley（1937）, p. 329
（8）同、三三三頁
（9）同、三三三—三三五頁
（10）同、三三五—三三六頁
（10 a）［訳註］ティンダルが獄中で旧約聖書の訳業を進めたという「神話」はとても無理な想像である、という著者の論述は十分に説得力があるけれども、この点だけはいささかどうかと思われる。ティンダルほどの天才がほんの四ヶ月離れていたぐらいで、その語学力がひどく落ちた、などということは考えられない。いや、天才でなくても、我々でも、みずから翻訳・出版できる程度にその言語を身につけたら、四ヶ月ぐらい離れていても、すぐにまた作業を再開することぐらい十分に可能なものである。ティンダルのヘブライ語の語学力が私のギリシャ語の語学力よりも下だったなどとは、とても考えられない。
（11）Foxe, V, p. 127
（12）Hall, p. 818
（13）Mozley（1937）, p. 338
（14）同、三三八頁

（15）同、三三八頁
（16）同、三四〇頁
（17）Foxe, V, p. 127
（18）同、一一八頁
（19）Mozley（1937）, pp. 341-342

# 訳者後書き

本書は David Daniell, *William Tyndale. A Biography*, New Haven and London: Yale University Press, 1994 の訳である。

著者は、原著の表紙裏につけられた紹介（一九九四年時点）によれば、オクスフォードで英語・英文学を学び、同時に神学も学んだ。卒業後ドイツに留学し、テュービンゲン大学でも学んでいる。博士論文はシェイクスピアについてで、ロンドン大学で取得している。その後ロンドン大学の University College で教授となり、シェイクスピア研究を指導した。現在はすでに定年退職しておられる。シェイクスピアについては、『コリオラン』や『テンペスト』について著作がある。またスコットランドの著者 John Buchan についても著作や論文がある。他方で英語訳聖書についても研究を続け、ティンダル研究の分野においてもさまざまな仕事をしている。特に、一九八九年にティンダルの新約聖書（一五三四年版）を、また一九九二年には同じく旧約聖書（ティンダルが訳した部分）を、現代綴りに変えた復刻版として編集・発行している（文献表参照）。ウィリアム・ティンダル五百年記念財団の創設者の一人であり、また一九九四年九月にはオクスフォードでティンダル国際学会（Oxford International Tyndale Conference）をはじめて開催した。最近発足したウィリアム・ティンダル協会（William Tyndale Society）の会長もつとめている。

この本は日本語に訳して多くの読者にお読みいただく必要のある本だと思った。ティンダルという人物があまりに重要であるにもかかわらず、日本ではあまりに僅かしか知られていないからである。

別に、この本が第一級の書物である、などと言うつもりはない。それどころか、後述するように、いろいろ欠点が多く、また多くの側面において必ずしもすぐれているとは申し上げ難い論述がしばしば見受けられる（もちろん、誤解のないようにすぐつけ足しておくが、これまた後述するように、この著者独得の長所も多いけれども）。しかし、それにも関わらずこの本を第一級の存在にしている理由は、何としても、この本の主人公ウィリアム・ティンダルという人物のせいである。世界史上稀に見る第一級の人物の伝記であるが故に、この本は非常に重要な本であるのだ。

それなら、ティンダルについてほかの著者が書いたもっとすぐれた伝記を訳せばいいのに、とおっしゃるだろうか。残念ながらそういうものは存在しない。よりすぐれていようと、劣っていようと、ともかくティンダルについて書かれた学術的伝記は、二十世紀後半においては、ダニエル氏のこの本だけなのだ。これしかない以上、これを大切にするのがよいと思う。二十世紀前半においても、ダニエル氏がしばしば引用するJ・F・モズレー（Mozley）の本があるだけである（一九三七年、文献表参照）。モズレーの本についても多少後述することにして、話の続きを先に記すと、従って私はダニエル氏のこの本が出た時、非常に嬉しかった。ティンダルというとびきり重要な人物について、それはまあ、イギリス宗教改革史を扱った本や、特に聖書の英語訳の歴史を扱った本（W. Pollard ほか）を見れば、一応表面的な紹介はのっている。しかし、その程度の紹介では知りたいことは知りえない。何よりも、この人物の姿が、この人物の重要さの理由が、目に見えるように見えてくるには、ある程度以上詳しく正確な伝記を必要とした。私は前著（『書物としての新約聖書』勁草書房、一九九八年）の準備をしていた時に、ティンダルについてもう少し知ることを必要としていた。短いけれども聖書の各言語への翻訳を紹介する章をその中に入れる必要があったからである。その時に、ちょうどいい具合にダニエル氏のこの本が出版された。細かい欠点は別として、これは私の期待を満たしてくれる本であった。

ということで喜んでこの本の宣伝をしていたら、それが勁草書房の編集者の富岡勝さんの目にとまって、誰かこの本を訳す人を紹介してくれないか、と言ってこられた。この部厚い、しかも細かい部分はかなりしんどい書物を日本語に訳して果して売れるのかしらん、と心配であったが、その判断は出版社におまかせするとして、私もこういう重要な本は何としても日本語に訳して出版するべきだ、と思った。しかし、どうせ翻訳を出すのなら、ほかの誰というのではなく、やはり自分でやることにした。確かに私は多くの点でこの本の翻訳には不適格である。何せ私にとっては英語は第三外国語にすぎない。おまけに、この本を訳すためには十六世紀のイングランドの歴史について相当な予備知識を必要とする。ヨーロッパ（大陸）なら宗教改革の十六世紀については、私も全然予備知識がないわけではないが、海の向こうのイングランドとなると、どうも。加えて著者はシェイクスピアの専門家である。だからこの本の相当部分はシェイクスピアに程度以上に詳しい英文学史の専門家か、それよりもむしろ十六世紀イングランド史の専門家がお訳しになるのが適格だと思うけれども、しかし、この本の主たる部分は聖書についての議論であり、それもラテン語聖書やドイツ語聖書との比較が焦点である。そもそも新約聖書のギリシャ語か旧約聖書のヘブライ語のどちらか一方の専門家であり、他方についてもある程度の知識がないと、この本は訳せない。それに現代聖書学の知識も大幅に必要とする。この著者のおっしゃっていることを理解するためだけでも、これらの知識は必要であるが、更に、この著者のしばしば不正確な論述を批判的に修正する作業も必要であるのだから、これはヨーロッパ（大陸）のことをかなり知っている聖書学者でないと訳せないだろう……。というわけで、まさか自分の生涯で英語の本の翻訳出版に手を出すなど思ってもいなかったのだが、ウィリアム・ティンダルさんの大きさの故に、自分で翻訳することにした。

## ティンダルの大きさ

ティンダルの存在の巨大さはどこにあるか。聖書を英語に訳したことにある。たかが聖書の翻訳、などと思いなさるな。彼の場合、彼の生きていた歴史的状況においては、これは、単に聖書の翻訳という範囲を越えて、この上もなく巨大なことだったのだ。

もちろん、単に聖書の翻訳というだけでも、それはたいした仕事である。何のかのと言っても聖書は人類の持ち得た最も重要な書物の一つである。それを、正確に、かつ鮮明にわかり易い訳文で読者の手に届けるという仕事は、現在においても、その重要性をいささかも失っていない。その後聖書学は数百年かかって大幅に進歩し、非常に精密な知識の水準に達したけれども、なおまだ今でも、いやそうであればますます、聖書の正確な翻訳をなす作業は重要な課題である。

現代においてさえそうなのだから、まして、十六世紀はじめにおいて、聖書の緻密、正確、かつわかり易い翻訳を提供することは、それ自体として、非常に大きな貢献であった。

けれども、彼が生きていた社会では、それはその範囲をはるかに越えて大きな意味を持った。聖書の翻訳は、それを原典から直接に自分たちの日常の言語（本書で「土着の言語（vernacular language）」と呼ばれている）に訳すことは、その社会の構造を根本からゆるがす行為であったのだ。それは単に宗教の事柄ではなく（ティンダル自身、自分のやっていることを決して「宗教」の事柄にすぎないとは思っていなかっただろう）、全社会的な事柄であった。その社会はキリスト教社会であったからだ。十六世紀ヨーロッパの宗教改革は、単に「宗教」の改革であったのではなく、宗教が支配する社会全体の改革であった。それは同時に政治構造の根本的改革であり、社会構造の根本的改革であり、文化全般に影響を及ぼす改革であり、経済構造の改革ですらあった。何故なら、その社会の経済を圧倒的に支配していたのが、修道院を中心とするカトリック教会の経済的支配の機構であったのだから。

その支配の機構は正しくない、ということを言うのは、当時の社会においては大変なことだった。単に大変という以前に、自他ともに納得するだけの説得力のある明白な論拠が必要だった。それがなければ、いかに内心これはおかしいと思っていても、多数の人々の大きな運動にはならない。そこに聖書が登場する。しかも誰もが読めるように「土着の言語」で。当時のカトリック教会の支配の論拠は、教会と教皇の権力は神が定めたことである、という点にあった。けれども「神の言葉」たる聖書、キリスト教信仰の絶対的拠点であるはずの聖書のどこにそんなことが書いてあるか。それはおかしい、と発言する力を、発言する以前にまず確信する力を、人々の心に植えつけたのは、まさに聖書の翻訳であったのだ。

社会全体をゆるがすあれだけの巨大な改革が、一握りの宗教改革指導者のみによってできるわけがない。多数の人々が、特にこの時代に力をつけてきていた「都市市民」が、それぞれ自分で聖書を読んで自分で納得して動きだすことによって、宗教改革は動き出したのである。そして、そのためには、まず聖書が翻訳されねばならなかった。自分たちの言語で、それもすらすらと読めるわかり易い文章で、聖書の翻訳が提供されたから、この大きな社会変動が動き出したのである。マルティン・ルターなどと比べると、ティンダルは非常に狭義に学者である。しかし彼は、聖書翻訳という行為がこれだけの大きな事柄だと知っていたからこそ、あえて自分の生命を犠牲にしても、聖書翻訳に献身したのである。

聖書を英語に訳すということの意義が、その時代においては、単に聖書の翻訳というにとどまらなかった大きな理由がもう一つある。この時点、この社会においては、聖書を英語に訳すという行為は、英語という言語の形成そのものに巨大な影響を及ぼすことであった。本書にも記されているように、当時のイングランドでは英語はまだ書く言語としては十分に発達していなかった。ようやく発達しはじめたところ、と言ってよいだろう。その点では、同じ十六世紀でも、前半と後半とで大きな差がある。世紀の前半の人々の大きな努力が世紀の後半からのこの言語の書き言葉としての大きな発達をうながしたのである。すでに一つの書き言葉、書物の言葉として大幅に発達しているのであれば、翻訳という行為は、いわば単に翻訳である。それはそれなりにたいした仕事ではあっても、要するに単に翻訳である。けれども、ティンダルの時点においては、聖書を英語に翻訳するということは、まず、聖書の中身を表現しうる英語という言語を自ら作っていく、という行為であった。これは大変なことだったと思う。

いわゆる明治期に、書き言葉としての近代日本語を形成した人々の努力は実に巨大なものだった。おかげで我々は今、自分たちの日常生活の言語でもって、あらゆる領域の事柄を、少なくとも日本語という言語を用いるという点についてはいちいちひっかかることなしに、十分に表現し、出版に価する水準で書くことができる。しかし、明治期の文化人の努力がどれほど偉大であったにせよ、日本語の場合は彼ら以前にすでに、近代の物事を表現する水準ではなかったとしても、書物の言語として十分に高い水準に到達していた。それも千年にも及ぶ歴史を持って。

それに対してティンダルの時代は、英語はまだまだ書く言語として十分に定着していなかった。そもそもまず、自分たちの土着の言葉は高度な文化を担いうるだけの質をもった言語である、ということを人々に説得する必要があった。自分たちの日常の言語に対するコンプレクスを除く必要があったのである。それが、聖書というその時代としては群をぬいて最高の、唯一絶対の文献が質の高い英語に訳されてみんなの手に届けられるということになれば、そのコンプレクスは除かれ、人々が自分たちの言語を書き言葉として自信をもって使うようになる。そのことは同時にまた、文化の少数者支配を崩すことでもあった。ラテン語を身につけ、駆使する能力のある者だけがこの社会の実権を握り、裕福になり、文化も領導するという体制は、書き言葉としてのラテン語の絶対的な地位によって支えられる。だから、ティンダルのように「畑を耕す農夫」にもわかる英語に聖書を訳すということは、少数権力の維持のためには弾圧する必要があったのだ。こういうものを民衆に与えてはならなかったのだ。

それをやったのがティンダルである。だからティンダルは殺されたのだ。しかも、こういう仕事をやったら殺されるだろう、ということがわかっていて、彼は敢えて自分の全生涯をその仕事に捧げた。

いや、単にやればいい、というだけの仕事ではない。むろん、敢えてそれをやったというだけでも、歴史的に稀に見る大きな人物だが、それを、あの高い水準で実現したところに彼の功績がある。一五二六年と言えば、時代から言えば室町末期。その頃の文献の日本語と現在の日本語の落差を考えれば、ティンダルの英語がどれほどすぐれたものかすぐに理解できようというものだ。もちろん歴史の相違があるから、いちがいに並べて論じることはできないにせよ、現代日本語の実力が相当高い外国人に室町末期の日本語文献を見せても、すらすら読むわけにはいかないだろう。それと比べて、ティンダルの英語は私なんぞにもまずすらすらと読める。たとえば一九五頁以下の引用文をごらんになるとそのことはすぐにおわかりいただけよう。すらすらとわかるから、何でもないように思えるだろうが、まさに、すらすらとわかるから、恐ろしくたいした実力であり、たいした功績なのである。五百年前の英語なのだ！　確かに、著者のダニエルさんがおっしゃるように、ティンダルの訳文の方がその九十年近く後の欽定訳の英語よりも我々には理解しやすいことが多い（ダニエルさんのように、「いつも」とは言わないが、かなりしばしばそうなのだ）。これはたいしたことである。

ほかならぬ聖書を自分たちの日常の言語である英語でもってすらすらとわかるようにしてくれた。これは、彼らが自分たちの言語に対して限りない自信を持つきっかけを与えただろう。それまで、ラテン語という「国際語」

「文化語」「学術語」「書物の言語」に対してひたすらコンプレクスを持ちつづけていた人々が、ティンダルのおかげで、自分たちは、自分たちが日常生きている卑近の言語である英語でもって十分に最高度の文化を生み出し、あらゆる活動をなすことができるのだ、と。

もしもティンダルが下手くそな英語でその聖書を出版したのであったなら、それとて狭義の「宗教」改革史にとっては大きな意味はあっただろうが、たとえばウィクリフ聖書のようなたどたどしい英語であったなら、英語という言語の発達は半世紀ぐらいは遅れただろうか。聖書の翻訳というのは、その程度に大きな意味のあることだった。

こう書いてくると、横道だが、現在の日本の言語状況についてどうしてもひとこと言わざるをえなくなる。現在の世界においては、英語は確かに群を抜いてすぐれた文化的言語である（同時に、帝国主義の言語であり、植民地支配の言語であった、という側面を忘れるわけにはいかないとしても）。いわば十六世紀ヨーロッパのラテン語のように。けれども、その英語をすぐれて文化的な言語にしたのは誰たちの努力であったのか。まさに、英語を自分の母語とし、この言語で日常生活をいとなんでいた人々が、「国際的文化言語」たるラテン語に対するコンプレクスをふきとばして、自分たちの言語を努力して育て上げてきたからではないのか。その筆頭の位置にいたのがティンダルであるにせよ、むろんこういうことは彼一人でできるわけではない。その努力を、以後数百年かかって英語を母語とする人々が非常に力をこめてなしてきたからこそ、今日の英語という言語の質があるのである。

そのことを学べば、どうして今ごろになって（近ごろの大学生どころか、近ごろの若い大学教師たちの日本語の実力が目立って低下しつつあるこの時期に）、「国際的文化言語」である英語をすべての日本人に小学校から教えよう、などという限りない愚行を実行に移そうとしているのか。すぐれた文化は自分たちの母語によって育てるところからしか生れない、という事実は、歴史上あらゆるところで実証されていることではないか。その最大のモデルがウィリアム・ティンダルである。

ティンダルの英語がどれほどすぐれたものか（言語においては、易しく、わかりやすい、ということが、最も洗練された文化的高みなのだ）、何とかしてウィリアム・ティンダルを抹殺すべく狂奔した権力者の代表たるトマス・モアの英語と比べて見れば、すぐにわかろう。たとえば四四八頁三行目以下。私が誤訳している可能性もあるから、次の原文と比べてみていただけると面白かろう。Surely quod I if we go thereto, the faults be as ye see so many and so spread through the whole book, that likewise as it were as soon done to weave a new web of cloth as to sew up every hole in a net, so were it almost as little labour and less to translate the whole book all new, as to make in his translation so many changes as need must ere it were made good, besides this that there would no wise man I trow take the bread which he well wist was of his enemy's hand once poisoned, though he saw his friend after scrape it never so clean.（原著二六七頁）。最初の quod I はこういう場合の古くさい言い方だから我慢するとして、まあ引用のはじめ三分の二ぐらいはすぐにおわかりいただけようが、最後の besides this 以下は、十六世紀の英語の専門家の方ならいざ知らず、現代英語しか知らない大部分の読者は私と同様に二、三十秒考えこまないと、すぐに訳すというわけにはいかないだろう。

しかし、これなど本書に引用されているモアの文の中では、最もわかり易い方である。もう一つだけ恐縮だが引用させていただく（四六三頁の引用文）。原文は次のとおりである。And he〔God〕shall not send such fond fellows as would be so shameless without any miracle showed, to bid all the world believe them upon their bare word, in the understanding of holy scripture, against all holy saints and cunning doctors of fifteen hundred years passed, and bear men in hand that all is open and plain, and prove it by nothing else but by that there is no place of holy scripture so hard, but that them self can expound it in such wise that it shall serve them shameful for jesting and railing against god and all good men, against all good works, against all religion, fasting, prayer, devotion, saints, ceremonies and sacraments, and to set forth vice in boldness of faith, and to praise lechery between friars and nuns, and call it matrimony, and thus make mocks of holy scripture solemnly, with such open shameless abominable blasphemy, that if the zeal of god were among men that should be, such railing ribalds that so mock with holy scripture, should at every such exposition have an hot iron thrust through their blasphemous tongues.（原著二七六頁以下）。これは、著者のダニエル氏自身が「この文の構文はまったく混乱している」と決めつけている文である。しかしこれでも一応は文法的に整っている。けれどもそのことを理解するのに読者は立ち止まってかなり考える必要があろう。ひどい悪文なのだ。これ全体で一つのセンテンスであるということ自体すでにあきれるべきだが、おそらくモア自身途中から先は、ただ悪口雑言を羅列するのにむきになっている、というだけのことであろう。前半分は比較的容易に理解できるが、中ほどの against …. against … と並べたあたりから、ともかく「あいつら（＝ルター派）」に言及する以上、「あいつらは、あいつらは」と並べ立てている、というところである。四行目の bear men が二行目の to bid と並ぶ不定詞なのだろう、ということを理解するのにも多少時間はかかるが、そのあと副文章に副文章を入れ込んでやたらと複雑な構文にしたあげくに、また七行目になっていきなり to set …. to praise … と不定詞に舞いもどり、これが最初の to bid と並ぶ不定詞なのだと言われても、そうと理解するにはだいぶ時間がかかる。等々。

　ダニエル氏によれば、モアはそれまで著作といえばほとんどラテン語で書くことしかしてこなかった。つまり、英語を書き言葉として文法的に整えて、しっかりわかり易く書く、という修業はしてこなかった、ということだろう。確かに、もしもこの文がラテン語であったら、ずっとわかり易かっただろう（たとえば不定詞は英語のように定動詞の現在形と同じ形ということはなく、独自の形を持っているから、読んでいてそれが不定詞かどうか一瞬たりとも迷うことはない、等々)。一例だけ上げると、最後近くの the zeal of god were among men that should be の関係代名詞 that は、ラテン語的に考えれば、zeal of god にかかるものだろうというのはすぐにわかるが、それはラテン語に慣れていればの話である。ラテン語ならば関係代名詞は性数格に応じて変化するから、先行詞がやや遠く離れていても何の問題も生じないからである。しかし英語だとこのように先行詞と関係代名詞の間を離されると、一瞬、これは何だ、と考えてしまう。ティンダルは「畑を耕している農夫」にわかる英語を書こうとしたのだから、こういうわかりにくい構文で書くことはまずない。

それはまあティンダルだって当時の人だから、我々にはわかりにくい文を書くこともある(おまけにダニエル氏が句読点を間違って引用したりするので、ますますわかりにくい)。たとえば、四五八頁左から三行目以下の鉤括弧の部分の原文。And it like your grace perilous people and seditious and even enough to destroy your realm if ye see not to them betimes.(原著二七三頁以下。ダニエル氏の引用では最初の And の直前がコンマになっているが、これはピリオドの誤植である。第十章註63で指摘した IWWT 参照。)この最初の and it like は、IWWT の glossary によれば、if it please の意味だそうである。つまり、like は接続法で(if it like your grace)、「もしも国王陛下(your grace)のお気に召すならば」という意味。フランス語なら今でもよく言う言い方の反映だろうか。「こういう表現を使ってよろしければ」という意味である。しかし、そう直訳したのでは日本語では通じないから、「陛下に申し上げますが」とごまかしておいた。

まあしかし、全体としてみれば、ティンダルの文の方がはるかにわかり易い。特に聖書の英語の訳文がそうである。ダニエル氏がくどいほどくり返しておっしゃる通りなのだ。たとえば一九五―六頁に長々と引用されているものをごらんになるとすぐにわかる。そのわかり易さにおいて、モアと比べれば、まさに月とスッポンの違いがある。まるでティンダルの方がモアよりも数百年現代に近い気がするくらいだが、実はこれは同時期の英語なのだ。長い間ラテン語しか書こうとしなかった「教養人」と、人々の日常の言語でわかる文を書こうと努力したティンダルとの基本的な相違である。

ティンダルの存在が世界史上いかに重要かということについて、ほかにもいろいろ述べたいことはあるが、あとは下手な解説はやめて、本文をお読みいただくことにしよう。ただ、ティンダル個人の功績とは別に、その時代の宗教改革者たちがそろって取り組んでいた数ある問題のうち、現代の我々の社会の「知識人」の状況に関係することを一つだけ指摘しておこう。

ティンダル自身もその作業の最先端の人物の一人であったが、しかし基本的にはルターをはじめとするヨーロッパ（大陸）の宗教改革者たちが大勢で努力して確立しようとした姿勢の一つが、聖書の文を「字義どおり」(literally）に読む、また、聖書の文を文章として理解するには、聖書以外から関係のない要素を持ち込むのではなく、聖書の他の個所を参照することによって理解できるようになる、ということであった。これは、第三章の訳註29 aに記したように、現代に近づくにつれてプロテスタント正統主義のドグマになると、聖書に書いてあることはみんな同じ意味、という奇妙な信仰にいたるのであるが、十六世紀宗教改革者たちが取り組んでいたのはそれとは全然別の水準の問題である。本書の著者がくり返し指摘するように、「四つの意味」とか「アレゴリー」とか称して、聖書本文が述べていることをまったく外にし、聖書本文とまるで関係のない当時のカトリック教会のドグマを読み込もうとする複雑怪奇だが本質的には幼稚な技法に対して、聖書に書いてあることは、その著者たちが言わんとしたことを正確に理解するように読まなければいけない、という主張だったのである。

これはあまりに当り前のことであるように見えよう。しかし、その当時においては、宗教改革の良心的な学者たちが文字通り生命をかけて主張しぬかねばならないことであった。彼らのおかげでそういう姿勢が十六世紀にようやく確立したのであるが、しかし、プロテスタンティズムも正統主義の落とし穴に堕落するにつれて、その精神は忘れられていく。だから、十八世紀後半以降の近代聖書学が真に学問的に正確な聖書のテクストの理解に取り組もうとした時、カトリック教会どころか、プロテスタント保守主義の側から非常な圧力を経験したのである。今にいたるまでそうである。

これはあまりに当り前のことに見えよう。しかし、そのことを確立するには、このように数世紀にわたる学者たちの緻密な、大量の努力が必要だったのである。単に聖書の一単語一単語にいたるまで、更にそのそれぞれの背景にいたるまで、緻密に調べ上げ、意味を正確に確定していく、という作業だけでなく（それだけでも大変なものだった）、そういう努力をするのが正しいのだ、という世論を形成する作業が同時並行的に必要であったのだ。さもなければ、そういう学問的な作業そのものがつぶされたであろうから。

聖書に限らず過去の文章を読むのにこういう姿勢を持つのはあまりに当り前のことに見えよう。それが聖書だから、宗教的なしがらみがまとわりついてこういう面倒なことになるのだ、と。果してそうだろうか。今時の「思想」や「文学」の「学者」たちに流行の「テクスト」の「解釈」の理論なんぞによって、本文の意味を正確に字義通りに確定して著者が何を言いたいのかに謙虚に耳を傾ける姿勢をまるごと捨ててしまい、好き勝手な自分たちの現代風イデオロギーをテクストの中に読み込んでいく（それは「テクストの解釈の理論」なんぞという虚飾をはぎとれば、実はいかにもちゃちな現代的通俗イデオロギーであることが多い）、そういう流行を見ていると、過去の文章を読むということについての宗教改革者たちのあの努力に少しでも学んでくれよ、と言いたくなる。

他人の言うことを、書いたことを、その人が言いたいとおりに理解するというのは、努力を要する行為である。他人は自分と違うのだから。ましてそれが時代も環境も大きくへだたった過去の文献であれば、ますます大きな努力を必要とする。その努力はしばしば非常にしんどいものである。だからとて、他人を理解するという以上、ほかに方法はない。そのしんどさに厭きて、安易に「テクスト」うんぬんを口にしたくなった時、「その人」が何を言いたいかを緻密に理解しようとする姿勢が放棄され、「テクストの解釈」と称して、本文が「字義どおり」に意味していることなど「現代の理論」にかなわないとばかりにすっかり放り出し、ただただ自分勝手な思い込みを「テクスト」にことよせて並べていくだけのことになる。

これは、決して文献学の世界だけの問題ではない。他人を理解するために努力するという基本姿勢が失われる社会は、社会全体として、おぞましいものになろう。

だから、ティンダルたちが生命を捧げて努力したことの意味が失われてはならないのだ。

最後に、ティンダルの歴史的重要性に関して、それが今の日本であまりに知られていないということの問題を指摘しておこう。たとえば、高校の教科書などでトマス・モアのことは書いてあり、高校どころか中学生でさえも、モアという人物が何者であるかをまるで知らないままに、その名前を覚えさせられる。それに対して、歴史上モアなんぞよりも桁違いに重要なティンダルの名前を知っている高校生がどのくらい居るだろうか。いや、高校生どころか……。教えている教師たちでさえも、本書に出て来るようなモアの実像をほとんど何も御存じない場合が多いだろう。しかし、モアというのは、本書をお読みになればよくわかるように、要するに旧権力の権力者の頂点近くまで這い上がり、自分たちの権力をゆるがしかねない時代の改革者たちを弾圧しまくることに狂奔した人間ではないか。どうしてそういう人間の名前ばかりは珍重して学校で教え、本当に深く歴史に貢献した人間の名前を教えないのか。

たとえば国会図書館の索引で見る限り、一九八五年から一九九九年末までの十五年間で、日本語の学会誌や諸大学の紀要などにのったモアについての論文は二五本ある。私の見落としもあるだろうから、実際にはもっと多かろう。モアについて書かれた単行本も何冊もある。ティンダルについては、一九四八年以降一九九九年にいたる五十年間、私の見落としがなければ、僅か三つの論文が書かれただけである。それも、とても学術論文とは言えない程度の紹介記事か、あるいは僅かな分量の聖書の英語訳の抜き書きを他の英語訳と並べて印刷しただけのこれもまたとても学術論文とは言えない程度の代物である。他方、モアについて論文を書いている人たちも、そのほとんどは、別にモアの実像を良く知り、彼がティンダルを弾圧しようとしたことがどういうことなのか、本書の第十章に書いてあるような知識を持った上でなおかつモアについての論文を書きたいとお思いになったのではなく、大部分はティンダルの名前さえもよく知らない程度で、ただ日本の一部文化人の間ではモアは誉められる存在だから勉強してみたかった、という程度なのだろう。

モアはカトリック教会によって「聖者」とされた（canonized）ではないか、とおっしゃるかもしれない（本書の著者は一、二度「聖トマス」などと皮肉を書いてすましているけれども）。しかし、それは当時の、ないしその後数百年間のカトリック教会がなしたことではない。その時代のカトリック教会はそこまで愚かではなかった。彼が「聖者」とされたのは二十世紀になって、一九三五年のことである。つまり、ヨーロッパ全体をファシズムの波が覆いはじめ、ローマ教皇庁もファシズムを受け入れる方向にひどく右傾化していった、カトリック教会史上めったにない右傾化の時代の産物だったのだ。モアも死刑にされた。しかしそれを「殉教」の死などと呼ぶわけにはいかない（モアしか知らない人は、そう思って崇拝しているけれども）。権力抗争に破れただけの話ではないか。それと、一般民衆の中で英語の聖書を持っていた人々をモアたちが弾圧し、死にいたらしめた文字通りの殉教と同列に置いて考えるなど、歴史に対する根本的な欺瞞というものだろう。

ただし、ティンダルのことを（ティンダルだけでなく、すぐれた生き様の故にモアをはじめとする旧権力の権力者たちに弾圧され、生命を奪われた多くの人々のことを）知らぬがままに、ただモアだけをすぐれた文化人であるかの如くみなしてもてはやす一部の日本の文化人の傾向は、御本家のイギリスの文化人たち自身に責任のあることである。保守的なイギリス文化人の間では、ティンダルは「モアという偉大な人の上着にくっついた栗いがにすぎない」(本書四三九頁)、なんぞと評価したがる傾向がまだまだ強く存在するからだ。イギリス人は、自分たちの文化を作った最大の貢献者の一人であるティンダルをどうしてもっと大事にしないのか、と言いたくなるが、それがイギリスの伝統的文化人の保守性というものだろう。そういう歴史の見方を改め、モアがどういう人物であり、ティンダルをどのように評価すべきかを強く提唱しているのが本書の著者である。

一例だけ上げておこう。たまたまオクスフォード大学出版が発行した聖書とそれに関連する書物の宣伝のパンフレット(といっても、三二頁にもなる華麗な印刷物)を眺めていたら、その最後に、Past Mastersという叢書の宣伝がのっていた。「偉大な名人たち」、ということだろうか。七人の人物が選ばれ、それぞれ百頁ほどの小さな本になっている。「イエス」「パウロ」「アウグスティヌス」。こう並べたら、あと四人は誰が並ぶとお思いになろうか。次に「ウィクリフ」。へえ、イギリスでもウィクリフがちゃんと復権してくれているね、などとあわてて思う必要はない。「ベイル」(Bayle)。本書に登場するジョン・ベイル(Bale)ではない。ピエール・ベイルという十七世紀後半のフランスの哲学者である。「ニューマン」。イギリス国教会から転向してカトリック教徒になり、枢機卿にまでなった十九世紀の人物。そして「トマス・モア」。——この七人が「偉大な名人たち」ねえ。イエスとパウロに並べるにモアとニューマンとはね。あまりに保守的なので、気が咎めたから、バランスを取るためにウィクリフを入れたか。——これがイギリスの保守主義というものである。日本の文化人たちは、イギリスにはこういう保守主義以外のさまざまな流れ、そうではなく歴史をまっとうに見ようとする流れも多く存在するということには目を向けず、イギリス文化人の代表としてモアの名前をすべての高校生の頭にぶちこんできたのである。

## 本書について

最初に指摘したように、確かに本書に欠点は多い。これだけの部厚い書物となれば、一定程度の不注意の間違いがあるのはやむをえない。しかし本書の不注意の間違いの分量は、そう言ってすまされる水準を越えている。そのうち、単なる誤植、著者の記憶違い等々による数字の間違いほかについては、あまりに明瞭であるものは、いちいち断らないで、この訳書では修正して訳してある。引用文などでも、引用された原典をチェックできるものは、原典に応じて修正しておいた。はなはだしきは、同じ文を二度引用しておきながら（だいたいこの著者は、同じ文を二度も三度も引用したり言及したりしすぎる。どうせ実例として引用するのなら、同じものばかりをくり返さないで、もっと多彩に引用すればいいのに）、それが細かいところで食い違っている（第三章訳註10aほか）。句読点なども原文と違っていることがある（この著者はジョン・デイやパーカー協会版が原文の句読点を重んじていない、とあれだけ悪口を言っているのに）。

しかし、そういう修正ではすまないものも多いので（つまり、著者がその思い違いに基づいて論を先に進めているような場合）、そういう時は、本文の誤りをそのまま訳し、訳註にその誤りを指摘しておいた。ちょっと意地が悪いかなと思ったが、いたしかたない。訳註の大部分はその趣旨のものである。それは別に、著者と私の間の単なる意見の違いというようなものではなく（それも二、三あるが、そうと断ってある）、著者が単純明白に事実を間違っておられるものである。この訳註の分量をごらんになれば（いちいちお読みになるほどのことではないが、もしも原文のその個所を引用なさったりする場合には、必ず訳註を見ていただきたい）、本書の欠点がわかろうというものであるから、ここではそれについてはこれ以上具体例を上げることはしない。

ただし、誤解のないようにつけ加えておくと、これはこのような訳註をつける方針を取ったからそうなったただけの話で、日本で出版されている翻訳書は、この調子で訳註をつけていったら、本文よりも註の方がはるかに長くなるくらいのものが多い。日本では、訳者はつつましく原著の間違いを指摘したりはしない、というのがいつの間にか慣例になってしまっている、というにすぎない。そういうのと比べたら、本書の場合は、私がいちいち細かく全部上げていったからこうなっただけで、本当はこういう間違いがかなり少ない方の本にはいるだろう。ただ、私としては、たとえ訳者の立場でも、自分が書いたものを出版するのに、明らかに間違いとわかっているものをそのまま印刷するのは読者に対して失礼である、と思っただけのことである。

従って、個々の間違いについては訳註を参照していただくとして、一つだけやはり言わざるをえないのは、この著者のドイツ語の実力である。この実力でルターのドイツ語についてどうのこうのと言ってはいけない。ドイツ文字のsとfを混同したり（それはまあよく似ているには違いないが、速読するならともかく、一字一句他の聖書翻訳と比べてルターの訳文は……、と議論するのに、それはないだろう）、das Heer（軍隊）を der Herr（主＝神）と取り違えたり（ほかならぬ聖書の訳文の中で「軍隊」を「主なる神」と誤訳されたんじゃ、いくらなんでも）、初歩的な文法的間違いも多く、この著者がルターのドイツ語に言及するたびに（それも非常に分量が多い）、また間違えるのではないかと私はひやひやしていた。いや現に、ルターのドイツ語に言及なさっている個所は、ほぼ全滅状態である。

この著者の長所は英語にある。もっとティンダルの英語をその同時代の他の著者たちの英語と比べ、やや後の（カヴァーデイルから欽定訳まで）の英訳聖書の英語と比べる作業に集中していて下さったら、我々にとって学ぶことが多かっただろうに、と残念である。本書では各章において聖書の訳文の検討に多くの頁を費やしておられるが、そのうち本当に重要なのは一九四―一九七頁の「ティンダルの英語」という項である。ティンダルの聖書の訳が英語という言語の形成に関してどれだけ多くの功績があるか、という指摘である。しかしこの著者はその最も重要で、かつこの著者の力量を最もよく発揮できるはずのところを僅か三頁、それも長い引用を入れるだけで、あとは、読者はこれを読めばおのずとおわかりになるだろう、と一言で突き放している。この章（五章）だけでなく、もっと各章（六章、十一章、十二章、十三章）でこの趣旨のことをきちんと論理的にていねいに展開なさってくれていたら、本書は大きな貢献をもたらすことになっただろうに。ところがこの著者は、その作業よりも、よせばいいのにやたらとルターとの比較をなさる。著者は第一章の註（24）で他の学者の論文に言及して「ティンダルをあまりにむきになってルターから切り離しすぎている」とお書きになっているが、その言葉はそのまま著者御自身にあてはまる。そこまで詭弁を弄してティンダルの訳文はルターの訳文と異なるなどと言い張ることはないだろうに、という個所が多数ある（ほとんどすべてと言ってよい）。

しかし、そうなったには同情すべき理由があろう。ともかく何が何でもティンダルの悪口を言い、ティンダルの仕事を低く見積もりたいという流れがいまだに強くイギリスの中に存在しているのに対して（我々から見れば、一五三〇年代ならともかく二十世紀も末になってまでそういう流れが当のイギリスの中にあるというのは、まるで不可解な、愚かしいことに見えるのだが、事実であれば仕方がない）、何とかティンダルを弁護なさろうとしているからである。ティンダルの聖書翻訳は原典からの訳と言いながら、実際はルターの直訳にすぎない、という悪口に対してである。

ためにする悪口、つまりあまりに明白な事実を認めようとせずに事実の反対を言いつのる頑迷な保守主義者の議論であるが、そういうものに論理的にていねいに反論するのは、やたらと手間暇かかることである。何しろ、明白な事実を一々認めようとしないのだから。この場合もそうである。聖書のギリシャ語ないしヘブライ語の原典とルターの独訳とティンダルの英訳を並べて見たことのある人なら、ティンダルが原典から訳しているかどうかについて論じるなど、まるで議論の外であって、あまりに明白すぎることをどうしてそこまで議論しないといけないのだ、ということになろう。著者は、そんなあほうな議論はほっておかれればよかったのだ。著者のまわりに見られるこの種の保守主義者（著者が「修正主義の歴史家」と呼んでいる人々その他）なんぞ気にしないで、世界のあらゆるところにいる我々のような読者に呼びかける書物をお書きになればよかったのだ。しかし、目の前にそういう連中がいて、うるさくそういう議論を言い立てていれば、相手にしないわけにもいかなかったのだろうか（我々にしたところで、「自由主義史観」なんぞというとんちんかんな右翼の主張を相手に論じたてたりしていたら、いくら時間があっても足りないというものだ。しかし、そういう流れの仲間が総理大臣にもなって教育勅語の復活を目指すともなれば、ほっておくわけにもいかないだろうが）。けれども、この著者のドイツ語力では、そういう議論に手を出さない方がよかった。それは他の研究者にまかせておいて、御自分に強い領域のことを多く書いて下さればよかっただろうに、と思う。

ティンダルはルターの直訳ではなく原典から訳している、などということを論証しようとするのなら（もう一度言うが、私はそんなあまりに明白なことの論証に時間を使うのはもったいないと思うが）、話は簡単で、原典にはない言葉をルターが補って訳しているところ（これは、もとの言語と訳の言語の相違がある以上、あらゆる翻訳につきもののことである）、及びいろいろな解釈のありうるところをルターがどう訳しているかを拾い出して、それをほぼ例外なくすべてティンダルはそのまま英語にしている、というのであれば、ティンダルは原典よりもルターを見て訳していたという結論になるだろう。逆にそれらの個所をティンダルはもっと原典に近く、あるいは独自の仕方で訳している、ということを並べれば、結論ははっきり出る（ただし、もう一度言うが、偏見を持って事実を認めまいとする保守主義の人々は、そういう証拠をつきつけても、それはたまたまその個所がそうなだけだ、と言い張るだろうから、この連中を説得するなど無駄な努力であるけれども）。しかし、この著者はそういう明白で比較的単純な作業はやろうとせずに、単に文体の比較（それもかなり著者の趣味的評価）だけで結論を出そうとする。

ルターとの比較に限らず、この著者は非常に多くの努力を「修正主義の歴史家」の批判に対して費やしておられる。直接彼らを名指していないところでも多く彼らを頭に置いて書いていると思わざるをえない。批判する相手の水準が低すぎると、こっちの書くことも低くならざるをえないから、そういう相手を常に気にしてものを書かねばならなかった著者に同情するけれども、他方では著者のその議論には学ぶべきものも多い、ということもつけ加えておく必要があろう。たとえば、いわゆる「オクスフォードの改革者」なる議論を著者が批判していくところなど（主として五五頁以下ほか）、説得力があるだけでなく、例のシーボームが流行らせた「オクスフォードの改革者」というものの実態はそういうものであったのかということがよくわかって面白い。

## 著者によるティンダルの評価

その他この本の欠点をあげつらえば、きりがなくなるが（それにしても誤記が多い。特に、英語以外のヨーロッパの言語の固有名詞を書く時に間違いが多い。本書の登場人物の中でも重要な一人、アントウェルペンの印刷屋エントホーフェンのルーレムントなど、Ruremund と Ruremond の二つの綴りがちゃんぽんに出て来る。あるいはハンブルクでティンダルがお世話になったと言われている Emmersen が m が一つになったり、語尾が -son になったり。ほかの多くの固有名詞はなるべくチェックして正確な綴りにしておいたが、ここまで来ると私も世話を焼き切れないので、調べればどれが正確な綴りかわかっただろうが、この二つはほっておくことにした。それでこの訳書では Ruremund と Emmersen に統一してあるが、それが正確な綴りであるかどうか私は知らない。等々。

訳者としてはこの種の細かいこともすべて気にせざるをえないが、多くの読者にとってはどうでもいいことだろう。ただ、根本的な問題として、この著者が不必要にティンダルを誉め過ぎているということは指摘しておかねばなるまい。たとえばこの著者が何度も何度も指摘するヘブライ語の構文を英語にする時に the＋名詞＋of＋the＋名詞にするという件。他のヨーロッパ語と比較して英語では属格が非常に衰退しているから（…'s がある けれども、これを多用するとわかりにくいし、語呂も悪くなる）、その代りに the＋名詞＋of＋the＋名詞の言い方を利用するというのは、それ自体として重要な言語的知恵である。けれども、著者がこれを「ティンダルの創意（invention）」とおっしゃるのは（四七七頁）、いくらなんでも言い過ぎだろう。読者は、そのすぐ前の頁に引用されているウィクリフA、ウィクリフBとティンダルの創世記三・一の引用文をごらんになれば、the＋名詞＋of＋the＋名詞の構文がすでにウィクリフ訳でも用いられていることをすぐに発見なさって、著者の言い分を奇妙にお思いになるであろう。つまりそれはティンダルの独創ではない。

加えて著者はこれをヘブライ語の構文をよく理解したティンダルの独創だとおっしゃりたいようだが、ウィクリフ訳はヘブライ語を知らずにヴルガータから訳しているのだから、これはヘブライ語の発想を英語に移したものだという説明も成り立たない。どうやら著者は、ティンダルはヘブライ語という「聖書の言語」を英語によく移し植えた功績者だと言いたいようだが、何でもかんでもこのように「聖書有難や」というのはいただけない。ヘブライ語の Status Constructus に限らず、そもそもギリシャ語やラテン語の属格を属格が衰退した英語に訳すには、当然この工夫が必要になるので、何もヘブライ語的発想などというわけにはいかないのである。更に、英語よりももっとはるかに属格が衰退して、ほとんど消滅してしまったのがフランス語である。だから、フランス語では西洋古典語の属格やヘブライ語の構成形を定冠詞＋名詞＋de＋定冠詞＋名詞に訳すのは、当り前どころか、普通はほかに方法がない（かなり説明的に訳すのでない限り）。フランス語のこういう要素は、ティンダルよりはるか以前から英語に影響を与えているだろうから、ウィクリフ訳にこういう構文が多く出て来ても一向に不思議ではないのだ。著者は、右のようなことを言いたいのであれば、こういった一切を考慮した上で議論しないといけない。もしも著者の言い分が正しいのであれば（多分ある程度は正しいのであろうが）、その場合には、ティンダルはそれ以前の英語と比べて格段に多く the＋名詞＋of＋the＋名詞の構文を用いている（かどうか）ということを検証し、それを示す多くの事例を上げる必要があろうし、ティンダルは旧約聖書以前に新約聖書の翻訳をやっているのだから、新約聖書の訳でこの言い方がどの程度出て来るかを検討しないといけないし、そして、旧約では構成形をほかの訳者たち（特にラテン語を通じて二つのウィクリフ訳）はこの言い方以外にもいろいろな言い方で表現している（のかどうか）、それに対しティンダルはほぼ一貫してこの言い方で訳している（のかどうか）を論証しないといけない。その上ではじめて、「この言い方はすでにティンダル以前から多用されていたが、聖書の英語としてそれを更に定着させたのがティンダルである」という程度の結論を出すことはできるようになろう。この著者のお得意で、「このことはこれから研究されねばならない」というせりふを実に多く繰り返されるが、それは、ティンダルの非専門家である我々が専門家である著者に対して、自分でやってくれよ、と注文すべきことであろう。

もう一つ、聖書の英語訳の文体の問題として非常に重要な点の一つであるが、新約聖書のギリシャ語で分詞で表現されていることをティンダルは多く副詞節ないし関係節に言い換える（つまりやや説明的に訳す）という現象について（二三六頁前半）。これはまさにティンダル訳の特色であって、ギリシャ語原文と比べて読むと、非常に目立つものである。かつ、そのおかげでティンダル訳が読んでわかりやすくなっている。それに対し欽定訳はそのうち相当数をギリシャ語原文にあわせて分詞にもどしてしまった。ティンダル訳の方がぱっと読んで素直にわかり易い理由の一つである。

しかし、そのことを強調するのに、この著者は相変わらず下手にルターと比べて失敗してしまった。そもそもギリシャ語の分詞構文を副詞節（ないし関係節等々）に引き伸ばして訳す手は、その頁の訳註（第六章訳註２ｂ）で指摘したように、ルター自身が用いている手である。ティンダルはそれをルターから学び、ルター以上に多用している、というのが事実である。それを著者はティンダルの独創であるかの如くに言い立てるから、かえって説得力がなくなってしまう。

このことを説得力をもって言うには、まず第一に、その文法的構造上ギリシャ語は（ラテン語もかなり）非常に分詞を使い易く、従って分詞が多用される、という事実を指摘しないといけない。次に、ギリシャ語のこの特色は（分詞がはっきりと形容詞として機能し、従ってしっかりと格変化し、加えて分詞に定冠詞をつけるのが普通で、その定冠詞もしっかりと格変化するから、分詞を用いると文が非常にわかりやすくなる。加えて、ギリシャ語の分詞には「能動現在分詞」と「受動完了分詞」――横道だが、英文法で後者を単に「過去分詞」と呼ぶから、中学生に理解できないのである――の二つだけでなく、能動・受動の双方にわたって現在、完了、アオリストの分詞が存在するのだから、分詞で「時」や「態」を表現するのが非常にやりやすい。英語ではそうはいかない）、まさにギリシャ語だからありうる特色なのであって、同じヨーロッパ語とはいえ、他の言語、特に近代の言語に訳す時には（特に英語では。英語は格変化がほとんどまったく衰退してしまって、その結果、分詞が本来動詞の形容詞化だという文法的事実すら忘れられがちで、分詞の用法が極端に制限されている）、それをそのまま分詞に訳したのではわかりにくい文になってしまう、という文法構造上の違いを指摘しないといけない。だからドイツ語や特に英語の訳ではこういう工夫が必要になったのだ、と。その上で、ルターがやっている以上にティンダルがそれを多用している個所を多く探し出してきて（この著者はルターがやっていることをティンダルも真似をしている個所だけ引用して、しかもそれをティンダルの独創として説明するから、説得力がなくなる）、ティンダルはルター以上にこの手法を多く、かつ上手に活用している、と論証しないといけない。私が（後で言及する村田美奈子さんに教えてもらって）調べた限りでは、この論証は、ある程度勤勉に両者の比較をやれば、かなり容易にできるはずの仕事である。そういうことをやって、その結論を読者に提示するのが専門家の仕事というものだろう。

もっと根本的に、この著者はほぼすべての場合に、ティンダルの文の方が欽定訳よりも良い、と言い立てる。まあ、伝記を書く場合には、自分の主人公に「サポーター」的に肩入れをしたくなるのは著者の心理の常だから、読者としてはにんまり笑って通り過ぎればいいところだが、いささか言い過ぎなので、一言申し上げておこう。基本的に言って、欽定訳の方がティンダル訳よりもすぐれている点が多くて当り前なのである。間に百年近くの差があり、その間に聖書の言語的な研究は大幅に進歩したのだから。その進歩を抜きにしても、翻訳というものは、後からやる方が前にやった人の仕事をまるごと利用しうるから、はるかに有利というものである。現に、両者を比べて、欽定訳の方が原意をよく表現している場合も多いし、他方、英語としてどちらがいいかなどという議論は、しばしばただの趣味の問題に帰着しかねない。

著者が欽定訳との比較に関して、本当は最も多くやらねばならなかったことは（本書では文字通り一言ですまされているが）、欽定訳がいかにティンダル訳をそのままもらい受けているか、ということを、もっとていねいに論証することである。単に訳文、訳語をそのままもらい受けているというだけでなく、訳し方の発想、技法、等々についても検討する必要があろう。この著者の長所は英語の専門家たるところにあるのだから、そのあたりをもっとていねいに書いてくれれば、この本ははるかに多く読者に貢献したであろうに。

実際、ややていねいに比較した経験のある人なら誰でも知っていることであるが、欽定訳はあまりにもティンダルをそのままもらい受けている。これは、著者もおっしゃるように、悪いことではなく、ティンダルというすぐれた文化遺産をそのまま後世に伝えたという点で、むしろ正しい行為だったのである。ただし、それならばっきりと、欽定訳がみずからこれはティンダル訳の僅かな改訂でしかありません、と読者に対して謙虚に宣言しておくべきだっただろう。そうすれば、後世の英語の読者たちが、本当の功績者であるティンダルの名前を忘れて、欽定訳ばかりをほめちぎる転倒した評価をすることはなかっただろうから。盗作を誉めて、本家を忘れるのはよくない。十六、七世紀においてはまだ盗作は悪いことだという意識がなかったにせよ。

ただしこの著者が、ティンダル訳が存在する部分に関する限り、欽定訳はティンダル訳の九割をそのままもらい受けている、と言うのは、いささか言い過ぎである。もちろん、こういう影響関係は数値化して何パーセントなどと言えるような質のことではない。単に単語の一致だけでなく、構文（冠詞の使い方から名詞の単数複数、動詞の時制などから、文全体の構成にいたるまで）をどこまでもらい受けているかということも重要であって、それを単純に何パーセントと計算するわけにはいかないのである。しかし、九割は言い過ぎである。欽定訳はティンダルだけでなく、ジュネーヴ聖書からそのまままもらい受けている点も多いからだ。ジュネーヴ聖書そのものがティンダルの改訂版なのだが、しかし、かなり多くの点でティンダルと異なっている。どちらかというとジュネーヴ聖書の方が欽定訳よりもティンダルから離れていると言ってよいくらいである。そして、ジュネーヴ聖書がティンダルと離れている点の多くを欽定訳はそのまままもらい受けているのである。

けれども、著者が「九割」と言いたくなる気分は大いに理解できる。実際、これほどまでよく似ている以上、欽定訳をほめちぎってティンダルを忘れているなどというのは、歴史の評価として根本的に間違っているからである。

もう一つ、著者はティンダルを誉めちぎりたいあまりに、現代の聖書学の水準から見てもティンダルの訳が一番いい、と言いたがる。これはいくらなんでも無理である。だいたいこの著者が現代の聖書学の水準をあまり御存じないことは、ところどころ訳註でふれたとおりである。大量の文献を文献表にあげておられるが、その中で現代の学者が書いた聖書の註解書は何とJ. A. Sogginの士師記の註解書しかあげられていない。これは、こういう議論をなさる著者としては、いささか驚くべき事態である。現代聖書学についてはずぶの素人なんだから（ティンダルの伝記をお書きになるためには、それで一向にかまわないのである。十六世紀の歴史と英語について著者の専門的実力を発揮なさればよかったのだ）、もしも現代聖書学の水準についてうんぬんなさりたければ、もっとはるかに多くの、かつもっとずっと水準の高い註解書を参照なさる必要があっただろう。

しかし、ティンダルについて論じるのに、そういう議論は本当は必要はない。ティンダルがすぐれているのは、あくまでも、歴史的な功績なのであって、現代の聖書学の水準からしてそのまま通じるかどうか、などと議論する必要はないのである。そんなことはそもそもありえないことであるのだから。著者は、ティンダルの聖書の翻訳をそのまま読んで現代においても最も良い翻訳として受け取られるべきものとして人々の間に普及したいとお考えのようで、ティンダル訳を現代語綴りにして再発行なさったが、これは目標を間違っていると言わざるをえない。それは無理なのだ。欽定訳が、現代の水準から見て、もはやとてもそのままでは保つことができない、というのと話は同等である。過去のすぐれた遺産は、あくまでも過去の遺産なのだ。

だから、ティンダル訳を再発行なさるのならば、原綴りで発行して下さる方がよかった。それでは研究者の役には立っても、それ以外の多くの読者にとって読みにくくて困るではないか、とおっしゃるかもしれないが、歴史的遺産というのはそういうものである。それは現在的価値ではなく、もう一度言うが、歴史的遺産なのである。早い話、著者が非常に気に入っておられる創世記三章一節の蛇のせりふ、Ah, sir … について、著者自身が十一章の註1に記しておられるように、原綴りはAh, syr … なんだから、これはAh, sure … である可能性が大である。こういうことが多いから、「現代綴り」というのは、しばしば、決して原文どおりではなく、編集者による解釈が混入する。従って、原文を正確に知るにはやはり原綴りでないといけないのだ（更に六章訳註12 a、十三章原註6参照)。一五二六年版の新約聖書は今年になって原綴り版が容易に手にはいるようになったが、肝心の一五三四年版や旧約聖書の原綴り復刻版があまり高価でなく手にはいるようにしていただきたいと思う。

もう一つ、宗教改革史を見る眼として、この著者が農民戦争にまったく言及しないのも気にかかる。カトリック側の弾圧者(モアほか)が農民戦争を引き合いに出して宗教改革者の悪口を言う、という場合の引用の中に出て来るだけである。しかしティンダルがイングランドを離れ、ドイツにわたったのは、本書のはじめにつけた年表をごらんになるとおわかりのように、まさに農民戦争が大きく動き出そうとしていた時期である。そして彼がケルンで新約聖書の印刷に従事していた一五二五年の前半は、農民戦争が頂点に達した時である。ケルンの目と鼻の先の数多くの地域や都市で「農民」(と都市市民)が立ち上って大きな運動を作っていた。その時点でケルンに居た宗教改革者について議論するのに、農民戦争の「の」の字も言わない、というのは、いくらなんでも偏向している。つまりこの著者は農民戦争がお嫌いなのだが、ドイツ農民戦争と宗教改革とは二つの別々の事象ではなく、歴史的に同じ事柄の両面であったのであり、「農民戦争」は単に農民たちの一揆であっただけでなく、むしろそれを担った主たる力は都市市民の自治・自由を求める動きであって、その動きはまさに宗教改革として動いていった、というのは、もはや今日では宗教改革史を扱う上で常識の部類であろう。

そのことが、この著者がティンダルの翻訳を手伝ったウィリアム・ロイとその友人のジェローム・バーロウを嘘みたいにくそみそにけなすこと(「まるで愚かな印刷物」「うさんくさい」「やくざな」等)に、つながっている。しかし、三二七頁以下で引用紹介されている限り、彼らの著作がどうしてこのようにくそみそにけなされなければいけないのか、我々には理解できない。これはこれで洒落た、立派な宗教改革の本ではないか。二六八頁の紹介からすれば彼らは、自分たち特権階級の聖職者ないし修道士が身分の低い人々の労働に寄生して生きているあり方を反省し、そうでない生き方を求めていた、ということは明白である。つまり農民戦争、ないし自治・

自由を求めた都市市民たちの主張と重なる。要するに著者にしてみれば、そういう農民戦争の主張に同調するようなことを言うこと自体が「まるで愚か」で「やくざ」なことだったのだ。これは、著者のあまりに保守的な歴史観の表現でしかない。

確かにそれは、著者が勝手に持ち込んだものではなく、ティンダル自身のものの見方であった。その点でティンダルは非常にルター派、あまりに狭くルター派であった。農民戦争に立ち上がった人々を「ぶち殺せ、絞め殺せ、……」と叫んだルターの姿勢を、ルターほどえげつないわけではないが、向いている方向としては非常に強く継承している。そのことは彼の主著の一つである『キリスト者の服従』にも鮮明に現れている。この表題そのものが、明瞭にルターの『キリスト者の自由について』を真似した言い方である。本書に紹介されているだけでも、この著作の内容はげんなりさせられるものだが（子は親に、妻は夫に、召使は主人に、臣民は国王に絶対的に服従せよ）、すぐれた貢献をなした宗教改革者ティンダルといえども、やはり時代の子であって、人間関係の道徳に関してはこのようにいかにも古くさい姿勢を保っていたのである。もっとも他方では、すでにその時代において、もっとすべての人間の平等と自由を求める動きが高まっていた。それが農民や都市市民が自治、自由を求めた動きであったのだ。この動きを、カトリック教会と、当時成功しつつあったプロテスタント（ルター派）とが一緒になって、武力的に叩きつぶした。成功して生き残ったプロテスタント（ルター派）というのは、一言で形容すれば、もっと根本的にすぐれた社会変革を求めた人々の動きを、旧来の支配勢力と協力して叩きつぶすことによって、生き残ったのである。その叩きつぶし方が、以後のプロテスタンティズムの、しばしばカトリックよりもひどい右傾化につながったのだし、そのつぶし方が最もひどかったドイツがそこから立ち直るのに数世紀もかかったのだが、彼らの動きはつぶされたからとて、間違っていたわけではない。それはいったんつぶされたようでも、十八世紀から十九世紀のヨーロッパで、更に二十世紀にかけて、いろいろな形で生命を吹き返す。

その、いわば先駆的な流れに少しでも加担しようとしたのがロイであり、バーロウであったのだろう。学者としての実力は頼りなかったのかもしれないが。

他方、ティンダルがその点で露骨にルター派的であったのは、それなりに理解はできることである。せっかく生れはじめた宗教改革が（ドイツと違ってイングランドでは、やはりその勢力は弱かった）、農民戦争と一緒につぶされてはかなわない、という配慮があっただろう。特に、ルターと違ってティンダルはその時点ではまだ新約聖書の翻訳すら発行できていなかったのだし、その後、旧約聖書の訳という大きな仕事も一人で完成しないといけなかったのだから、ルターのような政治家ではなくいわばひたむきな聖書翻訳者たることに集中しようとしていたティンダルとしては、何がどうであれともかく聖書の翻訳をしたい、ということであっただろう。だから、その点はそれなりにわかるとしても、それはその時代の話である。現代の著者であるダニエル氏が、その時のティンダルの視点をそのまままるごと評価して、ロイやバーロウをくそみそに悪く言う、というのは、いささか歴史を狭く見過ぎている。

その『キリスト者の服従』だが、右に述べた古くさい（我々の眼から見て古くさいだけでなく、当時においても、そのいくつかの点については少なくとも、すでに古くさくなりはじめていた）道徳だけでなく、ほとんど王権神授説と言ってさしつかえない程度の王権の絶対性の弁護など、まるで中世思想の権化ではないか、と思われるかもしれない。しかし、王権をこういう風に弁護するのは、カトリック教会の全ヨーロッパ的支配に対してそれぞれの地域の王権が独立することを主張しているのであって、当時としては（その一面だけは）意外と新しい発想であったのだ。加えて、この種の王権神授説的発想は、それ自体として、意外と面白い発想を含んでいる。王は、自分で勝手に支配者になったのではなく、神によって支配をゆだねられたのだから、神に従う政治を行なう義務がある、という発想である。今時の日本やアメリカの、名前ばかりは「民主主義」であっても、支配権力を手に入れたら好き勝手なことをやっていい、あるいはまさに「民主主義」であるからこそ、自分たちの「国民（のごく一部）」の利益を増すことだけに専念して、世界がどうなろうと知ったことではない、むしろますます世界を搾取して自分たちの利益に供しよう、などというのを見ていると、こういう思想がむしろ新鮮に映るから不思議なものである。つまり支配者は、「国民」の一人一人でさえうっかりしているような神の義を実現すべき責任を負っているのであって、神が作った全世界の安寧を守る義務がある、という思想である。神を信じる信仰が人間世界のあり方に対して、自分たちだけのことと思って思い上がってはいけないよ、という謙虚さを教える一つの例であろう。

そうではあるが、まあそれにしても古くさい。ティンダルという人の長所は、やはり、あくまでも聖書翻訳者としての仕事にあろう。従って、この著者のように、ただ誉めちぎる仕方でだけティンダルのこういう著作を紹介されると、読んでいて、気分的にひっかかることも多い。しかし、伝記というものは、なまじ現代的な価値観を導入しないで、なるべくたんたんとティンダル自身が述べていることをそのまま紹介するのが正確な伝記になる、ということであろうか。あわてて古くさいのどうのという形容詞を連発するのは、こういう「後書き」では可能であっても、伝記そのものの中ではたんたんと紹介に専念する方が正しいのであろう。

等々。このようにこの著者の欠点は多いし、特に余計な勇み足が多いから、せっかくの著者のティンダル評価も水増しされて説得力が減少する。しかし、以上著者の欠点を数多くあげつらってきたが、それらの欠点にもかかわらず、本書は全体として十分に魅力のある本である。私は本書の序説を最初に読んだ時の感動を忘れられない。本を読んでいて、この種の新鮮な感動を味わったのは、久しぶりのことである。ああ、そういうことだったのか、と、すっと目の前が開けて見えてきた、さっぱりした感じ、とでも言おうか。

全体として読むと、この著者の論述は、従って、ある種の不思議な魅力というか、説得力を持っている。細かいことについては、特に翻訳者の立場としてはそれを一々検証しながら訳出しないといけないので、ずい分といらいらさせられながら読むのであるが、読み終って見ると、この時代の全体を見る眼、特にイングランドの歴史を（またヨーロッパ全体の歴史を）大きくつかむ眼がいつのまにかこの著者の論述によって与えられていることに気がつく。またティンダルという人物の像も、この本を読み終ってみると、いかにも生き生きとして、すぐ目の前にその人が立っているような気分にさせられる。細かい論述についてこれだけ杜撰な著者が、全体としてはこれだけの説得力と描写力を持っているのだから（印象派の絵みたいなものか。そういうことを言うと印象派の人に叱られるか）、面白いものである。やはりこれは、数々の欠点に目をつぶっても、非常にすぐれた著作なのだろう。

ただ、最後に、狭義の伝記作家としての叙述の仕方にも一言申し上げざるをえない。その点でも（これまた細かい批判になるが）、この著者は学術的伝記作家としての責任を十分に果しているとは言い難い。たとえばティンダルの生れた年について（一五頁）。「一族の記録」と「オクスフォードの記録」から一四九四年というのが「最も可能性がある」とのみ、一言ですませている。百科事典の記事や、概論の書物での孫引きならともかく、これが二十世紀後半の唯一の学術的なティンダル伝であってみれば、ティンダルの生年を推定するために用いられる「一族の記録」とは何か、もっとはっきり書くべきだし、そこからどう推論すれば一四九四年という年が出て来るのか（オクスフォードについては、学士号を取ったのが一五一二年、というのが確かな最初の記録である。そうすると、学士号は当時としては十八歳でとるのが平均的であった、という論証があってはじめて一四九四年という数字が出て来る。しかも、それはあくまでもかなり低い蓋然性であって、今と違って当時はこの種の年齢は人によってずい分とまちまちなのだ）、そこをきっちり説明すべきだろう。この種の学問的伝記が最もやらねばならないことの一つである。まあ、面倒くさいから、普通そのように推定されていますから、そうしておきましょう、ではすまない。こういう伝記こそが「普通の推定」に根拠を与える最も重要な学術文献でないといけないのだ。せめて、その計算をやっているのは自分ではなく、ほかのどの学者であり、どの本の何頁を見よ、ぐらいは註に書いておかないといけない。

あるいは、スティーヴン・ヴォーンとの出会いの記録はこの本の（というよりティンダルの伝記の）中では最も感動的な場面なのだが、この場面の論述は、肝心のヴォーンの手紙の引用まで、まるごとモズレーの本に頼っている。この場面だけでなく、伝記的に重要な場面は、ほぼすべて、この著者は自分で調べずにモズレーを焼き直していることは、ざっと註を見ればすぐにわかるというものだ。特に最後の二つの章、これまた非常に感動的というか印象的な逮捕と死刑の場面は、その主たる資料はフォクスなのだが、フォクスの引用にいたるまで、直接原典から引用しないで、モズレーから引用している。どう見ても、十四章と十五章はモズレーの著作を要約紹介しただけのもの（それにこの著者は独自の感想めいたものをつけ加えているが）としか見えない。少なくとも、註のつけ方からすればそう見える。この部分の最も重要な直接資料の一つであるティンダル自身のラテン語の手紙にしても、本書はこれだけの大きさの学術的専門書であり、著者は滅多にいないティンダルの専門家なんだから、その英語訳ぐらいは自分で作ればいいのに、モズレーの英語訳をそのまま引用して終っている。せめて、この手紙の重要性を考えれば、「ブラバントの議会の古文書の中に誰も読むことなく三世紀も眠っていた」などという文学的感慨などですます場合ではなく、それを三世紀後に苦労して古文書の山の中から再発見し、公表したのが誰で、それはどの文献にのっているかぐらいは書くのが学術書というものだろう。

こう見てくると、我々は本書にとどまらないで、モズレーの伝記を読む必要があるということが見えてくる。他方では、この著者がモズレーについて時々軽く批判的にふれていることから想像するに、モズレーはこの著者以上にはるかにティンダル・ファンであるらしい（まあ、サポーター的に夢中にならないと伝記なんぞは書けないが)。従って、もしかすると著者ダニエル氏が上手にモズレーを料理しながら、穏当な結論が読者に見えるように伝えてくれている、ということなのだろうけれども、やはり、直接資料を直接扱っている著者の書くものが、たとえその著者自身の視点がどうであろうと、一番役に立つのである。

しかし、残念ながら、私はモズレーの著作を読んでいない。うかつなことに、これは一九三七年の本だから、今ではとても手にはいるまい、イギリスの図書館にでも行かないと無理だろう、と思い込んでいたのである。まあ、私にとっては十六世紀のイングランドとなると、自分の本職からだいぶ離れてしまうから、そこまで文献の収集に夢中になってはいられない、ということはある。しかし、この本の翻訳を途中までやった段階で、ふとしたきっかけに、モズレーの本は一九七一年に再版が出ているということに気がついた(本書の著者ダニエル氏は、本書の文献表でその事実にふれていない。私が書き足しておいたが。こういうところが、学術書としてはいささか不備な点の一つである)。それなら手に入るかもしれないと思い、今入手の努力をしている最中である。従ってまた、日本の中でもモズレーの本を持っている人は一定数おいでだろうし、興味のある方は、多少伝統的な大学の英文学科を訪ねられれば、多分そこの図書室に置いてあるのを見出されるだろうと思う。

なお、個々の点についてもこの著者の指摘の中には重要なことが多いが、その一つに、オクスフォード英語辞典(OED)でもティンダルをきっちりのせていないのはよろしくない、という指摘がある(六〇二頁以下)。この有名な辞書でさえそうなのだから、やはりイギリスの伝統的な保守的文化人というのは、一度自分たちの歴史において弾圧して殺した人物は、なるべく無視しておきたい、ということか。本当はその人物こそが彼らの歴史と文化に最大の貢献をなしたのに、その四、五百年後の今になってもなお弾圧者の側を擁護する位置に立って、やばい弾圧のことなど忘れていたい、ということか。本書の著者のダニエルさんのような人にもっと御活躍願う必要があろう。ただ、本書ではその点について旧約聖書の例しか記されていない。それもティンダルが初出であるものがのっていない、という場合の指摘だけである。もちろん、オクスフォード英語辞典においては、その単語の（ないしその単語のその意味の用法の）歴史上残っている文献で最初に出て来る例をきっちり上げるのが重要な目的の一つなのだから、ティンダルほどの重要な存在の著作や翻訳に出て来る例がこの辞書に初出としてのっていないというのは困ったことであるが、問題はそれだけではない。たとえ初出でなくても、聖書の英語訳に出て来る用語例をのせるのであれば、後の英語訳聖書がティンダル訳をまるごと拝借（あえてここでは盗作と言うのはやめておこうか）している場合には、ティンダルの方を出典として上げるべきであって、そこで後の英語訳だけを上げることはあるまい。ここでは、後述の村田美奈子さんが新約聖書について調べた例をほんの二、三紹介しておく。彼女はルカ福音書の前半を調べただけであるが（それに関連して他の個所にも目は行っているが）、それだけですでにずい分沢山見つかっている。

ルカ一二・五一（Suppose ye that I am come to sende peace on erth? I tell you, naye: but rather debate）の debate という語、ＯＥＤではルカのこの個所を上げて、カヴァーデイル聖書から引用している。しかし、周知のようにカヴァーデイルはティンダル訳が存在する部分についてはそれをまるごともらい受けているのだから、当然ここではティンダルを上げるべきである。ルカ一〇・四〇（Martha was combred about moche servynge）の combre (cumber)。ＯＥＤはこの個所を上げて、わざわざ欽定訳を指摘している。しかし欽定訳はここは（ほかの大部分と同様）ティンダルをそのままもらい受けているだけである。だれでも知っているヨハネ福音書の「まことに、まことに、我なんじらに告ぐ」というところ。Verely, verely I saye unto the（Verily, verily I say unto thee）の verily についてＯＥＤはカヴァーデイルのヨハネ三・三を上げているが、これはもちろんティンダルを上げないといけない。ほかいろいろ。

あといくつか技術的なことを並べて、この後書きを終ることにしよう。

## 訳語と表記

**イングランド**――この後書きの中では私は粗雑に「イギリス」なんぞと書いたところも多いが、訳文では一貫して England は「イングランド」と記した。イングランドとイギリス（英国）は同じ概念ではない。後者は、たとえば Britain の訳語として用いるべきであろう。特に十六世紀では、イングランドは「イギリス」の他の地方とはっきり区別さるべき概念である。

**低地地方**（Low Countries）――これは困ったが、こう書くことにした。ほぼ今日のベルギーとオランダにあたる（ただし、本書の舞台はほぼすべてオランダではなくベルギーである）。日本語ではこの両者をまとめて呼ぶ呼び方は、今までのところ、ない。「ネーデルラント」というのがあるが（著者がそう書いている時は、それが国家機構をさす場合には、片仮名でそう書いた）、現在の言葉としてはそれは日本語で「オランダ」と呼ばれている国を指すし、歴史的には（日本語の西洋史の記述では）、それは国家名として用いられるので、単にこの地域を呼ぶ地方名ではない。だから、直訳して「低地地方」とした。

**部厚い、註、ギリシャ**――この三つは、自分の他の著作でもそうしているように、「分厚い」「注」「ギリシア」とはしなかった。「ぶあつい」の「ぶ」はどのみちただの強調の接頭語で、「部」も「分」も当て字である。日本語のやや大きな辞書では、どちらも記載してある。どうせ当て字なら、自分の語感に比較的適合する方を選ぶ権利があるだろう。もっとも、世間の大多数の人が「部厚い」と書くようになったら、私は「分厚い」にするかもしれない。「註」も同じことである。どちらの表記も日本語として正しいものと認められている以上、どちらを使う権利もある。現在の日本語としては「ごんべん」の方が私の感覚にあう。もっともこれは、語源的には多分「注」が正しいのだろうし、大多数の人がもしも「註」と書くようになったら、私は「注」にするだろう。要するに、どちらでもいいものをどちらかに決めねばいけない、などという押し付け的精神が嫌いなだけのことである。他方、「ギリシャ」は「ギリシャ」と書くのが、日本語としては正しい（拙著『書物としての……』七〇〇頁）。

サー――貴族の称号だが、固有名詞以外は日本語化すべきなので、何でも片仮名にするくらいなら翻訳なんぞやめた方がいいのだが、うまい案がみつからなかったので、そのまま「サー」にした。恐縮。「卿」にする方がぴったりなのだが（トマス・モア卿）、英語の日本語訳の伝統では「卿」はもう一つ上の階級の称号として用いることになっているので、敢えて伝統にさからうのはやめて、皆さんにならって片仮名にした。他方 Lord は「閣下」にしたり、宗教家なら「猊下」にしたり、適当に訳し分けた。しかし、ティンダルなどがこの称号を神を呼ぶ場合の「主」と皮肉に並べて置いている場合もあるので、そういう場合はそれとわかるように訳した。

ホール――オクスフォードなどの伝統的な大学の用語としては、「ホール」は原則として寮を意味する（「ベイリャル寮」など）。しかしティンダルが居た時のモードリン・ホールは、単に住む場所だけでなく、学位もここから発行されているので、これを「寮」と訳すと何だかわからなくなるから、これまたそのまま片仮名にした。

スクール――片仮名にしたり「校」としたり、ちゃんぽんになって恐縮。意外と統一するのが難しいので、どうしようかと迷っているうちにちゃんぽんになってしまった。

バークレーの谷（vale）――日本語で「谷」というと、両岸が絶壁のようにそびえた深い谷を想像してしまうが、「ラインの谷」などと同様、これは川の両側に開けた比較的狭い平野である（写真2参照）。こういう場合に使ううまい日本語を思いつかなかったので、「谷」にしてしまった。恐縮。

引照――聖書の用語に慣れない人が御存じないといけないので記しておくと、これは、聖書の欄外に、その文と同じ文（特に新約における旧約の引用、福音書の並行記事、など）や同じ言い回しが聖書の他のどこの個所に出て来るか、文書名と章節の数字を記したものである。これは聖書を読むのに非常に便利なものであるが（特に、現代において発行されている聖書の引照はよくできている）、一朝一夕にできるものではなく、本書をお読みになるとおわかりのように、宗教改革の時代以降少しずつ築き上げられてきた伝統の遺産である。

**神の言葉**――伝統的なクリスチャンは聖書のことを「神の言葉」と呼ぶことが多い。本書でこの表現が出て来たら、まず百パーセント聖書という本のことを指す。

**九月の契約書**（ルターの）――これは普通は「九月聖書」と訳すし、私もこれまではそう訳していたが、本当は厳密ではない。伝統的なキリスト教用語では「聖書（Biblia）」というのは、旧約と新約のすべての文書がそろったものを呼ぶ用語である。従って、ルターの「聖書（Biblia）」と言えば（Biblia Germanica などという表題で発行されているが）、旧新約全書のことである。それに対し一五二二年の新約聖書だけの訳は単に Testament と呼ばれる（新約だけだから単数形で Testament としているのである）。だから、「九月聖書」と訳すと、誤解を生む。しかし「契約書」ではあまりに直訳的でわかりづらいから、「九月の新約書」とすればよかったかな、と思う。

**聖礼典、秘蹟**（sacrament）――日本語ではどちらかというと「聖礼典」がプロテスタント用語で、「秘蹟」がカトリック用語だが（少なくともプロテスタントでは「秘蹟」は用いない）、私の育ちのせいで、だいたいは「聖礼典」としておいた。しかし「秘蹟」とした個所もある。統一せずに恐縮。

**実生活的**――existential という語をこう訳した個所が多い。これをもったいぶって「実存的」なんぞと訳すから、わけがわからなくなる。もっとも existential がいつもそういう意味とは限らないが。

このように書いていくときりがないから、このぐらいにしておくが、重要なのは、

**業、行為**――この訳語には困った。しかもこれは聖書とキリスト教のドグマの最重要の概念である。つまり人

間が救われるのは、人間が「業」を積み上げていって、その功績によって救われるのではなく、キリストの贖罪によって神の側から一方的に人間を救ってくれたのだ、という信仰の話である。だから、新約聖書（特にパウロ）にも本書の中にも、この概念は頻出する。ギリシャ語の ergon（複数の erga で用いられることが多い）の訳語で、英語では普通 work と訳される。これは古い日本語訳聖書（いわゆる「明治」訳や「大正」改訳、つまりいわゆる文語訳聖書）では「業《わざ》」と訳していた。それが最近の訳ではふつうは「行為」と訳される。しかし「行為」では正確ではない（たとえば英語の deed やドイツ語の Tun を「行為」と訳すので、それと混同する）。「行為」というのは「行なうこと、行なうという動作」であるが、work というのは行為（というより作業、仕事）の結果仕上ったものである。だから、「業績」の意味で「業」というのはいい訳語だと思うが、しかし、単に業というと必ずしも「業績」の意味にならないし、宗教用語としては、仏教用語の「業《ごう》」は全然違う意味だから誤解されるし、だいたい古くさい。他方、右に記した信仰をキリスト教神学用語ではふつう一言で「行為義認」「信仰義認」という風に書くのであるが、これを「業義認」では何だかわからない……。というわけで、原稿を読み直すたびに、全部「業」にしてあったのを全部「行為」に書き変え、次に読み直した時にはそれをまた全部「業」に書き変え、という具合に迷い続けた。結局あきらめて、これまたまるでちゃんぽんになってしまった。恐縮。どちらに統一しても、何となく違うのである。

**司教**（bishop）――前にも他の著作で記したが、日本のイギリス国教会（つまり、それがアメリカ経由で日本にはいって来て、公式には「聖公会」と呼ばれている教会）の用語では「主教」である。カトリック用語は「司教」。しかしこういう使い分けは日本語だけである。そして、同じ十六世紀のイングランドで、同じ人物ないし同じ地位が同じ英語で bishop と呼ばれているのに、日本語だけはヘンリー八世がローマ教会と喧嘩したその瞬間から「司教」を「主教」と訳し分けるなどというのは、いかにも珍妙だから、全部「司教」にしておいた。

等々。

**修道士**(friar)、**修道僧**(monk)――これもごまかしの訳である。monk というのは、原則としてすべての修道者について用いる。ただし、カトリックの教会法に従って、正式に修道院に属する修道者として叙任された者だけに用いられる。他方 friar はフランス語の frère の古い形がなまったもので(今でもフランス語では frère である。ティンダルも多くは friar を用いるが、brother としている個所もある)、本来は「兄弟」の意味。特に、修道院の歴史としては比較的新しく出て来た修道会(フランシスコ会、ドミニコ会、カルメル会、アウグスティヌス会)の修道士についてよく用いる。修道「僧」というのはまずい訳であるが(キリスト教と仏教では考え方がいろいろ違うので、なるべく仏教用語をキリスト教にあてはめない方がいい)、本書では、修道士は friar に、修道僧は monk に対応する記号だと思ってお許しいただければ幸いである。

**大修道院**(abbey)、**小修道院**(monastery)――これも訳語としてはひどく不正確である。特に「小修道院」というのはよくない。abbey というのは、基本的には、ベネディクト会修道院の中で十二人以上の修道士がいる修道院を呼ぶ単語であった。ベネディクト会というのは、六世紀にはじまって、西ヨーロッパの修道院組織の基本を築きあげたものである。西ヨーロッパでは、それ以外の修道院の大部分は、そこから直接間接に派生してきたものである。しかし、その後の歴史は長いから、この単語が必ずしもいつも厳密な意味に用いられているわけではない。要するに、伝統的に abbey と呼ばれてきた修道院が abbey なのである。たいていは伝統が長いから、十二人どころか非常に大きい修道院であることが多い。それに対して monastery は、単語の意味は「孤独な人の場所」ということで(ギリシャ語の monos から派生)、極端に言えば、一人でも修道者(孤独な修業の生活を選んだ人)がいれば、その住まう場所は monastery である。つまりすべての修道院にあてはまる名称である。abbey と呼ばれずに monastery と呼ばれているからとて、小さいとは限らない。それを、一方を大修道院と訳し、他方を小修道院と訳すのは、どうも誤訳に近いが、この二つをうまく日本語で訳し分ける手を考えつかなかったので、こうしておいた。恐縮。次回はもう少しうまい手を考えることにする。(monastery を単に「修道院」と訳した個所もある。)

**ギリシャ語の仮名書き**——よく西洋古典学者の一部の方々がおやりになるように、多少の例外を別として、長音を無視して全部短音化した仮名書きにした。

**聖書引用の章節の数字**——この著者は、聖書の引用に際して、全体でほんの一、二個所を除いて、節の数字はつけず、章の数字だけを書いている。これはきわめてきざな趣味で、要するに、ティンダルの時代にはまだ節の数字は用いられていなかったから、というのである。しかし、それなら、御自分の書く英語の綴りも全部ティンダルの時代の綴りにもどして、it でなく yt とかお書きになるのがよかろう。やはり節の数字が指摘してないのは不便である。それでこの訳書では、多少見落としもあろうが、なるべく全部節の数字をつけ足した。私がつけ足したのだから［ ］の中に入れたが、これだけ多く［ ］を使うと読みにくくなるので、躊躇した。よほど［ ］をはずしてしまおうかと思ったが、著者の趣味を尊重することにした。

**固有名詞の片仮名化**——これは全体を通じて非常に重要な問題で、かつ、日本語の翻訳書のすべてがかかえている問題であるから、多少詳しく論じておこう。しかし結論を先に言うと、合理的な片仮名化の方法など存在しない。なるべく原語の発音どおり、というのが正しいと思う人が多いだろうと思うが、実際にはそんな単純なものではない。原語の発音には日本語にない音が多いのだから、その点でまず立ち往生してしまう。おまけに、綴りは同じでも、発音は時代と場所に応じて急速に変化する。なるべく原語の発音どおりに片仮名で書く、などというのは、本来不可能なことである。そういうことを主張したがる人たちは、それが不可能だということを肝に銘じて知ってはいない、というだけの話だ。まあ、なるべく原語の音に近い方がいいが、単に不可能なだけでなく、それではかえってわかりにくくもなる。ロンドンはロンドンなので、London という語の発音に近く片仮名化したら「ランドゥン」か、「ランドゥン」になってしまう（LとRの違いは我慢するとしても）。そう書くよりは、ロンドンと書く方が、日本語の読者にははるかに親切だろう。親切どころか、それが正しい。つまり固有名詞表記というのは、たとえ片仮名であっても、すでに日本語なので、日本語として定着しているものを、「原語の発音に忠実」などという名目のもとに変更するのは、よくてきざな衒学趣味、悪くて間違いになってしまう（「ペテロ」を「ペトロ」などと書くのは願い下げである。もっともこれは発音上も「ペトロ」ではだいぶそっぽを向いている）。

従って本書では、それはまあ、ヨーロッパ（大陸）の固有名詞は英語読みではなく、それぞれの言語の発音に応じて表記したけれども、それもなるべく慣行に従っている（カールと書くよりは、発音的にはカルルの方が近いが、皆さんがカールと書くから、ここでもそうした、等）。あまり日本では知られていない固有名詞に限り、なるべく原語の発音に近く書いたが、右に記したように、それは所詮適当な当て字にすぎない（例、シェーファー、Schoeffer）。困るのはベルギーの固有名詞で、特に地名は公式にはフランドル語とフランス語の両方ある（だいたい「フランドル」というのはフランス語で、フランドル語でフランドルは Vlaanderen である。しかし片仮名でヴラーンデレンなどと書いても日本語としては通じない）。原則として日本語で普及している方を採用したが（アンヴェールではなくアントウェルペン、等）、あまり知られていないものは、フランス語地域のものはフランス語的に、フランドル語地域のものはフランドル語的に片仮名化した。ただし両語が混在している地域もあるし、ルヴァンのようにフランドル語地域だがフランス語を主とする大学がある、などという場合、人々に知られているのは大学のほうだから（それに、キリスト教の歴史ではここのフランス語の大学は非常に重要だから）、ルヴァンと記した。等々。しかし本当のところ私はフランドル語（つまりオランダ語）の発音など正確には知らない。フランドル語のvの字はv音とf音の中間の音だ、などと言われているので、Vilvoordeは「フィルフォルデ」にした。しかしどのみちごまかしである。もっとも、だからとてなるべく近似値を書くのがよろしいので、それをやめて、どうせ日本は英語植民地なんだから何でも英語っぽい片仮名にしてしまえ（アントワープ、パリス、ジュネーヴの代りにジェネヴァ、ランスの代りにリームズなど）というのは英語暴力というものだ。

さてその英語の片仮名化が一番難しい。他のヨーロッパ語の場合は、綴りと発音がほぼ一致していて、綴り字を発音する一定の規則が存在するから、その片仮名化も一応の法則を作りやすいが（ケルンと書いたら発音上はだいぶ違うが、日本語ではöはエと表記することになっている、等）、英語となると、まあまるでいろいろ好きなように発音なさるからだ。従って、私なんぞには発音がわからない場合も多い。それに、時代によって、場所によって、発音が異なってくる。まさか、十六世紀のイングランドの話を現在のアメリカ語の発音に統一して片仮名化しようなどというのは、滑稽というものだろう。セシルがシースルになったんじゃ、何だかわからない。英語に限らず、外国語の固有名詞の片仮名化に際しては、実際の発音がどうかということよりも（発音は変化する）、だいたい原綴りが想像がつくような片仮名化にするのが正しいと私は思う（右のロンドンの例）。つまり、片仮名化は原発音主義よりも原綴り主義の方が役に立つことが多いのだ。

というわけで、どのみち片仮名化は発音上は不正確なものだ、というのが原則であるから、結論は単に、なるべく大勢の人が用いる片仮名化に従うのが一番いい、ということになる。日本ではその固有名詞はその片仮名で人々に知られているからだ（そうは言っても、他方では、ある程度原語の発音に近い表記に変えていく努力も必要であるが）。トマス・モアは、私の感覚ではトーマス・モアがいいと思うが、日本語でこの人物について書かれている文献は六四ぐらいの比率でトマスの方が多いようだから、トマス・モアにした。とすると、彼だけトマスにして、他はトーマスというわけにはいかないから、全部トマスにしてしまった。その他、英語の固有名詞については、なるべく英和辞典、百科事典、概論等で記している片仮名（それも実に多種多様である。Puttenham なんぞ、英文学者だけでも何種類の表記があることか）に従うことにした。しばしば私の趣味には一致しない場合でも。キャクストンは昔の人だから多分カクストンがいいかなとも思うが、どちらかというと英文学者ではキャクストンとお書きになっている人が多い、とか、ウィンキン・ド・ウォードは実際の発音ならワードに近いだろうから、ワードにしておけばよかったかな、とか。

特に迷ったのは語尾の -ley である。まあ、現代語の発音なら「リー」の方が普通だろう（バークレーでなくバークリー。しかし英和辞典によってはバークレーと書いている）。これも迷って、読み直すたびに全部リーに統一し、次は全部レーに書き変え、と繰り返したが、最後に、オクスフォードのボドレー図書館（Bodley）は伝統的にボドレーと書くので、これをボドリーと書く人は居ないから、それならバークレー等もそれにそろえる方が統一がとれてよろしかろう、ということにした。それで、結果において、すべてレーになった（ストークスレー、モズレーなど）。発音が気になる人は、それぞれその時代とその場所での発音を調べてもらう以外にないだろう。そんなことがわかるかどうかは、私の責任範囲ではない。従って -ley だけレーと書いて、-ney はニーと書くわけにもいかないから、Bilney はビルネーになった。多分発音としてはビルニーの方が近いのだろうけれども。しかし Sidney をシドネーと書くわけにもいかないから、シドニーとした……。と、要するに、こういうことについて統一的方針をたてるということ自体が無理なのである。

しかし、なるべく日本語片仮名の慣例に従いつつ、同時に可能な限りは原語の綴りと発音に対応する、という方針も、時に矛盾に遭遇する。アッシジのフランチェスコは、最近の日本語ではまずたいていの人はイタリア語の発音に準じてフランチェスコと書く。それが正しかろう。しかし彼から派生した修道会は、日本での公式名称はフランシスコ会である（修道会については、自分の知っている限りは日本での公式名称にあわせた。しかし、ていねいに調べたわけではない)。これが同じ頁に出て来ると(三七一頁)、さすがに奇妙であるが、名案も浮かばなかったので、そのままにしておいた。

## 英語の訳

ティンダルの真似をして格好よく言えば(二〇四頁)、「私よりも言語の能力があり、文章を理解する能力を神の恵みによって私より高く与えられている人々にお願いする。いかなる個所であろうと、私が言葉の正確な意味をとらえそこなっていたり、原文の意図するところを間違っていたり、的確な日本語の単語を提供できていなかったら、その方々がみずからそれを修正する労をとって下さるように。それがその方々の義務でもありましょう。」実際、後書きの最初に述べたような事情であるから、特にシェイクスピアや十六、七世紀の英語や、その時代の歴史の専門家の方々が本訳書をお読みになったら、いろいろ誤訳を発見なさろう。また、不注意の誤訳がないよう、後述するように最大限努力したつもりだが、そういうものもまだ残っていよう。どうぞよろしく。

しかし、他方では一応申し上げておくが、業界用語の訳語を用いていない場合に、それを誤訳だの英語を知らないなどとおっしゃることはなさいませんように。業界用語(翻訳業界であれ、学界と称する業界であれ)を覚え込んで、それを右から左に並べるばかりの翻訳書が多いから、最近の日本語の翻訳書がやたらとわかりにくく、たいていは原典を直接読む方がはるかに楽である、というような現象が生じてしまう。

一例だけあげておくと、ハンフリー・モンマスの家でしばしば食事を御馳走になっていたある「貧しい人」の話に、この人物は「ひどい胃袋を持っていて」というのが出て来る(have such a stomach against the rich man that …、訳文一七六頁)。こういうのは普通は「強情な人で」とか、「悪い感情をいだいていて」とか適当に訳すことになっているが、しかし、直訳して「胃袋」と訳しておく方がはるかに面白いし、原意をよく伝えることになろう。こう訳して十分に意味が通じるし、なるほどイギリス人というのはこういう時には「胃袋を持っている」という言い方をするのか、ということがわかって面白い。実感としても、このまま日本語で流行らせてもいいくらいの表現である。等々いろいろ。

業界用語の話とは関係がないが、この著者の傾向にまた話をもどして、この著者はあまりお上手とは申し上げかねる比喩的な表現を好んで用いる癖がある。学問的な緻密、正確さを求めるよりも、洒落た「文学的」表現を使ってみたいという文学研究者に時々見かける趣味、ほかの学問に従事する人間にはあまり歓迎されない文学趣味であるが、最高級の作家であればともかく、たいていはこの種の文学趣味は語るに落ちる。確かに傑作なものもある。モアの文をからかうのに、「千鳥足で、いわば夕食後のしまらない調子」(四四五頁) とか、「プラトン流の蒸気の噴出」(四五二頁) など、ぴったりの感じである。あるいはアメリカのちゃちな聖書翻訳 (TEV) をからかうのに (アメリカにはちゃちでない、立派な聖書翻訳も多いが)、「バスに乗りそこなった時にも楽しくはしゃいでいなさい」(一三二頁) というのも、確かに当っているね、と思う。等々。しかし、「マルティンを非マルティン化する」(四二八頁) など何を言いたいのか曖昧だし、「ドイツの宗教改革は発電所みたいに強力」(五〇〇頁) など、「発電所」という比喩がこの文の中では宙に浮いている。「断食などというものは、現代の痩せるためのダイエットと同様、容易にゆがんだものになりうる」(二八二頁) など、ティンダルの文を紹介している前後関係の中で、ほとんどティンダル自身のせりふみたいな個所で、「現代のダイエット」などが紛れ込むと、全体の正確さまで疑われかねない (本当は著者はしっかりティンダルを紹介していて、ただ時々こういう悪い癖を出すだけだが)。また、戦争世代のせいか、やたらと戦争用語が多くとび出す (「大本営に対する攻撃」四〇〇頁ほか多数)。これはまったく無用の比喩であるばかりか、かえって事柄の正確な理解を妨げる。同様に、「ティンダルの方法は一対一の決闘」(四五五頁) などというのも無用な比喩である。その比喩によって、かえってティンダルがこの論争でなそうとしていたことが安っぽくなってしまう。織物の比喩もやたらと多い（「この文章の織物は細部が充実していて」三七八頁、ほか多数）。

こういう比喩を多用すると、描かれている世界（十六世紀の宗教改革の世界）とまるで無縁の、著者自身が無意識にかかえている偏見などが浮かび上ってきて、時として読者に楽しくない思いを起こさせる。右に述べたように、ティンダル自身やその世界の人々が持っていた意識であれば（妻は夫に従え、等）、良きにつけ悪しきにつけ、伝記においてはそのまま紹介する必要があるが、「中産階級の子どもの誕生日に未婚の叔母が送る心のこもったお祝いのカード」（五二九頁）など、わざわざ「未婚の」という形容詞をつける必要のないところ。こういうことをやると女性についての古くさい偏見がにじみ出て、本論に関係のないところで読者にひっかかりを与えてしまう。本論と関係のない余計な比喩はなるべく持ち込まないことだ。

と、こういう具合であるから、著者のこの種の比喩的表現は（特に多少長いものは）なるべく直訳するようにしたが、そのまま訳しても日本語としてはまるでわかりにくくなるものや、まったくさまにならないものは、適当に意を汲んで訳しておいた。

## その他

索引——翻訳書を読んでいると、片仮名の固有名詞やさまざまな術語が原語でどういう単語、どういう綴りであるかがわからずに困ることが多い。その件についてもう少し調べようと思っても、原綴りがわからないと調べようがないし、あるいは無駄な時間をかけて原綴りを調べねばならなくなる。多数の読者にとって、本文は縦書き片仮名の方がすらすら読み易くていいとしても、やはり原綴りを確認なさる必要も生じよう。それで、索引は、狭義の索引としての機能よりも、原綴りをお伝えする小さな辞書代りとして作った。従って、片仮名固有名詞については、本書に出て来るものはほぼすべて（多少の見落としや、誰でも知っているものは別として）索引にのっている。ただし、聖書に出て来る固有名詞はのせていない。ギリシャ語やヘブライ語の綴りをのせても御存じない方には煩瑣なだけだし、知っている人にとっては一々のせる必要もないからである。用語索引についても同様。ただし、用語索引は何でものせるときりがなくなるから、思いついたものを多少のせただけである。

従って、原著の索引と本訳書の索引は大幅に異なっている。最初は原著の索引を頁数だけ訳書にあわせてそのまま掲載しようかと思ったが、本文以上に杜撰なので、それはやめることにした。一例。本書の重要な登場人物の一人 Ruremund(ond) を引くと、Endhoven を見よ、とある。それで Endhoven を探すと、そういう項目は存在しない。等々。数字の誤植（誤記）も非常に多い。まあ、この分量の索引をお作りになった経験のある方なら、百パーセント正確な索引など不可能だということは御存じだろうが（コンピュータの検索でやればいいではないか、とおっしゃるかもしれないが、実際におやりになってみれば、良い索引を作ろうと思えばそんな簡単な作業ではすまない、ということがすぐにおわかりになろう）、それにしても原著の索引には間違いが多すぎる。従って、索引については本訳書の方がだいぶ充実していて、正確なはずである。

**年表**――同じく、本書を読んでいると、ことの起こった順番がだんだんこんがらがってくる。それぞれの出来事がどういう時点で起こったかが正確につかめないと、その出来事の背景がわからなくなるから、出来事そのものの認識もあやまってしまう。たとえば、急いで本書をお読みになる方は、まず確実に、『高位聖職者の策謀』の方が『キリスト者の服従』よりも前に書かれたのだとお思いになるだろう（私は最初そう思い込んでしまった）。その結果、何となく事の流れがすっきりつかめずに、もやもやした感じになる。本書の中でも最も重要な章の一つで、特に歴史の流れが重要な第八章など、まず一五二六年から一五三一年の弾圧の歴史がずっと語られる（二九五―三一三頁）。ところがその後一五二六年の話にもどって長く語られるのだが（三一三頁―三二九頁）、その間に話は一五二一年にまでさかのぼったり、一五三〇年に下ったりする。その後一五二八年の話になり（三三〇—三三三頁）、次いで二九年から三〇年の話になる（三三三—三三八頁）。その後一五三〇年の『高位聖職者の策謀』の話になって、また一五三〇年から三一年の話になる（三五〇—三五三頁）。次が例のスティーヴン・ヴォーンの話であるが、これは一五三一年である（三五四—三六四頁）。最後に、すでに一度ふれた殉教者の話がまた出て来る。これは一五二九年から一五三三年であるが（三六五—三六九頁）、こうなると著者自身年数がこんがらがって、重要なジョン・フリスの殉教の年（一五三三年）を間違えて一五三一年と記したりする。そして次の第九章はさかのぼって、まるごと一五二八年の『キリスト者の服従』についてである。こういった整理の悪さの結果、同じ件が何度も出て来て、読者をして、似たような事件が再び起こったかのような錯覚を起こさせる。

第八章のこの混乱は、第八章にとどまらず、書物全体に及ぶ。（誤解のないように付け加えておくが、こういった混乱にもかかわらず、この第八章は非常に読みごたえがあり、重要かつすぐれた論述である。）まあ、複雑な糸がからみあった歴史の叙述は年数を追って順に書くのは難しいし、むしろ内容的なつながりを重視すべきであるから、必ずしも年代記的に正確である必要はないが、それにしても本書はわかりにくい。この著者がジョン・フォクスに対して記している悪口（九頁、二八九頁ほか）をそのまま著者御自身に献上したいくらいだ。

というわけで、読者の便に供するため、年表を作って本訳書の最初に置いておいた。本書を読み終ったあとでこの年表を眺められると、なんだ、この件とあの件は同じ年だったのかとか、この件とあの件の間は数年も開いていたのか、といったことを発見されることだろう。

**表紙と写真**——写真は原著のまま、表紙もあまり変えずに原著の表紙に似せて作ってもらった。翻訳書である以上、原著のスタイルを尊重すべきだと思った。

**表題**——日本語の翻訳書では非常にしばしば原著の表題とまるで違う、しばしばとんちんかんに方向はずれの題をつけているものがある（有名なベティ・フリーダンの本の日本語の表題の嘘みたいな見当はずれ、ほかいろいろ）。これはよろしくないので、翻訳書は原著の表題をそのまま訳すのが原則でないといけない。それにもかかわらず、本書では、副題は変えた。原著は「ウィリアム・ティンダル——伝記」であるが、いかにイギリスでこの重要な人物がその重要さに匹敵するだけの敬意を払われていないとはいえ、さすがにティンダルの名前ぐらいは誰でも知っている。それに対し日本ではこの名前も知らない人が多いから、副題を多少説明的にする必要があると思った。

## 後書きの後書き

以上いろいろ著者の欠点をあげつらってきたが、この大きさの本の翻訳となると非常に長期間この本に一行一行、それも何度もくり返してつきあわないといけなくなるので、つい、その欠点にばかり目がいって、いらいらが続き、その欲求不満を並べてしまった感じでもある。

従って、最後にもう一度強調しておくが、この本は、ティンダルという史上稀に見る重要な人物について今日手にし得るほとんど唯一の本格的な伝記であるから、極めて重要な本である。これしかない以上、これを重んじようではないか。——加えて、著者自身の長所も、すでに述べたように、多い。

ただ、やはり、よほど興味のある方は別として、ずっと読み通そうとなさると、特に最初の方（一—三章）は厭きてしまうだろう。なかなか本論に到達せずに、いらいらさせられる（しかし、その点を別とすると、ここにも意外と重要なことがいろいろ見出される。特に、第二章の「オクスフォードの改革者」なる理念を批判したくだりなど、必読の部分でもあろう）。あるいは、修辞学に関する話も余計だとお思いになる読者もおいでになろうし（特にティンダルの文の修辞学的分析など、無用の長物とお思いになる人も多かろう。もっとも、全体を通して読むと、この時代の修辞学についての状況、またこの時代に修辞学がいかに重要視されていたかがわかって、わかり易い修辞学史の概論にもなっているけれども）、あるいは聖書の翻訳の個々の個所についても、とてもつきあいきれない、と思われる方も多かろう。

そういう読者の方々のために（余計なお世話かもしれないが）、お薦めしたいのは、この後書きの最初の方（ティンダルの大きさ）をお読みになったら、後は第八章、第九章と、第十四章、第十五章（及び第四章、第五章の一部）をお読みになって、残りは一種の辞書みたいにして、必要に応じて必要な章をひっくり返してみていただければいいのではなかろうか。ただし、退屈であっても、最初から最後まで読み通されると、私のように、この著者の不思議な魅力と説得力に納得することになるであろうけれども。

最後に、この訳の仕事のために直接お世話になった方に感謝の気持を表現しておきたい。間接的にお世話になった方は大勢おいでだが、直接お世話になったお二方のみお名前をあげさせていただく。

お一人は友人の川畑泰さんで、私がこの翻訳をやっているということを知って、ティンダルに関する出版状況など新しいニュースを知るとすぐに教えて下さった。彼のおかげで、今年の夏に出た一五二六年の新約聖書の復刻版をいち早く入手できた。

もう一人は、大阪女子大学の英文学科の大学院で私のところで修士論文を書いた村田美奈子さんで（私が定年退職した一年後になってやっと仕上がったのだが、福音書のティンダル訳と他の英語訳の比較をなさった）、訳文のチェックと索引作りを手伝って下さった。訳文のチェックは、私が翻訳原稿をプリントアウトしては読み直して修正し、そうやってできた第三稿を村田さんがもう一度原文といちいち照らし合わせて誤訳や不注意の間違いがないかチェックして下さった。やはり、この分量の翻訳をしていると、うっかり数単語、時に二、三行ぐらいをとばして訳したり、不注意の読み間違いがあったりするものである。彼女はまことに緻密にそれをチェックして下さった。その第三稿を私が更に読み直し、修正して、出版社にわたしたのは、そのまた更に修正した第五稿である。それでも、まだ不注意の間違いは残っていよう。恐縮。

ある親しい友人に、お前ももう余命いくばくもないのだから、翻訳なんぞしていないで自分の著作に専念せよ、と言われた（もっと婉曲な、かつ礼儀正しいおっしゃり方だったが）。まったくおっしゃるとおりである。しかし、著作だけに専念していると自分の顔を鏡で見続けているようなことになるので、視野の拡大のために、こういう仕事をしたこともお許しいただけるだろうか。

最後に、聖書学者の一人として、ウィリアム・ティンダルの霊に安かれと祈ってこの文を終りにしよう。

二〇〇〇年十一月十四日

田川建三

追記　本書の原著は、最近、ペーパーバックになってだいぶ安く買えるようになった。また『キリスト者の服従』（The Obedience of a Christian Man）の原文は Pelican の文庫で今年（二〇〇一年）になって出版されている。

|  |  |  |  |
|---|---|---|---|
| 田川建三 | 書物としての新約聖書 | A5判 | 八〇〇〇円 |
| 田川建三 | 原始キリスト教史の一断面 福音書文学の成立 | A5判 | 四四〇〇円 |
| 田川建三 | 立ちつくす思想 | 四六判 | 二二〇〇円 |
| 田川建三 | 歴史的類比の思想 | 四六判 | †二五〇〇円 |
| 柴田有 | グノーシスと古代宇宙論 | A5判 | 三五〇〇円 |
| 宮本久雄 | 宗教言語の可能性 愛智の一風景・中世 | A5判 | 三九〇〇円 |
| ロースキィ | キリスト教東方の神秘思想 | 宮本久雄訳 | 三二〇〇円 |
| 間瀬啓允 | 現代の宗教哲学 | 四六判 | 二三〇〇円 |
| J・ヒック | 宗教の哲学 | 間瀬啓允・稲垣久和訳 | 三〇〇〇円 |
| 落合仁司 | 地中海の無限者 東西キリスト教の神-人間論 | 四六判 | 二〇〇〇円 |
| 橋爪大三郎 | 仏教の言説戦略 | 四六判 | 二五〇〇円 |
| プランティンガ | 神と自由と悪と 宗教の合理的受容可能性 | 星川啓慈訳 | 二二〇〇円 |

†オンデマンド出版です。＊表示価格は二〇〇一年五月現在。消費税は含まれておりません。

原著：David Daniell, *William Tyndale, A Biography*, New Haven and London：Yale University Press, 1994

デイヴィド・ダニエル

オクスフォードで英文学と神学を学び、次いでテュービンゲン大学に留学。ロンドン大学（University College）教授となって主としてシェイクスピア研究を担当。現在は同名誉教授。英語訳聖書についても論文を多く発行している。ティンダルの聖書の現代語綴りの復刻版を編集・発行（文献表参照）。ウィリアム・ティンダル五百年記念財団創設者の一人。最近作られたティンダル協会の会長。

田川建三

聖書学者。主な訳書、H. コンツェルマン『時の中心』（Die Mitte der Zeit）、E. トロクメ『使徒行伝と歴史』（"Le Livre des Actes" et l'histoire）、新教出版社。主な著書、『イエスという男』三一書房、『書物としての新約聖書』勁草書房

連絡先　〒666-8691 川西郵便局私書箱17

ウィリアム・ティンダル　ある聖書翻訳者の生涯

2001年1月25日　第1版第1刷発行
2001年5月25日　第1版第2刷発行

著　者　デイヴィド・ダニエル
訳　者　田川建三
発行者　井村寿人

発行所　株式会社　勁《けい》草《そう》書房

112-0005 東京都文京区水道2-1-1 振替 00150-2-175253
電話（編集）03-3815-5277／FAX 03-3814-6968
電話（営業）03-3814-6861／FAX 03-3814-6854
DTP組版 A&Dスタジオ・平文社・牧製本



ISBN 4-326-10132-6
http：//www.keisoshobo.co.jp

# 索　引

索引は５種類ある。(1)固有名詞索引（人名、地名、教会・大学等施設名)、(2)書名索引、(3)用語索引（教会、官職、印刷、修辞等)、(4)原語索引（英語、ラテン語、ギリシャ語等の単語)、(5)聖書引用個所索引。(1)〜(3)および(5)はすべて「あいうえお」順である。長音は最初に置いた（例、「アー」は「アア」の前)。索引の趣旨については訳者後書き783頁参照。なお索引は本文についてのみである。

## (1)固有名詞索引（人名、地名、教会・大学等施設名）

括弧内に原語の綴りを示した。原語が英語でない場合は、本書が英語で書かれていることを考慮して、英語綴り（著者が用いているもの）を付加した。今日のベルギーの地名については、フランス語地域、フランドル語地域（例、「アントウェルペン」）それぞれに応じてどちらかが記してあるが、両方記した方がいい場合はフランドル語の綴りを先に記してある。片仮名は、フランドル語地域のものでも慣例としてフランス語の呼び方が定着しているもの（例、「ルヴァン」）はそれに従った。


アーサー、トマス（Thomas Arthur）　84, 300, 304, 355, 541
アイアン・アクトン（Iron Acton）　93
アイソポス（Aisopos, Aesop）　42
アウグスティヌス（Augustinus, Augustine）　81, 109, 202, 222, 545
アウクスブルク（Augsburg）　274
アウロガルス、マテーウス（Matthäus, Matthew, Aurogallus）　498, 499
アエネアス（Aeneas）　117
アクィナス　「トマス・アクィナス」を見よ
アクトン・コート（Acton Court）　93, 94
アグリコラ、ルドルフ（Rudolph Agricola）　73
アグリッパ、コルネリウス（Cornelius Agrippa）　488
アシュウェル、ジョン（John Ashwell）　541
アスカム、ロジャー（Roger Ascham）　147, 649
アセルスタン（Athelstan）　21
アデリン（聖者、St Adeline）　96
アデルストン（Adelstone）　「アセルスタン」を見よ
アビングドン（Abingdon）　89
アポロニア（聖、Apolonia）　113
アランデル、トマス（Thomas Arundel）　162

アリストテレス（Aristoteles, Aristotle）　49, 52, 80, 147, 284, 384, 393
アルガー、ジェイムズ（James Algar）　309
アルカラ（「コンプルートゥム」を見よ、Alcalá）　491
アルゴンビー（博士、Dr Algonby）　309
アルジェンティン（Argentine、「ストラスブール」を見よ）　245, 268
アルドゥス・マヌティウス（Aldus Manutius）　57, 102, 140, 149, 315
アルフォンソ・デ・サモラ（Alfonso de Zamora）　492
アルベルトゥス（Albertus）　128
アン（王妃）　「ブーリン」を見よ
アンウィキル、ジョン（John Anwykyll）　39, 41, 42
アントウェルペン（Antwerpen, Antwerp）　26, 171, 181, 263, 286-288, 289, 296, 297, 302, 304, 309, 316, 330, 333, 337, 347, 358, 367, 423, 483, 495, 497, 531, 542, 546, 564, 565, 611, 612, 613, 619, 628, 638
イートン、ジョン（John Eaton）　309
イートン、セシリー（Cecily Eaton）　309
イートン校（Eaton School）　37, 38, 124
イーリー（Ely）　291, 300
イソクラテス（Isokrates, Isocrates）　80, 143, 146-151, 178, 377
イソップ（「アイソポス」を見よ）
イプスウィチ（Ipswich）　300
イプスウィッチ・スクール（Ipswich School）　39, 41, 76
イングランド人会館（the English House）　338, 354, 564, 611, 612, 614, 616, 624, 625, 645
ヴァラ、ラウレンティウス（Laurentius Valla）　40, 42
ヴァレンシア（Valencia）　171
ウィーゲン、ウィリアム（William Wegen）　307
ウィーン（Wien, Vienna）　631
ウィクリフ、ジョン（John Wyclif）　348, 448
ウィクリフ派　52, 68, 78, 135, 158, 159, 162, 175, 295, 304, 310, 317
ウィズダム、サイモン（Simon Wisdom）　309
ヴィテンベルク（Wittenberg）　181, 263, 274, 323, 334, 361, 424, 447, 494, 497, 498, 499, 500, 501, 502, 505, 535, 548, 565, 618
ウィリアム（マームズベリーの、William of Malmesbury）　21
ウィリー（Wylie）　307
ウィリー、アグネス（Agnes Wily）　303
ウィリー、キャサリン（Katherine Wily）　303
ウィリー、ジョン（John Wily）　303
ウィリー、ルーシー（Lucy Wily）　303
ウィルソン、トマス（Thomas Wilson）　69, 79
ウィンキン・ド・ウォード（Wynkyn de Worde）　120, 122, 124, 128, 162, 169, 170, 171, 419, 490
ウィンザー（Windsor）　124

カピト、ヴォルフガンク（Wolfgang Capito）　247
カルヴァン、ジャン（Jean, John, Calvin）　163, 550, 581
カルケリウス、ヨハンネス（Johannes, John Carcellius）　431
カレー（Calais）　421, 618, 619
カレッジ・グリーン（ブリストルの、College Green）　96
ガンウェル・ホール（ケンブリッジの、Gunwell-hall）　92
カンタベリー（Canterbury）　8, 89, 341, 411, 618
キー、トマス（Thomas Key）　124
キケロ（Cicero）　32, 70, 76, 91, 152, 361
キダーミンスター、リチャード（Richard Kidderminster）　58
キチン、リチャード（Richard Kitchen）　307
キムチ、ダヴィデ（David Kimchi）　495, 503
キムチ、モーセ（Moses Kimchi）　495
キャクストン（Caxton）　32, 77, 78, 162, 169, 170, 171, 284
キャサリン（Catherine, 王妃）　7, 337, 339, 410, 411, 435, 612, 623
キャノン・ストリート（Cannon Street）　179
ギャラッド、トマス（Thomas Garrad）　304
ギャレット、トマス（「ギャラッド」を見よ、Thomas Garret）　123
ギャレット（司祭補、Master Garrett）　228
キャンプ・ヒル（Camp Hill）　95
キャンブレ（Cambrai）　330, 337
ギルダス（Gildas）　348
ギルドフォード、ヘンリー（Henry Guildford）　143, 145, 146, 149
ギルフォード、ハリー（「ギルドフォード」を見よ、Sir Harry Gilford）　143
キングズ・カレッジ（ケンブリッジの、King's College）　84, 92, 489
キングズ・ホール（ケンブリッジの、King's Hall）　92
クィーンズ・カレッジ（ケンブリッジの、Queen's）　84, 86, 92
クィーンズ・カレッジ（オクスフォードの、Queen's）　48, 150
クィンティリアヌス（Quintilianus, Quintilian）　70, 71, 72, 76, 80
クヴェンテル、ハインリッヒ（Heinrich Quentell）　316
クヴェンテル、ペーター（Peter Quentell）　158, 181, 183, 185, 225, 531
クック、ジョン（John Cooke）　134
クラーク（Clarke）　88
クライスツ・カレッジ（ケンブリッジの、Christ's College）　489
クライスト・チャーチ（オクスフォードのカレッジ、Christ Church）　39, 88
クラナッハ、ルカス（Lucas Cranach）　497, 519
グラフトン、リチャード（Richard Grafton）　562, 566
クランマー、トマス（Thomas Cranmer）　33, 84, 542, 618-622, 625
グリーン、トマス（Thomas Green）　175
クリストフォルス（Christophorus, Christopher）　113
グリニッジ（Greenwich）　127, 182, 268, 428

クルーツィガー、カスパル（Caspar Cruziger）　498, 499
グレンヴィル（文庫、大英図書館の、Grenville collection）　185, 203
クローク、リチャード（Richard Croke）　39, 87
クローム（Crome）　355
グロシン、ウィリアム（William Grocyn）　39, 53, 54, 81, 140, 150, 420
グロスター（Gloucester）　16
グロスターシア（Gloucestershire）　24, 29, 41, 68, 93, 133, 179, 604
クロムウェル、トマス（Thomas Cromwell）　7, 17, 18, 45, 94, 347, 350-355, 362-364, 366, 408, 566, 617, 621, 623, 627, 628, 629, 636, 641, 644, 645, 646, 648
ケイセル、マルティン・デ（Martin de Keyser）　298, 342, 364, 531, 542
ケインシャム（Keynsham）　19
ゲオルギウス（聖、Georgius, George）　113
ゲオルク（ザクセン公、Georg, Herzog von Sachsen; Duke George of Saxony）　159
ケッツ、ペーテル（Peter Kaetz）　313
ケルン（Köln, Cologne）　26, 171, 181, 227, 258, 316, 323, 333, 488, 531
ゲンスフォード、アン（Gainsford, Anne）　411
ケント（Kent）　140, 307, 310, 413
ケンブリッジ（Cambridge）　66, 73, 77, 83-92, 101, 106, 108, 140, 298, 300, 302, 319, 365, 419, 480
ゴウ（書籍商、Gough）　304
ゴウルディング、アーサー（Arthur Golding）　151
コーパス・クリスティ（オクスフォードのカレッジ、Corpus Christi）　39, 123, 489
コクス・レオナード（Leonard Cox）　69, 79
コクラエウス（Cochlaeus, Johannes Dobeneck）　183, 185, 296, 321, 430, 436, 437, 500, 501
コツウォルド（丘、Cotswold）　16, 22, 23, 24, 95, 96
コティスフォード（博士、Dr Cottesford）　306
コリンズ、ジョージ（George Collins）　619, 627
コルチェスター（Colchester）　301, 304, 307, 309, 330
コルチェスター・ホール（Colchester Hall）　305
コレット、ジョン（John Colet）　39, 40, 53, 54, 55-62, 67, 71, 77, 86, 89, 97, 103, 140, 176, 177, 213, 314, 335, 488
コレンベーケ、ハンス（Hans Collenbeke）　179
コンジェ、ペーテル（Peter Congeth）　265
コンスタンタイン、ジョージ（George Constantine）　301, 302, 311
コンプルートゥム（「アルカラ」を見よ、Complutum）　104, 492

ザクセン（地方、Sachsen, Saxony）　428, 430, 447, 500, 564
ザクセン選定侯（Kurfürst von Sachsen, Elector of Saxony）　500
サフォーク（Suffolk）　299, 330
サマセット（Somerset）　19
サリー（Surrey）　31

サリスベリー（Salisbury）　532
サルスティウス（Sallustius, Sallust）　42, 47
サン・ピエール・ル・ジューヌ（教会、St. Pierre le Jeune, New St Peter's）　247
サンナザロ（Sannazaro）　31
サンプソン、リチャード（博士、Dr Richard Sampson）　412
シーボーム、フレデリック（Frederic Seebohm）　56-62
シェイクスピア（William Shakespeare）　23, 70, 151, 412, 415, 446, 488, 535, 561, 586
ジェイムズ（王、James）　506, 582
シェーファー、ペーター（Peter Schoeffer）　10, 227, 252, 253, 255, 258, 316, 532
ジェフリー（Jeffrey）　327
ジェローム　「バーロウ」を見よ
シドニー、フィリップ（Sir Philip Sidney）　31, 32, 34, 69, 79
シャーウッド、ロバート（Robert Shirwood）　490
ジャクソン、リチャード（Richard Jackson）　45
シャピュイ、ユスタス（Eustace Chapuys）　7, 352, 353, 410
シャルルマーニュ（Charlemagne）　340
ジョイ、ジョージ（George Joye）　84, 85, 264, 288, 302, 303, 304, 307, 312, 347, 348, 357, 367, 483, 539-548, 618, 619, 620, 640
ジョーンズ、ロイド（Lloyd Jones）　488
ジョン（王、John）　408
ジョンズ・カレッジ（ケンブリッジの、John's）　84
ジョンソン、リンドン（Lyndon Johnson）　307,551
スウィフト、ジョナサン（Jonathan Swift）　119,120
スケルトン、ジョン（Skelton, John）　32, 248, 310, 311, 435
スコットランド（Scotland）　365, 366
スコトゥス、ドゥンス（Duns Scotus）　47, 50, 51, 52, 61, 90, 101, 537
スタフォード、ジョージ（George Stafford）　176
スタンディッシュ、ヘンリー（Henry Standish）　89
スタンブリッジ、ジョン（John Stanbridge）　40, 41
スティールヤード（ロンドンの、Steelyard）　179, 295, 319, 420, 502
スティンチコウム（Stinchcombe）　16, 17, 20, 22, 30, 93, 95
ストウトン（J. Stoughton）　9
ストークスレー、ジョン（John Stokesley）　17-18, 44-46, 86, 135, 141-143, 172, 173, 290, 308-313, 342, 352, 622-623
ストライプ、ジョン（John Strype）　9, 290, 301, 304, 330, 352, 353, 412, 414
ストラスブール（Strasbourg, Strasburg）　8, 155, 244, 247, 267, 268, 423
ストラトフォード・オン・エイヴォン（Stratford-on-Avon）　23, 415
スペンサー、エドマンド（Edmund Spencer）　31
スミスフィールド（Smithfield）　313, 627
スリゴーネ、ステファノ（Stefano Surigone）　54
スリムブリッジ（Slimbridge）　17, 19, 30, 45, 47

タウンゼンド、ジョージ（George Townsend） 9
ダグラス、ガヴィン（Gavin Douglas） 33, 151
ダスゲイト、トマス（Thomas Dusgate） 310
タペール、リュアール（「エンクサヌス」を見よ、Ruard Tapper） 635, 646
ダラム（Durham） 141, 308, 322
タンストール、カスバート（Cuthbert Tunstall） 18, 85, 127, 139-145, 174, 259, 288-291, 320-333, 434-439
ダン、ジョン（John Donne） 97
ダンバー、ウィリアム（William Dunbar） 33
チェルシー（Chelsea） 290, 306, 450, 642
チチェスター（Chichester） 53
チピング・ソドベリー（Chipping Sodbury） 105, 130
チャーウェル（川、Cherwell） 37
チャプマン（Chapman） 151, 153
チョーサー（Chaucer） 23, 32, 51, 97, 108, 170, 340, 341, 446, 474
ツィークラー、ベルンハルト（Bernhardt, Bernard, Ziegler） 498, 499
ツヴィングリ、ウルリッヒ（Ulrich Zwingli） 303, 318, 365, 496, 497
デイ、ジョン（John Daye） 288, 339, 348, 375, 555, 639
ティーボルド、トマス（Thomas Theobald） 617, 619-622, 625
デイヴィス、ノーマン（Norman Davies） 75
ディオニシオス（偽、Dionysios, Dionysius） 58
ディケンズ、チャールズ（Charles Dickens） 70
ティセン、ジョン（John Tisen） 66, 85, 623
ディソリューション（Dissolution） 19, 93
低地地方（Low Countries, Netherlands） 288, 491ほか
テイラー、ロウランド（Rowland Taylor） 84
ティンダル、エドワード（Edward Tyndale） 18, 19, 25, 93, 95
ティンダル、ジョン（ウィリアムの弟、John Tyndale） 18, 25, 95, 305, 352, 353
ティンダル、リチャード（Richard Tyndale） 16
ティンダルス（「ティンダル」を見よ、Tindalus） 617, 641
デヴォンシア（Devonshire） 310
テオクリトス（Theokritos, Theocritus） 31
デニー（の女性大修道院長、Abbess of Dennye） 127
デマウス、ロバート（Robert Demaus） 2, 19, 95, 105
テュークスベリー、ジョン（John Tewkesbury） 25, 142, 290-292, 306, 307, 450
テュークスベリー（大修道院、Tewkesbury Abbey） 19, 93
テュービンゲン（Tübingen, Tubingen） 490
デューラー、アルブレヒト（Albrecht Dürer） 117
デュフィエフ、ピエール（Pierre Dufief） 634, 645, 646
テレンティウス（Terentius, Terence） 42, 47, 90, 91, 123, 426
ドーセット侯爵（Marquess of Dorset） 45

ドーベネック、ヨハンネス（Johannes Dobeneck）　「コクラエウス」を見よ。
ドーベル（Dorbel）　91
ドーン、ジョン（John Dorne）　86, 125
トゥルヌヘム（Tournehem）　111
ドゥンス「スコトゥス」を見よ
ドナトゥス（Donatus）　42
トマス・アクィナス（Thomas Aquinas）　53, 54, 61
ドリー、アリス（Mistress Alice Dolly）　307
トリッグ、ジョン（John Trigg）　134
トリニティ・ホール（ケンブリッジの、Trinity Hall）　91, 298
トレーシー、ウィリアム（William Tracy）　373
トレド（Toledo）　491
トレント（公会議、Torento, Trent）　57

ナポリ（Napoli, Naples）　171, 324
ニクス（ノーウィチの、Nix）　297
ニコラ（リールの、Nicholas de Lyre, of Lyra）　498
ニコラス・ラヴ（Nicholas Love）　「ラヴ」を見よ
ニコルソン、シガー（Sigar Nicholson）　305
ニブレー・ノル（Nibley Knoll）　17
ニュー・カレッジ（オクスフォードの、New College）　48, 150
ニューゲイト（Newgate）　302
ニューナム（大修道院、Newnham Abbey）　304
ニュルンベルク（Nürnberg, Nurnberg）　111, 498
ヌシャテル（Neuchâtel）　565, 581
ネクトン、リチャード（Richard Necton）　「ネクトン、ロバート」を見よ
ネクトン、ロバート（Robert Necton）　301, 302, 313, 330
ノーウィチ（Norwich）　8, 297, 300, 310, 322
ノーサンバーランド（Northumberland）　19
ノーサンプトンシア（Northamptonshire）　15
ノース・オッケンゲン（North Ockenden）　625, 629
ノース・ニブレー（North Nibley）　16, 17, 30
ノース（North）　151
ノーフォーク（Norfolk）　15, 299, 310
ノクス、ジョン（John Knox）　366

パ・ド・カレー（Pas de Calais）　111
パー、キャサリン（Catherine Parr）　124
ハーヴェイ、アーサー（卿、Lord Arthur Hervey）　348
パーカー、マシュー（Matthew Parker）　84, 311
パーカー協会（the Parker Society）　288, 340, 372, 555

バーキング（Barking）　175
バークレイ、アレクサンダー（Alexander Barclay）　32, 33, 78
バークレー（Berkeley）　16, 18, 93
バークレー（谷、Vale of Berkeley）　16, 24-31, 52, 74, 78, 143
バース（Bath）　291
ハースト・ファーム（Hurst Farm）　17
ハースト（家、Hurst）　19
バースレット（T. Berthelet）　171, 392, 420
バーセル（Basel, Basle）　57, 125, 171, 265, 274, 287, 498
ハーディング、トマス（Thomas Harding）　310
ハートフォード・カレッジ（オクスフォードの、Hertford College）　39
バートン、エリザベス（Elizabeth Barton）　310
バーナーズ（卿、Lord Berners）　33
バーネット（Burnet）　19
バーフォード（Burford）　309
ハープスフィールド、ニコラス（Nicholas Harpsfield）　460
ハーマン、リチャード（Richard Herman）　288
バーロウ、ジェローム（Jerome Barlow）　245-246, 266, 268, 289, 303, 327, 329, 640
バーロウ（「ベルゲン・オブ・ゾーム」を見よ、Barrow）　619
バーンズ、ロバート（Robert Barnes）　84, 85, 91, 295, 299, 302, 304, 319, 330, 335, 355, 420, 436, 459, 555, 618, 619, 630
ハイ・ストリート（オクスフォードの、High Street）　37
パイカス、ジョン（John Pykas）　330
パキントン、オーガスティン（Augustine Packington）　331-333, 337
パグニヌス、サンクテス（Sanctes Pagninus）　336, 484, 487, 489, 495, 496, 498, 505, 581, 582, 585
ハケット、ジョン（John Hackett）　288, 297, 337
バシリウス（Basilius, Basil）　86
バスキアス（Buschius）　494
ハチン（「ハチンズ」を見よ、William Huchyn）　447
ハチンズ（家名、Hutchins, ヒチンズ、ホチンズ、ハチンも見よ）　15, 18-20
ハットン、ジョン（John Hutton）　645, 646, 648
パドヴァ（Padova, Padua）　140, 488
パトナム、ジョージ（George Puttenham）　32, 69, 79
パトネー（Putney）　350
パトモア、トマス（Thomas Patmore）　352
ハニー・レイン（ロンドンの、Honey Lane）　228
バニヤン、ジョン（John Bunyan）　290, 368
バプテスト・カレッジ（ブリストルの、Baptist College）　10
ハミルトン、パトリック（Patrick Hamilton）　365
ハモンド、ジェラルド（Gerald Hammond）　517

バラヴェルス、フェルナンドゥス（Fernandus Baravellus） 431
パリ（Paris） 171
パリシュ（Parishe） 265
バルバラ（聖、Barbara） 113
パレルモ（Palermo） 627
バロワ（「ベルゲン・オプ・ゾーム」を見よ、Barrois） 615
ハン、リチャード（Richard Hunne） 368, 440, 446, 450
パンダルファス（枢機卿、Cardinal Pandulphus） 408
ハンツ・コート（Hunt's Court） 16
ハント、アリス（Alice Hunt） 16
パンフィルス（Pamphilus） 43
ハンフリー（公爵、Duke Humphrey） 46, 49
ハンブルク（Hamburg） 179, 181, 263, 264, 333-337, 354, 356, 483, 501, 618
ヒーヴァー（城、Hever Castle） 413
ピーズ（ケンブリッジの市場、Peas-market） 91
ピーターハウス（ケンブリッジの、Peter-house） 92, 541
ビード（Bede） 202
ヒエロニムス（Hieronymus, Jerome） 54, 87, 104, 152, 202, 384, 485, 493, 539, 545, 550
ヒグドン（博士、Dr Higdon） 306
ピコ・デラ・ミランドーラ（Pico della Mirandola） 420, 492
ヒチンズ、ウィリアム（William Hitchyns） 37, 245, 501, 561
ヒットン、トマス（Thomas Hitton） 307, 308, 355
ヒメネス（Ximenez） 491
ヒューエット、ドルー（Drew Hewet） 310
ヒューム、アンセア（Anthea Hume） 279
ビルクマン、フランシス（Francis Byrckman） 313
ビルネー、トマス（Thomas Bilney） 84-86, 91, 298-301, 304, 305, 310, 312, 355, 446, 541
ピンソン、リチャード（Richard Pynson） 162, 169, 170, 171
ブーゲンハーゲン、ヨハンネス（Johannes, John, Bugenhagen） 333-335, 436, 437, 551
ブーリン、アン（Anne Boleyn） 7, 93, 94, 339, 351, 409-414, 612, 623
ブーリン（家、Boleyn） 411, 413
プール（ロンドンの港湾、Pool） 23, 612, 614
ファーボショア、ウィリアム（Sir William Forboshore） 330
フィシャー、ジョン（John Fisher） 97, 295, 307, 319, 321, 366, 392-396, 419, 428-430, 434-439, 489, 490, 624
フィシュ、サイモン（Simon Fish） 368
フィチーノ、マルシリオ（Marsilio Ficino） 53, 492
フィリップス、ヘンリー（Henry Phillips） 45, 86, 318, 612-632, 634, 635, 636, 640, 644
フィルフォルデ（Vilvoorde, Volvorde） 616, 617, 630, 634, 636, 639, 640, 641, 643, 646, 647, 649
フィレンツェ（Firenze, Florence） 53, 489

フィロポノス、ヨアンネス（Ioannes Philoponos） 265
フウィッティントン、ロバート（Robert Whittington） 40, 41
フウィットチャーチ、エドワード（Edward Whitchurch） 566
フォーテスキュー、ジョン（Sir John Fortescue） 78
フォーマン、ロバート（Dr Robert Forman） 305, 317
フォクス、ジョン（John Foxe） 7-9, 61, 65-69, 83-89, 91-92, 96, 106-109, 172-174, 289-293, 298-338, 365-369, 375, 411-414, 500, 540, 564, 613-617, 620, 627, 637-640
フォクス、リチャード（Richard Foxe） 39, 45, 489
フォルスタッフ（Falstaff） 41
フォルツ、パウル（Paul Volz） 111
ブスライデン（Busleiden） 142
ブチャー、ウィリアム（William Butcher） 301
ブツァー、マルティン（Martin Bucer） 247, 303
ブッシュレー（Bushley） 19
プトレマイオス（Ptolemaios, Ptolemy） 49
ブライトウェル、リチャード（「フリス」を見よ。Richard Brightwell） 366
フライブルク（Freiburg im Breisgau） 50, 493
プラウトゥス（Plautus） 91, 426
ブラウン、トマス（Sir Thomas Browne） 586
プラット（J. Pratt） 9
プラトン（Platon, Plato） 147, 284, 393, 446
ブラバント（Brabant） 312, 625, 627, 640, 648
フラム（Fulham） 307
フランクフルト（Frankfurt am Main） 264, 333, 354, 356
フランチェスコ（アッシジの、Francesco, St Francis） 371
フランドル（地方、語、人、Vlaanderen, Flandre, Flanders） 543, 544, 631
フリー、ジョン（John Free） 54
フリーズ、エドワード（Edward Freese） 307
フリート・ストリート（街、Fleet Street） 120, 128, 155, 171
フリート（監獄、Fleet prison） 330
フリス、ジョン（John Frith） 7, 84, 85, 88, 302, 303, 306, 310-312, 355, 365-368, 373, 545, 555, 623
プリスキアヌス（Priscianus） 49
ブリストル（Bristol） 10, 16, 22, 24, 95, 96, 220, 304
プリニウス（Plinius, Pliny） 109
ブリュージュ（Brugge, Bruges） 140, 325, 421
ブリュッセル（Bruxelles, Brussel, Brussels） 140, 612, 615, 617, 619, 620, 625, 627-629, 636, 647
ブリンガー（Bullinger） 552
ブリンクネル、トマス（Thomas Brynknell） 44
ブリンクリー、リチャード（Richard Brinkley） 490

プル（家、Pull） 19
プルタルコス（Ploutarchos, Plutarch） 87, 151
フレッグ、ロバート（Robert Flegge） 619, 627
フレンチ、ジョン（John French） 309
プロヴァンス（地方、Provence） 495
フローベン、ヨハンネス（Johannes Froben） 104
ブロムフィールド、ウィリアム（William Blomfield） 307
ベーコン、フランシス（Francis Bacon） 220
ベーコン、ロジャー（Roger Bacon） 487
ベーズ、テオドール・ド（Theodore de Bèze, Beza） 550
ペイス、リチャード（Richard Pace） 435
ベイナム、ジェイムズ（James Bainham） 310, 312, 313, 365, 368, 375, 450
ベイフィールド、リチャード（Sir Richard Bayfield） 142, 302, 304, 310, 311, 330, 365
ベイリャル・カレッジ（オクスフォードの、Balliol） 48
ベイリャル・スクール（Balliol） 47
ベイリャル・ホール（オクスフォードの、Balliol） 26
ヘイル、ウィリアム（William Hale） 307
ベイル、ジョン（John Bale） 335, 408, 564
ペコック、レジナルド（Reginald Pecock） 53, 77, 78
ベッドフォード（Bedford） 304
ベッドフォードシア（Bedfordshire） 541
ベネット、トマス（「ダスゲイト」を見よ、Thomas Benet） 310
ベネット・カレッジ（ケンブリッジの、Benet） 92
ヘビルスウェイト、ウィリアム（William Hebilthwayte） 143, 144
ペプウェル、ヘンリー（Henry Pepwell） 171, 313
ヘブリディーズ（諸島、the Outer Hebrides） 27
ベリー（Bury） 302, 307
ベリー・セント・エドマンズ（大修道院、Abbey of Bury St Edmunds） 490
ベル、ジョン（John Bell） 131
ベルゲン・オプ・ゾーム（Bergen-op-Zoom） 297, 354, 363, 615, 619, 624, 627, 641
ベルチ、トビー（Sir Toby Belch） 41
ヘレフォード（Hereford） 20, 95
ペロッティ（Perotti） 40
ヘント（Gend, Gand, Ghent） 141
ベント、ジョン（John Bent） 310
ペンブロウク・ホール（ケンブリッジの、Penbroke-hall） 92
ヘンリー8世（Henry VIII） 93-94, 145-146, 337-338, 351-353, 361, 406-407, 409-414, 419-425
ポインツ、アン（ジョン・ウォルシュ夫人、Anne Poyntz） 95
ホーホストラーテン、ヨハンネス（Johannnes Hoochstraten） 265, 287, 337, 338, 366, 375, 473
ホール、エドワード（Edward Hall） 66, 330, 337, 420, 450, 462, 561, 562, 566, 645

ポールズ・クロス（ロンドンの、Paul's Cross）　86, 326, 327, 331, 447
ホールト（Holt）　623
ボーン、ガヴィン（Gavin Bone）　75
ポインツ、アンソニー（Anthony Poyntz）　94
ポインツ、ジョン（John Poyntz）　625, 627
ポインツ、トマス（Thomas Poyntz）　175, 611, 613-617, 622, 624-630, 636, 640, 643, 644
ポインツ、トマス（の妻）　648-649
ポインツ、ニコラス（Sir Nicholas Poyntz）　93-95
ポインツ、ロバート（Robert Poyntz）　94
ポインツ（家、Poyntz）　175
ホウズ、スティーヴン（Stephen Hawes）　32, 33
ポウプ、アレクサンダー（Alexander Pope）　35, 115
ボエティウス（Boethius）　49
ボズウェル（Boswell）　305
ボズワース・フィールド（Bosworth Field）　94
ボズワース（の戦い、the Battle of Bosworth）　140
ホチンズ、テボタ（Tebota Hochyns）　16
ポッペンロイター、ヨハンネス（Johannnes, Johann, Poppenruyter）　111, 117, 120
ボドレー（図書館、Bodley）　47, 256, 474
ボナヴェントゥーラ（Bonaventura）　162
ホプキンズ、ジェラード・マンリー（Gerard Manley Hopkins）　46
ポメラン（「ブーゲンハーゲン」を見よ、Pomeran）　303
ホメロス（Homeros, Homer）　151, 152
ホラティウス（Horatius, Horace）　42, 152
ホランド、フィレモン（Philemon Holland）　151
ポリュカルポス（Polykarpos, Polycarp）　308
ホルバイン、ハンス（Hans Holbein）　94, 119
ホワイト、ニコラス（Nicholas White）　307
ホワップロド、ロバート（Robert Whaplod）　307
ボンバーグ（Bomberg）　489

マーシュ、ウォルター（Walter Marsh）　624
マーストリヒト（Maastricht）　627
マートン・カレッジ（オクスフォードの、Merton）　48, 75
マートン・ストリート（Merton Street）　37
マールボロウ（Marlborow）　265
マウント・グレイス・ド・イングルビ（Mount Grace de Ingleby）　162
マウントジョイ、ウィリアム（卿、Lord Mountjoy, William）　59
マシュー、トマス（Thomas Matthew）　338, 563, 564
マソン、ジャック（「ラトムス」を見よ、Jacques, James, Masson）　635
マツィス、クェンティン（Quentin Matsys）　119

マドリッド（Madrid）　491
マルティン・デ・ケイセル　「ケイセル」を見よ
マルブルク（Marburg）　264, 354, 356, 365
マロリー、トマス（Sir Thomas Malory）　78, 170
マンデヴィル、バーナード（Bernard Mandeville）　78
ミュンスター、ゼバスティアン（Sebastian Münster, Munster）　498
ミラノ（Milano, Milan）　149, 352
ミルトン、ジョン（John Milton）　80
ムルナー、トマス（Thomas Murner）　434
メアリー（女王、Mary）　8, 124, 318, 338, 411, 565
メイェルス、ゴトフレイ・ド（Godfrey de Mayers）　634
メイドストーン（Maidstone）　307
メヒリン（Mechlin）　615
メランヒトン、フィリップ（Philip Melanchthon）　303, 492, 497, 500, 502, 537, 618, 639
メルクシャム・コート（Melksham Court）　16, 95
モードリン・カレッジ（Magdalen College）　18, 37, 38, 39, 45, 46, 48, 65, 100
モードリン・スクール（Magdalen School）　38-42, 46, 88
モードリン・ホール（Magdalen Hall）　18, 37, 39, 40, 43, 65, 70, 342
モードリン（Magdalen）　105
モア、トマス（Sir Thomas More）　7, 18, 32, 55, 61, 64, 81, 87, 89-90, 131, 142, 173, 179, 284, 288-293, 295, 301, 303, 306-308, 310, 312-313, 319, 337, 347, 352, 366, 376, 379, 419-469, 501, 622, 623, 635
モズレー（J. F. Mozley）　2, 95, 104, 133, 144, 175, 181, 182, 289, 308, 332, 334, 357, 455, 500-502, 613, 617, 619, 622, 630, 631, 635, 636, 641, 642, 646
モルヴァーン（丘、Malvern Hills）　22, 26
モンテーニュ（Montaigne）　103
モンマス、ハンフリー（Humphrey Monmouth）　25, 126, 155, 172, 173-179, 181, 252, 326, 502
モンマス、ヘンリー（「モンマス、ハンフリー」を見よ）　326

ユークリッド（「エウクレイデス」を見よ）
ユーダル、ニコラス（Nicholas Udall）　123-124
ユニヴァーシティ・カレッジ（オクスフォードの、University College）　48, 75
ユリウス二世（教皇、Julius）　87
ヨーク（York）　309, 335
ヨークシア（Yorkshire）　335
ヨナス、ユゥトゥス（Justus Jonas）　256, 258

ライ（Rye）　307
ライプツィヒ（Leipzig）　87, 498
ラヴ、ニコラス（Nicolas Love）　162-168, 280, 326, 370

ラシ（Rashi）　「ソロモン・ベン・イサク」を見よ
ラステル、J（J. Rastell）　171, 366
ラステル、ウィリアム（William Rastell）　443
ラティマー、ウィリアム（William Latimer）　54, 84, 133, 140, 142, 176, 177
ラティマー、ヒュー（Hugh Latimaer）　105, 298, 299, 342, 355, 436, 618
ラドゲイト（Ludgate）　171
ラトムス（Latomus）　635, 637-639, 645
ラトル、ジャック・ド（Jacques de Lattre）　634, 636
ラニミード（Runnymede）　16
ラプセット、トマス（Thomas Lupset）　117
ラブレー（Rabelais）　431
ラム、チャールズ（Charles Lamb）　308
ラムス、ペーター（Peter Ramus）　69
ランカスター（公領、Duchy of Lancaster）　421
ラングトン、スティーヴン（Stephen Langton）　408
ラングランド、ウィリアム（William Langland）　26, 78, 108, 170
ランバート、ジョン（John Lambert）　84, 326, 327
ランベルト、フランツ（Franz Lembert）　303
リー、トマス（Thomas Leigh）　625
リーディング（大修道院、Reading Abbey）　150
リヴィウス（Livius, Livy）　151
リッチフィールド（Lichfield）　8
リドゲイト、ジョン（John Lydgate）　78
リトル・ソドベリー（Little Sodbury）　19, 93, 95, 96, 121, 124, 125, 128, 133, 178, 179
リドレー、ロバート（Robert Ridley）　84, 258, 259, 297, 321, 329
リナカー、トマス（Thomas Linacre）　54, 140, 150, 420
リバーン、ジョン（John Ryburn）　309
リヒロフ、ゲオルク（Georg, George, Richloff）　334, 336
リューサー、ポール（Paul Luther）　305, 307
リューベック（Lübeck）　334
リリー、ウィリアム（William Lily）　40, 42, 54
リンカン（Lincoln）　291, 304, 342, 541
リンカン・カレッジ（オクスフォードの、Lincoln）　46, 48
リンカンズ・イン（Lincoln's Inn）　421
リンク、ハーマン（Herman Rinck）　184, 289, 333
ルーレムント、クリストフェル（「エントホーフェン」を見よ、Christoffel van Ruremund）　310
ルーレムント、ヨハンネス（「エントホーフェン」を見よ、Johannes van Ruremund）　286, 305
ルアン（Rouen）　171
ルヴァン（Louvain、フランドル語：Leuven）　32、323、365, 421, 490, 613, 617, 618, 620-622,

626, 630, 631, 634-637, 640, 647, 648
ルキアノス（Lucianos, Lucian） 87
ルター、マルティン（Martin Luther） 10, 29, 66, 86, 104, 106, 118, 156, 170, 173, 257-258, 313-314, 365, 376, 419, 422-428, 430, 435-436, 492, 496-499
ルフェーヴル・デタープル、ジャック（Jacques, James, Lefèvre d'Etaples） 158, 429, 497
ルフト、ハンス（マルブルクの、Hans Luft） 265, 287, 366, 375, 473, 497
レイノルド、ロバート（Robert Rainolde） 69, 79
レイマンド、ジョン（「ルーレモント、ヨハンネス」を見よ、John Raimund） 305
レオ十世（教皇、Leo X） 423, 424, 435
ローマ（Roma, Rome） 423
ロイ、ウィリアム（William Roye） 35, 84, 85, 173, 182-183, 225, 227, 244-249, 252, 266-269, 287, 288, 329, 333, 501, 640
ロイヒリンン、ヨハンネス（Johannes Reuchlin） 488, 489, 490, 492-494, 497, 498
ロウ、ジョン（John Row） 310
ロウス（司教、Lowth） 529
ロウム、ジェフリー（Jeffrey Lome） 305
ロクス（Rochus） 113
ロザリンド（Rosalind） 586
ロジャーズ、ジョン（John Rogers） 338, 496, 564-570
ロス、ウィリアム（William Ross, Guilielmus Rosseus） 431
ロチェスター（Rochester） 97, 307, 319, 397, 419, 489
ロビン・フッド（Robin Hood） 145, 348, 393, 446
ロラディ（Lollardy） 26
ロレンス（D. H. Lawrence） 5
ロング・ウィザム（Long Witham） 309
ロングランド、ジョン（John Longland） 304, 305, 309, 342, 355, 541
ロンドン（市、London） 135, 136, 139-146, 155, 172-180, 419
ロンドン（博士、Dr London） 306
ロンバード、ピーター（Peter Lombard） 55
ロンバード（ロンドンの人物、Lombard） 330

ワイアット、ジョージ（George Wyatt） 412, 414
ワイアット、トマス（Sir Thomas Wyatt） 412
ワイトヒル、エリザベス（Elizabeth Wighthill） 307
ワトキン（Watkin） 327, 328
ワロップ、ジョン（Sir John Wallop） 437

# (2)書名索引

アウグスティヌス（Augustinus, Augustine）
神の国（De civitate dei, The City of God） 81
アグリコラ、ルドルフ（Rudolph Agricola）
言葉の着想について（De inventione dialectica） 73
アルベルトゥス（Albertus）
女たちの秘密（de secretis mulierum） 128
アンウィキル、ジョン（John Anwykyll）
一般用例集（Vulgari quedam abs Terentio . . . ） 42
全文法教科書（Compendium totius Grammaticae ex . . . ） 40, 42
小教科書（Parvula） 40
イソクラテス（Isokrates, Isocrates）
アレオパギティクス（Areopagiticus） 80
祭典演説（Panegyricus） 147-151
ニコクレスのために（Ad Nicoclem） 151, 377
ウィルソン、トマス（Thomas Wilson）
修辞の技術（The Art of Rhetoric） 69
ウィリアム（マームズベリーの、William of Malmesbury）
王たちの業績（De gestis regum） 21
エック、ヨハンネス（Johannes Eck）
重要な個所の教本（Enchiridion locorum communum） 435
エラスムス（Erasmus）
アダジア（Adagia） 「格言集」を見よ
アポフテグマ（Apophthegma, Apophthegms） 124
エンキリディオン 「キリスト戦士教本」を見よ
会話例文集（Colloquiorum formulae） 125
格言集（Adagia, Adages） 87, 102, 125
カトーの連句集（Disticha Catonis） 87
キリスト戦士教本（Enchiridion militis christiani） 73, 107, 109-128, 154, 178, 276, 457
愚神礼賛（Moriae encomium, The Praise of Folly） 77, 102, 103, 117, 125, 421
言葉と事柄の豊かさについて（De utraque verborum ac rerum copia） 71, 73, 74, 87, 91, 102, 275, 416
新約聖書講解（ユーダルによる英語訳） 124
デ・コピア（De copia） 「言葉と事柄……」を見よ
ノーヴム・インストゥルメントゥム（ギリシャ語新約聖書、Novum Instrumentum） 67, 86, 100, 101-104, 158, 178, 194, 299, 325, 532
註釈（ギリシャ語新約聖書につけた註釈的論文、Annotationes） 139-140
パラクレシス（ギリシャ語新約聖書につけた序文、Paraclesis） 115, 126, 136
勉学の理由について（De ratione studii） 86

マタイ福音書講解（Paraphrase of Matthew）　126
ユリウス排除（Julius exclusus）　87
エリオット、トマス（Sir Thomas Elyot）
行政者のための本（The Book Named the Governor）　377
君主についての理論（The Doctrinal of Princes）　151, 377
オヴィディウス（Ovidius, Ovid）
愛の技術（De Arte Amandi）　43
変身（Metamorphoses）　49
ガウアー（Gower）
恋人の告白（Confessio amantis）　78
キムチ、ダヴィデ（David Kimchi）
基本形の本（Book of Roots）　495, 503
キケロ（Cicero）
着想について（De inventione）　70
ヘレンニウスのための修辞学（偽キケロ、Rhetorica ad Herennium）　70
クィンティリアヌス（Quintilianus, Quintilian）
修辞学教科書（Institutio oratoria）　70
クランマー、トマス（Thomas Cranmer）
祈祷書（Book of Common Prayer）　33, 542
コクス、レオナード（Leonard Cox）
修辞の技術ないし技能（The Art or Craft of Rhetoric）　69
コレット、ジョン（John Colet）
教区会議説教（Convocation Sermon）　97
シーボーム、フレデリック（Frederic Seebohm）
オクスフォードの改革者たち（The Oxford Reformers）　56
シドニー、フィリップ（Philip Sidney）
詩の弁護（Apology for Poetry）　32, 69
シェイクスピア、ウィリアム（William Shakespeare）
お気にめすまま（As You Like It）　34
ソネット（sonnets）　412
ハムレット（Hamlet）　339, 361
ヘンリー六世第二部（King Henry the Sixth Part Two）　446
マクベス（Macbeth）　6
間違いの喜劇（Commedy of Errors）　72
リヤ王（King Lear）　339
ジョイ、ジョージ（George Joye）
イザヤ書（の翻訳）　347
オルトゥルス（Ortulus）　307
詩篇と預言書（の翻訳）　264, 542
弁明（Apology）　548
スウィフト、ジョナサン（Jonathan Swift）

ガリヴァー旅行記（Gulliver's Travels） 120
スケルトン、ジョン（John Skelton）
一部の若い学者たちに対する応答（A replication against certain young scholars） 435
荘厳（Magnyfycence, 齋藤勇の訳語「寛仁大度」） 32
スタンブリッジ、ジョン（John Stanbridge）
ヴルガリア（用例集、Vulgaria） 40, 44
ストライプ、ジョン（John Strype）
教会の記録（Ecclesiastical Memorials） 301, 330
スペンサー、エドマンド（Edmund Spencer）
羊飼いの暦（The Shepherd's Calendar） 31
チョーサー（Chaucer）
カンタベリー物語（Canterbury Tales） 51, 108
トロイラスとクリセーデ（Troilus and Criseide） 31
デイ、ジョン（John Day）
三人の立派な殉教者ティンダル、フリス、バーンズの全著作（The Whole Works of W. Tyndall, John Frith, and Doct. Barnes, three worthy Martyrs . . . ） 375, 555
ディケンズ、チャールズ（Charles Dickens）
ドンビーと息子（Dombey and Son） 70
ティンダル、ウィリアム（William Tyndale）
悪しきマモンの譬え（The Parable of the Wicked Mammon） 148, 182, 183, 227, 245, 246, 263-293, 303, 306, 333, 336, 347, 375, 399, 446, 447, 473
キリスト者の服従（The Obedience of a Christian Man） 21, 64, 73, 74, 79, 114, 126, 148, 246, 248, 271, 303, 333, 347, 351, 375-418, 419, 442, 446, 447, 449, 450, 451, 454, 466, 473, 486, 487, 490, 520, 521, 523, 535
高位聖職者の策謀（The Practice of Prelates） 7,62, 303, 338-345, 351, 353, 465
五書（モーセ五書、Pentateuch） 80, 264, 303, 333, 336, 473-487, 505-531, 602
W・Tより読者へ（序文） 128, 129, 130, 139, 155, 172, 350
サー・トマス・モアの対話に対する返答（An Answer unto Sir Thomas More's dialogue） 61, 132, 177, 308, 338, 354, 356, 357, 451-459, 464
新約聖書（1525年、ケルン版） 184-226, 253, 266, 273, 282, 296, 297, 320, 324, 350, 538, 544
新約聖書（1526年、ヴォルムス版） 10, 217, 226, 227-244, 249-255, 263, 265, 266, 289, 296, 297, 303, 306, 315, 324, 330, 544
新約聖書（ヴォルムス版の海賊版） 289, 297, 330, 543
新約聖書（ヴォルムス版の海賊版第４版） 539-540, 543, 544
新約聖書（ヴォルムス版の海賊版第５版） 546
新約聖書（1534年改訂版） 217, 251, 531-540, 548-559
W・Tより読者へ（第一序論） 245, 536-539
再度クリスチャンの読者へ（第二序論） 539-540, 545
新約聖書（G・H版＝1534年版の増刷） 563
聖書への道（＝1525年版新約聖書序論、The Pathway to Holy Scripture） 207, 370

聖ヨハネ第一書簡の講解（The Exposition of the First Epistle of Saint John） 63, 347, 369
聖礼典についての短い宣言（A Brief Declaration of Sacraments） 369, 373
創世記 473-479, 509-519
創世記（改訂版） 557
返答 「サー・トマス・モアの対話に対する返答」を見よ。
マシューの聖書（Matthew's Bible） 158, 264, 345, 496, 554, 561-608
マタイ五、六、七章の講解（An Exposition upon the V, VI, VII chapters of Matthew） 369, 370-373
預言者ヨナ（訳） 346-351
ローマ書概要（A compendious Introduction, prologue or preface unto the epistle of Paul to the Romans） 255-259, 263, 266, 273, 275, 289, 303, 347
ネストレ（Erwin Nestle, Kurt Aland et al.）
ギリシャ語新約聖書（Novum Testamentum Graece） 101
バークレイ、アレクサンダー（Alexander Barclay)
愚者の船（Ship of Fools） 32, 78
バーロウ、ジェローム（Jerome Barlow）
正しい対話（Proper Dailogue） 303
ミサの埋葬（「我を読み……」を見よ） 248
我を読み、怒るな……（Rede me and be not wroth ...） 246, 247, 248, 266, 289, 327
パグニヌス、サンクテス（Sanctes Pagninus）
聖書（Biblia） 495
パトナム、ジョージ（George Puttenham）
英語詩の技術（The Art of English Poesy） 32, 69, 79
バニヤン、ジョン（John Bunyan）
天路歴程（Pilgrim's Progress） 214, 215
ハミルトン、パトリック（Patrick Hamilton）
聖書の重要な個所の引用集（パトリックの個所、Divers Fruitful Gatherings of Scripture, Patrick's Places） 365
パンフィルス（Pamphilus）
愛について（De amore） 43
ピコ（甥、Pico）
ミラン・ドゥーラの伯爵ピコの生涯（トマス・モアの英訳、Life of Picus, Earl of Mirandula） 420
ブーゲンハーゲン、ヨハンネス（Johannes Bugenhagen）
イングランドの聖者たちへの手紙（Epistola ad sanctos in Anglia） 436
フィシャー、ジョン（John Fisher）
王の主張の弁護（Defensio regiae assertionis） 434
駁論 「ルターの主張に対する駁論」を見よ
聖なる司祭職の弁護（Sacri sacerdotii defensio） 434, 489
妄論の転覆（Convulsio calumniarium） 434
ルターの主張に対する駁論（Assertionis Lutheranae confutatio） 428, 437

ルターの有害な教説に対して（Against the pernicious doctrine of Luther） 419
フィシュ、サイモン（Simon Fish）
乞食のための懇願（A Supplication for Beggars） 368
フウィッティントン、ロバート（Robert Whittington）
ヴルガリア（用例集、Vulgaria） 40, 41, 44
フォーテスキュー（Sir John Fortescue）
君主制（Monarchia） 78
フォクス、ジョン（John Foxe）
行動と記録（殉教者たちの)（Acts and Monuments） 8-10, 375
フリス、ジョン（John Frith）
アンティキリストの黙示（Revelation of Antichrist） 366
聖書の重要な個所の引用集（ハミルトンの著作の英語訳） 365
煉獄駁論（Disputation of Purgatory） 366
ベイル、ジョン（John Bale）
ジョン王（King John） 408
ペコック、レジナルド（Reginald Pecock）
キリスト教の基準（The Rule of Christian Religion） 53
聖職者を非難しすぎることの抑制（The Repressor of Over Much Blaming of the Clergy） 78
ヘンリー八世（Henry VIII)
七聖礼典の主張（Assertio septem sacramentorum） 422, 424, 426, 427, 428, 429, 431, 434, 435, 437
主張 「七聖礼典の主張」を見よ
ホール、エドワード（Edward Hall）
年代記（ランカスターとヨークの二つの……、Chronicle） 330, 420, 450, 462, 561, 566
ポウプ、アレクサンダー（Alexander Pope）
批評についての随想（Essay on criticism） 115
ボナヴェントゥーラ（Bonaventura）
キリストの生涯についての瞑想（Meditationes vitae Christi） 162
ホメロス（Homeros, Homer）
オデュッセイア（Odysseia, Odyssey） 152
マシュー、トマス（Thomas Matthew）
マシューの聖書 「ティンダル」の項目を見よ
マロリー（Malory）
アーサー王の死（Le Morte d'Arthur） 78
マンデヴィル（Bernard Mandeville）
旅行記（Travels） 78
ミルトン、ジョン（John Milton）
アレオパジティカ（Areopagitica） 80
モア、トマス（Thomas More）
異端に関する対話（Dialogue Concerning Heresies） 131, 307, 356, 437-451, 454-456, 458,

# (3)用語索引（教会、官職、印刷、修辞等）


あ　アレゴリー（Allegory）　58, 59, 111, 152, 401-403, 521
う　ヴィカー（聖職禄のつかない司祭、助祭、vicar）　378
え　エホヴァ（Jehovah）　530
か　下位聖職者（minor orders）　95
下級牧師（chaplain）　174
過去の完了（＝現在完了、preterperfect）　534
カルトジオ修道会（Carthusian monastery）　421
き　基本形（ヘブライ語の、root）　503
玉爾官（Lord Privy Seal）　145
金襴の野（the Field of the Cloth of Gold）　94, 421
く　黒文字（の活字、black letter）　265, 287, 443, 473, 569
け　契約（covenant）　538, 557
検事総長（procurer-general）　615, 616, 618, 619, 625, 628, 633, 634
こ　構成形（status constructus, construct）　485
顧問官（王の、councilor）　431
さ　罪障消滅（purgation）　173
参事会員（ロンドン市の、aderman）　173
し　司教補佐（bishop suffragan）　646
司祭籍剥奪（degradation）　646, 647
司祭補（curate）　228
時祷書（Books of Hours）　169
使徒的異端審問官（inquisitor apostolic）　634
四法学院（Inns of Court）　312
シャルトルーズ会小修道院（Monastère chartreux, Carthusian Monastery）　162
シュヴァーバッハ（活字、Schwabacher）　227, 255
修正主義の歴史家（カトリックの、revisionists）　99-100, 159-169, 317-318
首席司祭（牧師、dean）　60, 62, 97, 106
小祈祷書（Primers）　169, 303
小修道院（monastery）　多数
上昇的（anagogical）　403
書記官長（the Secretary）　617, 621
助祭（「ヴィカー」を見よ、vicar）　134
せ　星室庁（Star Chamber）　352
そ　ソールズベリーの用法、式文（Sarum use, usage）　314, 532
た　大修道院（abbey）　多数
大法官（Chancellor of England）　352, 430, 456
ダクテュロス　344, 457, 597
ち　長官代理（under-sheriff）　421

聴聞司祭（confessor） 435
と　ドミニコ会修道士（Dominicans） 493
は　パーソン（聖職禄つき司祭、parson） 301, 378
バスタード（活字、Bastard type） 227, 255, 348, 473
ハパクス・レゴメノン（hapax legomenon） 499
ひ　非聖化（unhallowing） 646
ふ　副司教（archdeacons） 296
副法務官（vice chancellor） 541
復活（resurrection） 545
フランシスコ会厳格派修道士（Observants） 371
フランシスコ会修道士（Grey Friars） 307, 371
ほ　法務官（司教等の、chancellor） 131, 631
よ　四つの意味（聖書の、the four senses of Scripture） 58, 400-405
ら　ランカスター公領法務官（Cahncellor of the Duchy of Lancaster） 421
り　律修司祭（canon） 89, 135
ろ　ローマ字（活字、roman type） 473, 569

## (4) 原語索引（英語、ラテン語、ギリシャ語等の単語）

ティンダル独得の英語の単語、聖書の訳語として特色ないし問題のあるもの、その原語、修辞学用語ほか。括弧内の片仮名一文字はそれぞれ、ヘ＝ヘブライ語、ギ＝ギリシャ語、ラ＝ラテン語。何もなければ英語。修辞学用語は本来ギリシャ語のものがほとんどであるが、西欧ではラテン語の中に導入して用いられているので、「ラ」とした。

abrech（ヘ） 475, 506
acknowledge（認める） 255
adjure（断言する） 606
administration（管理者） 218
admiratio（ラ：驚嘆） 417
agape（ギ：愛） 451
amplificatio（ラ：敷衍、敷衍による着想） 71, 275, 281, 282
anagogical（上昇的） 403
anastasis（ギ：復活） 548
auxesis（ラ：増加） 417
back（鳥の名） 27, 526, 604
broder（接する） 567
bush（藪のように毛が多い頭） 605
catachresis（ラ：濫喩） 417
charity（慈善） 255, 325, 451
charmers（魅惑する者） 507

chopological（コポロジカル） 403
Chronicles（歴代志） 564
church（教会） 28, 207, 255, 325, 451
confess（告白する） 255
congregation（集会、church の代りに） 28, 207, 254, 325, 326, 446, 462
courtesy（多少の分量） 507
covenant（契約） 538, 557
dactyl（daktylos, ギ：ダクテュロス韻律） 344, 459, 597
date tree 567
deflexio（ラ：転位） 417
ditty（歌） 588
ekklesia（ギ） 207, 254, 326, 451, 462
elder（長老、presbuteros の訳語） 28, 254, 446, 452, 539, 555
enallage （ラ：変化） 417
epanalepsis（ラ：繰り返し） 417
episkopos（監督者） 207
Erastianism（エラストス主義） 351
exomologeo（ギ：認める） 255
favour（恩寵） 217, 241, 447, 452
fellowship（お願いします） 28, 603
Fidei Defensor（信仰の擁護者＝イングランド王） 411
field-devil（野悪魔） 604
figura（ラ：姿） 71, 76, 150, 275
grace（恵み） 217, 241, 447, 452
handsome（手元にあるもの） 109
hapax legomenon（ギ：ハパクス・レゴメノン） 504
hart-goat 603
haunt（とどまる） 229
hiereus（ギ：祭司） 254
holocaust（全燔祭） 557
hurted（信仰において堕落した） 200
hyperbole（ラ：拡大） 485
ixion（鳥の名） 27, 602
Jehovah（エホヴァ） 530
jolly（勇みたった） 529
jubilee（ヨベルの年） 568
levirate（レヴィル結婚） 342
logos（ギ：言葉） 325
love（愛） 255, 325, 446
lusty blood（大騒ぎする人） 604
mansion（住まい） 231

mercy seat（贖罪の座）　530
metanoeo（ギ：悔改める）　255, 451, 539, 548
minister（奉仕者）　207
ministration（仕え手）　218
Mizpah（ヘ：物見の塔）　508
naughty（価値がない）　229
noosell（食べ物）　229
nyggyshe（けちな）　122
offended（信仰において堕落した）　200
Paralipomenon（歴代志）　562
parallelism（対句）　529
parison（均衡）　280
Passover（過越）　530
peacemakers（平和を作り出す者たち）　555
penance（告解）　255, 325, 451, 539
perleyed（真珠目）　27, 603
practice（策謀）　339
presbuteros（ギ：長老）　28, 207, 254, 451, 555
preterperfect（過去の完了）　534
priest（司祭、presbuteros の訳語）　28, 254, 451
ratten（じめじめした）　603
reductio ad absurdum（ラ：無意味への還元）　416
repent（悔改める）　255, 325, 541
repetitio（ラ：反復）　280, 417, 485
resurrection（復活）　545
root（基本形、ヘブライ語の）　503
scapegoat（贖罪山羊）　4, 530
senior（年長者）　254, 452
sermo（ラ：logos のエラスムス訳語）　325
siled（内張りをした）　605
siloh（ヘ）　475
sip（すする）　566
snout-fair（いき）　341
sola scriptura（ラ：聖書のみ）　427
spying the time　87
sup（すする）　566
toot-hill（見張りの丘）　28, 508
tractatio（ラ：操作）　417
transformatio（ラ：変換）　73
tropus（ラ：型）　71, 76, 150
truth（真理）　217

# (4)聖書引用個所索引

# 文　献　表

特に指摘しない限り、発行場所はロンドン。
＜文献表に限り、[　]は著者。＜　＞が訳者による追加。＞
＜ティンダルの聖書翻訳や著作はここにのっているよりも多くさまざまな復刻版が出ているが、今では手にはいらないものがほとんどだし、新約の翻訳については、大英図書館による 1526年版の原綴りの復刻版と、本書の著者が編集した1534年版の現代綴りの復刻版、旧約は同じく本書の著者による復刻版で一応すべて手にはいるし、著作については「アメリカ・カトリック大学」による叢書がいずれ出そろうだろうから、古い復刻版については 1526年版のファクシミリ版だけを付け加えた。＞


Allen, J. W., *A History of Political Thought in the Sixteenth Century*, 1928

*An Apology made by George Joy, to satisfy, if it may be, W. Tindale, 1535*, ed. E. Arber, The English Scholar's Library 13, Birmingham, 1882

Arber, E., *The First Printed English New Testament*, 1871

—— *English Reprints No. 28* (1871), *Roye and Barlow: Rede Me And Be Not Wroth*

Avis, F. C., 'Book Smuggling into England during the Sixteenth Century', *Gutenberg Jahrbuch*, 1972, pp. 180-187

——'England's Use of Antwerp Printers, 1500-1540', *Gutenberg Jahrbuch*, 1973, pp. 234-240

Bainton, R. H., *Erasmus of Christendom*, New York, 1969

Baldwin, T. W., *William Shakespeare's Small Latine and Lesse Greeke*, Urbana, 1944

Bale, J., *King John*, ? 1540

Barnstone, W., *The Poetics of Translation: History, Theory, Practice*, New Haven and London, 1993

Baumer, F. Le Van, *The Early Tudor Theory of Kingship*, New York, 1966

Bennett, H. S., *English Books and Readers 1475 to 1557*, Cambridge, 1969

Bernard, G. W., 'The Fall of Anne Boleyn', *English Historical Review* 106, 1991, pp. 584-610

——'The Fall of Anne Boleyn: A Rejoinder', *English Historical Review* 107, 1992, pp. 665-674

[The Bible]
*The Holy Bible . . . John Wycliffe . . .* , eds J. Forshall and F. Madden, Oxford, 1850
*Coverdale's Bible*, 1535
*Matthew's Bible*, 1537
*Great Bible*, 1539
*Geneva Bible*, 1560
*Bishops' Bible*, 1568
*Rheims New Testament*, 1582
*Authorised Version*, 1611
*New English Bible*, 1961, 1970
*Good News Bible, The, or The Bible in Today's English Version*, 1966, 1976
*Revised English Bible*, 1989

Binns, J., *Intellectual Culture in Elizabethan and Jacobean London*, 1990
Black, M. H., 'The Printed Bible', *The Cambridge History of the Bible, III: The West from the Reformation to the Present Day*, Cambridge, 1963, pp. 408-475
Bone, G., 'Tindale and the English Language', in S. L. Greenslade (ed.), *The Work of William Tindale*, 1938, pp. 50-68
Bowker, M., *The Henrician Reformation*, 1984
Brigden, S., *London and the Reformation*, Oxford, 1989
Brook, S., *The Language of the Book of Common Prayer*, 1975
Browne, Sir T., *A Letter to a Friend*, 1656
Brownell, M. R., 'Ears of an Untoward Make', *Musical Quarterly* 62, no. 4, 1976, pp. 554-570
Bruce, F. F., *The English Bible: A History of Translations*, 1961
Butt, J. (ed.), *The Poems of Alexander Pope*, 1963
Butterworth, C. C., *The English Primers (1529-1545): Their Publication and Connection with the English Bible and the Reformation in England*, Philadelphia, 1953
Butterworth, C. C., and Chester, A. G., *George Joye, 1495?-1553*, Philadelphia, 1962
Buxton, J., and Williams, P. (eds), *New College Oxford 1379-1979*, Oxford, 1979
Cameron, E., *The European Reformation*, Oxford, 1991
Catto, J. I., 'Theology after Wycliffism', in J. I. Catto and R. Evans (eds), *The History of the University of Oxford, II: Late Medieval Oxford*, Oxford, 1992, pp. 263-280

Catto, J. I., and Evans, R. (eds), *The History of the University of Oxford, II: Late Medieval Oxford*, Oxford, 1992

Chambers, R. W., *Thomas More*, 1935

Chapman, G., *Seven Books of the Iliad's of* (1598), ed. Nicoll

Chester, J. L., *John Rogers*, 1861

Clebsch, W. A., *England's Earliest Protestants 1520-1535*, New Haven and London, 1964

Colet, J., *Two Treatises on the Hierarchies of Dionysius*, ed. J. H. Lupton, 1869

Cottret, B., 'Traducteurs et divulgateurs clandestins de la Réforme dans l'Angleterre henricienne, 1520-1535', *Revue d'Histoire Moderne et Contemporaine* 28, 1981, pp. 464-480

Daniell, D., 'Pope, Handel and Swift', in E. Maslen (ed.), *The Timeless and the Temporal: Writings in Honour of John Chalker by Friends and Colleagues*, Queen Mary and Westfield College, University of London, 1993, pp. 134-151

Darlow, T. H., and Moule, H. F. (eds), rev. by A. S. Herbert, *Historical Catalogue of Printed Editions of the English Bible 1525-1962*, 1968

Davis, J. F., *Heresy and Reformation in the South-East of England, 1520-1559*, Royal Historical Society Studies in History, series no. 34, 1983

Davis, N., *William Tyndale's English Controversy: The Chambers Memorial Lecture Delivered at University College London 4 March 1971*, UCL, 1971

Deanesly, M., *The Lollard Bible and other Medieval Biblical Versions*, Cambridge, 1920

——'Vernacular Books in England in the Fourteenth and Fifteenth Centuries', *Modern Language Review* XV, 1920, pp. 349-358

Delcourt, J., 'Some Aspects of Sir Thomas More's English', in R. S. Sylvester and G. P. Marc'hadour (eds), *Essential Articles for the Study of Sir Thomas More*, Hamden, Conn., 1977, p 326-342

Demaus, R., rev. by Lovett, R., *William Tindale: A Biography*, 1904

DeMolen, R. L. (ed.), *Essays on the Works of Erasmus*, New Haven and London, 1978

Devereux, E. J., 'Some Lost Translations of Erasmus', *The Library*, 5th series XVII, 1962, pp. 255-259

Dickens, A. G., 'The Early Expansion of Protestantism in England 1520-1558', *Archiv für Reformationsgeschichte* LXXVIII, 1987, pp. 187-222

—— *Thomas Cromwell and the English Reformation*, 1959

—— *Reformation and Society in Sixteenth-Century Europe*, 1966
—— *The English Reformation*, 2nd ed., 1989
Dixon, P., *Rhetoric*, 1971
Dowling, M., 'Anne Boleyn and Reform', *Journal of English History* 35, 1984, pp. 30-46
——'A Woman's Place? Learning and the Wives of Henry VIII', *History Today*, June 1991, pp. 38-42
Doyle-Davidson, W. A. G., 'The Earlier English Works of Sir Thomas More' in R. S. Sylvester and G. P. Marc'hadour (eds), *Essential Articles for the Study of Sir Thomas More*, Hamden, Conn. 1977, pp. 356-374
Duffield, G. E. (ed.), *The Work of William Tyndale*, 1964
Duffy, E., *The Stripping of the Altars*, New Haven and London, 1992
Duhamel, P. A., 'The Oxford Lectures of John Colet', in *Journal of History of Ideas* XIV, 1953, pp. 493-510
Edgerton, W. L., *Nicholas Udall*, New York, 1965
Edwards, B. H., *God's Outlaw*, Welwyn, Herts, 1976
Eisenstein, E., *The Printing Press as an Agent of Change*: I, 1979
Emden, A. B., *Biographical Register of the University of Oxford, AD 1501-1504*, Oxford, 1974
*English Historical Documents: V, 1485-1558*, ed. C. H. Williams, 1967
Erasmus of Rotterdam, Desiderius, *On Copia of Words and Ideas* (*De utraque verborum ac rerum copia*), trans. and intro. by D. B. King and H. D. Rix, Milwaukee, Wis., 1963
—— *Enchiridion Militis Christiani: An English Version*, ed. A. M. O'Donnell, Oxford, 1981
Evans, T. A. R., 'The Number, Origins and Careers of Scholars', in J. I. Catto and R. Evans (eds), *The History of the University of Oxford, II: Late Medieval Oxford*, Oxford, 1992, pp. 485-538
Fairfield, L. P., *John Bale: Mythmaker for the English Reformation*, West Lafayette, 1976
Faludy, G., *Erasmus of Rotterdam*, 1970
Febvre, L., and Martin, Henri-Jean, *The Coming of the Book: The Impact of Printing 1480-1800*, 1976
Fines, J., *Biographical Register of Early English Protestants: 1525-1558*, I, 1980; II, 1987

Finucane, R. C., *Miracles and Pilgrims: Popular Beliefs in Medieval England*, 1977
Fisher, John, *The English Works of John Fisher*, ed. J. E. B. Mayor, 1876
Fletcher, J. M., 'Developments in the Faculty of Arts 1370-1520', in J. I. Catto and R. Evans (eds), *The History of the University of Oxford, II: Late Medieval Oxford*, Oxford, 1992, pp. 315-345
Forshall, J., and Madden, F. (eds), *The Holy Bible . . . John Wycliffe . . .* , Oxford, 1850
Foster, J., *Alumni Oxoniensis, 1500-1714*, 1968
Foxe, John, *The Acts and Monuments of John Foxe*, 8 vols, 4th edn, ed. rev. and corrected by J. Pratt; intro. by J. Stoughton, 1877
Fraser, A., *The Six Wives of Henry VIII*, 1992
Frith, J., *Antithesis, where are compared together Christ's acts and our holy father the pope's*, 1529
—— *Revelation of Antichrist*, 1529
—— *Divers Fruitful Gatherings of Scripture concerning faith and works*, 1529
—— *A Disputation of Purgatory . . .* , Antwerp or London, 1531
Gee, J. A., 'John Byddell and the First Publication of Erasmus' *Enchiridion* in English', *English Literary History* IV, 1937, pp. 43-59
Gleason, J. B., *John Colet*, Berkeley, 1989
Greenblatt, S., *Renaissance Self-fashioning: From More to Shakespeare*, Chicago, 1980
Greenfield, B. W., *Genealogy of the Family of Tyndale . . .* , privately printed, 1843
Greenslade, S. L., *The Work of William Tindale*, 1938
Gruber, L. F., *The Truth about . . . Tyndale's New Testament*, St Paul, Minn., 1917
Gwyn, P., *The King's Cardinal: The Rise and Fall of Thomas Wolsey*, 1990
Haigh, C., *The English Reformation Revised*, 1987
—— *English Reformations: Religion, Politics and Society under the Tudors*, 1993
Hall, B., 'Biblical Scholarship: Editions and Commentaries', *The Cambridge History of the Bible, III: The West from the Reformation to the Present Day*, Cambridge, 1963, pp. 38-93
*Hall's Chronicle: Containing the History of England . . .* , 1809
Hamilton, S. G., *Hertford College*, 1903
Hammond, G., 'William Tyndale's Pentateuch: Its Relation to Luther's German Bible and the Hebrew Original', *Renaissance Quarterly* 33, 1980, pp. 351-385
—— *The Making of the English Bible*, Manchester, 1982

Harpsfield, N., *The Life and Death of Sir Thomas More*, ed. E. V. Hitchcock, 1932

Heath, P., *The English Parish Clergy on the Eve of the Reformation*, 1969

Herbert, A. S., 'Scripture Translations and Scripture Printing before 1525', in T. H. Darlow and H. F. Moule (eds), *Historical Catalogue of Printed Editions of the English Bible, 1525-1962*, 1968, pp. xxvi-xxxi

Hoyle, R. W., *The Military Survey of Gloucestershire, 1522*, Bristol: Bristol and Gloucestershire Archaeological Society, 1993

Hume, A., 'A Study of the Writings of the English Protestant Exiles, 1525-35', unpub. PhD thesis, University of London, 1961

—— 'Roye's Brief Dialogue', *Harvard Theological Review* 60, 1967, pp. 307-321

—— 'English Protestant Books Printed Abroad, 1525-1535: An Annotated Bibliography', in CWM, VIII, ii, pp. 1063-1091

Hunt, E. W., *Dean Colet and His Theology*, 1956

Hunt, R. W., 'The Medieval Library', in J. Buxton and P. Williams (eds), *New College Oxford 1379-1979*, Oxford, 1979, pp. 317-345

Hutter, I., 'Cardinal Pole's Greek Manuscripts in Oxford', in A. C. de la Mare and B. C. Barker-Benfield (eds), *Manuscripts at Oxford: An Exhibition in Memory of Richard William Hunt (1908-1979)*, Oxford, 1980, pp. 108-113

*The Institution of a Christian Man in Formularies of Faith (1537), put forth by authority during the Reign of Henry VIII*, ed., C. Lloyd, 1825

*Isocrates*, with Eng. trans. by George Norlin, 3 vols, Loeb Classical Library, 1928

Ives, E. W., *Faction at the Court of Henry VIII*, 1972

—— *Anne Boleyn*, Oxford, 1986

—— 'The Fall of Anne Boleyn Reconsidered', *English Historical Review* 107, 1992, pp. 651-664

Jacobsen, E., *Translation: A Traditional Craft*, Copenhagen, 1958

Jarrott, C. A. L., 'Erasmus's Annotations and Colet's Commentaries on Paul: A Comparison of Some Theological Themes', in R. L. DeMolen (ed.), *Essays on the Works of Erasmus*, New Haven and London, 1978, pp. 125-143

Johnson, A. F., 'The Classification of Gothic Types', *Transactions of the Bibliographical Society* LX, 1929, pp. 357-380

Johnson, J., *Tudor Gloucestershire*, Gloucester, 1985

Jones, E., *The Origins of Shakespeare*, Oxford, 1977

Karpman, D. M., 'William Tyndale's Response to the Hebraic Tradition', *Studies in the Renaissance* 14, 1967, pp. 110-130

Kennedy, G. A., *Classical Rhetoric and Its Christian and Secular Tradition from Ancient to Modern Times*, Chapel Hill, 1980

Keynes, S., 'King Athelstan's Books', in M. Lapidge and H. Gneuss (eds), *Learning and Literature in Anglo-Saxon England: Studies Presented to Peter Clemoes on the Occasion of his Sixty-fifth Birthday*, Cambridge, 1985

King, J. N., *English Reformation Literature: The Tudor Origins of the Protestant Tradition*, Princeton, 1982

Knox, D. B., *The Doctrine of Faith in the Reign of Henry VIII*, 1961

Kohls, E. W., 'The Principal Theological Thoughts in the *Enchiridion Militis Christiani*', in R. L. DeMolen (ed.), *Essays on the Works of Erasmus*, New Haven and London, 1978, pp. 61-82

Kronenberg, M. E., 'Forged Addresses in Low Country Books in the Period of the Reformation', *The Library*, 5th ser. II, 1967, pp. 81-96

—— 'Notes on English Printing in the Low Countries (Early Sixteenth Century)', *The Library*, 4th ser. I, 1929, pp. 139-163

Latimer, H., 'Seventh Sermon on the Lord's Prayer' [1552], in G. E. Corrie (ed.), *Sermons*, 2 vols, Cambridge, 1844-1845

Lehmberg, S. E., *Sir Thomas Elyot: Tudor Humanist*, Austin, Tex., 1960

*Letters and Papers, Foreign and Domestic, of the Reign of Henry VIII*, ed., J. S. Brewer, J. Gairdner, R. H. Brodie et al., 21 vols, 1862-1932

Lewis, C. S., *English Literature in the Sixteenth Century, Excluding Drama*, 1954

Lindsay, T. M., 'Englishmen and the Classical Renascence', in *The Cambridge History of English Literature*: III, Cambridge, 1909, pp. 1-24

Lloyd Jones, G., *The Discovery of Hebrew in Tudor England: A Third Language*, Manchester, 1983

Lucas, E. V. (ed.), *The Works of Charles and Mary Lamb*, 1912

Lupton, L., *The History of the Geneva Bible, XVIII, Part 1: Tyndale the Translator*, 1986

—— *The History of the Geneva Bible, XIX, Part 2: Tyndale the Martyr*, 1987

[Luther, M.] *D. Martin Luthers Werke: Kritische Gesamtausgabe*, Weimar, 58 vols, 1883

McConica, J. K., *English Humanists and Reformation Politics under Henry VIII and Edward VI*, 1965

McCusker, H., *John Bale: Dramatist and Antiquary*, Bryn Mawr, 1942

McCusker, H., and Walker, G., *Plays of Persuasion: Drama and Politics at the*

*Court of Henry VIII*, Cambridge, 1991
McGiffert, M., 'William Tyndale's Conception of Covenant', *Journal of Ecclesiastical History* 32, 1981, pp. 167-184
Madan, F. (ed.), 'The day-book of John Dorne', *Oxford Historical Society, Collecteana*, Vol. V, 1885, pp. 71-178
[Malmesbury, William of] *Willelmi Malmsbiriensis monachi de gestis regum Anglorum libri quinque*, ed. W. Stubbs, Rolls Series 1, 1887-1889
De la Mare, A. C., and Barker-Benfield, B. C. (eds), *Manuscripts at Oxford: An Exhibition in Memory of Richard William Hunt (1908-1979)*, Oxford, 1980
Marius, R., *Thomas More: A Biography*, 1985
Mayor, J. E. B., *English Works of John Fisher*, 1876, repr. 1935
Merriman, T. B., *Life and Letters of Thomas Cromwell*, 1902
Meyer, C. S., 'Henry VIII Burns Luther's Books, 12 May 1521', *Journal of Ecclesiastical History* 9, 1958, pp. 173-187
Moller, J. G., 'The Beginnings of Puritan Covenant Theology', *Journal of Ecclesiastical History* 14, 1963, pp. 46-67
[More, Thomas] *The Complete Works of St Thomas More:* V, ed., J. M. Headley, New Haven and London, 1969
—— *The Complete Works of St Thomas More:* VIII, eds L. A. Schuster, R. C. Marius, J. P. Lusardi and R. J. Schoeck, New Haven and London, 1973
—— *The Complete Works of St Thomas More:* VI, eds T. M. C. Lawler, G. Marc'hadour and R. C. Marius, New Haven and London, 1981
Mozley, J. F., *William Tyndale*, 1937, <repr. Westport, Conn.: Greenwood Press, 1971>
—— *John Foxe and his Book*, 1940
——'The English Enchiridion of Erasmus, 1533', *Review of English Studies* XX, 1944, pp. 97-107
—— Coverdale and his Bibles, 1953
Norton, D., *A History of the Bible as Literature:* I, Cambridge, 1993
Oberman, H. A., *Luther: Man between God and Devil*, New Haven and London, 1989
Overy, C., and Tyndale, A. C., 'The parentage of William Tyndale, alias Huchyns, Translator and Martyr', in *Transactions of the Bristol and Gloucestershire Archaelogical Society* LXXIII, 1954, pp. 208-215
Owst, G. R., *Literature and Pulpit in Medieval England*, Cambridge, 1933

Panofsky, E., *The Life and Art of Albrecht Dürer*, Princeton, NJ, 1955

Pantin, W. A., 'A Medieval Collection of Latin and English Proverbs and Riddles, from the Rylands Latin MS. 394', in *The Bulletin of the John Rylands Library* XIV, 1930, pp. 81-114

Parkes, M. B., 'The Provision of Books', in J. I. Catto and R. Evnas (eds), *The History of the University of Oxford, II: Late Medieval Oxford*, Oxford, 1992

Pearl, C., *Rashi*, 1988

Pecock, R., *The Rule of Christian Religion*, ed. W. C. Greet, Early English Texts Society, Oxford, 1927

Pineas, R., 'William Tyndale's Influence on John Bale's Polemical Use of History', Archiv für Reformationsgeschichte 53, 1962, pp. 79-96

——'William Tyndale's Use of History as a Weapon of Religious Controversy', *Harvard Theological Review* 55, 1962, pp. 79-96

——'More versus Tyndale: A Study of Controversial Technique', *Modern Language Quarterly* 24, 1963, pp. 144-150

——'William Tyndale: Controversialist', *Studies in Philology* LX, April 1963, pp. 117-132

Pollard, A. W., *Records of the English Bible*, Oxford, 1911

Price, F. Douglas, 'Gloucester Diocese under Bishop Hooper, 1551-1553', *Transactions of the Bristol and Gloucestershire Archaelogical Society* LX, 1938, pp. 51-151

Prickett, S. (ed.), *Reading the Text: Biblical Criticism and Literary Theory*, Oxford, 1991

Puttenham, G., *The Arte of Englishe Poesie*, eds G. D. Willcock and A. Walker, Cambridge, 1936

Rabil, A. (Jr), 'Erasmus's *Paraphrases of the New Testament*', in R. L. DeMolen (ed.), *Essays on the Works of Erasmus*, New Haven and London, 1978, pp. 145-161

Rex, R., 'The English Campaigns against Luther in the 1520s', *Transactions of the Royal Historical Society*, 5th series XXXIX, 1989, pp. 85-106

Rhodes, J. T., 'Erasmus and English Readers of the 1530s', *Durham University Journal* 71, n. s. 40, 1979, pp. 17-25

Richardson, W. C., *Stephen Vaughan, Financial Agent of Henry VIII: A Study of Financial Relations with the Low Countries*, Baton Rouge, 1953

Roach, T., 'Tyndale's New Testament and the *Gloucestershire Dialect*',

*Gloucestershire Notes and Queries* CCCCII, 1881, pp. 408-409
Rollison, D., *The Local Origins of Modern Society: Gloucestershire 1500-1800*, 1992
Rummel, E., *Erasmus' Annotations on the New Testament: From Philologist to Theologian*, Toronto, 1986
Scarisbrick, J. J., *The Reformation and the English People*, 1984
Schuster, L. A., 'Thomas More's Polemical Career, 1523-1533', in *CWM*, VIII, iii, pp. 1135-1267
Schwarz, W., *Principles and Problems of Biblical Translation: Some Reformation Controversies and their Background, Cambridge*, 1955
Seebohm, F., *The Oxford Reformers John Colet, Erasmus and Thomas More: Being a History of Their Fellow-work*, 1867
Sidney, Sir P., *An Apology for Poetry*, ed. G. Shepherd, 1965
Skelton, J., *The Complete Poems*, ed. J. Scattergood, 1983
Smeeton, D. D., *Lollard Themes in the Reformation Theology of William Tyndale, VI of sixteenth-century Essays and Studies*, ed. C. G. Nauert, Kirksville, Mo., 1984
Soggin, J. A., *Judges: A Commentary*, 1979
Stanier, R. S., *Magdalen School: A History of Magdalen College School*, Oxford, 1940
Starkey, D. (ed.), *Henry VIII: A European Court in England*, 1991
Steele, R., 'Notes on English Books Printed Abroad, 1525-1548', *Transactions of the Bibliographical Society*, XI, 1911, pp. 189-236
Steinberg, S. H., *Five Hundred Years of Printing*, 3rd edn, 1974
Strype, J., *Memorials of Archbishop Cranmer*, 2 vols, 1812
—— *Ecclesiastical Memorials* . . . , 3 vols, 1821
Sturge, C., *Cuthbert Tunstall: Churchman, Scholar, Statesman, Administrator*, 1938
Sylvester, R. S., and Marc'hadour, G. P. (eds), *Essential Articles fo the Study of Thomas More*, Hamden, Conn., 1977
Trapp, J. B., 'Erasmus, Colet and More: The Early Tudor Humanists and their Books', *The Panizzi Lectures 1990*, 1991
Trousdale, M., *Shakespeare and the Rhetoricians*, 1982

Tyndale, William, *The Beginning of the New Testament Translated by William Tyndale 1525. Facsimile of the Unique Fragment of the Uncompleted Cologne Edition*, ed. A. W. Pollard, Oxford, 1926

—— [*The New Testament*], Worms, 1526
—— <*The New Testament 1526*, facsimile reprint, London: Paradine, 1976>
—— <*The New Testament Translated by William Tyndale. The Text of the Worms Edition of 1526 in Original Spelling*, ed. by W. R. Cooper, The British Library, 2000>
—— *A Compendious Introduction . . . unto the epistle of Paul to the Romans*, Worms, 1526
—— [*The Parable of the Wicked Mammon*], Antwerp, 1528
—— *The Obedience of a Christian Man . . .* , Antwerp, 1528
—— [*The Pentateuch*], Antwerp, 1530
—— *The Practice of Prelates*, Antwerp, 1530
—— *A Pathway to the Holy Scripture*, 1530
—— *The Prophet Jonas . . .* , Antwerp, 1531
—— *An Answer to Sir Thomas More's Dialogue . . .* , Antwerp, 1531
—— *The Exposition of the First Epistle of St John*, Antwerp, 1531
—— *An Exposition upon the V, VI, VII Chapters of Matthew*, Antwerp, 1533
—— *The New Testament, Antwerp*, 1534
—— *The First Book of Moses called Genesis*, Antwerp, 1534
—— *The New Testament*, Antwerp, 1535
—— *The Testament of Master W. Tracie Esquire*, Antwerp, 1535
—— *A Brief Declaration of the Sacraments*, London, c. 1548
—— *Doctrinal Treatises and Introductions to Different Portions of the Holy Scriptures*, ed. H. Walter, The Parker Society, Cambridge, 1848
—— *Expositions and Notes on . . . The Holy Scriptures . . . together with The Practice of Prelates*, ed. J. H. Walter, The Parker Society, Cambridge, 1849
—— *An Answer to Sir Thomas More's Dialogue . . .* , ed. H. Walter, The Parker Society, Cambridge, 1850
—— <*An Answere vnto Sir Thomas Mores Dialoge*, ed. by A. M. O'Donnell, and J. Wicks, The Independent Works of William Tyndale, vol. 3, Washington D. C.: The Catholic Univ. of America Press, 2000>
*Tyndale's New Testament*, a modern-spelling edition with an Introduction by David Daniell, New Haven and London, 1989
*Tyndale's Old Testament*, a modern-spelling edition with an Introduction by David Daniell, New Haven and London, 1992

Wakefield, R., *On the Three Languages* [1524] , ed. G. Lloyd Jones, Binghampton, NY: Medieval and Renaissance Texts and Studies, and the Renaissance Society of America, 1989

Walker, G., *John Skelton and the Politics of the 1520s*, Cambridge, 1988

Warnicke, R. M., 'The Fall of Anne Boleyn: A Reassessment', *History*, n. s. 70, 1985, pp. 1-15

—— *The Rise and Fall of Anne Boleyn*, Cambridge, 1989

Weiss, R., *Humanism in England During the Fifteenth Century*, Oxford, 1957

—— *The Spread of Italian Humanism*, 1964

Westcott, B. F., *A General View of the History of the English Bible*, 3rd ed., rev. W. A. Wright, 1905

Wheeler Robinson, H. (ed.), *The Bible and its Ancient and English Versions*, 1940

White, B., *The Vulgaria of John Stanbridge and the Vulgaria of Robert Whittington*, Early English Texts Society 187, Oxford, 1932

Whiting, B. J. and H. W., *Proverbs, Sentences and Proverbial Phrases from English Writings mainly before 1500*, Cambridge, Mass., 1968

Williams, A., *The Common Expositor: An Account of the Commentaries on Genesis, 1527-1633*, Chapel Hill, North Carolina, 1948

Wolf, A., *William Roye's 'Dialogue between A Christina Father and his stubborn Son'*, Vienna, 1874

Wood, A. à, *The History of Antiquities of the Colleges and Halls of the University of Oxford* [Annals] , ed. J. Gutch, 2 vols, 1786-1790

—— *Athenae Oxonienses*, ed. P. Bliss, 4 vols, 1813-1820

Workman, S. K., *Fifteenth Century Translation as an Influence on English Prose*, Princeton, 1940